Bilingua~~l Dictionary~~

English-Korean
Korean-English
Dictionary

Compiled by
Mihee Song

STAR Foreign Language BOOKS

© Publishers
ISBN : 978 1 912826 05 6

All rights reserved with the Publishers. No part of this publication may be reproduced or transmitted in any form or by any means, electronic, mechanical, photocopying, recording or otherwise, without the prior written permission of the Publishers.

This Edition : 2020

Published by
STAR Foreign Language BOOKS
a unit of
ibs BOOKS (UK)
56, Langland Crescent
Stanmore HA7 1NG, U.K.
info@starbooksuk.com
www.starbooksuk.com

Printed in India at
Star Print-O-Bind, New Delhi-110 020

About this Dictionary

Developments in science and technology today have narrowed down distances between countries, and have made the world a small place. A person living thousands of miles away can learn and understand the culture and lifestyle of another country with ease and without travelling to that country. Languages play an important role as facilitators of communication in this respect.

To promote such an understanding, **STAR Foreign Language BOOKS** has planned to bring out a series of bilingual dictionaries in which important English words have been translated into other languages, with Roman transliteration in case of languages that have different scripts. This is a humble attempt to bring people of the word closer through the medium of language, thus making communication easy and convenient.

Under this series of *one-to-one dictionaries*, we have published almost 50 languages, the list of which has been given in the opening pages. These have all been compiled and edited by teachers and scholars of the relative languages.

Publishers

ONE TO ONE
Bilingual Dictionaries in this Series

English-Afrikaans / Afrikaans-English	Abraham Venter
English-Albanian / Albanian-English	Theodhora Blushi
English-Amharic / Amharic-English	Girun Asanke
English-Arabic / Arabic-English	Rania-al-Qass
English-Bengali / Bengali-English	Amit Majumdar
English-Bosnian / Bosnian-English	Boris Kazanegra
English-Bulgarian / Bulgarian-English	Vladka Kocheshkova
English-Cantonese / Cantonese-English	Nisa Yang
English-Chinese (Mandarin) / Chinese (Mandarin)-Eng	Y. Shang & R. Yao
English-Croatian / Croatain-English	Vesna Kazanegra
English-Czech / Czech-English	Jindriska Poulova
English-Danish / Danish-English	Rikke Wend Hartung
English-Dari / Dari-English	Amir Khan
English-Dutch / Dutch-English	Lisanne Vogel
English-Estonian / Estonian-English	Lana Haleta
English-Farsi / Farsi-English	Maryam Zaman Khani
English-French / French-English	Aurélie Colin
English-Gujarati / Gujarati-English	Sujata Basaria
English-German / German-English	Bicskei Hedwig
English-Greek / Greek-English	Lina Stergiou
English-Hindi / Hindi-English	Sudhakar Chaturvedi
English-Hungarian / Hungarian-English	Lucy Mallows
English-Italian / Italian-English	Eni Lamllari
English-Korean / Korean-English	Mihee Song
English-Latvian / Latvian-English	Julija Baranovska
English-Levantine Arabic / Levantine Arabic-English	Ayman Khalaf
English-Lithuanian / Lithuanian-English	Regina Kazakeviciute
English-Nepali / Nepali-English	Anil Mandal
English Norwegian / Norwegian-English	Samuele Narcisi
English-Pashto / Pashto-English	Amir Khan
English-Polish / Polish-English	Magdalena Herok
English-Portuguese / Portuguese-English	Dina Teresa
English-Punjabi / Punjabi-English	Teja Singh Chatwal
English-Romanian / Romanian-English	Georgeta Laura Dutulescu
English-Russian / Russian-English	Katerina Volobuyeva
English-Serbian / Serbian-English	Vesna Kazanegra
English-Sinhalese / Sinhalese-English	Naseer Salahudeen
English-Slovak / Slovak-English	Zuzana Horvathova
English-Slovenian / Slovenian-English	Tanja Turk
English-Somali / Somali-English	Ali Mohamud Omer
English-Spanish / Spanish-English	Cristina Rodriguez
English-Swahili / Swahili-English	Abdul Rauf Hassan Kinga
English-Swedish / Swedish-English	Madelene Axelsson
English-Tagalog / Tagalog-English	Jefferson Bantayan
English-Tamil / Tamil-English	Sandhya Mahadevan
English-Thai / Thai-English	Suwan Kaewkongpan
English-Turkish / Turkish-English	Nagme Yazgin
English-Ukrainian / Ukrainian-English	Katerina Volobuyeva
English-Urdu / Urdu-English	S. A. Rahman
English-Vietnamese / Vietnamese-English	Hoa Hoang
English-Yoruba / Yoruba-English	O. A. Temitope

STAR Foreign Language BOOKS

ENGLISH-KOREAN

A

a *a.* a자의 ajjaui
aback *adv.* 역풍을 맞고 yeokpungeul matggo
abandon *v.t.* 포기하다 pogihada
abase *v.* 낮아지다 najajida
abashed *adj.* 부끄러워하는 bukkeureowohaneun
abate *v.t.* 감소시키다 gamsosikida
abbey *n.* 수도원 sudowon
abbot *n.* 수도원장 sudowonjang
abbreviate *v.t.* 줄여쓰다 juryeosseuda
abbreviation *n.* 줄이기 jurigi
abdicate *v.t,* 퇴위시키다 toewisikida
abdication *n.* 퇴위 toewi
abdomen *n.* 복부 bokppu
abdominal *a.* 복부의 bokppuui
abduct *v.t.* 유괴하다 yugoehada
abduction *n.* 유괴 yugoe
aberrant *adj.* 일탈적인 iltaljeogin
aberration *n.* 일탈 iltal
abet *v.* 부추기다 buchugida
abeyance *n.* 중지 jungji
abhor *v.* 혐오하다 hyeomohada
abhorrence *n.* 혐오 hyeomo
abhorrent *adj.* 질색하는 jilsaekaneun
abide *v.i* 깃들이다 gittlida
abiding *adj.* 변치않는 byeonchianneun
ability *n.* 능력 neungnyeok
abject *adj.* 비열한 biyeolhan
abjure *v.* 개종하다 gaejonghada
ablaze *adv.* 불타올라 bultaola
able *adj.* 할 수있는 hal ssuineun
ablutions *n.* 목욕재계 mogyokjaegye
abnormal *adj.* 비정상적인 bijeongsangjeogin
aboard *adv.* 탑승하여 tapsseunghayeo
abode *n.* 보금자리 bogeumjari
abolish *v.t* 폐지하다 pyejihada
abolition *v.* 폐지 pyeji
abominable *adj.* 가증스러운 gajeungsreoun
abominate *v.* 증오하다 jeungohada
aboriginal *adj.* 토착민의 tochangminui
abort *v.i* 유산하다 yusanhada
abortion *n.* 낙태 naktae
abortive *adj.* 무산된 musandoen
abound *v.i.* 풍부해지다 ppungbuhaejida
about *adv.* 대략 daeryak
about *prep.* ..에 대하여 ..e daehayeo
above *adv.* ..위에 ..wie
above *prep.* ..보다 위에 ..boda wie
abrasion *n.* 마모 mamo
abrasive *adj.* 연마제의 yeonmajeui
abreast *adv.* 나란하게 naranhage
abridge *v.t* 요약하다 yoyakada
abroad *adv.* 외국의 oegugui
abrogate *v.* 폐기하다 pyegihada
abrupt *adj.* 급격하게 geupgyeokage
abscess *n.* 농양 nongyang
abscond *v.* 종적을 감추다 jongjeogeul gamchuda
absence *n.* 부재 bujae
absent *adj.* 부재의 bujaeui
absentee *n.* 결석자 gyeolseokjja
absolute *adj.* 절대적인 jeoldaejeogin
absolution *n.* 사면 samyeon
absolve *v.* 죄를 사하다 joerul sahada
absorb *v.* 흡수하다 heupsuhada
abstain *v.* 자제하다 jajehada
abstinence *n.* 금욕 geumyok
abstract *adj.* 추상적인 chusangjeogin
abstruse *adj.* 난해한 nanhaehan
absurd *adj.* 터무니없는 teomunieomeun
absurdity *n.* 불합리 bulhamni
abundance *n.* 풍부 pungbu
abundant *v.t.* 풍부한 pungbuhan
abuse *v.* 남용하다 namyonghada
abusive *adj.* 모욕적인 moyokjjeogin
abut *v.* 기대다 gidaeda

abysmal *adj.* 최악의 choeagui
abyss *n.* 심연 simyeon
academic *adj.* 학술적인 hakssuljjeogin
academy *n.* 학술원 hakssurwon
accede *v.* 응하다 eunghada
accelerate *v.* 속도를 높이다 sokddoreul nopida
accelerator *n.* 가속장치 gasokjangchi
accent *n.* 억양 eogyang
accentuate *v.* 강조하다 gangjohada
accept *v.* 받아들이다 badadeurida
acceptable *adj.* 수용할만한 suyonghalmanhan
acceptance *n.* 수용 suyong
access *n.* 접근 jeopkkeun
accessible *adj.* 접근 가능한 jeopggeunganeunghan
accession *n.* 취임 chwiim
accessory *n.* 부대용품 budaeyongpum
accident *n.* 사고 sago
accidental *adj.* 우연한 uyeonhan
acclaim *v.* 찬사하다 chansahada
acclimatise *v.t* 익숙해지다 iksukejida
accolade *n.* 포상 posang
accommodate *v.* 공간 제공하다 gonggan jegonghada
accommodation *n.* 거처 geocheo
accompaniment *n.* 반주 banju
accompany *v.* 동반하다 dongbanhada
accomplice *n.* 공범자 gongbeomja
accomplish *v.* 성취하다 seongchwihada
accomplished *adj.* 성취한 seongchwihan
accomplishment *n.* 성취 seongchwi
accord *v.* 부합하다 buhapada
accordance *n.* 합치 hapchi
according *adv.* ...에 따라서 ..e ttaraseo
accordingly *adv.* ...에 따라서 ..e ttaraseo

accost *v.* 위협적으로 말걸다 wihyeopjjeoguro malgeolda
account *n.* 회계 hoegye
accountable *adj.* 책임이 있는 chaegimiinneun
accountancy *n.* 회계직 hoegyejik
accountant *n.* 회계사 hoegyesa
accoutrement *n.* 특이한 복장 teugihanbokjjang
accredit *v.* 믿다 mitta
accredited *adj.* 공인된 gongindoen
accretion *n.* 인증 injeung
accrue *v.t.* 누적되다 nujeokdoeda
accumulate *v.* 축적하다 chukjeokada
accumulation *n.* 축적 chukjeok
accurate *adj.* 정확한 jeonghwankan
accusation *n.* 비난 binan
accuse *v.* 고발하다 gobalhada
accused *v.t.* 피의자 pieuja
accustom *v.* 익숙해지다 iksukejida
accustomed *adj.* 익숙한 iksukan
ace *n.* 명수 myeongsu
acerbic *adj.* 가혹한 gahokan
acetate *n.* 아세테이트 aseteit
acetone *n.* 아세톤 aseton
ache *n.* 아픔 apeum
achieve *v.* 성취하다 seongchwihada
achievement *n.* 성취 seongchwi
acid *n.* 산 san
acidity *n.* 산성 sanseong
acknowledge *v.* 인정하다 injeonghada
acknowledgement *n.* 인정하다 injeong
acme *n.* 정점 jeongjjeom
acne *n.* 여드름 yeodeureum
acolyte *n.* 조수 josu
acorn *n.* 도토리 dotori
acoustic *adj.* 음향의 eumhyangui
acquaint *v.* 익히다 ikida
acquaintance *n.* 아는 사람 aneun saram
acquiesce *v.* 묵인하다 muginhada

acquiescence *n.* 묵인 mugin
acquire *v.* 획득하다 hoekdeukada
acquisition *n.* 매입 maeip
acquit *v.* 무죄선고하다 mujoeseongohada
acquittal *n.* 무죄선고 mujoeseongo
acre *n.* 에이커 eikeo
acrid *adj.* 매캐한 maekaehan
acrimony *n.* 악감정 akgamjeong
acrobat *n.* 곡예사 gogyesa
acrobatic *adj.* 곡예의 gogyeui
across *adv.* 가로질러 garojileo
acrylic *adj.* 아크릴의 acilui
act *v.* 행동하다 haengdonghada
acting *n.* 연기 yeongi
acting *adj.* 직무 대행의 jingmu daehaengui
actinium *n.* 악티늄 aktinyum
action *n.* 행위 haengui
actionable *adj.* 소송 가능한 sosong ganeunghan
activate *v.* 활성화시키다 hwalseonghwasikida
active *adj.* 활발한 hwalbalhan
activist *n.* 활동가 hwaldongga
activity *n.* 활동가 hwaldong
actor *n.* 배우 baeu
actress *a.* 여배우 yeobaeu
actual *adj.* 실제의 siljjeui
actually *adv.* 실제로 siljero
actuary *n.* 계리사 gyerisa
actuate *v.* 작동시키다 jakdongsikida
acumen *n.* 예리함 yeriham
acupuncture *n.* 침술 chimsul
acute *adj.* 급성의 geupseongui
adamant *adj.* 단호한 danhohan
adapt *v.* 적응하다 jeogeunghada
adaptation *n.* 적응 jeogeung
add *v.* 더하다 deohada
addendum *n.* 부록 burok
addict *n.* 중독자 jungdokjja

addicted *adj.* 중독된 jungdokdoen
addiction *n.* 중독 jungdok
addition *n.* 추가 chuga
additional *adj.* 추가의 chugaui
additive *n.* 첨가물 cheomgamul
addled *adj.* 상한 sanghan
address *n.* 주소 juso
addressee *n.* 수신인 susinin
adduce *v.* 이유 제시하다 iyu jesihada
adept *adj.* 능숙한 neungsukan
adequacy *n.* 적절 jeokjeol
adequate *adj.* 적절한 jeokjeolhan
adhere *v.* 들러붙다 deuleobutta
adherence *n.* 부착 buchak
adhesive *n.* 접착제 jeobchakje
adieu *n.* 안녕 annyeong
adjacent *adj.* 인접한 injeopan
adjective *n.* 형용사 hyungyongsa
adjoin *v.* 인접하다 injeopada
adjourn *v.* 재판을 휴정하다 jaepaneul hyujeonghada
adjournment *n.* 휴회 hyuhoe
adjudge *v.t.* 판단내리다 pandannaerida
adjudicate *v.* 판결하다 pangyeolhada
adjunct *n.* 부속물 busongmul
adjust *v.* 조정하다 jojeonghada
adjustment *n.* 조정 jojeong
administer *v.* 집행하다 jepaenghada
administration *n.* 관리직 gwalijik
administrative *adj.* 관리상의 gwalisangui
administrator *adj.* 행정인 haengjeongin
admirable *adj.* 감탄스러운 gamtanseureoun
admiral *n.* 해군장성 haejunjangseong
admiration *n.* 존경 jongyeong
admire *v.* 존경하다 jongyeonghada
admissible *adj.* 인정되는 injeongdoineun
admission *n.* 시인 siin
admit *v.* 인정하다 injeonghada

admittance *n.* 입장 ipjang
admonish *v.* 타이르다 taireuda
ado *n.* 야단법석 yadanbeopsseok
adobe *n.* 어도비 벽돌 eodobi byukddol
adolescence *n.* 청소년기 cheongsonyungi
adolescent *adj.* 청년기의 cheongnyungui
adopt *v.* 채택하다 chaetaekada
adoption *n.* 입양 ibyang
adoptive *adj.* 채택된 chaetaekdoin
adorable *adj.* 사랑스러운 sarangseureoun
adoration *n.* 흠모 heummo
adore *v.t.* 흠모하다 hummohada
adorn *v.* 장식하다 jangsikada
adrift *adj.* 표류하는 pyoryuhaneun
adroit *adj.* 노련한 noryunhan
adsorb *v.* 흡착하다 heupchakada
adulation *n.* 과찬 gwanchan
adult *n.* 어른 eoreun
adulterate *v.* 불순물 섞다 bulsunmul seoktta
adulteration *n.* 섞음질 seokkeumjil
adultery *n.* 간통 gantong
advance *v.* 진전하다 jinjeonhada
advance *n.* 선금 seongeum
advancement *n.* 발전 baljeon
advantage *v.t.* 이용하다 iyonghada
advantage *n.* 이익 iik
advantageous *adj.* 이로운 iroun
advent *n.* 도래 dorae
adventure *n.* 모험 moheom
adventurous *adj.* 모험적인 moheomjeogin
adverb *n.* 부사 busa
adversary *n.* 상대방 sangdaebang
adverse *adj.* 불리한 bulihan
adversity *n.* 역경 yeokkyung
advertise *v.* 광고하다 gwangohada
advertisement *n.* 광고 gwango

advice *n.* 충고 chungo
advisable *adj.* 선전할 수 있는 seonjeonhal su inneun
advise *v.* 충고하다 chungohada
advocate *n.* 변호사 byunhosa
advocate *v.* 지지하다 jijihada
aegis *n.* 보호 boho
aerial *n.* 안테나 antena
aeon *n.* 억겁 eokgeop
aerobatics *n.* 곡예비행 gogyebihaeng
aerobics *n.* 에어로빅 eeorobic
aerodrome *n.* 작은 비행장 jageun bihaengjang
aeronautics *n.* 항공술 hanggongsul
aeroplane *n.* 항공기 hanggongi
aerosol *n.* 연무제 yeonmuje
aerospace *n.* 항공우주 산업 hanggonguju saneop
aesthetic *adj.* 심미적 simmijeok
aesthetics *n.* 미학 mihak
afar *adv.* 멀리 meoli
affable *adj.* 상냥한 sangnyanghan
affair *n.* 일 il
affect *v.* 영향미치다 younghyangmichida
affectation *n.* 가장 gajang
affected *adj.* 영향받은 younghyangbadeun
affection *n.* 애착 aechak
affectionate *adj.* 애정어린 aejeongeorin
affidavit *n.* 선서 진술서 seonseo jinsulseo
affiliate *v.* 제휴하다 jehyuhada
affiliation *n.* 제휴 jehyu
affinity *n.* 친밀감 chinmilgam
affirm *v.* 단언하다 daneonhada
affirmation *n.* 단언 daneon
affirmative *adj.* 긍정하는 geungjeonhaneun
affix *v.t.* 부착하다 buchakada
afflict *v.* 괴롭히다 geiropida

affliction *n.* 고통 gotong
affluence *n.* 부유 buyu
affluent *adj.* 부유한 buyuhan
afford *v.t.* 제공하다 jegonghada
afforestation *n.* 조림 jorim
affray *n.* 소란행위 soranhaengwi
affront *n.* 모욕 moyok
afield *adv.* 멀리 떨어져 meoli ddeoleojyeo
aflame *adj.* 불타는 bultaneun
afloat *adj.* 뜨는 ddeuneun
afoot *adv.* 진행중의 jinhaengjungui
afraid *adj.* 두려워하는 duryeowohaneun
afresh *adv.* 새롭게 saeropgge
african *adj.* 아프리카의 africaui
aft *adv.* 고물에 gomure
after *adv.* 뒤에 dwie
after *conj.* 하고나서 hagonaseo
after *prep.* 후 hu
again *adv.* 다시 dasi
against *prep.* 에 반하여 e banhayeo
agate *n.* 마노 mano
age *n.* 나이 nai
aged *adj.* 나이많은 naimaneun
ageism *n.* 노인차별 noinchabyul
ageless *adj.* 늙지않는 neukjianneun
agency *n.* 대리인 daeriin
agenda *n.* 의제 uije
agent *n.* 대리인 daeriin
aggiomerate *v.* 뭉치다 mungchida
aggravate *v.* 악화시키다 akhwasikida
aggravation *n.* 악화 akhwa
aggregate *n.* 합계 hapggye
aggression *n.* 집합체 jiphapche
aggressive *adj.* 공격적인 gonggyeokjjeogin
aggressor *n.* 공격자 gonggyeokjja
aggrieve *v.* 고통을 주다 gotongeuljuda
aghast *adj.* 겁에 질린 geobejilin
agile *adj.* 재빠른 jaeppareun
agility *n.* 민첩 mincheop

agitate *v.* 휘젓다 hwijeotta
agitation *n.* 동요 dongyo
agnostic *n.* 논쟁을 좋아하는 nonjaengeul joahneun
ago *adv.* 전에 jeone
agog *adj.* 들뜬 deultteun
agonize *v.* 고뇌하다 gonoihada
agony *n.* 고통 gotong
agrarian *adj.* 농업의 nongeobui
agree *v.* 동의하다 donguihada
agreeable *adj.* 받아들일 수 있는 badadeuril su inneun
agreement *n.* 합의 habui
agricultural *adj.* 농업의 nongeobui
agriculture *n.* 농업 nongeob
aground *adj.* 지상에 jisange
ahead *adv.* 앞으로 apeuro
aid *n.* 도움 doum
aide *n.* 보좌관 bojwagwan
aids *n.* 후천성 면역 결핍증 hucheonsseong myunyeok gyulpipjjeung
ail *v.* 괴롭히다 goiropida
ailing *adj.* 병든 byungdeun
ailment *n.* 병 byung
aim *v.i.* 겨냥하다 gyeonyanghada
aim *n.* 목적 mokjjeok
aimless *adj.* 목표없는 mokpyoeomneun
air *n.* 공기 gonggi
aircraft *n.* 항공기 hangonggi
airy *adj.* 바람이 잘 통하는 barami jal tonghaneun
aisle *n.* 통로 tongno
ajar *adv.* 조금 열려져 jogeum yeolyeojyeo
akin *adj.* ~와 흡사한 ~wa heupssahan
alacrious *n.* 즐겁게 참가하는 jeulgeopgge chamgahaneun
alacrity *n.* 민첩 mincheop
alarm *n* 경보 gyeongbo

alarm *v* 경보 전하다 gyeongbo jeonhada
alas *conj.* 아아 aa
albeit *conj.* ~에도 불구하고 ~edo bulguhago
album *n* 앨범 aelbeom
albumen *n.* 난백 nanbaek
alchemy *n.* 연금술 yeongeumsul
alcohol *n.* 알코올 alkool
alchoholic *adj.* 술의 sului
alcove *n.* 벽감 byukggam
ale *n.* 에일 eil
alert *adj.* 경계하는 gyunggyehaneun
algebra *n.* 대수학 daesuhak
alias *adv.* 다른 이름으로는 dareun ireumeuroneun
alias *n.* 가명 gamyeong
alibi *n.* 알리바이 alibai
alien *adj.* 이질적인 ijiljeogin
alienate *v.i.* 이간하다 iganhada
alight *v.t.* 불태우다 bultaeuda
align *v.* 나란하다 naranhada
alignment *n.* 정렬 jeongryeol
alike *adj.* 서로 같은 seoro gateun
alimony *n.* 이혼 수당 ihon sudang
alive *adj.* 살아 있는 sarainneun
alkali *n.* 알칼리 alkali
all *adj.* 모든 modeun
allay *v.* 감정을 가라앉히다 gamjeongeul garanchida
allegation *n.* 혐의 hyumui
allege *v.* 혐의 제기하다 hyumui jegihada
allegiance *n.* 충성 chungseong
allegory *n.* 풍자 pungja
allergen *n.* 알레르겐 alereugen
allergic *adj.* 알레르기성의 alereugiseongui
allergy *n.* 알레르기 alereugi
alleviate *v.* 완화하다 wanhwahada
alleviation *n.* 경감 gyeonggam

alley *n.* 골목 golmok
alliance *n.* 동맹 dongmaeng
allied *adj.* 동맹한 dongmaenghan
alligator *n.* 앨리게이터 alligator
alliterate *v.* 두운을 사용하다 douneul sayonghada
alliteration *n.* 두운법 dounbeop
allocate *v.* 할당하다 haldanghada
allocation *n.* 할당 haldang
allot *v.* 할당하다 haldanghada
allotment *n.* 배당 baedang
allow *v.* 허락하다 heorakada
allowance *n.* 허용량 heoyongryang
alloy *n.* 합금 hapgeum
allude *v.t.* 암시하다 amsihada
allure *n.* 매력 maeryuk
alluring *adj.* 매혹적인 maehokjjeogin
allusion *n.* 암시 amsi
ally *n.* 동맹국 dongmaengguk
almanac *n.* 책력 chaeknyuk
almighty *adj.* 전능한 jeonneunghan
almond *n.* 아몬드 amond
almost *adv.* 거의 geoui
alms *n.* 구호금 guhogeum
aloft *adv.* 하늘높이 haneulnopi
alone *adv.* 혼자 honja
along *prep.* ~을 따라 ~eul ttara
alongside *prep.* 나란히 naranhi
aloof *adj.* 냉담한 naengdamhan
aloud *adv.* 큰소리로 keunsoriro
alpha *n.* 알파 alpa
alphabet *n.* 알파벳 alpabet
alphabetical *adj.* 알파벳순의 alpabet sunui
alpine *adj.* 높은 산의 nopeunsanui
already *adv.* 이미 imi
also *adv.* 또한 ttohan
altar *n.* 제단 jedan
alter *v.* 고치다 gochida
alteration *n.* 개조 gaejo
altercation *n.* 언쟁 eonjaeng

alternate *v.t.* 대체하다 daechaehada
alternative *adj.* 대안적인 daeanjeogin
although *conj.* ~이긴 하지만 ~igin hajiman
altitude *n.* 해발 haebal
altogether *adv.* 모두 합쳐 modu hapchyeo
altruism *n.* 이타심 itasim
aluminium *n.* 알루미늄 aluminum
alumnus *n.* 남자 졸업생 namja joreopsaeng
always *adv.* 항상 hangsang
amalgam *n.* 아말감 amalgam
amalgamate *v.* 합치다 hapchida
amalgamation *n.* 합병 hapbbyeong
amass *v.* 모드다 moeuda
amateur *n.* 아마츄어 amachyueo
amateurish *adj.* 비전문적인 bijeonmunjeogin
amatory *adj.* 연애의 yeonaeui
amaze *v.* 놀라게 하다 nolage hada
amazement *n.* 놀라움 nolaeum
amazon *n.* 여전사 yeojeonsa
ambassador *n.* 대사 daesa
amber *n.* 호박색 hobaksaek
ambient *adj.* 포위한 pouihan
ambiguity *n.* 모호 moho
ambiguous *adj.* 모호한 mohohan
ambit *n.* 범위 beomui
ambition *n.* 야망 yamang
ambitious *adj.* 야심만만한 yasimmanmanhan
ambivalent *adj.* 양면가치의 yangmyeongachiui
amble *v.* 느릿느릿 걷다 neuritneurit geotta
ambrosia *n.* 암브로시아 ambrosia
ambulance *n.* 구급차 gugeupcha
ambush *n.* 매복 maebok
ameliorate *v.* 개량하다 gaeryanghada
amelioration *n.* 개량 gaeryang

amend *v.* 수정하다 sujeonghada
amendment *n.pl.* 개정 gaejeong
amenable *adj.* 말을 잘 듣는 mareul jaldeun neun
amiable *adj.* 잘 받아들이는 jal badadeurineun
amicable *adj.* 우호적인 uhojeogin
amid *prep.* 가운데에 gaundee
amiss *adj.* 어긋나서 eogeunnaseo
amity *n.* 친목 chinmok
ammunition *n.* 탄약 tanyak
amnesia *n.* 기억 상실 gieok sangsil
amnesty *n.* 사면 sameyeon
amok *adv.* 날뛰어 nalttuieo
among *prep.* ~사이에 ~saie
amoral *adj.* 부도덕한 budodeokan
amorous *adj.* 호색한 hosaekan
amorphous *adj.* 무정형의 mujeonhyungui
amount *n.* 양 yang
ampere *n.* 암페어 ampeo
ampersand *n.* 앰퍼샌드 aempeosend
amphibian *n.* 양서류 yangseoryu
amphitheatre *n.* 원형 경기장 wonhyung gyunggijang
ample *adj.* 충분한 chungbunhan
amplification *n.* 확대 hwakddae
amplifier *n.* 증폭기 jeunpokki
amplify *v.* 증폭시키다 jeunpoksidida
amplitude *n.* 진폭 jinpok
amulet *n.* 부적 bujeok
amuse *v.* 즐겁게 하다 jeugeopkke hada
amusement *n.* 오락 orak
an *adj.* 한 han
anachronism *n.* 시대착오 sidaechago
anaemia *n.* 빈혈증 binhyuljjeung
anaesthesia *n.* 마취 machui
anaesthetic *n.* 마취제 machuije
anal *adj.* 항문의 hangmunui
analgesic *n.* 진통제 jintongje
analogous *adj.* 유사한 yusahan

analogue *adj.* 아날로그식인 analogeusigin
analogy *n.* 유추 yuchu
analyse *v.* 분석하다 bunseokada
analysis *n.* 분석 bunseok
analyst *n.* 분석가 bunseokka
analytical *adj.* 분석적인 bunseokjjeogin
anarchism *n.* 무정부주의 mujeongbujui
anarchist *n.* 무정부주의자 mujeongbujuija
anarchy *n.* 무정부 mujeongbu
anatomy *n.* 해부학 haebuhak
ancestor *n.* 선조 seonjo
ancestral *adj.* 조상의 josangui
ancestry *n.* 가계 gagye
anchor *n.* 닻 dat
anchorage *n.* 정박지 jeongbakjji
ancient *adj.* 고대의 godaeui
ancillary *adj.* 보조적인 bojojeogin
and *conj.* 그리고 geurigo
android *n.* 안드로이드 android
anecdote *n.* 일화 ilhwa
anew *adv.* 새로 saero
angel *n.* 천사 cheonsa
anger *n.* 분노 bunno
angina *n.* 협심증 hyupsimjjeung
angle *n.* 각도 gaktto
angry *adj.* 성난 seongnan
anguish *n.* 비통 bitong
angular *adj.* 각도의 gakttoui
animal *n.* 동물 dongmul
animate *v.* 생기 불어넣다 saenggi bureoneota
animated *adj.* 활기찬 hwalgichan
animation *n.* 생기 saenggi
animosity *n.* 적대감 jeokttaegam
aniseed *n.* 아니스씨 aniseussi
ankle *n.* 발목 balmok
anklet *n.* 발찌 baljji
annals *n.* 연대기 yeondaegi
annex *v.* 합병하다 happyeonghada
annexation *n.* 부가 buga
annihilate *v.* 완파하다 wanpahada
annihilation *n.* 소멸 somyul
anniversary *n.* 기념일 ginyumil
annotate *v.* 주석달다 juseokdalda
announce *v.* 알리다 alida
announcement *n.* 발표 balpyo
annoy *v.* 귀찮게 하다 gwichankehada
annoyance *n.* 골칫거리 golchiggeori
annual *adj.* 연례의 yeolyeui
annuity *n.* 연금 yeongeum
annul *v.* 매년 maenyeon
anode *n.* 양극 anode
anoint *v.* 성유를 바르다 seonyurel bareuda
anomalous *adj.* 변칙의 byunchigui
anomaly *n.* 이례 irye
anonymity *n.* 익명 ikmyung
anonymous *adj.* 익명인 ikmyungin
anorexia *n.* 거식증 geosikjjeung
another *adj.* 다른 dareun
answer *n.* 대답 daedap
answerable *adj.* 답할 수 있는 dapal ssu inneun
ant *n.* 개미 gaemi
antacid *adj.* 제산제 jesanje
antagonism *n.* 적의 jeogui
antagonist *n.* 적대자 jeokdaeja
antagonize *v.* 적대감 일으키다 jeokdaegam ireukida
antarctic *adj.* 남극의 namgeugui
antecedent *n.* 선행 사건 seonhaeng sageon
antedate *v.* 선행하다 seonhaeng hada
antelope *n.* 영양 yeongyang
antenna *n.* 안테나 antena
anthem *n.* 국가 gukka
anthology *n.* 문집 munjip
anthropology *n.* 인류학 ilyuhak
anthrax *n.* 탄저병 tanjeoppyung
anti *n.* 반대하는 bandaehaneun

antibiotic *n.* 항생제 hangsaengje
antibody *n.* 항체 hangche
antic *n.* 색다른 saekdareun
anticipate *v.* 예상하다 yesanghada
anticipation *n.* 예측 yecheuk
anticlimax *n.* 용두사미 yongdusami
antidote *n.* 해독제 haedokje
antioxidant *n.* 항산화제 hangsanhwaje
antipathy *n.* 반감 bangam
antiperspirant *n.* 발한 억제제 balhan eokjeje
antiquarian *adj.* 골동품의 goldongpumui
antiquated *adj.* 구식인 gusigin
antique *n.* 골동품의 goldongpum
antiquity *n.* 유물 yumul
antiseptic *adj.* 소독된 sodokdoin
antisocial *adj.* 반사회적인 bansahoijeogin
antithesis *n.* 대조 daejo
antler *n.* 사슴뿔 saseumpul
antonym *n.* 반의어 banuieo
anus *n.* 항문 hangmun
anvil *n.* 모루 moru
anxiety *n.* 불안 bulan
anxious *adj.* 불안해하는 bulanhaehaneun
any *adj.* 아무 amu
anyhow *adv.* 되는대로 doineundaero
anyone *pron.* 누구 nugu
anything *pron.* 아무것 amugeot
anywhere *adv.* 어디든 eodideun
apace *adv.* 빨리 ppali
apart *adv.* 따로 ttaro
apartheid *n.* 인종차별 injongchabyeol
apartment *n.* 아파트 apteu
apathy *n.* 무관심 mugwansim
ape *n.* 유인원 yuinwon
aperture *n.* 작은 구멍 jageun gumeong
apex *n* 꼭대기 kkokdaegi
aphorism *n.* 경구 kyunggu

apiary *n.* 양봉장 yangbongjang
aplomb *n.* 침착함 chimchakam
apocalypse *n.* 파멸 pamyul
apologize *v.* 사과하다 sagwahada
apology *n.* 사과 sagwa
apoplectic *adj.* 중풍의 jungpungui
apostate *n.* 배교자 baegyoja
apostle *n.* 사도 sado
apostrophe *n.* 돈호법 donhobeop
appal *v.* 충격주다 chunggyeokjuda
apparatus *n.* 장치 jangchi
apparel *n.* 의류 uiryu
apparent *adj.* 분명한 bunmyunghan
appeal *v.t.* 호소 hoso
appear *v.* 나타나다 natanada
appearance *n.* 출현 chulhyun
appease *v.* 달래다 dalaeda
append *v.* 첨부하다 cheombuhada
appendage *n.* 부속물 busokmul
appendicitis *n.* 충수염 chungsuyeom
appendix *n.* 맹장 maengjang
appetite *n.* 식욕 sigyok
appetizer *n.* 전채요리 jeonchaeyori
applaud *v.* 박수치다 baksuchida
applause *n.* 박수 baksu
apple *n.* 사과 sagwa
appliance *n.* 가정용 기기 gajeongyong gigi
applicable *adj.* 해당되는 haedangdoineun
applicant *n.* 지원자 jiwonja
application *n.* 적용 jeogyong
apply *v.t.* 적용하다 jeogyonghada
appoint *v.* 임명하다 immyeonghada
appointment *n.* 임명 immyeong
apportion *v.t.* 배분하다 baebunhada
apposite *adj.* 아주 적절한 aju jeokjeoran
appraise *v.* 평가하다 pyungkkahada
appreciable *adj.* 주목할만한 jumokalmanan

appreciate v. 진가를 알아보다 jinkkareul araboda
appreciation n. 감상 gamsang
apprehend v. 파악하다 paakada
apprehension n. 우려 uryo
apprehensive adj. 걱정되는 geokjjeongdoineun
apprentice n. 견습생 gyeonseupsaeng
apprise v. 알리다 alida
approach v. 다가가다 dagagada
appropriate adj. 적절한 jeokjjeoran
appropriation n. 도용 doyong
approval n. 승인 seungin
approve v. 인가하다 ingahada
approximate adj. 근사치인 geunsachiin
apricot n. 살구 salgu
apron n. 앞치마 apchima
apt adj. 적절한 jeokjeoran
aptitude n. 소질 sojil
aquarium n. 수족관 sujokkwan
aquatic adj. 수생의 susaengui
aqueous adj. 물같은 mulgateun
Arab n. 아랍인 arabin
Arabian n. 아라비아 arabia
Arabic n. 아랍어 arabeo
arable adj. 경작가능한 gyeongakganeunghan
arbiter n. 결정권자 gyeoljjeongkkwonja
arbitrary adj. 임시의 imsiui
arbitrate v. 중재하다 jungjaehada
arbitration n. 중재 jungjae
arbitrator n. 중재자 jungjaeja
arbour n. 수목 sumok
arc n. 원호 wonho
arcade n. 회랑 hoirang
arch n. 아치 achi
archaeology n. 고고학 gogohak
archaic adj. 고대의 godaeui
archangel n. 천사장 cheonsajang
archbishop n. 대주교 daejugyo
archer n. 궁수 gungsu

architect n. 건축가 geonchukka
architecture n. 건축 양식 geochung yangsik
archives n. 기록 보관서 girok bogwanso
Arctic adj. 북극의 bukkui
ardent adj. 열렬한 yeolyeoran
ardour n. 열정 yeoljjeong
arduous adj. 고된 godoin
area n. 지역 jiyeok
arena n. 경기장 gyeongijang
argue v. 언쟁하다 eonjaenghada
argument n. 언쟁 eonjaeng
argumentative adj. 시비거는 sibigeoneun
arid adj. 매우 건조한 maeu geonjohan
arise v. 생기다 saengida
aristocracy n. 귀족 계층 guijok gyecheung
aristocrat n. 귀족 guijok
arithmetic n. 연산 yeonsan
arithmetical adj. 산수의 sansuui
ark n. 노아의 방주 noaui bangju
arm n. 팔 pal
armada n. 함대 hamdae
Armageddon n. 아마겟돈 amagetton
armament n. 군비 gunbi
armistice n. 휴진 hyujeon
armour n. 갑옷 gabot
armoury n. 무기고 mugigo
army n. 군대 gundae
aroma n. 향기 hyanggi
aromatherapy n. 방향요법 banghyangyoppeop
around adv. 빙 둘러 bing duleo
arouse v. 자극하다 jageukada
arrange v. 마련하다 maryunada
arrangement n. 마련 maryun
arrant adj. 순전한 sunjeonan
array n. 배열 baeyeol
arrears n. 체납금 chenapkkeum

arrest *v.* 체포하다 chepohada
arrival *n.* 도착 dochak
arrive *v.* 도착하다 dochakada
arrogance *n.* 오만 oman
arrogant *adj.* 오만한 omanan
arrogate *v.* 사칭하다 sachinghada
arrow *n.* 화살 hwasal
arsenal *n.* 무기 mugi
arsenic *n.* 비소 biso
arson *n.* 방화 banghwa
art *n.* 예술 yesul
artefact *n.* 인공물 ingongmul
artery *n.* 동맥 dongmaek
artful *adj.* 교묘한 gyomyohan
arthritis *n.* 관절염 gwanjeoleom
artichoke *n.* 아티초크 atichokeu
article *n.* 글 geul
articulate *adj.* 또렷이 말하다 ttoryeosi marada
artifice *n.* 채략 chaengnyak
artificial *adj.* 인공의 ingongui
artillery *n.* 대포 daepo
artisan *n.* 장인 jangin
artist *n.* 아티스트 atist
artistic *adj.* 예술의 yesurui
artless *adj.* 소박한 sobakan
as *adv.* 처럼 cheoreom
asbestos *n.* 석면 seongmyeon
ascend *v.* 오르다 oreuda
ascendant *adj.* 상승 중인 sanseungjungin
ascent *n.* 상승 sangseung
ascertain *v.* 알아내다 araneda
ascetic *adj.* 금욕적인 geumyokjjeogin
ascribe *v.* 의 탓으로 돌리다 ui taseuro dolida
aseptic *adj.* 무균성의 mugyunsseongui
asexual *adj.* 무성의 museongui
ash *n.* 재 jae
ashamed *adj.* 부끄러운 bukkeureoun
ashore *adv.* 물가로 mulgaro

Asian *adj.* 아시아의 asiaui
aside *adv.* 따로 ttaro
asinine *adj.* 터무니없는 teomunieomneun
ask *v.* 묻다 mutta
askance *adv.* 비스듬히 biseudeumi
askew *adv.* 삐딱하게 ppittakage
asleep *adj.* 잠든 jamdeun
asparagus *n.* 아스파라거스 asparageos
aspect *n.* 측면 cheungmyeon
asperity *n.* 가혹함 gahokam
aspersions *n.* 언짢은 말 eonjjaneun mal
asphyxiate *v.* 질식시키다 jilsiksikida
aspirant *n.* 열망자 yeolmangja
aspiration *n.* 포부 pobu
aspire *v.* 열망하다 yeolmanghada
ass *n.* 멍청이 meongcheongi
assail *v.* 공격하다 gonggyeokada
assassin *n.* 암살범 amsalbeom
assassinate *v.* 암살하다 amsalhada
assassination *n.* 암살 amsal
assault *n.* 폭행 pokaeng
assemblage *n.* 모임 moim
assemble *v.* 모이다 moida
assembly *n.* 집회 jipoi
assent *n.* 찬성 chanseong
assert *v.* 주장하다 jujanghada
assess *v.* 재다 jaeda
assessment *n.* 평가 pyeongkka
asset *n.* 자산 jasan
assiduous *adj.* 근면 성실한 geunmyeon seongsiran
assign *v.* 맡기다 makkida
assignation *n.* 밀회 melhoi
assignment *n.* 과제 gwaje
assimilate *v.* 동화되다 donghwadoida
assimilation *n.* 동화 donghwa
assist *v.* 도움되다 doumdoida
assistance *n.* 도움 doum
assistant *n.* 조수 josu

associate v. 결부짓다 gyeolbujitta
association n. 연관 yeongwan
assonance n. 유운 yuun
assorted adj. 여러 가지의 yeoreogajiui
assortment n. 종합 jongap
assuage v. 누그러뜨리다 nugreotteurida
assume v. 추정하다 chujeonghada
assumption n. 추정 chujeong
assurance n. 확언 hwageon
assure v. 확언하다 hwageonada
assured adj. 보장받는 bojangbaneun
asterisk n. 별표 byeolpyo
asteroid n. 소행성 sohaengseong
asthma n. 천식 cheonsik
astigmatism n. 난시 nansi
astonish v. 깜짝 놀라게 하다 kkamjjangnoldgehada
astonishment n. 깜짝 놀람 kkamjjangnolam
astound v. 경악시키다 geongaksikida
astral adj. 별의 byerui
astray adv. 벗어나 beoseona
astride prep. 양쪽으로 yangjjogeuro
astrologer n. 점성가 jeomseongga
astrology n. 점성술 jeomseongsul
astronaut n. 우주 비행사 uju bihaengsa
astronomer n. 천문학자 cheonmunhakjja
astronomy n. 천문학 cheonmunak
astute adj. 약삭빠른 yaksakpareun
asunder adv. 산산이 sansani
asylum n. 망명 mangmyeong
at prep. ~에 ~e
atavistic adj. 인간 본래의 ingan boleui
atheism n. 무신론 musilon
atheist n. 무신론자 musilonja
athlete n. 운동선수 undongseonsu
athletic adj. 육상의 yukssangui
atlas n. 지도책 jidochaek
atmosphere n. 대기 daegi

atoll n. 환상 산호도 hwansang sanhodo
atom n. 원자 wonja
atomic adj. 원자의 wonjaui
atone v. 속죄하다 sokjoihada
atonement n. 속죄 sokjoi
atrium n. 아트리움 atrium
atrocious adj. 끔찍한 keumjjikan
atrocity n. 잔혹 행위 janok haengwi
attach v. 첨부하다 cheombuhada
attache n. 담당관 damdanggwan
attachment n. 애착 aechak
attack v. 공격하다 gonggyeokada
attain v. 이루다 iruda
attainment n. 성과 seongkkwa
attempt v. 시도 sido
attempt v. 시도하다 sidohada
attend v. 참석하다 chamseokada
attendance n. 출석 chulsseok
attendant n. 종업원 jongeobwon
attention n. 주목 jumok
attentive adj. 배려하는 baeryeohaneun
attest v. 증명하다 jeunmyeonghada
attic n. 다락방 darakbbang
attire n. 복장 bokjjang
attitude n. 태도 taedo
attorney n. 변호사 byeonhosa
attract v. 마음을 끌다 maumeul kkeulda
attraction n. 매력 maeryeok
attractive adj. 매력적인 maeryeokjjeogin
attribute v. 의 결과로 보다 ui gyeolgwaro boda
aubergine n. 가지 gaji
auction n. 옥션 okssyeon
audible adj. 잘들리는 jaldeulineun
audience n. 청중 cheongjung
audio n. 녹음의 nogeumui
audit n. 감사 gamsa
audition n. 오디션 odisyeon
auditorium n. 강당 gangdang
augment v. 늘리다 neulida

August *n* 팔월 palwol
aunt *n.* 고모 gomo
aura *n.* 영기 yeonggi
auspicious *adj.* 상서로운 sangseoreoun
austere *adj.* 소박한 sobakan
Australian *n.* 호주인 hojuin
authentic *adj.* 진본인 jinbonin
authenticity *n.* 진짜임 jincchaim
author *n.* 저자 jeoja
authoritative *adj.* 권위적인 gwonuijeoggin
authority *n.* 권한 gwonhan
authorize *v.* 권한 부여하다 gwonhan buyeohada
autism *n.* 자폐증 japyejjeung
autobiography *n.* 자서전 jaseojeon
autocracy *n.* 전제 정치 jeonje jeongchi
autocrat *n.* 전제군주 jeonje gunju
autocratic *adj.* 독재의 dokjjeui
autograph *n.* 사인 sain
automatic *adj.* 자동의 jadongui
automobile *n.* 자동차 jadongcha
autonomous *adj.* 자치의 jachiui
autopsy *n.* 부검 bugeom
autumn *n.* 가을 gaeul
auxiliary *adj.* 보조의 bojoui
avail *v.* 도움이 되다 doumi doida
available *adj.* 구할 수 있는 guhalsu inneun
avalanche *n.* 눈사태 nunsatae
avarice *n.* 탐욕 tamyok
avenge *v.* 복수하다 bokssuhada
avenue *n.* 거리 geori
average *n.* 평균의 pyeongyunui
averse *adj.* 싫어하는 sireohaneun
aversion *n.* 혐오감 hyumogam
avert *v.* 돌리다 dolida
aviary *n.* 큰 새장 keunsaejang
aviation *n.* 항공술 hangongsul
aviator *n.* 비행사 bihaengsa

avid *adj.* 열심인 yeolssimin
avidly *adv.* 탐욕스럽게 tamyoksseureopgge
avocado *n.* 아보카도 avocado
avoid *v.* 회피하다 hoepihada
avoidance *n.* 회피 hoepi
avow *v.* 맹세하다 maengsehada
avuncular *adj.* 삼촌 같은 samchon gateun
await *v.* 기다리다 gidarida
awake *v.* 깨우다 kkaeuda
awaken *v.* 깨다 kkaeda
award *v.* 상주다 sangjuda
aware *adj.* 알고 있는 algoineun
away *adv.* 떨어져 ddeoreojyeo
awe *n.* 경외심 gyeongoisim
awesome *adj.* 굉장한 goingjanghan
awful *adj.* 끔찍한 kkeumjjikan
awhile *adv.* 잠시 jamsi
awkward *adj.* 곤란한 golanan
awry *adv.* 빗나가다 binnagada
axe *n.* 도끼 dokki
axis *n.* 축 chuk
axle *n.* 차축 chchuk

B

babble *v.* 횡설수설하다 hoingseolsuseol
babe *n.* 아기 agi
babel *n.* 왁자지껄 wakjjajikkeol
baboon *n.* 개코원숭이 gaekowonsunggi
baby *n.* 아기 agi
bachelor *n.* 독신남 dokssinnam
back *n.* 뒤쪽 duijjok
backbone *n.* 중추 jungchu
backdate *v.* 소급 적용하다 sogeupjeogyonghada
backdrop *n.* 사건의 배경 saggeonui baegyeong

backfire *v.* 역효과를 낳다 yeokyokkwareul nata
background *n.* 배경 baegyeong
backhand *n.* 백핸드 baekand
backing *n.* 지원 jewon
backlash *n.* 반발 banbal
backlog *n.* 밀린 일 milin il
backpack *n.* 배낭 baenang
backside *n.* 엉덩이 yeongdungi
backstage *adv.* 막후에서 makueseo
backtrack *v.* 되짚어 가다 doejipeo gada
backward *adj.* 낙후된 nakudoin
backwater *n.* 후미 humi
bacon *n.* 베이컨 beikeon
bacteria *n.* 세균 segyun
bad *adj.* 나쁜 napeun
badge *n.* 휘장 huijang
badly *adv.* 나쁘게 napeuge
badminton *n.* 배드민턴 badminton
baffle *v.* 당황하다 danghwanghada
bag *n.* 가방 gabang
baggage *n.* 수하물 suhamul
baggy *adj.* 헐렁한 heoleonghan
baguette *n.* 바게트 baget
bail *n.* 보석 boseok
bailiff *n.* 집달관 jipddalgwan
bait *n.* 미끼 mikki
bake *v.* 굽다 gupdda
baker *n.* 제빵사 jeppangsa
bakery *n.* 제과점 jegwajeom
balance *n.* 균형 gyunhyung
balcony *n.* 발코니 balcony
bald *adj.* 대머리의 daemeori
bale *n.* 뭉치다 mungchida
ball *n.* 공 gong
ballad *n.* 발라드 balad
ballet *n.* 발레 bale
balloon *n.* 풍선 pungseon
ballot *n.* 투표용지 tupyoyongji
balm *n.* 연고 yeongo
balsam *n.* 발삼나무 balsam namu
bamboo *n.* 대나무 daenamu
ban *v.* 금하다 geumada
banal *adj.* 시시한 sisihan
banana *n.* 바나나 banana
band *n.* 악단 akddan
bandage *n.* 붕대 bungdae
bandit *n.* 비적 bijeok
bane *n.* 골칫거리 golchikkeori
bang *n.* 꽝소리 kkwangsori
banger *n.* 폭죽 pokjjuk
bangle *n.* 팔찌 paljji
banish *v.* 사라지다 sarajida
banishment *n.* 유배 yubae
banisters *n.* 난간 nangan
banjo *n.* 밴조 banjo
bank *n.* 은행 eunhaeng
banker *n.* 은행가 eunhaenga
bankrupt *adj.* 파산한 pasanhan
bankruptcy *n.* 파산 pasan
banner *n.* 현수막 hyunsumak
banquet *n.* 연회 yeonhoi
banter *n.* 정감 어린 농담 jeongameorin nongdam
baptism *n.* 세례식 seryesik
baptist *n.* 침례교도 chimryegyodo
baptize *v.* 세례를 주다 seryereul juda
bar *n.* 술집 suljjip
barb *n.* 미늘 mineul
barbarian *n.* 야만인 yamainin
barbaric *adj.* 이방인의 ibanginui
barbecue *n.* 바비큐 babikyu
barbed *adj.* 가시돋친 gasidochin
barber *n.* 이발사 ibalssa
bard *n.* 시인 siin
bare *adj.* 헐벗은 heobeosn
barely *adv.* 겨우 geou
bargain *n.* 흥정 heunjeong
barge *n.* 바지선 bajiseon
bark *n.* 나무껍질 namukkeopjjil
barley *n.* 보리 bori
barn *n.* 곳간 gokkan

barometer n. 기압계 giapkkye
baron n. 남작 namjak
barrack n. 응원하다 eunwonhada
barracuda n. 꼬치고기 kkochigogi
barrage n. 보 bo
barrel n. 배럴 baereol
barren adj. 척박한 cheokbbakan
barricade n. 바리케이드 barikeid
barrier n. 장벽 jangbyuk
barring prep. ~을 제외하고 ~eul jeoihago
barrister n. 법정 변호사 beopjjeong byeonhosa
barter v. 물물교환하다 mulmulgyohwanada
base n. 기반 giban
baseless adj. 근거 없는 geungeo eomneun
basement n. 지하층 jihacheung
bashful adj. 수줍음을 타는 sujubumeul taneun
basic n. 기본 gibon
basil n. 바질 bajil
basilica n. 바실리카 basilica
basin n. 분지 bunji
basis n. 근거 geungeo
bask v. 햇볕 쪼이다 haebbyeot jjoida
basket n. 바구니 baguni
bass n. 베이스 beis
bastard n. 개자식 gaejasik
baste v. 육즙 끼얹다 yukjjeup kkieondda
bastion n. 수호자 suhoja
bat n. 배트 baet
batch n. 한 회분 han hoibun
bath n. 목욕 mogyeok
bathe v. 몸 씻다 momssitta
bathos n. 점강법 jeomgangppeop
batik n. 바틱 batik
baton n. 배턴 baeteon
battalion n. 대대 daedae

batten n. 널빤지 neolpanji
batter n. 튀김옷 tuigimot
battery n. 건전지 geonjeonji
battle n. 전투 jeontu
bauble n. 싸구려 보석 ssaguryeo boseok
baulk v. 멈칫거리다 meomchit georida
bawl v. 고함치다 gohamchida
bay n. 만 man
bayonet n. 총검 cheonggeom
bazaar n. 상점가 sangjeomga
bazooka n. 바주카포 bazukapo
be v. 이다 ida
beach n. 해변 haebyeon
beacon n. 신호등 sinhodeung
bead n. 구슬 guseul
beady adj. 반짝거리는 banjjakkeorineun
beagle n. 비글 beagle
beak n. 부리 buri
beaker n. 비이커 bikeo
beam n. 빛줄기 bitjjulgi
bean n. 콩 kong
bear v.t 떠맡다 tteomatta
bear n. 곰 gom
beard n. 수염 suyeom
bearing n. 베어링 beoring
beast n. 짐승 jimseung
beastly adj. 불쾌한 bulkoihan
beat v. 이기다 igida
beautician n. 미용사 miyongsa
beautiful adj. 아름다운 areumdaun
beautify v. 아름답게 하다 areumdapkke hada
beatitude n. 팔복 palbok
beauty n. 아름다움 areumdaeum
beaver n. 비버 bibeo
becalmed adj. 정지된 jeongjidoin
because conj. ~때문에 ~ttaemune
beck n. 시내 sinae
beckon v. 유혹의 손짓을 하다 yuhogui sonjjiseul hada

become *v.* ~이 되다 ~i doida
bed *n.* 침대 chimttae
bedding *n.* 침구 chimgu
bedlam *n.* 난리 nali
bedraggled *adj.* 후줄그레한 hujeulgrehan
bee *n.* 벌 beol
beech *n.* 너도밤나무 neodobamnamu
beef *n.* 소고기 sogogi
beefy *adj.* 우람한 uraman
beep *n.* 삐 소리 ppi sori
beer *n.* 맥주 maekjju
beet *n.* 사탕무우 satangmu
beetle *n.* 딱정벌레 ttakjjeongbeolae
beetroot *n.* 비트 bit
befall *v.* 닥치다 dakchida
befit *v.* 걸맞다 geolmatta
before *adv.* 앞에 ape
beforehand *adv.* 사전에 sajeone
befriend *v.* 친구가 되어 주다 chinguga doieojuda
befuddled *adj.* 정신이 없는 jeongsini eomneun
beg *v.* 간청하다 gancheonghada
beget *v.* 아비가 되다 abiga doida
beggar *n.* 거지 geoji
begin *v.* 시작되다 sijakttoida
beginning *n.* 시작 sijak
beguile *v.* 구슬리다 guseulida
behalf *n.* 자기편 jagipyeon
behave *v.* 처신하다 cheosinhada
behaviour *n.* 처신 cheosin
behead *v.* 목 베다 mok beda
behemoth *n.* 거대 기업 geodae gieop
behest *n.* 명령 myeongnyeong
behind *prep.* 뒤에서 duieseo
behold *v.* 바라보다 baraboda
beholden *adj.* ~에게 신세를 지고 있는 ~ege sinsereul jigoinneun
beige *n.* 베이지 색 beiji saek
being *n.* 존재 jonjae

belabour *v.* 애쓰다 aesseuda
belated *adj.* 뒤늦은 duineujeun
belay *v.* 자일을 매다 jaireul maeda
belch *v.* 트림하다 teurimada
beleaguered *adj.* 사면초가에 몰린 samyeonchogae molin
belie *v.* 거짓임을 보여주다 geojidimeul boyeojuda
belief *n.* 믿음 mideum
believe *v.* 믿다 mitta
belittle *v.* 하찮게 만들다 hachankke mandeulda
bell *n.* 종 jong
belle *n.* 미인 miin
bellicose *adj.* 호전적인 hojeonjeogin
belligerent *adj.* 적대적인 jeokttaejeogin
bellow *v.* 고함치다 gohamchida
bellows *n.* 풀무 pulmu
belly *n.* 배 bae
belong *v.* ~에 속하다 ~e sokada
belongings *n.* 소유물 soyumul
beloved *adj.* 총애 받는 chonge banneun
below *prep.* 밑에 mite
belt *n.* 벨트 belt
bemoan *v.* 한탄하다 hantannada
bemused *adj.* 어리벙벙한 eoribeongbeonghan
bench *n.* 벤치 benchi
bend *v.* 굽히다 gupida
beneath *adv.* 아래에 araee
benediction *n.* 축복의 기도 chukppogui gido
benefactor *n.* 후원자 huwonja
benefice *n.* 유급 성직자 직책 yugeup seongjikjja jikchaek
beneficent *adj.* 도움을 주는 doumeul juneun
beneficial *adj.* 유익한 yuikan
benefit *n.* 혜택 hyetaek
benevolence *n.* 박애 bagae
benevolent *adj.* 자애로운 jaeroun

benign *adj.* 상냥한 sangnyanghan
bent *adj.* 구부러진 gubureojin
bequeath *v.* 유산 yusan
bequest *n.* 재산 남기다 jaesannamgida
berate *v.* 질책하다 jilchaekada
bereaved *v.* 사별하다 sabyulhada
bereavement *n.* 사별 sabyul
bereft *adj.* 상실감에 빠진 sangsilgame ppajin
bergamot *n.* 베르가못 bereugamot
berk *n.* 멍청이 meongcheongi
berry *n.* 베리 beri
berserk *adj.* 길길이 뛰는 gilgiri ttuineun
berth *n.* 기차의 침상 gichaui chimsang
beseech *v.* 간청하다 gancheonghada
beset *v.* 괴롭히다 goiropida
beside *prep.* 옆에 yeope
besiege *v.* 포위하다 powihada
besmirch *v.* 평판을 더럽히다 pyungpaneul deoreopida
besom *n.* 짜증나는 여성 jjajeungnaneun yeoseong
besotted *adj.* 정신을 못차리는 jeongsineul mocharineun
bespoke *adj.* 맞춤 생산을 하는 machum saengsaneul haneun
best *adj.* 최고의 choigoui
bestial *adj.* 짐승 같은 jimseung gateun
bestow *v.* 수여하다 suyeohada
bestride *v.* 다리를 벌리고 앉다 darireul beoligo antta
bet *v.* 내기 걸다 naegi geolda
betake *v.* 가다 gada
betray *v.* 배신하다 baesinada
betrayal *n.* 배신 baesin
better *adj.* 더 나은 deo naeun
between *adv.* 사이에 saie
bevel *n.* 비스듬한 면 biseudeuman myeon
beverage *n.* 음료 eumryo
bevy *n.* 무리 muri

bewail *v.* 비통해하다 betonghaehada
beware *v.* 조심하다 josimhada
bewilder *v.t* 당황케하다 danghwangkehada
bewitch *v.* 넋을 빼놓다 neokseul ppaenota
beyond *adv.* ~저편에 jeopeone
bi *comb.* 양측의 yangcheugui
biannual *adj.* 연 2회의 yeon 2hoiui
bias *n.* 편견 pyeongyeon
biased *adj.* 선입견이 있는 seonipkkyeoni inneun
bib *n.* 턱받이 teokbaji
Bible *n.* 성경 seonggyeong
bibliography *n.* 참고문헌 chamgomunheon
bibliophile *n.* 애서가 aeseoga
bicentenary *n.* 200주년 기념해 200junyeon ginyeomhae
biceps *n.* 이두박근 idubakken
bicker *v.* 말다툼하다 maldatumhada
bicycle *n.* 자전거 jajeongeo
bid *v.* 응찰하다 eungcharada
biddable *adj.* 고분고분한 gobungobunhan
bidder *n.* 응찰자 eungchalja
bide *v.* 기회를 기다리다 gihoireul gidarida
bidet *n.* 비데 bide
biennial *adj.* 격년의 gyeognyeonui
bier *n.* 상여 sanggyeo
bifocal *adj.* 이중 초점의 ijung chojjeomui
big *adj.* 커다란 keodaran
bigamy *n.* 중혼 junghon
bigot *n.* 편견이 심한 사람 pyeongyeoni siman saram
bigotry *n.* 심한 편견 siman pyeongyeon
bike *n.* 자전거 jajeongeo
bikini *n.* 비키니 bikini
bilateral *adj.* 쌍방의 ssangbangui

bile *n.* 담즙 damjeup
bilingual *adj.* 2개 언어 사용의 2gae eoneo sayongui
bill *n.* 청구서 cheonguseo
billet *n.* 임시숙소 imsisuksso
billiards *n.* 당구 dangu
billion *n.* 10억 sibeok
billionaire *n.* 억만장자 eongmanjangja
billow *v.* 부풀어 오르다 bupureooreuda
bin *n.* 쓰레기통 sseuregitong
binary *adj.* 이진법의 ijinppeobui
bind *v.* 묶다 muktta
binding *n.* 표지 pyeoji
binge *n.* 폭식 pokssik
binocular *adj.* 두 눈으로 보는 dununeuro boneun
biochemistry *n.* 생화학 saenghwahak
biodegradable *adj.* 생분해서의 saengbunhaesseongui
biodiversity *n.* 생물다양성 saengmuldayangsseong
biography *n.* 전기 jeongi
biologist *n.* 생물학사 saengmulrakjja
biology *n.* 생물학 saengmurak
biopsy *n.* 생체 검사 saengche geomsa
bipartisan *adj.* 양당의 yangdangui
birch *n.* 자작나무 jajangnamu
bird *n.* 새 sae
bird flu *n.* 조류 독감 joryu dokkam
birth *n.* 출생 chulssaeng
biscuit *n.* 비스킷 biskit
bisect *v.* 이등분하다 ideungbuada
bisexual *adj.* 양성애의 yangseongeui
bishop *n.* 주교 jugyeo
bison *n.* 들소 deulsso
bit *n.* 한 조각 han jjogak
bitch *n.* 암캐 amkae
bite *v.* 물다 mulda
biting *adj.* 얼얼한 eoleoran
bitter *adj.* 쓰라린 sseurarin
bizarre *adj.* 기이한 giihan

blab *v.* 정보를 알려주다 jeongboreul alyeojuda
black *adj.* 검은 geomeun
blackberry *n.* 블랙베리 blackberi
blackboard *n.* 칠판 chilpan
blacken *v.* 검어지다 geomeojida
blacklist *n.* 블랙리스트 blaeklist
blackmail *n.* 갈취 galchui
blackout *n.* 정전 jeongjeon
blacksmith *n.* 대장장이 daejangjangi
bladder *n.* 방광 bangwang
blade *n.* 칼날 kalal
blain *n.* 수포 supo
blame *v.* 탓하다 tatada
blanch *v.* 창백해지다 changbaekaejida
bland *adj.* 단조로운 danjoroun
blank *adj.* 빈 bin
blanket *n.* 담요 damnyo
blare *v.* 요란하게 울리다 yoranage ulida
blarney *n.* 감언이설 gameoniseol
blast *n.* 폭발 pokppal
blatant *adj.* 노골적인 nogoljjeogin
blaze *n.* 활활타다 hwalhwaltada
blazer *n.* 콤비 상의 combi sangui
bleach *adj.* 표백 pyobaek
bleak *adj.* 암울한 amuran
bleat *v.* i 푸념하다 punyeomada
bleed *v.* 피흘리다 piheulida
bleep *n.* 삐 소리 ppi sori
blemish *n.* 티 ti
blench *v.* 흠칫 놀라다 heumchit nolada
blend *v. t* 섞다 seoktta
blender *n.* 믹서기 miksseogi
bless *v.* 축성하다 chukssseonghada
blessed *adj.* 복 받은 bok padeun
blessing *n.* 축복 chukppok
blight *n.* 부란병 buranppyeong
blind *adj.* 눈먼 nunmeon
blindfold *v.* 눈가리다 nungarida
blindness *n.* 맹목 maengmok
blink *v.* 깜박이다 kkambagida

blinkers *n.* 깜박이 kkambagi
blip *n.* 깜박 신호 kkambak sinho
bliss *n.* 지복 jibok
blister *n.* 수포 supo
blithe *adj.* 태평스러운 taepyeongseureoun
blitz *n.* 기습 공격 giseup gonggyeok
blizzard *n.* 눈보라 nunbora
bloat *v.* 부풀리다 bupulida
bloater *n.* 소금 훈제 청어 sogeum hunje cheongeo
blob *n.* 작은 방울 jageun bangul
bloc *n.* 연합 yeonhap
block *n.* 덩어리 deongeori
blockade *n.* 봉쇄 bongswae
blockage *n.* 장애 jangae
blog *n.* 블로그 blogeu
bloke *n.* 녀석 nyeoseok
blonde *adj.* 금발인 geumbarin
blood *n.* 피 pi
bloodshed *n.* 유혈 사태 yuhyeol satae
bloody *adj.* 피투성이의 pituseongiui
bloom *v.* 꽃피우다 kkotpiuda
bloomers *n.* 속바지 sokppaji
blossom *n.* 꽃 kkot
blot *n.* 얼룩 eoluk
blotch *n.* 반점 banjeom
blouse *n.* 블라우스 blaus
blow *v.* 불다 bulda
blowsy *adj.* 뚱뚱하고 지저분한 ttungttunghago jijeobunan
blub *v.* 울다 ulda
bludgeon *n.* 쇠도리깨 soidorikke
blue *adj.* 푸른 pureun
bluff *v.* 허세부리다 heoseburida
blunder *n.* 실수 silsu
blunt *adj.* 무딘 mudin
blur *v.* 흐릿해지다 heuritaejida
blurb *n.* 안내문 annaemun
blurt *v.* 불쑥 내뱉다 bulssungnaebaetta
blush *v.* 얼굴 붉히다 eolgul bulkida

blusher *n.* 볼연지 boleonji
bluster *v.* 엄포 놓다 eompo nota
boar *n.* 야생돼지 yasaengdwaeji
board *n.* 판자 panja
boast *v.* 자랑하다 jaranghada
boat *n.* 선박 seonbak
bob *v.* 까닥거리다 kkadakkeorida
bobble *n.* 털실 방울 teolsil bangul
bode *v.* 예보하다 yebohada
bodice *n.* 보디스 bodiseu
bodily *adv.* 신체의 sincheui
body *n.* 신체 sinche
bodyguard *n* 경호원 gyeonghowon
bog *n.* 늪지 neupjji
bogey *n.* 두려운 것 duryeoun geot
boggle *v.* 주춤하다 juchumada
bogus *adj.* 가짜의 gajjaui
boil *v.i.* 끓다 kkeulta
boiler *n.* 보일러 boileo
boisterous *adj.* 활기 넘치는 hwalgi neomchineun
bold *adj.* 대담한 daedaman
boldness *n.* 배짱 baejjang
bole *n.* 나무 줄기 namu julgi
bollard *n.* 차량 진입 방지 말뚝 charyang jinip bangji malttuk
bolt *n.* 빗장 bijjang
bomb *n.* 폭탄 poktan
bombard *v.* 퍼붓다 peobutta
bombardment *n.* 폭격 pokkyeok
bomber *n.* 폭격기 pokkyeokki
bonafide *adj.* 선의로 seonuiro
bonanza *n.* 노다지 nodaji
bond *n.* 유대 yudae
bondage *n.* 구속 gusok
bone *n.* 뼈 pyeo
bonfire *n.* 모닥불 modakppul
bonnet *n.* 보닛 bonit
bonus *n.* 보너스 bonus
bony *adj.* 뼈의 pyeoui
book *n.* 책 chaek

booklet n. 소책자 sochaejja
bookmark n. 서표 seopyo
bookseller n. 서적상 seojeokssang
bookish adj. 책을 좋아하는 chaegeul joahaneun
booklet n. 소책자 sochaejja
boom n. 호황 hohwang
boon n. 요긴한 것 yoginan geot
boor n. 천박한 사람 cheonbakan saram
boost v. 북돋우다 bukdoduda
booster n. 승압기 seungapkki
boot n. 부츠 bucheu
booth n. 부스 bus
bootleg adj. 해적판의 haejeokpanui
booty n. 전리품 jeolpum
border n. 국경 gukkyeong
bore v. 구멍 뚫다 gumeong ttulta
born adj. 태생의 taesaengui
borough n. 자치구 jachigu
borrow v. 빌리다 bilida
bosom n. 가슴 gaseum
boss n. 상사 sangsa
bossy adj. 오만 불손한 oman bulsonan
botany n. 식물학 singmurak
both adj. & pron. 둘 다의 duldaui
bother v. 신경 쓰다 singyeong sseuda
bottle n. 병 byung
bottom n. 맨아래 maenarae
bough n. 큰 가지 keun gaji
boulder n. 바위 bawi
boulevard n. 대로 daero
bounce v. 튀다 twida
bouncer n. 술집 지키기 기도 suljjip jikigi gido
bound v. 튀다 twida
boundary n. 분계선 bungyeseon
boundless adj. 한이 없는 hani eomneun
bountiful adj. 풍부한 pungbuhan
bounty n. 풍부함 pungbuham
bouquet n. 꽃다발 kkottabal

bout n. 시합 sihap
boutique n. 양품점 yangpumjeom
bow n. 활 hwal
bow v. 절하다 jeorada
bowel n. 창자 changja
bower n. 나무 그늘 namu geuneul
bowl n. 그릇 geurut
box n. 상자 sangja
boxer n. 권투 선수 gwontu seonsu
boxing n. 권투 gwontu
boy n. 사내 아이 sanae ai
boycott v. 보이콧하다 boicotada
boyhood n. 남자의 어린 시절 namjaui eorin sijeol
bra n. 브래지어 braejieo
brace n. 버팀대 beotimdae
bracelet n. 팔찌 paljji
bracket n. 괄호 gwalho
brag v. 자랑하다 jaranghada
braille n. 점자 jeomjja
brain n. 뇌 noe
brake n. 브레이크 breik
branch n. 나뭇가지 namutkkaji
brand n. 상표 sangpyo
brandish v. 무기 휘두르다 mugi hwidureuda
brandy n. 브랜디 braendi
brash adj. 자신만만한 jasinmanmanan
brass n. 놋쇠 nossoe
brave adj. 용감한 yonggaman
bravery n. 용감성 yonggamseong
brawl n. 맹렬한 싸움 maenlyeoran ssaum
bray v. 갈아 바수다 gara basuda
breach v. 위반 wiban
bread n. 빵 ppang
breadth n. 폭 pok
break v. 부서지다 buseojida
breakage n. 파손 pason
breakfast n. 아침 식사 achim siksa
breast n. 유방 yubang

breath *n.* 입김 ipkkim
breathe *v.* 호흡하다 hoheupada
breech *n.* 총의 약실 chongui yakssil
breeches *n.* 반바지 banbaji
breed *v.* 새끼 낳다 saekki nata
breeze *n.* 산들바람 sandeul pparam
brevity *n.* 간결성 gangyeolsseong
brew *v.* 우러나다 ureonada
brewery *n.* 맥주 공장 maejju gongjang
bribe *v. t.* 뇌물 주다 noemul juda
brick *n.* 벽돌 byeokttol
bridal *adj.* 신부의 sinbuui
bride *n.* 신부의 sinbu
bridegroom *n.* 신랑 silang
bridge *n.* 다리 dari
bridle *n.* 굴레 gule
brief *adj.* 짧은 jjalbeun
briefing *n.* 브리핑 brifing
brigade *n.* 여단 yeodan
brigadier *n.* 준장 junjang
bright *adj.* 밝게 bakke
brighten *v.* 밝아지다 balgajida
brilliance *n.* 광휘 gwanghwi
brilliant *adj.* 뛰어난 ttwieonan
brim *n.* 위 끝부분 wi kkeutbubun
brindle *adj.* 얼룩무늬인 eolungmunuiin
brine *n.* 소금물 sogeummul
bring *v.* 가져오다 gajyeooda
brinjal *n.* 가지 gaji
brink *n.* 직전 jikjjeon
brisk *adj.* 바쁜 bappeun
bristle *n.* 빳빳한 털 ppappatan teol
British *adj.* 영국의 yeongugui
brittle *adj.* 부서지기 쉬운 buseojigi swiun
broach *adj.* 브로치 brochi
broad *adj.* 넓은 neolbeun
broadcast *v. t* 방송하다 bangsonghada
brocade *n.* 양단 yangdan
broccoli *n.* 브로콜리 brokoli
brochure *n.* 광고 책자 gwango chaekjja

broke *adj.* 파산한 pasanan
broken *adj.* 깨진 kkaejin
broker *n.* 중개인 junggaein
bronchial *adj.* 기관지의 gigwanjiui
bronze *n.* 청동 cheongdong
brood *n.* 교배용 암캐 gyobaeyong amkae
brook *n.* 개울 gaeul
broom *n.* 빗자루 bijjaru
broth *n.* 수프 supeu
brothel *n.* 사창가 sachangkka
brother *n.* 남자형제 namja hyeongje
brotherhood *n.* 형제애 hyungje
brow *n.* 이마 ima
brown *n.* 갈색 galssaek
browse *v.* 둘러보다 duleoboda
browser *n.* 브라우저 braujeo
bruise *n.* 멍 meong
brunch *n.* 브런치 breonchi
brunette *n.* 흑갈색 머리의 백인 여성 heukgalsaek moriui baegin yeoseong
brunt *n.* 예봉 yebong
brush *n.* 솔 sol
brusque *adj.* 무뚝뚝한 muttukttukan
brutal *adj.* 잔혹한 janhokan
brute *n.* 짐승 jimseung
bubble *n.* 거품 geopum
buck *n.* 달러 daleo
bucket *n.* 양동이 yangdongi
buckle *n.* 버클 beokeul
bud *n.* 싹 ssak
budge *v.* 꼼짝하다 kkomjjakada
budget *n.* 예산 yesan
buffalo *n.* 물소 mulso
buffer *n.* 완충제 wanchungje
buffet *n.* 뷔페 bwipe
buffoon *n.* 어릿광대 eoritkkwangdae
bug *n.* 벌레 beole
buggy *n.* 마차 macha
bugle *n.* 뷰글 byugeul

build v. 짓다 jitta
building n. 건물 geonmul
bulb n. 전구 jeongu
bulge n. 볼록한 것 bulukan geot
bulimia n. 식욕 이상 항진증 sigyok isang hangjinjjeung
bulk n. 육중한 것 yukjjunghan geot
bulky adj. 부피가 큰 bupiga keun
bull n. 황소 hwangso
bulldog n. 불독 buldog
bullet n. 총알 chongal
bulletin n. 뉴스 단신 nyus dansin
bullion n. 금괴들 geumgoedeul
bullish adj. 낙관적인 nakggwanjeogin
bullock n. 거세 수송아지 geose sussongaji
bully n. 괴롭히는 사람 goeropineun saram
bulwark n. 방어물 bangeomul
bum n. 엉덩이 eongdeongi
bumble v. 갈팡질팡하다 galpangjilpanghada
bump n. 쿵 kung
bumper n. 범퍼 beopeo
bumpkin n. 버릇없는 사람 beoreut eomneun saram
bumpy adj. 울퉁불퉁한 ultungbultunghan
bun n. 번빵 beonppang
bunch n. 다발 dabal
bundle n. 꾸러미 kkureomi
bung n. 검은 돈 geomun don
bungalow n. 방갈로 bangalo
bungle v. 엉망으로 하다 eongmangeuro hada
bunk n. 이층 침대 icheung chimdae
bunker n. 벙커 beonkeo
buoy n. 부표 bupyo
buoyant adj. 경기가 좋은 gyeongida joeun
buoyancy n. 부력 buryeok
burble v. 지껄이다 jikkeorida

burden n. 부담 budam
bureau n. 정보 사무실 jeonbo samusil
bureaucracy n. 관료 체제 gwalyo cheje
bureaucrat n. 관료 gwalyo
burgeon v. 급성장하다 geupseongjanghada
burger n. 버거 beogeo
burglar n. 절도범 jeolddobeom
burglary n. 절도 jeolddo
burial n. 매장 maejang
burlesque n. 풍자시 pungjasi
burn v. 타오르다 taoreuda
burner n. 가열 기구 gayeol gigu
burning adj. 불타는 bultaneun
burrow n. 굴 gule
bursar n. 회계 담당자 hoegye damdangja
bursary n. 학비 보조금 hakbbi bojogeum
burst v. 터지다 teojida
bury v. 매장하다 maejanghada
bus n. 버스 beos
bush n. 덤불 deombul
bushy adj. 무성한 museonghan
business n. 사업 saeop
businessman n. 사업가 saeopgga
bust n. 흉상 hyungsang
bustle v. 바삐 움직이다 bappi umjigida
busy adj. 바쁜 bappeun
but conj. 그러나 geureona
butcher n. 도살업자 dosareopjja
butler n. 집사 jipssa
butter n. 버터 beoteo
butterfly n. 나비 nabi
buttock n. 엉덩이 eongdeongi
button n. 단추 danchu
buy v. 사다 sada
buyer n. 구매자 gumaeja
buzz n. 스포츠 머리 spocheu meori
buzzard n. 독수리 dossuri
buzzer n. 버저 beojeo
by prep. ~옆에 ~yeope

by-election n. 보궐 선거 bowol seongeo
bygone adj. 지나간 jinagan
byline n. 병행선 byeonghaengseon
bypass n. 우회 도로 uhoe doro
byre n. 외양간 oeyangkkan
bystander n. 구경꾼 gugyeongkkun
byte n. 바이트 bait

C

cab n. 택시 taeksi
cabaret n. 카바레 kabare
cabbage n. 양배추 yangbaechu
cabin n. 선실 seonsil
cabinet n. 내각 naegak
cable n. 케이블 keibeul
cacao n. 카카오 kakao
cache n. 은닉처 eunnikcheo
cachet n. 특징 teukjjing
cackle n. 수다쟁이 여자 sudajaengi yeoja
cactus n. 선인장 seoninjang
cad n. 비열한 인간 biyeoran ingan
cadaver n. 사체 sache
caddy n. 작은 가방 jageun gabang
cadaver n. 사체 sache
cadet n. 간부 후보생 ganbu hubosaeng
cadmium n. 카드뮴 kadmyum
cadre n. 간부단 ganbudan
caeserean n. 제왕절개 jaewangjeolgae
cafe n. 카페 kafe
cafeteria n. 카페테리아 kafeteria
cage n. 우리 uri
cahoots n. 공모 gongmo
cajole v. 회유하다 hoeyuhada
cake n. 케익 keik
calamity n. 재앙 jaeang
calcium n. 칼슘 kalssyum
calculate v. 계산하다 gyesanada
calculator n. 계산기 gyesangi
calculation n. 계산 gyesan

calendar n. 달력 dalyeok
calf n. 송아지 songaji
calibrate v. 보정하다 bojeonghada
calibre n. 총포의 구경 chongpoui gugyuong
call v. 부르다 bureuda
calligraphy n. 서예 seoye
calling n. 소명 의식 somyeong uisik
callous adj. 냉담한 naengdaman
callow adj. 미숙한 misukan
calm adj. 침착한 chimchakan
calorie n. 칼로리 kalori
calumny n. 중상 모략 jungsang moryak
camaraderie n. 동지애 dongjiae
camber n. 캠버 kaembeo
cambric n. 케임브릭 keimbrik
camcorder n. 캠코더 kaemkodeo
camel n. 낙타 nakta
cameo n. 카메오 kameo
camera n. 사진기 sajingi
camp n. 캠프 kemp
campaign n. 캠페인 kepein
camphor n. 장뇌 jangnoe
campus n. 대학 교정 daehak kkyojeong
can n. 통조림 tongjorim
can v. ~할 수 있다 ~hal ssu itta
canal n. 운하 unha
canard n. 허위 보도 heowi bodo
cancel v. 취소하다 chwisohada
cancellation n. 취소 chwiso
cancer n. 암 am
candela n. 칸델라 kandela
candid adj. 솔직한 soljjikan
candidate n. 후보자 huboja
candle n. 양초 yangcho
candour n. 솔직함 soljjikam
candy n. 캔디 kaendi
cane n. 지팡이 jipangi
canine adj. 개의 gaeui
canister n. 보관 통 bogwan tong
cannabis n. 대마초 daemacho

cannibal *n.* 육식 동물 yukssik dongmul
cannon *n.* 대포 daepo
canny *adj.* 약삭빠른 yakssakppareun
canoe *n.* 카누 kanu
canon *n.* 규범 gyubeom
canopy *n.* 덮개 deopkkae
cant *n.* 돌각 dolgak
cantankerous *adj.* 성미가 고약한 seongmiga goyakan
canteen *n.* 구내식당 gunesikttang
canter *n.* 구보로 승마하기 guboro seungmahagi
canton *n.* 행정 구역 haengjeong guyeok
cantonment *n.* 군대 주둔지 gundae judunji
canvas *n.* 캔버스 천 kenbeos cheon
canvass *v.* 여론 조사하다 yeoron josahada
canyon *n.* 협곡 hyupkkok
cap *n.* 모자 moja
capability *n.* 역량 yeoknyang
capable *adj.* 유능한 yuneunghan
capacious *adj.* 널찍한 neoljjikan
capacitor *n.* 축전기 chukjjeongi
capacity *n.* 용량 yongryang
caparison *v.* 성장시키다 seongjangsikida
cape *n.* 망토 mangto
capital *n.* 수도 sudo
capitalism *n.* 자본주의 jabonjuui
capitalist *n. &adj.* 자본주의자 & 자본주의적인 jabonjuuija & jabonjuuijeogin
capitalize *v.* 대문자로 쓰다 daemunjjaro sseuda
capitation *n.* 인두세 induse
capitulate *v.* 항복하다 hangbokada
caprice *n.* 변덕스러움 byundeoksseureoum
capricious *adj.* 변덕스러운 byundeoksseureoun

capsicum *n.* 고추 gochu
capsize *v.* 배 뒤집다 bae dwijiptta
capstan *n.* 캡스턴 kaepsteon
capsule *n.* 캡슐 kaepsyul
captain *n.* 대장 daejang
captaincy *n.* 팀 주장의 위치 tim jujangui wichi
caption *n.* 캡션 kepsyeon
captivate *v.* ~의 마음을 사로잡다 ~ui maeumeul sarojaptta
captive *n.* 포로 poro
captivity *n.* 감금 gamgeum
captor *n.* 억류자 eongnyuja
capture *v.* 포획하다 pohoekada
car *n.* 차량 charyang
caramel *n.* 캐러멜 kaereomel
carat *n.* 캐럿 kereot
caravan *n.* 이동식 주택 idongsik jutaek
carbohydrate *n.* 탄수화물 tansuhwamul
carbon *n.* 탄소 tanso
carbonate *adj.* 탄산염의 tansanyeomui
carboy *n.* 카보이 kaboi
carcass *n.* 죽은 동물 jugeun dongmul
card *n.* 카드 kad
cardamom *n.* 카르다몸 kareudamom
cardboard *n.* 판지 panji
cardiac *adj.* 심장병의 simjangbyungui
cardigan *n.* 카디건 kadigeon
cardinal *n.* 추기경 chugigyeong
cardiograph *n.* 심전도 simjeondo
cardiology *n.* 심장병학 simjjangbyunghak
care *n.* 돌봄 dolbom
career *n.* 직업 jigeop
carefree *adj.* 속 편한 sok pyeonhan
careful *adj.* 조심하는 josimhaneun
careless *adj.* 부주의한 bujuuihan
carer *n.* 간병인 ganbyungin
caress *v.* 애무하다 aemuhada
caretaker *n.* 돌보는 사람 dolboneun saram

cargo *n.* 화물 hwamul
caricature *n* 캐리커쳐 kerikeocheo
carmine *n.* 암적색의 amjeoksaegui
carnage *n.* 대학살 daehakssal
carnal *adj.* 육욕적인 yukyokjjeogin
carnival *n.* 카니발 kanibal
carnivore *n.* 육식 동물 yuksik dongmul
carol *n.* 크리스마스 캐롤 krismas kaerol
carpal *adj.* 손목뼈 sonmokppyeo
carpenter *n.* 목수 mokssu
carpentry *n.* 목수일 mokssuil
carpet *n.* 카페트 kapeteu
carriage *n.* 객차 gaekcha
carrier *n.* 수송사 susongsa
carrot *n.* 당근 dangeun
carry *v.* 나르다 nareuda
cart *n.* 수레 sure
cartel *n.* 카르텔 kareutel
cartilage *n.* 연골 yeongol
carton *n.* 한 곽 han gwak
cartoon *n.* 만화 manhwa
cartridge *n.* 카트리지 kateuriji
carve *v.* 조각하다 jogakada
carvery *n.* 캐버리 kaebeori
casanova *n.* 카사노바 kasanoba
cascade *n.* 작은 폭포 jageun pokpo
case *n.* 경우 gyeongu
casement *n.* 여닫이창 yeodajichang
cash *n.* 현금 hyungeum
cashew *n.* 캐슈 kesyu
cashier *n.* 출납원 chulabwon
cashmere *n.* 캐시미어 kaesimieo
casing *n.* 싸개 ssage
casino *n.* 카지노 kajino
cask *n.* 술통 sultong
casket *n.* 장식함 jangsikam
casserole *n.* 캐서롤 kaeseorol
cassock *n.* 가속 kasok
cast *v.* 던지다 deonjida
castaway *n.* 조난자 jonanja
caste *n.* 힌두교의 카스트 hindugyoui kasteu

castigate *v.* 혹평하다 hokpyeonghada
casting *n.* 배역 선정 baeyeok seonjeong
castle *n.* 성 seong
castor *n.* 바퀴 bakwi
castrate *v.* 거세하다 geosehada
castor oil *a.* 피마자 오일 pimaja oil
casual *adj.* 무격식의 mugyeoksigeu
casualty *n.* 사상자 sasangja
cat *n.* 고양이 goyangi
cataclysm *n.* 대재앙 daejaeang
catalogue *n.* 캐털로그 kaeteologue
catalyse *v.* 촉매 작용을 하다 chongmaejagyongeul hada
catalyst *n.* 촉매 chongmae
cataract *n.* 백내장 baengnaejang
catastrophe *n.* 참사 chamsa
catch *v.* 잡다 japtta
catching *adj.* 잘 옮는 jaromeun
catchy *adj.* 기억하기 쉬운 gieokagi suiun
catechism *n.* 교리 문답서 gyori mundapsseo
categorical *adj.* 단정적인 danjeonjeogin
catagorize *v.* 분류하다 bulyuhada
category *n.* 범주 beomju
cater *v.* 음식 공급하다 eumsik gonggeupada
caterpillar *n.* 애벌레 aebeolae
catharsis *n.* 카타르시즈 katareusis
cathedral *n.* 성당 seongdang
catholic *adj.* 카톨릭의 katoligui
cattle *n.* 소 so
catty *n.* 중량 단위 jungryang danui
caucasian *adj.* 백인의 baeginui
cauldron *n.* 가마솥 gamasot
cauliflower *n.* 콜리플라워 kolipeulawo
causal *adj.* 인과 관계의 ingwa gwangyeui
causality *n.* 인과 관계 ingwa gwangyeui
cause *n.* 원인 wonin

causeway *n.* 둑길 dukkil
caustic *adj.* 부식성의 busiksseongui
caution *n.* 주의 juui
cautionary *adj.* 충고성의 chungoseongui
cautious *adj.* 신중한 sinjunghan
cavalcade *n.* 말 대열 mal daeyeol
cavalier *adj.* 무신경한 musingyeonghan
cavalry *n.* 기갑 부대 gigap ppudae
cave *n.* 동굴 donggul
caveat *n.* 통고 tonggo
cavern *n.* 큰 동굴 keun donggul
cavernous *adj.* 휑뎅그렁한 hoendaenggeurehan
cavity *n.* 내부 구멍 naebu gumeong
cavort *v.* 신나게 뛰어다니다 sinnage ttuieodanida
cease *v.* 중단되다 jungdandoeda
ceasefire *n.* 휴전 hyujeon
ceaseless *adj.* 끊임없는 kkeunimeomneun
cedar *n.* 삼나무 samnamu
cede *v.* 양도하다 yangdohada
ceiling *n.* 천장 cheonjang
celandine *n.* 애기똥풀 aegittongpul
celebrant *n.* 파티 축하자 pati chukaja
celebrate *v.* 축하하다 chukahada
celebration *n.* 기념행사 ginyeomhaengssa
celebrity *n.* 유명 인사 yumyeong insa
celestial *adj.* 하늘의 hanrui
celibacy *n.* 금욕 geumyok
celibate *adj.* 결혼하지 않는 gyeolhonhaji aneun
cell *n.* 세포 sepo
cellar *n.* 지하 저장고 jiha jeojanggo
cellphone *n.* 핸드폰 haendeupon
cellular *adj.* 무선 전화의 museon jeonhwaui
cellulite *n.* 셀룰라이트 selulaiteu
celluloid *n.* 셀룰로이드 seluloideu
cellulose *n.* 섬유소 seomyuso
celsius *n.* 섭씨 seopssi
Celtic *adj.* 켈트족의 kelteujogui
cement *n.* 시멘트 simenteu
cemetery *n.* 묘지 myoji
censer *n.* 향로 hyangno
censor *n.* 검열관 geomyeolgwan
censorship *n.* 검열 geomyeol
censorious *adj.* 대단히 비판적인 daedanui bipanjeogin
censure *v.* 견책하다 gyeonchaekada
census *n.* 인구 조사 ingu josa
cent *n.* 센트 senteu
centenary *n.* 100주년 baekjjunyeon
centennial *n.* 100년 기념일 baengnyeon ginyeomil
center *n.* 중심 jungsim
centigrade *adj.* 섭씨의 seopssiui
centimetre *n.* 센티미터 sentimiteo
centipede *n.* 지네 jine
central *adj.* 중앙의 jungangui
centralize *v.* 중앙집권화하다 jungangjipkkwonhwahada
centre *n.* ~에 중심 두다 ~e jungsimduda
century *n.* 100년 baengnyeon
ceramic *n.* 도자기 dojagi
cereal *n.* 곡물 gongmul
cerebral *adj.* 뇌의 noeui
ceremonial *adj.* 의식의 uisigui
ceremonious *adj.* 지나치게 격식적인 jinachige gyeokssikjjeogin
ceremony *n.* 의식 uisik
certain *adj.* 확실한 hwakssiran
certainly *adv.* 분명히 bunmyeonhi
certifiable *adj.* 보증 가능한 bojeungganeunhan
certificate *n.* 인증서 injeungseo
certify *v.* 인증하다 injeunghada
certitude *n.* 확신 hwakssin
cervical *adj.* 경부의 gyeongbuui
cessation *n.* 중지 jungji

cession n. 영토 이양 yeongto iyang
chain n. 사슬 saseul
chair n. 의자 uija
chairman n. 의장 uijang
chaise n. 마차 macha
chalet n. 샬레 syale
chalice n. 포도주 성배 podoju seongbae
chalk n. 분필 bunpil
challenge n. 도전 dojeon
chamber n. 회의실 hoeuisil
chamberlain n. 시종 sijong
champagne n. 샴페인 syampein
champion n. 챔피언 chaempieon
chance n. 기회 gihoe
chancellor n. 수상 susang
Chancery n. 형평법 법원 hyeonpyeongppeop beobwon
chandelier n. 샹들리에 syangdeulie
change v. 변하다 byeonhada
channel n. 채널 chaeneol
chant n. 구호 guho
chaos n. 혼돈 hondon
chaotic adj. 혼돈 상태인 hondon sangtaein
chapel n. 예배실 yebaesil
chaplain n. 공용 사제 gongyong saje
chapter n. 책의 장 chaegui jang
char v. 숯이 되다 suchi doeda
character n. 성격 seonkkyeok
characteristic n. 특징 teukjjing
charcoal n. 숯 sut
charge v. 짐 지우다 jim jiuda
charge n. 요금 yogeum
charger n. 충전지 chungjeongi
chariot n. 경주용 마차 gyeongjuyong macha
charisma n. 카리스마 kariseuma
charismatic adj. 카리스마가 있는 kariseumaga inneun
charitable adj. 자선의 jaseonui

charity n. 자선 jaseon
charlatan n. 사기꾼 sagikkun
charm n. 매력 maeryeok
charming adj. 매력적인 maeryeokjjeogin
chart n. 도표 dopyo
charter n. 헌장 heonjang
chartered adj. 전세 낸 jeonse naen
chary adj. ~을 꺼리는 ~eul kkeorineun
chase v. 뒤쫓다 duichotta
chasis n. 새시 saesi
chaste adj. 순결한 sungyeoran
chasten v. 훈계하다 hungyehada
chastise v. 꾸짖다 kkujitta
chastity n. 육체적 순결 yukchejeok sungyeol
chat v. i. 담소 나누다 damso nanuda
chateau n. 대저택 daejeotaek
chattel n. 소지품 sojipum
chatter v. 재잘거리다 jaejalgeorida
chauffeur n. 운전수 unjeonsu
chauvinism n. 맹목적 애국심 maengmokjjeok aegukssim
chauvinist n. &adj. 맹목적 애국주의자(의) maengmokjjeok aegukjjuuija(ui)
cheap adj. 값싼 gapssan
cheapen v. t. 격을 낮추다 gyeogeul nachuda
cheat v. 속이다 sogida
cheat n. 사기꾼 sagikkun
check v. 확인하다 hwaginhada
checkmate n 완전 패배 wanjeon paebae
cheek n. 볼 bol
cheeky adj. 건방진 geonbangjin
cheep n. 짹짹 jjaekjjaek
cheer v. t. 격려하다 gyeongnyeohada
cheerful adj. 발랄한 balararan
cheerless adj. 생기 없는 saenggi eomneun

cheery *adj.* 쾌활한 koehwaran
cheese *n.* 치즈 chijeu
cheetah *n.* 치타 chita
chef *n.* 요리사 yorisa
chemical *adj.* 화학의 hwahagui
chemist *n.* 약사 yakssa
chemistry *n.* 화학 hwahak
chemotherapy *n.* 화학 요법 hwahang yobeop
cheque *n.* 수표 supyo
cherish *v.* 소중히 여기다 sojunghi yeogida
chess *n.* 체스 cheseu
chest *n.* 흉부 hyungbu
chestnut *n.* 밤 bam
chevron *n.* 갈매기형 수장 galmegi sujang
chew *v.* 씹다 ssiptta
chic *adj.* 멋진 meotjjin
chicanery *n.* 교묘한 속임수 gyomyohan sogimsu
chicken *n.* 닭 dak
chickpea *n.* 병아리콩 byungarikong
chide *v.* 꾸짖다 kkujitta
chief *n.* 우두머리 udumeori
chiefly *adv.* 주로 juro
chieftain *n.* 스코틀랜드 부족장 seukoteulaendeu bujokjjang
child *n.* 아이 ai
childhood *n.* 어린 시절 eorinsijeol
childish *adj.* 어린애 같은 eorinae gateun
chill *n.* 냉기 naenggi
chilli *n.* 고추 gochu
chilly *adj.* 쌀쌀한 ssalssaran
chime *n.* 차임벨 소리 chaimbel sori
chimney *n.* 굴뚝 gulttuk
chimpanzee *n.* 침팬지 chimpenji
chin *n.* 턱 teok
china *n.* 중국 jungguk
chip *n.* 조각 jogak

chirp *v.* 짹짹거리다 jjaekjjaekkeorida
chisel *n.* 끌 kkeul
chit *n.* 전표 jeopyo
chivalrous *adj.* 예의 바른 yeui bareun
chivalry *n.* 기사도 정신 gisado jeongsin
chlorine *n.* 염소 yeomso
chloroform *n.* 클로로폼 klorofom
chocolate *n.* 쵸콜렛 chocolate
choice *n.* 선택 seontaek
choir *n.* 합창단 hapchangdan
choke *v.* 질식시키다 jilsiksikida
cholera *n.* 콜레라 kolera
choose *v. t* 선택하다 seontaekada
chop *v.* 썰다 sseolda
chopper *n.* 헬리콥터 helikopteo
chopstick *n.* 젓가락 jeokkarak
choral *adj.* 합창의 hapchangui
chord *n.* 화음 hwaeum
chorus *n.* 합창곡 hapchanggok
Christ *n.* 그리스도 geuriseudo
Christian *adj.* 기독교인 gidokkyoin
Christianity *n.* 기독교 gidokkyo
Christmas *n.* 성탄절 seongtanjeol
chrome *n.* 크롬 금속 keurom geumsok
chronic *adj.* 고질의 gojirui
chronicle *n.* 연대기 yeondaegi
chronology *n.* 연대표 yeondaepyo
chronograph *n.* 크로노그래프 keuronograepeu
chuckle *v.* 빙그레 웃다 bingeure utta
chum *n.* 친구 chingu
chunk *n.* 덩어리 deongeori
church *n.* 교회 gyohoe
churchyard *n.* 교회 경내 gyohoe gyeongnae
churn *v.* 마구 휘돌다 magu huidolda
chutney *n.* 처트니 cheoteuni
cider *n.* 사과 주스 sagwa juseu
cigar *n.* 여송연 yeosongyeon
cigarette *n.* 담배 dambae
cinema *n* 영화관 yeonghwagwan

cinnamon *n.* 계피 gyepi
circle *n.* 원 won
circuit *n.* 회로 hoero
circular *adj.* 원형의 wonhyungui
circulate *v.* 순환시키다 sunhwansikida
circulation *n.* 순환 sunhwan
circumcise *v.* 할례를 하다 halyereul hada
circumference *n.* 원주 wonju
circumscribe *v.* 선 긋다 seon geutta
circumspect *adj.* 신중한 sinjunghan
circumstance *n.* 정황 jeonghwang
circus *n.* 서커스단 seokeoseudan
cist *n.* 선사 시대 석관 seonsasidae seokkwan
cistern *n.* 물탱크 multaengkeu
citadel *n.* 피신용 성채 pisinyong seongchae
cite *v.* 인용하다 innyonghada
citizen *n.* 시민 simin
citizenship *n.* 시민권 siminkkwon
citrus *n.* 감귤류 과일 gamgyulyu gwail
citric *adj.* 감귤류의 gamgyulyuui
city *n.* 도시 dosi
civic *adj.* 시민의 siminui
civics *n.* 공민학 gongminak
civil *adj.* 시민의 siminui
civilian *n.* 민간인 minganin
civilization *n.* 문명 munmyeong
civilize *v.* 개화하다 gaehwahada
clad *adj.* 옷입은 otnibeun
cladding *n.* 피복 pibok
claim *v.* 주장하다 jujanghada
claimant *n.* 권리 청구인 gwoli cheongguin
clammy *adj.* 축축한 chukchukan
clamour *n.* 떠들썩함 tteodulsseokam
clamp *n.* 겸자 gyeomja
clan *n.* 씨족 ssijeok
clandestine *adj.* 은밀함 eunmilram
clap *v.* 박수치다 bakssuchida

clarify *v.* 분명히 말하다 bunmyeonghi marada
clarification *n.* 정화 jeonhwa
clarion *adj.* 명쾌한 음색의 myeongkkoehan eumsaegui
clarity *n.* 명료성 myeongryosseong
clash *v.* 충돌하다 chungdorada
clasp *v.* 움켜쥐다 umkyeojuida
class *n.* 학급 hakkeup
classic *adj.* 일류의 ilyuui
classical *adj.* 고전적인 gojeonjeogin
classification *n.* 분류 bulyu
classify *v.* 분류하다 bulyuhada
clause *n.* 절 jeol
claustrophobia *n.* 밀실 공포증 millssil gongpojjeung
claw *n.* 발톱 baltop
clay *n.* 점토 jeomto
clean *adj.* 깨끗한 kkekkeutan
cleanliness *n.* 청결 cheonggyeol
cleanse *v.* 세척하다 secheokkada
clear *adj.* 분명한 bunmyeonghan
clearance *n.* 승인 seungin
clearly *adv.* 또렷하게 ttoryeottage
cleave *v.* 쪼개다 jjogeda
cleft *n.* 갈라진 틈 galajin teum
clemency *n.* 관대한 처분 gwandaehan cheobun
clement *adj.* 온화한 onhwahan
clementine *n.* 클레멘타인 klementain
clench *v.* 이악물다 iangmulda
clergy *n.* 성직자들 seongjikjjadeul
cleric *n.* 성직자 seonjikjja
clerical *adj.* 사무직의 samujigui
clerk *n.* 사무원 samuwon
clever *adj.* 영리한 yeonglihan
click *n.* 마우스 누름 mauseu nureum
client *n.* 의뢰인 eiroein
cliff *n.* 절벽 jeolbyeok
climate *n.* 기후 gihu
climax *n.* 절정 jeoljjeong

climb v.i 오르다 oreuda
clinch v. 성사시키다 seongsasikida
cling v. 꼭 붙잡다 kkokbujjaptta
clinic n. 병원 byungwon
clink n. 쨍그랑 jjaengeurang
clip n. 클립 keulip
cloak n. 망토 mangto
clock n. 시계 sigye
cloister n. 수도원 생활 sudowon saenghwal
clone n. 복제 생물 bokjje saengmul
close adj. 가까운 gakkaun
closet n. 벽장 byukjjang
closure n. 폐쇄 pyeswae
clot n. 멍청이 meoncheongi
cloth n. 옷감 otkkam
clothe v. 옷입다 onniptta
clothes n. 옷 ot
clothing n. 특정한 옷 teukjjeonghan ot
cloud n. 구름 gureum
cloudy adj. 흐린 heurin
clove n. 정향 jeonghyang
clown n. 광대 gwangdae
cloying adj. 질릴 정도인 jilil jjeondoin
club n. 클럽 keuleop
clue n. 단서 danseo
clumsy adj. 어설픈 eoseolpeun
cluster n. 무리 muri
clutch v. t. 꽉 움켜잡다 kkwak umkeojaptta
coach n. 코치 kochi
coal n. 석탄 seoktan
coalition n. 연립 정부 yeolip jeongbu
coarse adj. 거친 geochin
coast n. 해안 haean
coaster n. 컵받침 keoppachim
coat n. 외투 oetu
coating n. 칠 chil
coax v. 구슬리다 guseulida
cobalt n. 코발트 kobalteu
cobble n. 자갈 jagal

cobbler n. 구두 수선공 gudu suseongong
cobra n. 코브라 kobeura
cobweb n. 거미줄 geomijul
cocaine n. 코카인 kokain
cock n. 수탉 sutak
cockade n. 코케이드 kokeid
cockpit n. 조종석 jojeongseok
cockroach n. 바퀴벌레 bakwibeole
cocktail n. 칵테일 kakteil
cocky adj. 자만심에 찬 jamansime chan
cocoa n. 코코아 가루 kokoa garu
coconut n. 코코넛 열매 kokoneot yeolmae
cocoon n. 고치 gochi
code n. 암호 amho
co-education n. 남녀공학 namnyeogonghak
coefficient n. 계수 gyesu
coerce v. 강압하다 gangapada
coeval adj. 나이가 같은 naiga gateun
coexist v. 공존하다 gongjonada
coexistence n. 공존 gongjon
coffee n. 커피 keopi
coffer n. 귀중품 상자 gwijungpum sangja
coffin n. 관 gwan
cog n. 톱니 tomni
cogent adj. 설득력 있는 seoldeungryeogineun
cogitate v. 숙고하다 sukkohada
cognate adj. 어원이 같은 eowoni gateun
cognizance n. 인지 inji
cohabit v. 동거하다 donggeohada
cohere v. 긴밀히 협업하다 ginmilhi hyeobeopada
coherent adj. 일관성 있는 ilgwansseonginnun
cohesion n. 응집력 eungjimnyeok
cohesive adj. 화합하는 hwahapaneun

coil *n.* 코일 koil
coin *n.* 동전 dongjeon
coinage *n.* 주화 juhwa
coincide *v.* 동시에 일어나다 dongsie ireonada
coincidence *n.* 동시 발생 dongsi balssaeng
coir *n.* 코이어 koieo
coke *n.* 코크스 kokeuseu
cold *adj.* 추운 chuun
colic *n.* 배앓이 baeari
collaborate *v.* 협력하다 hyumnyeokada
collaboration *n.* 공동 작업 gongdong jageop
collage *n.* 콜라주 kolaju
collapse *v.* 붕괴되다 bungoedoeda
collar *n.* 칼라 kala
collate *v.* 정보 수집하다 jeongbo sujipada
collateral *n.* 담보물 dambomul
colleague *n.* 동료 dongnyo
collect *v.* 모으다 moeuda
collection *n.* 수집 sujip
collective *adj.* 단체의 dancheui
collector *n.* 수집가 sujipkka
college *n.* 대학 daehak
collide *v.* 충돌하다 chungdorada
colliery *n.* 탄광 tangwang
collision *n.* 부딪침 budichim
colloquial *adj.* 구어의 gueoui
collusion *n.* 공모 gongmo
cologne *n.* 오드콜로뉴 odeucolognyu
colon *n.* 콜론 colon
colonel *n.* 대령 daeryeong
colonial *adj.* 식민지의 siminjiui
colony *n.* 식민지 singminji
colossal *adj.* 거대한 geodaehan
colossus *n.* 대단히 중요한 사람 daedanhi jungyohan saram
column *n.* 기둥 gidung
colour *n.* 색깔 saekkal

colouring *n.* 색소 saekkso
colourless *n.* 무색 musaek
coma *n.* 혼수상태 honsusangtae
comb *n.* 빗 bit
combat *n.* 전투 jeontu
combatant *n* 전투원 jeontuwon
combination *n.* 조합 johap
combine *v.* 결합하다 gyeorapada
combustible *adj.* 가연성인 gayeonsseongin
combustion *n.* 연소 yeonso
come *v.* 오다 oda
comedian *n.* 코미디언 komidieon
comedy *n* 코미디언 komidi
comet *n.* 혜성 hyeseong
comfort *n.* 안락 alak
comfort *v.* 위로하다 wirohada
comfortable *adj.* 편안한 pyonanhan
comic *adj.* 웃기는 ukkineun
comma *n.* 쉼표 swimpyo
command *v.* 명령 myeonryeong
commandant *n.* 사령관 saryeongwan
commander *n.* 지휘관 jihwigwan
commando *n.* 특공대 teukkkongdae
commemorate *v.* 기념하다 ginyeomhada
commemoration *n.* 기념 ginyeom
commence *v.* 시작되다 sijakdoeda
commencement *n.* 시작 sijak
commend *v.* 칭찬하다 chingchanada
commendable *adj.* 칭찬받을 만한 chingchanbadeul manhan
commendation *n.* 칭찬 chingchan
comment *n.* 논평 nonpyeong
commentary *n.* 실황 방송 silhwang bangsong
commentator *n.* 해설자 haeseoljja
commerce *n.* 상업 sangeop
commercial *adj.* 상업의 sangeobui
commiserate *v.* 위로하다 wirohada
commission *n.* 위원회 wiwonhoi

commissioner *n.* 위원회 wiwon
commissure *n.* 접합선 jeophapsseon
commit *v.* 저지르다 jeojireuda
commitment *n.* 약속 yaksok
committee *n.* 위원회 wiwonhoi
commode *n.* 서랍장 seorapjjang
commodity *n.* 물품 mulpum
common *adj.* 흔한 heunan
commoner *n.* 평민 pyeongmin
commonplace *adj.* 아주 흔한 ajuheunan
commonwealth *n.* 영연방 yeongnyeonbang
commotion *n.* 소란 soran
communal *adj.* 공동의 gongdongui
commune *n.* 공동체 gongdongche
communicable *adj.* 전염성의 jeonyeomsseongui
communicant *n.* 영성체를 받는 사람 yeongseongchereul baneun saram
communicate *v.* 의사소통하다 uisasotonghada
communication *n.* 의사소통 uisasotong
communion *n.* 성찬식 seongchansik
communism *n.* 공산주의 gongsanjuui
community *n.* 지역 사회 jiyeok sahoe
commute *v.* 통근하다 tonggeunada
compact *adj.* 소형의 sohyungui
companion *n.* 동반자 dongbanja
company *n.* 회사 hoesa
comparative *adj.* 비교의 bigyoui
compare *v.* 비교하다 bigyohada
comparison *n.* 비교 bigyo
compartment *n.* 칸막이 kanmagi
compass *n.* 나침반 nachimban
compassion *n.* 연민 yeonmin
compatible *adj.* 호환이 되는 hohwani doeneun
compatriot *n.* 동포 dongpo
compel *v.* 강요하다 gangnyohada

compendious *adj.* 모든 내용이 있는 modeun naeyongi inneun
compendium *n.* 개요서 gaeyoseo
compensate *v.* 보상하다 bosanghada
compensation *n.* 보상 bosang
compere *n.* 사회자 sahoeja
compete *v.* 경합하다 gyeonghappada
competence *n.* 능숙함 neungsukam
competent *adj.* 능숙한 neungsukan
competition *n.* 경쟁 gyeongjaeng
competitive *adj.* 경쟁하는 gyeongjaenghaneun
competitor *n.* 경쟁자 gyeongjaengja
compile *v.* 편집하다 pyeonjipada
complacent *adj.* 현실에 안주하는 hyunsire anjuhaneun
complain *v.* 불평하다 bulpyeonghada
complaint *n.* 불평 bulpyeong
complaisant *adj.* 남의 뜻에 잘 따르는 namui tteuse jal ttareuneun
complement *n.* 보완하다 bowanada
complementary *adj.* 상호 보완적인 sangho bowanjeogin
complete *adj.* 가능한 ganeunghan
completion *n.* 완결 wangyeol
complex *adj.* 복잡한 bokjapan
complexity *n.* 복잡성 bokjjasseong
complexion *n.* 안색 ansaek
compliance *n.* 준수 junsu
compliant *adj.* 순응하는 suneunghaneun
complicate *v.* 복잡하게 만들다 bokjjapage mandeulda
complication *n.* 합병증 happpyeongjjeung
complicit *adj.* 연루된 yeoludoen
complicity *n.* 공모 gongmo
compliment *n.* 찬사 chansa
compliment *v. i* 칭찬하다 chingchanada
comply *v.* 준수하다 junsuhada
component *n.* 부품 bupum

comport v. 행동하다 haengdonghada
compose v. 구성하다 guseonghada
composer n. 작곡가 jakkoka
composite adj. 합성의 hasseongui
composition n. 구성 guseong
compositor n. 식자공 sikjjagong
compost n. 퇴비 toebi
composure n. 마음의 평정 maumui pyeongjeong
compound n. 화합물 hwahammul
comprehend v. 이해하다 ihaehada
comprehensible adj. 이해되는 ihaedoeneun
comprehension n. 이해력 ihaeryeok
comprehensive adj. 포괄적인 pogwaljjeogin
compress v. 압축하다 apchukada
compression n. 압축 apchuk
comprise v. ~으로 구성되다 ~euro guseongdoeda
compromise n. 타협 tahyeop
compulsion n. 강요 gangyo
compulsive adj. 강박적인 gangbakjjeogin
compulsory adj. 필수의 pilsuui
compunction n. 죄책감 joechaekkam
computation n. 계산 gyesan
compute v. 계산하다 gyesanada
computer n. 컴퓨터 keompyuteo
computerize v. 전산화하다 jeonsanhwahada
comrade n. 동무 dongmu
concatenation n. 연속 yeonsok
concave adj. 오목한 omokan
conceal v. 감추다 gamchuda
concede v. 인정하다 injeonghada
conceit n. 자만심에 찬 jamansim
conceivable adj. 상상할 수 있는 sangsanghalssuinneun
conceive v. t 상상하다 sangsanghada
concentrate v. 집중하다 jipjjunghada

concentration n. 집중 jipjjung
concept n. 개념 gaenyeom
conception n. 구상 gusang
concern v. 영향을 미치다 yeonghyangeul michida
concerning prep. ~에 관한 ~e gwanan
concert n. 연주회 yeonjuhoe
concerted adj. 결연한 gyeoryeonan
concession n. 양보 yangbo
conch n. 소라고둥 soragodong
conciliate v. 달래다 dalaeda
concise adj. 간결한 gangyeoran
conclude n. 체결 chegyeol
conclusion n. 결론 gyeolon
conclusive adj. 결론적인 gyeolonjeogin
concoct v. 섞어 만들다 seokeomandeulda
concoction n. 약물 등의 혼합물 yangmul deungui honamul
concomitant adj. 수반되는 subandoeneun
concord n. 화합 hwahap
concordance n. 용어 색인 yongeo saegin
concourse n. 기차역 중앙 홀 gichayeok junganghol
concrete n. 콘크리트 konkeuriteu
concubine n. 첩 cheop
concur v. 동의하다 donguihada
concurrent adj. 동시에 발생하는 dongsie balsaenghaneun
concussion n. 뇌진탕 noejintang
condemn v. 규탄하다 gyutanada
condemnation n. 비난 binan
condense v. 응결되다 eunggyeoldoeda
condescend v. 자신을 낮추다 jasinul nachuda
condiment n. 양념 yangnyeom
condition n. 상태 sangtae
conditional adj. 조건부의 jokkeonbuui
conditioner n. 컨디셔너 keondisyeoneo

condole v. 문상하다 munsanghada
condolence n. 조의 joui
condom n. 콘돔 kondom
condominium n. 아파트 apateu
condone v. 용납하다 yongnapada
conduct n. 품행 pumhaeng
conduct v. 수행하다 suhaenghada
conductor n. 지휘자 jihwija
cone n. 원뿔 wonpul
confection n. 당과 제품 danggwa jepum
confectioner n. 당과점 dangwajeom
confectionery n. 과자류 gwajaryu
confederate adj. 연합한 yeonhapan
confederation n. 연합 yeonhap
confer v. 상의하다 sanguihada
conference n. 대규모 회의 daegyumo hoeui
confess v. 자백하다 jabaekada
confession n. 자백 jabaek
confidant n. 신뢰 siloe
confide v. 비밀을 털어놓다 bimireul teoreonota
confidence n. 신뢰 siloe
confident adj. 자신감 있는 jasingam inneun
confidential adj. 비밀의 bimirui
configuration n. 배치 baechi
confine v. 국한시키다 kukansikida
confinement n. 갇힘 gachim
confirm v. 확인하다 hwaginada
confirmation n. 확인 hwagin
confiscate v. 몰수하다 molsuhada
confiscation n. 몰수 molsu
conflate v. 융합하다 yunghapada
conflict n. 갈등 galdeung
confluence n. 합류지점 hamryujijeom
confluent adj. 합치는 hapchneun
conform v. 따르다 ttareuda
conformity n. 따름 ttareum
confront v. 닥치다 dakchida

confrontation n. 대치 daechi
confuse v. 혼란시키다 holansikida
confusion n. 혼란 holan
confute v. 가설을 논박하다 gasereul nonbakada
congenial adj. 마음에 맞는 maeume maneun
congenital adj. 선천적인 seocheonjeogin
congested adj. 혼잡한 honjapan
congestion n. 혼잡 honjap
conglomerate n. 대기업 daegieop
conglomeration n. 복합체 형성 bokapchehyeongseong
congratulate v. 축하하다 chukahada
congratulation n. 축하 chuka
congregate v. 모이다 moida
congress n. 회의 hoeui
congruent adj. 합동의 hapttongui
conical adj. 원뿔형의 wonpulhyeongui
conjecture n. &v. 추측 & 추측하다 chucheuk & chucheukada
conjugal v.t. & I. 부부의 bubuui
conjugate v. 활용하다 hwalyonghada
conjunct adj. 결합한 gyeorapan
conjunction n. 접속사 jeopsokssa
conjunctivitis n. 결막염 gyeolmagyeom
conjuncture n. 결합 gyeorhap
conjure v. 마술을 하다 masureul hada
conker n. 마로니에 열매 maronie yeolmae
connect v. 연결하다 yeongyeorada
connection n. 연결하다 yeongyeol
connive v. 묵인하다 muginada
conquer v. 정복하다 jeongbokada
conquest n. 정복 jeongbok
conscience n. 양심 yangsim
conscious adj. 의식하는 uisikaneun
consecrate v. 축성하다 chukseonghada
consecutive adj. 연이은 yeonieun

consecutively *adv.* 연속하여 yeonsokayeo
consensus *n.* 의견 일치 uigyeon ilchi
consent *n.* 동의하다 donguihada
consent *v.t.* 동의 dongui
consequence *n.* 결과로 일어나는 gyeolgwa
consequent *adj.* 결과로 일어나는 gyeolgwaro ireonaneun
conservation *n.* 보호 boho
conservative *adj.* 보수적인 bosujeogin
conservatory *n.* 온실 onsil
conserve *v. t* 아끼다 akkida
consider *v.* 고려하다 geryeohada
considerable *adj.* 상당한 sangdanghan
considerate *adj.* 사려 깊은 saryeo gipeun
consideration *n.* 숙고 sukko
considering *prep.* 고려하면 goryeohamyeon
consign *v.* ~에게 ~보내다 ~ege ~boneda
consignment *n.* 탁송물 takssongmul
consist *v.* 되어 있다 doeeoitta
consistency *n.* 일관성 ilgwansseong
consistent *adj.* 일관적인 ilgwanjeogin
consolation *n.* 위안 wian
console *v. t.* 위로하다 wirohada
consolidate *v.* 굳히다 guchida
consolidation *n.* 합병 happyeong
consonant *n.* 자음 jaeum
consort *n.* 배우자 baeuja
consortium *n.* 컨소시엄 keonsosieom
conspicuous *adj.* 뚜렷한 ttureotan
conspiracy *n.* 음모 eummo
conspirator *n.* 공모자 gongmoja
conspire *v.* 공모하다 gongmohada
constable *n.* 순경 sungyeong
constabulary *n.* 경찰 지구대 gyeongchal jigudae
constant *adj.* 끊임없는 kkeunimeomneun
constellation *n.* 별자리 byeoljjari
consternation *n.* 실망 silmang
constipation *n.* 변비 byeonbi
constituency *n.* 선거구 seongeogu
constituent *adj.* ~을 구성하는 ~eul guseonghanun
constitute *v.* ~이 되다 ~I doeda
constitution *n.* 헌법 heonppeop
constitutional *adj.* 입법의 ippeobui
constrain *v.* 제한하다 jehanada
constraint *n.* 제약 jeyak
constrict *v.* 제약하다 jeyakada
construct *v.* 조이다 joida
construction *n.* 건설공사 geonseolgongsa
constructive *adj.* 건설적인 geonseoljeogin
construe *v.* 이해하다 ihaehada
consul *n.* 영사 yeongsa
consular *n.* 영사의 yeongsaui
consulate *n.* 영사관 yeongsagwan
consult *v.* 상담하다 sangdamhada
consultant *n.* 상담가 sangdamga
consultation *n.* 협의 hyeobui
consume *v.* 소모하다 somohada
consumer *n.* 소비자 sobija
consummate *v.* 완벽하게 하다 wanbyeokage hada
consumption *n.* 소비 sobi
contact *n.* 연락 yeolak
contagion *n.* 전염 jeoneom
contagious *adj.* 전염성의 jeonyeomsseongui
contain *v.t.* ~이 들어 있다 ~I deureo itta
container *n.* 그릇 geureut
containment *n.* 방지 bangji
contaminate *v.* 오염되다 oyeomdoeda
contemplate *v.* 고려하다 goryeohada
contemplation *n.* 사색 sasaek

contemporary adj. 동시대의 dongsidaeui
contempt n. 경멸 gyeongmyeol
contemptuous adj. 경멸하는 gyeongmyeol
contend v. 주장하다 jujanghada
content adj. 만족하는 manjokaneun
content n. 내용물 naeyongmul
contention n. 논쟁 nonjaeng
contentment n. 만족감 majokkam
contentious adj. 논쟁이 벌어지는 nonjaengui beoreojineun
contest n. 대회 daehoe
contestant n. 참가자 chamgaja
context n. 맥락 maeknak
contiguous adj. 인접한 injeopan
continent n. 대륙 daeryuk
continental adj. 대륙의 daeryugui
contingency n. 만일의 사태 manilui satae
continual adj. 거듭되는 geodeupdoeneun
continuation n. 계속 gyesok
continue v. 계속되다 gyesokdoeda
continuity n. 지속성 jisoksseong
continuous adj. 지속적인 jisokjjeogin
contort v. 뒤틀리다 dwiteulida
contour n. 윤곽 yungwak
contra prep. 대조해서 daejohaeseo
contraband n. 밀수품 milsupum
contraception n. 피임 piim
contraceptive n. 피임약 piimyak
contract n. 계약 gyeyak
contract n 계약 gyeyak
contractual adj. 계약상의 gyeyakssangeui
contractor n. 계약자 gyeyakjja
contraction n. 모순 mosun
contradict v. 반박하다 banbakada
contradiction n. 모순 mosun

contrary adj. ~와는 다른 ~waneun dareun
contrast n. 대조 daejo
contravene v. 위반하다 wibanada
contribute v. 기부하다 gibuhada
contribution n. 기부금 gibugeum
contrivance n. 부자연스러움 bujayeonseureoum
contrive v. 성사시키다 seongsasikida
control n. 지배 jibae
controller n. 조종장치 jojongjangchi
controversial adj. 논란이 많은 nolani maneun
controversy n. 논란 nolan
contusion n. 좌상 jwasang
conundrum v. t 난문제 nanmunje
conurbation n. 광역 도시권 gwangyeok dosikkwon
convene v. 소집 sojip
convenience n. 편의 pyeonui
convenient adj. 편리한 pyeolihan
convent n. 수녀원 sunyeowon
convention n. 관습 gwanseup
converge v. 모여들다 moyeodeulda
conversant adj. ~에 친숙한 ~e chinsukan
conversation n. 대화 daehwa
converse v. 대화 나누다 daehwa nanuda
conversion n. 전환 jeonhwan
convert n. 개조 gaejo
convert v. 전환시키다 jeonhwansikida
convey v. 전달하다 jeondalhada
conveyance n. 수송 susong
convict n. 기결수 gigyeolssu
convict v. 유죄를 선고하다 yujoereul seongohada
conviction n. 유죄 선고 yujoeseongo
convince v. 납득시키다 naptteuksikida
convivial adj. 연회의 yeonhoeui

convocation *n.* 학위 수여식 hagui suyeosik
convoy *n.* 호송대 hosongdae
convulse *n.* 경련하다 gyeonryeonhada
convulsion *n.* 경련 gyeongryeon
cook *n.* 요리사 yorisa
cook *v.* 요리하다 yorihada
cooker *n.* 레인지 reinji
cookie *n.* 쿠키 kuki
cool *adj.* 차가운 chagaun
coolant *n.* 냉각수 naengaksu
cooler *n.* 쿨러 kuleo
cooper *n.* 통 제조업자 tong jejoeopjja
cooperate *v.* 협력하다 hyupnyeokada
cooperation *n.* 협력 hyumnyeok
cooperative *adj.* 협력하는 hyumnyeokaneun
coordinate *v. t* 조직화하다 jojikwahada
coordination *n.* 조직화 jojikwa
cope *v.* 대처하다 daecheohada
copier *n.* 복사기 boksagi
copious *adj.* 방대한 bangdaehan
copper *n.* 구리 guri
copulate *v.* 성교하다 seongyohada
copy *n.* 복사본 boksabon
copy *v.* 복사하다 boksahada
coral *n.* 산호 sanho
cord *n.* 끈 kkeun
cordial *adj.* 다정한 dajeonghan
cordon *n.* 저지선 jeojiseon
core *n.* 중심부 jungsimbu
coriander *n.* 고수 gosu
cork *n.* 코르크 koreukeu
corn *n.* 옥수수 oksusu
cornea *n.* 눈의 각막 nunui gangmak
corner *n.* 구석 guseok
cornet *n.* 코넷 konet
coronation *n.* 대관식 daegwansik
coroner *n.* 검시관 geomsigwan
coronet *n.* 화관 hwagwan
corporal *n.* 상등병 sangdeungbyeong

corporate *adj.* 기업의 gieobui
corporation *n.* 기업 gieob
corps *n.* 군단 gundan
corpse *n.* 시체 siche
corpulent *adj.* 뚱뚱한 ttungttunghan
correct *adj.* 정확한 jeonghwakan
correct *v.* 교정하다 gyojeonghada
correction *n.* 교정 gyojeong
corrective *adj.* 바로잡는 barojamneun
correlate *v.* 연관성이 있다 yeongwanseoni itta
correlation *n.* 연관성 yeongwanseong
correspond *v.* 부합하다 buhapada
correspondence *n.* 서신 seosin
correspondent *n.* 기자 gija
corridor *n.* 복도 boktto
corroborate *v.* 확증하다 hwakjjeung
corrode *v.* 부식시키다 busiksikida
corrosion *n.* 부식 busik
corrosive *adj.* 부식성의 busiksseongui
corrugated *adj.* 골이 진 goli jin
corrupt *adj.* 부패한 bupehan
corrupt *n.* 변질 byeonjil
corruption *n.* 부패 bupe
cortisone *n.* 코르티손 cortisone
cosmetic *adj.* 허울뿐인 heoulppunin
cosmetic *n.* 화장품 hwajangpum
cosmic *adj.* 우주의 ujuui
cosmology *n.* 우주론 ujuron
cosmopolitan *adj.* 세계적인 segyejeogin
cosmos *n.* 우주 uju
cost *v.* 대가 치르다 daekka chireuda
costly *adj.* 비싼 bissan
costume *n.* 의상 uisang
cosy *adj.* 아늑한 aneukan
cot *n.* 아기 침대 agi chimddae
cottage *n.* 시골 집 sigoljjip
cotton *n.* 목화 mohwa
couch *n.* 긴의자 ginuija

couchette *n.* 접이식 침대 jeobisik chimdae
cough *v.* 기침하다 gichimada
council *n.* 의회 uihoe
councillor *n.* 평의원 pyeonguiwon
counsel *n.* 변호인 byeonhoin
counsel *v.* 상담하다 sangdamhada
counsellor *n.* 카운슬러 kaunseuleo
count *v.* 세다 seda
countenance *n.* 얼굴 표정 eolgulpyojeong
counter *n.* 계산대 gyesandae
counter *v.t.* 교전 gyojeon
counteract *v.* 대응하다 daeunghada
counterfeit *adj.* 위조의 wijoui
counterfoil *n.* 부본 bubon
countermand *v.* 철회하다 cheolhoehada
counterpart *n.* 상대 sangdae
countless *adj.* 무수한 musuhan
country *n.* 국가 gukka
county *n.* 자치주 jachiju
coup *n.* 쿠데타 kudeta
coupe *n.* 쿠페형 자동차 kufehyeong jadongcha
couple *n.* 두 사람 dusaram
couplet *n.* 2행 연구 ihaeng yeongu
coupon *n.* 쿠폰 kupon
courage *n.* 용기 yonggi
courageous *adj.* 용기 있는 yonggi inneun
courier *n.* 택배 회사 taekppae hoesa
course *n.* 학과목 hakkwamok
court *n.* 법원 beobwon
courteous *adj.* 공손한 gongsonhan
courtesan *n.* 창녀 changeyeo
courtesy *n.* 정중함 jeongjungham
courtier *n.* 조신 josin
courtly *adj.* 공손한 gongsonhan
courtship *n.* 교제 gyoje
courtyard *n.* 뜰 tteul

cousin *n.* 사촌 sachon
cove *n.* 작은 만 jageun man
covenant *n.* 정기 지불의 약속 jeongi jiburui yakssok
cover *n.* 덮개 deopkke
cover *v.* 덮다 deoptta
covert *adj.* 은밀한 eunmiran
covet *v.* 탐내다 tamneda
cow *n.* 암소 amso
coward *n.* 겁쟁이 geopjjaengi
cowardice *n.* 비겁 bigeop
cower *v.* 몸을 숙이다 momeul sugida
coy *adj.* 내숭을 떠는 naesungeul tteoneun
cozy *adj.* 아늑한 aneukan
crab *n.* 게 ge
crack *n.* 균열 gyunyeol
crack *v.* 금가다 geumgada
cracker *n.* 크래커 keuraekeo
crackle *v.* 탁탁 소리를 내다 taktak sorireul naeda
cradle *n.* 요람 yoram
craft *n.* 공예 gongye
craftsman *n.* 장인 jangin
crafty *adj.* 교활한 gyohwaran
cram *v.* 밀어넣다 mireoneota
cramp *n.* 경련 gyeonryeon
crane *n.* 기중기 gijunggi
crankle *v.* 꾸부러지다 kkubureojida
crash *v.* 충돌하다 chungdorada
crass *adj.* 무신경한 musingyeonghan
crate *n.* 나무 상자 namu sangja
cravat *n.* 크라바트 krabateu
crave *v.t* 갈망하다 galmanghada
craven *adj.* 용기 없는 yongi eomneun
crawl *v.* 기다 gida
crayon *n.* 크레용 keureyong
craze *n.* 대유행 daeyuhaeng
crazy *adj.* 열광하는 yeolgwanghaneun
creak *n.* 삐걱거림 ppigeokkeorim
creak *v.* 삐걱거리다 ppigeokkeorida

cream *n.* 크림 keurim
crease *n.* 주름 jureum
create *v.* 창조하다 changjohada
creation *n.* 창조 changjo
creative *adj.* 창의적인 changuijeogin
creator *n.* 창조자 changjoja
creature *n.* 생물 saengmul
creche *n.* 놀이방 noribang
credentials *n.* 자격 jagyeok
credible *adj.* 믿을 수 있는 mideul ssu inneun
credit *n.* 신용 거래 sinyong georae
creditable *adj.* 칭찬할 만한 chingchanal manhan
creditor *n.* 채권자 chaekkwonja
credulity *adv.* 쉽게 믿음 suipkke mideum
creed *n.* 신념 sinnyeom
creek *n.* 개울 gaeul
creep *v.* 살금살금 움직이다 salgeumsalgeum umjigida
creeper *n.* 덩굴 식물 deongul singmul
cremate *v.* 화장하다 hwajanghada
cremation *n.* 화장 hwajang
crematorium *n.* 화장터 hwajangteo
crescent *n.* 초승달 choseungttal
crest *n.* 산마루 sanmaru
crew *n.* 승무원 seungmuwon
crib *n.* 여물통 yeomultong
cricket *n.* 귀뚜라미 guitturami
crime *n.* 범죄 beomjoe
criminal *n.* 범죄자 beomjoeja
criminology *n.* 범죄학 beomjoehak
crimson *n.* 진홍색 jonhongsaek
cringe *v.* 움츠리다 umcheurida
cripple *n.* 불구자 bulguja
crisis *n.* 위기 wigi
crisp *adj.* 바삭한 basakan
criterion *n.* 판단 기준 pandan gijun
critic *n.* 비평가 bipyeongga
critical *adj.* 피판적인 bipanjeogin
criticism *n.* 비평 bipyeong
criticize *v.* 비판하다 bipanada
critique *n.* 평론 pyeongnon
croak *n.* 까마귀 kkamaqui
crochet *n.* 코바늘 뜨개질 cobaneul tteugaejil
crockery *n.* 그릇 geureut
crocodile *n.* 악어 ageo
croissant *n.* 크루아상 keuruassang
crook *n.* 사기꾼 sagikkun
crooked *adj.* 구부러진 gubureojin
crop *n.* 작물 jangmul
cross *n.* 십자 sipjja
crossing *n.* 건널목 geoneolmok
crotchet *n.* 크로셰 뜨개질 krosye tteugejil
crouch *v.* 쭈그리다 jjugeurida
crow *n.* 까마귀 kkamaqui
crowd *n.* 군중 gunjung
crown *n.* 왕관 wanggwan
crown *v.* 왕위에 앉다 wanguie antta
crucial *adj.* 중대한 jungdaehan
crude *adj.* 대충의 daechungui
cruel *adj.* 잔인한 janinan
cruelty *adv.* 잔인성 janinsseong
cruise *v.* 유람선을 타고 다니다 yuramseoneul tagodanida
cruiser *n.* 순양함 sunyangham
crumb *n.* 빵 부스러기 ppang buseureogi
crumble *v.* 바스러지다 baseureojida
crumple *v.* 구기다 gugida
crunch *v.* 으스러뜨리다 euseureotteurida
crusade *n.* 단호한 운동 danohan undong
crush *v.* 으스러뜨리다 euseureotteurida
crust *n.* 껍질 kkeopjjil
crutch *n.* 목발 mokppal
crux *n.* 가장 중요한 부분 gajang jungyohan bupun

cry *n.* 외침 oechim
cry *v.* 울다 ulda
crypt *n.* 교회 지하실 gyohoe jihasil
crystal *n.* 석영 seogyeong
cub *n.* 사자, 여우 새끼 saja, yeou saekki
cube *n.* 정육면체 jeongnyungmyeonche
cubical *adj.* 입방체의 ippangcheui
cubicle *n.* 좁은 방 jobeunbang
cuckold *n.* 오쟁이 진 남자 ojaengijin namja
cuckoo *n.* 뻐꾸기 ppeokkugi
cucumber *n.* 오이 oi
cuddle *v.* 껴안다 kkyeoantta
cuddly *adj.* 꼭 껴안고 싶은 kkok kkyeoankko sipeun
cudgel *n.* 곤봉 gonbong
cue *n.* 신호 sinho
cuff *n.* 소맷동 somaettong
cuisine *n.* 요리법 yoribeop
culinary *adj.* 요리의 yoriui
culminate *v.* ~으로 끝이 나다 ~euro kkeuchi nada
culpable *adj.* 과실이 있는 gwasiri inneun
culprit *n.* 범인 beomin
cult *n.* 광신적 종교 집단 gwangsinjeok jonggyo jipttan
cultivate *v.* 일구다 ilguda
cultural *adj.* 문화의 munhwaui
culture *n.* 문화 munhwa
cumbersome *adj.* 크고 무거운 keugo mugeoun
cumin *n.* 쿠민 kumin
cumulative *adj.* 누적되는 nujeokttoeneun
cunning *adj.* 교활한 gyohwaran
cup *n.* 컵 kep
cupboard *n.* 찬장 chanjjang
cupidity *n.* 탐욕 tamyok
curable *adj.* 치유 가능한 chiyu ganeunghan

curative *adj.* 치유력이 있는 chiyureogi inneun
curator *n.* 큐레이터 kyureitor
curb *v. t* 억제하다 eokjjehada
curd *n.* 응유 eungyu
cure *v. t.* 낫게 하다 nakke hada
curfew *n.* 통행금지 tonghaenggeumji
curiosity *n.* 호기심 hogisim
curious *adj.* 궁금한 gunggeuman
curl *v.* 돌돌 감기다 doldol gamgida
currant *n.* 까치밥나무 열매 kkachibamnamu yeolmae
currency *n.* 통화 tonghwa
current *adj.* 현재의 yunjeui
current *n.* 기류 giryu
curriculum *n.* 교육과정 gyoyukkwajeong
curry *n.* 카레 요리 kare yori
curse *n.* 악담 akttam
cursive *adj.* 필기체인 pilgichein
cursor *n.* 커서 keoseo
cursory *adj.* 대충 하는 daechunghaneun
curt *adj.* 퉁명스러운 tunmyeongseureoun
curtail *v.* 축소시키다 chuksosikida
curtain *n.* 커튼 keoteun
curve *n.* 커브 keobeu
cushion *n.* 쿠션 kushyeon
custard *n.* 커스터드 keoseutadeu
custodian *n.* 관리인 gwaliin
custody *n.* 양육권 yangnyukkwon
custom *n.* 관습 gwanseup
customary *adj.* 관례적인 gwalyejeogin
customer *n.* 소비자 sobija
customize *v.* 주문 제작하다 jumun jejakada
cut *v.* 절단하다 jeolttanada
cute *adj.* 귀여운 gwiyeoun
cutlet *n.* 커틀릿 keoteulit
cutter *n.* 절단기 jeolttangi

cutting *n.* 절단 jeolttan
cyan *n.* 청록색 cheongnokssaek
cyanide *n.* 청산가리 cheongsangari
cyber *comb.* 컴퓨터와 관계 있는 keompyuteowa gwangyeinneun
cyberspace *n.* 사이버 공간 saibeowa gwangyeinneun
cycle *n.* 자전거 jajeongeo
cyclic *adj.* 순환하는 sunhwanhaneun
cyclist *n.* 사이클리스트 saikeulist
cyclone *n.* 사이클론 saikeulon
cylinder *n.* 원기둥 wongidung
cynic *n.* 부정적인 사람 bujeongjeogin saram
cynosure *n.* 주목의 대상 jumogui daesang
cypress *n.* 사이프러스 saipreos
cyst *n.* 낭포 nangpo
cystic *adj.* 포낭이 있는 ponangi inneun

D

dab *v.* 살짝 바르다 saljjak bareuda
dabble *v.* 첨벙거리다 cheombeonggeorida
dacoit *n.* 무장 강도단 mujang gangdodan
dad *n* 아빠 appa
daffodil *n.* 수선화 suseonhwa
daft *adj.* 바보 같은 babogateun
dagger *n.* 단검 dangeom
daily *adj.* 매일의 meireu
dainty *adj.* 앙증맞은 angjeungmajeun
dairy *n.* 낙농장 nangnongjang
dais *n.* 연단 yeondan
daisy *n.* 데이지 꽃 deiji kkot
dale *n.* 계곡 gyegok
dally *v.* 미적거리다 mijeokkeorida
dalliance *n.* 시간 낭비 sigannangbi
dam *n.* 댐 daem
damage *n.* 손상 sonsang

dame *n.* 여자 yeoja
damn *v.* 빌어먹을 bireomeogeul
damnable *adj.* 지독한 jidokan
damnation *n.* 지옥살이 jiokssari
damp *adj.* 축축한 chuchukan
dampen *v.* 물에 축이다 mure chugida
damper *n.* 통풍 조절판 tongpung jojeolpan
dampness *n.* 축축함 chuchukam
damsel *n.* 처녀 cheonyeo
dance *v.* 춤추다 chumchuda
dancer *n.* 무용수 muyongsu
dandelion *v.* 민들레 mindeule
dandle *v.* 아이 어르다 ai eoreuda
dandruff *n.* 비듬 bideum
dandy *n.* 멋진 남자 meotjjin namja
danger *n.* 위험 wiheom
dangerous *adj.* 위험한 wiheoman
dangle *v. i.* 매달리다 maedalida
dank *adj.* 눅눅한 nungnukan
dapper *adj.* 말쑥한 malssukan
dapple *v.* 얼룩지게 하다 eolukjjigehada
dare *v.* 감히 ~하다 gamhi ~hada
daring *adj.* 대담한 daedaman
dark *adj.* 어두운 eoduun
darkness *n.* 어둠 eodum
darken *v.* 어둡게 하다 eodupkkehada
darling *n.* 여보 yeobo
darn *v.* 꿰매다 kkwemaeda
dart *n.* 다트 dateu
dash *v.* 돌진하다 doljjinada
dashboard *n.* 계기판 gyegipan
dashing *adj.* 늠름한 neumreuman
dastardly *adj.* 악랄한 anglaran
data *n.* 자료 jaryo
database *n.* 데이터베이스 deiteobeiseu
date *n.* 날짜 naljja
date *n.* 날짜 naljja
datum *n.* 하나의 자료 hanaui jaryo
daub *v.* 진흙 바르다 jineuk ppareuda
daughter *n.* 딸 ttal

daughter-in-law *n.* 며느리 myeoneuri
daunt *v.* 겁먹게 하다 geommeokkehada
dauntless *adj.* 불굴의 bulgurui
dawdle *v.* 꾸물거리다 kkumulgeorida
dawn *n.* 새벽 sebyeok
day *n.* 낮 nat
daze *v.* 눈부시다 nunbusida
dazzle *v. t.* 눈부시게 하다 nunbusige hada
dead *adj.* 사망의 samangui
deadline *n.* 마감일 magamil
deadlock *n.* 교착 상태 gyochak sangtae
deadly *adj.* 치명적인 chimyeongjeogin
deaf *adj.* 귀먹은 guimeogeun
deafening *adj.* 귀가 먹먹한 guiga meongmeokan
deal *n.* 정도 jeongdo
deal *v. i* 거래하다 georaehada
dealer *n.* 딜러 dileo
dean *n.* 학과장 hakkwajang
dear *adj.* 소중한 sojunghan
dearly *adv.* 대단히 daedanhi
dearth *n.* 부족 bujok
death *n.* 사망 samang
debacle *n.* 대실패 daesilpae
debar *v. t.* 금하다 geumaha
debase *v.* 품위를 저하시키다 pumwireul jeohasikida
debatable *adj.* 이론의 여지가 있는 ironui yeojiga inneun
debate *n.* 토론 toron
debate *v. t.* 토론하다 toronada
debauch *v.* 방탕하다 bangtanghada
debauchery *n.* 방탕 bangtang
debenture *n.* 채무 증서 chaemujeunseo
debilitate *v.* 심신을 약화시키다 simsineul yakwasikida
debility *n.* 쇠약 soeyak
debit *n.* 차변 chabyeon
debonair *adj.* 멋지고 당당한 meotjigo dangdanghan

debrief *v.* 보고를 듣다 bogoreul detta
debris *n.* 잔해 janhae
debt *n.* 채무 chaemu
debtor *n.* 채무자 chaemuja
debunk *v.* 드러내다 deureonaeda
debut *n.* 데뷔 debui
debutante *n.* 여성의 사교계 데뷔 yeoseongui sagyogye debui
decade *n.* 10년 simnyeon
decadent *adj.* 타락한 tarakan
decaffeinated *adj.* 카페인을 제거한 kafeineul jegeohan
decamp *v.* 서둘러 떠나다 seoduleo tteonada
decant *v.* 다른 용기에 붓다 dareun yongie butta
decanter *n.* 디켄터 dikenteo
decapitate *v.* 목자르다 mokjjareuda
decay *v. i* 부패하다 bupaehada
decease *n.* 사망 samang
deceased *adj.* 사망한 samanghan
deceit *n.* 속임수 sogimsu
deceitful *adj.* 기만적인 gimanjeogin
deceive *v.* 속이다 sogida
decelerate *v.* 차의 속도를 줄이다 chaui sokttoreul jurida
december *n.* 12월 sibiwol
decency *n.* 체면 chemyeon
decent *adj.* 수준이 괜찮은 sujuni gwaenchaneun
decentralize *v.* 분권화하다 bunkkwonwahada
deception *n.* 속임 sogim
deceptive *adj.* 기만적인 gimanjeogin
decibel *n.* 데시벨 desibel
decide *v.* 결정하다 gyeoljjeonghada
decided *adj.* 확실한 hwakssiran
decimal *adj.* 십진법의 sipjjinbeobui
decimate *v.* 심하게 훼손하다 simhage hwesonada
decipher *v.* 판독하다 pandokada

decision *n.* 결정 gyeoljjeong
decisive *adj.* 결정적인 gyeoljjeonjeogin
deck *n.* 갑판 gappan
deck *n* 갑판 gappan
declaim *v.* 열변 토하다 yeolbyeon tohada
declaration *v. t.* 선언하다 seoneonhada
declare *n* 선언 seoneon
declassify *v.* 기밀 리스트에서 제외시키다 gimil liseuteueseo jeoesikida
decline *v. t.* 거절하다 geojeorada
declivity *n.* 내리받이 naeribaji
decode *v.* 암호 해독하다 amho haedokada
decompose *n.* 분해 bunhae
decomposition *v. t* 분해되다 bunhaedoeda
decompress *v.* 기압이 줄다 giabi julda
decongestant *n.* 충혈 완화제 chunghyeol wanhwaje
deconstruct *v.* 텍스트를 해체하다 tekseuteureul haechehada
decontaminate *v.* 오염 물질을 제거하다 oyeom muljjireul jegeohada
decor *n.* 실내 장식 silnae jangsik
decorate *v.* 장식하다 jangsikada
decoration *n.* 장식품 jangsikpum
decorative *adj.* 장식이 된 jangsigi doen
decorous *adj.* 점잖은 jeomjaneun
decorum *n.* 점잖음 jeomjaneum
decoy *n.* 유인 yuin
decrease *v.* 줄이다 jurida
decree *n.* 법령 beopnyeong
decrement *v. t.* 감소 gamso
decrepit *adj.* 노후한 nohuhan
decriminalize *v.* 기소 대상에서 제외시키다 giso daesangeseo jeoesikida
decry *v.* 매도하다 maedohada
dedicate *v.* 전념하다 jeonnyeomada

dedication *n.* 전념 jeonnyeom
deduce *v.* 추론하다 churonada
deduct *v.* 공제하다 gongjehada
deduction *n.* 추론 churon
deed *n.* 행위 haengui
deem *v.* ~로 여기다 ~ro yeogida
deep *adj.* 깊은 gippeun
deer *n.* 사슴 saseum
deface *v.* 외관을 훼손하다 oegwaneul hwesonada
defamation *n.* 중상 jungsang
defame *v.* 헐뜯다 heoltteutta
default *n.* 채무 불이행 chaemu burihaeng
defeat *v. t.* 패배시키다 paebaesikida
defeatist *n.* 패배주의자 paebaejuuija
defecate *v.* 배변하다 baebyeonada
defect *n.* 결함 gyeoram
defective *adj.* 결함이 있는 gyeoramiineun
defence *n.* 방어 bangeo
defend *v.* 방어하다 bangeohada
defendant *n.* 피고 pigo
defensible *adj.* 옹호할 수 있는 onghogalssu ineun
defensive *adj.* 방어의 bangeoui
defer *v.* 미루다 miruda
deference *n.* 존중 jonjung
defiance *n.* 반항 banhyang
deficiency *n.* 결핍 gyeolpip
deficient *adj.* 결핍된 gyeolpipttoen
deficit *n.* 적자 jeokjja
defile *v. t* 더럽히다 deoreopida
define *v.* 정의하다 jeonguihada
definite *adj.* 확실한 hwakssiran
definition *n.* 정의 jeongui
deflate *v.* 오므라들다 omeuradeulda
deflation *n.* 물가 하락 mulkka harak
deflect *v.* 방향을 바꾸다 banghyangeul bakkuda

deforest v. 삼림을 없애다 samlimeul eopsseda
deform v. 변형시키다 byeonhyungsikida
deformity n. 기형 gihyeong
defraud v. 사취하다 sachwihada
defray v. 비용 상환하다 biyong sanghwanada
defrost v. 해동하다 haedonghada
deft adj. 날랜 nalaen
defunct adj. 현존하지 않는 hyunjonhajianneun
defuse v. 진정시키다 jinjeongsikida
defy v. 반항하다 bananghada
degenerate v. 악화되다 akadoeda
degrade v. 비하하다 bihahada
degree n. 도 do
dehumanize v. 비인간적으로 만들다 biinganjeogeuro mandeulda
dehydrate v. 건조시키다 geonjosikida
deify v. 신격화하다 sinkkeokwahada
deign v. 한다는 의향을 보이다 handaneun uihyangeul boida
deity n. 신 sin
deja vu n. 기시감 gisigam
deject v. 낙담시키다 nattamsikida
dejection n. 실의 silui
delay v. t 연기하다 yeongihada
delectable adj. 아주 맛있는 aju masineun
delectation n. 즐거움 jeulgeoum
delegate n. 대표 daepyo
delegation n. 위임 uiim
delete v. i 위임하다 uiimhada
deletion n. 삭제 sakjje
deleterious adj. 해로운 haeroun
deliberate adj. 의도적인 uidojeogin
deliberation n. 숙고 sukko
delicacy n. 연약함 yeonyakam
delicate adj. 연약한 yeonyakan

delicatessen n. 델리카트슨 delikteuseun
delicious adj. 아주 맛있는 aju masineun
delight v. t. 아주 즐겁게 하다 aju jeulgeopkke hada
delightful adj. 정말 기분 좋은 jeongmal gibun joeun
delineate v. 기술하다 gisurada
delinquent adj. 비행의 bihaengui
delirious adj. 의식이 혼미한 uisigi honmihan
delirium n. 섬광 seomgwang
deliver v. 배달하다 baedarada
deliverance n. 구조 gujo
delivery n. 배달하다 baedarada
dell n. 작은 골짜기 jageun goljjagi
delta n. 삼각주 samgakjju
delude v. 속이다 sogida
deluge n. 폭우 poggu
delusion n. 망상 mangsang
deluxe adj. 호화로운 howharoun
delve v. 뒤지다 duijida
demand n. 요구 yogu
demanding adj. 부담이 큰 budami keun
demarcation n. 경계 gyeonggye
demean v. 위신 떨어뜨리다 wisin tteoreotteurida
demented adj. 정신 이상인 jeongsin isangin
dementia n. 치매 chime
demerit n 단점 danjjeom
demise n. 종말 jongmal
demobilize v. 제대시키다 jedaesikida
democracy n. 민주주의 minjujui
democratic adj. 민주주의의 minjujuiui
demography n. 인구 통계학 ingu tonggyehak
demolish v. 철거하다 cheolgeohada
demon n. 악령 angnyeong

demonize v. 악마로 만들다 angmaro mandeulda
demonstrate v. 입증하다 ipjjeunghada
demonstration n. 데모 demo
demoralize v. 사기를 꺾다 sagireul kkeoktta
demote v. 강등시키다 gandeungsikida
demur v. 이의를 제기하다 iuireul jegihada
demure adj. 얌전한 yanjeonhada
demystify v. 이해하기 쉽게 해 주다 ihaehagi suipkke hae juda
den n. 굴 gul
denationalize v. 비국영화하다 bigugeonghwahada
denial n. 부인 buin
denigrate v. 폄하하다 pyeomhahada
denomination n. 교파 gyopa
denominator n. 분모 bunmo
denote v. t 조짐을 보여주다 jojimeul boyeojuda
denounce v. 맹렬히 비난하다 maenryeori binanhada
dense adj. 빽빽한 ppaekppaekan
density n. 밀도 mildo
dent n. 움푹 들어감 umpuk deureogam
dental adj. 이의 iui
dentist n. 치과의사 chikkwauisa
denture n. 틀니 teulni
denude v. 벗기다 beokkida
denunciation n. 맹렬한 비난 maengryeoran
deny v. i. 부인하다 buinhada
deodorant n. 냄새 제거제 naemsae jegeoje
depart v. 여행 떠나다 yeohaeng tteonada
department n. 부서 buseo
departure n. 출발 chulbal
depend v. 의존하다 uijonhada
dependant n. 딸린 자식 ttalin jasik

dependency n. 의존 uijon
dependent adj. 의존하는 uijonaneun
depict v. 그리다 geurida
depilatory adj. 제모제 jemoje
deplete v. 대폭 감소시키다 daepok gamsosikida
deplorable adj. 개탄스러운 gaetanseurun
deploy v. 배치하다 baechihada
deport v. t 강제 추방하다 gangje chubanghada
depose v. 물러나게 하다 muleonage hada
deposit n. 착수금 chakssugeum
depository n. 보관소 bogwanso
depot n. 창고 changkko
deprave v. 타락하게 만들다 tarakagemandeulda
deprecate v. 반대하다 bandaehada
depreciate v. 가치가 떨어지다 gachiga tteoreojida
depreciation n. 가치 하락 gachi harak
depress v. 우울하게 만들다 uurage mandeulda
depression n. 우울중 uuljjeung
deprive v. 빼았다 ppaeatta
depth n. 깊이 gipi
deputation n. 대표단 daepyodan
depute v. 위임하다 uimhada
deputy n. 대리 daeri
derail v. t. 탈선하다 talsseonhada
deranged adj. 정상이 아닌 jeonsangi anin
deregulate v. 규제를 철폐하다 gyujereul cheolpyehada
deride v. 조롱하다 joronghada
derivative adj. 파생되는 pasaengdoeneun
derive v. 기원을 두다 giwoneul duda
derogatory adj. 경멸하는 gyeongmyeoraneun

descend v. 내려오다 naeryeooda
descendant n. 자손 jason
descent n. 내려오기 naeryeoogi
describe v. 묘사하다 myosahada
description n. 서술 seosul
desert v. 버리다 beorida
deserve v. t. 받을 만하다 badeul manhada
design n. 설계 seolgye
designate v. 지정하다 jijeonghada
desirable adj. 바람직한 baramjikan
desire n. 욕구 yokku
desirous adj. 바라는 baraneun
desist v. 그만두다 geumanduda
desk n. 책상 chaekssang
desolate adj. 황량한 hwangryanghan
despair n. 절망 jeolmang
desperate adj. 자포자기한 japojagihan
despicable adj. 비열한 biyeoran
despise v. 경멸하다 gyeongmyeorada
despite prep. ~에도 불구하고 ~edo bulguhago
despondent adj. 낙담한 nakttaman
despot n. 폭군 pokkun
dessert n. 디저트 dijeoteu
destabilize v. 불안정하게 만들다 buranjeonghage mandeulda
destination n. 도착지 dochakjji
destiny n. 운명 unmyeong
destitute adj. 극빈한 geukbinan
destroy v. 파괴하다 pagoehada
destroyer n. 구축함 guchukam
destruction n. 파괴 pagoe
detach v. 떼다 tteda
detachment n. 무심함 musimam
detail n. 세부 사항 sebu sahang
detain v. t 구금하다 gugeumada
detainee n. 억류자 eoknyuja
detect v. 발견하다 balgyeonada
detective n. 형사 hyeongsa
detention n. 구금 gugeum

deter v. 단념시키다 danyeomsikida
detergent n. 세제 seje
deteriorate v. 악화되다 akwadoeda
determinant n. 투지 tuji
determination v. t 결정하다 gyeojjeonghada
determine v. t 알아내다 aranaeda
deterrent n. 제지하는 것 jejihaneungeot
detest v. 혐오하다 hyeomohada
dethrone v. 퇴위시키다 toewisikida
detonate v. 폭발하다 pokpparada
detour n. 우회로 uhoero
detoxify v. 해독하다 haedokkada
detract v. 주의를 돌리다 juireul dolida
detriment n. 손상을 초래함 sonsangeul choraeham
detritus n. 쓰레기 sseuraegi
devalue v. 평가 절하하다 pyeongkka jeorahada
devastate v. 완전히 파괴하다 wanjeoni pagoehada
develop v. 발전하다 baljjeonada
development n. 발전 baljjeon
deviant adj. 일탈적인 iltaljjeogin
deviate v. 벗어나다 beoseonada
device n. 기구 gigu
devil n. 악마 angma
devious adj. 기만적인 gimanjeogin
devise v. 창안하다 changanada
devoid adj. ~이 전혀 없는 ~i jeonhyeo eomneun
devolution n. 권력 이양 gwolyeok iyang
devolve v. 양도하다 yangdohada
devote v. 충당하다 chungdanghada
devotee n. 헌신적인 추종자 heonsinjeogin chujongja
devotion n. 헌신 heonsin
devour v. 걸신 들린 듯 먹다 geolssin deulin deut meoktta
devout adj. 독실한 dokssiran
dew n. 이슬 iseul

dexterity *n.* 재주 jaeju
diabetes *n.* 당뇨병 dangnyoppyeong
diagnose *v.* 진단하다 jandanada
diagnosis *n.* 진단 jindan
diagram *n.* 도표 dopyo
dial *n.* 문자반 munjjaban
dialect *n.* 방언 bangeon
dialogue *n.* 대화 daehwa
dialysis *n.* 투석 tuseok
diameter *n.* 지름 jireum
diamond *n.* 다이아몬드 daiamondeu
diaper *n.* 기저귀 gijeogui
diarrhoea *n.* 설사 seolssa
diary *n.* 수첩 sucheop
diaspora *n.* 유대인들의 이동 yudaeindeurui idong
dice *n.* 주사위 jusaui
dictate *adj.* 좌우하는 jwauhaneun
dictation *n.* 구술 gusul
dictator *n.* 독재자 dokjjaeja
diction *n.* 발음 bareum
dictionary *n.* 사전 sajeon
dictum *n.* 격언 gyeogeon
didactic *adj.* 교훈적인 gyohunjeogin
die *v.* 죽다 juktta
diesel *n.* 디젤 dijel
diet *n.* 식습관 sikssupkkwan
dietitian *n.* 영양사 yeongyangsa
differ *v.* 다르다 dareuda
difference *n.* 차이 chai
different *adj.* 다른 dareun
difficult *adj.* 어려운 eoryeoun
difficulty *n.* 어려움 eoryeoum
diffuse *v.* 분산되다 bunsandoeda
dig *v.* 파다 pada
digest *v.* 소화하다 sohwahada
digestion *n.* 소화 sohwa
digit *n.* 숫자 sujja
digital *adj.* 디지털의 digiteorui
dignified *adj.* 위엄 있는 wieomineun

dignify *v.* 위엄 있어 보이게 하다 wieom isseo boige hada
dignitary *n.* 고위 관리 gowi gwali
dignity *n.* 위엄 wieom
digress *v.* 주제에서 벗어나다 jujeeseo beoseonada
dilapidated *adj.* 다 허물어져 가는 da heomureojeoganeun
dilate *v.* 확장하다 hwakjanghada
dilemma *n.* 딜레마 dilema
diligent *adj.* 근면한 geunmyeonan
dilute *v.* 희석하다 huiseokada
dim *adj.* 어둑한 eodukan
dimension *n.* 크기 keugi
diminish *v.* 줄어들다 jureodeulda
diminution *n.* 축소 chuksso
din *n.* 소음 soeum
dine *v.* 식사하다 sikssahaneun
diner *n.* 식사하는 사람 sikssahaneun saram
dingy *adj.* 우중충한 ujungchunghan
dinner *n.* 정식 jeongsik
dinosaur *n.* 공룡 gongnyong
dip *v. t* 살짝 담그다 salijak damgeuda
diploma *n.* 수료 과정 suryo gwajeong
diplomacy *n.* 외교 oegyo
diplomat *n.* 외교관 oegyogwan
diplomatic *adj.* 외교의 oegyoui
dipsomania *n.* 음주광 umjugwang
dire *adj.* 지독한 jidokan
direct *adj.* 직접적인 jikjjeopjjeogin
direction *n.* 방향 banghyang
directive *n.* 지시 jisi
directly *adv.* 직접 jikjjeop
director *n.* 임원 imwon
directory *n.* 안내 책자 annae chaekjja
dirt *n.* 오물 omul
dirty *adj.* 더러운 deoreoun
disability *n.* 장애 jangae
disable *v.* 장애자로 만들다 jangaejaro mandeulda

disabled *adj.* 장애를 가진 jangaereul gajin
disadvantage *n.* 불이익 buliik
disaffected *adj.* 불만을 품은 bulmaneul pumeun
disagree *v.* 동의하지 않다 donguihaji anta
disagreeable *adj.* 유쾌하지 못한 yukwehaji motan
disagreement *n.* 의견 충돌 uigyeon chungdol
disallow *v.* 인정하지 않다 injeonghaji anta
disappear *v.* 사라지다 sarajida
disappoint *v.* 실망하다 silmanghada
disapproval *n.* 반감 bangam
disapprove *v.* 탐탁찮아 하다 tamtakchana hada
disarm *v.* 무장 해제시키다 mujang haejesikida
disarmament *n.* 군비 축소 gunbi chuksso
disarrange *v.* 어지럽히다 eojireopida
disarray *n.* 혼란 holran
disaster *n.* 참사 chamsa
disastrous *adj.* 처참한 chochaman
disband *v.* 해체하다 haechehada
disbelief *n.* 불신감 bulssingam
disburse *v.* 지출하다 jichurada
disc *n.* 원반 wonban
discard *v.* 버리다 beorida
discern *v.* 알아차리다 aracharida
discharge *v.* 석방하다 seokppanghada
disciple *n.* 제자 jeja
discipline *n.* 규율 gyuyul
disclaim *v.* 부인하다 buinada
disclose *v.* 밝히다 balkida
disco *n.* 디스코텍 diskotek
discolour *v.* 변색되다 byunsaekttoeda
discomfit *v.* 혼란스럽게 만들다 holrnseureokke mandeulda

discomfort *n.* 불편 bulpyeon
disconcert *v.* 불안하게 만들다 buranhage mandeulda
disconnect *v.* 연결을 끊다 yeongyeoreul kkeuntta
disconsolate *adj.* 암담한 amdaman
discontent *n.* 불만 bulman
discontinue *v.* 중단하다 jungdanada
discord *n.* 불화 bulhwa
discordent *adj.* 불협화음의 bulhyeopwaeumui
discount *n.* 할인 harin
discourage *v.* 좌절시키다 jwajeolsikida
discourse *n.* 담론 damnon
discourteous *adj.* 예의 없는 yeui eomneun
discover *v.* 발견하다 balgyeonhada
discovery *n.* 발견 balgyeon
discredit *v.* 존경심을 떨어뜨리다 jongyeongsimeul tteoreotteurida
discreet *adj.* 신중한 sinjunghan
discrepancy *n.* 차이 chai
discrete *adj.* 별개의 byeolgaeui
discriminate *v.* 차별하다 chabyeorada
discursive *adj.* 두서없는 duseoeomneun
discuss *v.* 논의하다 nonuihada
discussion *n.* 논의 nonui
disdain *n.* 업신여김 eopssinyeogim
disease *n.* 질환 jirwan
disembark *v.* 내리다 naerida
disembodied *adj.* 알 수 없는 곳에서 나오는 al ssu eomneun goseseo naoneun
disempower *v.* ~로부터 영향력을 빼았다 ~robuteo yeonghyangryeogeul ppaeatta
disenchant *v.* 환멸을 느끼다 hwanmyeoreul neukkida
disengage *v.* 풀다 pulda
disentangle *v.* 구분하다 gubunada

disfavour n. 탐탁찮음 tamtakjjaneun
disgrace n. 망신 mangsin
disgruntled adj. 불만스러워 하는 bulmanseureowohaneun
disguise v. 변장하다 byunjanghada
disgust n. 혐오감 hyeomogam
dish n. 접시 jeopssi
dishearten v. 낙심하게 하다 nakssimage hada
dishonest adj. 정직하지 못한 jeongjikaji motan
dishonour n. 불명예 bulmyeongye
disillusion v. 환상을 깨뜨리다 hwansangeul kkaetteurida
disincentive n. 의욕을 꺾는 것 uiyogeul kkeongneun geot
disinfect v. 소독하다 sodokada
disingenuous adj. 솔직하지 못한 soljjikaji motan
disinherit v. 상속권을 박탈하다 sangsokkwoneul baktarada
disintegrate v. 해체되다 haechedoeda
disjointed adj. 연결이 안 되는 yeongyeori andoeneun
dislike v. 싫어하다 sireohada
dislocate v. 탈구시키다 talgusikida
dislodge v. 제자리를 벗어나게 만들다 jejarireul beoseonagehada
disloyal adj. 불충실한 bulchungsiran
dismal adj. 음울한 eumuran
dismantle v. 분해하다 bunhaehada
dismay n. 실망 silmang
dismiss v. 묵살하다 mukssarada
dismissive adj. 무시하는 musihaneun
disobedient adj. 반항하는 banhanghaneun
disobey v. 복종하다 bulbokjjonghada
disorder n. 엉망 eongmang
disorganized adj. 체계적이지 못한 chegyejeogiji motan

disorientate v. 방향 감각을 잃게 하다 banghyang gamgageul ilkehada
disown v. 의절하다 eujeorada
disparity n. 차이 chai
dispassionate adj. 감정에 좌우되지 않는 gamjeonge jwaudoeji anneun
dispatch v. 보내다 bonaeda
dispel v. 떨쳐 버리다 tteolcheobeorida
dispensable adj. 불필요한 bulpiryohan
dispensary n. 약품 조제실 yakpum jojesil
dispense v. 나누어 주다 nanueojuda
disperse v. 흩어지다 heuteojida
dispirited adj. 의기소침한 uigisochiman
displace v. t 대신하다 daesinada
display v. 내보이다 naeboida
displease v. 불쾌하게 만들다 bulkwehage mandeulda
displeasure n. 불쾌감 bulkwegam
disposable adj. 일회용의 iroeyongui
disposal n. 폐기 pyegi
dispose v. t 배치하다 baechihada
dispossess v. 재산을 빼앗다 jaesaneul ppaeatta
disproportionate adj. 불균형의 bulgyunhyeongui
disprove v. 틀렸음을 입증하다 teulyeosseumeul ipjjeunghada
dispute v. i 반박하다 banbakada
disqualification n. 자격 박탈 jagyeog baktal
disqualify v. 자격을 박탈하다 jagyeogeul baktarada
disquiet n. 불안 buran
disregard v. t 무시하다 musihada
disrepair n. 황폐 hwangpye
disreputable adj. 평판이 안 좋은 pyeongpanui anjoeun
disrepute n. 오명 omyeong
disrespect n. 무례 murye
disrobe v. 옷을 벗다 oseul beotta

disrupt *v.* 지장을 주다 jijangeul juda
dissatisfaction *n.* 불만 bulman
dissect *v.* 해부하다 haebuhada
dissent *v.* 반대하다 bandaehada
dissertation *n.* 논문 nonmun
dissident *n.* 반체제 인사 bancheje insa
dissimulate *v.* 감추다 gamchuda
dissipate *v.* 소멸하다 somyeorada
dissolve *v. t* 녹다 noktta
dissuade *v.* ~를 설득하다 ~reul seoltteukada
distance *n.* 거리 geori
distant *adj.* 먼 meon
distaste *n.* 불쾌감 bulkwegam
distil *v.* 증류하다 jeungryuhada
distillery *n.* 증류주 공장 jeungryuju gongjang
distinct *adj.* 뚜렷한 tturyeotam
distinction *n.* 탁월함 tagworam
distinguish *v. t* 구별하다 gubyeorada
distort *v.* 비틀다 biteulda
distract *v.* 주의를 돌리다 juuireul dolida
distraction *n.* 주의를 방해하는 것 juireul banghaehaneun geot
distress *n.* 고통 gotong
distribute *v.* 나누어 주다 nanueojuda
distributor *n.* 배급 업자 baegeubeopjja
district *n.* 지구 jigu
distrust *n.* 불신감 bulssingam
disturb *v.* 방해하다 banghaehada
ditch *n.* 배수로 baesuro
dither *v.* 머무적거리다 meomujeokkeorida
ditto *n.* 위와 같음 wiwa gateum
dive *v.* 뛰어들다 ttuieodeulda
diverge *v.* 갈라지다 galajida
diverse *adj.* 다양한 dayanghan
diversion *n.* 방향 바꾸기 banghyang bakkugi
diversity *n.* 다양성 dayangsseong

divert *v. t* 방향 바꾸게 하다 banghyang bakkugehada
divest *v.* 처분하다 cheobunada
divide *v.* 나누다 nanuda
dividend *n.* 배당금 baedanggeum
divine *adj.* 신성한 sinseonghan
divinity *n.* 신성 sinseong
division *n.* 분할 bunal
divorce *n.* 이혼 ihon
divorcee *n.* 이혼한 사람 ihonan saram
divulge *v.* 비밀 알려주다 bimil alyeojuda
do *v.* 행위하다 haengwihada
docile *adj.* 유순한 yusunan
dock *n.* 부두 budu
docket *n.* 명세서 myeongseseo
doctor *n.* 의사 uisa
doctorate *n.* 박사 학위 bakssahagui
doctrine *n.* 교리 gyori
document *n.* 서류 seoryu
documentary *n.* 다큐멘터리 dakyumenteori
dodge *v. t* 재빨리 움직이다 jaeppali umjigida
doe *n.* 암컷 amkeot
dog *n.* 개 gae
dogma *n.* 신조 sinjo
dogmatic *adj.* 독단적인 dokttanjeogin
doldrums *n.* 침울 chimul
doll *n.* 인형 inhyeong
dollar *n.* 달러 daleo
domain *n.* 영역 yeongnyeok
dome *n.* 반구형 지붕 banguhyeong
domestic *adj.* 국내의 gungnaeui
domicile *n.* 거주지 geojuji
dominant *adj.* 우세한 usehan
dominate *v.* 지배하다 jibaehada
dominion *n.* 지배권 jibaekkwon
donate *v.* 기부하다 gibuhada
donkey *n.* 당나귀 dangnagui
donor *n.* 기증자 gijeungja

doom *n.* 파멸 pamyeol
door *n.* 문자반 munjjaban
dormitory *n.* 기숙사 gisukssa
dose *n.* 약의 복용량 yagui bogyongnyang
dossier *n.* 서류 일체 seoryu ilche
dot *n.* 점 jeom
dote *v.* 망령들다 mangnyeong deulda
double *adj.* 두 배의 du baeui
doubt *n.* 의심 uisim
dough *n.* 밀가루 반죽 milkkaru banjuk
down *adv.* 아래에 araee
downfall *n.* 몰락 molak
download *v.* 다운로드 daunrodeu
downpour *n.* 폭우 pogu
dowry *n.* 지참금 jichamgeum
doze *v. i* 졸다 jolda
dozen *n.* 한 묶음 han mukkeum
drab *adj.* 생기 없는 saengi eomneun
draft *n.* 초안 choan
drag *v. t* 끌다 kkeulda
dragon *n.* 용 yong
drain *v. t* 배수시키다 baesusikida
drama *n.* 드라마 deurama
dramatic *adj.* 극적인 geukjjeogin
dramatist *n.* 극작가 geukjjakka
drastic *adj.* 과감한 gwagaman
draught *n.* 찬바람 chanbaram
draw *v.* 그리다 geurida
drawback *n.* 결점 gyeoljjeom
drawer *n.* 서랍 seorap
drawing *n.* 그림 geurim
dread *v.t* 두려워하다 duryeowohada
dreadful *adj.* 끔찍한 kkeujjigan
dream *n.* 꿈 kkum
dreary *adj.* 음울한 umuran
drench *v.* 흠뻑 적시다 heumppeokjeokssida
dress *v.* 옷입다 onniptta
dressing *n.* 드레싱 dressing
drift *v.* 표류하다 pyoryuhada

drill *n.* 드릴 deuril
drink *v. t* 마시다 masida
drip *v. i* 방울방울 흐르다 bangulbangul heureuda
drive *v.* 운전하다 unjeonja
driver *n.* 운전자 unjeonja
drizzle *n.* 이슬비 iseulbi
droll *adj.* 우스꽝스런 useukkwangsseureon
droop *v.* 아래로 처지다 araero cheojida
drop *v.* 떨어지다 tteoreojida
dross *n.* 싸구려 물건 ssaguryeo mulgeon
drought *n.* 가뭄 gamum
drown *v.* 익사시키다 ikssasikida
drowse *v.* 졸다 jolda
drug *n.* 약물 yangmul
drum *n.* 드럼 deureom
drunkard *adj.* 술취한 sulchwihan
dry *adj.* 마른 mareun
dryer *n.* 건조기 geonjogi
dual *adj.* 이중의 ijungui
dubious *adj.* 의심하는 eusimaneun
duck *n.* 오리 ori
duct *n.* 도관 dogwan
dudgeon *n.* 분노 bunno
due *adj.* 지불해야 하는 jubureya haneun
duel *n.* 결투 gyeoltu
duet *n.* 이중주 ijungju
dull *adj.* 따분한 ttabunan
dullard *n.* 멍청이 meoncheongi
duly *adv.* 확실히 hwakssiri
dumb *adj.* 벙어리의 beongeoriui
dummy *n.* 인체 모형 inche mohyeong
dump *n.* 의기소침 uigisochim
dung *n.* 똥 ttong
dungeon *n.* 지하 감옥 jiha gamok
duo *n.* 2인조 iinjo
dupe *v.* 속이다 sogida
duplex *n.* 복층 아파트 bokcheung apateu

duplicate *adj.* 사본의 sabonui
duplicity *n.* 이중성 ijungsseong
durable *adj.* 내구성이 있는 naegusseongui inneun
duration *n.* 기간 gigan
during *prep.* ~동안 ~ttongan
dusk *n.* 황혼 hwanghon
dust *n.* 먼지 meonji
duster *n.* 걸레 geole
dutiful *adj.* 순종적인 sunjongjeogin
duty *n.* 의무 uimu
duvet *n.* 이불 ibul
dwarf *n.* 난쟁이 nanjaengi
dwell *v.* 살다 salda
dwelling *n.* 주거지 jugeoji
dwindle *v. t* 줄어들다 jureodeulda
dye *n.* 염색하다 yeomsaekada
dynamic *adj.* 역동적 yeokttongjeok
dynamics *n.* 역학 yeokak
dynamite *n.* 다이너마이트 daineomaiteu
dynamo *n.* 다이너모 daineomo
dynasty *n.* 왕조 wangjo
dysentery *n.* 이질 ijil
dysfunctional *adj.* 고장난 gojangnan
dyslexia *n.* 난독증 nandongjjeung
dyspepsia *n.* 소화 불량 sohwabulyang

E

each *adj.* 각각의 gakgagui
eager *adj.* 열심인 yeolssimin
eagle *n.* 독수리 dokssuri
ear *n.* 귀 gwi
earl *n.* 백작 baekjjak
early *adj.* 빠른 ppareun
earn *v.* 돈벌다 donbeolda
earnest *adj.* 성실한 seongsiran
earth *n.* 지구 jigu
earthen *adj.* 흙으로 된 heulgeuro doen
earthly *adj.* 세속적인 sesokjjeogin

earthquake *n.* 지진 jijin
ease *n.* 쉬움 suieum
east *n.* 동쪽 dongjjok
easter *n.* 동풍 dongpung
eastern *adj.* 동쪽의 dongjjogeu
easy *adj.* 쉬운 suiun
eat *v.* 먹다 meoktta
eatery *n.* 음식점 eumsikjjeom
eatable *adj.* 먹기에 적합한 meokkie jeokapan
ebb *n.* 썰물 sseolmul
ebony *n.* 흑단 heukttan
ebullient *adj.* 패기만만한 paegimanmanan
eccentric *adj.* 별난 byeolan
echo *n.* 메아리 meari
eclipse *n.* 일식 ilssik
ecology *n.* 생태학 saengtaehak
economic *adj.* 경제의 gyeongjeui
economical *adj.* 경제적인 gyeongjejeogin
economics *n.* 경제학 gyeongjehak
economy *n.* 경제 gyeongje
ecstasy *n.* 황홀경 hwangholgyeong
edge *n.* 가장자리 gajangjari
edgy *adj.* 초조한 chojohan
edible *adj.* 먹을 수 있는 meogeul ssu inneun
edict *n.* 중독 jungdok
edifice *n.* 건물 geonmul
edit *v.* 편집하다 pyeonjipada
edition *n.* 판 pan
editor *n.* 편집장 pyeonjipjjang
editorial *adj.* 편집의 pyeonjip
educate *v.* 교육하다 gyoyukada
education *n.* 교육하다 gyoyuk
efface *v.* 지우다 jiuda
effect *n.* 영향 yeonghyang
effective *adj.* 영향있는 yeonghyanginneun

effeminate *adj.* 여성적인 yeoseongjeogin
effete *adj.* 기운이 빠진 giuni ppajin
efficacy *n.* 효능 hyoneung
efficiency *n.* 효율 hyoyul
efficient *adj.* 효율적인 hyoyuljjeogin
effigy *n.* 조상 josang
effort *n.* 노력 noryeok
egg *n.* 계란 gyeran
ego *n.* 자아 jaa
egotism *n.* 자기 중심벽 jagi jungsimbyuk
eight *adj. & n.* 여덟의 & 팔 yeodeodeolui & pal
eighteen *adj. & n.* 열여덟의 & 십팔 yeolyeodeolbui & sipal
eighty *adj. & n.* 팔십의 & 팔십 palssibui & palssip
either *adv.* 어느 하나의 eoneu hanaui
ejaculate *v.* 남자가 사정하다 namjaga sajeonghada
eject *v. t* 쫓아내다 chochanaeda
elaborate *adj.* 정성을 들인 jeongseongeul deurin
elapse *v.* 시간이 흐르다 sigani heureuda
elastic *adj.* 탄력성의 talryeoksseongui
elbow *n.* 팔꿈치 palkkeumchi
elder *adj.* 연상의 yeonsangui
elderly *adj.* 나이든 naideun
elect *v.* 선출하다 seonchurada
election *n.* 선거 seongeo
elective *adj.* 선출된 seonchuldoen
electorate *n.* 유권자 yukkwonja
electric *adj.* 전기의 jeongi
electrician *n.* 전기 기사 jeongi gisa
electricity *n.* 전기 jeongi
electrify *v.* 전기를 통하게 하다 jeongireul tonghagehada
electrocute *v.* 전기 처형하다 jeongi cheohyunghada

electronic *adj.* 전자의 jeonjaui
elegance *n.* 우아함 uaham
elegant *adj.* 우아한 uahan
element *n.* 요소 yoso
elementary *adj.* 기본의 gibonui
elephant *n.* 코끼리 kokkiri
elevate *v.* 승진시키다 seunjinsikida
elevator *n.* 승강기 seungganggi
eleven *adj. & n.* 십일의 & 십일 ibirui & sibil
elf *n.* 요정 yojeong
elicit *v.* 정보를 끌어내다 jeongboreul kkeureonaeda
eligible *adj.* 자격이 있는 jageokada
eliminate *v.* 제거하다 jegeohada
elite *n.* 엘리트 eliteu
ellipse *n.* 타원 tawon
elocution *n.* 웅변술 ungbyeonsul
elongate *v.* 길게 늘이다 gilge neurida
elope *v.* 눈이 맞아 함께 달아나다 nuni maja hamkke daranada
eloquence *n.* 능변 neungbyeon
else *adv.* 또 다른 tto dareun
elucidate *v. t* 자세히 설명하다 jasehi seolmyeonghada
elude *v.* 피하다 pihada
elusion *n.* 도피 dopi
elusive *adj.* 찾기 힘든 chatkki himdeun
emaciated *adj.* 쇠약한 soeyakan
email *n.* 이 메일 i meil
emancipate *v. t* 수척해지게 하다 sucheokaejige hada
emasculate *v.* 무력화시키다 muryeokwasikida
embalm *v.* 방부 처리를 하다 bangbu cheorireul hada
embankment *n.* 둑 duk
embargo *n.* 통상 금지령 tongsang geumjiryeong
embark *v. t* 착수하다 chakssuhada

embarrass *v.* 당황하다 danghwanghada
embassy *n.* 대사관 daesagwan
embattled *adj.* 궁지에 몰린 gungjie molin
embed *v.* 단단히 박다 dandanhi baktta
embellish *v.* 장식하다 jangsikada
embitter *v.* 원통하게 만들다 wontonghage mandeulda
emblem *n.* 국가 및 단체의 상징 gukka mit dancheui sangjing
embodiment *v. t.* 전형 jeonhyeong
embolden *v.* 대담하게 만들다 daedamhage mandeulda
emboss *v.* 양각하다 yanggakada
embrace *v.* 포옹하다 poyonghada
embroidery *n.* 자수 jasu
embryo *n.* 배아 baea
emend *v.* 교정하다 gyojeonghada
emerald *n.* 에메랄드 emerald
emerge *v.* 나오다 naoda
emergency *n.* 비상 bisang
emigrate *v.* 이주하다 ijuhada
eminance *n.* 전문적인 명성 jeonmunjeogin
eminent *adj.* 저명한 jeomyeonghan
emissary *n.* 사절 sajeol
emit *v.* 방사하다 bangsahada
emollient *adj.* 진정시키는 jinjeongsikineun
emolument *n.* 보수 bosu
emotion *n.* 감성 gamseong
emotional *adj.* 감상적인 gamsangjeogin
emotive *adj.* 감정을 자극하는 gamjeongeul jageukaneun
empathy *n.* 감정이입 gamjeongiip
emperor *n.* 황제 hwangje
emphasis *n.* 강조 gangjo
emphasize *v.* 강조하다 gangjohaneun
emphatic *adj.* 강조하는 gangjohada
empire *n.* 제국 jeguk

employ *v.* 고용하다 goyonghada
employee *n.* 고용인 goyongin
employer *n.* 고용주 goyongju
empower *v.* 권한을 주다 gwonhaneul juda
empress *n.* 여자 황제 yeoja hwangje
empty *adj.* 빈 bin
emulate *v. t* 모방하다 mobanghada
enable *v.* 가능하게 하다 ganeunghada
enact *v.* 제정하다 jejeonghada
enamel *n.* 에나멜 enamel
enamour *v. t* 매혹하다 maehokada
encapsulate *v.* 요약하다 yoyakada
encase *v.* 감싸다 gamssada
enchant *v.* 현금으로 바꾸다 hyeongeumuro bakkuda
encircle *v. t* 둘러싸다 duleossada
enclave *n.* 소수 민족 거주지 sosu minjok geojuji
enclose *v.* 두르다 dureuda
enclosure *n.* 에워싸다 ewossada
encode *v.* 암호화 하다 amhohwa hada
encompass *v.* 포함하다 pohamada
encore *n.* 앙코르 angkoreu
encounter *v.* 맞닥뜨리다 mattakteurida
encourage *v.* 격려하다 geognyeohada
encroach *v.* 침해하다 chimhaehada
encrypt *v.* 암호화 하다 amhohwa hada
encumber *v.* 지장을 주다 jijangeul juda
encyclopaedia *n.* 백과사전 baekkwasajeon
end *n.* 끝 kkeut
endanger *v.* 위험에 빠뜨리다 wiheome ppateurida
endear *v.* 사랑받다 sarangbatta
endearment *n.* 애정을 담은 말 aejeongeul dameun mal
endeavour *v.* 노력 noryeok
endemic *adj.* 고유의 goyuui
endorse *v.* 지지하다 jijihada
endow *v.* 기부하다 gibuhada

endure *v.* 견디다 gyeondida
enemy *n.* 적 jeok
energetic *adj.* 정력적인 jeongnyeokjjeogin
energy *n.* 에너지 eneogi
enfeeble *v.* 약화시키다 yakhwasikida
enfold *v.* 감싸다 gamssada
enforce *v.* 집행하다 jipaenghada
enfranchise *v.* 선거권을 주다 seongeokkwoneul juda
engage *v.* 이해관계 맺다 ihaegwangye maetta
engagement *n.* 약혼 yakkon
engine *n.* 엔진 enjin
engineer *n.* 기사 gisa
English *n.* 영어 yeongeo
engrave *v.* 새기다 saegida
engross *v.* 몰두하게 만들다 molttuhage mandeulda
engulf *v.* 완전히 에워싸다 wanjeonada
enigma *n.* 수수께끼 susukkekki
enjoy *v.* 즐기다 jeulgida
enlarge *v.* 확대하다 hwakttaehada
enlighten *v.* 이해시키다 ihaesikida
enlist *v.* 입대하다 ipttaehada
enliven *v.* 더 재미있게 만들다 deo jemiitkke mandeulda
enmity *n.* 적대감 jeokttaegam
enormous *adj.* 막대한 makttaehan
enough *adj.* 충분한 chungbunan
enquire *v.* 문의하다 munuihada
enquiry *n.* 조사 josa
enrage *v.* 격분하게 만들다 gyeokppunhada
enrapture *v.* 도취시키다 dochwisikida
enrich *v.* 풍요롭게 하다 pungnyorokke hada
enrol *v.* 학교에 등록하다 hakkyoe deungnokada
enshrine *v.* 소중히 간직하다 sojunghi ganjikada

enslave *v.* 노예로 만들다 noyero mandeulda
ensue *v.* 결과가 뒤따르다 gyeolgwaga dwittareuda
ensure *v.* 보장하다 bojanghada
entangle *v. t* 얽어매다 eoleomaeda
enter *v.* 들어가다 deureogada
enterprise *n.* 기업 gieop
entertain *v.* 접대하다 jeopttaehada
entertainment *n.* 유흥 yuheung
enthral *v.* 마음을 사로잡다 maeumeul sarojaptta
enthrone *v.* 왕좌에 앉히다 wangjwae anchida
enthusiasm *n.* 열광 yeolgwanghada
enthusiastic *n.* 열의 yeori
entice *v.* 유도하다 yodohada
entire *adj.* 전체의 jeoncheui
entirety *n.* 전적으로 jeonjjeogeuro
entitle *v.* 자격을 주다 jageogeul juda
entity *n.* 독립체 dongnipche
entomology *n.* 곤충학 gonchungak
entourage *n.* 수행단 suhaengdan
entrails *n.* 사람 및 동물의 내장 saram it dongmurui naejang
entrance *n.* 입구 ipkku
entrap *v. t.* 덫으로 옭아매다 deocheuro olgamaeda
entreat *v.* 간청하다 gancheonghada
entreaty *v. t* 간청 gancheong
entrench *v.* 단단히 자리 잡게 하다 dandanhi jarijapkke hada
entrepreneur *n.* 사업가 saeopkka
entrust *v.* 일을 맡기다 ireul makkida
entry *n.* 입장 ipjjang
enumerate *v. t* 열거하다 yeolgeohada
enunciate *v.* 밝히다 balkida
envelop *v.* 감싸다 gamssada
envelope *n.* 봉투 bongtu
enviable *adj.* 부러운 bureoun

envious *adj.* 부러워하는 bureowohaneun
environment *n.* 환경 hwangyeong
envisage *v.* 예상하다 yesanghada
envoy *n.* 사절 sajeol
envy *n.* 부러움 bureoum
epic *n.* 서사시 seosasi
epicure *n.* 식도락가 sikttorakka
epidemic *n.* 유행병 yuhaengppyeong
epidermis *n.* 표피 pyopi
epigram *n.* 짧은 풍자시 jjalbeun pungjasi
epilepsy *n.* 간질 janjil
epilogue *n.* 끝맺는 말 kkeunmaeneun mal
episode *n.* 1회 방송분 iroe bangsongbun
epistle *n.* 사도 서간 sado seogan
epitaph *n.* 묘비명 myobimyeong
epitome *n.* 완벽한 wanbyeokan
epoch *n.* 중요한 일이 일어난 시대 jungyohan iri ireonan sidae
equal *adj.* 같은 gateun
equalize *v. t* 동등하게 하다 dongdeunghada
equate *v.* 동일시하다 dongilssihada
equation *n.* 방정식 bangjeongsik
equator *n.* 적도 joktto
equestrian *adj.* 승마의 sungmaui
equidistant *adj.* 등거리의 deunggeoriui
equilateral *adj.* 등변의 deungbyeonui
equilibrium *n.* 평형 pyeonghyong
equip *v.* 장비를 갖추다 jangbireul gachuda
equipment *n.* 장비 jangbi
equitable *adj.* 공정한 gongjeonghan
equity *n.* 자기 자본 jagi jabon
equivalent *adj.* 동등한 dongdeunghan
equivocal *adj.* 애매한 aemaehan
era *n.* 시대 sidae
eradicate *v.* 근절하다 geunjeorada

erase *v.* 지우다 jiuda
erect *adj.* 선 seon
erode *v.* 침식하다 chimsikada
erogenous *adj.* 성적으로 민감한 seongjjeogeuro mingaman
erosion *n.* 침식하다 chimsikada
erotic *adj.* 성적인 seongjjeogin
err *v.* 실수를 범하다 silsssureul beomhada
errand *n.* 심부름 simbureum
errant *adj.* 잘못된 jalmottoen
erratic *adj.* 불규칙한 bulgyuchikan
erroneous *adj.* 잘못된 jalmottoen
error *n.* 오류 oryu
erstwhile *adj.* 이전의 ijeonui
erudite *adj.* 학식 있는 hakssigineun
erupt *v.* 분출하다 bunchurada
escalate *v.* 확대되다 hwakttaedoeda
escalator *n.* 에스컬레이터 eseukeoleiteo
escapade *n.* 무모한 장난 mumohan jangnan
escape *v.i* 달아나다 daranada
escort *n.* 호위대 howidae
esoteric *adj.* 소수만 이해하는 sosuman ihaehaneun
especial *adj.* 특별한 teukppyeoran
especially *adv.* 특별하게 teukppyeorage
espionage *n.* 스파이 행위 seupai haengui
espouse *v.* 주의 등을 옹호하다 juui deungeul onghohada
espresso *n.* 에스프레소 esseupresso
essay *n.* 과제물 gwajemul
essence *n.* 본질 bonjil
essential *adj.* 필수적인 pilssujeogin
establish *v.* 설립하다 seolip
establishment *n.* 기관 gigwan
estate *n.* 사유지 sayuji
esteem *n.* 존경 jongyeong

estimate *v. t* 추정 chujeong
estraged *adj.* 별거 중인 byeolgeojungin
et cetera *adv.* 기타 gita
eternal *adj.* 영원한 yeongwonnan
eternity *n.* 영원 yeongwon
ethic *n* 윤리 yuli
ethical *n.* 윤리학 yulihak
ethnic *adj.* 민족의 minjeogui
ethos *n.* 기풍 gipung
etiquette *n.* 예의 yeui
etymology *n.* 어원학 eowonnak
eunuch *n.* 환관 hwanwan
euphoria *n.* 희열 huiyeol
euro *n.* 유로화 yurohwa
European *n.* 유럽인 yureobin
euthanasia *n.* 안락사 alrakssa
evacuate *v.* 대피시키다 daepisikida
evade *v. t* 피하다 pihada
evaluate *v. i* 평가하다 pyeongkkahada
evaporate *v.* 증발하다 jeungbarada
evasion *n.* 회피 hoepi
evasive *adj.* 얼버무리는 eolbeomurineun
eve *n.* 전날 jeonnal
even *adj.* 훨씬 hwolssin
evening *n.* 저녁 jeonyeok
event *n.* 행사 haengsa
eventually *adv.* 결국 gyeolguk
ever *adv.* 언제든 eonjedeun
every *adj.* 모든 modeun
evict *v.* 쫓아내다 jjochanaeda
eviction *n.* 되찾음 doechajeum
evidence *n.* 증거 jeungeo
evident *adj.* 분명한 bunmyeonghan
evil *adj.* 사악한 saakan
evince *v.* 분명히 밝히다 bunmyeonghi balkida
evoke *v.* 떠올려 주다 tteolyeo juda
evolution *n.* 진화 jinhwa
evolve *v.* 진화하다 jinhwahada
exact *adj.* 정확한 jeonhwakan

exaggerate *v.* 과장하다 gwajanghada
exaggeration *n.* 과장 gwajang
exalt *v.* 승격시키다 seunkkyeoksikida
exam *n.* 시험 siheom
examination *n.* 검사 geomsa
examine *v.* 검사하다 geomsahada
examinee *n.* 피조사자 pijosaja
example *n.* 견본 gyeonbon
exasperate *v.* 몹시 화나게 하다 mopssi hwanage hada
excavate *v.* 발굴하다 balgurada
exceed *v.* 넘다 neomtta
excel *v.* 뛰어나다 ttwieonada
excellence *n.* 뛰어남 ttwieonam
excellency *n.* 각하 gaka
excellent *adj.* 훌륭한 hulyunghan
except *prep.* 제외하고는 jeoehago
exception *n.* 제외 jeoe
excerpt *n.* 발췌 부분 balchwe bubun
excess *n.* 과잉 gwaing
excessive *adj.* 과잉된 gwaingdoen
exchange *v. t* 교환하다 gyohwanada
exchequer *n.* 재무부 jaemubu
excise *n.* 소비세 sobisse
excite *v.i* 흥분시키다 heunbunsikida
excitement *n.* 흥분 heungbun
exclaim *v.* 소리치다 sorichida
exclamation *n.* 감탄사 gamtansa
exclude *v.* 제외하다 jeoehada
exclusive *adj.* 독점적인 dokjjeomjeogin
excoriate *v.* 찰과상을 입히다 chalgwasangeul ipida
excrete *v.* 배설하다 baeseorada
excursion *n.* 짧은 여행 jjalbeun yeohaeng
excuse *v.* 변명 byeonmyeong
execute *v.* 실행하다 siraenghada
execution *n.* 실행 siraeng
executive *n.* 경영진 gyeongyeongjin
executor *n.* 유언 집행자 yueon jipaengja

exempt *adj.* 면제되는 myeonjedoeneun
exercise *n.* 운동 undong
exert *v.* 가하다 gahada
exhale *v.* 내쉬다 nesuida
exhaust *v.* 기진맥진하게 만들다 gijinmaekjjinage mandeulda
exhaustive *adj.* 철저한 cheoljjeohan
exhibit *v.* 전시하다 jeonsihada
exhibition *n.* 전시 jeonsi
exhilarate *v.* 아주 기쁘게 만들다 aju gippeuge mandeulda
exhort *v.* 촉구하다 chokkuhada
exigency *n.* 긴급 사태 geungeup satae
exile *n.* 망명 mangmyeong
exist *v.* 존재하다 jonjaehada
existence *n.* 존재 jonjae
exit *n.* 출구 chulgu
exonerate *v.* 무죄임을 밝혀주다 mujoeimeul balkyeojuda
exorbitant *adj.* 과도한 gwadohan
exotic *adj.* 이국적인 igukjjeogin
expand *v.* 확대되다 hwakttaedoeda
expanse *n.* 넓게 트인 시역 neolkke teuin jiyeok
expatriate *n.* 국외 거주자 gugoe geojuja
expect *v.* 예상하다 yesanghaneun
expectant *adj.* 기대하는 gidaehaneun
expedient *adj.* 방편 bangpyeon
expedite *v.* 더 신속히 처리하다 deo sinsoki chorihada
expedition *n.* 탐험 tamheom
expel *v. t* 축출하다 chukchurada
expend *v.* 에너지 쏟다 eneoji ssotta
expenditure *n.* 경비 gyeongbi
expense *n.* 비용 biyong
expensive *adj.* 비싼 bissan
experience *n.* 경험 gyeongheom
experiment *n.* 실험 sireom
expert *n.* 전문가 jeonmunga
expertise *n.* 전문 지식 jeonmun jisik
expiate *v.* 속죄하다 sokjjoehada

expire *v.* 만료되다 malyeodoeda
expiry *n.* 만기 mangi
explain *v.* 설명하다 seolmyeonghada
explicit *adj.* 명쾌한 myeongkoehan
explode *v.* 폭발하다 pokpparada
exploit *v. t* 부당하게 이용하다 budanghage iyonghada
exploration *n.* 탐사 tamsa
explore *v.* 탐구하다 tamguhada
explosion *n.* 폭발 pokppal
explosive *adj.* 폭발성의 pokppalseongui
exponent *n.* 주창자 juchangja
export *v. t.* 수출하다 suchurada
expose *v.* 드러내다 deureonaeda
exposure *n.* 노출 nochul
express *v.* 표현하다 pyeonada
expression *n.* 표현 pyohyeon
expressive *adj.* 표정이 있는 pyojeongi inneun
expropriate *v.* 수용하다 suyonghaneun
expulsion *n.* 축출 chukchul
extant *adj.* 현존하는 hyeonjonaneun
extend *v.* 연장하다 yeonjanghada
extension *n.* 확대 hwakddae
extent *n.* 크기 등의 정도 keugi deungui jeongdo
exterior *adj.* 외부의 oebuui
external *adj.* 외면적인 oemyeonjeogin
extinct *adj.* 멸종된 myeoljjongdoen
extinguish *v.* 불끄다 bulkkeuda
extirpate *v.* 제거하다 jegeohada
extort *v.* 갈취하다 galchwihada
extra *adj.* 여분의 yeobunui
extract *v. t* 추출하다 chuchurada
extraction *n.* 추출 chuchul
extraordinary *adj.* 비범한 bibeoman
extravagance *n.* 낭비 nangbi
extravagant *adj.* 낭비벽이 있는 nangbibyeogi inneun

extravaganza *n.* 화려한 오락물 hwaryeohan orangmul
extreme *adj.* 극도의 geukddui
extremist *n.* 극한 geukan
extricate *v.* 해방되다 haebangdoeda
extrovert *n.* 외향적인 사람 oehyangjeogin
extrude *v.* 밀려 나가다 milyeo nagada
exuberant *adj.* 활기 넘치는 hwalgi neomchineun
exude *v.* 물씬 풍기다 mulssin punggida
eye *n.* 눈 nun
eyeball *n.* 눈알 nunal
eyesight *n.* 시력 siryeok
eyewash *n.* 허풍 heopung
eyewitness *n.* 증인 jeungin

F

fable *n.* 우화 uhwa
fabric *n.* 직물 jingmul
fabricate *v.* 제작하다 jejakada
fabulous *adj.* 기막히게 좋은 gimakige joeun
facade *n.* 건물의 정면 geonmurui jeongmyeon
face *n.* 얼굴 eolgul
facet *n.* 양상 yangsang
facetious *adj.* 경박한 gyeongbakan
facial *adj.* 얼굴의 eolgului
facile *adj.* 안이한 anihan
facilitate *v.* 가능하게 하다 ganeunghage hada
facility *n.* 시설 siseol
facing *n.* 외장 oejang
facsimile *n.* 복제 bokjje
fact *n.* 사실 sasil
faction *n.* 파벌 pabeol
factitious *adj.* 인위적인 inuijeoggin
factor *n.* 요인 yoin
factory *n.* 공장 gongjang

faculty *n.* 사람의 능력 saramui neungnyeok
fad *n.* 유행 yuhaeng
fade *v.i* 서서히 사라지다 seoseohi sarajida
faherenheit *n.* 화씨 hwassi
fail *v.* 실패하다 silpaehada
failling *n.* 결점 gyeojjeom
failure *n.* 실패 silpae
faint *adj.* 희미한 huimihan
fair *adj.* 타당한 tadanghan
fairing *n.* 유선형 구조 yuseonhyeong gujo
fairly *adv.* 상당히 sangdanghi
fairy *n.* 요정 yojeong
faith *n.* 믿음 mideum
faithful *adj.* 충실한 chungsiran
faithless *adj.* 충실하지 못한 chungsiraji mottan
fake *adj.* 가짜의 gajjaui
falcon *n.* 매 mae
fall *v.* 떨어지다 tteoreojida
fallacy *n.* 틀린생각 teulin saenggak
fallible *adj.* 실수를 할 수 있는 silsureul halss inneun
fallow *adj.* 놀리는 nolineun
false *adj.* 틀린 teulin
falsehood *n.* 거짓임 geojisim
falter *v.* 흔들리다 heundeulida
fame *n.* 명성 myeongseong
familiar *adj.* 친근한 chingeunan
family *n.* 가족 gajok
famine *n.* 기근 gigeun
famished *adj.* 배가 고파 죽을 지경인 baega gopa jugeul jigyeongin
famous *adj.* 유명한 yumyeonghan
fan *n.* 팬 paen
fanatic *n.* 광신도 gwangsindo
fanciful *adj.* 상상의 sangsangui
fancy *n.* 상상 sangsang
fanfare *n.* 팡파르 pangpareu

fang *n.* 송곳니 songgonni
fantasize *v.* 환상을 갖다 hwansangeul gatta
fantastic *adj.* 굉장한 goengjangan
fantasy *n.* 공상 gongsang
far *adv.* 멀리 meoli
farce *n.* 익살극 ikssalgeuk
fare *n.* 요금 yogeum
farewell *interj.* 안녕히 가세요 annyeonghi gaseyo
farm *n.* 농장 nongjang
farmer *n.* 농부 nongbu
fascia *n.* 간판 ganpan
fascinate *v.* 매혹하다 maehokada
fascism *n.* 파시즘 pasiseum
fashion *n.* 유행 yuhaeng
fashionable *adj.* 유행하는 yuhaenghaneun
fast *adj.* 빠른 ppareun
fasten *v.* 매다 maeda
fastness *n.* 요새 yosae
fat *n.* 지방 jibang
fatal *adj.* 치명적인 chimyeongjeogin
fatality *n.* 치사율 chisayul
fate *n.* 운명 unmyeong
fateful *adj.* 운명적인 unmyeongjeogin
father *n.* 아버지 abeoji
fathom *n.* 패덤 paedeom
fatigue *n.* 피로 piro
fatuous *adj.* 어리석은 eoriseogeun
fault *n.* 잘못 jalmot
faulty *adj.* 결함이 있는 georami inneun
fauna *n.* 동물상 dongmulssang
favour *n.* 호의 houi
favourable *adj.* 호감을 갖는 hogameul ganneun
favourite *adj.* 가장 좋아하는 gajang joahaneun
fax *n.* 팩스기 faexeugi
fear *n.* 두려움 dureoum

fearful *adj.* 두려워하는 duryeowohaneun
fearless *adj.* 두려움 없는 duryeoum eomneun
feasible *adj.* 실현 가능한 sieron ganeunghan
feast *n.* 잔치 janchi
feat *n.* 위업 wieop
feather *n.* 새의 깃털 saeui gitteol
feature *n.* 특징 tteukjjingjeogin
febrile *adj.* 열성적인 yeolsseongjeogin
February *n.* 2월 iwol
feckless *adj.* 무기력한 mugiryeokan
federal *adj.* 연방제의 yeonbangjeui
federate *v.* 연합하다 yeonapada
federation *n.* 연방 국가 yeonbang gukka
fee *n.* 수수료 susuryo
feeble *adj.* 아주 약한 aju yakan
feed *v.* 먹이다 meogida
feeder *n.* 공급 장치 gongeupjangchi
feel *v.* 느끼다 neukkida
feeling *n.* 느낌 neukkim
feign *v.* 가장하다 gajanghada
feisty *adj.* 혈기 왕성한 hyeolgi wangseonghan
felicitate *v.* 축하하다 chukahada
felicitation *n.* 축사 chukssa
felicity *n.* 더할 나위없는 행복 deohal nauieomneun haengbok
fell *v.* 쓰러뜨리다 sseureotteurida
fellow *n.* 녀석 nyeoseok
fellowship *n.* 유대감 yudaegam
felon *n.* 중죄인 jungjoein
female *adj.* 여성의 yeoseongui
feminine *adj.* 여성스러운 yeoseongseureoun
feminism *n.* 페미니즘 peminism
fence *n.* 울타리 ultari
fencing *n.* 펜싱 penssing
fend *v.* 저항하다 jeohanghada

feng shui *n.* 풍수 pungsu
fennel *n.* 회향 hoehyang
feral *adj.* 치명적인 chimyeonjeogin
ferment *v.* 발효하다 baryohada
fermentation *n.* 발효 baryo
fern *n.* 고사리 gosari
ferocious *adj.* 흉포한 hyungpohan
ferry *n.* 연락선 yeolaksseon
fertile *adj.* 비옥한 biokan
fertility *n.* 생식력 saengsingnyeok
fertilize *v.* 시비하다 sibihada
fertilizer *n.* 비료 biryo
fervent *adj.* 강렬한 gangryeoran
fervid *adj.* 열렬한 yeoleoran
fervour *n.* 열정 yeokjjeong
fester *v.* 곪다 geomtta
festival *n.* 축제 chukjje
festive *adj.* 축제의 chukjjeui
festivity *n.* 축제 행사 chukjje haengsa
fetch *v.* 가지고 오다 gajigo oda
fete *n.* 기념행사 ginyeomhaengsa
fetish *n.* 집착 jipchak
fettle *n.* 심신의 상태 simsinui sangtae
fetus *n.* 태아 taea
feud *n.* 불화 burwa
feudalism *n.* 봉건 제도 bongeon jedo
fever *n.* 열 yeol
few *adj.* 적은 jeogeun
fey *adj.* 약간 특이한 yakkan teugihan
fiance *n.* 약혼자 yakonja
fiasco *n.* 낭패 nangpae
fibre *n.* 섬유소 seomyuso
fickle *adj.* 변덕스러운 byeondeoksseureoun
fiction *n.* 소설 soseol
fictitious *adj.* 허구의 heoguui
fiddle *n.* 바이올린 baiolin
fidelity *adj.* 충실함 chulsiram
field *n.* 들판 deulpan
fiend *n.* 악마 같은 사람 angma gateun saram

fierce *adj.* 격렬한 gyeongryeoran
fiery *adj.* 불의 bureu
fifteen *adj. & n.* 15의 & 15 siboui & sibo
fifty *adj. & n.* 50의 & 50 osibeu & osip
fig *n.* 무화과 muhwagwa
fight *v.t* 싸우다 ssauda
fighter *n.* 전투기 jeontugi
figment *n.* 허구 heogu
figurative *adj* 비유적인 biyujeogin
figure *n.* 수치 suchi
figurine *n.* 작은 조각상 jageun jogakssang
filament *n.* 필라멘트 filamenteu
file *n.* 파일 pail
filings *n.* 줄밥 julbab
fill *v.* 채우다 chaeuda
filler *n.* 충전제 chungjeonje
filling *n.* 채우기 속 chaeugi sok
fillip *n.* 자극제 jageukjje
film *n.* 필름 pileum
filter *n.* 여과 장치 yeogwa janchi
filth *n.* 오물 omul
filtrate *n.* 여과물 yeogwamul
fin *n.* 지느러미 jineureomi
final *adj.* 마지막의 majimagui
finalist *n.* 결승전 출전자 gyeolsseungjeon chuljjeonja
finance *n.* 재정 jaejeong
financial *adj.* 재정의 jaejeongui
financier *n.* 자본가 jabonga
find *v.* 발견하다 balgyeonada
fine *adj.* 질 높은 jil nopeun
finesse *n.* 수완 suwan
finger *n.* 손가락 sonkkarak
finial *n.* 피니얼 pineol
finicky *adj.* 타박이 심한 tabagi siman
finish *v.* 끝내다 kkeunnaeda
finite *adj.* 한정된 hanjeongdoen
fir *n.* 전나무 jeonnamu
fire *n.* 불 bul
firewall *n.* 방화벽 banghwabeok

firm *adj.* 단단한 dandanhan
firmament *n.* 회사 hoesa
first *adj. & n.* 첫째의 & 첫째 cheotjjeui & cheotjje
first aid *n.* 응급 처치 eungeup cheochi
fiscal *adj.* 국가 재정의 gukka jaejeongui
fish *n.* 물고기 mulkkogi
fisherman *n.* 어부 eobu
fishery *n.* 어장 eojang
fishy *adj.* 수상한 susanghan
fissure *n.* 길게 갈라진 틈 gilge galajin teum
fist *n.* 주먹 jumeok
fit *adj.* 안성 마춤의 anseong machumui
fitful *adj.* 잠깐씩 하다가 마는 jamkkanssik hadaga maneun
fitter *n.* 설비 기술자 seolbi gisuljja
fitting *n.* 부품 pupeum
five *adj. & n.* 다섯의 & 다섯 daseodui & daseot
fix *v.* 고치다 gochida
fixation *n.* 고정 geojeong
fixture *n.* 고정물 gojeongmul
fizz *v.* 쉬익 하는 소리를 내다 shiikaneun sorireul naeda
fizzle *v.* 흐지부지 되다 heujibuji doeda
fizzy *adj.* 거품이 나는 geopumi naneun
fjord *n.* 피오르드 pioreudeu
flab *n.* 군살 gunsal
flabbergasted *adj.* 크게 놀란 keugenolan
flabby *adj.* 무기력한 mugireokan
flaccid *adj.* 탄력 없는 taleolyeomneun
flag *n.* 깃발 gippal
flagellate *v.* 채찍질을 하다 chaejjikjireul hada
flagrant *adj.* 노골적인 nogoljjeogin
flair *n.* 타고난 재주 tagonan jaeju
flake *n.* 조각 jogak
flamboyant *adj.* 대담한 daedamhan
flame *n.* 불길 bulkkil

flammable *adj.* 불에 잘 타는 bure jal taneun
flank *n.* 측면 cheukmyeon
flannel *n.* 플란넬 peulannel
flap *v.* 덮개 deopkke
flapjack *n.* 플랩 잭 peulap jaek
flare *n.* 확 타오르다 whak taoreuda
flash *v.* 비치다 bichida
flash light *n.* 섬광 seomgwang
flask *n.* 플라스크 peulaskeu
flat *adj.* 편평한 pyeonpyeonghan
flatten *v.t.* 납작하게 만들다 napjjahe mandeulda
flatter *v.* 알랑거리다 alanggeorida
flatulant *adj.* 허풍스런 heopungseureon
flaunt *v.* 과시하다 gwasihada
flavour *n.* 풍미 pungmi
flaw *n.* 결함 gyeoram
flea *n.* 벼룩 byeoruk
flee *v.* 달아나다 daranada
fleece *n.* 양털 yangteol
fleet *n.* 함대 hamdae
flesh *n.* 살 sal
flex *v.* 몸을 풀다 momeul pulda
flexible *adj.* 유연한 yuyeonhan
flexitime *n.* 근무 시간 자율 선택제 geunmu sigan jayul seontaek
flick *v.* 튕기다 tuinggida
flicker *v.t* 깜박거리다 kkambakgeorida
flight *n.* 비행 bihang
flimsy *adj.* 조잡한 sojapan
flinch *v.* 움찔하다 umjjirada
fling *v.* 내던지다 naedeonjida
flint *n.* 부싯돌 busittol
flip *v.* 획 젖히다 hwik jeochida
flippant *adj.* 경솔한 gyeolsoran
flipper *n.* 물갈퀴 mulgalkwi
flirt *v.i* 추파를 던지다 chupareul deonjida
flit *v.* 획 스치다 hwik seuchida
float *v.* 뜨다 tteuda

flock *n.* 무리 muri
floe *n.* 빙원 bingwon
flog *v.* 매로 때리다 maero ttaerida
flood *n.* 홍수 hongsu
floodlight *n.* 투광 조명등 tugwang jomyeongdeung
floor *n.* 바닥 badak
flop *v.* 털썩 주저앉다 teolsseok jujeoantta
floppy *adj.* 헐렁한 heoleonghan
flora *n.* 식물군 singmulgun
floral *adj.* 꽃 무늬의 kkon munuiui
florist *n.* 꽃집 kkotjjip
floss *n.* 치실 chisil
flotation *n.* 부유 선광 buyu seongwang
flounce *v.* 튀어 나가다 twieo nagada
flounder *v.* 허둥대다 heodungdaeda
flour *n.* 곡물 가루 gongmul kkaru
flourish *v.* 번창하다 beonchanghada
flow *v.i* 흐름 heureum
flower *n.* 꽃 kkot
flowery *adj.* 꽃으로 덮인 kkocheuro deopin
flu *n.* 독감 dokkam
fluctuate *v.* 변동하다 byeondonghada
fluent *adj.* 유창한 yuchanghan
fluff *n.* 보풀 bopul
fluid *n.* 액체 aekche
fluke *n.* 미늘 mineul
flourescent *adj.* 형광의 hyeonggwangui
flouride *n.* 불소 bulsso
flurry *n.* 소동 sodong
flush *v.* 붉어지다 bulgeojida
fluster *v.* 허둥거림 heodunggeorim
flute *n.* 플루트 peuluteu
flutter *v.* 흔들리다 heundeulida
fluvial *adj.* 강의 gangui
flux *n.* 끊임없는 변화 kkeunimeomneun byeonhwa
fly *v.i* 날다 nalda
foam *n.* 거품 geopum

focal *adj.* 중심의 jungsimui
focus *n.* 집중하다 jipjjunghada
fodder *n.* 사료 saryo
foe *n.* 적은 jeogeun
fog *n.* 안개 angae
foil *v.* 포장지 pojangji
fold *v.t* 접다 jeoptta
foliage *n.* 나뭇잎 namunip
folio *n.* 책의 종이 한 장 chaegui jongi han jang
folk *n.* 사람들 saramdeul
follow *v.* 뒤쫓다 dwijjotta
follower *n.* 추종자 chujongja
folly *n.* 어리석은 행동 eoriseogeun haengdong
fond *adj.* 애정을 느끼는 aejeongeul neukkineun
fondle *v.* 애무하다 aemuhada
font *n.* 서체 seoche
food *n.* 음식 eumsik
fool *n.* 바보 babo
foolish *adj.* 바보같은 babogateun
foolproof *adj.* 실패할 염려가 없으면 silpaehal yeomnyeoga eommeun
foot *n.* 발 bal
footage *n.* 장면 jangmyeon
football *n.* 축구 chukku
footing *n.* 발을 디딤 bareul didim
footling *adj.* 시시한 sisihan
for *prep.* ~에 대해 ~e daehae
foray *n.* 습격 seupkkyeok
forbear *v.* 삼가다 samgada
forbid *v.* 금지하다 geumgihada
force *n.* 폭력 pongnyeok
forceful *adj.* 단호한 danhohan
forceps *n.* 겸자 gyeomja
forcible *adj.* 강제적인 gangjejeogin
fore *adj.* 앞쪽에 apjjoge
forearm *n.* 팔뚝 palttuk
forebear *n.* 선조 seonjo
forecast *v.t* 예보하다 yebohada

forefather *n.* 조상 josang
forefinger *n.* 집게 손가락 jipge sonkkarak
forehead *n.* 이마 ima
foregoing *adj.* 앞서 말한 apseomaran
foreign *adj.* 외국의 oegugui
foreigner *n.* 외국인 oegugin
foreknowledge *n.* 예지 yeji
foreleg *n.* 앞다리 apttari
foreman *n.* 현장 감독 hyeonjang gamdok
foremost *adj.* 가장 중요한 gajang jungyohan
forename *n.* 이름 ireum
forensic *adj.* 법의학적인 beobuihakjjeogin
foreplay *n.* 전희 jeonhui
forerunner *n.* 선구자 seonguja
foresee *v.* 예견하다 yegyeonada
foresight *n.* 예지력 yejiryeok
forest *n.* 숲 sup
forestall *v.* 미연에 방지하다 miyeone bangjihada
forestry *n.* 임학 imak
foretell *v.* 마술적으로 예언하다 masuljjeogeuro yeeonada
forever *adv.* 영원히 yeongwonhi
foreword *n.* 서문 seomun
forfeit *v.* 몰수당하다 molsudanghada
forge *v.t* 위조하다 wijohada
forgery *n.* 위조 wijo
forget *v.* 잊다 itta
forgetful *adj.* 잘 잊어 먹는 jal ijeo meongneun
forgive *v.* 용서하다 yongseohada
forgo *v.* 포기하다 pogihada
fork *n.* 포크 pokeu
forlorn *adj.* 쓸쓸해 보이는 sseulsseulhae boineun
form *n.* 종류 jongnyu

formal *adj.* 격식을 차린 gyeokssigeul charin
formality *n.* 형식상의 절차 hyeongsikssangui jeolcha
format *n.* 형식 yeongsik
formation *n.* 형성 hyeongseonghada
former *adj.* 예전에 yejeone
formerly *adv.* 이전에 ijeone
formidable *adj.* 가공할 gagonghal
formula *n.* 공식 gongsik
formulate *v.* 만들어 내다 mandeureonaeda
forsake *v.* 저버리다 jeobeorida
forswear *v.* 그만두다 geumanduda
fort *n.* 보루 boru
forte *n.* 강점 gangjjeom
forth *adv.* ~에서 멀리 ~eseo meoli
forthcoming *adj.* 다가오는 dagaoneun
forthwith *adv.* 당장 dangjang
fortify *v.* 요새화하다 yosaehwahada
fortitude *n.* 불굴의 용기 bulgurui yonggi
fortnight *n.* 2주일간 ijuilgan
fortress *n.* 요새 yosae
fortunate *adj.* 운 좋은 un joeun
fortune *n.* 운 un
forty *adj.& n.* 사십의 & 사십 sasibeu & sasip
forum *n.* 토론회 toronhoe
forward *adv. &adj.* 앞으로 & 앞의 apeuro & apui
fossil *n.* 화석 hwaseok
foster *v.* 육성하다 yuksseonghada
foul *adj.* 악취 나는 akchwinaneun
found *v.* 건립하다 geolip
foundation *n.* 토대 todae
founder *n.* 창립자 changnipjja
foundry *n.* 주조 공장 jujo gongjang
fountain *n.* 분수 bunsu
four *adj.& n.* 넷의 & 넷 nesui & net
fourteen *adj.& n.* 열넷의 & 열넷 yeolnesui & yeolnet

fourth *adj.& n.* 네번째의 & 네번째 nebeonjjeui & nebeonjje
fowl *n.* 가금 gageum
fox *n.* 여우 yeou
foyer *n.* 로비 robi
fraction *n.* 부분 bubun
fractious *adj.* 괴팍한 goepyakan
fracture *v.t* 골절 goljjeol
fragile *adj.* 유약한 yuyakan
fragment *n.* 파편 papyeon
fragrance *n.* 향기 hyanggi
fragrant *adj.* 향기로운 hyanggi
frail *adj.* 노쇠한 nosoehan
frame *n.* 틀 teul
framework *n.* 체제 cheje
franchise *n.* 가맹점 gamaengjeom
frank *adj.* 솔직한 soljjikan
frankfurter *n.* 프랑크푸르트 feurangkeupureuteu
frantic *adj.* 정신없이 서두르는 jeongsineopssi seodureuneun
fraternal *adj.* 형제간의 hyeongjeganui
fraternity *n.* 형제애 hyeongjeae
fraud *n.* 사기 sagi
fraudulent *adj.* 사기를 치는 sagireul chineun
fraught *adj.* 걱정스런 geokjjeongsseureoun
fray *v.* 천이 해어지다 cheoni haeeojida
freak *n.* 괴짜 goejja
freckle *n.* 주근깨 jugeunkke
free *adj.* 자유로운 jayuroun
freebie *n.* 공짜 선물 gongjja seonmul
freedom *n.* 자유 jayu
freeze *v.* 얼다 eolda
freezer *n.* 냉동고 naengdonggo
freight *n.* 운임 unim
freighter *n.* 화물선 hwamulsseon
French *adj.* 프랑스의 feuransseuui
frenetic *adj.* 부산한 busanan
frenzy *n.* 광분 gwangbun

frequency *n.* 빈도 bindo
frequent *adj.* 잦은 jajjeun
fresh *adj.* 신선한 sinseonhan
fret *v.t.* 초조하게 하다 chojohage hada
fretful *adj.* 조바심치는 jobasimchineun
friable *adj.* 잘 부서지는 jal buseojineun
friction *n.* 마찰 machal
Friday *n.* 금요일 geumnyoil
fridge *n.* 냉장고 naengjanggo
friend *n.* 친구 chingu
fright *n.* 놀람 nolam
frighten *v.* 놀라게 하다 nolage hada
frigid *adj.* 불감증의 bulgamjjeungui
frill *n.* 주름장식 jureumjangsik
fringe *n.* 앞머리 ammeori
frisk *v.* 몸수색을 하다 momsusaegeul hada
fritter *v.* 튀김 twigim
frivolous *adj.* 경솔한 gyeongsoran
frock *n.* 드레스 deuresseu
frog *n.* 개구리 gaeguri
frolic *v.i.* 즐겁게 뛰놀다 jeulgeopkke ttuinolda
from *prep.* ~부터 ~buteo
front *n.* 앞면 ammyeon
frontbencher *n.* 영국 하원의 앞쪽에 앉는 장관 yeongguk hawonui apjjoge anneun jangwan
frontier *n.* 국경 지역 gukkyeong jiyeok
frost *n.* 서리 seori
frosty *adj.* 몹시 추운 mopssi chuun
froth *n.* 거품 geopum
frown *v.i* 얼굴을 찌푸리다 eolgureul chipurida
frowsty *adj.* 공기가 탁한 gonggiga takan
frugal *adj.* 절약하는 jeoryakaneun
fruit *n.* 과일 gwail
fruitful *adj.* 유익한 yuikan
frump *n.* 유행에 뒤진 여자 yuhaenge dwijin nyeoja

frustrate v. 낙담하다 nakttamada
fry v. 튀기다 twigida
fudge n. 퍼지 peoji
fuel n. 연료 yeolyo
fugitive n. 도망자 domangja
fulcrum n. 지렛목 jiretmok
fulfil v. 실현하다 silhyeonada
fulfilment n. 실현 silhyeon
full adj. 가득찬 gadeukchan
fulsome adj. 지나친 jinachin
fumble v. 더듬거리다 deodeumgeorida
fume n. 씩씩대다 ssikssikdaeda
fumigate v. 훈증 소독하다 hunjeung sodokada
fun n. 재미 jaemi
function n. 기능 gineung
functional adj. 실용적인 siryongjeogin
functionary n. 공공기관의 직원 gonggonggigwanui jigwon
fund n. 기금 gigeum
fundamental adj. 근본적인 geunbonjeogin
funeral n. 장례식 jangnyesik
fungus n. 곰팡이 gompangui
funky adj. 비트가 강한 biteuga ganghan
funnel n. 깔때기 kkaltaegi
funny adj. 재밌는 jaeminneun
fur n. 털 teol
furious adj. 화가 난 hwaga nan
furl v. 우산 접다 usan jjeoptta
furlong n. 펄롱 peolong
furnace n. 용광로 yongwangno
furnish v. 제공하다 jegonghada
furnishing n. 비치 bichi
furniture n. 가구 gagu
furore n. 다수인의 격분 dasuinui geokppun
furrow n. 고랑 gorang
further adv. 더 나아가 deo naaga
furthermore adv. 뿐만 아니라 ppunman anira

furthest adj.& adv. 멀리 & ~ 만큼 떨어져 meoli & ~mankeum tteoreojeo
fury n. 격노한 상태 geongnohan sangtae
fuse v. 녹이다 nogida
fusion n. 융합 yunghap
fuss n. 호들갑 hodeulgap
fussy adj. 신경질적인 singyeoljiljjeogin
fusty adj. 신경질적인 singyeoljiljjeogin
futile adj. 헛된 heottoen
futility n. 헛됨 heottoem
future n. 미래 mire
futuristic adj. 초현대적인 chohyeondaejeogin

G

gab v. 틈 teum
gabble v.t. 지껄이다 jikkeorida
gadget n. 작은 도구 jageun dogu
gaffe n. 결례 gyeolye
gag n. 재갈 jaegal
gaga adj. 노망난 nomangnan
gaiety n. 흥겨운 heungyeoun
gaily adv. 화사하게 hwasahage
gain v. 얻다 eotta
gainful adj. 돈벌이가 되는 donbeoriga doeneun
gait n. 걸음걸이 georum geori
gala n. 경축 행사 gyeonkchuk haengsa
galaxy n. 은하계 eunhagye
gale n. 강풍 gangpung
gall n. 뻔뻔스러움 peonpeonsseureoum
gallant adj. 정중한 jeongjunghan
gallantry n. 용맹 yongmaeng
gallery n. 화랑 hwarang
gallon n. 갤런 gaeleon
gallop n. 말이 질주하다 mari jiljuhada
gallows n. 교수대 gyosudae
galore adj. 많은 maneun

galvanize *v.i.* 아연 도금을 하다 ayeon dogeumeul hada
gambit *n.* 초판의 수 chopaneu su
gamble *v.* 도박 dobak
gambler *n.* 타짜 tajja
gambol *v.* 생기 있게 뛰어다니다 saengitkke ttwieodanida
game *n.* 게임 geim
gamely *adj.* 투지 있게 tuji itkke
gammy *adj.* 다친 dachin
gamut *n.* 전체 jeonche
gang *n.* 갱 gang
gangling *adj.* 키가 크고 여윈 kiga keugo yeowin
gangster *n.* 폭력배 pokryeokppae
gangway *n.* 통로 tongno
gap *n.* 공백 gongbaek
gape *v.* 놀라서 바라보다 nolaseo baraboda
garage *n.* 창고 changkko
garb *n.* 의복 uibok
garbage *n.* 쓰레기 sseuregi
garble *v.* 혼동하다 hondonghada
garden *n.* 정원 jeongwon
gardener *n.* 정원사 jeongwonsa
gargle *v.* 양치질하다 yangchijirada
garish *adj.* 색깔이 야한 saekkari yahan
garland *n.* 화환 hwahwan
garlic *n.* 마늘 maneul
garment *n.* 의복 uibok
garner *v.* 정보 얻다 jeongbo eotta
garnet *n.* 석류석 seongnyuseok
garnish *v.* 고명 얹다 gomyeong eontta
garret *n.* 다락방 darakppang
garrulous *adj.* 수다스런 sudaseureon
garter *n.* 스타킹 밴드 seutaking baendeu
gas *n.* 기체 giche
gasket *n.* 개스킷 gaeseukit
gasp *v.i* 숨이 턱 막히다 sumi teok makida

gastric *adj.* 위장의 wijangui
gastronomy *n.* 미식 misik
gate *n.* 문 mun
gateau *n.* 케이크 keik
gather *v.* 사람들이 모이다 saramdeuri moida
gaudy *adj.* 야한 yahan
gauge *n.* 측정기 cheukjjeonggi
gaunt *adj.* 수척한 sucheokkan
gauntlet *n.* 갑옷용 장갑 gabonyong janggap
gauze *n.* 거즈 geojeu
gawky *adj.* 흐느적거리는 heuneujeokkeorineun
gay *adj.* 동성애자인 dongseongaejain
gaze *v.* 응시하다 eungsihada
gazebo *n.* 정원의 정자 jeongwonui jeongja
gazette *n.* 관보 gwanbo
gear *n.* 기어 gieo
geek *n.* 괴짜 goejja
gel *n.* 젤 jel
geld *v.* 말을 거세하다 mareul geosehada
gem *n.* 보석 boseok
gender *n.* 성별 seongbyeol
general *adj.* 일반적인 ilbanjeogin
generalize *v.* 일반화 하다 ilbanhwahada
generate *v.* 생성하다 saengseonghada
generation *n.* 세대 sedae
generator *n.* 발전기 baljjeonggi
generosity *n.* 너그러움 neogeureoum
generous *adj.* 관대한 gwandaehan
genesis *n.* 기원 giwon
genetic *adj.* 유전의 yujeonui
geniel *adj.* 상냥한 sangnyanghan
genius *n.* 천재 cheonjae
genteel *adj.* 상류층의 sangryucheungui
gentility *n.* 고상함 gosangham
gentle *adj.* 온화한 onhwahan
gentleman *n.* 신사 sinsa

gentry *n.* 신사들 sinsadeul
genuine *adj.* 진짜의 jinjjaui
geographer *n.* 지리학자 jirihakja
geographical *adj.* 지리학 상의 jirihakssangui
geography *n.* 지리학 jirihak
geologist *n.* 지질학자 jijirakja
geology *n.* 지질학 jijirak
geometic *adj.* 기하학의 gihahagui
geometry *n.* 기하학 gihahak
germ *n.* 세균 segyun
German *n.* 독일의 dogirui
germane *adj.* ~와 밀접한 관련이 있는 ~wa miljjeopan gwalryeoni inneun
germinate *v.* 싹트다 ssakteuda
germination *n.* 발아 bala
gerund *n.* 동명사 dongmyeongsa
gestation *n.* 임신 imsin
gesture *n.* 몸짓 momjjit
get *v.* 받다 batta
geyser *n.* 간헐 온천 ganheol oncheon
ghastly *adj.* 무시무시한 musimusihan
ghost *n.* 유령 yuryeong
giant *n.* 거인 geoin
gibber *v.* 횡설수설하다 hoengseolsuseolhada
gibe *v.* 비웃다 biutta
giddy *adj.* 아찔한 ajjiran
gift *n.* 선물 seonmul
gifted *adj.* 재능이 있는 jaeneungi inneun
gigabyte *n.* 기가 바이트 giga bait
gigantic *adj.* 거대한 geodaehan
giggle *v.t.* 피식 웃다 pisik utta
gild *v.* 금빛으로 빛나게 하다 geumbiteuro binnage hada
gilt *adj.* 금박을 입히다 geumbageul ipida
gimmick *n.* 술책 sulchaek
ginger *n.* 생강 saenggang
gingerly *adv.* 조심조심 josimjosim

giraffe *n.* 얼룩말 eolungmal
girder *n.* 대들보 dae
girdle *n.* 거들 geodeul
girl *n.* 여자 아이 yeoja ai
girlish *adj.* 여자 아이 같은 yeoja ai gateun
giro *n.* 지로 jiro
girth *n.* 허리둘레 heoridule
gist *n.* 요지 yoji
give *v.* 주다 juda
given *adj.* 정해진 jeonghaejin
glacial *adj.* 빙하기의 binghagiui
glacier *n.* 빙하 bingha
glad *adj.* 기쁜 gippeun
gladden *v.* 기쁘게 하다 gippeuge hada
glade *n.* 숲 속의 작은 빈터 supssogui jageun binteo
glamour *n.* 화려함 hwryeoham
glance *v.i.* 흘낏 보다 heulkkit boda
gland *n.* 선 seon
glare *v.i* 노려보다 noryeoboda
glass *v.t.* 유리 yuri
glaze *v.* 광택제 바르나 gwangtaekjje bareuda
glazier *n.* 유리 끼우는 일을 하는 사람 yuri kkiuneun ireul haneun saram
gleam *v.* 어슴프레 빛나다 eoseumpeure binnada
glean *v.* 정보 등 어렵게 얻다 jeongbo deung eoryeopkke eotta
glee *n.* 신남 sinnam
glide *v.* 미끄러지듯 가다 mikkeureojideut gada
glider *n.* 글라이더 geulaideo
glimmer *v.* 깜박이는 빛 kkambagineun bit
glimpse *n.* 잠깐 봄 jamkkan bom
glisten *v.* 반짝이다 banjjagida
glitch *n.* 작은 문제 jageun munje
glitter *v.* 반짝반짝 빛나다 banjjakbanjjak binnada

gloat *v.* 고소해 하다 gosohae hada
global *adj.* 세계적인 segyejeogin
globalization *n.* 세계화 segyehwa
globe *n.* 지구본 jigubon
globetrotter *n.* 세계 관광 여행자 segye gwangwang yeohaengja
gloom *n.* 우울 uul
gloomy *adj.* 어둑어둑한 eodugeodukan
glorification *n.* 찬양 chanyang
glorify *v.* 미화하다 mihwahada
glorious *adj.* 영광스러운 yeonggwangseureoun
glory *n.* 영광 yeonggwang
gloss *n.* 광택 gwangtaek
glossary *n.* 용어 사전 yongeo sajeon
glossy *adj.* 윤나는 yunnaneun
glove *n.* 장갑 janggap
glow *v.* 빛나다 binnada
glucose *n.* 포도당 pododang
glue *n.* 접착제 jeopchakjje
glum *adj.* 침울한 chimuran
glut *n.* 과잉 gwaing
glutton *n.* 대식가 daesikka
gluttony *n.* 폭식 pokssik
glycerine *n.* 글리세린 gliserin
gnarled *adj.* 옹이가 많은 ongida maneun
gnat *n.* 각다귀 gakttagui
gnaw *v.* 갉아먹다 galgameoktta
go *v.t* 가다 gada
goad *v.* 못살게 굴다 motssalge gulda
goal *n.* 골문 golmun
goalkeeper *n.* 골키퍼 golkipeo
goat *n.* 염소 yeomso
gob *n.* 아가리 agari
gobble *v.* 게걸스럽게 먹다 gegeolseureopkke meoktta
goblet *n.* 고블릿 gobeulit
god *n.* 하느님 haneunim
godchild *n.* 대자녀 daejanyeo
goddess *n.* 여신 yeosin

godfather *n.* 대부 daebu
godly *adj.* 경건한 gyeonggeonan
godmother *n.* 대모 daemo
goggle *n.* 고글 gogeul
going *n.* 떠나기 tteonagi
gold *n.* 금 geum
golden *adj.* 금으로 만든 geumeuro mandeun
goldsmith *n.* 금세공인 geumsegonin
golf *n.* 골프 golfeu
gondola *n.* 곤돌라 gondola
gong *n.* 신호용 공 sinhoyong gong
good *adj.* 좋은 joeun
goodbye *excl.* 안녕 annyeong
goodness *n.* 선량함 seolryangham
goodwill *n.* 친선 chinseon
goose *n.* 거위 geowi
gooseberry *n.* 구스베리 guseuberi
gore *n.* 살인 sarin
gorgeous *adj.* 아주 멋진 aju meotjjin
gorilla *n.* 고릴라 gorila
gory *adj.* 피투성이의 pituseongiui
gospel *n.* 복음서 bogeumseo
gossip *n.* 소문 somun
gouge *v.* 찌르다 jjireuda
gourd *n.* 박 bak
gourmand *n.* 대식가 daesikka
gourmat *n.* 식도락가 sikttorakka
gout *n.* 통풍 tongpung
govern *v.* 통치하다 tongchihada
governance *n.* 통치 tongchi
governess *n.* 여자 가정교사 yeoja gajeongyosa
government *n.* 정부 jeongbu
governor *n.* 총독 chongdok
gown *n.* 드레스 deuresseu
grab *v.* 붙잡다 bujjaptta
grace *n.* 우아함 uaham
graceful *adj.* 우아한 uahan
gracious *adj.* 자애로운 jaeroun
gradation *n.* 단계적 차이 dangyejeogin

grade *n.* 등급 deunggeup
gradient *n.* 경사도 gyeongsado
gradual *adj.* 점진적인 jeomjinjeogin
graduate *n.* 대학 졸업자 daehakjoreopjja
graffiti *n.* 낙서 nakseo
graft *n.* 접목 jeommok
grain *n.* 곡물 gongmul
gram *n.* 그램 graem
grammar *n.* 문법 munbeop
gramophone *n.* 축음기 chugeumgi
granary *n.* 곡물 저장고 gongmul jeojanggo
grand *adj.* 웅장한 ungjanghan
grandeur *n.* 장엄함 jangeomhan
grandiose *adj.* 거창한 geochanghan
grandmother *n.* 할머니 halmeoni
grange *n.* 농가 nongga
granite *n.* 화강암 hwagangam
grant *v.* 승인하다 seunginhada
granule *n.* 작은 낱알 jageun nadal
grape *n.* 포도당 pododang
graph *n.* 포도 podo
graphic *adj.* 그래픽의 grepigui
graphite *n.* 흑연 heugyeon
grapple *v.t.* 격투 끝에 붙잡다 gyeoktukkeute bujjaptta
grasp *v.* 움켜잡다 umkyeojaptta
grass *n.* 풀 pul
grasshopper *n.* 메뚜기 mettugi
grate *v.t* 쇠살대 soesalttae
grateful *n.* 고마워하는 gomawohaneun
grater *n.* 강판 gangpan
gratification *n.* 만족감 manjokkam
gratify *v.* 기쁘게 하다 gippeuge hada
grating *n.* 쇠창살 soechangssal
gratis *adv.* &*adj.* 무료로 & 거저인 muryoro & geojeoin
gratitude *n.* 고마움 gomaeum
gratuitous *adj.* 불필요한 bulpiryohan
gratuity *n.* 퇴직금 toejikkeum

grave *n.* 무덤 mudeom
gravel *n.* 자갈 jagal
graveyard *n.* 묘지 myoji
gravitas *n.* 진지함 jinjiham
gravitate *v.* 인력에 끌리다 ilryeolge kkeulida
gravitation *n.* 만유인력 manyuilryeok
gravity *n.* 중력 jungnyeok
gravy *n.* 그레이비 greibi
graze *v.* 풀뜯다 pultteutta
grease *n.* 그리스 griseu
great *adj.* 대단한 daedanan
greatly *adv.* 대단히 daedani
greed *n.* 탐욕 tamyok
greedy *adj.* 탐욕스런 tamyoksseureon
green *adj. & n.* 녹색의 & 녹색 nokssaegui & nokssaek
greengrocer *n.* 청과물 상인 cheongwamul sangin
greenery *v.t.* 녹색 나뭇잎 nokssaek namunmip
greet *n.* 환영하다 hwanyeonghada
greeting *n.* 맞다 matta
grenade *a.* 수류탄 suryutan
grey *n.* 회색의 hwoesaegui
greyhound *n.* 그레이하운드 greihaundeu
grid *n.* 격자무늬 gyeokjjamunui
griddle *n.* 번철 beoncheol
grief *n.* 비탄 bitan
grievance *n.* 불만 bulman
grieve *v.* 비통해 하다 bitonghae hada
grievous *adj.* 통탄할 tongtanal
grill *v.* 굽다 guptta
grim *adj.* 엄숙한 eomsukan
grime *n.* 때 ttae
grin *v.* 활짝 웃다 hwaljjak utta
grind *v.* 갈다 galda
grinder *n.* 그라인더 graindeo
grip *v.* 꽉 붙잡음 kkwak bujjabeum
gripe *v.* 불평하다 bulpyeonghada

grit *n.* 모래 morae
groan *v.* 신음을 내다 sineumeul naeda
grocer *n.* 식료품 잡화상 singnyopum japhwasang
grocery *n.* 식료품 및 잡화 singnyopum mit japhwa
groggy *adj.* 몸을 가누지 못하는 momeul ganuji mottaneun
groin *n.* 사타구니 sataguni
groom *v.* 다듬다 dadeumtta
groove *n.* 홈 hom
grope *v.* 더듬다 deodeumtta
gross *adj.* 총체의 chongcheui
grotesque *adj.* 터무니 없는 teomunieomneun
grotto *n.* 기괴한 gigoehan
ground *n.* 땅바닥 ttanppadak
groundless *adj.* 근거 없는 geungeoeomneun
group *n.* 무리 muri
grouping *n.* 그룹으로 나누기 geurubeuro nanugi
grout *n.* 그라우트 geurauteu
grovel *v.* 굽신거리다 gupssingeorida
grow *v.i.* 자라다 jarada
growl *v.* 으르렁거리다 eureureonggeorida
growth *n.* 생장 saengjang
grudge *n* 원한 wonhan
grudging *adj.* 마지못해 주는 majimotae juneun
gruel *n.* 귀리죽 guirijuk
gruesome *adj.* 섬뜩한 seomtteukan
grumble *v.* 투덜거리다 tudeolgeorida
grumpy *adj.* 성격이 나쁜 seokkyeogi nappeun
grunt *v.i.* 꿀꿀거리다 kkulkkulgeorida
guarantee *v.t* 확약 hwagyak
guaranter *n.* 보증인 bojeungin
guard *v.* 수비하다 subihada
guarded *adj.* 조심스런 josimseureon

guardian *n.* 후견인 hugyeonin
guava *n.* 구아바 guaba
gudgeon *n.* 모샘치 mosaemchi
guerilla *n.* 게릴라 gerila
guess *v.i* 추측하다 chucheukada
guest *n.* 손님 sonnim
guffaw *n.* 시끄럽게 웃다 sikkeureopkke utta
guidance *n.* 지도 jido
guide *n.* 안내인 annaein
guidebook *n.* 편람 pyeolam
guild *n.* 길드 gildeu
guile *n.* 간교한 속임수 gangyohan sogimsu
guillotine *n.* 단두대 dandudae
guilt *n.* 죄책감 joechaekkam
guilty *adj.* 가책을 느끼는 gachaegeul neukkineun
guise *n.* 겉모습 geonmoseup
guitar *n.* 기타 gita
gulf *n.* 만 man
gull *n.* 갈매기 galmaegi
gullet *n.* 식도 siktto
gullible *adj.* 남을 잘 믿는 nameul jal minneun
gully *n.* 도랑 dorang
gulp *v.* 꿀꺽꿀꺽 삼키다 kkulkkeokkulkkeok samkida
gum *n.* 잇몸 inmom
gun *n.* 총 chong
gurdwara *n.* 시크 교도의 성전 sikeu gyodoui seongjeon
gurgle *v.* 쏴 하는 소리가 나다 sswa haneun soriga nada
gust *n.* 세찬 바람 sechan baram
gut *n.* 소화관 sohwagwan
gutsy *adj.* 배짱 있는 baejjang inneun
gutter *n.* 홈통 homtong
guy *n.* 사내 sanae
guzzle *v.* 마구 마셔 대다 magu masyeo daeda

gymnasium *n.* 체육관 cheyukkwan
gymnast *n.* 체조 선수 chejo seonsu
gymnastic *n.* 훈련 hulyeon
gynaecology *n.* 부인과학 buinkkwahak
gypsy *n.* 집시 jipssi
gyrate *v.* 빙빙 돌다 bingbing dolda

H

habit *n.* 버릇 beoreut
habitable *adj.* 주거할 수 있는 jugeohal ssu inneun
habitat *n.* 서식지 seosikjji
habitation *n.* 거주 geoju
habituate *v.t.* 길들이다 gildeurida
habitue *n.* 단골 dangol
hack *v.* 자르다 jareuda
hackneyed *adj.* 진부한 jinbuhan
haemoglobin *n.* 헤모글로빈 hemoglobin
haemorrhage *n.* 출현 churyeon
haft *n.* 손잡이 sonjabi
hag *n.* 쭈그렁 할망구 jjugeureong halmanggu
haggard *adj.* 초췌한 chochwehan
haggle *v.* 흥정하다 heungjeonghada
hail *n.* 만세 manse
hair *n.* 머리털 meoriteol
haircut *n.* 머리깎기 meorikkakki
hairstyle *n.* 머리 모양 meori moyang
hairy *adj.* 털이 많은 teori maneun
hajj *n.* 메카 순례 meka sulye
halal *adj.* 이슬람교 계율에 따라 도축된 iseulamgyo gyeure ttara dochukdoen
hale *adj.* 건강한 geonganghan
halitosis *n.* 구취 guchwi
hall *n.* 현관 hyungwan
hallmark *n.* 특징 teukjjing
hallow *v.* 신성하게 하다 sinseonghage hada

hallucinate *v.* 환각을 느끼다 hwangageul neukkida
halogen *n.* 할로겐 halogen
halt *v.* 멈추다 meomchuda
halter *n.* 고삐 goppi
halting *adj.* 자꾸 끊어지는 jakku kkeuneojineun
halve *v.* 반으로 줄다 baneuro julda
halyard *n.* 핼야드 haelyadeu
ham *n.* 햄 haem
hamburger *n.* 햄버거 haembeogeo
hamlet *n.* 아주 작은 마을 aju gageun maeul
hammer *n.* 망치 mangchi
hammock *n.* 해먹 haemeok
hamper *n.* 방해하다 banghaehada
hamster *n.* 햄스터 haemsteo
hamstring *n.* 오금줄 ogeumjjul
hand *n.* 손 son
handbag *n.* 핸드백 handbaeg
handcuff *n.* 수갑 sugap
handbill *n.* 광고 전단 gwango jeondan
handbook *n.* 편람 pyeolam
handcuff *n.* 수갑 sugap
handful *n.* 움큼 ungkeum
handicap *n.* 장애 jangae
handicapped *n.* 장애가 있는 jangaega inneun
handicraft *n.* 수공예 sugongye
handiwork *n.* 특히 나쁜 짓 teuki nappeunjit
handkerchief *n.* 손수건 sonsugeon
handle *v.t* 취급하다 chwigeupada
handout *n.* 인쇄물 inswaemul
handshake *n.* 악수 aksu
handsome *adj.* 멋진 meojjin
handy *adj.* 유용한 yuyonghan
hang *v.i.* 걸다 geolda
hangar *n.* 격납고 geoknapkko
hanger *n.* 옷걸이 otkkeori
hanging *n.* 교수형 gyosuhyung

hangover *n.* 숙취 sukchwi	**harsh** *adj.* 가혹한 gahokan
hank *n.* 실 타래 siltarae	**harvest** *n.* 수확 suhwak
hanker *v.* 갈망하다 galmanghada	**haverster** *n.* 수확용 기계 suhwaknyong gigye
haphazard *adj.* 무계획적인 mugyehoekjjeogin	**hassle** *n.* 귀찮은 상황 guichaneun sanghwang
hapless *adj.* 불운한 burunan	**hassock** *n.* 무릎방석 mureupppangseok
happen *v.* 우연히~하다 uyeonhi ~hada	**haste** *n.* 서두름 seodureum
happening *n.* 무계획적 예술 행위 mugyehoekjjeogin yesul haengwi	**hasten** *v.* 서둘러 하다 seoduleo hada
happiness *n.* 행복 haengbok	**hasty** *adj.* 성급한 seongeupan
happy *adj.* 행복한 haengbokan	**hat** *n.* 모자 moja
harass *v.* 괴롭히다 goeropida	**hatch** *n.* 부화하다 buhwahada
harassment *n.* 괴롭힘 goeropim	**hatchet** *n.* 손도끼 sondokki
harbour *n.* 항구 hanggu	**hate** *v.t.* 미워하다 miwohada
hard *adj.* 딱딱한 ttakttakan	**hateful** *adj.* 혐오스러운 hyeomoseureoun
hard drive *n.* 하드 드라이브 hadeu deuraibeu	**haughty** *adj.* 거만한 geomanhan
hardback *n.* 하드커버 hadeu keobeo	**haulage** *n.* 화물 수송 hwamul susong
harden *v.* 굳다 gutta	**haulier** *n.* 화물 수송 회사 hwamul susong hoesa
hardly *adv.* 거의 ~아니다 geoui ~anida	**haunch** *n.* 궁둥이 gungdungi
hardship *n.* 역경 yeokkyeong	**haunt** *v.* 귀신이 나타나다 gwisini natanada
hardy *adj.* 강한 ganhan	**haunted** *adj.* 귀신이 출몰하는 gwisini chulmoraneun
hare *n.* 토끼 tokki	**have** *v.* 소유하다 soyuhada
harelip *n.* 언청이 eoncheongi	**haven** *n.* 안식처 ansikcheo
harem *n.* 하렘 harem	**havoc** *n.* 큰 혼란 keun holan
hark *v.* ~에 귀를 기울이다 ~e guireul giurida	**hawk** *n.* 매 mae
harlequin *n.* 할리퀸 halikwin	**hawker** *n.* 행상 haengsang
harm *n.* 해롭게 하다 haeropkke hada	**hawthorn** *n.* 산사나무 sansanamu
harmful *adj.* 해로운 haeroun	**hay** *n.* 건초 geoncho
harmless *adj.* 무해한 muhaehan	**hazard** *n.* 위험 wiheom
harmonious *adj.* 조화로운 johwaroun	**hazardous** *adj.* 위험한 wiheoman
harmonium *n.* 하모늄 hamonyum	**haze** *n.* 연무 yeonmu
harmonize *v.* 조화를 이루다 johwareul iruda	**hazy** *adj.* 흐릿한 heuritan
harmony *n.* 조화 johwa	**he** *pron.* 그분 geubun
harness *n.* 마구 magu	**head** *n.* 머리 meori
harp *n.* 하프 hapeu	**headache** *n.* 두통 dutong
harpy *n.* 잔인한 여자 janinhan yeoja	**heading** *n.* 제목 jemok
harrow *n.* 써레 sseorae	**headlight** *n.* 헤드라이트 headraiteu
harrowing *adj.* 끔찍한 kkeumjjikan	

headline *n.* 표제 pyoje
headmaster *n.* 사립학교의 교장 saripakkyoui gyojang
headphone *n.* 헤드폰 hedeupon
headquarters *n.* 본사 bonsa
headstrong *adj.* 고집불통의 gojipbultongui
heady *adj.* 자극적인 jageukjjeogin
heal *v.* 치유하다 chiyuhada
health *n.* 건강 geongang
healthy *adj.* 건강한 geonganghan
heap *n.* 더미 deomi
hear *v.* 듣다 deutta
hearing *n.* 청취 cheongchwi
hearse *n.* 영구차 yeonggucha
heart *n.* 심장 simjang
heartache *n.* 심적 고통 simjjeok gotong
heartbreak *n.* 비통 bitong
heartburn *n.* 속쓰림 soksseurim
hearten *v.* ~에게 용기를 북돋우다 ~ege yongireul bukttoduda
heartening *adj.* 격려하는 geongnyeohaneun
heartfelt *adj.* 진심 어린 jinsimeorin
hearth *n.* 심장 simjang
heartless *adj.* 무정한 mujeonghan
hearty *adj.* 따뜻한 ttatteutan
heat *n.* 열기 yeolgi
heater *n.* 가열기 gayeolgi
heath *n.* 황야 hwangya
heathen *n.* 이교도 igyodo
heather *n.* 헤더 hedeo
heating *n.* 가열 gayeol
heave *v.* 들어올리다 deureoolida
heaven *n.* 천국 cheonguk
heavenly *adj.* 천국의 cheongugui
heavy *adj.* 무거운 mugeoun
heckle *v.* 야유를 퍼붓다 yayureul peobutta
hectare *n.* 헥타르 hektareu

hectic *adj.* 정신없이 바쁜 jeongsineopssi bappeun
hector *v.* 위험하다 wiheomada
hedge *n.* 생울타리 saengultari
hedonism *n.* 쾌락주의 kwerakjjuui
heed *v.* 충고에 귀 기울이다 chungoe gui giurida
heel *n.* 발뒤꿈치 baldwikkumchi
hefty *adj.* 두둑한 dodukan
hegemony *n.* 패권 paekkwon
height *n.* 높이 nopi
heighten *v.* 고조되다 gojodoeda
heinous *adj.* 악랄한 angraran
heir *n.* 상속인 sangsogin
helicopter *n.* 헬리콥터 helikopteo
heliport *n.* 헬리콥터 이착륙장 helikopteo ichangnyukjjang
hell *n.* 지옥 jiok
helm *n.* 조타 장치 jota jangchi
helmet *n.* 헬멧 helmet
help *v.* 돕다 doptta
helpful *adj.* 도움이 되는 doumi doeneun
helping *n.* 한 사람 몫의 식사량 hansaram mogui siksaryang
helpless *adj.* 무력한 muryeokan
hem *n.* 옷단 ottan
hemisphere *n.* 지구의 반구 jiguui bangu
hen *n.* 암탉 amtak
hence *adv.* 이런 이유로 ireon iyuro
henceforth *adv.* ~이후로 ~ihuro
henchman *n.* 심복 simbok
henna *n.* 헤나 hena
henpecked *adj.* 공처가의 gongcheogaui
hepatitis *adj.* 간염 ganyeom
heptagon *n.* 7각형 chilgakhyeong
her *pron.* 그녀의 geunyeoui
herald *n.* 예고하다 yegohada
herb *n.* 허브 heobeu
herculean *adj.* 엄청나게 힘든 eomcheongnage himdeun
herd *n.* 떼 tte

here *adv.* 여기에 yeogie	**hill** *n.* 언덕 eondeok
hereabouts *adv.* 이 근처에 I geuncheoe	**hillock** *n.* 작은 언덕 jageun eondeok
hereafter *adv.* 이후로 ihuro	**hilt** *n.* 자루 jaru
hereby *adv.* 이에 의하여 ie uihayeo	**him** *pron.* 그에게 geuege
hereditary *adj.* 유전적인 yujeonjeogin	**himself** *pron.* 그 자신 geu jasin
heredity *n.* 유전 yujeon	**hinder** *v.* 저해하다 jeohaehada
heritage *n.* 유산 yusan	**hindrance** *n.* 방해하다 banghaehada
hermatic *adj.* 밀폐된 milpyedoen	**hindsight** *n.* 뒤늦은 깨달음 dwineujeun kkaedareum
hermit *n.* 은둔자 eundunja	**hinge** *n.* 경첩 gyeongcheop
hermitage *n.* 은둔처 unduncheo	**hint** *n.* 암시 amsi
hernia *n.* 헤르니아 hereunia	**hip** *n.* 둔부 dunbu
hero 영웅 yeongung	**hire** *v.t* 고용하다 goyonghada
heroic *adj.* 영웅적인 yeongungjeogin	**hirsute** *adj.* 털이 많은 teori maneun
heroine *n.* 헤로인 heroin	**his** *adj.* 그의 gui
herpes *n.* 헤르페스 hereupeseu	**hiss** *v.i* 쉬이 하고 소리 지르다 shwii hago sori jireuda
herring *n.* 청어 cheongeo	**histogram** *n.* 막대 그래프 makttae geurapeu
hers *pron.* 그녀의 것 geunyeoui geot	**historian** *n.* 사학자 sahakjja
herself *pron.* 그녀 자신 geunyeo jasin	**historic** *adj.* 역사적인 yeokssajeogin
hesitant *adj.* 주저하는 jujeohaneun	**historical** *adj.* 역사적 yeoksajeok
hesitate *v.* 망설이다 mangseorida	**history** *n.* 역사 yeokssa
heterogeneous *adj.* 여러 다른 종류들로 이뤄진 yeoreo dareun jongnyudeulo irueojin	**hit** *v.* 때리다 ttaerida
heterosexual *adj.* 이성애자 iseongaeja	**hitch** *v.* 얹어 타다 eodeo tada
hew *v.* 자르다 jareuda	**hither** *adv.* 여기로 yeogiro
hexogen *n.* 헥소겐 heksogen	**hitherto** *adv.* 지금까지 jigumkkaji
heyday *n.* 전성기 jeonseongi	**hive** *n.* 벌집 beoljjip
hibernate *v.* 동면하다 dongmyeonada	**hoard** *n.* 비축물 bichungmul
hiccup *n.* 딸꾹질 ttalkkukjjil	**hoarding** *n.* 광고판 gwangopan
hide *v.t* 감추다 gamchuda	**hoarse** *adj.* 목 쉰 mok swin
hideous *adj.* 흉측한 hyungcheukan	**hoax** *n.* 거짓말 geojinmal
hierarchy *n.* 계층 gyecheung	**hob** *n.* 요리판 yoripan
high *adj.* 높은 nopeun	**hobble** *v.* 다리를 절다 darireul jeolda
highlight *v.* 강조하다 gangjohada	**hobby** *n.* 취미 chwimi
highly *adv.* 크게 keuge	**hobgoblin** *n.* 말썽쟁이 요정 malsseongjaengi yojeong
Highness *n.* 높음 nopeum	**hockey** *n.* 하키 haki
highway *n.* 고속도로 gosokttoro	**hoist** *v.* 들어올리다 deureoolida
hijack *v.* 납치하다 napchihada	**hold** *v.t* 잡고 있다 japkkoitta
hike *n.* 도보 여행 dobo yeohaeng	
hilarious *adj.* 아주 우스운 aju useuun	
hilarity *n.* 아주 우스움 aju useum	

holdall *n.* 여행용 가방 yeohangyong gabang
hole *n.* 구덩이 gudeongi
holiday *n.* 휴일 hyuil
holistic *adj.* 전체론의 jeoncheronui
hollow *adj.* 속이 빈 sogi bin
holly *n.* 호랑가시나무 horangkkasinamu
holmium *n.* 홀뮴 holmyum
holocaust *n.* 대참사 daechamsa
hologram *n.* 홀로그램 hologrameom
holster *n.* 권총집 gwonchongjjip
holy *adj.* 신성한 sinseonghan
homage *n.* 경의 gyeongui
home *n.* 집 jip
homely *adj.* 아늑한 aneukan
homicide *n.* 살인 sarin
homogeneous *adj.* 동종의 dongjongui
homoeopath *n.* 동종 요법 의사 dongjong yoppeop uisa
homeopathy *n.* 동종 요법 dongjong yoppeop
homogeneous *a.* 동종의 dongjongui
homophobia *n.* 동성애 혐오증 dongseongae hyeomojjeung
homosexual *n.* 동성애자 dongseongaeja
honest *adj.* 정직한 jeongjikan
honesty *n.* 정직 jeongjik
honey *n.* 꿀 kkul
honeycomb *n.* 벌집 beojjip
honeymoon *n.* 신혼여행 sinhonyeohaeng
honk *n.* 끼루룩끼루룩 kkirurukkiruruk
honorary *adj.* 명예의 yeongyeui
honour *n.* 존경 jongyeong
honourable *adj.* 훌륭한 hulryungan
hood *n.* 외투에 딸린 모자 oetue ttalin moja
hoodwink *v.* 속이다 sogida
hoof *n.* 발굽 balgup
hook *n.* 고리 gori

hooked *adj.* 굽은 gubeun
hooligan *n.* 훌리건 huligeon
hoop *n.* 테 te
hoopla *n.* 야단법석 yadanbeopsseok
hoot *n.* 폭소를 터뜨리다 pokssoreul teotteurida
hoover *n.* 진공청소기로 청소하다 jingong cheongsogiro cheongsohada
hop *v.* 한 발로 깡충깡충 뛰다 hanbalo kkanchongkkangchong ttwida
hop *v.t.* 바운드하다 baundeuhada
hope *n.* 바라다 barada
hopefully *adv.* 바라건대 barageondae
hopeless *adj.* 가망 없는 gamangeomneun
horde *n.* 큰 무리 keun muri
horizon *n.* 수평선 supyeongseon
horizontal *adj.* 가로의 garoui
hormone *n.* 호르몬 horeumon
horn *n.* 뿔 ppul
hornet *n.* 말벌 malbeol
horoscope *n.* 점성술 jeomseongsul
horrendous *adj.* 대단히 충격적인 daedani chunggyeokjjeogin
horrible *adj.* 지긋지긋한 jigeutjigeutan
horrid *adj.* 진저리나는 jinjeorinaneun
horrific *adj.* 끔찍한 kkeumjjikan
horrify *v.* 몸서리치게 만들다 momseorichige mandeulda
horror *n.* 공포감 gongpogam
horse *n.* 말 mal
horsepower *n.* 마력 maryeok
horticulture *n.* 원예 wonye
hose *n.* 호스 hoseu
hosiery *n.* 양말류 yangmalyu
hospice *n.* 호스피스 hoseupiseu
hospitable *adj.* 환대하는 hwandaehaneun
hospital *n.* 병원 byungwon
hospitality *n.* 환대 hwandae

host *n.* 주인 juin
hostage *n.* 인질 injil
hostel *n.* 호스텔 hoseutel
hostess *n.* 여주인 yeojuin
hostile *adj.* 적대적인 jeokttaejeogin
hostility *n.* 적대감 jeokttaegam
hot *adj.* 뜨거운 tteugeogeun
hotchpotch *n.* 뒤범벅 dwibeombeok
hotel *n.* 호텔 hotel
hound *n.* 사냥개 sanyangkkae
hour *n.* 시간 sigan
house *n.* 집 jip
housewife *n.* 주부 jubu
housing *n.* 주택 jutaek
hovel *n.* 가축우리 같은 집 gachuguri gateun jip
hover *v.* 맴돌다 maemdolda
how *adv.* 어떻게 eotteoke
however *adv.* 아무리 amuri
howl *v.* 울다 ulda
howler *n.* 어이없는 실수 eoieomneun silsu
hub *n.* 중심지 jungsimji
hubbub *n.* 와자지껄한 wakjjajikkeoran
huddle *v.* 옹송그리며 모이다 ongsonggeurimyeo moida
hue *n.* 빛깔 bikkal
huff *n.* 씩씩거리다 ssikssikgeorida
hug *v.* 껴안다 kkyeoantta
huge *adj.* 막대한 makttaehan
hulk *n.* 거대한 것 geodaehangeot
hull *n.* 선체 seonche
hum *v.* 콧노래를 부르다 konnoraereul bureuda
human *adj.* 인간의 inganui
humane *adj.* 인도적인 indojeogin
humanism *n.* 인문주의 inmuljuui
humanitarian *adj.* 인도주의적인 indojuuijeogin
humanity *n.* 인류 ilyu

humanize *v.* 인간답게 만들다 ingandapkke mandeulda
humble *adj.* 겸손한 gyeomsonan
humid *adj.* 습한 seupan
humidity *n.* 습도 seuptto
humiliate *v.* 굴욕감을 주다 gulyokkameul juda
humility *n.* 겸손 gyeomson
hummock *n.* 작은 언덕 jageun eondeok
humorist *n.* 유머 작가 yumeo jakka
humorous *adj.* 재미있는 jaemiineun
humour *n.* 유머 yumeo
hump *n.* 혹 hok
hunch *v.* 구부리다 guburida
hundred *adj.& n.* 백의 & 백 baegui & baek
hunger *n.* 굶주림 gumjurim
hungry *adj.* 배고픈 baegopeun
hunk *n.* 덩이 deongi
hunt *v.* 사냥 sanyang
hunter *n.* 사냥꾼 sanyangkkun
hurdle *n.* 허들 heodeul
hurl *v.* 던지다 deonjida
hurricane *n.* 허리케인 heorikein
hurry *v.* 서두르다 seodureuda
hurt *v.* 다치게 하다 dachigehada
hurtle *v.* 돌진하다 doljjinada
husband *n.* 남편 nampyeon
husbandry *n* 농사 nongsa
hush *v.i* 조용히 시키다 joyonghi sikida
husk *n.* 겉껍질 geokkeopjjil
husky *adj.* 허스키한 heoseukihan
hustle *v.* 떠밀다 tteomilda
hut *n.* 오두막 odumak
hutch *n.* 토끼장 tokkijang
hybrid *n.* 잡종 japjjong
hydrant *n.* 소화전 sohwajeon
hydrate *v.* 수화시키다 suhwasikida
hydraulic *adj.* 수압의 suabui
hydrofoil *n.* 수중익선 sujungiksseon
hydrogen *n.* 수소 suso

hyena *n.* 하이에나 haiena
hygiene *n.* 청결 cheongyeol
hymn *n.* 찬송가 chansongga
hype *n.* 광고 gwanggo
hyper *pref.* 들뜬 deultteun
hyperactive *adj.* 활동 과잉의 hwalttong gwaingui
hyperbole *n.* 과장법 gwajangppeop
hypertension *n.* 고혈압 gohyeorap
hyphen *n.* 하이픈 haipeun
hypnosis *n.* 최면(상태) choemyeon(sangtae)
hypnotism *n.* 최면술 choimyeonsul
hypnotize *v.* 최면을 걸다 choimyeoneul geolda
hypocrisy *n.* 위선 wiseon
hypocrite *n.* 위선자 wiseonja
hypotension *n.* 저혈압 jeohyeorap
hypothesis *n.* 가설 gaseol
hypothetical *adj.* 가상적인 gasangjeogin
hysteria *n.* 히스테리 hiseuteri
hysterical *adj.* 히스테리 상태의 hiseuteri sangtaeui

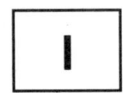

I

I *pron.* 나는 naneun
ice *n.* 얼음 eoreum
iceberg *n.* 빙산 bingsan
icecream *n.* 아이스크림 aiseukeurim
icicle *n.* 고드름 godeureum
icing *n.* 아이싱 aising
icon *n.* 아이콘 aikon
icy *n.* 얼음같이 찬 eoreumgachi chan
idea *n.* 이상 isang
ideal *n.* 이상적인 isangjeogin
ideally *adv.* 완벽하게 wanbeokage
idealism *n.* 이상주의 isangjuui
idealist *n.* 이상가 isangga
idealistic *adj.* 이상주의적인 isangjuuijeogin
idealize *v.* 이상화하다 isanghwahada
identical *adj.* 동일한 dongiran
indentification *n.* 신분 증명 sinbun jeungmyeong
identity *n.* 신원 sinwon
identity *v.* 확인하다 hwaginhada
ideology *n.* 이데올로기 ideologi
idiocy *n.* 백치 baekchi
idiom *n.* 관용구 gwanyonggu
idiomatic *adj.* 관용구가 든 gwanyongguga deun
idiosyncrasy *n.* 특이한 성격 teugihan seongkkyeok
idiot *n.* 바보 babo
idiotic *adj.* 바보 같은 babo gatteun
idle *adj.* 게으른 geeureun
idleness *n.* 게으름 geeureum
idler *n.* 게으름뱅이 geeureum
idol *n.* 우상 usang
idolatry *n.* 우상 숭배 usang sungbae
idolize *v.* 숭배하다 sungbaehada
idyll *n.* 전원시 jeonwonsi
if *conj.* 만약 ~하다면 manyak ~hadamyeon
igloo *n.* 이글루 igeulu
igneous *adj.* 화성암적인 hwaseongamjjeogin
ignite *v.* 불이 붙다 buri butta
ignition *n.* 점화 jeomhwa
ignoble *adj.* 비열한 biyeoran
ignominy *n.* 불명예 bulmyeongye
ignominious *adj.* 수치스러운 suchiseureoun
ignoramus *n.* 무식한 사람 musikan saram
ignorance *n.* 무지 muji
ignorant *adj.* 무지한 mujihan
ignore *v.* 무시하다 musihada
ill *adj.* 아픈 apeun

illegal *adj.* 불법의 bulppeobui
illegible *adj.* 읽기 어려운 ilkki eoryeoun
illegibility *n.* 판독하기 어려움 pandokagi eoryeoum
illegitimate *adj.* 사생아로 태어난 sasaengaro taeeonan
illicit *adj.* 불법의 bulppeobui
illiteracy *n.* 문맹 munmaeng
illiterate *n.* 문맹의 munmaengui
illness *n.* 병 byung
illogical *adj.* 비논리적인 binolijeogin
illuminate *v.* 비추다 bichuda
illumination *n.* 조명 jomyeong
illusion *v.t.* 환상 hwansang
illusory *adj.* 환상에 불과한 hwansange bulgwahan
illustrate *n.* 실증하다 siljjeunghada
illustration *n.* 삽화 saphwa
illustrious *adj.* 저명한 jeomyeonghan
image *n.* 이미지 imiji
imagery *n.* 형상화 hyungsanghwa
imaginary *adj.* 가상적인 gasangjeogin
imagination *n.* 상상력 sangsangnyeok
imaginative *adj.* 창의적인 changuijeogin
imagine *v.t.* 상상하다 sangsanghada
imbalance *n.* 불균형 bulgyunhyeong
imbibe *v.* 흡수하다 heupssuhada
imbroglio *n.* 복잡한 시국 bokjjapan siguk
imbue *v.* 가득 채우다 gadeuk chaeuda
imitate *v.* 모방하다 mobanghada
imitation *n.* 모조품 mojopum
imitator *n.* 모방자 mobangja
immaculate *adj.* 티 하나 없이 깔끔한 ti hana eopsi kkalkkeuman
immanent *adj.* 내재하는 naejaehaneun
immaterial *adj.* 중요하지 않은 jungyohaji aneun
immature *adj.* 미숙한 misukan
immaturity *n.* 미숙 misuk

immeasurable *adj.* 헤아릴 수 없는 hearil ssu eomneun
immediate *adj.* 즉시 jeukssi
immemorial *adj.* 태곳적부터의 taegojjeokbuteoui
immense *adj.* 엄청난 eomcheongnan
immensity *n.* 엄청남 eomcheongnan
immerse *v.* 담그다 damgeuda
immersion *n.* 담금 damgeum
immigrant *n.* 이민자 iminja
immigrate *v.* 이주해 오다 ijuhaeoda
immigration *n.* 이주 ijuhaeoda
imminent *adj.* 임박한 imbakan
immoderate *adj.* 과도한 gwadohan
immodest *n.* 자만하는 jamananeun
immodesty *a.* 조심성 없음 josimseong eopsseum
immolate *v.* 불에 태워 죽이다 bure haewo jugida
immoral *adj.* 비도덕적인 bidodeokjjeogin
immorality *n.* 부도덕 budodeok
immortal *adj.* 불후의 buruui
immortality *n.* 불멸 bulmyeol
immortalize *v.* 불멸하게 하다 bulmyeoragehada
immovable *adv.* 고정된 gojeongdoen
immune *adj.* 면역성이 있는 myeonyeoksseongi inneun
immunity *n.* 면역성 myeonyeoksseong
immunize *v.* 면역력을 갖게 하다 myeonyeongnyeok
immunology *n.* 면역학 myeonyeokak
immure *v.* 사람을 가두다 sarameul gaduda
immutable *adj.* 불변의 bulbyeonui
impact *n.* 충격 chunggyeogui
impair *v.* 손상시키다 sonsangsikida
impalpable *adj.* 아주 미묘한 aju mimyohan

impart v. 정보 등을 전하다 jongbo deungeul jeonhada
impartial adj. 공정한 gongjeonhan
impartiality n. 불공정 bulgongjeong
impassable adj. 폐쇄된 pyeswaedoen
impasse n. 교착 상태 gyochakssangtae
impassioned adj. 열정적인 yeoljjeongjeogin
impassive adj. 무표정한 mupyojeonghan
impatient adj. 못 견디는 motkkyeondineun
impeach v. 탄핵하다 tanhaekada
impeachment n. 탄핵 tanhaek
impeccable adj. 흠 잡을 데 없는 heum jabeul tte eomneun
impede v. 지연시키다 jiyeonsikida
impediment n. 장애물 jangaemul
impel v. ~해야만 하게 하다 ~haeyaman hage hada
impending adj. 임박한 imbakan
impenetrable adj. 눈 앞이 안 보이는 nun api an boineun
imperative adj. 명령의 myeongnyeong
imperfect adj. 불완전한 burwanjeonan
imperfection n. 결함 gyeoram
imperial adj. 황제의 hwangjeui
imperialism n. 제국주의 jegukjjuui
imperil v. 위태롭게 하다 witaeropkkehada
impersonal adj. 인간미 없는 inganmi womneun
impersonate v. 남을 가장하다 nameul gajanghada
impersonation n. 의인화 euinhwa
impertinence n 건방짐 geonbangjin
impertinent adj. 무례한 muryehan
impervious adj. ~에 영향받지 않는 ~e yeonghyangeul bajjianneun
impetuous adj. 성급한 seongeupan
impetus n. 자극제 jageukjje

impious adj. 불경한 bulgyeonghan
implacable adj. 확고한 hwakkohan
implant v. 심다 simtta
implausible adj. 믿기 어려운 mitkkieoryeoun
implement n. 시행하다 sihaenghada
implicate v. 연루되었음을 보여주다 yeoludoeeosseumeul boyeojuda
implication n. 함축 hamchuk
implicit adj. 암시된 amsidoen
implode v. 결딴나다 gyeolttannada
implore v.t. 애원하다 aewonada
imply v. 암시하다 amsihada
impolite adj. 무례한 muryehan
import v. 수입하다 suipada
importer n. 수입업자 suipeopjja
importance n. 중요 jungyo
important adj. 중요한 jungyohan
impose v. 부과하다 bugwahada
imposing adj. 인상적인 insangjeogin
imposition n. 시행하다 sihaenghada
impossibility n. 불가능함 bulganeungham
impossible adj. 불가능한 bulganeunghan
imposter n. 사기꾼 sagikkun
impotence n. 무기력 mugiryeok
impotent adj. 발기불능의 balgibulneungui
impound v. 압수하다 apssuhada
impoverish v. 빈곤하게 하다 bingonada
impracticable adj. 실행 불가능한 siraeng bulganeunghan
impractical adj. 터무니 없는 teomuni eomneun
impress v. 감명을 주다 gammyeongeul juda
impression n. 인상 insang
impressive adj. 인상적인 insangjeogin
imprint v. 각인시키다 gaginsikida
imprison v. 투옥하다 tuokada

improbable *adj.* 희한한 huihanan
improper *adj.* 부도덕한 butodeokan
impropriety *n.* 부적절한 행동 bujeokjjeoran
improve *v.* 개선되다 gaeseondoeda
improvement *n.* 향상 hyangsang
improvident *adj.* 돈을 되는 대로 쓰는 doneul doeneun daero sseuneun
improvise *v.* 즉흥적으로 하다 jeukeungjeogeuro hada
imprudent *adj.* 경솔한 gyeongsoran
impudent *adj.* 무례한 muryehan
impulse *n.* 충동 chungdong
impulsive *adj.* 충동적인 chungdongjeogin
impunity *n.* 처벌을 받지 않음 cheobeoreul bajji aneum
impure *adj.* 순수하지 못한 sunsuhaji motan
impurity *n.* 불순물 bulssunmul
impute *v.* ~의 탓으로 하다 ~ui taseurohada
in *prep.* ~에 ~e
inability *n.* 불능 bulneung
inaccurate *adj.* 부정확한 bujeonghwakan
inaction *n.* 활동 부족 hwalttongbujok
inactive *adj.* 소극적인 sogeukjjeogin
inadequate *adj.* 부적당한 bujeokttanghan
inadmissible *adj.* 인정할 수 없는 injeonghal ssu eomneun
inadvertent *adj.* 우연히 uyeonhi
inane *adj.* 의도하지 않은 uidohaji aneun
inanimate *adj.* 무생물의 musaengmurui
inapplicable *adj.* 사용할 수 없는 sayonghal ssu eomneun
innapropriate *adj.* 부적합한 bujeokapan
inarticulate *adj.* 불분명한 bulbunmyeonghan

inattentive *adj.* 신경을 쓰지 않는 singyeongeul sseuji anneun
inaudible *adj.* 들리지 않는 deuliji anneun
inaugural *adj.* 취임의 chwiimui
inaugurate *v.* 취임하게 하다 chwiimhage hada
inauspicious *adj.* 불길한 bulgiran
inborn *adj.* 타고난 tagonan
inbred *adj.* 근친 교배한 geunchin gyobaehan
incalculable *adj.* 막대한 makttaehan
incapable *adj.* ~하지 못하는 ~haji motaneun
incapacity *n.* 무능력 muneungnyeok
incarcerate *v.* 감금하다 gamgeumada
incarnate *adj.* 인간의 모습을 한 inganui moseubeul han
incarnation *n.* 현현 hyunhyun
incense *n.* 향 hyang
incentive *n.* 상여금 sangnyeogeum
inception *n.* 단체 등의 시작 danche deungui sijak
incest *n.* 근친상간 geunchin sanggan
inch *n.* 인치 inchi
incidence *n.* 발생 정도 balssaeng jeongdo
incident *n.* 사건 sakkeon
incidental *adj.* 부수적인 busujeogin
incisive *adj.* 예리한 yerihan
incite *v.* 선동하다 seondonghada
inclination *n.* ~하려는 의향 ~haryeoneun uihyang
incline *v.* ~쪽으로 기울다 ~jjogeuro giulda
include *v.* 포함하다 pohamhada
inclusion *n.* 포함 poham
inclusive *adj.* 포함된 pohamdoen
incoherent *adj.* 일관성이 없는 ilgwansseongi eomneun
income *n.* 수입 suip

incomparable *adj.* 비할 데가 없는 bihal ttega eomneun
incompatible *adj.* 양립할 수 없는 yangnipal ssu eomneun
incompetent *adj.* 무능한 muneunghan
incomplete *adj.* 불완전한 burwanjeonan
inconclusive *adj.* 결정적이 아닌 gyeoljjeongjeogi anin
inconsiderate *adj.* 사려 깊지 못한 saryeogipjjimotan
inconsistent *adj.* 부합하지 않는 buhapaneun
inconsolable *adj.* 슬픔을 가눌 수 없는 seulpeumeul ganul ssu eomneun
inconspicuous *adj.* 눈에 잘 안 띄는 nune jal an tuineun
inconvenience *n.* 불편 bulpyeon
incorporate *v.* 설립하다 seolipada
incorporation *n.* 법인체 beobinche
incorrect *adj.* 부정확한 bujeonghwakan
incorrigible *adj.* 구제 불능의 guje bulneungui
incorruptible *adj.* 돈으로 매수할 수 없는 doneuro maesuhal ssu eomneun
increase *v.* 증가하다 jeungahada
incredible *adj.* 믿기지 않는 mitkkiji anneun
increment *n.* 증가 jeungga
incriminate *v.i.* ~이 잘못한 것처럼 보이게 하다 ~I jalmotan geotcheoreom boida
incubate *v.* 배양하다 baeyanghada
inculcate *v.* 머리 속에 주입하다 meori soge juipada
incumbent *adj.* 재임 중인 jaeim jungin
incur *v.* 발생시키다 balsaengsikida
incurable *adj.* 불치의 bulchiui
incursion *n.* 급습 geupsseup

indebted *adj.* 부채가 있는 buchaega inneun
indecency *n.* 무례 murye
indecent *adj.* 외설적인 oeseoljeogin
indecision *n.* 망설임 mangseorim
indeed *adv.* 정말 jeongmal
indefensible *adj.* 변명의 여지가 없는 byeonmyeongui yeojiga eomneun
indefinite *adj.* 무기한의 mugihan
indemnity *n.* 배상금 baesanggeum
indent *v.* 주문 jumun
indenture *n.* 고용 계약서 goyong gyeyanksseo
independence *n.* 독립 dongnip
independent *adj.* 독립적인 dongnipjjeogin
indescribable *adj.* 형언할 수 없는 hyungeonhal ssu eomneun
index *n.* 색인 saegin
Indian *n.* 인도인 indoin
indicate *v.* 나타내다 natanaeda
indication *n.* 사정 등을 보여주는 말 sajeong deungeul boyeojuneun mal
indicative *adj.* ~을 나타내는 ~eul natanaeneun
indicator *n.* 지시계 jisigye
indict *v.* 기소하다 gisohada
indictment *n.* 폐단의 흔적 pyedanui heunjeok
indifference *n.* 무관심 mugwansim
indifferent *adj.* 무관심한 mugwansiman
indigenous *adj.* 원산의 wonsanui
indigestible *adj.* 소화가 잘 안되는 sohwaga jal andoeneun
indigestion *n.* 소화불량 sohwabulyang
indignant *adj.* 분개한 bungaehan
indignation *n.* 분개함 bungaeham
indignity *n.* 수모 sumo
indigo *n.* 남색 namsaek
indirect *adj.* 간접적인 gangeopjjeogin
indiscipline *n.* 기강 해이 gigang haei

indiscreet *adj.* 지각 없는 jigageomneun
indiscretion *n.* 무분별한 행동 mubunbyeoran haengdong
indiscriminate *adj.* 무분별한 mubunbyeoran
indispensable *adj.* 없어서는 안 될 eopsseoseoneun an doel
indisposed *adj.* 몸이 안 좋은 momi an joeun
indisputable *adj.* 부인할 수 없는 buinal su eomneun
indistinct *adj.* 희미한 huimihan
individual *adj.* 각각의 gakkagui
individualism *n.* 개성 gaeseong
individuality *n.* 특성 teuksseong
indivisible *adj.* 불가분의 bulgabunui
indolent *adj.* 게으른 geeureun
indomitable *adj.* 불굴의 bulgurui
indoor *adj.* 실내의 silnaeui
induce *v.* 유도하다 yudohada
inducement *n.* 유인책 yuinchaek
induct *v.* 취임시키다 chwiimsikida
induction *n.* 귀납법 guinappeop
indulge *v.* 마음껏 하다 maeumggeot tada
indulgence *n.* 하고 싶은 대로 함 hago sipeun daero ham
indulgent *adj.* 너그러운 neogeureoun
industrial *adj.* 산업의 saneobui
industrious *adj.* 근면의 geunmyeonui
industry *n.* 산업 saneop
ineffective *adj.* 효과 없는 hyokkwaeomneun
inefficient *adj.* 비효율적인 bihyoyuljjeogin
ineligible *adj.* 자격이 없는 jagyeogi eomneun
inequality *n.* 불평등 bulpyeongdeung
inert *adj.* 비활성의 bihwalsseongui
inertia *n.* 관성 gwanseong

inescapable *adj.* 피할 수 없는 pihal ssu eomneun
inevitable *adj.* 필연적인 piryeonjeogin
inexact *adj.* 부정확한 bujeonghwakan
inexcusable *adj.* 용서할 수 없는 youngseohal ssu eomneun
inexhaustable *adj.* 무궁무진한 mugungmujinan
inexorable *adj.* 거침없는 geochimeomneun
inexpensive *adj.* 비싸지 않은 bissaji aneun
inexperience *n.* 경험 부족 gyeongheom bujok
inexplicable *adj.* 불가해한 bulgahaehan
inextricable *adj.* 불가분한 bulgabunhan
infallible *adj.* 결코 틀리지 않는 gyeolko tteuliji anneun
infamous *adj.* 악명 높은 angmyeong nopeun
infamy *n.* 오명 omyeong
infancy *n.* 유아기 yuagi
infant *n.* 유아 yua
infanticide *n.* 유아 살해 yus sarae
infantile *adj.* 어린애 같은 eorinae gateun
infantry *n.* 보병대 bobyung
infatuate *v.* 얼빠지게 만들다 eolppajige mandeulda
infatuation *n.* 열병 yeolbyung
infect *v.* 감염시키다 gammyeomsikida
infection *n.* 감염 gamyeom
infectious *adj.* 전염되는 jeonyeomdoeneun
infer *v.* 추론하다 churonada
inference *n.* 추론 churon
inferior *adj.* 하위의 hawiui
inferiority *n.* 열등함 yeoltteungham
infernal *adj.* 지긋지긋한 jigeutjigeutan
infertile *adj.* 불임의 burimui
infest *v.* 들끓다 deulkeultta

infidelity *n.* 부정확한 bujeonghwakan
infighting *n.* 내분 naebun
infiltrate *v.* 잠입하다 jamippda
infinite *adj.* 무한한 muhanan
infinity *n.* 무한성 muhansseong
infirm *adj.* 병약한 byungnyakan
infirmity *n.* 병약 byungnyak
inflame *v.* 흥분시키다 heungbunsikida
inflammable *adj.* 격앙된 gyeogyangdoen
inflammation *n.* 염증 yeomjjeung
inflammatory *adj.* 선동적인 seondongjjeogin
inflate *v.* 부풀리다 bupulida
inflation *n.* 인플레이션 infleisyeon
inflect *v.* 굴절하다 guljjeorada
inflexible *adj.* 융통성 없는 yungtongsseong eomneun
inflict *v.* 괴로움을 가하다 goeroumeul gahada
influence *n.* 영향 yeonghyang
influential *adj.* 영향력이 있는 yeonghyangnyeogi inneun
influenza *n.* 인플루엔자 influenja
influx *n.* 밀어닥침 mireodakchim
inform *v.* 알리다 alida
informal *adj.* 허물없는 heomureomneun
information *n.* 정보 등을 전하다 jeongbo deungeul jeonhada
informative *adj.* 유익한 정보를 주는 yuikan jeongboreul juneun
informer *n.* 정보원 jeongbowon
infrastructure *n.* 사회 기반 시설 sahoe giban siseol
infrequent *adj.* 드문 deumun
infringe *v.* 위반하다 wibanada
infringement *n.* 위반 wiban
infuriate *v.* 극도로 화나게 만들다 geuktturo hwanage mandeulda
infuse *v.* 불어넣다 bureoneota
infusion *n.* 투입 tuip

ingrained *adj.* 뿌리 깊은 ppuri gipeun
ingratitude *n.* 은혜를 모름 eunhyereul moreum
ingredient *n.* 구성 요소 guseong yoso
inhabit *v.* 살다 salda
inhabitable *adj.* 살기에 적합한 salgie jeokapan
inhabitant *n.* 주민 jumin
inhale *v.* 들이마시다 deurimasida
inhaler *n.* 흡입기 heubipkki
inherent *adj.* 내재하는 naejaehaneun
inherit *v.* 물려받다 mulyeobatta
inheritance *n.* 유산 yusan
inhibit *v.* 억제하다 eokjehada
inhibition *n.* 억제 eokjje
inhospitable *adj.* 사람이 지내기 힘든 sarami jinaegi himdeun
inhuman *adj.* 인간미 없는 inganmi eomneun
inimical *adj.* 적대적인 jeokttaejeogin
inimitable *adj.* ~에 해로운 ~e haeroun
initial *adj.* 처음의 cheomui
initiate *v.* 개시되게 하다 gaesidoege hada
initiative *n.* 진취성 jinchwiseong
inject *v.* 주사하다 jusahada
injection *n.* 주사 jusa
injudicious *adj.* 지혜롭지 못한 jihyeropjji motan
injunction *n.* 법원의 명령 beobwonui myeongnyeong
injure *v.* 부상을 입다 busangeul iptta
injurious *adj.* 손상을 주는 sonsangeul juneun
injury *n.* 부상 busang
injustice *n.* 부당성 budangsseong
ink *n.* 잉크 inkeu
inkling *n.* 눈치챔 nunchichaem
inland *adj.* 내륙으로 naeryugeuro
inmate *n.* 수감자 sugamja
inmost *adj.* 맨 안쪽의 maen anjjogui

inn *n.* 여관 yeogwan
innate *adj.* 타고난 tagonan
inner *adj.* 내부의 naebuui
innermost *adj.* 가장 사적인 gajang sajjeogin
innings *n.* 이닝 ining
innocence *n.* 결백 gyeolbaek
innocent *adj.* 무죄인 mujoein
innovate *v.* 혁신하다 hyukssinada
innovation *n.* 혁신 hyukssin
innovator *n.* 혁신자 hyukssinja
innumerable *adj.* 셀 수 없이 많은 sel su eopssi maneun
inoculate *v.* 접종하다 jeopjjonghada
inoculation *n.* 접종 jeopjjong
inoperative *adj.* 무효인 muhyoin
inopportune *adj.* 때가 안 좋은 ttaega anjoeun
inpatient *n.* 입원 환자 ibwon hwanja
input *n.* 투입 tuip
inquest *n.* 사인 규명 sain gyumyeong
inquire *v.* 알아보다 araboda
inquiry *n.* 연구 yeongu
inquisition *n.* 종교 재판 jonggyo jaepan
inquisitive *adj.* 꼬치꼬치 캐묻는 kkochikkochi kaemunneun
insane *adj.* 정신 이상의 jeongsin isangui
insanity *n.* 정신 이상 jeongsin isang
insatiable *adj.* 채울 수 없는 chaeul ssu eomneun
inscribe *v.* 이름 등을 쓰다 ireum deungeul sseuda
inscription *n.* 적힌 글 jeokin geul
insect *n.* 곤충 gonchung
insecticide *n.* 살충제 salchungje
insecure *adj.* 자신이 없는 jasini eomneun
insecurity *n.* 불안정 buranjeong
insensible *adj.* 무감각한 mugamgakan
inseparable *adj.* 불가분한 bulgabuanan
insert *v.* 삽입하다 sabipada
insertion *n.* 삽입 sabip
inside *n.* 인사이드 insaideu
insight *n.* 통찰력 tongchalryeok
insignificance *n.* 무의미 muuimi
insignificant *adj.* 사소한 sasohan
insincere *adj.* 진실되지 못한 jinsildoeji motan
insincerity *adv.* 무성의 museongui
insinuate *v.* 암시하다 amsihada
insinuation *n.* 암시된 내용 amsidoen naeyong
insipid *adj.* 맛이 없는 masi eomneun
insist *v.* 고집하다 gojipada
insistence *n.* 고집 gojip
insistent *adj.* 고집하는 gojipaneun
insolence *n.* 오만 oman
insolent *adj.* 버릇없는 beoreubeomneun
insoluble *adj.* 풀 수 없는 pul ssu eomneun
insolvency *n.* 지불 불능 jibul bulneung
insolvent *adj.* 파산한 pasanan
inspect *v.* 점검하다 jeomgeomada
inspection *n.* 점검 jeomgeom
inspector *n.* 조사관 josagwan
inspiration *n.* 영감 yeonggam
inspire *v.* 고무하다 gomuhada
instability *n.* 불안정 buranjeong
install *v.* 설치하다 seolchihada
installation *n.* 설치 seolchi
instalment *n.* 할부금 halbugeum
instance *n.* 사례 sarye
instant *adj.* 즉석의 jeukseogui
instantaneous *adj.* 즉각적인 jeukkakjeogin
instead *adv.* 대신에 daesine
instigate *v.* 실시하게 하다 silsihage hada
instil *v.* 불어넣다 bureoneota
instinct *n.* 본능 bonneung

instinctive *adj.* 본능적인 boneunjeogin
institute *n.* 기관 gigwan
institution *n.* 오래된 제도 oraedoen jedo
instruct *v.* 지시하다 jisihada
instruction *n.* 지시 jisi
instructor *n.* 강사 gangsa
instrument *n.* 기구 gigu
instrumental *adj.* 중요한 jungyohan
instrumentalist *n.* 기악 연주자 giak yeonjuja
insubordinate *adj.* 순종하지 않는 sunjonghaji anneun
insubordination *n.* 불복종 bulbokjjong
insufficient *adj.* 불충분한 bulchunbunan
insular *adj.* 배타적인 baetajeogin
insulate *v.* 절연 처리를 하다 jeoryeon cheorireul hada
insulation *n.* 절연 처리 jeoryeon cheori
insulator *n.* 절연 처리용 자재 jeoryeon cheoriyong jajae
insulin *n.* 인슐린 insulin
insult *v.t.* 모욕하다 moyokkada
insupportable *adj.* 참을 수 없는 chameul ssu eomneun
insurance *n.* 보험 boheom
insure *v.* 보험에 들다 boheome deulda
insurgent *n.* 반란자 balanja
insurmountable *adj.* 대처할 수 없는 daecheohal ssu eomneun
insurrection *n.* 반란 사태 balan satae
intact *adj.* 온전한 onjeonan
intake *n.* 섭취 seobchwi
intangible *adj.* 무형의 muhyeongui
integral *adj.* 필요불가결한 piryobulgagyeoran
integrity *n.* 진실성 jinsilsseong
intellect *n.* 지적 능력 jijjeok neungnyok
intellectual *adj.* 지적인 jijjeogin

intelligence *n.* 정보 요원들 jongbo yowondeul
intelligent *adj.* 총명한 chongmyeonghan
intelligible *adj.* 이해할 수 있는 ihaehalssuinneun
intend *v.* 의도하다 uidohada
intense *adj.* 극심한 geukssiman
intensify *v.* 강화하다 ganghwahada
intensity *n.* 강도 gangdo
intensive *adj.* 집중적인 jipjjungjeogin
intent *n.* 몰두하는 molttuhaneun
intention *n.* 의도 uido
intentional *adj.* 의도적인 uidojeogin
interact *v.* 소통하다 sotonghada
intercede *v.* 탄원하다 tanwonhada
intercept *v.* 가로막다 garomaktta
interception *n.* 가로챔 garochaem
interchange *v.* 교환하다 gyohwanhada
intercom *n.* 구내전화 gunaejeonhwa
interconnect *v.* 서로 연결하다 seoro yeongyeorada
intercourse *n.* 교류 gyoryu
interdependent *adj.* 상호의존적인 sangho uijonjeogin
interest *n.* 관심 gwansim
interesting *adj.* 재미있는 jaemiineun
interface *n.* 인터페이스 inteopeiseu
interfere *v.* 간섭하다 ganseopada
interference *n.* 간섭 ganseop
interim *n.* 중간의 junganui
interior *adj.* 내부의 naebuui
interject *v.* 말참견을 하다 malchamgyeoneul hada
interlink *v.* 연결하다 yeongyeorada
interlock *v.* 서로 맞물리다 seoro manulida
interlocutor *n.* 대화 상대 daehwa sangdae
interloper *n.* 침입자 chimipjja
interlude *n.* 막간 makkan

intermediary *n.* 중재자 jungjaeja
intermediate *adj.* 중간의 jungganui
interminable *adj.* 끝없이 계속되는 kkeudeopssi gyesokdoeneun
intermission *n.* 중간 휴식 시간 jungan hyusik sigan
intermittent *adj.* 간헐적인 ganheoljjeogin
intern *v.* 억류하다 eongnyuhada
internal *adj.* 내부의 naebuui
international *adj.* 국제적인 gukjjejeogin
internet *n.* 인터넷 inteonet
interplay *n.* 상호 작용 sangho jagyong
interpret *v.* 설명하다 seolmyeonghada
interpreter *n.* 통역사 tongyeokssa
interracial *adj.* 다른 인종간의 dareun injongganui
interrelate *v.* 밀접한 연관을 갖다 miljjeopan yeongwaneul gatta
interrogate *v.* 심문하다 simmunhada
interrogative *adj.* 질문하는 jilmunhaneun
interrupt *v.* 방해하다 banghaehada
interruption *n.* 중단 jungdan
intersect *v.* 교차하다 gyochahada
interstate *n.* 주와 주 사이의 juwa ju saiui
interval *n.* 간격 gangyeok
intervene *v.* 개입하다 gaeipada
intervention *n.* 중재 jungjae
interview *n.* 면접 myeonjeop
intestine *n.* 창자 changja
intimacy *n.* 친밀함 chinmiram
intimate *adj.* 친밀한 chinmiran
intimidate *v.* 겁을 주다 geogeul juda
intimidation *n.* 협박 hyeoppak
into *prep.* ~안으로 ~aneuro
intolerable *adj.* 견딜 수 없는 gyeondil ssu eomneun
intolerant *adj.* 너그럽지 못한 neogeureopjji mottan

intone *v.* 말하다 malhada
intoxicate *v.* 술 등에 취하게 하다 sul deunge chwihage hada
intoxication *n.* 취함 chwiham
intractable *adj.* 아주 다루기 힘든 aju darugihimdeun
intranet *n.* 인트라넷 inteuranet
intransitive *adj.* 자동사의 jadongsaui
intrepid *adj.* 용감무쌍한 yonggamussang
intricate *adj.* 복잡한 bokjjapan
intrigue *v.* 모의하다 mouihada
intrinsic *adj.* 고유한 goyuhan
introduce *v.* 소개하다 sogaehada
introduction *n.* 소개 sogae
introductory *adj.* 도입의 doibui
introspect *v.* 자기 반성하다 jagi banseonghada
introspection *n.* 자기 성찰 jagi seongchal
introvert *n.* 내성적인 사람 naeseongjeogin saram
intrude *v.* 방해하다 banghaehada
intrusion *n.* 침범 chimbeom
intrusive *adj.* 거슬리는 geoseulineun
intuition *n.* 직관력 jikkwannyeok
intuitive *adj.* 직감에 의한 jikkame uihan
inundate *v.* 감당 못할 정도로 주다 gamdang motal jjeongdoro juda
invade *v.* 쳐들어가다 chyeodeureogada
invalid *n.* 효력 없는 hyoryogeomneun
invalidate *v.* 무효화하다 muhyohwahada
invaluable *adj.* 귀중한 guijunghan
invariable *adj.* 변함없는 byeonhameomneun
invasion *n.* 침략 chimnyak
invective *n.* 욕설 yoksseol
invent *v.* 창의적인 changuijeogin
invention *n.* 발명 balmyeong
inventor *n.* 발명가 balmyeongga

inventory n. 재고 jaego
inverse adj. 역의 yeogui
invert v. 뒤집다 duijiptta
invest v.t. 투자하다 tujahada
investigate v. 조사하다 josahada
investigation n. 조사 josa
investment n. 투자 tuja
invigilate adj. 감독하다 gamdokada
invigilator n. 시험 감독자 siheom gamdokjja
invincible adj. 천하무적의 cheonhamujeogui
inviolable adj. 불가침의 bulgachimui
invisible adj. 볼 수 없는 bolssu eomneun
invitation n. 초대 chodae
invite v. 초대하다 chodaehada
inviting adj. 솔깃한 solgittan
invocation n. 기도 gido
invoice n. 청구서 cheonguseo
invoke v. 들먹이다 deulmeogida
involuntary adj. 자기도 모르게 하는 jagido moreuge haneun
involve v. 관련시키다 gwalyeonsikida
invulnerable adj. 해칠 수 없는 haechil ssu eomneun
inward adj. 안쪽으로 향한 anjjogeuro hyanghan
irate adj. 성난 seongnan
ire n. 분노 bunno
iris n. 붓꽃 butkkot
irksome v. 짜증나는 jjajeungnaneun
iron n. 철 cheol
ironical adj. 풍자의 pungjaui
irony n. 역설적인 점 yeoksseoljeogin jeom
irradiate v. 방사능 처리를 하다 bangsaneun cheorireul hada
irrational adj. 비이성적인 biiseongjeogin

irreconcilable adj. 해소할 수 없는 haesohal ssu eomneun
irredeemable adj. 바로잡을 수 없는 barojabeul ssu eomneun
irrefutable adj. 반박할 수 없는 banbakal ssu eomneun
irregular adj. 고르지 못한 goreuji motan
irregularity n. 변칙 byeonchik
irrelevant adj. 무한한 muhanan
irreplaceable adj. 대체할 수 없는 daechehal ssu eomneun
irresistible adj. 억누를 수 없는 eongnureul su eomneun
irresolute adj. 결단력이 없는 gyeolttanryeogi eomneun
irrespective adj. ~에 개의치 않고 ~e gaeuichi anko
irresponsible adj. 무책임한 muchaegiman
irreversible adj. 되돌릴 수 없는 doedolil su eomneun
irrevocable adj. 변경할 수 없는 byeongyeonghal ssu eomneun
irrigate v. 물을 대다 mureul daeda
irrigation n. 관개 gwangae
irritable adj. 짜증을 잘 내는 jjajeungeul jalnaeneun
irritant n. 자극물 jageungmul
irritate v. 거슬리다 geoseulida
irruption n. 급증 geupjjeung
Islam n. 이슬람교 iseulamgyo
island n. 섬 seom
isle n. 시 등에서 나오는 섬 si deunge naoneun seom
islet n. 작은 섬 jageun seom
isobar n. 등압선 deungapsseon
isolate v. 고립시키다 goripsikida
isolation n. 고립 gorip
issue n. 쟁점 jaengjjeom
it pron. 그것 geugeot
italic adj. 이탤릭체의 itaelikcheui

itch *v.i.* 몸이 가렵다 momi garyeoptta
itchy *adj.* 가려운 garyeoun
item *n.* 항목 hangmok
iterate *v.* 처리 절차를 반복하다 cheori jeolchareul banbokada
itinerary *n* 여행 일정표 yeohaeng iljjeongpyo
itself *pron.* 그 자신 geu jasin
ivory *n.* 상아 sanga
ivy *n.* 담쟁이덩굴 damjaengi deonggul

J

jab *v.* 권투의 잽 gwontuui jaep
jabber *v.* 지껄이다 jikkeorida
jack *n.* 잭 jaek
jackal *n.* 자칼 jakal
jackass *n.* 멍청이 meongcheongi
jacket *n.* 재킷 jaekit
jackpot *n.* 대박 daebak
jacuzzi *n.* 자쿠지 jakuji
jade *n.* 옥 ok
jaded *adj.* 싫증난 siljjeungnan
jagged *adj.* 삐죽삐죽한 ppijukppijukan
jail *n.* 감옥 gamok
jailer *n.* 수감자 sugamja
jam *v.t.* 막다 maktta
jam *n.* 혼잡 honjap
jamboree *n.* 대축제 daechukjje
janitor *n.* 문지기 munjigi
january *n.* 일월 irwol
jar *n.* 병 byung
jargon *n.* 특수 용어 teukssu yongeo
jasmine *n.* 재스민 jaeseumin
jaundice *n.* 황달 hwangdal
jaunt *n.* 짧은 여행 jjalbeun yeohaeng
jaunty *adj.* 의기양양한 uigiyangyanghan
javelin *n.* 투창 tuchang
jaw *n.* 턱 teok
jay *n.* 어치 eochi
jazz *n.* 재즈 jaejeu

jazzy *adj.* 재즈 같은 jaejeu gateun
jealous *adj.* 질투하는 jiltuhaneun
jealousy *n.* 시샘 sisaem
jeans *n.* 청바지 jeongbaji
jeep *n.* 지프차 jipeucha
jeer *v.* 야유하다 yayuhada
jelly *n.* 젤리 jelli
jellyfish *n.* 해파리 haepari
jeopardize *v.* 위태롭게 하다 witaeropkke hada
jeopardy *n.* 위험 wiheom
jerk *n.* 홱 움직이다 hwek umjigida
jerkin *n.* 조끼 jokki
jerrycan *n.* 옆면이 납작한 통 yeommyeoni napjjakan tong
jersey *n.* 셔츠 syeocheu
jest *n.* 농담 nongdam
jester *n.* 어릿광대 eorikkwangdae
jet *n.* 분출 bunchul
jet lag *n.* 시차증 sichajjeung
jewel *n.* 보석 boseok
jeweller *n.* 보석상 boseokssang
jewellery *n.* 보석류 boseongnyu
jibe *n.* 험담 heomdam
jig *n.* 지그 jigeu
jiggle *v.* 빠르게 움직이다 ppareuge umjigida
jigsaw *n.* 조각그림 jogakkeurim
jingle *n.* 댕그랑 daengeurang
jinx *n.* 징크스 jinkeuseu
jitters *n.* 초조함 chojoham
job *n.* 직업 jigeop
jockey *n.* 기수 gisu
jocose *adj.* 익살스러운 ikssalseureoun
jocular *v.t.* 남을 잘 웃기는 nameul jarukkineun
jog *v.* 조깅하다 joginghada
joggle *v.* 까불다 kkabulda
join *v.* 연결하다 yeongyeorada
joiner *n.* 줄눈 흙손 julnun heuksson
joint *n.* 공동의 gongdongui

joist *n.* 장선 jangseon
joke *n.* 농담 nongdam
joker *n.* 조커 jokeo
jolly *adj.* 행복한 hangbokan
jolt *v.t.* 충격을 주다 chunggyeogeul juda
jostle *v.t.* 거칠게 밀치다 geochilge milchida
jot *v.t.* 조금도 ~아닌 jogeumdo ~anin
journal *n.* 저널 jeoneol
journalism *n.* 저널리즘 jeoneoliseum
journalist *n.* 저널리스트 jeoneoliseuteu
journey *n.* 여행 yeohaeng
jovial *adj.* 아주 쾌활한 aju kwewaran
joviality *adv.* 즐거움 jeulgeoum
joy *n.* 기쁨 gippeum
joyful *adj.* 아주 기뻐하는 aju gippeohaneun
joyous *adj.* 기쁨을 주는 gippeumeul juneun
jubilant *adj.* 승리감에 넘치는 seungigame neomchineun
jubilation *n.* 승리감 seungrigam
jubilee *n.* 기념일 ginyeomil
judge *n.* 판사 pansa
judgement *n.* 판단력 pandanryeok
judicial *adj.* 사법의 sabeobui
judiciary *n.* 법관들 beopkkwandeul
judicious *adj.* 신중한 sinjunghan
judo *n.* 유도 yudo
jug *n.* 주전자 jujeonja
juggle *v.* 저글링하다 jeoguling hada
juggler *n.* 저글링하는 사람 jeoguling haneun saram
juice *n.* 주스 juseu
juicy *adj.* 즙이 많은 jeubi maneun
july *n.* 7월 chirwol
jumble *n.* 마구 뒤섞다 magu dwiseoktta
jumbo *adj.* 아주 큰 aju keun
jump *v.i* 점프하다 jeompeuhada
jumper *n.* 스웨터 seuweteo

jumper *n.* 점프하는 사람 jeompeuhaneun saram
junction *n.* 교차로 gyocharo
juncture *n.* 시점 sijjeom
june *n.* 6월 yuwol
jungle *n.* 정글 jeongeul
junior *adj.* 하급의 hageubui
junior *n.* 연소자 yeonsoja
junk *n.* 폐물 pyemul
jupiter *n.* 목성 moksseong
jurisdiction *n.* 관할권 gwanhalkkwon
jurisprudence *n.* 법학 beopak
jurist *n.* 법학자 beopakjja
juror *n.* 배심원 baesimwon
jury *n.* 배심원단 baesimwondan
just *adj.* 정확히 jeonghwaki
justice *n.* 정의 jeongui
justifiable *adj.* 정당한 jeongdanghan
justification *n.* 타당한 이유 tadanghan iyu
justify *v.* 정당화시키다 jeongdanghwasikida
jute *n.* 황마 hwangma
juvenile *adj.* 청소년의 cheongsonyeonui

K

kaftan *n.* 카프탄 kapeutan
kaleidoscope *n.* 만화경 manhwagyeong
kangaroo *n.* 캥거루 kengeoru
karaoke *n.* 가라오께 garokke
karate *n.* 유도 yudo
karma *n.* 업보 eoppo
kebab *n.* 꼬치구이 kkochigui
keel *n.* 선박의 용골 seonbagui yonggol
keen *adj.* ~을 열망하는 ~eul yeolmanghaneun
keenness *n.* 날카로움 nalkaroeum
keep *v.* 유지하다 yujihada

keeper *n.* 지키는 사람 jikineun saram
keeping *n.* 지님 jinim
keepsake *n.* 기념품 ginyeompum
keg *n.* 맥주 저장용 작은 통 maekjju jeojangyong jageun tong
kennel *n.* 개집 gaejip
kerb *n.* 도로 경계석 doro gyeonggyeseok
kerchief *n.* 스카프 seukapeu
kernel *n.* 견과류의 알맹이 gyeongwaryuui almaengi
kerosene *n.* 등유 deungyu
ketchup *n.* 케첩 kecheop
kettle *n.* 주전자 jujeonja
key *n.* 열쇠 yeolsoe
keyboard *n.* 키보드 kiboda
keyhole *n.* 열쇠 구멍 yeolsoe gumeong
kick *v.* 발로 차다 balo chada
kid *n.* 아이 ai
kidnap *v.* 납치 napchi
kidney *n.* 신장 sinjang
kill *v.* 죽이다 jugida
killing *n.* 살해 sarae
kiln *n.* 벽돌 등을 굽는 가마 beokttol deungeul gumneun gama
kilo *n.* 킬로 kilo
kilobyte *n.* 킬로바이트 kilobaiteu
kilometre *n.* 킬로미터 kilomiteo
kilt *n.* 킬트 kilteu
kimono *n.* 기모노 gimono
kin *n.* 친족 chinjok
kind *n.* 종류 jongnyu
kindergarten *n.* 유치원 yuchiwon
kindle *v.* 불타기 시작하다 bultagi sijakada
kindly *adv.* 친절하게 chinjeorage
kinetic *adj.* 운동의 undongui
king *n.* 왕 wang
kingdom *n.* 왕국 wangguk
kink *n.* 뒤틀림 dwiteulida
kinship *n.* 친족 chinjok

kiss *v.t.* 키스하다 kishada
kit *n.* 세트 seteu
kitchen *n.* 부엌 bueok
kite *n.* 연 yeon
kith *n.* 친지 chinji
kitten *n.* 새끼 고양이 saekki goyangi
kitty *n.* 야옹이 yaongi
knack *n.* 타고난 재주 tagonan jaeju
knacker *v.* 나가떨어지게 만들다 nagatteoerojige mandeulda
knave *n.* 정직하지 못한 놈 jeongjikaji motannom
knead *v.* 반죽 이기다 banjuk igida
knee *n.* 무릎 mureup
kneel *v.* 무릎 꿇다 mureup kkulta
knickers *n.* 속바지 sokppaji
knife *n.* 칼 kal
knight *n.* 기사 gisa
knighthood *n.* 나이트 작위 naiteu jagui
knit *v.* 뜨개질을 하다 tteugaejireul hada
knob *n.* 손잡이 sonjabi
knock *v.* 두드리다 dudeurida
knot *n.* 매듭 maedeup
knotty *adj.* 얽히고설킨 eolkigo seokin
know *v.* 알다 alda
knowing *adj.* 다 안다는 듯한 da andaneun deutan
knowledge *n.* 지식 jisik
knuckle *n.* 손가락 관절 sonkkarak
kosher *adj.* 유대교 율법에 따라 만든 yudaegyo yulppeobe ttara mandeun
kudos *n.* 영광 younggwang
kung fu *n.* 쿵푸 kungpu

L

label *n.* 표딱지 pyottakjji
labial *adj.* 입술로 내는 ipssulo naeneun
laboratory *n.* 실험실 silheomsil
laborious *adj.* 힘든 himdeun

labour *n.* 노동 nodong
labourer *n.* 노동자 nodongja
labyrinth *n.* 미로 miro
lace *n.* 레이스 reiseu
lacerate *v.* 피부를 찢다 pibureul jjitta
lachrymose *adj.* 잘 우는 jal uneun
lack *n.* 부족함 bujokan
lackey *n.* 하인 hain
lacklustre *adj.* 재미없는 jaemi euomneun
laconic *adj.* 말을 많이 하지 않는 mareul mani haji anneun
lacquer *n.* 래커 raekeo
lacrosse *n.* 라크로스 rakeuroseu
lactate *v.* 젖을 분비하다 jeojeul bunbihada
lactose *n.* 젖당 jeottang
lacuna *n.* 빈틈 binteum
lacy *adj.* 레이스 같은 reiseu gatteun
lad *n.* 사내애 sanaeae
ladder *n.* 사다리 sadari
laden *n.* 가득한 dadeukan
ladle *n.* 국자 gukjja
lady *n.* 여자분 yeojabun
ladybird *n.* 무당벌레 mudangbeole
lag *v.* 뒤에 처지다 dwie cheojida
lager *n.* 라거 맥주 rageo makjju
laggard *n.* 느림보 neurimbo
lagging *n.* 뒤떨어지는 dwitteoreojineun
lagoon *n.* 석호 seoko
lair *n.* 야생 동물의 집 yasaeng dongmurui jip
lake *n.* 호수 hosu
lamb *n.* 어린 양 eorin yang
lambast *v.* 호되게 비난하다 hodoege binanhada
lame *adj.* 절름발이의 jeoleumbariui
lament *n.* 애통하다 aetonghada
lamentable *adj.* 한탄스러운 hantanseureoun

laminate *v.* 합판을 여러 장 붙여 만들다 happaneul yeoreo jang bucheomandeulda
lamp *n.* 등 deung
lampoon *v.* 풍자하다 pungjahada
lance *n.* 긴 창 gin chang
lancer *n.* 창기병 changgibyung
lancet *n.* 랜싯 raensit
land *n.* 땅 ttang
landing *n.* 착륙 changnyuk
landlady *n.* 여주인 yeojuin
landlord *n.* 임대주 imdaeju
landscape *n.* 경관 gyeongwan
lane *n.* 풍경 punggyeong
language *n.* 언어 eoneo
languid *adj.* 힘없는 himeomneun
languish *v.* 약화되다 yakwadoeda
lank *adj.* 볼품없게 곧은 bolpumeopkke godeun
lanky *adj.* 흐느적거리듯 움직이는 heuneujeokkeorideut umjigineun
lantern *n.* 랜턴 raenteon
lap *n.* 무릎 mureup
lapse *n.* 시간의 경과 siganui gyeongwa
lard *n.* 라드 radeu
larder *n.* 식품 저장실 sikpum jeojangsil
large *adj.* 커다란 keodaran
largesse *n.* 돈에 대해 후함 done daehae huham
lark *n.* 종달새 jongdalssae
larva *n.* 유충 yuchung
larynx *n.* 후두 hudu
lasagne *n.* 라자냐 rajanya
lascivious *adj.* 음탕한 eumtanghan
laser *n.* 레이저 reijeo
lash *v.* 후려치다 huryeochida
lashings *n.* 다량 daryang
lass *n.* 아가씨 agassi
last *adj.* 마지막의 majimagui
lasting *adj.* 영속적인 youngsokjjeogin
latch *n.* 걸쇠 geolssoe

late *adj.* 늦은 neujeun
lately *adv.* 최근의 choigeunui
latent *adj.* 잠복성의 jambokssenogui
lath *n.* 욋가지 oetkkaji
lathe *n.* 선반 senban
lather *n.* 비누 거품 bunu geopum
latitude *n.* 위도 wido
latrine *n.* 변소 byeonso
latte *n.* 뜨거운 우유를 탄 에스프레소 커피 tteugeoun uyureul tan espreso keopi
latter *adj.* 후자의 hujaui
lattice *n.* 격자 geokjja
laud *v.* 칭찬하다 chingchanada
laudable *adj.* 칭찬할 만한 chingchanalmanan
laugh *v.* 웃다 utta
laughable *adj.* 웃기는 utkkineun
laughter *n.* 웃음 useum
launch *v.* 시작하다 sijakada
launder *v.* 세탁하다 setakada
launderette *n.* 공동 빨래방 gongdong ppalaebang
laundry *n.* 세탁물 setangmul
laurel *n.* 월계수 wolgyesu
laureate *n.* 수상자 susangja
lava *n.* 용암 yongam
lavatory *n.* 화장실 hwajangsil
lavender *n.* 라벤더 rabendeo
lavish *adj.* 풍성한 pungseonghan
law *n.* 법 beop
lawful *adj.* 적법한 jeokppeopan
lawless *adj.* 무법의 mubeobui
lawn *n.* 잔디밭 jandibat
lawyer *n.* 변호사 byeonhosa
lax *adj.* 느슨한 neuseunan
laxative *n.* 하제 haje
laxity *n.* 이완 iwan
lay *v.* 놓다 nota
layer *n.* 층 cheung
layman *n.* 비전문가 bijeonmunga

laze *v.* 느긋하게 지내다 neugeutage
lazy *adj.* 게으른 geeureun
leach *v.* 침출되다 chimchuldoenda
lead *n.* 선도 seondo
lead *v.* 안내하다 annaehada
leaden *adj.* 납빛의 nabittui
leader *n.* 지도자 jidoja
leadership *n.* 지도력 jidoryeok
leaf *n.* 잎 ip
leaflet *n.* 작은 잎 jageun ip
league *n.* 리그 rigeu
leak *v.* 누설하다 nuseorada
leakage *n.* 누설 nuseol
lean *v.* 기대다 gidaeda
leap *v.* 뛰어오르다 ttuieooreuda
learn *v.* 배우다 baeuda
learned *adj.* 박식한 baksikan
learner *n.* 학습자 haksseupjja
learning *n.* 학습 haksseup
lease *n.* 임대차 계약 imdaecha gyeyak
leash *n.* 속박 sokppak
least *adj.& pron.* 가장 적은 & 적어도 gajang jeogeun & jeogeodo
leather *n.* 가죽 gajuk
leave *v.t.* 떠나다 tteonada
lecture *n.* 강의 gangui
lecturer *n.* 강사 gangsa
ledge *n.* 튀어나온 바위 twieonaon bawi
ledger *n.* 거래 내역 원장 georae naeyeok wonjjang
leech *n.* 거머리 geomeori
leek *n.* 리크 rikeu
left *n.* 왼쪽 oenjjok
leftist *n.* 좌파 jwapa
leg *n.* 다리 dari
legacy *n.* 유산 yusan
legal *adj.* 법적인 beopjjeogin
legality *n.* 합법성 happeopsseong
legalize *v.* 합법화하다 happeopwahada
legend *n.* 전설 jeonseol
legendary *adj.* 전설적인 jeonseoljjeogin

leggings *n.* 레깅스 regingseu
legible *adj.* 읽을 수 있는 ileul ssu inneun
legion *n.* 군단 gundan
legislate *v.* 법률을 제정하다 beomnyul jejeonghada
legislation *n.* 제정법 jejeongui
legislative *adj.* 입법의 ippeobui
legislator *n.* 입법자 ippeopjja
legislature *n.* 입법부 ippeoppu
legitimacy *n.* 합법성 happeopsseong
legitimate *adj.* 정당한 jeongdanghan
leisure *n.* 여가 yeoga
leisurely *adj.* 한가한 hangahan
lemon *n.* 레몬 remon
lemonade *n.* 레모네이드 remoneideu
lend *v.* 빌려주다 bilyeojuda
length *n.* 길이 giri
lengthy *adj.* 장황한 janghwanghan
leniency *n.* 관대 gwandae
lenient *adj.* 관대한 gwandaehan
lens *n.* 렌즈 renjeu
lentil *n.* 렌즈콩 renjeu kong
Leo *n.* 사자자리 saja jari
leopard *n.* 표범 pyobeom
leper *n.* 나환자 nahwanja
leprosy *n.* 문둥병 mundung ppyeong
lesbian *n.* 레즈비언 rejeubieon
less *adj. & pron.* 적은 & 더 적은 jeogeun & deo jeogeun
lessee *n.* 임차인 imchain
lessen *v.* 줄다 julda
lesser *adj.* 더 적은 deo jeogeun
lesson *n.* 교훈 gyohun
lessor *n.* 임대인 imdaein
lest *conj.* ~하지 않도록 ~haji antorok
let *v.* ~하게 놓아두다 ~hage noaduda
lethal *adj.* 치명적인 chimyeongjeogin
lethargic *adj.* 무기력한 mugiryeokan
lethargy *n.* 무기력 상태 mugiryeok sangtae

letter *n.* 편지 pyeonji
level *n.* 수준 sujun
lever *n.* 레버 rebeo
leverage *n.* 영향력 yeonghyangnyeok
levity *n.* 경솔 gyeongsol
levy *v.* 세금 등을 부과하다 segeum deungeul bugwahada
lewd *adj.* 외설적인 oeseoljjeogin
lexical *adj.* 어휘의 eohwiui
lexicon *n.* 어휘 eohwi
liability *n.* 법적 책임 beopjjeok chaegim
liable *adj.* 법적 책임이 있는 beopjjeok chaegimi ineun
liaise *v.* ~와 연락을 취하다 ~wa yeolageul chwihada
liaison *n.* 연락 yeolak
liar *n.* 거짓말쟁이 geojinmaljangi
libel *n.* 명예훼손 myeongyeheson
liberal *adj.* 자유민주적인 jayuminjugeogin
liberate *v.* 해방시키다 haebangsikida
liberation *n.* 해방 haebang
liberator *n.* 해방자 haebangja
liberty *n.* 자유 jayu
libido *n.* 성욕 seongyok
libra *n.* 천칭자리 cheonching jari
librarian *n.* 도서관 사서 doseogwan saseo
library *n.* 도서관 doseogwan
licence *n.* 면허 myeonheo
licensee *n.* 면허 취득자 myeonheo chwidekjja
licentious *adj.* 음탕한 eumtanghan
lick *v.* 핥다 hatta
lid *n.* 뚜껑 ttukkeong
lie *v.* 눕다 juptta
liege *n.* 군왕 gunwang
lien *n.* 리엔 rien
lieu *n.* 장소 jangso
lieutenant *n.* 중위 jungwi
life *n.* 삶 sam

lifeless *adj.* 죽은 jugeun
lifelong *adj.* 평생 동안의 pyungsaeng donganui
lift *v.t.* 들어올리다 deureoolida
ligament *n.* 인대 indae
light *n.* 광선 gwangseon
lighten *v.* 가볍게 해주다 gabyeopkke haejuda
lighter *n.* 라이터 raiteo
lighting *n.* 조명 jomyeong
lightly *adv.* 가볍게 gabyeopkke
lightening *n.* 경감감 gyeonggamgam
lignite *n.* 갈탄 galtan
like *prep.* ~와 비슷한 ~wa beseutan
likeable *adj.* 호감이 가는 hogami ganeun
likelihood *n.* 어떤 일이 있을 공산 eotteon iri isseul gongsan
likely *adj.* ~할 것 같은 ~hal geot gateun
liken *v.* ~와 비슷한 ~wa biseutan
likeness *n.* 유사성 yusaseong
likewise *adv.* 똑같이 ttogachi
liking *n.* 좋아함 joaham
lilac *n.* 라일락 railak
lily *n.* 백합 baekap
limb *n.* 팔 pal
limber *v.* 유연한 yuyeonhan
limbo *n.* 불확실한 상태 burhwakssiran sangtae
lime *n.* 석회 seokoe
limelight *n.* 각광 gakkwang
limerick *n.* 5행 속요 ohaeng sogyo
limit *n.* 한계 hangye
limitation *n.* 국한 gukkan
limited *adj.* 제한된 jehandoen
limousine *n.* 리무진 rimujin
limp *v.* 기운이 없는 giuni eomneun
line *n.* 선도 seondo
lineage *n.* 혈통 hyultong
linen *n.* 리넨 rinen

linger *v.* 더 오래 머물다 deo orae meomulda
lingerie *n.* 란제리 ranjeri
lingo *n.* 외국 언어 oegugui eoneo
lingua *n.* 언어 eoneo
lingual *n.* 설음 seoreum
linguist *adj.* 언어학자 eoneohakjja
linguistic *adj.* 언어의 eoneoui
lining *n.* 안감 ankkam
link *n.* 관련성 gwalyeonsseng
linkage *n.* 연결 yeongyeol
linseed *n.* 아마씨 amassi
lintel *n.* 상인방 sanginbang
lion *n.* 사자 saja
lip *n.* 입술로 내는 ipsulo naeneun
liposuction *n.* 지방 흡입술 jibang heubipsul
liquefy *v.* 액화되다 aekwadoeda
liquid *n.* 액체 aekche
liquidate *v.* 사업체를 청산하다 saeopchereul cheongsanhada
liquidation *n.* 청산 cheongsan
liquor *n.* 주류 juryu
lisp *n.* 혀짤배기 소리 hyeojjalbaegi
lissom *adj.* 호리호리한 horihorihan
list *n.* 목록 mongnok
listen *v.* 귀 기울이다 gui giurida
listener *n.* 듣는 사람 deunneun saram
listless *adj.* 힘없는 himeomneun
literal *adj.* 문자 그대로의 munjja geudaeroui
literary *adj.* 문학의 munhagui
literate *adj.* 글을 아는 geureul aneun
literature *n.* 문헌 munheon
lithe *adj.* 유연한 yuyeonhan
litigant *n.* 소송 당사자 sosong dangsaja
litigate *v.* 소송하다 sosonghada
litigation *n.* 소송 sogong
litre *n.* 리터 riteo
litter *n.* 쓰레기 sseuregi
little *adj.* 작은 jageun

live v. 살다 salda
livelihood n. 생계 saenggye
lively adj. 활기 넘치는 hwalgi neomchineun
liven v. 명랑하게 하다 myeongnanghage hada
liver n. 간 gan
livery n. 상징 색 sangjing saek
living n. 생계 수단 saenggye sudan
lizard n. 도마뱀 domabaem
load n. 짐 jim
loaf n. 빵 한 덩이 ppang han deongi
loan n. 대출금 daechulgeum
loath adj. ~하기를 꺼리는 ~hagireul kkeorineun
loathe v. 혐오하다 hyeomohada
loathsome adj. 혐오스러운 hyeomoseureoun
lobby n. 로비 robi
lobe n. 폐와 뇌의 엽 pyewa noeui yeop
lobster n. 가재 gajae
local adj. 지역의 jiyeogui
locale n. 사건 현장 sakkeon hyeonjang
locality n. 인근 ingeun
localize v. 국한시키다 gukkansikida
locate v. ~의 정확한 위치를 알아내다 ~ui jeonghwakkan wichireul aranaeda
location n. 장소 jangso
lock n. 자물쇠 jamulsoe
locker n. 개인 물품 보관함 gaein mulpum bogwanam
locket n. 로켓 roket
locomotion n. 운동 undong
locomotive n. 기관차 gigwancha
locum n. 대리의사 daeriuisa
locus n. 발생장소 balsaengjangso
locust n. 메뚜기 mettugi
locution n. 말씨 malssi
lodge n. 오두막 odumak
lodger n. 하숙인 hasugin

lodging n. 임시숙소 imsisuksso
loft n. 고미다락 gomidarak
lofty adj. 아주 높은 aju nopeun
log n. 통나무 tongnamu
logarithim n. 로그 rogeu
logic n. 논리 noli
logical adj. 타당한 tadangan
logistics n. 물류 mulyu
logo n. 로고 rogo
loin n. 사람의 음부 saramui eumbu
loiter v. 어정거리다 eojeonggeorida
loll v. 나른하게 누워 있다 nareunada
lollipop n. 막대 사탕 makttae satang
lolly n. 막대기 달린 얼음과자 makttaegi dalin eoreumgwaja
lone adj. 혼자의 honjaui
loneliness n. 고독 godok
lonely adj. 외로운 oeroun
loner n. 주로 혼자 지내는 사람 juro honja jineneun saram
lonesome adj. 외로운 oeroun
long adj. 긴 gin
longevity n. 장수 jangsu
longing n. 갈망 galmang
longitude n. 경도 gyeongdo
loo n. 화장실 hwajangsil
look v. 바라보다 baraboda
look n 외양 oeyang
lookalike n. 같아 보이다 gata boida
loom n. 직기 jikki
loop n. 고리 gori
loose adj. 헐거워진 heolgeowojin
loosen v. 느슨하게 풀다 neuseunage pulda
loot n. 전리품 jeolipum
lop v. 나뭇가지 자르다 namutkkaji jareuda
lope v. 천천히 달리다 chonchoni dalida
lopsided adj. 한쪽이 처진 hanjjogi cheojin
lord n. 귀족 guijok

lordly *adj.* 잘난 체하는 jalan chehaneun
lore *n.* 민간 전통 mingan jeontong
lorry *n.* 대형 트럭 daehyung teureok
lose *v.* 잃어버리다 ireobeorida
loss *n.* 손실 sonsil
lot *pron.* 다량 daryang
lotion *n.* 로션 rosyeon
lottery *n.* 복권 bokkwon
lotus *n.* 연꽃 yeonkkot
loud *adj.* 시끄러운 sikkeureoun
lounge *v.* 라운지 raunji
lounge *n.* 라운지 raunji
louse *n.* 비열한 놈 biyeoran nom
lousy *adj.* 안좋은 anjoeun
lout *n.* 막돼 먹은 놈 makttwae meogeun nom
louvre *n.* 미늘문 mineulmun
lovable *adj.* 사랑스러운 sarangseureoun
love *n.* 사랑 sarang
lovely *adj.* 귀여운 guiyeoeun
lover *n.* 연인 yonin
low *adj.* 낮은 najun
lower *adj.* 더 낮은 쪽의 deo najeun jjogui
lowly *adj.* 낮은 najeun
loyal *adj.* 충실한 chunsiran
loyalist *n.* 충신 chungsin
lozenge *n.* 마름모꼴 marummokkol
lubricant *n.* 윤활유 yunhwalyureul
lubricate *v.* 윤활유를 바르다 yunhwalyureul bareuda
lubrication *n.* 윤활 yunhwal
lucent *adj.* 빛을 내는 bicheul naeneun
lucid *adj.* 명쾌한 myungkwehan
lucidity *adv.* 명료하게 myeongnyohage
luck *n.* 행운 hangun
luckless *adj.* 운 나쁜 un napeun
lucky *adj.* 운 좋은 un joeun
lucrative *adj.* 수익성이 좋은 suiksseongi joeun don

lucre *n.* 부당하게 얻은 돈 budanghage eodeun don
ludicrous *adj.* 터무니 없는 teomunieomneun don
luggage *n.* 짐 jim
lukewarm *adj.* 미적지근한 mijeokjjigeunan
lull *v.* 달래다 dalaeda
lullaby *n.* 자장가 jajangga
luminary *n.* 특수 분야의 전문가 teuksu bunyaui jeonmunga
luminous *adj.* 야광의 yagwangui
lump *n.* 덩어리 deongeori
lunacy *n.* 전신병 jeongsinppyung
lunar *adj.* 달의 darui
lunatic *n.* 미치광이 michigwangi
lunch *n.* 점심 jeomsim
luncheon *n.* 오찬 ochan
lung *n.* 허파 heopa
lunge *n.* 돌진 doljjin
lurch *n.* 유혹 yuhok
lure *v.* 유혹하다 yohokada
lurid *adj.* 충격적인 chunggyeojjeogin
lurk *v.* 위험이 도사리다 wiheomi dosarida
luscious *adj.* 감미로운 gamiroun
lush *adj.* 무성한 museonghan
lust *n.* 욕망 yongmang
lustful *adj.* 욕정에 가득찬 yokjjeonge gadeukchan
lustre *n.* 광택 gwangtaek
lustrous *adj.* 윤기가 흐르는 yunkkigaheureuneun
lusty *adj.* 건장한 geonjanghan
lute *n.* 류트 ryuteu
luxuriant *adj.* 풍부한 pungbuhan
luxurious *adj.* 아주 편안한 aju pyeonanan
luxury *n.* 호화로움 hohwaroum
lychee *n.* 여주인 yeojuin
lymph *n.* 림프 limpeu

lynch *n.* 린치 rinchi
lyre *n.* 리라 rira
lyric *n.* 서정시 seojeongsi
lyrical *adj.* 서정적인 seojeongjeogin
lyricist *n.* 작사가 jakssaga

M

macabre *adj.* 섬뜩한 seomtteukkan
machine *n.* 기계 gigye
macinery *n.* 기계류 gigyeryu
macho *adj.* 남자다움을 과시하는 namjadaumeul gwasihaneun
mackintosh *n.* 매킨토시 maekintosi
mad *adj.* 미친 michin
madam *n.* 마담 madam
madcap *adj.* 무모한 mumohan
Mafia *n.* 마피아 mapia
magazine *n.* 잡지 japjji
magenta *n.* 자홍색 jahongsaek
magic *n.* 마법 mabeop
magician *n.* 마법사 mabeopssa
magisterial *adj.* 무게 있는 muge inneun
magistrate *n.* 치안판사 chianpansa
magnanimous *adj.* 도량이 넓은 doryangi neolbeun
magnate *n.* 거물 geomul
magnet *n.* 자석 jaseok
magnetic *adj.* 자석 같은 jaseokkateun
magnetism *n.* 자성 jaseong
magnificent *adj.* 참으로 아름다운 chameuro areumdaun
magnify *v.* 확대하다 hwakttaehada
magnitude *n.* 엄청난 규모 eomcheongnan gyumo
magpie *n.* 까치 kkachi
mahogany *n.* 마호가니 mahogani
mahout *n.* 코끼리를 부리는 사람 kokkirireul burineun saram
maid *n.* 하녀 hayeo
maiden *n.* 처녀 chyeonyeo

mail *n.* 우편 upyeon
mail order *n.* 통신 판매 제도 tongsin panmae jedo
maim *v.* 불구로 만들다 bulguro mandeulda
main *adj.* 주된 judoen
mainstay *n.* 중심 jungsim
maintain *v.* 유지하다 yujihada
maintenance *n.* 유지 yuji
maisonette *n.* 복층 주택 bokcheung jutaek
majestic *adj.* 장엄한 jangeomhan
majesty *n.* 장엄함 jangeomham
major *adj.* 주요한 juyohan
majority *n.* 가장 많은 수 gajang maneun su
make *v.* 만들다 mandeulda
make-up *n.* 화장품 hwajangpum
making *n.* 만들기 mandeulgi
maladjusted *adj.* 적응하지 못하는 jeogeunghajimotaneun
maladministration *n.* 행정 실책 haengjeong silchaek
malady *n.* 심각한 문제 simgakan munje
malaise *n.* 문제들 munjedeul
malaria *n.* 말라리아 malaria
malcontent *n.* 불평분자 bulyeong bunja
male *n.* 남자 namja
malediction *n.* 저주 jeoju
malefactor *n.* 악인 agin
malformation *n.* 기형 gihyeong
malfunction *v.* 오작동하다 ojakttonghada
malice *n.* 악의 agui
malicious *adj.* 악의적인 aguigeogin
malign *adj.* 악성의 aksseongui
malignant *adj.* 악의에 찬 aguie chan
mall *n.* 쇼핑 몰 shyoping mol
malleable *adj.* 가단성 있는 gadansseong inneun
mallet *n.* 나무망치 namumangchi

malnutrition *n.* 영양실조 yeongyangsiljjo
malpractice *n.* 위법 행위 wippeop haengwi
malt *n.* 맥아 maega
maltreat *v.* 학대하다 hakttaehada
mammal *n.* 포유동물 poyudongmul
mammary *adj.* 유방의 yubangui
mammon *n.* 부의 신 buui sin
mammoth *n.* 매머드 maemeodeu
man *n.* 성인 남자 seongin namja
manage *v.* 간신히 해내다 gansinhi haenaeda
manageable *adj.* 관리할 수 있는 gwalihal ssu inneun
management *n.* 경영 gyeongyeoung
manager *n.* 경영자 gyeongyeongja
managerial *adj.* 경영의 gyeongyeongui
mandate *n.* 권한 gwonhan
mandatory *adj.* 법에 정해진 beobe jeonghaejin
mane *n.* 갈기 galgi
manful *adj.* 남자다운 namjadaun
manganese *n.* 망간 mangan
manger *n.* 경영자 gyeongyeongja
mangle *v.* 짓이기다 jinigida
mango *n.* 망고 mango
manhandle *n.* 거칠게 밀치다 geochilge milchida
manhole *n.* 맨홀 maenhol
manhood *n.* 남자다움 namjadaum
mania *n.* 열광 yeolgwang
maniac *n.* 미치광이 michigwangi
manicure *n.* 손톱 손질 sontop ssonjil
manifest *adj.* 나타내다 natanaeda
manifestation *n.* 징후 jinghu
manifesto *n.* 성명서 seongmyeongseo
manifold *adj.* 여러가지의 yeoreogajiui
manipulate *v.* 조종하다 jojonghada
manipulation *n.* 교묘한 처리 gyomyohan cheori

mankind *n.* 인류 ilyu
manly *adj.* 남자다운 namjadaun
manna *n.* 만나 manna
mannequin *n.* 마네킹 maneking
manner *n.* 방식 bangsik
mannerism *n.* 버릇 beoreut
manoeuvre *n.* 동작 dongjak
manor *n.* 영주의 저택 yeongjuui jeotaek
manpower *n.* 인력 ilyeok
mansion *n.* 대저택 daejeotaek
mantel *n.* 벽난로의 선반 beongnaloui seonban
mantle *n.* 망토 mangto
mantra *n.* 맨틀 manteul
manual *adj.* 손으로 하는 soneuro haneun
manufacture *v.* 제조하다 jejohada
manufacturer *n.* 제조사 jejosa
manumission *n.* 해방 haebang
manure *n.* 거름 georeum
manuscript *n.* 원고 wongo
many *adj.* 많은 maneun
map *n.* 지도 jido
maple *n.* 단풍나무 danpungnamu
mar *v.* 화성 hwaseong
marathon *n.* 마라톤 maraton
maraud *v.* 약탈하다 yaktarada
marauder *n.* 약탈자 yatallja
marble *n.* 대리석 daeriseok
march *n.* 3월 samwol
march *v.* 행진하다 haengjinada
mare *n.* 암말 ammal
margarine *n.* 마가린 magarin
margin *n.* 여백 yeobaek
marginal *adj.* 미미한 mimihan
marigold *n.* 마리골드 marigoldeu
marina *n.* 정박지 jeongbakjji
marinade *n.* 양념장 yangnyeomjang
marinate *v.* 양념되다 yangnyeomdoeda
marine *adj.* 바다의 badaui
mariner *n.* 선원 seonwon

marionette *n.* 인형 inhyeong
marital *adj.* 결혼의 gyeoronui
maritime *adj.* 바다의 badaui
mark *n.* 표시 pyosi
marker *n.* 매직펜 maejikpen
market *n.* 시장 sijang
marketing *n.* 영업 yeongeop
marking *n.* 무늬 munui
marksman *n.* 명사수 myeongsasu
marl *n.* 이회토 ihoeto
marmalade *n.* 마멀레이드 mameoleideu
maroon *n.* 고동색 godongsaek
marquee *n.* 대형천막 daehyungcheonmak
marriage *n.* 결혼 gyeoron
marriageable *adj.* 혼인하기에 알맞은 honinhagie almanneun
marry *v.* 결혼하다 gyeoronhada
Mars *n.* 화성 hwaseong
marsh *n* 습지 seujji
marshal *n.* 원수 wonsu
marshmallow *n.* 마시멜로 masimelo
marsupial *n.* 유대복 동물 yudaemok dongmul
mart *n.* 매매 시장 maemae sijang
martial *adj.* 싸움의 ssaumui
martinet *n.* 아주 엄격한 사람 aju eomkkyeokkan saram
martyr *n.* 순교자 sungyoja
martyrdom *n.* 순교 sungyo
marvel *v.i* 경이 gyeongi
marvellous *adj.* 기막히게 좋은 gimakige joeun
Marxism *n.* 마르크시즘 markeusiseum
marzipan *n.* 마지팬 majipaen
mascara *n.* 마스카라 maseukara
mascot *n.* 마스코트 maseukoteu
masculine *adj.* 남자의 namjaui
mash *v.t* 삶은 곡물 사료 salmeun gongmul saryo
mask *n.* 마스크 maseukeu

masochism *n.* 마조히즘 majohism
mason *n.* 석공 seokkong
masonry *n.* 석조 부분 seokjjo bubun
masquerade *n.* 가장 무도회 gajang mudohoe
mass *n.* 덩어리 deongeori
massacre *n.* 대학살 daehakssal
massage *n.* 마사지 massaji
masseur *n.* 마사지사 massajisa
massive *adj.* 거대한 geodaehan
mast *n.* 돛대 dottae
master *n.* 주인 juin
mastermind *n.* 지휘하다 jihwihada
masterpiece *n.* 걸작 geoljjak
mastery *n.* 숙달 sukttal
masticate *v.* 씹다 ssiptta
masturbate *v.* 수음하다 sueumada
mat *n.* 매트 maeteu
matador *n.* 투우사 tuusa
match *n.* 성냥 seongnyang
matchmaker *n.* 결혼 중매사 gyeoron jungmaesa
mate *n.* 친구 chingu
material *n.* 직물 jingmul
materialism *n.* 물질만능주의 muljjilmaneungjuui
materialize *v.* 구체화되다 guchehwadoeda
maternal *adj.* 어머니다운 eomeonidaun
maternity *n.* 어머니인 상태 eomeoniin sangtae
mathematical *adj.* 수학 suhak
mathematician *n.* 수학자 suhakjja
mathematics *n.* 수학 suhak
matinee *n.* 마티네 matine
matriarch *n.* 여자 가장 yeoja gajang
matricide *n.* 모친살해 mochinsarae
matriculate *v.* 대학생이 되다 daehakssaengi doeda
matriculation *n.* 대학 입학 허가 daeha ipak heoga

matrimonial *adj.* 결혼 생활의 gyeoron saenghwarui
matrimony *n.* 결혼 (생활) gyeoron (saenghwal)
matrix *n.* 행렬 haengryeol
matron *n.* 양호 교사 yangho gyosa
matter *n.* 사정 sajeong
mattress *n.* 매트리스 maeteuriseu
mature *adj.* 어른스러운 eoreunseureoun
maturity *n.* 성숙함 seongsukam
maudlin *adj.* 넋두리를 하는 neoktturireul haneun
maul *v.* 상처를 입히다 sangcheoreul ipida
maunder *v.* 지겹게 지껄이다 jigyeopkke jikkeorida
mausoleum *n.* 가문의 묘 gamunui myo
maverick *n.* 개성이 강한 사람 gaeseongi ganghan saram
maxim *n.* 격언 geogeon
maximize *v.* 최대화하다 choidaehwahada
maximum *n.* 최대 choidae
May *n.* 5월 owol
may *v.* ~일지도 모른다 ~iljido moreunda
maybe *adv.* 어쩌면 eojjeomeon
mayhem *n.* 대혼란 daeholan
mayonnaise *n.* 마요네즈 mayonejeu
mayor *n.* 시장 sijang
maze *n.* 미로 miro
me *pron.* 나 na
mead *n.* 벌꿀 술 beolkkul sul
meadow *n.* 목초지 mokchoji
meagre *adj.* 빈약한 binyakan
meal *n.* 식사 sikssa
mealy *adj.* 파슬파슬한 paseulpaseuran
mean *v.* ~을 뜻하다 ~eul tteutada
meander *v.* 거닐다 geonilda
meaning *n.* 의미 uimi
means *n.* 수단 sudan

meantime *adv.* 중간 시간 junggan sigan
meanwhile *adv.* 그 동안에 geu dongane
measles *n.* 홍역 hongyeok
measly *adj.* 쥐꼬리만한 juikkorimanan
measure *v.* 측정하다 cheukjjeonghada
measure *a.* ~이다 ~ida
measured *adj.* 신중한 sinjunghan
measurement *n.* 측정 cheukjjeong
meat *n.* 고기 gogi
mechanic *n.* 정비공 jeongbigong
mechanical *adj.* 기계적인 gigyejeogin
mechanics *n.* 기계학 gigyehak
mechanism *n.* 메커니즘 mekaniseum
medal *n.* 메달 medal
medallion *n.* 큰 메달 모양의 보석 keun medal moyangui boseok
medallist *v.i.* 메달리스트 medaliseuteu
meddle *v.* 간섭하다 ganseopada
media *n.* 매체 maeche
median *adj.* 중간값의 junggankapsui
mediate *v.* 중재하다 jungjaehada
mediation *n.* 매개 maegae
medic *n.* 의대생 uidaesaeng
medical *adj.* 의학의 uihagui
medication *n.* 약물치료 yangmulchiryo
medicinal *adj.* 약효가 있는 yakyogainneun
medicine *n.* 약 yak
medieval *adj.* 중세의 jungseui
mediocre *adj.* 보통의 botongui
mediocrity *n.* 보통 botong
meditate *v.* 명상하다 myeongsanghada
mediation *n.* 명상 myeongsang
meditative *adj.* 명상적인 myeongsangjeogin
mediterranean *adj.* 지중해 jijunghae
medium *n.* 중간의 jungganui
medley *n.* 메들리 medeuli
meek *adj.* 온순한 onsunan
meet *v.* 만나다 mannada
meeting *n.* 회의 hoeui

mega adj. 엄청나게 큰 eomcheongnage keun
megabyte n. 메가바이트 megabaiteu
megahertz n. 메가헤르츠 megahereucheu
megalith n. 거석 geoseok
megalithic adj. 거석의 geoseogui
megaphone n. 메가폰 megapon
megapixel n. 100만 픽셀 baengman pikssel
melamine n. 멜라민 melamin
melancholia n. 우울증 uuljjeung
melancholy n. 우울감 uulgam
melange n. 혼합물 honhammul
meld n. 섞이다 seokkida
melee n. 아수라장 asurajang
meliorate v. 개량하다 gaeryanghada
mellow adj. 그윽한 geueukan
melodic adj. 선율의 seonyurui
melodious adj. 듣기 좋은 deukki joeun
melodrama n. 멜로드라마 melodeurama
melodramatic adj. 멜로드라마 같은 melodeuramagateun
melody n. 멜로디 melodi
melon n. 멜론 melon
melt v. 녹다 noktta
member n. 구성원 guseongwon
membership n. 회원 hoewon
membrane n. 막 mak
memento n. 기념품 ginyeompum
memo n. 비유전적 문화 요소 biyujeonjeok munhwayoso
memoir n. 회고록 hoegorok
memorable adj. 기억할 만한 gieokalmanan
memorandum n. 각서 gaksseo
memorial n. 기념비 ginyeombi
memory n. 기억력 gieongnyeok
menace n. 위협적인 존재 wihyeopjjeogin jonjae

mend v. 수리하다 surihada
mendacious adj. 허위인 heowiin
mendicant adj. 탁발하는 takpparaneun
menial adj. 천한 cheonan
meningitis n. 수막염 sumangyeom
menopause n. 갱년기 gaengnyeongi
menstrual adj. 월경의 wolgyeongui
menstruation n. 초경 chogyeong
mental adj. 정신의 jeongsinui
mentality n. 사고방식 sagobangsik
mention v. 말하다 marada
mentor n. 멘토 mento
menu n. 메뉴 menu
mercantile adj. 상업의 sangeobui
mercenary adj. 돈이 목적인 doni mokjjeogin
merchandise n. 상품 sangpum
merchant n. 무역상 muyeokssang
merciful adj. 자비로운 jabiroun
mercurial adj. 변덕스러운 byeondeoksseureoun
mercury n. 수은 sueun
mercy n. 자비 jabi
mere adj. 단순한 dansunhan
meretricious adj. 겉치레뿐인 geochiryeppunin
merge v. 합치다 hapchida
merger n. 합병 happyeong
meridian n. 자오선 jaoseon
merit n. 가치 gachi
meritorious adj. 칭찬할 만한 chingchaneul hanmanan
mermaid n. 인어 ineo
merry adj. 즐거운 jeulgeoun
mesh n. 그물망 geumulmang
mesmeric adj. 최면을 거는 듯한 choimyeoneul geoneun deutan
mesmerize v. 넋빼놓다 neokppaenotta
mess n. 엉망 eongmang
message n. 메시지 messiji
messenger n. 메신저 messinjeo

messiah *n.* 구세주 guseju
messy *adj.* 지저분한 jijeobunan
metabolism *n.* 신진대사 sinjindaesa
metal *n.* 금속 geumsok
metallic *adj.* 금속성의 gumsoksseongui
metallurgy *n.* 금속공학 geumsokgonghak
metamorphosis *n.* 변태 byuntae
metaphor *n.* 은유 eunyuui
metaphysical *adj.* 철학의 cheoragui
metaphysics *n.* 형이상학 hyungisanghak
mete *v.* 할당하다 halttanghada
meteor *n.* 유성 yuseongui
meteoric *adj.* 유성의 yuseongui
meteorology *n.* 기상학 gisanghak
meter *n.* 계량기 gyeryanggi
method *n.* 방법 bangbeom
methodical *adj.* 체계적인 chegyejjeogin
methodology *n.* 방법론 bangbeomnon
meticulous *adj.* 꼼꼼한 kkomkkoman
metre *n.* 미터 miteo
metric *adj.* 미터법의 miteoppeobui
metrical *adj.* 음보의 eumboui
metropolis *n.* 주요 도시 juyo dosi
metropolitan *adj.* 대도시의 daedosiui
mettle *n.* 패기 paegi
mettlesome *n.* 기운찬 giunchan
mew *v.* 털갈다 teolgalda
mews *n.* 좁은 거리 sobeun geori
mezzanine *n.* 중이층 jungicheung
miasma *n.* 독기 dokki
mica *n.* 운모 unmo
microbilogy *n.* 미생물학 misaengmurak
microchip *n.* 마이크로칩 mikeurochip
microfilm *n.* 마이크로필름 mikeuropileum
micrometer *n.* 마이크로미터 maikeuromiteo
microphone *n.* 마이크 maikeu

microprocessor *n.* 마이크로프세서 maikeuroproseseseo
microscope *n.* 현미경 hyeonmigyeong
microscopic *adj.* 미세한 misehan
microsurgery *n.* 현미경을 이용한 수술 hyunmigyeongeul iyonghan susul
microwave *n.* 전자레인지 jeonjareinji
mid *adj.* 중앙의 jungangui
midday *n.* 정오 jeongo
middle *adj.* 중간의 jungganui
middleman *n.* 중간 상인 junggansangin
middling *adj.* 보통의 botongui
midget *n.* 난쟁이 nanjaengi
midnight *n.* 한밤중 hanbamjjung
midriff *n.* 횡경막 hoenggyeongmak
midst *adj.* 가운데에 gaundee
midsummer *adj.* 한여름의 hanyeoreumui
midway *adv.* 중간의 jungganui
midwife *n.* 산파 sanpa
might *v.* ~일지도 모른다 ~iljjido moreunda
mighty *adj.* 강력한 gangnyeokan
migraine *n.* 두통 dutong
migrant *n.* 이주자 ijuja
migrate *v.* 이주하다 ijuhada
migration *n.* 이주 iju
mild *adj.* 가벼운 gabyeoun
mile *n.* 마일 mail
mileage *n.* 주행 거리 juhaeng geori
milestone *n.* 중요한 단계 jungyohan dangye
milieu *n.* 사회적 환경 sahoejeok hwangyeong
militant *adj.* 전투적인 jeontujeogin
militant *n.* 호전적 hojeonjeogin
military *adj.* 군사의 gunsaui
militate *v.* 작용하다 jagyonghada
militia *n.* 민병대 minbyeongdae
milk *n.* 우유 uyu
milkshake *n.* 밀크세이크 milkeuseikeu

milky *adj.* 우유가 든 uyugadeun
mill *n.* 방앗간 bangakkan
millennium *n.* 천년 cheonyeon
millet *n.* 수수 susu
milligram *n.* 밀리그램 miligraem
millimetre *n.* 밀리미터 milimiteo
milliner *n.* 여성 모자 제작자 yeoseong moja jejakjja
million *n.* 100만 baengman
millionaire *n.* 백만장자 baengmanjangja
millipede *n.* 노래기 noraegi
mime *n.* 무언극 mueongeuk
mime *n.* 무언극 mueongeuk
mimic *n.* 흉내쟁이 yungnaejaengi
mimicry *n.* 흉내 hyungnae
minaret *n.* 뾰족탑 pyojokttap
mince *v.* 고기 갈다 gogi galda
mind *n.* 마음 maeum
mindful *adj.* ~을 염두에 두는 ~eul yeomdue duneun
mindless *adj.* 특별한 이유가 없는 teukppyeoran iyuga eomneun
mine *pron.* 나의 naui
mine *n.* 나의 것 naui kkeot
miner *n.* 광부 gwangbu
mineral *n.* 광물 gwangmul
mineralogy *n.* 광물학 gwangmurak
minestrone *n.* 미네스트론 minestron
mingle *v.* 섞이다 seokkida
mini *adj.* 소형의 sohyungui
miniature *adj.* 축소된 chukssodoen
minibus *n.* 미니 버스 minibeoseu
minicab *n.* 미니캡 minikaep
minim *n.* 2분 음표 ibuneumpyo
minimal *adj.* 최소의 choisoui
minimize *v.* 최소화하다 choisohwahada
minimum *n.* 최소 choiso
minion *n.* 아랫것 araekkeot
miniskirt *n.* 미니스커트 miniseukeoteu
minister *n.* 장관 jangwan

ministerial *adj.* 장관의 janggwanui
ministry *n.* 정부 부처 jeongbubucheo
mink *n.* 밍크 minkeu
minor *adj.* 작은 jageun
minority *n.* 소수집단 sosujipttan
minster *n.* 대성당 daeseongdang
mint *n.* 박하 bakka
minus *prep.* 영하의 younghaui
minuscule *adj.* 극소의 geukssoui
minute *n.* 분 bun
minute *adj.* 극미한 geungmihan
minutely *adv.* 자세하게 jasehage
minx *n.* 깍쟁이 여자 kkakjjaengi yeoja
miracle *n.* 기적 gijeok
miraculous *adj.* 기적같은 gijeokkaneun
mirage *n.* 신기루 singiru
mire *n.* 진창 jinchang
mirror *n.* 거울 geoul
mirth *n.* 즐거움 jeulgeoum
mirthful *adj.* 유쾌한 yukwehan
misadventure *n.* 불운 burun
misalliance *n.* 부적당한 결혼 bujeokttanghan gyeoron
misapply *v.* 오용하다 oyonghada
misapprehend *v.* 오해하다 ohaehada
misapprehension *n.* 오해 ohae
misappropriate *v.* 유용하다 yuyonghada
misappropriation *v.* 남용 namyong
misbehave *v.* 못된 짓을 하다 mottoen jiseul hada
misbehaviour *n.* 나쁜 행실 nappeun haengsil
misbelief *n.* 그릇된 확신 geureuttoen hwakssin
miscalculate *v.* 오산하다 osanada
miscalculation *n.* 오산 osan
miscarriage *n.* 낙태 nakttae
miscarry *v.* 유산하다 yusanada
miscellaneous *adj.* 이것 저것 다양한 igeot jeogeut dayanghan

mischance *n.* 불운 burun
mischief *n.* 나쁜 짓 nappeun jit
mischievous *adj.* 짓궂은 jikkujjeun
misconceive *v.* 오해하다 ohaehada
misconception *n.* 오해 ohae
misconduct *n.* 비행 bihaeng
misconstrue *v.* 잘못 해석하다 jalmot haeseokada
miscreant *n.* 악한 akan
misdeed *n.* 비행 bihaeng
misdemeanour *n.* 경범죄 gyeongbeomjoe
misdirect *v.* 오도하다 odohada
miser *n.* 구두쇠 gudusoe
miserable *adj.* 비참한 bichaman
miserly *adj.* 구두쇠인 gudusoein
misery *n.* 비참 bicham
misfire *v.* 불발이 되다 bulbari doeda
misfit *n.* 부적응자 bujeogeungja
misfortune *n.* 불운 burun
misgive *v.* 염려되다 yeomryeodoeda
misgiving *n.* 의혹 uihok
misguide *v.* 잘못 이끌다 jalmot ikkeulda
mishandle *v.* 거칠게 다루다 geochilge daruda
mishap *n.* 작은 사고 jageun sago
misinform *v.* 잘못된 정보를 주다 jalmottoen jongboreul juda
misinterpret *v.* 잘못 해석하다 jalmot haeseokada
misjudge *v.* 잘못 판단하다 jalmot pandanhada
mislay *v.* 제자리에 두지 않다 jejarie duji anta
mislead *v.* 호도하다 hodohada
mismanagement *n.* 그릇된 처리 geureuttoen cheori
mismatch *n.* 부조화 bujohwa
misnomer *n.* 부적절한 명칭 bujeokjjeoran myeongching
misplace *v.* 제자리에 두지 않다 jejarie duji anta

misprint *n.* 오식 osik
misquote *v.* 잘못 인용하다 jalmot inyonghada
misread *v.* 잘못 읽다 jalmot iltta
misrepresent *v.* 잘못 전하다 jalmot jeonada
misrule *n.* 실정 siljjeong
miss *v.* 놓치다 nochida
miss *n.* 아가씨 agassi
missile *n.* 미사일 misail
missing *adj.* 없어진 eopsseojin
mission *n.* 임무 immu
missionary *n.* 선교사 seongyosa
missive *n.* 공식적 편지 gongsikjjeogin pyeonji
misspell *v.* 철자가 틀리다 cheoljjaga teulida
mist *n.* 박무 bangmu
mistake *n.* 실수 silsu
mistaken *adj.* 잘못 알고 있는 jalmot algoinneun
mistletoe *n.* 겨우살이 gyeousari
mistreat *v.* 학대하다 hakttaehada
mistress *n.* 여주인 yeojuin
mistrust *v.* 불신하다 bulssinada
misty *adj.* 부연 buyeon
misunderstand *v.* 오해하다 ohaehada
misunderstanding *n.* 오해 ohae
misuse *v.* 남용하다 namyonghada
mite *n.* 진드기 jindeugi
mitigate *v.* 경감하다 gyeongamada
mitigation *n* 경감 gyeongam
mitre *n.* 미트라 miteura
mitten *n.* 벙어리장갑 beongeorijangap
mix *v.* 섞다 seoktta
mixer *n.* 믹서 mikseo
mixture *n.* 혼합 honap
moan *n.* 신음 sineum
moat *n.* 해자 haeja
mob *n.* 무리 muri
mobile *adj.* 이동식의 idongsigui

mobility *n.* 유동성 yudongsseong
mobilize *v.* 동원되다 dongwondoeda
mocha *n.* 모카커피 mokakeopi
mock *v.* 놀리다 nolida
mockery *n.* 조롱 jorong
modality *n.* 양식 yangsik
mode *n.* 방식 bangsik
model *n.* 모형 mohyung
modem *n.* 모뎀 modem
moderate *adj.* 중간의 jungganui
moderation *n.* 적당함 jeokttangham
moderator *n.* 조정자 jojeongja
modern *adj.* 현대의 hyeondaeui
modernity *n.* 현대성 hyeondaesseong
modernize *v.* 현대화하다 hyeondaehwahada
modernism *n.* 모더니즘 modeonism
modest *adj.* 보통의 botongui
modesty *n.* 겸손 gyeomson
modicum *n.* 약간 yakkan
modification *n.* 수정 sujeong
modify *v.t.* 수정하다 sujeonghada
modish *adj.* 유행을 따른 yuhaengeul ttareun
modulate *v.* 조절하다 jojeorada
module *n.* 모듈 modyul
moil *v.* 열심히 일하다 yeolssimi irada
moist *adj.* 촉촉한 chochokan
moisten *v.* 촉촉해지다 chokkejida
moisture *n.* 습기 seupkki
moisturize *v.* 촉촉하게 하다 chokchokage hada
molar *n.* 어금니 eogeumni
molasses *n.* 당밀 dangmil
mole *n.* 두더지 dudeoji
molecular *adj.* 분자의 bunjaui
molecule *n.* 분자 bunja
molest *v.* 성추행하다 seongchuhaenghada
molestation *n.* 추행 chuhaeng
mollify *v.* 달래다 dalaeda

molten *adj.* 녹은 nogeun
moment *n.* 잠깐 jamkkan
momentary *adj.* 순간적인 sunganjeogin
momentous *adj.* 중대한 jungdaehan
momentum *n.* 탄력 talryeok
monarch *n.* 군주 gunju
monarchy *n.* 군주제 gunjuje
monastery *n.* 수도원 sudowon
monastic *adj.* 수도원의 sudowonui
monasticism *n.* 수도원 생활 sudowon saenghwal
Monday *n.* 월요일 woryoril
monetarism *n.* 통화주의 tonghwajuui
monetary *adj.* 통화의 tonghwaui
money *n.* 돈이 목적인 doni mokjjeogin
monger *n.* ~상인 ~sangin
mongoose *n.* 몽구스 monguseu
mongrel *n.* 잡종견 japjjongyeon
monitor *n.* 화면 hwamyeon
monitory *adj.* 권고의 gwongoui
monk *n.* 수도자 sudoja
monkey *n.* 원숭이 wonsungi
mono *n.* 모노럴 monoreol
monochrome *n.* 단색 dansaek
monocle *n.* 단안경 danangyeong
monocular *adj.* 외눈의 oenunui
monody *n.* 독창가 dokchangga
monogamy *n.* 일부일처제 ilbuilcheoje
monogram *n.* 모노그램 monograem
monograph *n.* 논문 nonmun
monolatry *n.* 일신숭배 ilsinsungbae
monolith *n.* 단일 암체 danil amche
monologue *n.* 독백 dokppaek
monophonic *adj.* 단 선율의 dan seonyurui
monopolist *n.* 독점자 dokjjeomja
monopolize *v.* 독점하다 dokjjeomada
monopoly *n.* 독점 dokjjeom
monorail *n.* 모노레일 monoreil
monosyllable *n.* 단음절어 daneumjeoreo

monotheism n. 유일신교 yuilsingyo
monotheist n. 일신교도 ilsingyodo
monotonous adj. 단조로운 danjoroun
monotony n. 단조로움 danjoroum
monsoon n. 장맛비 jangmatppi
monster n. 괴물 goemul
monstrous n. 괴물같은 goemulgateun
monostrous adj. ??
montage n. 몽타주 mongtajeu
month n. 달 dal
monthly adj. 매월의 maeworui
monument n. 기념물 ginyeommul
monumental adj. 기념비적인 ginyeombijeogin
moo v. 음매 eummae
mood n. 기분 gibun
moody adj. 씁쓸한 sseupsseuran
moon n. 달 dal
moonlight n. 달빛 dalppit
moor n. 황야지대 hwangyajidae
moorings n. 계선 용구 gyeseon younggu
moot adj. 고려할 가치가 없는 goryeohal gachiga inneun
mop n. 대걸레 daegeolre
mope v. 맥이 빠져 지내다 maegi ppajeo jinaeda
moped n. 모페드 mopedeu
moraine n. 빙퇴석 bingtoeseok
moral adj. 도덕상의 dodeokssangui
morale n. 사기 sagi
moralist n. 도덕주의자 dodeokjjuija
morality n. 도덕성 dodeoksseong
moralize v. 훈계하다 hyungyehada
morass n. 늪 neup
morbid adj. 병적인 byungjjeogin
morbidity adv. 불건전 bulgeonjeon
more n. 더 deo
moreover adv. 게다가 gedaga
morganatic adj. 귀천상혼의 guicheonsanghonui

morgue n. 영안실 youngansil
moribund adj. 소멸 직전의 somyeol jikjjeonui
morning n. 오전 ojeon
moron n. 멍청이 meongcheongi
morose adj. 뚱한 ttunghan
morphine n. 모르핀 moreupin
morphology n. 형태학 hyungtaehak
morrow n. 내일 naeil
morsel n. 작은 양 jageun yang
mortal adj. 치명의 chimyeongui
mortality n. 사망률 samangnyul
mortar n. 막자사발 makjjasabal
mortgage n. 담보 dambo
mortagagee n. 저당권자 jeodangkkwonja
mortgator n. 주택저당증권자 jutaekjeodangjeungkkownja
mortify v. 굴욕감을 주다 gulyokkameul juda
mortuary n. 영안실 youngnansil
mosaic n. 모자이크 mojaikeu
mosque n. 회교 사원 hoegyo sawon
mosquito n. 모기 mogi
moss n. 이끼 ikki
most n. 대부분 daebubun
mote n. 미진 mijin
motel n. 모텔 motel
moth n. 나방 nabang
mother n. 어머니 eomeoni
mother n. 어머니 eomeoni
motherboard n. 주 회로 기판 ju hoero gipan
motherhood n. 어머니인 상태 eomoniin sangtae
mother-in-law n. 장모 jangmo
motherly adj. 어머니 같은 eomoni gateun
motif n. 디자인 dijain
motion n. 동작 dongjak

motionless *adj.* 움직이지 않는 umjigiji anneun
motivate *v.* 동기부여하다 donggibuyeohada
motivation *n.* 자극 jageuk
motive *n.* 동기 donggi
motley *adj.* 잡다하게 섞인 japttahage seokkin
motor *n.* 전동기 jeondonggi
motorcycle *n.* 오토바이 otobai
motorist *n.* 운전자 unjeonja
motorway *n.* 고속도로 gosokttoro
mottle *n.* 반점 banjeom
motto *n.* 좌우명 jwaumyeong
mould *n.* 주형 juhyeong
moulder *v.* 썩다 sseoktta
moulding *n.* 쇠시리 soesiri
moult *v.* 털갈이를 하다 teolgarireul hada
mound *n.* 언덕 eondeok
mount *v.* 오르다 oreuda
mountain *n.* 산 san
mountaineer *n.* 등산가 deunsanga
mountaineering *n.* 등산 deungsan
mountainous *adj.* 산악의 sanagui
mourn *v.* 애도하다 aedohada
mourner *n.* 문상객 munsanggaek
mournful *adj.* 애절한 aejeoran
mourning *n.* 애도 aedo
mouse *n.* 쥐 jwi
mousse *n.* 무스 museu
moustache *n.* 콧수염 kotssuyeom
mouth *n.* 입 ip
mouthful *n.* 한 모금 han mogeum
movable *adj.* 움직이는 umjigineun
move *v.* 움직이다 umjigida
movement *n.* 움직임 umjigim
mover *n.* 움직이는 사람 umjigineun saram
movies *n.* 영화 younghwa
moving *adj.* 움직이는 umjigineun

mow *v.* 풀베다 pulbeda
mozzarella *n.* 모짜렐라 mojjarela
much *pron.* 많은 maneun
mucilage *n.* 고무풀 gomupul
muck *n.* 가축 배설물 gachuk baeseolmul
mucous *adj.* 점액의 jeomaegui
mucus *n.* 점액 jeomaek
mud *n.* 진흙 jinheuk
muddle *v.* 혼동하다 hondonghada
muesli *n.* 뮤즐리 myujeuli
muffin *n.* 머핀 meopin
muffle *v.* 감싸다 gamssada
muffler *n.* 머플러 meopleo
mug *n.* 머그잔 meogeujan
muggy *adj.* 후텁지근한 hudeopjjigeunan
mulatto *n.* 물라토 mulato
mulberry *n.* 뽕나무 ppongnamu
mule *n.* 노새 nosae
mulish *adj.* 황소고집의 hwangsogojibui
mull *v.* 실수하다 silssuhada
mullah *n.* 물라 mula
mullion *n.* 중간 문설주 junggan munseoljju
multicultural *adj.* 다문화의 damunhwaui
multifarious *adj.* 다양한 dayanghan
multiform *adj.* 여러 형태의 yeoreo hyeongtaeui
multilateral *adj.* 다각적인 dagakjjeogin
multimedia *n.* 멀티미디어의 meoltimidieoui
multiparous *adj.* 출산 경험 있는 chulssan gyeongheom inneun
multiple *adj.* 복합적인 bokapjjeogin
multiplex *n.* 멀티플렉스 meoltiplekseu
multiplication *n.* 곱셈 gopssem
multiplicity *n.* 다수 dasu
multiply *v.* 곱하다 gopada
multitude *n.* 일반 대중 ilban daejung

mum *n.* 엄마 eomma
mumble *v.* 중얼거리다 jungeolgeorida
mummer *n.* 무언극 배우 mueongeuk baeu
mummify *v.* 미라로 만들다 miraro mandeulda
mummy *n.* 미라 mira
mumps *n.* 볼거리 bolkkeori
munch *v.* 아삭아삭 먹다 asakasak meoktta
mundane *adj.* 재미없는 jaemieomneun
municipal *adj.* 지방 자치제의 jibang jachijeui
municipality *n.* 지방 자치제 당국 jibang jachije danguk
munificent *adj.* 대단히 후한 daedanhi huhan
muniment *n.* 증서 jeungseo
munitions *n.* 군수품 gunsupum
mural *n.* 벽화 byeokkwa
murder *n.* 살해 sarae
murderer *n.* 살해자 saraeja
murk *n.* 흐림 heurim
murky *adj.* 흐린 heurin
murmur *v.* 중얼거리다 jungeolgeorida
muscle *n.* 근육 geunyuk
muscovite *n.* 백운모 baegunmo
muscular *adj.* 근육의 geunyugui
muse *n.* 뮤즈 myuseu
museum *n.* 박물관 bangmulgwan
mush *n.* 곤죽 gonjuk
mushroom *n.* 버섯 beoseot
music *n.* 음악 eumak
musical *adj.* 음악의 eumagui
musician *n.* 음악가 eumakka
musk *n.* 사향 sahyang
musket *n.* 머스킷총 meoseukit chong
musketeer *n.* 머스킷총을 든 병사 meoskeotchongeul deun byungsa
muslim *n.* 회교도 hoegyodo
muslin *v.* 모슬린 moseulin

mussel *n.* 홍합 honghap
must *v.* ~해야하다 ~haeyahada
mustang *n.* 무스탕 mustang
mustard *n.* 겨자 gyeoja
muster *v.* 모으다 moeuda
musty *adj.* 퀴퀴한냄새가 나는 kwikwihannaemsaega naneun
mutable *adj.* 변할 수 있는 byeonhalssu inneun
mutate *v.* 돌연변이가 되다 doryeonbyeonigadoeda
mutation *n.* 돌연변이 doryeonbyeoni
mutative *v.* 변형되다 byeonhyeongui
mute *adj.* 무언의 mueonui
mutilate *v.* 훼손하다 whesonhada
mutilation *n.* 불구로 하기 bulgurohagi
mutinous *adj.* 반항하는 bananghaneun
mutiny *n.* 반란 balan
mutter *v.* 중얼거리다 jungeolgeorida
mutton *n.* 양고기 yanggogi
mutual *adj.* 상호간의 sanghogaui
muzzle *n.* 입마개 immage
muzzy *adj.* 혼란스러운 holanseuryeoun
my *adj.* 나의 naui
myalgia *n.* 근육통 geunyuktong
myopia *n.* 근시 geunsi
myopic *adj.* 근시성의 geunsiseongui
myosis *n.* 동공 축소 donggong chuksso
myriad *n.* 무수함 musuham
myrrh *n.* 몰약 molryak
myrtle *n.* 도금양 dogeumyang
myself *pron.* 내자신의 naejasinui
mysterious *adj.* 이해하기 힘든 ihaehagi himdeun
mystery *n.* 수수께끼 susukkekki
mystic *n.* 신비주의자 sinbijuija
mystical *adj.* 신비주의의 sinbijuui
mysticism *n.* 신비주의 sinbijui
mystify *v.* 혼란스럽게 만들다 golansseureopkke mandeulda
mystique *n.* 신비로움 sinbiroum

myth *n.* 신화 shihwa
mythical *adj.* 신화 속에 나오는 sinhwasoge naoneun
mythological *adj.* 신화의 shihwaui
mythology *n.* 신화 sinhwa

N

nab *v.* 가지다 gajida
nabob *n* 통치자 tongchija
nacho *n.* 나초 nacho
nadir *n.* 최악의 순간 choiagui sungan
nag *v.t.* 잔소리를 하다 jansorireul hada
nail *n.* 손톱 sontop
naivety *n.* 단순 소박함 dansun sobakam
naked *adj.* 벌거벗은 beolgeobeoseun
name *n.* 이름 ireum
namely *adv.* 즉 jeuk
namesake *n.* 이름이 같은 사람 ireumi gateun saram
nanny *n.* 유모 yumo
nap *n.* 낮잠 natjjam
nape *n.* 뒷목 tuinmok
napthalene *n.* 나프탈렌 naptalen
napkin *n.* 냅킨 naepkin
nappy *n.* 기저귀 gijeogui
narcissism *n.* 나르시시즘 narsisiseum
narcissus *n.* 수선화 suseonhwa
narcotic *n.* 마약 mayak
narrate *v.* 이야기를 하다 iyagireul hada
narration *n.* 나레이션 nareisyeon
narrative *n.* 묘사 myosa
narrator *n.* 내레이터 naereiteo
narrow *adj.* 좁은 jobeun
nasal *adj.* 코의 koui
nascent *adj.* 발생기의 balsaenggiui
nasty *adj.* 끔찍한 kkeumjjikan
natal *adj.* 출생의 chulssaengui
natant *adj.* 헤엄치는 heeomchineun
nation *n.* 국가 gukka

national *adj.* 국가의 gukkaui
nationalism *n.* 민족주의 minjokjjuui
nationalist *n.* 독립주의자 dongnipjjuuija
nationality *n.* 국적 gukjeok
nationalization *n.* 국민화 gungminhwa
nationalize *v.* 국영화하다 gugyeonghwahada
native *n.* 태어난 곳의 taeeonan gosui
nativity *n.* 예수의 탄생 yesuui tansaeng
natty *adj.* 말쑥한 malssugan
natural *adj.* 자연의 jayeonui
naturalist *n.* 박물학자 bangmurakjja
naturalize *v.* 귀화시키다 guihwasikida
naturalization *n.* 귀화 guihwa
naturally *adv.* 당연히 dangyeoni
nature *n.* 자연 jayeon
naturism *n.* 자연주의 jayeonjuui
naughty *adj.* 버릇없는 beoreudeomneun
nausea *n.* 욕지지 yokjjigi
nauseate *v.* 역겹게 하다 yeokkeokke hada
nauseous *adj.* 욕지기나는 yogjjiginaneun
nautical *adj.* 선박의 seonbagui
naval *adj.* 해군의 haegunui
nave *n.* 바퀴통 bakwitong
navigable *adj.* 배가 다닐 수 있는 baega danil ssu inneun
navigate *v.* 길을 찾다 gireul chatta
navigation *n.* 항해 hanghae
navigator *n.* 조종사 jojongsa
navy *n.* 해군 haegun
nay *adv.* 그게 아니라 geuge anira
near *adv.* 가까운 gakkaun
nearby *adv.* 인근의 ingeunui
near *v.i.* 가까운 gakkaun
nearest *adj.* 가장 가까운 gajang gakkaun
nearly *adv.* 거의 geoui
neat *adj.* 정돈된 jeongdondoen

nebula *n.* 성운 seongun
nebulous *adj.* 흐릿한 heuritan
necessarily *adv.* 필연적으로 piryeonjeogeuro
necessary *adj.* 필요한 piryohan
necessitate *v.* ~을 필요하게 만들다 ~eul piryohage mandeulda
necessity *n.* 필요성 piryosseong
neck *n.* 목 mok
necklace *n.* 목걸이 mokkeori
necklet *n.* 털가죽 목도리 teolgajuk mokttori
necromancy *n.* 마법 mabeop
necropolis *n.* 공동묘지 gongdongmyoji
nectar *n.* 꿀 kkul
nectarine *n.* 승도복숭아 seungdobokssunga
need *v.* ~해야 하다 ~haeya hada
needful *adj.* 필요한 piryohan
needle *n.* 바늘 baneul
needless *adj.* 불필요한 bulpiryohan
needy *adj.* 어려운 eoreoun
nefarious *adj.* 범죄의 beomjoeui
negate *v.* 무효화하다 muhyohwahada
negation *n.* 반대 bandae
negative *adj.* 부정적인 bujeongjeogin
negativity *n.* 부정적 성향 bujeongjeok seonghyang
neglect *v.* 방치하다 bangchihada
negligence *n.* 태만 taeman
negligent *adj.* 느긋한 neugeuttan
negligible *adj.* 무시해도 될 정도의 musihaedo doel jjeongdoui
negotiable *adj.* 절충 가능한 jeolchung ganeunghan
negotiate *v.* 협상하다 hyeopssanghada
nagotiation *n.* 협상 hyeopssang
negotiator *n.* 교섭자 gyoseopjja
negress *n.* 흑인 여자 heugin yeoja
negro *n.* 니그로 nigro
neigh *n.* 말이 울다 mari ulda

neighbour *n.* 이웃 iut
neighbourhood *n.* 이웃 사람들 iutssaramdeul
neighbourly *adj.* 이웃간의 iutkkanui
neither *adj.* ~도 아니고 ~도 아니다 ~do anigo ~do anida
nemesis *n.* 천벌 chonbeol
neoclassical *adj.* 신고전주의의 singojeonjuuiui
neolithic *adj.* 신석기 시대의 sinseokki sidaeui
neon *n.* 네온 neon
neophyte *n.* 초보자 choboja
nephew *n.* 조카 joka
nepotism *n.* 친족 등용 chinjok deungyong
Neptune *n.* 해왕성 haewangseong
nerd *n.* 멍청하고 따분한 사람 meongcheonghago ttabunan saram
Nerve *n.* 신경 singyeong
nerveless *adj.* 힘이 없는 himi eomneun
nervous *adj.* 불안해하는 buranhan
nervy *adj.* 불안초조한 buranchojohan
nescience *n.* 무지 muji
nest *n.* 새둥지 saedungji
nestle *v.* 자리잡다 jarijaptta
nestling *n.* 어린 새 eorin sae
net *n.* 망사 mangsa
nether *adj.* 아래의 araeui
netting *n.* 그물 모양 제재 geumul moyang jejae
nettle *n.* 쐐기풀 sswaegipul
network *n.* 망 mang
neural *adj.* 신경의 singyeongui
neurologist *n.* 신경학 singyeonghak
neurology *n.* 신경과 전문의 singyeongkkwa jeonmunui
neurosis *n.* 신경증 singyeongjjeung
neurotic *adj.* 신경증에 걸린 singyeongjjeunge geolin
neuter *adj.* 중성의 jungseongui

neutral *adj.* 중립적인 jungnipjjeogin
neutralize *v.* 중화시키다 junghwasikida
neutron *n.* 중성자 jungseongja
never *adv.* 결코~않다 gyeolko ~anta
nevertheless *adv.* 그럼에도 불구하고 geureomedo bulguhago
new *adj.* 새로 산 saerosan
newly *adv.* 최근에 choigeune
news *n.* 소식 sosik
next *adj.* 다음의 daeumui
nexus *n.* 결합 gyeorap
nib *n.* 펜촉 penchok
nibble *v.* 조금씩 먹다 jogeumssik meoktta
nice *adj.* 즐거운 jeulgeoun
nicety *n.* 세부 사항 sebu sahang
niche *n.* 아주 편한 자리 aju pyeonan jari
nick *n.* 철창 cheolchang
nickel *n.* 니켈 nikel
nickname *n.* 별명 byeolmyeong
nicotine *n.* 니코틴 nikotin
niece *n.* 조카딸 jokattal
niggard *n.* 구두쇠 gudusoe
niggardly *adj.* 인색한 insaekan
nigger *n.* 깜둥이 kkamdungi
niggle *v.* 흠잡다 heumjaptta
nigh *adv.* 거의 geoui
night *n.* 밤 bam
nightingale *n.* 나이팅게일 naitinggeil
nightmare *n.* 악몽 angmong
nightie *n.* 잠옷 jamot
nihilism *n.* 허무주의 heomujueu
nil *n.* 무 mu
nimble *adj.* 동작 빠른 dongjakppareun
nimbus *n.* 비구름 bigureum
nine *adj. & n.* 9의 & 아홉 guui & ahop
nineteen *adj. & n.* 19의 & 열아홉 sipkkui & yeorahop
nineteenth *adj. & n.* 제19의 & 19일 jesipkkuui & sipkkui
ninetieth *adj. & n.* 제90 & 90번째 jegusip & gusippeonjjaeui

ninth *adj. & n.* 제9의 & 아홉째의 jeguui & ahopchaeui
ninety *adj. & n.* 90 & 아흔 gusip & aheun
nip *v.* 꼬집다 kkojiptta
nipple *n.* 젖꼭지 jeokkokjji
nippy *adj.* 날쌘 nalssaen
nirvana *n.* 열반 yeolban
nitrogen *n.* 질소 jilso
no *adj.* 아니 ani
nobility *n.* 귀족 guijok
noble *adj.* 고결한 gogyeoran
nobleman *n.* 상류층 sangryucheung
nobody *pron.* 아무도 아닌 amudo anin
nocturnal *adj.* 야행성의 yahaengsseongui
nod *v.* 끄덕여지다 kkeudeogyeojida
node *n.* 마디 madi
noise *n.* 소음 soeum
noisy *adj.* 시끄러운 sikkeureoun
nomad *n.* 유목민 yumongmin
nomadic *adj.* 유목의 yumogui
nomenclature *n.* 명명법 myeongmyeongppeop
nominal *adj.* 명목상의 myeongmokssangui
nominate *v.* 지명하다 jimyeonghada
nomination *n.* 지명 jimyeong
nominee *n.* 후보 hubo
non-alignment *n.* 비동맹주의 bidongmaengjuui
nonchalance *n.* 냉담 naengdam
nonchalant *adj.* 차분한 chabunan
nonconformist *n.* 비국교도 bigukkyodo
none *pron.* 아무도 (~않다) amudo (~anta)
nonentity *n.* 9중창 gujungchang
nonplussed *adj.* 아연실색한 ayeonsilsaekan
nonetheless *a.* 그렇더라도 geureoteorado

nonpareil *adj.* 비할 데 없이 뛰어난 사람 bihal ttae eopssi ttuieonan saram
nonplussed *adj.* 아연실색한 ayeonsilsaekan
nonsense *n.* 허튼소리 heoteunsori
nonstop *adj.* 휴식 없는 hyusigeomneun
noodles *n.* 면류 myeolyu
nook *n.* 조용한 곳 joyonghangot
noon *n.* 낮잠 najjam
noose *n.* 올가미 olgami
nor *conj.&adv.* ~도 (또한) 아니다 ~do (ttohan) anida
Nordic *adj.* 북유럽 국가의 bugyureop gukkaui
norm *n.* 규범 gyubeom
normal *adj.* 정상의 jeongsangui
normalcy *n.* 정상 상태 jeongsang sangtae
normalize *v.* 정상화하다 jeongsanghwahada
normative *adj.* 규범적인 gyubeomjeogin
north *n.* 북쪽 bukjjok
northerly *adj.* 북쪽의 bukjjogui
northern *adj.* 북부의 bukppuui
nose *n.* 코 ko
nostalgia *n.* 향수 hyangsu
nostril *n.* 콧구멍 kotkkumeong
nostrum *n.* 엉터리 약 eongteori yak
nosy *adj.* 참견하기 좋아하는 chamgyeonaneun
not *adv.* ~아니다 ~anida
notable *adj.* 유명한 yumyeonghan
notary *n.* 공증인 gongjeungin
notation *n.* 표기법 pyogippeop
notch *n.* 급수 geupssu
note *n.* 메모 memo
notebook *n.* 노트 noteu
noted *adj.* 유명한 yumyeonghan
noteworthy *adj.* 주목할 만한 jumokal manan

nothing *pron.* 아무것도 amugeotto
notice *n.* 알아챔 arachaem
noticeable *adj.* 뚜렷한 tturyeotan
noticeboard *n.* 게시판 gesipan
notfiable *adj.* 신고해야 하는 singohaeya haneun
notification *n.* 알림 alim
notify *v.* 알리다 alida
notion *n.* 개념 gaenyeom
notional *adj.* 개념상의 gaenyeomsangui
notoriety *n.* 악명 angmyeong
notorious *prep.* 악명 높은 angmyeong nopeun
notwithstanding *prep.* ~에도 불구하고 ~edo bulguhago
nougat *n.* 누가 nuga
nought *n.* 영 young
noun *n.* 동사 dongsa
nourish *v.* 영양분을 공급하다 yeongyangbuneul gongeupada
nourishment *n.* 자양분 jayangbun
novel *n.* 소설 soseol
novelette *n.* 중편 소설 jungpyeon soseol
novelist *n.* 소설가 soselga
novelty *n.* 새로움 saeroum
november *n.* 11월 sibirwol
novice *n.* 초보자 choboja
now *adv.* 이제 ije
nowhere *adv.* 아무데도 (~않다) amudedo (~anta)
noxious *adj.* 유해한 yuhaehan
nozzle *n.* 노즐 nojeul
nuance *n.* 뉘앙스 nuiangsseu
nubile *a.* 성적 매력이 있는 seongjjeok maeryeogi inneun
nuclear *adj.* 원자력의 wonjaryeogui
nucleus *n.* 세포핵 sepohaek
nude *adj.* 누드의 nudeuui
nudge *v.* 살살 밀다 salsal milda
nudist *n.* 나체주의자 nachejuuija

nudity *n.* 벌거벗은 상태 beolgeobeoseun sangtae
nudge *v.* 쿡 찌르다 kuk jjireuda
nugatory *adj.* 무가치한 mugachihan
nugget *n.* 금덩어리 geumtteongeori
nuisance *n.* 성가신 사람 seongasin saram
null *adj.* 아무 가치 없는 amu gachi eomneun
nullification *n.* 무효 mjhyo
nullify *v.* 무효화하다 muhyohwahada
numb *adj.* 감각이 없는 gamgagi eomneun
number *n.* 수사 susa
numberless *adj.* 수없이 많은 sueopssi maneun
numeral *n.* 숫자 sutjja
numerator *n.* 분자 bunja
numerical *adj.* 수의 suui
numerous *adj.* 많은 maneun
nun *n.* 수녀 dunyeo
nunnery *n.* 수녀원 sunyeowon
nuptial *adj.* 결혼의 gyeoronui
nurse *n.* 간호사 ganhosa
nursery *n.* 아기 방 agibang
nurture *v.* 양육하다 yangnyukada
nut *n.* 견과 gyeongwa
nutrient *n.* 영양소 yeongyangso
nutrition *n.* 영양 yeongyang
nutritious *adj.* 영양가 높은 yeongyangkka nopeun
nutritive *adj.* 영양의 yeongyangui
nutty *adj.* 견과가 든 gyeongwaga deun
nuzzle *v.* 코를 비비다 koreul bibida
nylon *n.* 나일론 nailon
nymph *n.* 님프 nimpeu

O

oaf *n.* 멍청이 myeongheongi
oak *n.* 오크 okeu
oar *n.* 노 no
oasis *n.* 오아시스 oasis
oat *n.* 귀리 guiri
oath *n.* 맹세 maengsae
oatmeal *n.* 귀리가루 guirigaru
obduracy *n.* 고집 gojip
obdurate *adj.* 고집 센 gojipssen
obedience *n.* 복종 bojjong
obedient *adj.* 순종적인 sunjongjeogin
obeisance *n.* 순종 sunjong
obesity *n.* 비만 biman
obese *adj.* 비만인 bimanin
obey *v.* 따르다 ttareuda
obfuscate *v.* 애매하게 만들다 aemaehage mandeulda
obituary *n.* 사망 기사 samang gisa
object *n.* 물체 mulche
objection *n.* 이의 iui
objectionable *adj.* 불쾌한 bulkwehan
objective *adj.* 객관적인 gaekkwanjeoeuro
objectively *adv.* 객관적으로 gaekkwanjeogeuro
oblation *n.* 헌납 heonnap
obligated *adj.* 의무가 있는 uimugainneun
obligation *n.* 의무 uimu
obligatory *adj.* 의무적인 uimujeogin
oblige *v.* 의무적으로 ~하게 하다 eumujeogeuro ~hage hada
obliging *adj.* 도와주는 dowajuneun
oblique *adj.* 완곡한 wangokan
obliterate *v.* 말소하다 malssohada
obliteration *n.* 삭제 sakjje
oblivion *n.* 망각 mangkak
oblivious *adj.* 의식하지 못하는 uisikaji motaneun
oblong *adj.* 직사각형의 jikssagahyeongui
obloquy *n.* 악명 angmyeong
obnoxious *adj.* 아주 불쾌한 aju bulkwehan

obscene *adj.* 음란한 eumranan
obscenity *n.* 외설 oeseol
obscure *adj.* 모호한 mohohan
obscurity *n.* 무명 mumyeong
observance *n.* 준수 junsu
observant *adj.* 준수하는 junsuhaneun
observation *n.* 관찰 gwanchal
observatory *n.* 천문대 cheonmundae
observe *v.* 관찰하다 gwancharada
obsess *v.* 사로잡다 sarojaptta
obsession *n.* 집착 jipchak
obsolescent *adj.* 쇠퇴해 가는 soetoehae janeun
obsolete *adj.* 절대적인 jeolttaejeogin
obstacle *n.* 장애 jangae
obstinacy *n* 완고함 wangoham
obstinate *adj.* 끈기 kkeungi
obstruct *v.* 막다 maktta
obstruction *n.* 방해 banghae
obstructive *adj.* 방해하는 banghaehaneun
obtain *v.* 얻다 eotta
obtainable *adj.* 얻을 수 있는 eodeulssu ineun
obtrude *v.* 끼어들다 kkieodeulda
obtuse *adj.* 둔한 dunan
obverse *n.* 앞면 ammyeon
obviate *v.* 제거하다 jegeohada
obvious *adj.* 분명한 bunmyeonghan
occasion *n.* 행사 haengsa
occasional *adj.* 가끔의 gakkeumui
occasionally *adv.* 가끔의 gakkeum
occident *n.* 서양 seoyang
occidental *adj.* 서구의 seoguui
occlude *v.* (~을) 가리다 (~eul) garida
occult *n.* 비술 bisul
occupancy *n.* 사용 sayong
occupant *n.* 사용자 sayongja
occupation *n.* 직업 jigeop
occupational *adj.* 직업의 jigeobui
occupy *v.* 차지하다 chajihada

occur *v.* 발생하다 balssaenghada
occurrence *n.* 발생하는 것 balssaenghaneun geot
ocean *n.* 대양 daeyang
oceanic *adj.* 대양의 daeyangui
octagon *n.* 8각형 palgakkyeong
octave *n.* 옥타브 oktabeu
octavo *n.* 8절판 paljjeolpan
October *n.* 10월 siwol
octogenarian *n.* 80대인 사람 palssipttaein saram
octopus *n.* 문어 muneo
octroi *n.* 물품 입시세 mulpumui ipsise
ocular *adj.* 눈의 nunui
odd *adj.* 이상한 isanghan
oddity *n.* 이상한 사람 isanghan saram
odds *n.* 역경 yeokkyeong
ode *n.* 시 si
odious *adj.* 끔찍한 kkeumjjikan
odium *n.* 증오 jeongo
odorous *adj.* 냄새가 나는 naemsaega naneun
odour *n.* 악취 akchwi
odyssey *n.* 경험이 가득한 긴 여정 gyeomheomi gadeukan gin yeojeong
of *prep.* ~의 ~ui
off *adv.* 멀리 meoli
offence *n.* 위법행위 wibeopaengwi
offend *v.* 기분 상하게 하다 gibun sanghage hada
offender *n.* 범죄자 beomjoeja
offensive *adj.* 모욕적인 moyokjjeogin
offer *v.* 제의하다 jeuihada
offering *n.* 공물 gongmul
office *n.* 사무실 samusil
officer *n.* 장교 jangyo
official *adj.* 공식적인 gongsikjjeogin
officially *adv.* 공식적으로 gongsikjjeoguiro

officiate *v.* 공무를 수행하다 gongmureul suhaenghada
officious *adj.* 거들먹거리는 geodeulmekkeorineun
offset *v.* 상쇄하다 sangswaehada
offshoot *n.* 파생물 pasaengmurui
offshore *adj.* 앞바다의 appadaui
offside *adj.* 오프사이드의 opeusaideuui
offspring *n.* 자식 jasik
oft *adv.* 자주 jaju
often *adv.* 종종 jongjong
ogle *v.* (~에게) 추파를 던지다 (~ege) chupareul deonjida
oil *n.* 기름 gireum
oil *a.* 기름기가 덮인 gireumkkiga deopin
oily *adj.* 기름기 있는 gireumkki inneun
ointment *n.* 연고 yeongo
okay *adj.* 좋아 joa
old *adj.* 나이가 든 naiga deun
oligarchy *n.* 과두제 국가 gwadoje gukka
olive *n.* 올리브 olibeu
olympic *adj.* 올림픽의 olimpic
omelette *n.* 오믈렛 omeulet
omen *n.* 징조 jingjo
ominous *adj.* 불길한 bulkkiran
omission *n.* 생략 saengnyak
omit *v.* 빠뜨리다 ppatteurida
omnibus *n.* 옴니버스 omnibeos
omnipotence *n.* 전능 jeonneun
omnipotent *adj.* 전능한 jeonneunghan
omnipresence *n.* 편재 pyeonjae
omnipresent *adj.* 어디에나 있는 eodiena inneun
omniscience *n.* 박식 baksik
omniscient *adj.* 전지의 jeonjiui
on *prep.* ~위 ~wi
once *adv.* 한 번 han beon
one *n. & adj.* 하나 & 한 hana & han
oneness *n.* 일체 ilche
onerous *adj.* 아주 힘든 aju himdeun

oneself *pron.* 자기 자신을 jagi jasineul
onion *n.* 양파 yangpa
onlooker *n.* 구경꾼 gugyeongkkun
only *adv.* 유일한 yuiran
onomatopoeia *n.* 의성어 uiseongeo
onset *n.* 불쾌한 일의 시작 bulkwehan irui sijak
onslaught *n.* 맹습 maengseup
ontology *n.* 존재론 jonjaeron
onus *n.* 책임 chaegim
onward *adv.* 앞으로 나아가는 apeuro naagneun
onyx *n.* 오닉스 onix
ooze *v.i.* 새어나오다 saeeonaoda
opacity *n.* 불투명함 bultumyeongham
opal *n.* 단백석 danbaeksseok
opaque *adj.* 불투명한 bultumyeonghan
open *adj.* 열려있는 yeoleoineun
opening *n.* 구멍 gumeong
openly *adv.* 터놓고 teonoko
opera *n.* 오페라 opera
operate *v.* 운용하다 unyonghada
operation *n.* 작전 jakjjeon
operational *adj.* 가동상의 gadongsangui
operative *adj.* 가동되는 gadongdoeneun
operator *n.* 기계 조작자 gigye jojakjja
opine *v.* 의견을 밝히다 uigyeoneul balkida
opinion *n.* 의견 uigyeon
opium *n.* 아편 apyeon
opponent *n.* 상대 sangdae
opportune *adj.* 적절한 jeokjeoran
opportunism *n.* 기회주의 gihoejuui
opportunity *n.* 기회 gihoe
oppose *v.* 반대하다 bandaehada
opposite *adj.* 반대의 bandaeui
opposition *n.* 반대 bandae
oppress *v.* 탄압하다 tanapada
oppression *n.* 탄압 tanap

oppressive *adj.* 억압하는 eogapaneun
oppressor *n.* 압제자 apjjeja
opt *v.* 택하다 taekada
optic *adj.* 눈의 nunui
optician *n.* 안경사 angyeongsa
optimism *n.* 낙관론 nakkwannon
optimist *n.* 낙천주의자 nakcheonjuuija
optimistic *adj.* 낙관적인 nakkwanjeogin
optimize *v.* 최적화 하다 choegeokwahada
optimum *adj.* 최적의 choijeogui
option *n.* 선택권 seontaekkeon
optional *adj.* 선택적인 seontaekjjeogin
opulence *n.* 풍부 pungbu
opulent *adj.* 호화로운 hohwaroun
or *conj.* 또는 ttoneun
oracle *n.* 신탁 sintak
oracular *adj.* 신탁과 같은 sintakkwagateun
oral *adj.* 구두의 gudoui
orally *adv.* 구두로 guduro
orange *n.* 오렌지 orenji
oration *n.* 연설 yeonseol
orator *n.* 연설가 yeonseolga
oratory *n.* 웅변술 ungbyeongsul
orb *n.* 구 gusigin
orbit *n.* 궤도 gwedo
orbital *adj.* 궤도의 gwedoui
orchard *n.* 과수원 gwasuwon
orchestra *n.* 오케스트라 okestra
orchestral *adj.* 오케스트라의 okestraui
orchid *n.* 난초 nancho
ordeal *n.* 시련 siryeon
order *n.* 순서 sunseo
orderly *adj.* 정연한 jyeongyeonan
ordinance *n.* 법령 beomryeong
ordinarily *adv.* 정상적으로 jeongsangjeogeuro
ordinary *adj.* 일상적으로 ilsangjeogeuro
ordnance *n.* 법령 beomryeong
ore *n.* 광석 gwangseok

organ *n.* 인체의 장기 incheui janggi
organic *adj.* 유기의 yugiui
organism *n.* 유기체 yugiche
organization *n.* 조직 jojik
organize *v.* 정리하다 jeonglihada
orgasm *n.* 오르가슴 oreugasm
orgy *n.* 주지육림 jujiyunglim
orient *n.* 동양 dongyang
oriental *adj.* 동양의 dongyangui
orientate *v.* 지향하게 하다 jihyanghage hada
origami *n.* 종이 접기 jongijeopkki
origin *n.* 기원 giwon
original *adj.* 원래의 wolaeui
originality *n.* 독창성 dokchangsseong
originate *v.* 비롯되다 birottoeda
originator *n.* 창설자 changseoljja
ornament *n.* 장식품 jangsikpum
ornamental *adj.* 장식용의 jangsingyongui
ornamentation *n.* 장식 jangsik
ornate *adj.* 화려하게 장식된 hwaryeohage jangsikttoen
orphan *n.* 고아 goa
orphanage *n.* 고아원 goawon
orthodox *adj.* 정통의 jeongtongui
orthodoxy *n.* 정설 jeongseol
orthopaedics *n.* 정형외과 jeonghyeongoekkwa
oscillate *v.* 계속 오가다 gyesok ogada
oscillation *n.* 진동 jindong
ossify *v.* 경화되다 gyeonghwadoeda
ostensible *adj.* 표면적으로는 pyomyeonjeogeuroneun
ostentation *n.* 과시 gwasi
osteopathy *n.* 정골 요법 jeongol yoppeop
ostracize *v.* 외면하다 oemyeonada
ostrich *n.* 타조 tajo
other *adj. & pron.* 다른 & 다른 사람 dareun & dareun saram

otherwise *adv.* 그렇지 않으면 geureochi aneumyeon
otiose *adj.* 쓸 데없는 sseul ttaeeomneun
otter *n.* 수달 sudal
ottoman *n.* 오토만 otoman
ounce *n.* 온스 onseu
our *adj.* 우리의 uriui
ourselves *pron.* 우리 자신 urijasin
oust *v.* 몰아내다 moranaeda
out *adv.* 밖으로 bakeuro
outbid *v.* 더 비싼 값을 부르다 deo bissan gapseul bureuda
outboard *adj.* 선체 바깥쪽의 seonche bakkatjjogui
outbreak *n.* 질병 등의 발생 jilbyeong deungui balsaeng
outburst *n.* 폭발 pokppal
outcast *n.* 따돌림받는 사람 ttadolimbandeun saramdeul
outclass *v.* 압도하다 apttohada
outcome *n.* 결과 gyeolgwa
outcry *n.* 격렬한 반응 gyeongnyeoran baneung
outdated *adj.* 구식인 gusigin
outdo *v.* 능가하다 neungahada
outdoor *adj.* 옥외의 ogoeui
outer *adj.* 외부의 oebuui
outfit *n.* 옷 ot
outgoing *adj.* 외향적인 oehyangjeogin
outgrow *v.* ~보다 커지다 ~boda keojida
outhouse *n.* 별채 byeolchae
outing *n.* 여행 yeohaeng
outlandish *adj.* 이상한 isanghan
outlast *v.* ~보다 더 오래 가다 ~boda deo oraegada
outlaw *n.* 범법자 beompeopjja
outlay *n.* 경비 yeongbi
outlet *n.* 발산 수단 balssan sudan
outline *n.* 개요 gaeyo
outlive *v.* 더 오래 살다 deo orae salda

outlook *n.* 관점 gwanjjeom
outlying *adj.* 외딴 oettan
outmoded *adj.* 유행에 뒤떨어진 yuhaenge duitteorojin
outnumber *v.* 수가 많다 suga manta
outpatient *n.* 외래 환자 oerae hwanja
outpost *n.* 전초 기지 jeoncho giji
output *n.* 산출량 sanchulyang
outrage *n.* 격분 gyeokppun
outrageous *adj.* 격분한 gyeokppunan
outrider *n.* 경호 선도자 gyeongho seondoja
outright *adv.* 명백한 myeongbaekan
outrun *v.* 넘어서다 neomeoseoda
outset *n.* 착수 chakssu
outshine *v.* ~보다 더 낫다 ~bodanatta
outside *n.* 바깥쪽 bakkajjok
outsider *n.* 국외자 gugweja
outsize *adj.* 대형의 daehyungui
outskirts *n.* 교외 gyooe
outsource *v.* 외부에 위탁하다 oebue witagada
outspoken *adj.* 노골적으로 말하는 nogoljjeoguiro maraneun
outstanding *adj.* 뛰어난 ttwieonan
outstrip *v.* 앞지르다 apjjireuda
outward *adj.* 외형의 oehyungui
outwardly *adv.* 겉으로는 geoteuroneun
outweigh *v.* ~보다 더 크다 ~boda deo keuda
outwit *v.* ~보다 한 수 앞서다 ~boda hansu apsseoda
oval *adj.* 타원의 tawonui
ovary *n.* 난소 nanso
ovate *adj.* 달걀 모양의 dalgyal moyangui
ovation *n.* 박수 bakssu
oven *n.* 오븐 oveun
over *prep.* 너머 neomeo
overact *v.* 과장된 연기를 하다 gwajangdoen yeongireurada

overall *adj.* 종합적인 jonghapjjeogin
overawe *v.* 위압하다 wiapada
overbalance *v.* 균형을 잃고 쓰러지다 gyunhyeongul ilko sseureojida
overbearing *adj.* 고압적인 goapjjeogin
overblown *adj.* 과도한 gwadohan
overboard *adv.* 배 밖으로 bae bakkeuro
overburden *v.* 과중한 부담을 주다 gwajunghan butameul juda
overcast *adj.* 흐린 heurin
overcharge *v.* 많이 청구하다 mani cheonguhada
overcoat *n.* 오버코트 oveokoteu
overcome *v.* 극복하다 geukbokkada
overdo *v.* 과장하다 gwajanghada
overdose *n.* 과다 복용 gwada bogyong
overdraft *n.* 당좌대월 dangja daewol
overdraw *v.* 당좌 대월하다 dangjwa daeworada
overdrive *n.* 증속 구동 jeungsok gudong
overdue *adj.* 기한이 지난 gihani jinan
overestimate *v.* 과대평가하다 gwadaepyeongkkahada
overflow *v.* 넘치다 neomchida
overgrown *adj.* 마구 자란 magu jaran
overhaul *v.* 점검하다 jeomgeomada
overhead *adv.* 머리 위에 meori uie
overhear *v.* 우연히 듣다 uyeoni deutta
overjoyed *adj.* 매우 기뻐하는 maeu gippeoheun
overlap *v.* 포개지다 pogejida
overleaf *adv.* 뒷면의 duimyeonui
overload *v.* 과적하다 gwajeokkaa
overlook *v.* 간과하다 gangwahada
overly *adv.* 너무 neomu
overnight *adv.* 밤사이에 bamssaiedo
overpass *n.* 고가 철도 gokka cheoltto
overpower *v.* 제압하다 jeapada
overrate *v.* 과대평가하다 gwadaepyeongkkahada

overreach *v.* 도를 넘다 dorel nomtta
overreact *v.* 과잉 반응을 보이다 gwaing eungeul boida
override *v.* 중단시키다 jungdansikida
overrule *v.* 기각하다 gigakada
overrun *v.* 들끓다 deulkkeultta
overseas *adv.* 해외의 haewoeui
oversee *v.* 감독하다 gamdokada
overseer *n.* 감독자 gamdokjja
overshadow *v.* 빛을 잃게 만들다 bicheol ilke mandeulda
overshoot *v.* 더 가다 deo gada
oversight *n.* 간과 gangwa
overspill *n.* 과잉 인구 gwaing ingu
overstep *v.* 도를 넘다 doreul neomtta
overt *adj.* 명시적인 myeongsijeogin
overtake *v.* 추월하다 chuworada
overthrow *v.* 타도하다 tadohada
overtime *n* 초과 근무 chogwa geunmu
overtone *n.* 함축 hamchuk
overture *n.* 서곡 seogok
overturn *v.* 뒤집히다 duijipida
overview *n.* 개관 gaegwan
overweening *adj.* 자만에 찬 jamane chan
overwhelm *v.* 휩싸다 hwipssada
overwrought *adj.* 잔뜩 긴장한 jantteuk ginjanghan
ovulate *v.* 배란하다 baeranada
owe *n.* 빚지고 있다 bitjjigo itta
owing *adj.* 갚아야 할 gapayahal
owl *n.* 올빼미 olppaemi
own *adj. & pron.* 직접 & ~자신의 jikjjeop & jasiui
owner *n.* 소유주 soyuju
ownership *n.* 소유권 soyukkwon
ox *n.* 황소 hwangso
oxide *n.* 산화물 sanhwamul
oxygen *n.* 산소 sanso
oyster *n.* 굴 gul
ozone *n* 오존 ojon

P

pace *n.* 속도 soktto
pacemaker *n.* 심박 조율기 simbak joyulgi
pacific *n.* 태평양 taepyeongyang
pacifist *n.* 평화주의자 pyeonghwajuuija
pacify *v.* 진정시키다 jinjeongsikida
pack *n.* 포장하다 pojanghada
package *n.* 포장 pojang
packet *n.* 소포 sopo
packing *n.* 짐 싸기 jimssagi
pact *n.* 약속 yaksok
pad *n.* 패드 paedeu
padding *n.* 충전재 chungjeonjae
paddle *n.* 노 no
paddock *n.* 작은 방목장 jageun bangmokjang
padlock *n.* 맹꽁이자물쇠 maengkkongi jamulsoe
paddy *n.* 논 non
paediatrician *n.* 소아과 의사 soakkwa uisa
paediatrics *n.* 소아과 soakkwa
paedophile *n.* 소아성애자 soaseongaeja
pagan *n.* 이교도 igyodo
page *n.* 페이지 peiji
pageant *n.* 가장 행렬 gajang haengryeol
pageantry *n.* 화려한 행사 hwaryeohan haengsa
pagoda *n.* 탑 tap
pail *n.* 들통 deultong
pain *n.* 통증 tongjjeung
painful *adj.* 아픈 apeun
painkiller *n.* 진통제 jintongje
painstaking *adj.* 공들인 gongdeurin
paint *n.* 페인트 peinteu
painter *n.* 화가 hwaga

painting *n.* 그림 geurim
pair *n.* 한짝 hanjjak
paisley *n.* 페이즐리 peijeuli
pal *n.* 친구 chingu
palace *n.* 궁전 gungjeon
palatable *adj.* 맛있는 masineun
palatal *adj.* 구개음의 gugaeumui
palate *n.* 구개 gugae
palatial *adj.* 으리으리한 eurieurihan
pale *adj.* 창백한 changbaekan
palette *n.* 팔레트 paleteu
paling *n.* 울타리 ultari
pall *n.* 짙은 먹구름 같은 jeteun meokkureum gateun
pallet *n.* 화물 운반대 hwamul unbandae
palm *n.* 손바닥 sonppadak
palmist *n.* 손금 보는 사람 sonkkeum boneun saram
palmistry *n.* 손금 보기 sonkkeum bogi
palpable *adj.* 감지할 수 있는 gamjihal ssu inneun
palpitate *v.* 두근거리다 dugeungeorida
palpitation *n.* 심장의 고동 simjangui godong
palsy *n.* 중풍 jungpung
paltry *adj.* 보잘것없는 bojalkkeoteomneun
pamper *v.* 애지중지하다 aejijungjihada
pamphlet *n.* 팸플릿 paempeulit
pamphleteer *n.* 팸플릿 집필자 paempeulit jipilja
pan *n.* 냄비 naembi
panacea *n.* 만병치료제 manbyeongchiryoje
panache *n.* 위풍당당 wipungdangdang
pancake *n.* 팬케이크 penkeikeu
pancreas *n.* 췌장 chwejang
panda *n.* 판다 panda
pandemonium *n.* 대혼란 daeholan
pane *n.* 판유리 pannyuri

panegyric *n.* 칭찬하는 말 chingchananeun mal
panel *n.* 판 pan
pang *n.* 고통 gotong
panic *n.* 공황 gonghwang
panorama *n.* 전경 jeongyeong
pant *v.* 숨을 헐떡이다 sumeul heoltteogida
pantaloon *n.* 남성용 바지 nanseongyong baji
pantheism *n.* 범신론 beomsinnon
pantheist *adj.* 범신론자 beomsinnonja
panther *n.* 검은 표범 geomeun pyobeom
panties *n.* 팬티 paenti
pantomime *n.* 무언극 mueongeuk
pantry *n.* 식료품 저장실 singnyopum jeojangsil
pants *n.* 바지 baji
papacy *n.* 교황의 지위 gyohwangui jiwi
papal *adj.* 교황의 gyohwangui
paper *n.* 종이 jongi
paperback *n.* 페이퍼백 peipeobaek
par *n.* 액면가 aengmyeonkka
parable *n.* 우화 uhwa
parachute *n.* 낙하산 nakasan
parachutist *n.* 낙하산 부대원 nakasan budaewon
parade *n.* 퍼레이드 peoreideo
paradise *n.* 천국 cheonguk
paradox *n.* 역설 yeoksseol
paradoxical *adj.* 역설의 yeoksseorui
paraffin *n.* 등유 deungyu
paragon *n.* 귀감 gwigam
paragraph *n.* 단락 dalak
parallel *n.* 평행 pyeonghaeng
parallelogram *n.* 평행사변형 pyeonghaengsabyeonhyeong
paralyse *v.* 마비시키다 mabisikida
paralysis *n.* 마비 mabi
paralytic *adj.* 마비된 mabidoen

paramedic *n.* 긴급 의료원 gingeup uiryowon
parameter *n.* 매개 변수 maegae byeonsu
paramount *adj.* 중요한 jungyohan
paramour *n.* 애인 aein
paraphernalia *n.* 활동용품 hwaldongyongpum
paraphrase *v.* 다른 말로 표현하다 dareun malo pyohyunhada
parasite *n.* 기생 동물 gisaeng dongmul
parasol *n.* 양산 yangsan
parcel *n.* 소포 sopo
parched *adj.* 몹시 건조한 mopssi geonjohan
pardon *n.* 뭐라구요 mworaguyo
pardonable *adj.* 해명이 되는 haemyeongi doeneun
pare *v.* 껍질 벗기다 kkeopjjireul beotkkida
parent *n.* 부모 bumo
parentage *n.* 혈통 hyultong
parental *adj.* 부모의 bumoui
parenthesis *n.* 삽입 어구 sabip eogu
pariah *n.* 버림받은 사람 beorimbadeun saram
parish *n.* 교구 gyogu
parity *n.* 동등함 dongdeungham
park *n.* 공원 gongwon
parky *adj.* 추운 chuun
parlance *n.* 말투 maltu
parley *n.* 교섭 gyoseop
parliament *n.* 국회 gukoe
parliamentarian *n.* 의회 의원 uihoe uiwon
parliamentary *adj.* 의회의 uihoeui
parlour *n.* 응접실 eungjeopssil
parochial *adj.* 교구의 gyoguui
parody *n.* 패러디 paereodi
parole *n.* 가석방 gaseokppang
parricide *n.* 존속살인 jonsoksarin

parrot *n.* 앵무새 aengmusae
parry *v.* 공격을 쳐내다 gonggyeogeul chyeonaeda
parse *v.* 분석하다 bunseokada
parsimony *n.* 인색함 insaekam
parson *n.* 개신교의 목사 gaesingyoui mokssa
part *n.* 일부 ilbu
partake *v.* 참가하다 chamgahada
partial *adj.* 불완전한 burwanjeonhan
partiality *n.* 편애 pyeonae
participate *v.* 참가하다 chamgahada
participant *n.* 참가자 chamgaja
participation *n.* 참가 chamga
particle *n.* 입자 ipjja
particular *adj.* 특정한 teukjjeonghan
parting *n.* 가르기 gareugi
partisan *n.* 편파적인 pyeonpajeogin
partition *n.* 칸막이 kanmagi
partly *adv.* 정당 jeongdang
partner *n.* 동반자 dongbanja
partnership *n.* 동업자임 dongeopjjaim
party *n.* 정당 jeongdang
pass *v.* 지나가다 jinagada
passable *adj.* 그런대로 괜찮은 geureondaero gwaenchaneun
passage *n.* 통로 tongno
passenger *n.* 승객 seunggaek
passing *adj.* 경과 gyeongwa
passion *n.* 열정 yeoljjeong
passionate *adj.* 격정적인 gyeokjeongjeogin
passive *adj.* 수동적인 sudongjeogin
passport *n.* 여권 yeokkwon
past *adj.* 이전의 ijeonui
pasta *n.* 파스타 paseuta
paste *n.* 반죽 banjuk
pastel *n.* 파스텔 paseutel
pasteurized *adj.* 저온 살균된 jeoon salgyundoen
pastime *n.* 취미 chwimi

pastor *n.* 목사 mokssa
pastoral *adj.* 목축의 mokchugui
pastry *n.* 페이스트리 peiseuteuri
pasture *n.* 초원 chowon
pasty *n.* 패스티 paeseuti
pat *v.* 쓰다듬기 sseudadeumkki
patch *n.* 조각 jogak
patchy *adj.* 군데군데 있는 gundegunde inneun
patent *n.* 특허 teukeo
paternal *adj.* 아버지의 abeojiui
paternity *n.* 아버지임 abeojiim
path *n.* 길 gil
pathetic *adj.* 애처로운 aecheoreoun
pathology *n.* 병리학 byeongrihak
pathos *n.* 연민을 자아내는 힘 yeonmineul jaanaeneun him
patience *n.* 참을성 chameulsseong
patient *adj.* 끈기 있는 kkeungi inneun
patient *n.* 환자 hwanja
patio *n.* 파티오 patio
patisserie *n.* 케이크점 keikeujeom
patriarch *n.* 원로 wolo
patricide *n.* 부친 살해 buchin sarae
patrimony *n.* 세습 재산 seseup jaesan
patriot *n.* 애국자 aegukjja
patriotic *adj.* 애국적인 aegukjjeogin
partiotism *n.* 애국심 aegukssim
patrol *v.* 순찰을 돌다 sunchareul dolda
patron *n.* 후원자 huwonja
patronage *n.* 후원 huwon
patronize *v.* 후원하다 huwonhada
pattern *n.* 패턴 paeteon
patty *n.* 패티 paeti
paucity *n.* 소량 soryang
paunch *n.* 남자의 살찐 배 namjaui saljjin bae
pauper *n.* 극빈자 geukpinja
pause *n.* 잠시 멈추다 jamsi meomchuda
pave *v.* 포장하다 pojanghada
pavement *n.* 보도 bodo

pavilion *n.* 파빌리온 pabilion
paw *n.* 동물의 발 dongmurui bal
pawn *n.* 저당물 jeodangmul
pawnbroker *n.* 전당업자 jeondangeopjja
pay *v.* 지불하다 jiburada
payable *n.* 지불액 jiburaek
payee *n.* 수취인 suchwiin
payment *n.* 지불 jibul
pea *n.* 완두콩 wandokong
peace *n.* 평화 pyeonghwa
peaceable *adj.* 평화적인 pyeonghwajeogin
peaceful *adj.* 평화로운 pyeonghwaroun
peach *n.* 복숭아 bokssunga
peacock *n.* 공작 gongjak
peahen *n.* 암공작 amgongjak
peak *n.* 절정 jeoljjeong
peaky *adj.* 아픈 apeun
peal *n.* 종소리 jongssori
peanut *n.* 땅콩 ttangkong
pear *n.* 배 bae
pearl *n.* 진주 jinju
peasant *n.* 소작농 sojangnong
peasantry *n.* 소작농들 sojangnongdeul
pebble *n.* 자갈 jagal
pecan *n.* 피칸 pikan
peck *v.i.* 쪼다 jjoda
peculiar *adj.* 특유한 teugyuhan
pedagogue *n.* 교사 gyosa
pedagogy *n.* 교육학 gyoukak
pedal *n.* 페달 pedal
pedant *n.* 현학자 hyeonakjja
pedantic *adj.* 현학적인 hyeonakjjeogin
peddle *v.* 행상을 다니다 haengsangeul danida
pedestal *n.* 받침대 bachimttae
pedestrian *n.* 보행자 bohaengja
pedicure *n.* 발 관리 bal gwali
pedigree *n.* 족보 jokppo
pedlar *n.* 행상인 haengsangin

pedometer *n.* 계보기 gyobogi
peek *v.* 훔쳐보다 humcheoboda
peel *n.* 껍질 벗기다 kkeopjjil beotkkida
peep *v.* 훔쳐보다 humcheoboda
peer *n.* 또래 ttorae
peer *v.* 응시하다 eungsihada
peerage *n.* 귀족 gwijok
peerless *adj.* 비할 데 없는 bihal tte eomneun
peg *n.* 말뚝 malttuk
pejorative *adj.* 경멸적인 gyeongmyeoljeogin
pelican *n.* 펠리컨 pelikeon
pellet *n.* 알갱이 algaengi
pelmet *n.* 코튼레일 덮개 keoteunreil deopkke
pelt *v.* 공격하다 gonggyeokada
pelvis *n.* 골반 golban
pen *n.* 펜 pen
penal *adj.* 처벌의 cheobeorui
penalize *v.* 처벌하다 cheobeorada
penalty *n.* 처벌 cheobeol
penance *n.* 속죄 sokjjoe
penchant *n.* 애호 aeho
pencil *n.* 연필 yeonpil
pendant *n.* 펜던트 pendeonteu
pendent *adj.* 드리운 deuriun
pending *adj.* 미결인 migyeorin
pendulum *n.* 시계추 sigyechu
penetrate *v.* 침투하다 chimtuhada
penetration *n.* 침투 chimtu
penguin *n.* 펭귄 penggwin
peninsula *n.* 반도 bando
penis *n.* 음경 eumgyeong
penitent *adj.* 뉘우치는 nwiuchineun
penniless *adj.* 무일푼의 muilpuneu
penny *n.* 페니 peni
pension *n.* 연금 yeongeum
pensioner *n.* 연금 수급자 yeongueum sugeupjja
pensive *adj.* 수심 어린 susim eorin

pentagon *n.* 오각형 ogakyeong
penthouse *n.* 펜트하우스 penteuhauseu
penultimate *adj.* 끝에서 두 번째의 kkeuteseo du beonjjaeui
people *n.* 사람들 saramdeul
pepper *n.* 고추 gochu
pepperment *n.* 페퍼민트 pepeominteu
peptic *adj.* 소화의 sohwaui
per *prep.* ~당 ~dang
perambulate *v.t.* 거닐다 geonilda
perceive *v.* 감지하다 gamjihada
perceptible *adj.* 지각할 수 있는 jigakal ssu inneun
percentage *n.* 백분율 baekppunyul
perceptible *adj.* 지각할 수 있는 jigakal ssu inneun
perception *n.* 지각 jigak
perceptive *adj.* 지각의 jigagui
perch *n.* 앉아 있다 anjaitta
percipient *adj.* 통찰력 있는 tongchal
percolate *v.* 스며들다 seumyeodeulda
percolator *n.* 퍼컬레이터 peokeolelteo
perdition *n.* 지옥에 떨어지는 별 jioge tteoreojineun byeol
perennial *adj.* 다년생의 danyeonsaengui
perfect *adj.* 완전한 wanjeonan
perfection *n.* 완전 wanjeon
perfidious *adj.* 믿을 수 없는 mideulssu eomneun
perforate *v.* 구멍을 뚫다 gumeongeul ttulta
perforce *adv.* 부득이 budeugi
perform *v.* 행하다 haenghada
performance *n.* 공연 gongyeon
performer *n.* 연기자 yeongija
perfume *n.* 향수 hyangsu
perfume *adv.* 향기를 풍기다 hyanggireul punggida

perfunctory *adj.* 형식적인 hyeongsikjjeogin
perhaps *adv.* 아마 ama
peril *n.* 위험 wiheom
perilous *adj.* 아주 위험한 aju wiheoman
period *n.* 기간 gigan
periodic *adj.* 주기적인 jugijeogin
periodical *n.* 정기간행물 jeongiganhaengmul
periphery *n.* 주변 jubyeon
perish *v.* 소멸되다 somyeoldoeda
perishable *adj.* 잘 상하는 jalsanghaneun
perjure *v.* 위증하다 wijeunghada
perjury *n.* 위증 wijeung
perk *v.* 특전 teukjjeon
perky *adj.* 활기찬 halgichan
permanence *n.* 성과 seonkkwa
permanent *adj.* 영원한 yeongwonhan
permeable *adj.* 침투하는 chimtuhaneun
permissible *adj.* 허용되는 heoyongdoeneun
permission *n.* 허용 heoyong
permissive *adj.* 관대한 gwandaehan
permit *v.* 허용하다 heoyonghada
permutation *n.* 순열 sunnyeol
pernicious *adj.* 치명적인 chimyeonjeogin
perpendicular *adj.* 수직적인 sujikjjeogin
perpetrate *v.* 과실을 저지르다 gwasireul jeojireuneun
perpetual *adj.* 끊임없이 계속되는 kkeumimeopsi gyesokdoeneun
perpetuate *v.t.* 영구화하다 yeonguhwahada
perplex *v.* 당혹하게 하다 danghokage hada
perplexity *n.* 당혹감 danghokkam
perquisite *n.* 특전 teukjjeon
perry *n.* 배즙으로 빚은 술 baejeubro bijeun sul

persecute v. 박해하다 bakaehada
persecution n. 박해 bakae
perseverance n. 인내심 innaesim
persevere v.i. 인내하며 계속하다 innaehamyeo gyesokada
persist v. 집요하게 계속하다 jibyohage gyesokada
persistence n. 고집 gojip
persistent adj. 끈질긴 kkeunjilgin
person n. 사람들 saramdeul
persona n. 개인의 모습 gaeinui moseup
personage n. 저명인사 jeomyeonginsa
personal adj. 개인적인 gaeinjeogin
personality n. 성격 seokkeok
personification n. 의인화 uinihwa
personify v. 의인화하다 uiinhwahada
personnel n. 인원 inwon
perspective n. 관점 gwanjjeom
perspicuous adj. 명쾌한 myeonkwaehan
perspiration n. 땀 ttam
perspire v.t. 땀흘리다 ttameulida
persuade v. 설득하다 seoltteukada
persuasion n. 설득 seoltteuk
pertain v. 존재하다 jonjaehada
pertinent adj. 적절한 jeokjjeoran
perturb v. 동요하게 하다 dongyohage hada
perusal n. 통독 tongdok
peruse v. 숙독하다 sukttokada
pervade v. 만연하다 manyeonada
perverse adj. 비뚤어진 bittureojin
perversion n. 왜곡 waegok
perversity n. 사악 saak
pervert v. 왜곡하다 waegokada
pessimism n. 비관주의 bigwanjuui
pessimist n. 비관주의자 bigwanjuuija
pessimistic adj. 비관적인 bigwanjeogin
pest n. 해충 haechung
pester v. 조르다 joreuda
pesticide n. 살충제 salchungje

pestilence n. 역병 yeokppyeong
pet n. 애완동물 aewandongmul
petal n. 꽃잎 kkonip
petite adj. 자그마한 jageumahan
petition n. 진정 jinjeong
petitioner n. 진정인 jinjeongin
petrify v. 겁에 질리게 만들다 geobe jilige mandeulda
petrol n. 휘발유 hwibalyu
petroleum n. 석유 seogyu
petticoat n. 페티코트 petikoteu
pettish adj. 심통을 부리는 simtongeul burineun
petty adj. 사소한 sasohan
petulance n. 심술 사나움 simsul sanaum
petulant adj. 심통 사나운 simtong sanaun
phantom n. 유령 yuryeong
pharmaceutical adj. 약학의 yakkaui
pharmacist n. 약사 yakssa
pharmacy n. 약국 yakkuk
phase n. 단계 dangye
phenomenal adj. 경이적인 gyeongijeogin
phenomenon n. 현상 hyeonsang
phial n. 작은 유리병 jageun yuribyeong
philanthropic adj. 동포애의 dongpoaeui
philanthropist n. 독지가 dokjjiga
philanthropy n. 독지 활동 dokjji hwalttong
philately n. 우표 수집 및 연구 upyo sujip mit yeongu
philological adj. 언어학의 eoneohagui
philologist n. 문헌학자 munheonakjja
philology n. 문헌학 munheonak
philosopher n. 철학자 cheorakjja
philosophical adj. 철학의 cheoragui
philosophy n. 철학 cheorak
phlegmatic adj. 침착한 chimchakan

phobia *n.* 공포증 gongpojjeung
phoenix *n.* 불사조 bulssajo
phone *n.* 전화 jeonhwa
phonetic *adj.* 음성의 eumseongui
phosphate *n.* 인산 insan
phosphorus *n.* 인 in
photo *n.* 광 gwangjang
photocopy *n.* 복사 bokssa
photograph *n.* 사진 sajin
photographer *n.* 사진사 sajinsa
photographic *adj.* 사진의 sajinui
photography *n.* 사진 찍기 sajin jjikki
photostat *n.* 복사 bokssa
phrase *n.* 구절 gujeol
phraseology *n.* 어법 eoppeop
physical *adj.* 육체의 yukcheui
physician *n.* 내과 의사 naekkwa uisa
physics *n.* 물리 muli
physiognomy *n.* 얼굴 모습 eolgul moseup
physiotherapy *n.* 물리 치료 muli chiryo
physique *n.* (사람의) 체격 (saramui) chegyeok
pianist *n.* 피아니스트 pianiseuteu
piano *n.* 피아노 piano
piazza *n.* 피자 pija
pick *v.* 고르다 goreuda
picket *n.* 피켓 piket
pickings *n.* 벌이 beori
pickle *n.* 피클 pikeul
picnic *n.* 피크닉 pikeunik
pictograph *n.* 상형문자 sanghyungmunjja
pictorial *adj.* 그림의 geurimui
picture *n.* 그림 geurim
picturesque *adj.* 그림 같은 geurimgateun
pie *n.* 파이 pai
piece *n.* 조각 jogak
piecemeal *adv.* 단편적인 danpyeonjeogin

pier *n.* 부두 budu
pierce *v.* 뚫다 ttulta
piety *n.* 경건함 gyeonggeonam
pig *n.* 돼지 dwaeji
pigeon *n.* 비둘기 bidulgi
pigeonhole *n.* 작은 칸 jageun kan
piggery *n.* 양돈장 yangdonjang
pigment *n.* 색소 saeksso
pigmy *n.* 피그미 pigeumi
pike *n.* 창백한 changbaekan
pile *n.* 더미 deomi
pilfer *v.* 좀도둑질을 하다 jomdodujjireul hada
pilgrim *n.* 순례자 sulyeja
pilgrimage *n.* 순례 sulye
pill *n.* 알약 alyak
pillar *n.* 기둥 gidung
pillow *n.* 베개 begae
pilot *n.* 조종사 jojongsa
pimple *n.* 여드름 yeodeureum
pimple *n.* 여드름 yeodeureum
pin *n.* 핀 pin
pincer *n.* 펜치 penchi
pinch *v.* 꼬집다 kkojiptta
pine *v.* 잣나무 jannamu
pineapple *n.* 파인애플 painaeppeul
pink *adj.* 분홍색의 bunhongs
pinnacle *n.* 정점 jeongjjeom
pinpoint *v.* 정확히 찾아내다 jeonghwaki chajanaeda
pint *n.* 파인트 painteu
pioneer *n.* 개척자 gaecheokjja
pious *adj.* 경건한 gyeongeonan
pipe *n.* 관 gwan
pipette *n.* 피펫 pipet
piquant *adj.* 톡 쏘는 듯한 tokssoneundeutan
pique *n.* 불쾌감 bulkwaekkam
piracy *n.* 해적 행위 haejeo kwaengwi
pirate *n.* 해적 행위 haejeok
pistol *n.* 권총 gwonchong

piston *n.* 피스톤 piseuton
pit *n.* 구덩이 gudeongi
pitch *n.* 경기장 gyeongijang
pitcher *n.* 항아리 hangari
piteous *adj.* 애처로운 aecheoreoun
pitfall *n.* 위험 wiheom
pitiful *adj.* 측은한 cheugeunan
pitiless *adj.* 냉혹한 naenghokan
pity *n.* 연민 yeonmin
pivot *n.* 중심점 jungsimjjeom
pivotal *adj.* 중심이 되는 jungsimi doeneun
pixel *n.* 화소 hwaso
pizza *n.* 피자 pija
placard *n.* 현수막 hyeonsumak
placate *v.* 화를 달래다 hwareul dalaeda
place *n.* 장소 jangso
placement *n.* 취업 알선 chwieop alsseon
placid *adj.* 차분한 chabunan
plague *n.* 전염병 jeonnyeomppyeong
plain *adj.* 분명한 bunmyeonghan
plaintiff *n.* 고소인 gosoin
plaintive *adj.* 애처로운 aecheoreoun
plait *n.* 머리 땋은 것 meori ttaeun geot
plan *n.* 계획 gyehoek
plane *n.* 비행기 bihaenggi
planet *n.* 행성 haengseong
planetary *adj.* 행성의 haengseongui
plank *n.* 널빤지 neolpanji
plant *n.* 식물 singmul
plantain *n.* 플랜테인 peulaentein
plantation *n.* 농장 nongjang
plaque *n.* 명판 myeongpan
plaster *n.* 회반죽 hoebanjuk
plastic *n.* 플라스틱 peulaseutik
plate *n.* 접시 jeopssi
plateau *n.* 고원 gowon
platelet *n.* 혈소판 hyeolssopan
platform *n.* 플랫폼 peulaepom
platinum *n.* 백금 baekkeum

platonic *adj.* 플라토닉 peulatonik
platoon *n.* 소대 sodae
platter *n.* 접시 jeopssi
plaudits *n.* 칭찬 chingchan
plausible *adj.* 그럴듯한 geureoldeutan
play *v.i.* 놀다 nolda
playground *n.* 놀이터 noriteo
playwright *n.* 극작가 geukjjakka
player *n.* 참가자 chamgaja
plaza *n.* 광장 gwangjang
plea *n.* 애원 aewon
plead *v.* 애원하다 aewonada
pleasant *adj.* 즐거운 jeulgeoun
pleasantry *n.* 사교적인 인사 sagyojeogin insa
please *v.* 부탁합니다 butakamnida
pleasure *n.* 기쁨 gippeum
pleat *n.* 주름 jureum
plebeian *adj.* 평민의 pyeongminui
plebiscite *n.* 국민 투표 gungmin tupyo
pledge *n.* 약속 yakssok
plenty *pron.* 풍부한 양 pungbuhan
plethora *n.* 과다 gwada
pliable *adj.* 유연한 yuyeonan
pliant *adj.* 나긋나긋한 nageunnageunan
pliers *n.* 펜치 penchi
plight *n.* 역경 yeokkyeong
plinth *n.* 주추 juchu
plod *v.* 터벅터벅 걷다 teobeokteobeok geotta
plot *n.* 음모 eummo
plough *n.* 쟁기 jaenggi
ploughman *n.* 쟁기질하는 사람 jaengijiraneun saram
ploy *n.* 계책 gyechaek
pluck *v.* 뽑다 ppoptta
plug *n.* 플러그 peuleogeu
plum *n.* 자두 jadu
plumage *n.* 깃털 gitteol
plumb *v.* 헤아리다 hearida
plumber *n.* 배관공 baegwangong

plume *n.* 기둥 gidung
plummet *v.* 급락하다 geumnakada
plump *adj.* 토실토실한 tosiltosiran
plunder *v.* 약탈하다 yaktarada
plunge *v.* 거꾸러지다 geokkureojida
plural *adj.* 복수형 bokssuhyeong
plurality *n.* 많은 수 maneun su
plus *prep.* 플러스 peuleoseu
plush *n.* 플러시 천 peuleosi cheon
ply *n.* 다니다 danida
pneumatic *adj.* 공압의 gongabui
pneumonia *n.* 폐렴 pyeryeom
poach *v.* 졸이다 jorida
pocket *n.* 주머니 jumeoni
pod *n.* 꼬투리 kkoturi
podcast *n.* 팟캐스트 patkaeseuteu
podium *n.* 지휘대 jihwidae
poem *n.* 시 si
poet *n.* 시인 siin
poetry *n.* 시가 siga
poignacy *n.* 날카로움 nalkaroun
poignant *adj.* 가슴 아픈 gaseumapeun
point *n.* 의견 uigyeon
pointing *n.* 모르타르 moreutareu
pointless *adj.* 무의미한 muuimihan
poise *n.* 침착 chimchak
poison *n.* 독 dok
poisonous *adj.* 유독한 yodokan
poke *v.* 쿡 찌르다 kuk jjireuda
poker *n.* 포커 pokeu
poky *adj.* 비좁은 bijobeun
polar *adj.* 북극의 bukkeuui
pole *n.* 막대기 makttaegi
polemic *n.* 격렬한 비판 gyeongyeoran bipan
police *n.* 경찰 gyeongchal
policeman *n.* 남자 경찰관 namja gyeongchalgwan
policy *n.* 정책 jeongchaek
polish *n.* 광택자 gwangtaekjja
polite *adj.* 공손한 gongsonam

pliteness *n.* 공손함 gongsonam
politic *adj.* 현명한 hyeonmyeonghan
political *adj.* 정치적인 jeongchijeogin
politician *n.* 정치가 jeongchiga
politics *n.* 정치 jeongchi
polity *n.* 정치적 조직체 jeongchijeok jojikche
poll *n.* 여론 조사 yeoron josa
pollen *n.* 꽃가루 kkotkkaru
pollster *n.* 여론 조사 요원 yeoron josa yowon
pollute *v.* 오염시키다 oyeomsikida
pollution *n.* 오염 oyeom
polo *n.* 폴로 polo
polyandry *n.* 일처다부제 ilcheodabuui
polygamous *adj.* 일부다처의 ilbudacheoui
polygamy *n.* 일부다처제 ilbudacheoje
polyglot *adj.* 다국적어의 dagukjjeoui
polygraph *n.* 복사기 bokssagi
polytechnic *n.* 폴리테크닉 politekeunik
polytheism *n.* 다신론 dasinnon
polytheistic *adj.* 다신교의 dasingyoui
pomegranate *n.* 석류 seongnyu
pomp *n.* 장관 jangwan
pomposity *n.* 화려 hwaryeo
pompous *adj.* 젠체하는 jenchehaneun
pond *n.* 연못 yeonmot
ponder *v.* 숙고하다 sukkohada
pontiff *n.* 교황 gyohwang
pony *n.* 조랑말 jorangmal
pool *n.* 웅덩이 ungdeongi
poor *adj.* 가난한 gananan
poorly *adv.* 형편없이 hyeongpyeoneopssi
pop *v.* 팝 pap
pope *n.* 교황 gyohwang
poplar *n.* 포플러 popeuleo
poplin *n.* 포플린 popeulin
populace *n.* 대중들 daejungdeul
popular *adj.* 인기 있는 inkki inneun

popularity *n.* 인기 inkki
popularize *v.* 대중화하다 daejunghwahada
populate *v.* 거주하다 geojuhada
population *n.* 인구 ingu
populous *adj.* 인구가 많은 inguga maneun
porcelain *n.* 도자기 dojagi
porch *n.* 현관 hyeongwan
porcupine *n.* 호저 hojeo
pore *n.* 구멍을 뚫다 gumeongeul ttulta
pork *n.* 돼지고기 dwaejigogi
pornography *n.* 포르노 poreuno
porridge *n.* 포리지 poriji
port *n.* 항구 hanggu
portable *adj.* 휴대용의 hyudaeyongui
portage *n.* 육로 수송 yungno susong
portal *n.* 정문 jeongmun
portend *v.* 전조이다 jeonjoida
portent *n.* 전조 jeonjo
porter *n.* 짐꾼 jimkkun
portfolio *n.* 서류 가방 seoryu gabang
portico *n.* 포르티코 poreutiko
portion *n.* 부분 bubun
portrait *n.* 초상화 chosanghwa
portraiture *n.* 초상화법 chosanghwappeop
portray *v.* 그리다 geurida
portrayal *n.* 묘사 myosa
pose *v.* 제기하다 jegihada
posh *adj.* 우아한 uahan
posit *v.* 사실로 상정하다 sasilo sangjeonghada
position *n.* 위치 wichi
positive *adj.* 긍정적인 geungjeongjeogin
possess *v.* 소유하다 soyuhada
possession *n.* 소유 soyu
possessive *adj.* 소유욕이 강한 soyuyogi ganghan
possibility *n.* 가능성 ganeungsseong

possible *adj.* 가능한 ganeunghan
post *n.* 우편 upyeon
postage *n.* 우편 요금 upyeonyogeum
postal *adj.* 우편의 upyeonui
postcard *n.* 엽서 yeopsseo
postcode *n.* 우편 번호 upyeon beonho
poster *n.* 포스터 poseuteo
posterior *adj.* ~뒤의 ~dwiui
posterity *n.* 후세 huse
postgraduate *n.* 대학원생 daehagwonsaeng
posthumous *adj.* 사후의 sahuui
postman *n.* 우체부 uchebu
postmaster *n.* 우체국장 uchegukjjang
postmortem *n.* 검시 geomsi
postoffice *n.* 우체국 ucheguk
postpone *v.* 연기하다 yeongihada
postponement *n.* 연기 yeongi
postscript *n.* 추신 chusin
posture *n.* 자세 jase
pot *n*. 솥 sot
potato *n.* 감자 gamja
potency *n.* 효능 yoneung
potent *adj.* 강한 ganghan
potential *adj.* 잠재적인 jamjaejeogin
pontentiality *n.* 잠재력 jamjaeryeok
potter *v.* 빈둥거리다 bindunggeorida
pottery *n.* 도자기 dojagi
pouch *n.* 주머니 jumeoni
poultry *n.* 가금 gageum
pounce *v.* 덮치다 deopchida
pound *n.* 파운드 paundeu
pour *v.* 붓다 butta
poverty *n.* 가난 ganan
powder *n.* 분말 bunmal
power *n.* 힘 him
powerful *adj.* 힘있는 himinneun
practicability *n.* 현실성 hyeonsilsseong
practicable *adj.* 실행 가능한 siraeng ganeunghan
practical *adj.* 현실적인 hyeonsiljjeogin

practice *n.* 실천 silcheon
practise *v.* 연습하다 yeonseupada
practitioner *n.* 의사 uisa
pragmatic *adj.* 실용적인 siryongjeogin
pragmatism *n.* 실용주의 siryongjuui
praise *v.t.* 칭찬하다 chingchanada
praline *n.* 프랄린 peuralin
pram *n.* 유모차 yumocha
prank *n.* 장난 jangnan
prattle *v.* 지껄이다 jikkeorida
pray *v.* 기원하다 giwonada
prayer *n.* 기도 gido
preach *v.* 설교하다 seolgyohada
preacher *n.* 전도사 jeondosa
preamble *n.* 서두 seodu
precarious *adj.* 불안정한 buranjeonghan
precaution *n.* 예방책 yebangchaek
precautionary *adj.* 예방의 yebangui
precede *v.* ~에 앞서다 ~e apsseoda
precedence *n.* 우선 useon
precedent *n.* 선례 seolye
precept *n.* 수칙 suchik
precint *n.* 구역 guyeok
precious *adj.* 귀중한 gwijunghan
precipitate *v.* 촉발시키다 chokppalsikida
precis *n.* 요약 yoyak
precise *adj.* 정확한 jeonghwakan
precision *n.* 신중함 sinjungham
precognition *n.* 예지 yeji
precondition *n.* 전제 조건 jeonje jokkeon
precursor *n.* 전구체 jeonguche
predator *n.* 포식자 posikjja
predecessor *n.* 전임자 jeonmimja
predestination *n.* 예정설 yejeongseol
predetermine *v.* 미리 결정하다 miri gyeoljjeonghada
predicament *n.* 곤경 gongyeong
predicate *n.* 술부 sulbu

predict *v.* 예측하다 yecheuk
prediction *n.* 예측 yecheuk
predominance *n.* 우세 use
predominant *adj.* 지배적인 jibaejeogin
predominate *v.* 지배적이다 jibaejeogida
pre-eminence *n.* 탁월 taggwol
pre-eminent *adj.* 출중한 chuljjunghan
pre-empt *v.* 미연에 방지하다 miyeone bangjihada
prefabricated *adj.* 조립식의 jorimssigui
preface *n.* 서문 seomun
prefect *n.* 도지사 dojisa
prefer *v.* 선호하다 seonhohada
preference *n.* 선호 seonho
preferential *adj.* 우선권을 주는 useonkkwoneul juneun
preferment *n.* 승진 seunjin
prefix *n.* 접두사 jeopttusa
pregnancy *n.* 임신 imsin
pregnant *adj.* 임신한 imsinan
prehistoric *adj.* 선사 시대의 seonsa sidaeui
prejudge *v.* 예단하다 yedanada
prejudice *n.* 편견 pyeongyeon
prejudicial *adj.* 해로운 haeroun
prelate *n.* 고위 성직자 gowi seongjikjja
preliminary *adj.* 예비의 yebiui
prelude *n.* 서곡 seogok
premarital *adj.* 혼전의 honjeonui
premature *adj.* 조산의 josanui
premeditate *v.* 미리 숙고하다 miri sukkohada
premeditation *n.* 미리 생각함 miri saenggakam
premier *adj.* 최고의 choigoui
premiere *n.* 개봉 gaebong
premise *n.* 전제 jeonje
premises *n.* 구내 bunae
premium *n.* 보험료 boheomnyo
premonition *n.* 예감 yegam
preoccupation *n.* 심취 simchwi

preoccupy *v.* 뇌리를 사로잡다 noerireul sarojaptta
preparation *n.* 준비 junbi
preparatory *adj.* 준비를 위한 junbireul wihan
prepare *v.* 준비하다 junbihada
preponderance *n.* 우세함 useham
preponderate *v.* 무게가 더 나가다 mugega deo nagada
preposition *n.* 전치사 jeonchisa
prepossessing *adj.* 매력적인 maeryeokjjeogin
preposterous *adj.* 터무니없는 teomunieomneun
prerequisite *n.* 전제조건 jeojejokkeon
prerogative *n.* 특권 teukkwon
presage *v.* 전조가 되다 jeonjoga doeda
prescience *n.* 예지 yeji
prescribe *v.* 처방을 내리다 cheobangeul naerida
prescription *n.* 처방전 cheobangjeon
presence *n.* 참석 chamseok
present *adj.* 현재의 hyeonjaeui
present *n.* 현재 hyeonjae
present *v.* 선사하다 seonsahada
presentation *n.* 제출 jechul
presently *adv.* 지금 jigeum
preservation *n.* 보존 bojon
preservative *n.* 방부제 bangbuje
preserve *v.* 보존하다 bojonada
preside *v.* 주재하다 jujaehada
president *n.* 대통령 daetongnyeong
presidential *adj.* 대통령의 daetongnyeongui
press *v.* 언론 eolon
pressure *n.* 압박 appak
pressurize *v.* 압력을 가하다 amnyeogeul gahada
prestige *n.* 위신 wisin
prestigious *adj.* 명망 있는 myeongmanginneun

presume *v.* 추정하다 chujeonghada
presumption *n.* 추정 chujeong
presuppose *v.* 예상하다 yesanghada
presupposition *n.* 예상 yesang
pretence *n.* 가식 gasik
prtend *v.* ~인 척하다 ~in cheokada
pretension *n.* 의도 uido
pretentious *adj.* 가식적인 gasikjjeogin
pretext *n.* 구실 gusil
prettiness *n.* 귀여움 guiyeoum
pretty *adj.* 어느 정도 eoneu jeongdo
pretzel *n.* 프레첼 peurechel
prevail *v.* 만연하다 manyeonada
prevalance *n.* 보급 bogeup
prevalent *adj.* 일반적인 ilbanjeogin
prevent *v.* 막다 maktta
prevention *n.* 예방 yebang
preventive *adj.* 예방의 yebangui
preview *n.* 시사회 sisahoe
previous *adj.* 이전의 ijeonui
prey *n.* 먹이 meogi
price *n.* 가격 gageok
priceless *adj.* 대단히 귀중한 daedanhi guijunghan
prick *v.* 찌르다 jjireuda
prickle *n.* 가시 gasi
pride *n.* 자랑스러움 jarangseureoum
priest *n.* 사제 saje
priesthood *n.* 사제직 sajejik
prim *adj.* 고지식한 gojisikan
primacy *n.* 최고 choigoui
primal *adj.* 원시의 wonsiui
primarily *adv.* 주의 juui
primary *adj.* 주된 judoen
primate *n.* 영장류 yeongjangryu
prime *adj.* 주요한 juyohan
primer *n.* 밑칠 mitchil
primeval *adj.* 태고의 taegoui
primitive *adj.* 초기의 chogiui
prince *n.* 왕자 wangja
princely *adj.* 엄청난 eomcheongnan

princess *n.* 공주 gongjy
principal *adj.* 주된 judoen
principal *n.* 학장 hakjjang
principle *n.* 원리 woli
print *v.* 인쇄하다 inswaehada
printout *n.* 인쇄물 inswaemul
printer *n.* 프린터 peurinteo
prior *adj.* 우선하는 useonhaneun
priority *n.* 우선 useon
priory *n.* 우선 사항 useon sahang
prism *n.* 각기둥 gakgidung
prison *n.* 교도소 gyodoso
prisoner *n.* 재소자 jaesoja
pristine *adj.* 아주 깨끗한 aju kkaekkeutan
privacy *n.* 사생활 sasenghwal
private *adj.* 사적인 sajjeogin
privation *n.* 궁핍 gungpip
privatize *v.* 민영화하다 minyonghwahada
privilege *n.* 특전 teukjjeon
privy *adj.* 허용된 heoyongdoen
prize *n.* 상품 sangpum
pro *n.* 프로 peuro
proactive *adj.* 사전 행동의 sajeon haengdongui
probability *n.* 확률 hwangnyul
probable *adj.* 개연성 있는 gaeyeonsseong inneun
probably *adv.* 아마 ama
probate *n.* 공증 gongjeung
probation *n.* 보호 관찰 boho gwanchal
probationer *n.* 수습 직원 suseup jigwon
probe *n.* 조사 josa
probity *n.* 정직성 jeongjiksseong
problem *n.* 문제 munje
problematic *adj.* 문제가 있는 munjega inneun
procedure *n.* 절차 jeolcha
proceed *v.* 진행하다 jinhaenghada

proceedings *n.* 소송 절차 sosong jeolcha
proceeds *n.* 수익액 suigaek
process *n.* 과정 gwajeong
procession *n.* 행진 haengjin
proclaim *v.* 선언하다 seoneonhada
proclamation *n.* 선언 seooneon
proclivity *n.* 성향 seonghyang
procrastinate *v.* 미루다 miruda
procrastination *n.* 지연 jyeon
procreate *v.* 아이를 낳다 aiireul nata
procure *v.* 어렵게 구하다 eoryeopkke guhada
procurement *n.* 조달 jodal
prod *v.* 재촉하다 jaechokada
prodigal *adj.* 낭비하는 nangbihaneun
prodigious *adj.* 엄청난 eomchangnan
prodigy *n.* 영재 youngjae
produce *v.* 생산하다 saengsanhada
producer *n.* 생산자 saengsanja
product *n.* 상품 sangpum
production *n.* 생산 saengsan
productive *adj.* 생산적인 saengsanjeogin
productivity *n.* 생산성 saengsansseong
profane *adj.* 불경한 bulgyeonghan
profess *v.* 허위를 주장하다 heowireul jujanghada
profession *n.* 직업 jigeop
professional *adj.* 직업의 jigeobui
professor *n.* 교수 gyosu
proficiency *n.* 숙달 sukttal
proficient *adj.* 능숙한 neungsukan
profile *n.* 개요 gaeyo
profit *n.* 이익 iik
profitable *adj.* 수익성 있는 suiksseong inneun
profiteering *n.* 부당 이익을 취함 budang iigeul chwiham
profligacy *n.* 방탕 bangtang
profligate *adj.* 낭비하는 nangbihaneun

profound *adj.* 깊은 gipeun
profundity *n.* 주제의 깊이 jujeui gipi
profuse *adj.* 많은 maneun
profusion *n.* 다량 daryang
progeny *n.* 자손 jason
prognosis *n.* 예측 yecheuk
prognosticate *v.* 예언하다 yeyeonada
programme *n.* 프로그램 peurogeuraem
progress *n.* 진전 jinjeon
progressive *adj.* 진보적인 jinbojeogin
prohibit *v.* 법으로 금하다 beobeuro geumada
prohibition *n.* 법령에 의한 금지 beomnyeonge uihan geumji
prohibitive *adj.* 금지하는 geumjihaneun
project *n.* 프로젝트 peurojekteu
projectile *n.* 발사 무기 balssa mugi
projection *n.* 예상 yesang
projector *n.* 영사기 yeongsagi
prolapse *n.* 탈출증 talchuljjeung
proliferate *v.* 급증하다 geupjjeunghada
proliferation *n.* 급증 geupjjeung
prolific *adj.* 다작하는 dajakaneun
prologue *n.* 프롤로그 peurologeu
prolong *v.* 연장시키다 yeonjangsikida
prolongation *n.* 연장 yeonjang
promenade *n.* 산책로 sanchaengno
prominence *n.* 명성 myeongseong
prominent *adj.* 유명한 yumyeonghan
promiscuous *adj.* 난잡한 nanjapan
promise *n.* 약속 yakssok
promising *adj.* 유망한 yumanghan
promote *v.* 촉진하다 chokjjinada
promotion *n.* 승진 seungjin
prompt *v.* 신속한 결정을 하다 sinsokan gyeoljjeongeul hada
prompter *n.* 프롬프터 peurompeuteo
promulgate *v.* 반포하다 banpohada
prone *adj.* 하기 쉬운 hagi swiun
pronoun *n.* 대명사 daemyeongsa
pronounce *v.* 발음하다 bareumada
pronunciation *n.* 발음하다 bareum
proof *n.* 증거 jeungeo
prop *n.* 지주 jiju
propaganda *n.* 과장된 선전 gwajangdoen seonjeon
propagate *v.* 번식시키다 beonsiksikida
propagation *n.* 번식 beonsik
propel *v.* 나아가게 하다 naagagehada
propeller *n.* 프로펠러 peuropeleo
proper *adj.* 올바른 olbareun
property *n.* 재산 jaesan
prophecy *n.* 예언 yeeon
prophesy *v.* 예언하다 yeeonhada
prophet *n.* 선지자 seonjija
prophetic *adj.* 예언의 yeeonui
propitiate *v.* 달래다 dalaeda
proportion *n.* 부분 bubun
proportional *adj.* 비례의 biryeui
proportionate *adj.* (~에) 비례하는 (~e) beryehaneun
proposal *n.* 제안 jean
propose *v.* 제안하다 jeanada
proposition *n.* 제의 jeui
propound *v.* 제기하다 jegihada
proprietary *adj.* 소유주의 soyujuui
proprietor *n.* 소유주 soyuju
propriety *n.* 적절성 jeokjjeolsseong
prorogue *v.* 정회하다 jeonghoehada
prosaic *adj.* 평범한 pyeongbeoman
prose *n.* 산문 sanmun
prosecute *v.* 기소하다 gisohada
prosecution *n.* 기소 giso
prosecutor *n.* 검찰관 geomchalgwan
prospect *n.* 가망 gamang
prospective *adj.* 장래의 jangnaeui
prospsectus *n.* 학교 등의 안내서 hakkyo deungui annaeseo
prosper *v.* 번영하다 beonyoung
prosperity *n.* 번영 beonyoung
prosperous *adj.* 번영한 beonyounghan
prostate *n.* 전립선 jeolipsseon

prostitute *n.* 매춘부 maechun
prostitution *n.* 매춘 maechun
prostrate *adj.* 엎드린 eoptteurin
prostration *n.* 탈진 taljjin
protagonist *n.* 주인공 juingong
protect *v.* 보호하다 bohohada
protection *n.* 보호 boho
protective *adj.* 보호용의 bohoyongui
protectorate *n.* 피보호국 pibohoguk
protein *n.* 단백질 danbaekjjil
protest *n.* 저항 jeohang
protestation *n.* 주장 jujang
protocol *n.* 외교 의례 oegyo eurae
prototype *n.* 원형 wonhyung
protracted *adj.* 오래 끄는 orae kkeuneun
protractor *n.* 각도기 gakttogi
protrude *v.* 튀어나오다 twieonaoda
proud *adj.* 자랑스러운 jarangseureoun
prove *v.* 입증하다 ipjjeunghada
provenance *n.* 기원하다 giwonada
proverb *n.* 속담 sokttam
proverbial *adj.* 소문이 난 somuni nan
provide *v.* 제공하다 jegonghada
providence *n.* 신의 섭리 sinui seomni
provident *adj.* 장래를 준비하는 jangnaereul junbihaneun
providential *adj.* 천우신조의 cheonusinjoui
province *n.* 행정 주 haengjeong ju
provincial *adj.* 행정 주의 haenjeong juui
provision *n.* 공급 gonggeup
provisional *adj.* 임시의 imsiui
proviso *n.* 단서 danseo
provocation *n.* 도발 dobal
provocative *adj.* 도발적인 dobaljeogin
provoke *v.* 도발하다 dobarada
prowess *n.* 기량 giryang
proximate *adj.* 가장 가까운 gajang gakkaun
proximity *n.* 가까움 gakkaum

proxy *n.* 대리인 daeriin
prude *n.* 얌전떠는 사람 yamjeontteoneun
prudence *n.* 신중 sinjung
prudent *adj.* 신중한 sinjunghan
prudential *adj.* 분별 있는 bunbyeo rinneun
prune *n.* 말린 자두 malin jadu
pry *v.* 사생활 캐다 sasaenghwal kaeda
psalm *n.* 찬송가 chansongga
pseudo *adj.* 모조의 mojoui
pseudonym *n.* 필명 pilmyeong
psyche *n.* 마음 maeum
psychiatrist *n.* 정신과 의사 jeongsinkkwa uisa
psychiatry *n.* 정신과학 jeonsingwahak
psychic *adj.* 초자연적인 chojayeonjeogin
psychological *adj.* 정신의 jeongsinui
psychologist *n.* 심리학자 simnihakjja
psychology *n.* 심리 simni
psychopath *n.* 사이코패스 saikopaeseu
psychosis *n.* 정신병 jeongsinppyeong
psychotherapy *n.* 정신 치료 jeongsinchiryo
pub *n.* 퍼브 peobeu
puberty *n.* 사춘기 sachungi
pubic *adj.* 치골의 chigorui
public *adj.* 공공의 gonggongui
publication *n.* 출판물 chulpanmul
publicity *n.* 출판 chulpan
publicize *v.* 광고하다 gwanggohada
publish *v.* 출판하다 culpanada
publisher *n.* 출판인 chulpanin
pudding *n.* 푸딩 puding
puddle *n.* 물웅덩이 mulungdeongi
puerile *adj.* 유치한 yuchihan
puff *n.* 내뿜다 naeppumtta
puffy *adj.* 부어 있는 buyeoinneun
pull *v.* 끌다 kkeulda
pulley *n.* 도르래 doreurae

pullover *n.* 풀오버 pulobeo
pulp *n.* 걸쭉한 것 geoljjukangeot
pulpit *n.* 설교단 seolgyodan
pulsar *n.* 펄서 peolseo
pulsate *v.* 진동하다 jindonghada
pulsation *n.* 진동 jindong
pulse *n.* 맥 maek
pummel *v.* 계속 치다 gyesokchida
pump *n.* 펌프 peompeu
pumpkin *n.* 호박 hobak
pun *n.* 말장난 maljjangnan
punch *v.* 주먹으로 치다 jumeogeuro chida
punctual *adj.* 시간을 지키는 siganeul jikineun
punctuality *n.* 정확함 jeonghwakam
punctuate *v.* 구두점을 찍다 gudojjeomeul jjiktta
punctuation *n.* 구두법 guduppeop
puncture *n.* 구멍을 뚫다 gumeongeul ttulta
pungency *n.* 매움 maeum
pungent *adj.* 매운 maeun
punish *v.* 체벌하다 chebeorada
punishment *n.* 체벌 chebeol
punitive *adj.* 처벌을 위한 cheobeoreul wihan
punter *n.* 고객 gogaek
puny *adj.* 작고 연약한 jakko yeonyakan
pup *n.* 새끼 saekki
pupil *n.* 학생 hakssaeng
puppet *n.* 꼭둑각시 kkonttukkaksi
puppy *n.* 강아지 gangaji
purblind *adj.* 시력이 흐린 siryeogi heurin
purchase *v.* 구매하다 gumaehada
pure *adj.* 순수한 sunsuhan
purgation *n.* 정화 jeonghwa
purgative *adj.* 설사약 seolssayak
purgatory *n.* 연옥 yeonok
purge *v.* 제거하다 jegeohada

purification *n.* 정화 jeonghwa
purify *v.* 정화하다 jeonghwahada
purist *n.* 순수주의자 sunsujuija
puritan *n.* 청교도적인 사람 cheonggyodojeogin saram
puritanical *adj.* 금욕주의적인 geumyokjjuuijeogin
purity *n.* 순수성 sunsusseong
purple *n.* 자주색의 jajusaegui
purport *v.* 주장하다 jujanghada
purpose *n.* 목적 mokjjeok
purposely *adv.* 고의로 gouiro
purr *v.* 가르랑거리다 gareuranggeorida
purse *n.* 여성용 지갑 yeoseongyong jigap
purser *n.* 상선의 사무장 sangseonui samujang
pursuance *n.* 추구 chugu
pursue *v.* 추구하다 chuguhada
pursuit *n.* 좇음 jocheum
purvey *v.* 공급하다 gongeupada
purview *n.* 시야 siya
pus *n.* 고름 goreum
push *v.* 밀다 milda
pushy *adj.* 지나치게 밀어붙이는 jinachige mireobuchineun
puss *n.* 고양이 goyangi
put *v.* 놓다 notta
putative *adj.* 추정상의 chujeongsangui
putrid *adj.* 부패하는 bupaehaneun
puzzle *v.t.* 골똘히 생각하다 golttorisaeng
pygmy *n.* 피그미족의 사람 pigeumijogui saram
pyjamas *n.* 잠옷 jamot
pyorrhoea *n.* 농루증 nongrujjeung
pyramid *n.* 피라미드 piramideu
pyre *n.* 화장용 장작더미 hwajangyong jangjaktteomi
pyromania *n.* 방화벽 banghwabyeok
python *n* 비단뱀 bidanbaem

Q

quack n 돌팔이 의사 dolpari uisa
quackery n. 돌팔이 의사 짓 dolpari uisa jit
quad n. 쿼드 kwodeu
quadrangle a. 사각형 안뜰 sagahyeong antteul
quadrangular n. 사각형의 sagahyeongui
quadrant n. 사분면 sabunmyeon
quadrilateral n. 4각형 sagakyeong
quadruped n. 네발짐승 nebaljimseung
quadruple adj. 네 배의 ne baeui
quadruplet n. 네 쌍둥이 ne ssangdungui
quaff v. 벌컥벌컥 마시다 beolkeokbeokeok masida
quail n. 매추라기 maechuragi
quaint adj. 진기한 jingihan
quaintly adv. 진기하게 jingihage
quake v. 마구 흔들리다 magu heundeulida
quaker n. 퀘이커 교도 kweikeo gyodo
qualification n. 자격 jagyeok
qualify v. 자격을 갖추다 jagyeogeul gachuda
qualitative adj. 질적인 jiljjeogin
quality n. 품질 pumjil
qualm n. 거리낌 georikkim
quandary n. 진퇴양난 jintoeyangnan
quango n. 독립 공공 기관 dongnip gonggong gigwan
quantify v. 수량화하다 suryanghwahada
quantitative adj. 수량적인 suryangjeogin
quantity n. 수량 suryang
quantum n. 양자 yangja
quarantine n. 검역 geomyeok

quark n. 쿼크 kwokeu
quarrel n. 말다툼 maldatum
quarrelsome adj. 다투기 좋아하는 datugi joahaneun
quarry n. 채석장 chaeseokjjang
quart n. 쿼트 kwoteu
quarter n. 4분의 1 sabunui il
quarterly adj. 분기별의 bungibyeorui
quartet n. 사중주단 sajungjudan
quartz n. 석영 seogyeong
quash v. 법원의 결정을 파기하다 beobwonui gyeoljjeongeul pagihada
quaver v. 목소리가 떨리다 mokssoriga tteolida
quay n. 부두 budu
queasy adj. 메스꺼운 meseukkeoun
queen n. 여왕 yeowang
queer adj. 기묘한 gimyohan
quell v. 소요를 진압하다 soyoreul jinapada
quench v. 갈증을 풀다 galjjeungeul pulda
querulous adj. 불평하는 bulpyeonghaneun
query n. 문의 munui
quest n. 탐구 tamgu
question n. 의문 uimun
questionable adj. 의심스러운 uisimsseureoun
questionnaire n. 설문지 seolmunji
queue n. 대기 행렬 daegihaengryeol
quibble n. 옥신각신하다 oksingassinada
quick adj. 재빠른 jaeppareun
quicken v. 빨라지다 ppalajida
quickly adv. 빨리 ppali
quid n. 1 파운드 il paundeu
quiescent adj. 잠잠한 jamjaman
quiet adj. 조용한 joyonghan
quieten v. 조용해지다 joyonghaejida

quietude *n.* 정적 jeongjeok
quiff *n.* 앞머리 ammeori
quilt *n.* 누비이불 nubi ibul
quilted *adj.* 누비로 된 nubiro doen
quin *n.* 다섯 쌍둥이 daseot ssangdungi
quince *n.* 마르멜로 mareumelo
quinine *n.* 퀴닌 kwinin
quintessence *n.* 전형 jeonhyeong
quip *n.* 재담 jaedam
quirk *n.* 기벽 gibyeok
quit *v.* 그만두다 geumanduda
quite *adv.* 꽤 kkwae
quits *adj.* 피장파장인 pijangpajangin
quiver *v.* 가볍게 떨다 gabyeopkke tteolda
quixotic *adj.* 돈키호테 같은 donkihote gateun
quiz *n.* 퀴즈 kwijeu
quizzical *adj.* 약간 놀란 듯한 yakkan nolandeutan
quondam *adj.* 이전의 ijeonui
quorum *n.* 정족수 jeongokssu
quota *n.* 한도 hando
quotation *n.* 견적 gyeonjeok
quote *v.* 인용하다 inyonghada
quotient *n.* 몫 mok

R

rabbit *n.* 토끼 tokki
rabble *n.* 폭도 poktto
rabid *adj.* 과격한 gwagyeokan
rabies *n.* 광견병 gwanggyeonppyeong
race *n.* 경주 gyeongju
race *v.* 경주하다 gyeongjuhada
racial *adj.* 인종의 injongui
racialism *n.* 인종차별주의 injongchabyeoljuui
rack *n.* 받침대 bachimttae
racket *n.* 소음 soeum
racketeer *n.* 모리배 moribae

racy *adj.* 흥분되는 heungbundoeneun
radar *n.* 레이더 reijeo
radial *adj.* 방사상의 bangsasangui
radiance *n.* 얼굴에 나타나는 빛 eolgure natananeun bit
radiant *adj.* 빛나는 binnaneun
radiate *v.* 내뿜다 naeppumtta
radiation *n.* 방사선 bangsaseon
radical *adj.* 근본적인 geunbonjeogin
radio *n.* 라디오 radio
radioactive *adj.* 방사성의 bangsaseonui
radiography *n.* 방사선 촬영 bangsaseon chwaryeong
radiology *n.* 방사선학 bangsaseonak
radish *n.* 무 mu
radium *n.* 라듐 radyum
radius *n.* 반지름 banjireum
raffle *n.* 래플 raepeul
raft *n.* 뗏목 ttaenmok
rag *n.* 해진 천 haejin cheon
rage *n.* 격노 gyeongno
ragged *adj.* 누더기가 된 nudeogiga doen
raid *n.* 급습 geupsseup
rail *n.* 난간 nangan
raling *n.* 철책 cheolchaek
raillery *n.* 농담 nongdam
railway *n.* 철로 cheolo
rain *n* 비 bi
rainbow *n.* 무지개 mujigae
raincoat *n.* 우비 ubi
rainfall *n.* 강수 gangsu
rainforest *n.* 열대 다우림 yeolttae daurim
rainy *adj.* 비가 많이 오는 biga mani oneun
raise *v.* 일으키다 ireukida
raisin *n.* 건포도 geonpodo
rake *n.* 갈퀴 galkwi
rally *n.* 집회 jiphoe
ram *n.* 숫양 sunyang

ramble *v.* 전원 속을 걷다 jeonwon sogeul geotta
ramification *n.* 파문 pamun
ramify *v.* 분기하다 bungihada
ramp *n.* 경사로 gyeongsaro
rampage *v.* 광란 gwangnan
rampant *adj.* 만연하는 manyeonhaneun
rampart *n.* 성곽 seongwak
ramshackle *adj.* 곧 망가질 듯한 got mangajil tteutan
ranch *n.* 목장 mokjjang
rancid *adj.* 산패한 sanpaehan
rancour *n.* 원한 wonhan
random *adj.* 무작위의 mujaguieu
range *n.* 다양성 dayangsseong
ranger *n.* 공원 관리인 gongwon gwaliin
rank *n.* 순위 sunwi
rank *v.* 순위되다 sunwidoeda
rankle *v.* 마음을 괴롭히다 maumeul goeropida
ransack *v.* 뒤지다 dwijida
ransom *n.* 몸값 momkkap
rant *v.* 고함치다 gohamchida
rap *v.* 톡 때리기 tok ttaerigi
rapacious *adj.* 탐욕스러운 tamnyoksseureoun
rape *v.* 강간하다 gangganhada
rapid *adj.* 빠른 ppareun
rapidity *n.* 신속 sinsok
rapier *n.* 양날칼 yangnalkal
rapist *n.* 강간범 gangganbeom
rapport *n.* 친밀한 관계 chinmiran gwangye
rapprochment *n.* 타결 tagyeol
rapt *adj.* 넋이 빠진 neoksi ppajin
rapture *n.* 황홀감 hwangholgam
rare *adj.* 드문 deumeun
raring *adj.* ~하고 싶은 ~hago sipeun
rascal *n.* 악동 akttong
rash *adj.* 발진 baljjin
rasp *n.* 거친 소리 geochin sori

raspberry *n.* 산딸기 santtalgi
rat *n.* 쥐 jwi
ratchet *n.* 래칫 raechit
rate *n.* ~율 ~yul
rather *adv.* 약간 yakkan
ratify *v.* 비준하다 bijunada
rating *n.* 순위 sunwi
ratio *n.* 비율 biyul
ration *n.* 배급량 baegeumnyang
rational *adj.* 합리적인 hamnijeogin
rationale *n.* 이유 iyu
rationalism *n.* 이성주의 iseongjuui
rationalize *v.* 합리화하다 hamnihwahada
rattle *v.* 달가닥거리다 dalgadakkeorida
raucous *adj.* 시끌벅적한 sikkeulbeokjjeogan
ravage *v.t.* 유린하다 yurinada
rave *v.* 악을 쓰다 ageul sseuda
raven *n.* 큰까마귀 keunkkamagui
ravenous *adj.* 배고픈 baegopeun
ravine *n.* 협곡 hyupkkok
raw *adj.* 날것의 nalgeogui
ray *n.* 광선 gwangseon
raze *v.* 완전히 파괴하다 wanjeonhi pagoehada
razor *n.* 면도기 myeondogi
reach *v.* ~에 이르다 ~e ireuda
react *v.* 반응하다 baneung
reaction *n.* 반응 baneung
reactinary *adj.* 반응의 baneungui
reactor *n.* 반응기 baneunggi
read *v.* 읽다 iktta
reader *n.* 독자 dokjja
readily *adv.* 순조롭게 sunjoropkke
reading *n.* 독서 doksseo
readjust *v.* 다시 적응하다 dasi jeogeunghada
ready *adj.* 준비된 junbidoen
reaffirm *v.* 재차 확인하다 jaecha hwaginanda

real *adj.* 진짜의 jinjjaui
realism *n.* 사실주의 sasiljuui
realistic *adj.* 현실적인 hyeonsiljjeogin
reality *n.* 사실 sasil
realization *n.* 깨달음 kkedareum
realize *v.* 깨닫다 kkedatta
really *adv.* 실제로 siljjero
realm *n.* 영역 yeongyeok
ream *n.* 종이 단위 연 jongi danwi yeon
reap *v.* 수확하다 suhwakada
reaper *n.* 수확하는 사람 suhwakaneun saram
reappear *v.* 다시 나타나다 dasi natanada
reappraisal *n.* 재평가 jaepyeongkka
rear *n.* 뒤쪽의 duijjogui
rearrange *v.* 재배열하다 jaebaeyeorada
reason *n.* 이유 iyu
reasonable *adj.* 합리적인 hamnijeogin
reassess *v.* 재평가하다 jaepyeongkkahada
reassure *v.* 안심시키다 ansimsikida
rabate *n.* 환불 hwanbul
rebel *v.* 반란을 일으키다 balaneul ireukida
rebellion *n.* 반란 balan
rebellious *adj.* 반항적인 banhangjeogin
rebirth *n.* 거듭남 geodeumnam
rebound *v.* 반등하다 bandeunghada
rebuff *v.* 퇴짜놓다 toejjanotta
rebuild *v.* 다시 세우다 dasi seuda
rebuke *v.* 꾸짖다 kkujitta
rebuke *v.t.* 힐책하다 hilchaekada
recall *v.* 상기하다 sangihada
recap *v.* 재생시키다 jaesaengsikida
recapitulate *v.* 개요를 말하다 gaeyoreul marada
recapture *v.* 탈환하다 tarwanada
recede *v.* 희미해지다 huimihaejida
receipt *n.* 영수증 youngsujeung
receive *v.* 받다 batta

receiver *n.* 수화기 suhwagi
recent *adj.* 최근의 choegeunui
recently *adv.* 최근 choegeun
receptable *n.* 그릇 geureut
reception *n.* 접수처 jeopssucheo
receptionist *n.* 접수담당자 jeopssudamdangja
receptive *adj.* 수용적인 suyongjeogin
recess *n.* 휴회기간 hyuhoegigan
recession *n.* 경기 후퇴 gyeongi hutoe
recessive *adj.* 열성의 yeolsseongui
recharge *v.* 충전하다 chungjeonhada
recipe *n.* 조리법 joribeop
recipient *n.* 수여자 suyeoja
reciprocal *adj.* 상호간의 sanghoganui
reciprocate *v.* 화답하다 hwadapada
recital *n.* 발표회 balpyohoe
recite *v.* 약속하다 yakssokada
reckless *adj.* 난폭한 nanpokan
reckon *v.t.* 예상하다 yesanghada
reclaim *v.* 되찾다 doechatta
reclamation *n.* 교정 gyojeong
recline *v.* 비스듬히 기대다 biseudeumhi gidaeda
recluse *n.* 은둔자 eundunja
recognition *n.* 인식 insik
recognize *v.i.* 알아보다 araboda
recoil *v.* 움찔하다 umjjirada
recollect *v.* 기억해 내다 gieoke naeda
recollection *n.* 기억 gieok
recommend *v.* 권장하다 gwonjanghada
recommendation *n.* 권장 gwonjang
recompense *v.* 보상 bosang
reconcile *v.* 조화시키다 johwasikida
reconciliation *n.* 화해 hwahaehada
recondition *v.* 수리하다 surihada
reconsider *v.* 재고하다 jaegohada
reconstitute *v.* 재구성하다 jeoguseonghada
reconstruct *v.* 재건하다 jaegeonada
record *n.* 기록 girok

recorder n. 녹음기 nogeumgi
recount v. 경험을 이야기하다 geongheomeul iyagihada
recoup v. 되찾다 doechatta
recourse n. 의지 uiji
recover v. 회복하다 heobokada
recovery n. 회복 hoebok
recreate v. 되살리다 doesalida
recreation n. 오락 orak
recrimination n. 비난 binan
recruit v. 모집하다 mojepada
rectangle n. 직사각형 jikssagakhyeong
rectangular adj. 직사각형의 jikssagakyeongui
rectification n. 수정 sujeong
rectify v. 바로잡다 barojaptta
rectitude n. 정직 jeongjik
rectum n. 직장 jikjjang
recumbent adj. 누워 있는 nuwo inneun
recuperate v. 회복하다 hoebokada
recur v. 재발하다 jaebarada
recurrence n. 재발 jaebal
recurrent adj. 재발되는 jaebaldoeneun
recycle v. 재생하다 jaesaenghada
red adj. 적색의 jeokssaegui
reddish adj. 발그레한, balgeuraehan
redeem v. 보완하다 bowananda
redemption n. 구원 guwon
redeploy v. 재배치시키다 jaebaechisikida
redolent adj. ~을 생각나게 하는 ~eul saengangnage haneun
redouble v. 배가하다 baegahada
redoubtable adj. 경외할 만한 gyeongoehal manan
redress v. 바로잡다 baronjaptta
reduce v. 줄이다 jurida
reduction n. 줄임 jurim,
reductive adj. 환원주의적인 hwanwonjuuijeogin
redundancy n. 정리 해고 jeongri haego

redundant adj. 불필요한 bulpiryohan
reef n. 암초 amcho
reek v. 악취 풍기다 akchwi punggida
reel n. 얼레 eolae
refer v. 참조하다 chamjohada
referee n. 참조인 chamjoin
reference n. 참조 chamjo
referendum n. 총선거 chongseongeo
refill v. 다시 채우다 dasi chaeuda
refine v. 정제하다 jeongjehada
refinement n. 정제 jeongje
refinery n. 정제 공장 jeongje gongjang
refit v. 수리하다 surihada
reflect v. 반영하다 banyeonghada
reflection n. 반향 banhyang
reflective adj. 반향되는 banhangdoeneun
reflex n. 반사 작용 banajagyong
reflexive adj. 재귀 용법의 jaegui yongppeobui
reflexology n. 반사요법 bansayoppeop
reform v. 개혁하다 gaehyeokada
reformation n. 개혁 gaehyeok
reformer n. 개혁가 gaehyeokka
refraction n. 굴절 guljjeol
refrain v.t. 삼가다 samgada
refresh v. 생기를 되찾게 하다 saenggireul doechakke hada
refreshment n. 다과 dagwa
refrigerate v. 냉동하다 naengdonghada
refrigeration n. 냉동 naengdong
refrigerator n. 냉장고 naengjanggo
refuge n. 피난처 pinancheo
refugee n. 난민 nanmin
refulgence adj. 광휘 gwanghui
refulgent adj. 환히 빛나는 hwanhi binnaneun
refund v. 환불하다 hwanburada
refund v. 환불하다 hwanburada
refurbish v. 집을 개조하다 jieul gaejohada

refusal *n.* 거절 geojeol
refuse *v.* 거절하다 geojeorada
refuse *n.* 쓰레기 sseuregi
refutation *n.* 논박 nonbak
refute *v.* 논박하다 nonbakada
regain *v.* 되찾다 doechatta
regal *adj.* 장엄한 jangeoman
regard *v.* ~을 ~으로 여기다 ~eul ~euro yeogida
regarding *prep.* ~에 관하여 ~e gwanhayeo
regardless *adv.* 개의치 않고 gaeuichi anko
regenerate *v.* 갱생 gaengsaeng
regeneration *n.* 재생 jaesaeng
regent *n.* 섭정자 seopjjeongja
reggae *n.* 레게 rege
regicide *n.* 국왕 살해 gugwang sarae
regime *n.* 정권 jeongkkwon
regiment *n.* 연대 yeondae
region *n.* 지방 jibang
regional *adj.* 지방의 jibangui
register *n.* 등록하다 deunnokada
registrar *n.* 호적 담당자 hojeok damdangja
registration *n.* 등록 deungnok
registry *n.* 등기소 deunggiso
regress *v.* 퇴행하다 toehaenghada
regret *n.* 후회 huhoe
regrettable *adj.* 후회되는 huhoedoeneun
regular *adj.* 정기의 jeonggiui
regularity *n.* 정기적임 jeonggijeogim
regularize *v.* 합법화하다 happeopwahada
regulate *v.* 규제하다 gyujehada
regulation *n.* 규제 gyuje
regulator *n.* 규제 기관 gyuje gigwan
rehabilitate *v.* 사회 복귀를 돕다 sahoebokkuireul doptta
rehabilitation *n.* 사회 복귀 sahoebokkui

rehearsal *n.* 예행 연습 yehaeng yeonseup
rehearse *v.* 리허설을 하다 riheoseoreul hada
reign *v.* 통치 기간 tongchigigan
reimburse *v.* 배상하다 baesanghada
rein *n.* 통제력 tongjeryeok
reincarnate *v.* 환생하다 hwansaenghada
reinforce *v.* 강화하다 ganghwahada
reinforcement *n.* 강화 ganghwa
reinstate *v.* 복귀시키다 bokkuisikida
reinstatement *n.* 복위 bogwi
reiterate *v.* 반복하다 banbokada
reiteration *n.* 반복 banbok
reject *v.* 거절하다 geojeorada
rejection *n.* 거절 geojeol
rejoice *v.* 크게 기뻐하다 keuge gippeohada
rejoin *v.* 재가입하다 jaegaipada
rejoinder *n.* 응수 eungsu
rejuvenate *v.* 활기를 되찾게 하다 hwalgireul doechakkehada
rejuvenation *n.* 회춘 hoechun
relapse *v.* 재발 jaebal
relate *v.* 관련시키다 gwalyeonsikida
relation *n.* 관계 gwangye
relationship *n.* 관계 gwangye
relative *adj.* 상대적인 sangdaejeogin
relativity *n.* 상대성 sangdaesseong
relax *v.* 휴식을 취하다 hysigeul chwihada
relaxation *n.* 완화 wanhwa
relay *n.* 중계 junggye
release *v.* 석방하다 seokppanghada
relegate *v.* 격하시키다 gyeokasikida
relent *v.* 동의하다 donguihada
relentless *adj.* 수그러들지 않는 sugeureodeulji anneun
relevance *n.* 적절 jeokjjeol
relevant *adj.* 적절한 jeokjjeoran

reliable *adj.* 믿을 수 있는 mideulssueomneun
reliance *n.* 의존 uijon
relic *n.* 유적 yujeok
relief *n.* 안도 ando
relieve *v.* 완화하다 wanhwahada
religion *n.* 종교 jonggyo
religious *adj.* 종교의 jonggyoui
relinquish *v.* 포기하다 pogihada
relish *v.* 즐기다 jeulgida
relocate *v.* 이전하다 ijeonhada
reluctance *n.* 꺼림 kkeorim
reluctant *adj.* 마지못한 majimotan
rely *v.* 의지하다 uijihada
remain *v.* 남다 namtta
remainder *n.* 나머지 nameoji
remains *n.* 남은 것 nameungeot
remand *v.* 방면하다 bangmyeonada
remark *v.* 언급하다 eongeupada
remarkable *adj.* 놀라운 nolaun
remedial *adj.* 교정하기 위한 gyeojeonghagi wihan
remedy *n.* 해결책 haegyeolchaek
remember *v.* 기억하다 gieokada
remembrance *n.* 추억 chueok
remind *v.* 상기시키다 sanggisikida
reminder *n.* 상기시키는 것 sanggisikineun geot
reminiscence *v.* 추억담 chueokttam
reminiscent *adj.* 연상시키는 yeonsangsikineun
remiss *adj.* 태만한 taemanan
remission *n.* 감형 gamhyeong
remit *n.* 송금 songgeum
remittance *n.* 송금액 songgeumaek
remnant *n.* 나머지 nameoji
remonstrate *v.* 항의하다 hanguihada
remorse *n.* 회한 hoehan
remote *adj.* 외진 oejin
removable *adj.* 떼어낼 수 있는 tteeonael ssu inneun
removal *n.* 제거 jegeo
remove *v.* 제거하다 jegeohada
remunerate *v.* 보수를 지불하다 bosureul jiburada
remuneration *n.* 보수 bosu
remunerative *adj.* 보수가 많은 bosuga maneun
renaissance *n.* 문예 부흥 munyebuheung
render *v.* 공식적으로 제시하다 gongsikjjeogeuro jesihada
rendezvous *n.* 만남 mannam
renegade *n.* 변절자 byeonjeoljja
renew *v.* 재개하다 jaegaehada
renewal *adj.* 갱신하다 gaengsinhada
renounce *v.t.* 포기하다 pogihada
renovate *n.* 개조하다 gaejohada
renovation *n.* 개조 gaejo
renown *n.* 명성 myeongseong
renowned *adj.* 유명한 yumyeonghan
rent *n.* 임차료 imcharyo
rental *n.* 임대물 imdaemul
renunciation *n.* 포기 pogi
reoccur *v.* 재발생하다 jaebalssenghada
reorganize *v.* 재조직하다 jaejojikada
repair *v.* 수리하다 surihada
repartee *n.* 귀찮게 하다 guichanke hada
repatriate *v.* 본국으로 송환하다 bongugeuro songhwanada
repatriation *n.* 귀환 guihwan
repay *v.* 돈갚다 dongaptta
repayment *n.* 상환 sanghwan
repeal *v.* 법률을 폐지하다 beomnyureul pyejihada
repeat *v.* 반복하다 banbokada
repel *v.* 격퇴하다 gyeoktoehada
repellent *adj.* 역겨운 yeokkyeoun
repent *v.* 뉘우치다 nuiuchida
repentance *n.* 뉘우침 nuiuchim
repentant *adj.* 뉘우치는 nuiuchineun

repercussion n. 간접적인 영향 ganjeopjjeogin
repetition n. 반복 banbok
replace v. 교체하다 gyochehada
replacement n. 교체 gyoche
replay v. 재생하다 jaesaenghada
replenish v. 채우다 chaeuda
replete adj. ~이 가득한 ~i gadeukan
replica n. 복제품 bokjjepum
replicate v. 모사하다 mosahada
reply v. 응답하다 eungdapada
report v. 보고하다 bogohada
reportage n. 보도체 bodoche
reporter n. 기자 gija
repose n. 휴식 hyusik
repository n. 저장소 jeojangso
repossess v. 재소유하다 jaesoyuhada
reprehensible adj. 비난받을 만한 binanbadeul manan
represent v. 대표하다 daepyohada
representation n. 대의권 daeuikkwon
representative adj. 대표하는 daepyohaneun
repress v. 탄압하다 tanapada
repression n. 억압 eogap
reprieve v. 형 집행을 취소하다 hyeong jipaengeul chwisohada
reprimand v. 질책하다 jilchaekada
reprint v. 재판을 찍다 jaepaneul jjiktta
reprisal n. 보복 bobok
reproach v. 책망하다 chaengmanghada
reprobate n. 타락한 사람 tarakan saram
reproduce v. 재생하다 jaesaenghada
reproduction n. 생식 saengsik
reproductive adj. 생식의 saengsigui
reproof n. 나무람 namuram
reprove v. 나무라다 namurada
reptile n. 파충류 pachungnyu
republic n. 공화국 gonghwaguk
republican adj. 공화주의자 gonghwajuija

repudiate v. 물리치다 mulichida
repudiation n. 거절 geojeol
repugnance n. 반감 bangam
repugnant adj. 불쾌한 bulkwehan
repulse v. 혐오감을 주다 hyeomogameul juda
repulsion n. 혐오감 hyeomogam
repulsive adj. 혐오스러운 hyeomoseureoun
reputation n. 명성 myeongseong
repute n. 평판 pyeonpan
request n. 요청 yocheong
requiem n. 진혼곡 jinongok
require v. 필요로 하다 piryoro hada
requirement n. 필요조건 piryojokkeon
requisite adj. 필요한 piryohan
requiste n. 필수품 pilssupum
requisition n. 징발 jingbal
requite v.t. 보답하다 bodapada
rescind v. 폐지하다 pyejihada
rescue v. 구출 guchul
research n. 연구 yeongu
resemblance n. 유사함 yusaham
resemble v. 닮다 damtta
resent v. 분개하다 bungaehada
resentment n. 분개 bungae
reservation n. 예약 yeyak
reserve v. 예약하다 yeyakada
rservoir n. 저수지 jeosuji
reshuffle v. 개각하다 gaegakada
reside v. 살다 salda
residence n. 거주자 geojuja
resident n. 거주지 geojuji
residential adj. 거주지의 geojujiui
residual adj. 잔여의 janyeoui
residue n. 잔여물 janyeomul
resign v. 사임하다 samhada
resignation n. 사임 saim
resilent adj. 탄력 있는 talyeoginneun
resist v. 저항하다 jeohanghada
resistance n. 저항 jeohang

resistant *adj.* 저항하는 jeohanghaneun
resolute *adj.* 단호한 danhohan
resolution *n.* 해결책 haegyeolchaek
resolve *v.* 해결하다 haegyeolhada
resonance *n.* 공명 gongmyeong
resonant *adj.* 공명하는 gongmyeonghaneun
resonate *v.* 울려 퍼지다 ulyeo peojida
resort *n.* 휴양지 hyuyangji
resound *v.* 울리다 ulida
resource *n.* 제원 jewon
resourceful *adj.* 지략 있는 jiryaginneun
respect *n.* 존경 jongyeong
respectable *adj.* 존경할 만한 jongyeonghalmanan
respectful *adj.* 존경심을 보이는 jongyeongsimeul boineun
respective *adj.* 각자의 gakjjaui
respiration *n.* 호흡 hoheup
respirator *n.* 인공호흡기 ingonghoheupkki
respire *v.* 호흡하다 hoheupada
respite *n.* 유예 yuye
resplendent *adj.* 눈부시게 빛나는 nunbusige binnaneun
respond *v.* 대답하다 daedapada
respondent *n.* 응답자 eungdapjja
response *n.* 응답 eungdap
responsibility *n.* 책무 chaengmu
responsible *adj.* 책임 있는 chaegim inneun
responsive *adj.* 즉각 반응하는 jeukkak banneunghaneun
rest *v.* 휴식하다 hysikada
restaurant *n.* 식당 sikttang
restaurateur *n.* 식당 경영자 sikttang gyeongyeongja
restful *adj.* 편안한 pyeonanhan
restitution *n.* 반환 banhwan
restive *adj.* 가만히 못 있는 gamanhi mon inneunn

restoration *adj.* 복원 bogwon
restore *v.* 복원하다 bogwonada
restrain *v.* 저지하다 jeojihada
restraint *n.* 규제 gyuje
restrict *n.* 제한하다 jehanada
restriction *n.* 제약 jeyak
restrictive *adj.* 제약적인 jeyakjjeogin
result *n.* 결과 gyeogwa
resultant *adj.* 결과적인 gyeolgwajeogin
resume *v.* 재재하다 jaegaehada
resumption *n.* 재재 jaegae
resurgence *a.* 재기 jaegi
resurgent *adj.* 다시 유행하는 dasi yuhaenghaneun
resurrect *v.* 부활시키다 buhwalsikida
retail *n.* 소매 somae
retailer *n.* 소매상 somaesang
retain *v.i.* 유지하다 yujihada
retainer *n.* 보유물 boyumul
retaliate *v.* 보복하다 bobokada
retaliation *n.* 보복 bobok
retard *v.* 지연시키다 jiyeonsikida
retardation *n.* 지연 jiyeon
retarded *adj.* 정신 지체의 jeonsin jicheui
retch *v.* 구역질나게 하다 guyeokjjilnage hada
retention *n.* 보유 boyu
retentive *adj.* 잘 잊지 않는 jal itjji anneun
rethink *v.* 다시 생각하다 dasi saenggakada
reticent *adj.* 말을 잘 안 하는 mareul jal an haneun
retina *n.* 망막 mangmak
retinue *n.* 수행단 suhaengdan
retire *v.* 은퇴하다 euntoehada
retirement *n.* 은퇴 euntoe
retiring *adj.* 내성적인 naeseongjeogin
retort *v.* 쏘아붙이다 ssoabuchida
retouch *v.* 수정하다 sujeonghada

retrace *v.t.* 되짚어 가다 doijipeogada
retract *v.* 철회하다 cheoroehada
retread *v.* 재생시키다 jaesaengsikida
retreat *v.t.* 후퇴하다 hutoehada
retrench *v.* 긴축하다 ginchukada
retrenchment *n.* 단축 danchuk
retrial *n.* 재심 jaesim
retribution *n.* 응징 eungjing
retrieve *v.* 되찾아오다 doechajaoda
retriever *n.* 리트리버 riteuribeo
retro *adj.* 복고풍의 bokkopungui
retroactive *adj.* 반동하는 bandonghaneun
retrograde *adj.* 역행하는 yeokaenghaneun
retrospect *n.* 회상 hoesang
retrospective *adj.* 회고하는 hoegohaneun
return *v.* 돌아오다 doraoda
return *n.* 반납 bannap
reunion *n.* 모임 moim
reunite *v.* 재회하다 jaehoihada
reuse *v.* 재사용하다 jaesayonghada
revamp *v.* 개조하다 gaejohada
reveal *v.* 드러내다 deureonaeda
revel *v.* 흥청대다 heungcheongdaeda
revelation *n.* 폭로 pongno
revenge *n.* 복수 bokssu
revenue *n.* 수익 suik
reverberate *v.* 울리다 ulida
revere *v.* 숭배하다 sungbaehada
revered *adj.* 존경받는 jongyeongbanneun
reverence *n.* 숭배 sungbae
reverend *adj.* 목사 mokssa
reverent *adj.* 숭배하는 sungbaehaneun
reverential *adj.* 숭배심이 넘치는 sungbaesimineomchineun
reverie *n.* 몽상 mongsang
reversal *n.* 역전 yeokjjeon
reverse *v.* 반대 bandae
reversible *adj.* 뒤집을 수 있는 duijibeulssuinneun
revert *v.* 되돌아가다 doedoragada
review *n.* 검토 geomto
revile *v.* 매도하다 maedohada
revise *v.* 변경하다 byeongyeonghada
revision *n.* 수정 sujeong
revival *n.* 회복 hoebok
revivalism *n.* 부활 buhwal
revive *v.* 회복하다 hoebokada
revocable *adj.* 폐지할 수 있는 pyejihalssuinneun
revocation *n.* 폐지 pyeji
revoke *v.* 폐지하다 pyejihada
revolt *v.* 반발하다 banbarada
revolution *n.* 혁명 hyeongmyeong
revolutionary *adj.* 혁명적인 hyeongmyeongjeogin
revolutionize *v.* 대변혁을 일으키다 daebyeonyeogeul ireukida
revolve *v.* 돌다 dolda
revolver *n.* 연발 권총 yeonbal gwonchong
revulsion *n.* 혐오감 hyeomogam
reward *n.* 보상 bosang
rewind *v.* 되감다 doegamtta
rhapsody *n.* 광시곡 gwangsigok
rhetoric *n.* 미사여구 misayeogu
rhetorical *adj.* 수사적인 susajeogin
rheumatic *adj.* 류머티스의 ryumeotiseui
rheumatism *n.* 류머티즘 ryumeotijeum
rhinoceros *n.* 코뿔소 koppulsso
rhodium *n.* 로듐 rodyum
rhombus *n.* 마름모 mareummo
rhyme *n.* 음 eum
rhythm *n.* 리듬 rideum
rhythmic *adj.* 율동적인 yulddongjeogin
rib *n.* 갈비뼈 galbippyeo
ribbon *n.* 리본 ribon
rice *n.* 쌀 ssal
rich *adj.* 부유한 buyuhan

richly *adv.* 호화롭게 hohwaropkke
richness *n.* 풍부함 pungbuham
rick *n.* 건초 가리 geoncho gari
rickets *n.* 구루병 guruppyeong
rickety *adj.* 곧 무너질듯한 got muneojiltteutan
rickshaw *n.* 인력거 ilyeokkeo
rid *v.* 벗어나다 beoseonada
riddance *n.* 벗어남 beoseonam
riddle *n.* 수수께끼 susukkekki
riddled *adj.* 수수께끼의 susukkekkiui
ride *v.* 승마하다 seungmahada
rider *n.* 오토바이 등 타는 사람 otobai deung taneun saram
ridge *n.* 산등성이 sandeungseongi
ridicule *n.* 조롱 jorong
ridiculous *adj.* 웃기는 ukkineun
rife *adj.* 만연한 manyeonan
rifle *n.* 라이플총 raipeulchong
rifle *v.* 샅샅이 뒤지다 sassachi duijida
rift *n.* 균열 gyunyeol
rig *v.* 조작하다 jojakada
rigging *n.* (배의) 삭구 (baeui) sakku
right *adj.* 올바른 olbareun
right *n* 오른쪽 oreunjjok
righteous *adj.* 당연한 dangyeoni
rightful *adj.* 합법적인 happeopjjeogin
rigid *adj.* 단단한 dadanan
rigmarole *n.* 복잡한 절차 bokjapan jeolcha
rigorous *adj.* 엄격한 eomkkyeokan
rigour *n.* 철저함 cheoljeoham
rim *n.* 테 te
ring *n.* 반지 banji
ring *v.* 울리다 olida
ringlet *n.* 곱슬머리 gopsseulmeori
ringworm *n.* 백선 baesseon
rink *n.* 링크 linkeu
rinse *v.* 헹구다 henguda
riot *n.* 폭동 pokttong
rip *v.* 찢다 chitta

ripe *adj.* 익은 igeun
ripen *v.* 숙성 suksseong
riposte *n.* 응수 eungsu
ripple *n.* 잔물결 janmulkkyeol
rise *v.* 수량 등의 증가 suryang deungui jeungga
risible *adj.* 비웃음을 살 만한 biuseumeul sal manhan
rising *n.* 봉기 bonggi
risk *n.* 위험 uiheom
risky *adj.* 위험한 uiheoman
rite *n.* 종교상의 의식 jonggyosangui uisik
ritual *n.* 의례 uirye
rival *n.* 경쟁자 gyungjaengja
rivalry *n.* 경쟁(의식) gyungjaeng(uisik)
riven *n.* 분열된 bunyeoldoen
river *n.* 강 gang
rivet *n.* 대갈못 daegalmot
rivulet *n.* 시내 sinae
road *n.* 도로 doro
roadworks *n.* 도로 공사 dorogongsa
roadworthy *adj.* 주행하기에 안전한 juhaenghagie anjeonhan
roadster *n.* 로드스터 rodeuseuteo
roam *v.* 배회하다 baehoehada
roar *n.* 고함 goham
roar *v.* 으르렁거리다 eureureonggeorida
roast *v.* 굽다 guptta
rob *v.* 털다 tteolda
robber *n.* 강도 gangdo
robbery *n.* 강도짓 gangdojit
robe *n.* 대례복 daeryebok
robot *n.* 로봇 robot
robust *adj.* 팔팔한 palparan
rock *n.* 암석 amseok
rocket *n.* 로켓 roket
rocky *adj.* 바위투성이의 bawituseongiui
rod *n.* 막대 makttae
rodent *n.* 설치류 seolchiryu

rodeo *n.* 로데오 rodeo
roe *n.* 어란 eoran
rogue *n.* 사기꾼 sagikkun
roguery *n.* 나쁜 짓 nappeun jit
roguish *adj.* 악동 같은 akttonggateun
roister *v.* 으스대다 euseudaeda
role *n.* 역할 yeokal
roll *v.i.* 등재하다 deungjaehada
roll *n.* 두루마리 durumari
roll-call *n.* 점호 jeomho
roller *n.* 롤러 roleo
rollercoaster *n.* 롤러코스터 roleokosteo
romance *n.* 연애 yeonae
romantic *adj.* 연애의 yeonaeui
romp *v.* 즐겁게 뛰놀다 jeulgeokke ttuinolda
roof *n.* 지붕 jibung
roofing *n.* 지붕 재료 jibung jaeryo
rook *n.* 떼까마귀 ttekkamagui
rookery *n.* 떼까마구떼가 사는 숲 ttekkamaguiga saneun sup
room *n.* 방 bang
roomy *adj.* 널찍한 neoljjikan
roost *n.* 홰 hwoe
rooster *n.* 수탉 sutak
root *n.* 뿌리 ppuri
rooted *adj.* 뿌리 깊은 ppurigipeun
rope *n.* 밧줄 bajjul
rosary *n.* 묵주 mukjju
rose *n.* 장미 jangmi
rosette *n.* 장미 모양의 것 jangmi moyangui geot
roster *n.* 근무자 명단 geunmuja myeongdan
rostrum *n.* 연단 yeondan
rosy *adj.* 장밋빛의 jangmibichui
rot *v.* 썩다 sseoktta
rota *n.* 근무 당번표 geunmu dangbeonpyo
rotary *adj.* 회전하는 hoejeonaneun
rotate *v.* 회전하다 hoejeonhada

rotation *n.* 회전 hoejeon
rote *n.* 기계적인 암기 gigyejeogin amgi
rotor *n.* 회전자 hoejeonja
rotten *adj.* 썩은 sseogeun
rouge *n.* 볼연지 bolyeonji
rough *adj.* 거친 geochin
roulette *n.* 룰렛 rulet
round *adj.* 둥근 dunggeun
rounabout *n.* 로터리 roteori
rounded *adj.* 둥글려진 dungeuleojin
roundly *adv.* 강력하게 gangryeokage
rouse *v.* 깨우다 kkeuda
rout *n.* 완패 wanpae
route *n.* 노선 noseon
routine *n.* 일상 ilssang
rove *v.* 방랑하다 bangranghada
rover *n.* 방랑자 bangrangja
roving *adj.* 이동해 다니는 idonghae danineun
row *n.* 열 yeol
rowdy *adj.* 소란스러운 soransseureoun
royal *n.* 국왕의 guwangui
royalist *n.* 왕정주의자 wangjeongjuuija
royalty *n.* 저작권 사용료 jeojakkwon sayongryo
rub *n.* 문지르기 munjireugi
rub *v.* 문지르다 munjireuda
rubber *n.* 고무 gomu
rubbish *n.* 쓰레기 sseuregi
rubble *n.* 돌무더기 dolmudeogi
rubric *n.* 지시문 jisimun
ruby *n.* 루비 rubi
rucksack *n.* 배낭 baenang
ruckus *n.* 야단법석 yadanbeopsseok
rudder *n.* 방향타 banghyangta
rude *adj.* 무례한 muryehan
rudiment *n.* 기본 gibon
rudimentary *adj.* 가장 기본적인 gajang gibonjeogin
rue *v.* 후회하다 huhwoehada
rueful *adj.* 후회하는 huhwoehaneun

ruffian *n.* 깡패 kkangpae
ruffle *v.* 헝클다 heongkeulda
rug *n.* 깔개 kkalgae
rugby *n.* 럭비 reokppi
rugged *adj.* 기복이 심한 gibogi siman
ruin *n.* 붕괴 bunggoe
ruinous *adj.* 폐허가 된 pyeheoga doen
rule *n.* 규칙 gyuchik
rule *v.* 배제하다 baejaehada
ruler *n.* 통치자 tongchija
ruling *n.* 판결 pangyeol
rum *n.* 럼주 reomju
rumble *v.* 우르르 울리다 ureureu ulida
rumbustious *adj.* 떠들썩한 tteodeulsseokan
ruminant *n.* 반추 동물 banchudongmul
ruminate *v.* 심사숙고하다 simsasukkohada
rumination *n.* 반추 banchu
rummage *v.* 뒤지다 duijida
rummy *n.* 루미 rumi
rumour *n.* 소문 somun
rumple *v.* 헝클다 heongkeulda
rumpus *n.* 불평 bulpyeong
run *n.* 런 reon
run *v.* 달리다 dalida
runaway *adj.* 가출한 gachuran
rundown *adj.* 축소 chuksso
runway *n.* 활주로 hwaljjuro
rung *n.* 가로대 garodae
runnel *n.* 시내 sinae
runner *n.* 주자 juja
runny *adj.* 콧물이 흐르는 konmuri heureuneun
rupture *v.t.* 파열되다 payeoldoeda
rural *adj.* 시골의 sigorui
ruse *n.* 계략 gyeryak
rush *v.* 서두르다 seodureuda
rusk *n.* 러스크 reoseukeu
rust *n.* 녹음기 nogeumgi
rustic *adj.* 소박한 sobakan

rusticate *v.* 시골에서 살다 sigoreseo salda
rustication *n.* 전원생활 jeonwonsaenghwal
rusticity *n.* 시골풍 sigolpung
rustle *v.* 바스락거리다 baseurakkkeorida
rusty *adj.* 녹슨 noksseun
rut *n.* 바퀴 자국 bakwi jaguk
ruthless *adj.* 무자비한 mujabihan
rye *n.* 호밀 homil

S

sabbath *n.* 안식일 ansigil
sabotage *v.* 사보타주 sabotajyu
sabre *n.* 군도 gundo
saccharin *n.* 사카린 sakarin
saccharine *adj.* 지나치게 달콤한 jinachige dalkoman
sachet *n.* 일회분 복용 봉지 ilhoebun bogyong bongji
sack *n.* 부대 budae
sack *v.* 약탈하다 yaktarada
sacrament *n.* 성례 seongrye
sacred *adj.* 성스러운 seongseureoun
sacrifice *n.* 희생 huisaeng
sacrifice *v.* 희생하다 huisaenghada
sacrificial *adj.* 제물로 바쳐진 jemulro bacheojin
sacrilege *n.* 신성모독 sinseongmodok
sacrilegious *adj.* 신성을 더럽히는 sinseongeul deoreopineun
sacrosanct *adj.* 신성불가침의 sinseongbulgachimui
sad *adj.* 슬픈 seulpeun
sadden *v.* 슬프게 하다 seulpeugehada
saddle *n.* 안장 anjang
saddler *n.* 마구 제조인 magu jejoin
sadism *n.* 가학증 gahakjjeung
sadist *n.* 사디스트 sadiseuteu

safari *n.* 사파리 sapari
safe *adj.* 안전한 anjeonan
safe *n.* 안전 anjeon
safeguard *n.* 보호장치 bohojangchi
safety *n.* 안전한 anjeonan
saffron *n.* 사프론 sapeuron
sag *v.* 축 처지다 chuk cheojida
saga *n.* 대하소설 daehasoseol
sagacious *adj.* 현명한 hyeonmyeonghan
sagacity *n.* 현명 hyeonmyeong
sage *n.* 현자 hyeonja
sage *adj.* 현자의 hyeonjaui
sail *n.* 항해 hanghae
sail *v.* 항해하다 hanghaehada
sailor *n.* 선원 seonwon
saint *n.* 성인 seongin
saintly *adj.* 성자 같은 seongjagatteun
sake *n.* 명사 myeongsa
salable *adj.* 수요가 있는 suyogainneun
salad *n.* 샐러드 saeleodeu
salary *n.* 급여 geubyo
sale *n.* 판매 panmae
salesman *n.* 영업사원 yeongeopssawon
salient *adj.* 두드러진 dudeureojin
saline *adj.* 소금이 든 sogeumi deun
salinity *n.* 염도 yeomdo
saliva *n.* 침 chim
sallow *adj.* 병색이 엿보이는 byungsaegi yeotppoineun
sally *n.* 기습 공격 giseup gonggyeok
salmon *n.* 연어 yeoneo
salon *n.* 고급 상점 gogeup sangjeom
saloon *n.* 세단형 승용차 sedanhyeong seungyongcha
salsa *n.* 큰 방 keun bang
salt *n.* 소금이 든 sogeumi deun
salty *adj.* 짠 jjan
salutary *adj.* 효과가 좋은 hyokkwaga joeun

salutation *n.* 인사 insa
salute *n.* 경례 gyeongrye
salvage *v.* 구조 gujo
salvation *n.* 구원 guwon
salver *n.* 쟁반 jaengban
salvo *n.* 일제 사격 iljje sagyeok
samaritan *n.* 사마리아 사람의 samaria saramui
same *adj.* 같은 gatteun
sample *n.* 견본 gyeonbon
sampler *n.* 샘플 모음집 saempeum moeumjip
sanatorium *n.* 요양원 yoyangwon
sanctification *n.* 신성화 sinseonghwa
sanctify *v.* 존엄하게 하다 joneomhage hada
sanctimonious *adj.* 독실한 체하는 dokssiran chehaneun
sanction *v.* 승인 seungin
sanctity *n.* 존엄함 joneomham
sanctuary *n.* 보호구역 bohoguyeok
sanctum *n.* 내실 naesil
sand *n.* 모래 morae
sandal *n.* 샌들 saendeul
sandalwood *n.* 백단유 baekttanyu
sander *n.* 전기 사포 jeongi sapo
sandpaper *n.* 사포 sapo
sandwich *n.* 샌드위치 saendeuwichi
sandy *adj.* 모래가 든 moraega deun
sane *adj.* 분별 있는 bunbyurineun
sangfroid *n.* 침착 chimchak
sanguinary *adj.* 피가 동반된 piga dongbandoen
sanguine *adj.* 낙관적인 nakkwanjeogin
sanitarium *n.* 요양원 yoyangwon
sanitary *adj.* 위생의 wisaengui
sanitation *n.* 위생 시설 wisaeng siseol
sanitize *v.* 위생 처리하다 wisaeng cheorihada
sanity *n.* 온전한 정신 onjeonan jeongsin
sap *n.* 수액 suaek

sapling *n.* 묘목 myomok
sapphire *n.* 사파이어 sapaiyeo
sarcasm *n.* 비꼼 bikkom
sarcastic *adj.* 빈정대는 binjeongdaeneun
sarcophagus *n.* 석관 seokkwan
sardonic *adj.* 냉소적인 naengsojeogin
sari *n.* 사리 sari
sartorial *adj.* 의류의 uiryuui
sash *n.* 내리닫이창 naeridadichang
satan *n.* 악마 angma
satanic *adj.* 사탄의 satanui
satanism *n.* 악마 숭배 angma sungbae
satchel *n.* 메는 책가방 meneun chaekkabang
sated *adj.* ~에 물린 ~e mulin
satellite *n.* 위성 wiseong
satiable *adj.* 만족시킬 수 있는 manjoksikilssuinneun
satiate *v.* 실컷 만족시키다 silkeot manjosikida
satiety *n.* 포만(감) poman(gam)
satin *n.* 새틴 saetin
satire *n.* 풍자 pungja
satirical *adj.* 풍자적인 pungjajeogin
satirist *n.* 풍자 작가 pungja jakka
satirize *v.* 풍자하다 pungjahada
satisfaction *n.* 만족 manjok
satisfactory *adj.* 만족하는 manjokaneun
satisfy *v.* 만족시키다 manjoksikida
saturate *v.* 포화시키다 pohwasikida
saturation *n.* 포화 pohwa
Saturday *n.* 토요일 toyoil
saturnine *adj.* 음침한 eumchimhan
sauce *n.* 소스 soseu
saucer *n.* 비행접시 bihaengjeopssi
saucy *adj.* 성과 관련된 seonggwa gwaleondoen
sauna *n.* 사우나 sauna

saunter *v.* 한가로이 걷다 hangaroi geotta
sausage *n.* 소세지 soseji
savage *adj.* 야만적인 yamanjeogin
savagery *n.* 야만성 yamansseong
save *v.* 저축하다 jeochukada
savings *n.* 저축 jeochuk
saviour *n.* 구원자 guwonja
savour *v.t.* 음미하다 eummihada
savoury *adj.* 맛있는 masineun
saw *n.* 톱 top
saw *v.* 보다 boda
sawdust *n.* 톱밥 toppap
saxophone *n.* 색스폰 saekseupon
say *n.* 말하다 marada
saying *n.* 속담 sokttam
scab *n.* 상처의 딱지 sangcheoui ttakjji
scabbard *n.* 칼집 kaljjip
scabies *n.* 옴 om
scabrous *adj.* 난잡한 nanjapan
scaffold *n.* 교수대 gyosudae
scaffolding *n.* 비계 bigye
scald *v.* 데나 deda
scale *n.* 규모 gyumo
scallop *n.* 가리비 garibi
scalp *n.* 두피 dupi
scam *n.* 신용 사기 sinyong sagi
scamp *n.* 개구쟁이 gaegujaengi
scamper *v.t.* 날쌔게 움직이다 nalssaege umjigida
scan *v.* 살피다 salpida
scanner *n.* 스캐너 seukaeneo
scandal *n.* 추문 chumun
scandalize *v.* 분개하게 만들다 bungaehage mandeulda
scant *adj.* 부족한 bujokan
scanty *adj.* 빈약한 binyakan
scapegoat *n.* 희생양 huisaengyang
scar *n.* 흉터 hyungteo
scarce *adj.* 부족한 bujokan
scarcely *adv.* 겨우 gyeou

scare v. 겁먹다 geommeoktta
scarecrow n. 허수아비 heosuabi
scarf n. 스카프 seukapeu
scarlet n. 진홍색 jinhongsaek
scarp n. 급경사 geupkkyeongsa
scary adj. 무서운 museoun
scathing adj. 준열한 junyeoran
scatter v. 뿌리다 ppurida
scavenge v. 쓰레기 더미를 뒤지다 sseuregi deomireul duijida
scenario n. 각본 gakppon
scene n. 장면 jangmyeon
scenery n. 경치 gyeongchi
scenic adj. 경치가 좋은 gyeongchiga joeun
scent n. 향기 hyanggi
sceptic n. 회의론자 hoeuironja
sceptical adj. 회의적인 hoeuijeogin
sceptre n. 왕이 드는 홀 wangi deuneun hol
schedule n. 일정 iljjeong
schematic adj. 도식적인 dosikjjeogin
scheme n. 계획 gyehoek
schism n. 분립 bulip
schizophrenia n. 정신 분열병 jeongsin bunyeolppyeong
scholar n. 학자 hakjja
scholarly adj. 학자의 hakjjaui
scholarship n. 장학금 janghakkeum
scholastic adj. 학업의 hageobui
school n. 학교 hakkyo
sciatica n. 좌골신경통 jwagolsingyeongtong
science n. 과학 gwahak
scientific adj. 과학적인 gwahakjjeogin
scientist n. 과학자 gwahakjja
scintillating adj. 재기 넘치는 jaegi neomchineun
scissors n. 가위 gawi
scoff v.i. 비웃다 biutta
scold v. 야단치다 yadanchida

scoop n. 스쿠프 skeupu
scooter n. 스쿠터 skeuteo
scope n. 범위 beomui
scorch v. 그슬리다 geuseulida
score n. 득점 deukjjeom
score v. 득점하다 deukjjeomhada
scorer n. 득점원 deukjjeomwon
scorn n. 경멸 gyeongmyeol
scornful adj. 경멸하는 gyeongmyeoraneun
scorpion n. 전갈 jeongal
Scot v. 스코틀랜드 사람 skoteulaendeu saram
scot-free adv. 자유롭게 jayuropkke
scoundrel n. 악당 akttang
scour v. 샅샅이 뒤지다 satsachi duijida
scourge n. 재앙 jaeang
scout n. 스카우트 seukauteu
scowl n. 노려보다 noryeoboda
scrabble v. 뒤지며 찾다 duijimyeo chatta
scraggy adj. 앙상하게 여윈 angsanghage yeowin
scramble v. 재빨리 움직이다 jaepali umjigida
scrap n. 조각 jogak
scrape v. 긁다 geultta
scrappy adj. 산만한 sanmanan
scratch v.t. 긁다 geultta
scrawl v. 휘갈겨 쓰다 hwigalgyeo sseuda
scrawny adj. 거죽만 남은 geojungman nameun
screech n. 꽥 하는 소리를 내다 kkaekaneun sorireul naeda
scream v. 비명지르다 bimyeongjireuda
screech n. 진한 럼주 jihan reomju
screed n. 긴 글 gin geul
screen n. 화면 hwamyeon
screw n. 나사 nasa
screwdriver n. 드라이버 deuraibeo

scribble v. 갈겨쓰다 galgyeosseuda
scribe n. 필경사 pilgyeongsa
scrimmage n. 난투 nantu
scrimp v. 내핍 생활을 하다 naepip ssaenghwareul hada
script n. 대본 daebon
scripture n. 성서 seongseo
scroll n. 두루마리 durumari
scrooge n. 수전노 sujeonno
scrub v. 문질러 씻다 munjileo ssitta
scruffy adj. 꾀죄죄한 kkoejoejoehan
scrunch v. 돌돌 구기다 doldol gugida
scruple n. 양심 yangsim
scrupulous adj. 세심한 sesiman
scrutinize v. 면밀히 조사하다 myeonmiri josahada
scrutiny n. 정밀 조사 jeongmil josa
scud v. 털 제거하다 teol jegeohada
scuff v. 흠을 내다 heumeul naeda
scuffle n. 실랑이 silangi
scult v. ??
sculptor n. 조각가 jogakka
sculptural adj. 조각의 jogagui
sculpture n. 조각 jogak
scum n. 거품 geopum
scurrilous adj. 천박한 cheonbakan
scythe n. 큰 낫 keun nat
sea n. 바다 bada
seagull n. 갈매기 galmaegi
seal n. 인장 injang
sealant n. 밀폐제 milpyeje
seam n. 솔기 solgi
seamless adj. 솔기가 없는 solgiga eomneun
seamy adj. 불결한 bulkkyeoran
sear v. 그을다 geuseulda
search v. 찾다 chatta
seaside n. 해변 haebyeon
season n. 계절 gyejeol
seasonable adj. 계절에 맞는 gyejeore manneun

seasonal adj. 계절적인 gyejeoljeogin
seasoning n. 양념 yangnyeom
seat n. 자리 jari
seating n. 좌석 jwaseok
secede v. 분리 독립하다 buli dongnipada
secession n. 분리 독립 buli dongnip
seclude v. 고립시키다 goripsikida
secluded adj. 한적한 hanjeokan
seclusion n. 호젓함 hojeotam
second adj. 두 번째의 du beonjjaeui
secondary adj. 이차의 ichaui
secrecy n. 비밀 bimil
secret adj. 비밀의 bimirui
secretariat n. 사무국 samuguk
secretary n. 비서 biseo
secrete v. 분비하다 bunbihada
secretion n. 분비 bunbi
secretive adj. 비밀스러운 bimilsseureoun
sect n. 종파 jongpa
sectarian adj. 종파의 jongpaui
section n. 부분 bubun
sector n. 지구 jigu
secular adj. 세속적인 sesokjjeogin
secure adj. 안심하는 ansimaneun
security n. 보안 boan
sedan n. 세단형 자동차 sedanyeong jadongcha
sedate adj. 차분한 chabunan
sedation n. 진정제 투여 jinjeongje tuyeo
sedative n. 진정제 jinjeongje
sedentary adj. 주로 앉아서 하는 juro anjaseohaneun
sediment n. 침전물 chimjeonmul
sedition n. 폭동 선동 pokttong seondong
seditious adj. 선동적인 seondongjeogin
seduce v. 유혹하다 yuhokada
seduction n. 유혹 yuhok

seductive *adj.* 유혹적인 yuhokjjeogin
sedulous *adj.* 공을 들이는 gongeul deurineun
see *v.* 보다 boda
seed *n.* 씨앗 ssiat
seedy *adj.* 지저분한 jijeobunan
seek *v.i.* 찾다 chatta
seem *v.* ~인 것 같다 ~in geot gatta
seemly *adj.* 적절한 jeokjjeoran
seep *v.* 스미다 seumida
seer *n.* 선지자 seonjija
see-saw *n.* 시소 siso
segment *n.* 부분 bubun
segregate *v.* 분리하다 bulihada
segregation *n.* 분리 buli
seismic *adj.* 지진의 jijinui
seize *v.* 점령하다 jeomryeonghada
seizure *n.* 점령 jeomryeong
seldom *adv.* 좀처럼~않는 jomcheoreom ~anneun
select *v.* 선택하다 seontaekada
selection *n.* 선택 seontae
selective *adj.* 선택된 seontaekdoen
self *n.* 자신 jasin
selfish *adj.* 이기적인 igijeogin
selfless *adj.* 이타적인 itajeogin
selfmade *adj.* 자수성가한 jasuseongahan
sell *v.* 팔다 palda
seller *n.* 판매자 panmaeja
selvedge *n.* 변폭 byeonpok
semantic *adj.* 의미의 uimiui
semblance *n.* 겉모습 geotmoseup
semen *n.* 정액 jeongaek
semester *n.* 학기 hakki
semicircle *n.* 반원 banwon
semicolon *n.* 세미콜론 semikolon
seminal *adj.* 중대한 jungdaehan
seminar *n.* 세미나 semina
semitic *adj.* 셈어의 semeoui
senate *n.* 상원 sangwon

senator *n.* 상원의원 sangwonuiwon
senatorial *adj.* 상원 sangwon
send *v.* 발송하다 balssonghada
senile *adj.* 망령든 mangnyeongdeun
senility *n.* 노쇠 nosoe
senior *adj.* 고위의 gowiui
seniority *n.* 손위임 sonwiim
sensation *n.* 감각 gamgak
sensational *adj.* 선풍적인 seonpungjeogin
sensationalize *v.* 과장하다 gwajanghada
sense *n.* 감 gam
senseless *adj.* 무의미한 mueumihan
sensibility *n.* 감성 gamseong
sensible *adj.* 분별 있는 bunbyeorineun
sensitive *adj.* 세심한 sesiman
sensitize *v.* 민감하게 만들다 mingamhage mandeulda
sensor *n.* 센서 senseo
sensory *adj.* 감각의 gamgagui
sensual *adj.* 감각적인 gamgakjjeogin
sensualist *n.* 육감주의자 yukkamjuuija
sensuality *n.* 관능성 gwanneungseong
sensuous *adj.* 육감적인 yukkamjeogin
sentence *n.* 문장 munjang
sententious *adj.* 훈계조의 hungyejjoui
sentient *adj.* 지각이 있는 jigagi inneun
sentiment *n.* 정서 jeongseo
sentimental *adj.* 감상적인 gamsangjeogin
sentinel *n.* 보초병 bochobyung
sentry *n.* 보초 bocho
separable *adj.* 분리 가능한 buli ganeunghan
separate *v.* 분리하다 bulihada
separation *n.* 분리 buli
separatist *n.* 분리주의자 bulijuuija
sepsis *n.* 패혈증 paehyuljjeung
September *n.* 9월 guwol
septic *adj.* 패혈성의 paehyulsseongui

sepulchral *adj.* 음침한 eumchimhan
sepulchre *n.* 돌 dol
sepulture *n.* 매장 maejang
sequel *n.* 속편 sokpyeon
sequence *n.* 순서 sunseo
sequential *adj.* 차례로 charyero
sequester *v.* 은퇴하다 euntoehada
serene *adj.* 고요한 goyohan
serenity *n.* 고요함 goyoham
serf *n.* 농노 nongno
serge *n.* 서지 seoji
sergeant *n.* 병장 byungjang
serial *adj.* 순차적인 sunchajeogin
serialize *v.* 연재하다 yeonjaehada
series *n.* 연속 yeonsok
serious *adj.* 심각한 simgakan
sermon *n.* 설교 seolgyo
sermonize *v.* 설교를 늘어놓다 seolgyoreul neureonota
serpent *n.* 뱀 baem
serpentine *adj.* 구불구불한 gubulguburan
serrated *adj.* 톱니가 난 tomniga nan
servant *n.* 하인 hain
serve *v.* 시중들다 sijungdeulda
server *n.* 서버 seobeo
service *n.* 서비스 seobiseu
serviceable *adj.* 시중드는 sijungdeuneun
serviette *n.* 냅킨 naepkin
servile *adj.* 굽신거리는 gupssingeorineun
servility *n.* 노예 상태 noye sangtae
serving *n.* 일인분 irinbun
sesame *n.* 참깨 chamkkae
session *n.* 활동시간 hwalttongsigan
set *v.* 설정하다 seoljjeonghada
set *n* 실정 seoljjeong
settee *n.* 긴 안락의자 gin alraguija
setter *n.* 세터 seteo
setting *n.* 환경 hwangyeong

settle *v.* 합의를 보다 habuireul boda
settlement *n.* 합의 habui
settler *n.* 정착민 jeongchangmin
seven *adj. & n.* 7의 & 칠 chirui % chil
seventeen *adj. & n.* 17의 & 17 sipchirui & sipchil
seventeenth *adj. & n.* 17번째의 & 17번째 shipchilbeonjjaeuir & sipchilbeonjjae
seventh *adj. & n.* 7번째의 & 7번째 ilgopppeonjjaeui & ilgoppeonchae
seventieth *adj. & n.* 70번째의 & 70번째 chilssippeonchaeui % chilssippeonchae
seventy *adj. & n.* 70의 & 70 chilssibui & chilssip
sever *v.* 잘라내다 jjalanaeda
several *adj. & pron.* 몇의 myeochui
severance *n.* 단절 danjeol
severe *adj.* 극심한 geukssiman
severity *n.* 격렬 gyeor.gryeol
sew *v.* 꿰매다 kkwemaeda
sewage *n.* 하수 hasu
sewer *n.* 하수관 hasugwan
sewerage *n.* 하수도 hasudo
sex *n.* 성별 seongbyeol
sexism *n.* 성차별 seongchabyeol
sexton *n.* 교회지기 gyohoejigi
sextuplet *n.* 여섯 쌍둥이 yeoseot ssangdungi
sexual *adj.* 성적인 seongjjeogin
sexuality *n.* 성생활 seongsaenghwal
sexy *adj.* 섹시한 sexihan
shabby *adj.* 다 낡은 da nalgeun
shack *n.* 판잣집 panjajjip
shackle *n.* 족쇄 joksswae
shade *n.* 그늘 geuneul
shade *v.* 그늘지다 geuneuljida
shadow *n.* 그림자 geurimja
shadow *a.* 그늘진 geuneuljin

shadowy *adj.* 어둑어둑한 eodugeodukan
shady *adj.* 그늘이 드리워진 geuneuri deuriweojin
shaft *n.* 축 chuk
shag *n.* 살담배 saldambae
shake *v.* 흔들다 heundeulda
shaky *adj.* 떨리는 tteolineun
shall *v.* ~일 것이다 ~il kkeosida
shallow *adj.* 얕은 yateun
sham *n.* 가짜 gajja
shamble *v.* 어기적거리다 eogijeokkeorida
shambles *n.* 난장판 nanjangpan
shame *n.* 수치 suchi
shameful *adj.* 수치스런 suchiseureon
shameless *adj.* 파렴치한 paryeomchihan
shampoo *n.* 샴푸 syampu
shank *n.* 자루 jaru
shanty *n.* 판잣집 panjajjip
shape *n.* 모양 moyang
shapeless *adj.* 짜임새 없는 jjaimsae eomneun
shapely *adj.* 맵시 있는 maepssi inneun
shard *n.* 유리나 금속 조각 yurina geumsokjjogak
share *n.* 몫 mok
shark *n.* 상어 sangeo
sharp *adj.* 날카로운 nalkaroun
sharpen *v.* 날카롭게 하다 nalkaropkkehada
sharpener *n.* 샤프너 syapeuner
shatter *v.t.* 산산조각 내다 sansanjogangnaeda
shattering *adj.* 엄청나게 충격적인 eomcheongnage chunggyeokjjeogin
shave *v.* 면도하다 myeondohada
shaven *adj.* 면도한 myeondohan
shaving *n.* 면도 myeondo

shawl *n.* 숄 syol
she *pron.* 그녀 geunyeo
sheaf *n.* 다발 dabal
shear *v.* 털깎다 teolkkaktta
sheath *n.* 칼집 kaljjip
shed *n.* 작업장 jageopjjang
sheen *n.* 광택 gwangtaek
sheep *n.* 양 yang
sheepish *adj.* 당황해 하는 danghwanghaehaneun
sheer *adj.* 순전한 sunjeonan
sheet *n.* 시트 ssiteu
shelf *n.* 선반 seonban
shell *n.* 껍데기 kkeopttaegi
shelter *n.* 주거지 jugeoji
shelve *v.* 선반에 얹다 senbane eontta
shepherd *n.* 양치기 yangchigi
shield *n.* 방패 bangpae
shift *v.* 이동하다 idonghada
shiftless *adj.* 꿈도 야망도 없는 kkumdo yamangdo eomneun
shifty *adj.* 구린 데가 있는 gurin dega inneun
shimmer *v.* 희미하게 빛나다 huimihage binnada
shin *n.* 정강이 jeonggangi
shine *v.* 빛나다 binnada
shingle *n.* 지붕널 jibungneol
shiny *adj.* 빛나는 binnaneun
ship *n.* 선박 seonbak
shipment *n.* 수송품 susongpum
shipping *n.* 선박 seonbak
shipwreck *n.* 난파 nanpa
shipyard *n.* 조선소 joseonso
shire *n.* 주 ju
shirk *v.* 회피하다 hoepihada
shirker *n.* 기피자 gipija
shirt *n.* 셔츠 syeocheu
shiver *v.* 떨다 tteolda
shoal *n.* 떼 tte
shock *n.* 충격 chunggyeok

shock v. 충격받다 chunggyeokbatta
shocking adj. 충격적인 chunggyeokjjeogin
shoddy adj. 조잡한 jojapan
shoe n. 신발 sinbal
shoestring n. 신발끈 sinbalkkeun
shoot v. 총쏘다 chongssoda
shooting n. 총격 chonggyeok
shop n. 상점 sangjeom
shopkeeper n. 가게 주인 gage juin
shoplifting n. 들치기 deulchigi
shopping n. 쇼핑 syoping
shore n. 해안 haean
short adj. 짧은 jjalbeun
shortage n. 결핍 gyeolpip
shortcoming n. 결점 gyeopjjeom
shortcut n. 지름길 jireumkkil
shorten v. 짧게 하다 jjalkkehada
shortfall n. 부족분 bujokppun
shortly adv. 곧 got
should v. ~해야 한다 ~haeyahanda
shoulder n. 어깨 eokkae
shout v.i. 소리치다 sorichida
shove v. 밀치다 milchida
shovel n. 삽 sap
show v. 보이다 boida
showcase n. 진열장 jinyeoljjang
showdown n. 마지막 결전 majimak gyeoljjeon
shower n. 샤워기 syawogi
showy adj. 현란한 hyeolranan
shrapnel n. 파편 papyeon
shred n. 조각 jogak
shrew n. 뾰족뒤쥐 pyojokduijui
shrewd adj. 재빠른 jaeppareun
shriek v. 소리를 지르다 sorireul jireuda
shrill adj. 새된 saedoen
shrine n. 성지 seongji
shrink v. 줄어들다 jureodeulda
shrinkage n. 줄어듦 jureodeum

shrivel v. 쪼글쪼글해지다 jjogeuljjogeulhaejida
shroud n. 수의 suui
shrub n. 관목 gwanmok
shrug v. 어깨를 으쓱하다 eokkaereul eusseukada
shudder v. 전율하다 jeonyurada
shuffle v.t. 섞다 sektta
shun v.t. 피하다 pihada
shunt v. 선로를 바꾸다 seoloreul bakkuda
shut v. 닫다 datta
shutter n. 셔터 syeotteo
shuttle n. 정기 왕복 항공기 jeonggi wangbok hanggongki
shuttlecock n. 셔틀콕 syeoteulkok
shy adj. 수줍어하는 sujubeohaneun
sibilant adj. 치찰음 chichareum
sibling n. 형제자매 hyungjejamae
sick adj. 아픈 apeun
sickle n. 낫 nat
sickly adj. 병약한 byungyakan
sickness n. 질병 jilbyung
side n. 측면 cheungmyeon
sideline n. 부업 bueop
siege n. 포위 작전 powi jakjjeon
siesta n. 낮잠 natjjam
sieve n. 체 che
sift v. 체치다 chechida
sigh v.i. 한숨짓다 hansumjitta
sight n. 시력 siryeok
sighting n. 목격 mokkyeok
sightseeing n. 관광 gwangwang
sign n. 징후 jinghu
signal n. 신호 sinho
signatory n. 서명인 seomyeongin
signature n. 서명 seomyeong
significance n. 중요성 jungyosseong
significant n. 중요한 jungyohan
signification n. 의미 uimi
signify v. 의미하다 uimihada

silence *n.* 정적 jeongjeok
silencer *n.* 소음기 soeumgi
silent *adj.* 고요한 goyohan
silhouette *n.* 실루엣 siluet
silicon *n.* 규소 gyuso
silk *n.* 비단 bidan
silken *adj.* 비단결 같은 bidankkyeol gateun
silkworm *n.* 누에 nue
silky *adj.* 비단 같은 bidan gateun
sill *n.* 문틀 munteul
silly *adj.* 어리석은 eoriseogeun
silt *n.* 세사 sesa
silver *n.* 은 eun
similar *adj.* 비슷한 biseutan
similarity *n.* 비슷함 biseutam
simile *n.* 직유 jigyu
simmer *v.* 끓이다 kkeurida
simper *v.* 바보같이 웃다 babogachi utta
simple *adj.* 단순한 dansunan
simpleton *n.* 얼간이 eolgani
simplicity *n.* 간단함 gandanham
simplification *n.* 간소화 gansohwa
simplify *v.* 간단히 하다 gandanhi hada
simulate *v.* 모의 실험하다 moui sireomhada
simultaneous *adj.* 동시의 dongsiui
sin *n.* 죄 joe
since *prep.* ~부터 ~buteo
sincere *adj.* 성실한 seongsiran
sincerity *n.* 성실 seongsil
sinecure *n.* 한직 hanjik
sinful *adj.* 죄가 되는 joega doeneun
sing *v.* 노래하다 noraehada
singe *v.* 타다 tada
singer *a.* 가수 gasu
single *adj.* 단일의 daniruiy
singlet *n.* 러닝셔츠 reoningsyeocheu
singleton *n.* 개체 gaeche
singular *adj.* 단수형 dansuhyung
singularity *n.* 특이성 teugisseong

singularly *adv.* 아주 aju
sinister *adj.* 사악한 saakan
sink *v.* 가라앉다 garaantta
sink *n.* 싱크 singkeu
sinner *n.* 죄인 joein
sinuous *adj.* 물결 모양의 mulkkyeol moyangui
sinus *n.* 부비강 bubigang
sip *v.* 조금씩 마시다 jogeumssik masida
siphon *n.* 사이펀 saipeon
sir *n.* 남자에 대한 경칭 namjae daehan gyeongching
siren *n.* 사이렌 sairen
sissy *n.* 계집애 같은 사내 gyejibae gateun sanae
sister *n.* 여자 형제 yeoja hyungje
sisterhood *n.* 자매애 jamaeae
sisterly *adj.* 자매 같은 jamae gateun
sit *v.* 앉다 antta
site *n.* 현장 hyunjang
sitting *n.* 개정 기간 gaejeong gigan
situate *v.* 위치시키다 wichisikida
situation *n., a* 상황 sanghwang
six *adj.& n.* 여섯의 & 여섯 yeoseodui & yeoseot
sixteen *adj. & n.* 열여섯의 & 열여섯 yeolyeoseodui & yeolyeoseot
sixteenth *adj. & n.* 16번째의 & 16번째 yeolyeoseotppeonjjaeui & yeolyeoseotbeonchae
sixth *adj. & n.* 6번째의 & 6번째 yeoseotppeonchaeui & yeoseotppeonchae
sixtieth *adj. & n.* 60번째의 & 60번째 yukssippeonjjaeui & yukssippeonjjae
sixty *adj. & n.* 60의 & 60 yukssibui & yukssip
size *n.* 크기 keugi
sizeable *adj.* 상당한 크기의 sangdanghan keugiui

sizzle v. 지글지글 굽다 jigeuljigeul guptta
skate n. 스케이트 seukeiteu
skateboard n. 스케이트보드 seukeiteubodeu
skein n. 타래 tarae
skeleton n. 골격 golgyeok
sketch n. 스케치 seukechi
sketchy adj. 대충의 daechungui
skew v. 왜곡하다 waegokada
skewer n. 꼬치 kkochi
ski n. 스키 seuki
skid v. 미끄러지다 mikkeureojida
skilful adj. 능숙한 neungsukan
skill n. 기술 gisul
skilled adj. 기술 있는 gigurinneun
skim v. 걷어 내다 geodeonaeda
skimp adj. 지나치게 아끼다 jinachige akkida
skin n. 피부 pibu
skinny adj. 깡마른 kkangmareun
skip v. 깡충뛰다 kkangchungttuida
skipper n. 선장 seonjang
skirmish n. 소규모 접전 sogyumo jeopjjeon
skirt n. 치마 chima
skirting n. 스커트 감 seukeoteu kkam
skit n. 촌극 chongeuk
skittish adj. 겁이 많은 geobi maneun
skittle n. 스키틀 seukiteul
skull n. 두개골 dugaegol
sky n. 하늘 haneul
skylight n. 채광창 chaegwangchang
skyscraper n. 고층 건물 gocheung geonmul
slab n. 평판 pyungpan
slack adj. 느슨한 neuseunhan
slacken v. 완화되다 wanhwadoeda
slag n. 광재 gwangjae
slake v.t. 갈증을 해소하다 galjjeungeul haesohada

slam v. 쾅 닫다 kwang datta
slander n. 모략 moryak
slanderous adj. 중상적인 jungsangjeogin
slang n. 은어 euneo
slant v. 기울다 giulda
slap v.t. 따귀 때리다 ttagui ttaerida
slash v. 긋다 geutta
slat n. 널 neol
slate n. 점판암 jeompananm
slattern n. 더러운 여자 deoreoun yeoja
slatternly adj. 단정치 못한 danjeongchi motan
slaughter n. 도살 dosal
slave n. 노예 noye
slavery n. 노예상태 noyesangtae
slavish adj. 맹종하는 maengjonghaneun
slay v. 죽이다 jugida
sleaze n. 부정직한 행위 bujeongjikan haengwi
sleazy adj. 지저분한 jijeobunan
sledge n. 썰매 sseolmae
sledgehammer n. 큰 망치 keun mangchi
sleek adj. 윤이 나는 yuni naneun
sleep n. 수면 sumyeon
sleeper n. 잠을 자는 사람 jameul janeun saram
sleepy adj. 졸리운 joliun
sleet n. 진눈깨비 jinnunkkebi
sleeve n. 소매 somae
sleigh n. 말이 끄는 썰매 mari kkeuneun sseolmae
sleight n. 숙련 sungnyeon
slender adj. 날씬한 nalssinan
sleuth n. 탐정 tamjeong
slice n. 조각 jogak
slick adj. 번드르한 beondeureuhan
slide v. 미끄러지다 mikkeureojida
slight adj. 약간의 yakkanui

slightly adv. 약간 yakkan
slim adj. 날씬한 nalssinan
slime n. 점액 jeomaek
slimy adj. 점액질의 jeomaekjjirui
sling n. 슬링 seuling
slink v. 살금살금 움직이다 salgeumsalgeum umjigida
slip v. 미끄러지다 mikkeureojida
slipper n. 실내화 silnaehwa
slippery adj. 미끄러운 mikkeureoun
slit v.t. 절개하다 jeolgaehada
slither v. 스르르 나아가다 seureureu naagada
slob n. 게으름뱅이 geeureumbaengi
slobber v. 침을 흘리다 chimeul heulida
slogan n. 구호 guho
slope v. 경사지다 gyeongsajida
sloppy adj. 엉성한 eongseonghan
slot n. 가느다란 구멍 ganeudaran gumeong
sloth n. 나무늘보 namuneulbo
slothful adj. 나태한 nataehan
slouch v. 구부정하니 서다 gubujeonghani seoda
slough n. 고통 gotong
slovenly adj. 지저분한 jijeobunan
slow adj. 느린 neureun
slowly adv. 느리게 neurige
slowness n. 느리기 neurigi
sludge n. 진흙 jinheuk
slug n. 민달팽이 mindalpaengi
sluggard n. 나태한 사람 nataehan saram
sluggish adj. 부진한 bujihan
sluice n. 수문 sumun
slum n. 빈민가 binminga
slumber v. 잠 jam
slump v. 급감하다 geupgamada
slur v. 비방하다 bibanghada
slurp v. 후루룩 마시다 hururuk masida

slush n. 진창이 된 눈 jinchangi doen nun
slushy adj. 눈 녹은 nun nogeun
slut n. 잡년 jamnyeon
sly adj. 교활한 gyohwaran
smack n. 세게 부딪치다 sege budichida
small adj. 작은 jageun
smallpox n. 천연두 cheonyeondu
smart adj. 맵시 좋은 maepssi joeun
smarten v. 스마트하게 만들다 seumateuhage mandeulda
smash v. 박살내다 bakssalnaeda
smashing adj. 기막히게 좋은 gimakige joeun
smattering n. 조금 jogeum
smear v. 기름기로 더럽히다 gireumkkiro deoreopida
smell n. 냄새 naemsae
smelly adj. 냄새 나는 naemsae naneun
smidgen n. 아주 조금 aju jogeum
smile v. 미소 짓다 misojitta
smirk v. 히죽히죽 웃다 hijukhijuk utta
smith n. 금속 세공인 geumsok segongin
smock n. 기다란 셔츠 gidaran syeocheu
smog n. 스모그 seumogeu
smoke n. 연기 yeongi
smoky adj. 연기가 자욱한 yeongiga jaukan
smooch v. 키스하며 껴안다 kiseuhamyeo kkyeoantta
smooth adj. 매끈한 maekkeunan
smoothie n. 스무디 seumudi
smother v. 매끈하게 하는 사람 maekkeunhage haneun saram
smoulder v. 서서히 타다 seoseohi tada
smudge v. 자국 jaguk
smug adj. 의기양양한 uigiyangyanghan
smuggle v. 밀수하다 milssuhada
smuggler n. 밀수자 milssuja

snack *n.* 스낵 seunaek
snag *n.* 작은 문제 jageun munje
snail *n.* 달팽이 dalpaengi
snake *n.* 뱀 baem
snap *v.* 부러뜨리다 bureotteurida
snapper *n.* 도미 domi
snappy *adj.* 산뜻한 santteutan
snare *n.* 덫 deot
snarl *v.* 으르렁거리다 eureureonggeorida
snarl *v.t.* 호통치다 hotongchida
snatch *v.* 잡아채다 jabachaeda
snazzy *adj.* 세련된 seryeondoen
sneak *v.* 살금살금 가다 salgeumsalgeum gada
sneaker *n.* 비열한 사람 biyeoran saram
sneer *n.* 비웃음 biuseum
sneeze *v.i.* 재채기하다 jaechaegihada
snide *adj.* 헐뜯는 heoltteuneun
sniff *v.* 킁킁거리다 keunkeunggeorida
sniffle *v.* 훌쩍거리다 huljjeokkeorida
snigger *n.* 킬킬거리다 kilkilgeorida
snip *v.* 자르다 jjareuda
snipe *v.* 저격하다 jeogyeokada
snippet *n.* 작은 정보 jageun jeongbo
snob *n.* 고상한 체하는 사람 gosanghan chehaneun saram
snobbery *n.* 속물근성 songmulgeunseong
snobbish *adj.* 속물적인 songmuljeogin
snooker *n.* 스누커 seunukeo
snooze *n.* 잠깐 자다 jamkkan jada
snore *n.* 코골다 kogolda
snort *n.* 콧방귀뀌다 koppanguikkwida
snout *n.* 코 ko
snow *n.* 눈 nun
snowball *n.* 눈 뭉치 num mungchi
snowy *adj.* 눈에 덮인 nune deopin
snub *v.* 모욕하다 moyokada
snuff *v.* 끄다 kkeuda

snuffle *v.* 코를 훌쩍이다 koreul huljjeogida
snug *adj.* 포근한 pogeunan
snuggle *v.* 파묻다 pamutta
so *adv.* 그렇게 geureoke
soak *v.* 담그다 damgeuda
soap *n.* 비누 binu
soapy *adj.* 비누투성이의 binutuseongiui
soar *v.i.* 급증하다 geupjjeunghada
sob *v.* 흐느껴 울다 heuneukkyeo ulda
sober *adj.* 진지한 jinjihan
sobriety *n.* 맨 정신 maen jeongsin
soccer *n.* 축구 chukku
sociability *n.* 사교성 sagyosseong
sociable *adj.* 사교적인 sagyojeogin
social *adj.* 사회의 sahoeui
socialism *n.* 사회주의 sahoejuui
socialist *n. & adj.* 사회주의자 &사회주의자의 sahoejuuija & sahoejuuijaui
socialize *v.* 사귀다 sagwida
society *n.* 사회 sahoe
sociology *n.* 사회학 sahoehak
sock *n.* 양말 yangmal
socket *n.* 소켓 soket
sod *n.* 잔디 jandi
soda *n.* 소다 soda
sodden *adj.* 흠뻑젖은 heumppeokjeojeun
sodomy *n.* 남색 namsaek
sofa *n.* 소파 sapa
soft *adj.* 부드러운 budeureoun
soften *v.* 부드러워지다 buderureowojida
soggy *adj.* 질척한 jilcheokan
soil *n.* 땅 ttang
sojourn *n.* 체류 cheryu
solace *n.* 위안 wian
solar *adj.* 태양의 taeyangui
solder *n.* 땜납 ttaemnap
soldier *n.* 군인 gunin

sole *n.* 발바닥 balppadak
solely *adv.* 오로지 oroji
solemn *adj.* 침통한 chimtonghan
solemnity *n.* 침통함 chimtongham
solemnize *v.* 엄숙히 거행하다 eomsuki geohaenghada
solicit *v.* 간청하다 gancheonghada
solicitation *n.* 간원 ganwon
solicitor *n.* 상품 판촉원 sangpum panchogwon
solicitious *adj.* 세심히 배려하는 sesimi baeryeohaneun
solicitude *n.* 배려 baeryeo
solid *adj.* 단단한 dandanhan
solidarity *n.* 연대 yeondae
soliloquy *n.* 독백 dokppaek
solitaire *n.* 한 개 박힌 알 han gae bakin al
solitary *adj.* 혼자하는 honjahaneun
solitude *n.* 고독 godok
solo *n.* 솔로 solo
soloist *n.* 독주자 dokjjuja
solubility *n.* 용해성 yonghaesseong
soluble *adj.* 녹는, 용해성이 있는 nongneun, yonghaesseongi inneun
solution *n.* 해결방법 haegyeolbangbeop
solve *v.* 해결하다 haegyeolhada
solvency *n.* 지불능력 jibulneungnyeok
solvent *n.* 용제 yongje
sombre *adj.* 칙칙한 chikchikan
some *adj.* 조금 jogeum
somebody *pron.* 어떤사람 eotteonsaram
somehow *adv.* 어떻게든 eotteokedeun
someone *pron.* 누군가 nugunga
somersault *n.* 공중제비 gongjungjebi
somnolent *adj.* 거의잠든 geouijamdeun
something *pron.* 어떤것 eotteongeot
somewhat *adv.* 어느정도 eoneujeongdo
somewhere *adv.* 어딘가 eodinga

somnambulism *n.* 몽유병 mongyuppyung
somnambulist *n.* 몽유병자 mongyuppyungja
somnolence *n.* 졸림 jolim
somnolent *adj.* 거의잠든 geouijamdeun
son *n.* 아들 adeul
song *n.* 노래 norae
songster *n.* 가수 gaju
sonic *adj.* 소리의 soriui
sonnet *n.* 소네트 soneteu
sonority *n.* 울려퍼짐 ulyropeojim
soon *adv.* 곧 got
soot *n.* 그을음 geureum
soothe *v.* 진정시키다 jinjeongsikida
sophism *n.* 고대그리스 궤변학파 철학 godaegeuriseu gwebyunhakpa cheorak
sophist *n.* 궤변가 gwebyunga
sophisticate *n.* 세련된 사람 seryeondoen saram
sophisticated *adj.* 세련된 seryeondoen
sophistication *n.* 교양 gyoyang
soporific *adj.* 최면성의 choemyeonsseongui
sopping *adj.* 흠뻑 다젖은 heumppeok dajeojeun
soppy *adj.* 몹시 감상적인 mopssi gamsangjeogin
sorbet *n.* 셔벗 syeobeot
sorcerer *n.* 마법사 mabeopssa
sorcery *n.* 마법 mabeop
sordid *adj.* 비도덕적인 bidodeokjjeogin
sore *adj.* 아픈 apeun
sorely *adv.* 몹시 mopssi
sorrow *n.* 슬픔 seulpeum
sorry *adj.* 미안한 mianhan
sort *n.* 정리 jeongri
sortie *n.* 출격 chulgyuk
sough *v.* 배수로 baesooroe
soul *n.* 영혼 younghon

soulful adj. 감성이 풍부한 gamseongee poongboohan
soulless adj. 삭막한 sakmakhan
soulmate n. 애인 aein
sound n. 소리 sorie
soundproof adj. 방음 bangeum
soup n. 수프 sou peu
sour adj. 신 shin
source n. 원천 woncheon
souse v. 내려 덮치다 naeryeo deopchida
south n. 남쪽 namjjok
southerly adj. 남쪽의 namjjokeui
southern adj. 남쪽에 위치한 namjjok-eh wichihan
souvenir n. 기념품 ginyum poom
sovereign n. 국왕 gukwang
sovereignty n. 주권 jukwon
sow n. 심다 shimda
spa n. 스파 seupa
space n. 공간 gonggan
spacious adj. 넓찍한 nuljjikan
spade n. 삽 sahp
spam n. 스팸 seupam
span n. 기간 gigan
Spaniard n. 스페인사람 seupeinsaram
spaniel n. 스페니얼 seupenieol
Spanish n. 스페인의 seupeineui
spank v. 때리다 ddaerida
spanking adj. 기운찬 giwoonchan
spanner n. 자벌레 jabeolrae
spare adj. 남는 namneun
sparing adj. 조금만쓰는 jogeumansseuneun
spark n. 불꽃 bulggot
sparkle v. 반짝이다 banjjakeeda
sparkling n. 반짝거리는 banjjakgeorineun
sparrow n. 참새 chamsae
sparse adj. 드문 deumoon
spasm n. 경련 gyungryon

spasmodic adj. 돌발적인 dolbaljeokin
spastic adj. 뇌성마비의 noisungmabieui
spat n. 승강이 seungangee
spate n. 빈발 binbal
spatial adj. 공간의 gongahneui
spatter v. 튀기다 twuigida
spawn v. 알을 낳다 aleulnatda
spay v. 난소를 적출하다 nansoreul jeokchulhada
speak v. 말하다 malhada
speaker n. 연사 yeonsa
spear n. 창 chang
spearhead n. 스피어헤드 spearhed
spearmint n. 스페아민트 speah mint
special adj. 특별한 teukbyulhan
specialist n. 전문가 jeonmoonga
speciality n. 특산물 teuksanmool
specialization n. 특수화 teuksoohwa
specialize v. 전공하다 jeongonhada
species n. 종 jong
specific adj. 구체적인 goochejeokeen
specification n. 설명서 seolmyungseo
specify v. 명시하다 myunsheehada
specimen n. 견본 gyunbon
specious adj. 허울만 그럴듯한 huhwoolmahn geureoldeuthan
speck n. 지방 jibahng
speckle n. 작은반점 jakeunbanjeom
spectacle n. 장관 janggwan
spectacular adj. 극적인 geukjeokin
spectator n. 관중 gwanjoong
spectral adj. 유령같은 youryunggateun
spectre n. 불안 boolahn
spectrum n. 스펙트럼 seupectrum
speculate v. 추측하다 chucheukhada
speculation n. 추측 chucheuk
speech n. 연설 yeonseol
speechless adj. 말을 못하는 mahleul mothaneun
speed n. 속도 sokdo
speedway n. 고속도로 gohsokdoro

speedy *adj.* 빠른 bbareun
spell *v.t.* 철자하다 chuljahada
spellbound *adj.* 넋을 잃은 nukseul ileun
spelling *n.* 철자법 chuljabub
spend *v.* 사용하다 sayonghada
spendthrift *n.* 낭비벽 nangbibyuck
sperm *n.* 정자 jeongja
sphere *n.* 구 gu
spherical *n.* 구체의 gucheeui
spice *n.* 양념 yangnyum
spicy *adj.* 양념맛이 강한 yangnyummashi ganghan
spider *n.* 거미 geomi
spike *n.* 대못 daemot
spiky *adj.* 뾰족한 bbyojokhan
spill *v.* 엎지르다 upjireuda
spillage *n.* 흘림 heulrim
spin *v.* 돌다 dolda
spinach *n.* 시금치 shigeumchi
spinal *adj.* 척추의 chuckchueui
spindle *n.* 축 chook
spindly *adj.* 막대기같은 mahkdaegigateun
spine *n.* 척추 chookchu
spineless *adj.* 기개가 없는 gigaega upneun
spinner *n.* 스피너 seupineo
spinster *n.* 노처녀 nocheonyeo
spiral *adj.* 나선형의 nahseonhyungeui
spire *n.* 나선형의 nahseonhyungeui
spirit *n.* 영혼 younghon
spirited *adj.* 활발한 hwalbalhan
spiritual *adj.* 정신의 jeonshineui
spiritualism *n.* 심령론 shimryumron
spiritualist *n.* 심령론자 shimryungronja
spirituality *n.* 영성 youngsung
spit *n.* 침 chim
spite *n.* 앙심 angshim
spiteful *adj.* 악의적인 ahkeuijeokin
spittle *n.* 침 chim
spittoon *n.* 타구 tagu

splash *v.* 튀기다 twigida
splatter *v.* 후두둑 떨어지다 hududuk ddeoleojidah
splay *v.* 벌리다 beolrida
spleen *n.* 화 hwa
splendid *adj.* 훌륭한 hoolryunghan
splendour *n.* 장관 janggwan
splenetic *adj.* 화를 잘 내는 hwareul jalnaenun
splice *v.* 잇다 itda
splint *n.* 부목 boomok
splinter *n.* 조각 joegak
split *v.* 분열되다 boonyeoldoida
splutter *v.* 식식거리며 siksikgeorimyeo
spoil *v.* 망치다 mangchidah
spoiler *n.* 방해 banghae
spoke *n.* 바퀴살 bakwisal
spokesman *n.* 대변인 daebyunin
sponge *n.* 스펀지 seupunjee
sponsor *n.* 스폰서 seuponseo
sponsorship *n.* 후원 hoowon
spontaneity *n.* 자발적임 jabaljeokim
spontaneous *adj.* 자발적인 jabaljeokin
spool *n.* 실한꾸리 shilhangguree
spoon *n.* 숟가락 sutgarak
spoonful *n.* 한숟가락 hansutgark
spoor *n.* 자취 jachui
sporadic *adj.* 산발적인 sanbaljeokin
spore *n.* 포자 poja
sport *n.* 스포츠 seupotseu
sporting *adj.* 스포츠의 seupotseui
sportive *adj.* 놀기 좋아하는 nolghi joahhaneun
sportsman *n.* 운동선수 woondongseonsu
spot *n.* 점 jeom
spotless *adj.* 티끌하나 없는 tiggeulhana upneun
spousal *n.* 결혼 gyulhon
spouse *n.* 배우자 baewooja
spout *n.* 주둥이 joodoongee

sprain *v.t.* 삐다 bbeedah
sprat *n.* 스프랫 seupeurat
sprawl *v.* 대자로 눕다 daejaronupda
spray *n.* 스프레이 seupeuray
spread *v.* 펼치다 pyulchida
spreadsheet *n.* 스프레드시트 seupeuredseet
spree *n.* 흥청거리기 heungcheonggeorigi
sprig *n.* 잔가지 jangaji
sprightly *adj.* 정정한 jeonjeonghan
spring *v.* 튀어오르다 twieoohreuda
sprinkle *v.i.* 뿌리다 bboorida
sprinkler *n.* 살수장치 sahlsoojangchi
sprinkling *n.* 약간 뿌리는양 yakgan bburineunyang
sprint *v.* 전력질주하다 jeonryukjiljoohada
sprinter *n.* 단거리주자 dangeorijooja
sprout *v.* 싹이나다 ssakeenada
spry *adj.* 활발한 hwalbalhan
spume *n.* 포말 pomal
spur *n.* 박차 bahkcha
spurious *adj.* 거짓된 geojitdoen
spurn *v.* 퇴짜 놓다 teoijja nota
spurt *v.* 솟구치다 sokuchida
sputum *n.* 가래 garae
spy *n.* 스파이 seupai
squabble *n.* 다투다 datooda
squad *n.* 반 ban
squadron *n.* 소함대 sohamdae
squalid *adj.* 지저분한 jijeoboonhan
squall *n.* 돌풍 dolpoong
squander *v.* 낭비하다 nangbihada
square *n.* 사각형 sagakhyung
squash *v.* 짓누르다 jitnooreuda
squat *v.i.* 쪼그리고 앉다 jjogeurigo anda
squawk *v.* 꽥꽥 울다 ggwakggwak ulda
squeak *n.* 끼익 하는소리 ggieek haneun sori
squeal *n.* 끼익 하는소리 ggieek haneun sori
squeeze *v.* 짜다 jjada
squib *n.* 폭죽 pokjook
squid *n.* 오징어 ojinguh
squint *v.* 눈을 가늘게 뜨다 noonuel ganeulge ddeuda
squire *n.* 대지주 daejiju
squirm *v.* 꿈틀대다 ggumteuldaeda
squirrel *n.* 다람쥐 daramjwi
squirt *v.* 찍 짜다 jjick jjada
squish *v.* 으깨지다 euiggaejida
stab *v.* 찌르다 jjireuda
stability *n.* 안정성 anjeongsung
stabilization *n.* 안정 anjeong
stabilize *v.* 안정되다 anjeongdoeda
stable *adj.* 안정된 anjoendweon
stable *n.* 마구간 magoogan
stack *n.* 무더기 moodeogi
stadium *n.* 경기장 gyunggijang
staff *n.* 스태프 seutappeu
stag *n.* 수사슴 soosaseun
stage *n.* 무대 moodae
stagecoach *n.* 역마차 yuckmacha
stagger *v.* 비틀거리다 biteulgeorida
staggering *adj.* 비틀거리는 biteulgeorineun
stagnant *adj.* 침체된 chimchedoen
stagnate *v.* 침체되다 chimchedoeda
stagnation *n.* 침체 chimchae
staid *adj.* 고루한 goroohan
stain *v.t.* 더럽히다 deoruphida
stair *n.* 계단 gyedan
staircase *n.* 계단 gyedan
stake *n.* 말뚝 malddok
stale *adj.* 신선하지 않은 shinsunhaji ahneun
stalemate *n.* 교착상태 gyochaksangtae
staleness *n.* 부패 boopae
stalk *n.* 줄기 joolgi
stalker *n.* 스토커 seutaukeo

stall *n.* 마구간 magoogan
stallion *n.* 종마 jongma
stalwart *adj.* 충실한 choongshilhan
stamen *n.* 수술 soosool
stamina *n.* 스테미나 seutemina
stammer *v.* 말을 더듬다 maleul deodumda
stamp *n.* 우표 oopyo
stamp *v.* 발을 구르다 baleulgooreuda
stampede *n.* 경쟁 gyungjang
stance *n.* 입장 ipjang
stanchion *n.* 지지대 jijidae
stand *v.* 서다 seoda
standard *n.* 수준 soojoon
standardization *n.* 표준화 pyojoonhwa
standardize *v.* 표준화하다 pyojoonhwahada
standing *n.* 지위 jiwi
standpoint *n.* 관점 gwanjeom
standstill *n.* 정지 jungji
stanza *n.* 스탠자 seutanja
staple *n.* 주요산물 jooyosanmool
staple *v.* 스테이플러로 고정하다 seutaipeuleoro gojeonghada
stapler *n.* 스테이플러 seutaipeuleo
star *n.* 별 byul
starch *n.* 탄수화물 tansoohwamool
starchy *adj.* 탄수화물이 많은 tansoohwamooli maneun
stare *v.* 노려보다 noryoboda
stark *adj.* 삭막한 sangmakhan
starlet *n.* 신진여배우 shinjin yeobaewoo
startling *n.* 깜짝 놀랄 ggamjjaknolral
starry *adj.* 별같은 byulgateun
start *v.* 시작하다 shijakhada
starter *n.* 전채요리 jeonchaeyori
startle *v.* 깜짝 놀라게하다 ggamjjaknolragye hada
starvation *n.* 기아 giah
starve *v.* 굶주리다 goomjooreeda
stash *v.* 넣어두다 neouhdooda

state *n.* 말하다 malhadah
stateless *adj.* 국적없는 gukjeokupneun
stately *adj.* 위엄있는 wiuhmitneun
statement *n.* 성명 sungmyung
statesman *n.* 정치인 jeongchiyin
static *adj.* 고정된 gojeongdoen
statically *adv.* 정적으로 jungjeokeuro
station *n.* 역마차 yeokmacha
stationary *adj.* 움직이지 않는 woomjikyijianeun
stationer *n.* 문구점 moongujeom
stationery *n.* 문구류 moonguryu
statistical *adj.* 통계적인 tonggyejeokin
statistician *n.* 통계전문가 tonggyejeonmoonga
statistics *n.* 통계 tongye
statuary *n.* 조각상들 joegaksangdeul
statue *n.* 조각상 joegaksang
statuesque *adj.* 조각상같은 joegaksanggateun
statuette *n.* 작은 조각품 jakeun joegakpoom
stature *n.* 지명도 jimyungdoo
status *n.* 위치 wichi
statute *n.* 법규 bubgyu
statutory *adj.* 법에 명시된 bube myungshidoen
staunch *adj.* 견고한 gyungohan
stave *n.* 말뚝 maldduk
stay *v.* 머무르다 meomureuda
stead *n.* 대신 daeshin
steadfast *adj.* 변함없는 byunhamupneun
steadiness *n.* 끈기 ggeungi
steady *adj.* 끈기있는 ggeungiitneun
steak *n.* 스테이크 seuteikeu
steal *v.* 훔치다 hoomchida
stealth *n.* 잠행 jamhang
stealthily *adv.* 몰래 molrae
stealthy *adj.* 살며시하는 salmyoshihaneun

steam *n.* 김 gim
steamer *n.* 증기선 jeungisun
steed *n.* 말 mal
steel *n.* 철 chul
steep *adj.* 가파른 gapareun
steeple *n.* 첨탑 chumtop
steeplechase *n.* 스티플체이스 stipeulchaeiseu
steer *v.* 조종하다 jojonghada
stellar *adj.* 별의 byulwui
stem *n.* 줄기 julgi
stench *n.* 악취 akchui
stencil *n.* 스텐실 seutencil
stenographer *n.* 속기사 sokgisa
stenography *n.* 속기 sokgi
stentorian *adj.* 우렁찬 woorungchan
step *n.* 걸음 geoleum
steppe *n.* 스텝지대 seutepjidae
stereo *n.* 스테레오 seutereo
stereophonic *adj.* 입체음향의 ipcheumhyangwui
stereoscopic *adj.* 사물을 입체적으로 보는 samuleul ipchaejeokeuiro boneun
stereotype *n.* 고정관념 gojeonggwannyum
sterile *adj.* 불임의 boolyimuei
sterility *n.* 불임 boolyim
sterilization *n.* 불임케함 boolyimkeham
sterilize *v.* 살균하다 salgyunhada
sterling *n.* 영국 파운드화 younggook pawoondeuhwa
stern *adj.* 엄격한 uhmgyukhan
sternum *n.* 흉골 hyoonggol
steroid *n.* 스테로이드제 seuteroideuje
stertorous *adj.* 코고는 kogoneun
stethoscope *n.* 청진기 chungjingee
stew *n.* 스튜 seutyu
steward *n.* 간사 gansa
stick *n.* 막대기 makdaegi
sticker *n.* 스티커 seutiker

stickleback *n.* 큰가시고기 keungashigogi
stickler *n.* 까다로운사람 ggadarounsaram
sticky *adj.* 끄적거리는 ggeujeokeeneun
stiff *adj.* 뻣뻣한 bbotbbothan
stiffen *v.* 뻣뻣하게 하다 bbotbbothagye hada
stifle *v.* 무릎관절 mooreup gwanjeol
stigma *n.* 오명 omyung
stigmata *n.* 성흔 sungheun
stigmatize *v.* 오명을 씌우다 omyungeul ssuiwooda
stile *n.* 선틀 sunteul
stiletto *n.* 뾰족구두 bbyojokgudoo
still *adj.* 조용한 joyonghan
stillborn *n.* 사산아 sasanah
stillness *n.* 고요 goyo
stilt *n.* 기둥 gidoong
stilted *adj.* 부자연스러운 boojayeonseureowoon
stimulant *n.* 흥분제 heungboonje
stimulate *v.* 자극하다 jageukhada
stimulus *n.* 자극제 jageukje
sting *n.* 침 chim
stingy *adj.* 쏘는 ssoneun
stink *v.* 냄새나는 namsaenaneun
stint *n.* 일정기간 활동 iljeonggigan hwaldong
stipend *n.* 봉급 bonggeup
stipple *v.* 점묘법으로 그리다 jeommyobeobeuro geurida
stipulate *v.* 규정하다 gyujeonghada
stipulation *n.* 조항 johang
stir *v.* 젓다 jotda
stirrup *n.* 등자 deungja
stitch *n.* 바늘땀 baneulddam
stitch *v.* 바느질을하다 baneujileulhada
stock *n.* 주식 jooshik
stockbroker *n.* 주식거래가 jooshikgeoraega

stockade *n.* 방책 bangcha다
stocking *n.* 스타킹 seutaking
stockist *n.* 판매점 panmaejeom
stocky *adj.* 다부진 daboojin
stoic *n.* 금욕주의자 geumyokjoouija
stoke *v.* 불을 때다 booleul ddaeda
stoker *n.* 화부 hwaboo
stole *n.* 스톨 seutol
stolid *adj.* 둔감한 doongamhan
stomach *n.* 위 wui
stomp *n.* 쿵쿵거리며 걷기 kungkunggeorimyo gotgi
stone *n.* 돌 dol
stony *adj.* 돌이 많은 dolimaneun
stooge *n.* 앞잡이 apjapyee
stool *n.* 대변 daebyun
stoop *v.* 웅크리다 woongkeurida
stop *v.* 멈추다 muhmchooda
stoppage *n.* 중단 choongdan
stopper *n.* 마개 magae
storage *n.* 저장고 jeojanggoh
store *n.* 가게 gageh
storey *n.* 층 cheung
stork *n.* 황새 hwangsae
storm *n.* 태풍 taepoong
stormy *adj.* 태풍이치는 taepoongichineun
story *n.* 이야기 yiyagi
stout *adj.* 통통한 tongtonghan
stove *n.* 스토브 seutobeu
stow *v.* 집어넣다 jipeohneotda
straddle *v.* 다리를 벌리고 올라앉다 darireul beolligo ollaanhda
straggle *v.* 제멋대로 자라다 jemotdaero jaradah
straggler *n.* 낙오자 nakoja
straight *adj.* 직선으로 jiksoneuiro
straighten *v.* 곧게하다 gotgehada
straightforward *adj.* 간단한 gandanhan
straightway *adv.* 즉시 jeuksih
strain *v.* 혹사하다 hoksahada

strain *n.* 부담 boodam
strained *adj.* 긴장한 ginjanghan
strait *n.* 해협 haehyup
straiten *v.i.* 난처하게하다 nanchuhhagye hada
strand *v.* 좌초시키다 jwachoshikida
strange *adj.* 이상한 yisanghan
stranger *n.* 낯선사람 natseonsaram
strangle *v.* 교살하다 gyosalhada
strangulation *n.* 교살 gyosal
strap *n.* 끈 ggeun
strapping *adj.* 가죽끈 gajookggeun
strategem *n.* 책략 chaekryak
strategic *adj.* 전략적인 jeonryakjeokin
strategist *n.* 전략가 jeonryakga
strategy *n.* 전략 jeonryak
stratify *v.* 계층화하다 gyecheunghwahada
stratum *n.* 층 cheung
straw *n.* 빨대 bbaldae
strawberry *n.* 딸기 ddalghi
stray *v.* 제 길을 벗어나다 jegileul butuhnada
streak *n.* 구석 gooseok
streaky *adj.* 줄무늬 같은게 있는 joolmoonui gateungye itneun
stream *n.* 시내 shinae
streamer *n.* 띠 ddee
streamlet *n.* 개울 gaewool
street *n.* 길 gihl
strength *n.* 힘 him
strengthen *v.* 강하게 하다 ganghagehada
strenuous *adj.* 몹시 힘든 mopsihimdeun
stress *n.* 스트레스 seuteureseu
stress *v.t.* 강조하다 gangjohada
stretch *v.* 늘이다 neullida
stretch *n.* 스트레칭 seuteureching
stretcher *n.* 들것 deulgot
strew *v.* 흩다 heutda

striation *n.* 줄무늬 같은게 있는 joolmoonui gateungye itneun
stricken *adj.* 시달리는 shidallineun
strict *adj.* 엄한 uhmhan
strictly *adv.* 엄격히 uhmgyukhee
stricture *n.* 심한 비난 shimhan beenahn
stride *v.* 성큼걷다 sungkeumgotda
strident *adj.* 귀에거슬리는 gwiehgeoseullineun
strife *n.* 갈등 gahldeung
strike *v.* 치다 chida
striker *n.* 파업참가자 paeopchamgaja
striking *adj.* 두드러진 doodeureojin
string *n.* 줄 jool
stringency *n.* 가혹함 gahokham
stringent *adj.* 엄중한 uhmjoonghan
stringy *adj.* 지저분한 jijeoboonhan
strip *v.t.* 벗기다 botgida
stripe *n.* 줄무늬 joolmoonui
stripling *n.* 애송이 aesongyee
stripper *n.* 스트리퍼 seuteuriper
strive *v.* 분투하다 boontoohada
strobe *n.* 섬광등 seomgwangdeung
stroke *n.* 타격 tahgyeok
stroll *v.* 거닐다 geonilda
strong *adj.* 강한 ganghan
stronghold *n.* 근거지 geungeoji
strop *n.* 짜증 jjajeung
stroppy *adj.* 까다로운 ggadaroeun
structural *adj.* 구조상의 goojosangeui
structure *n.* 구조 goojo
strudel *n.* 스트루들 seutooreudeul
struggle *v.* 분투하다 boontoohada
strum *v.* 치다 chida
strumpet *n.* 매춘부 maechoonboo
strut *n.* 지주 jijoo
stuart *adj.* 스튜어트 왕가의 seutyueuhteu wangaeui
stub *n.* 토막 tomak
stubble *n.* 그루터기 geuruteogi
stubborn *adj.* 완고함 wangoham

stucco *n.* 치장벽토 chijangbyuckto
stud *n.* 단추형 장식 danchoohyung jangshik
stud *v.* 장식을 붙이다 jangshikeul booteeda
student *n.* 학생 haksang
studio *n.* 스튜디오 seutyudio
studious *adj.* 학구적인 hakgujeokin
study *n.* 공부 gongboo
study *v.* 공부하다 gongboohada
stuff *n.* 것 geot
stuffing *n.* 충전재 choongjeonjae
stuffy *adj.* 답답한 dapdaphan
stultify *v.* 바보처럼 보이게하다 baboecheorum boyeegyehada
stumble *v.* 걸려넘어지다 geollyunumuhjida
stump *n.* 그루터기 geurootuhgi
stun *v.* 기절시키다 gijeolshikita
stunner *n.* 굉장한 미인 gwoeingjanghang meeyeen
stunning *adj.* 놀랄만한 nollalmanhan
stunt *v.* 묘기 myoghi
stupefy *v.* 깜작놀라게하다 ggamjjaknolragye hada
stupendous *adj.* 거대한 geodaehan
stupid *adj.* 멍청한 mungchunghan
stupidity *n.* 어리석음 uhriseokum
stupor *n.* 인사불성 yinsahboolsung
sturdy *adj.* 견고한 gyeongohan
stutter *v.* 말더듬다 maldeodumda
sty *n.* 다래끼 daraegghi
stygian *adj.* 새까만 saeggamahn
style *n.* 스타일 seutayil
stylish *adj.* 스타일리쉬한 seutayilishhan
stylist *n.* 스타일리스트 seutayilist
stylistic *adj.* 문체상의 moonchesangeui
stylized *adj.* 양식화된 yangsikhwadwein
stylus *n.* 바늘 bahneul
stymie *v.* 방해하다 banghaehada

styptic *adj.* 지혈이되는 jihyulyeedoeineun
suave *adj.* 정중한 jungjoonhang
subaltern *n.* 소위 sowee
subconscious *adj.* 잠재의식적인 jamjaewuisikjeokin
subcontract *v.* 부계약 boogyeyak
subdue *v.* 진압하다 jinahphada
subedit *v.* 부주필자 boojoopilja
subject *n.* 목적 mokjeok
subjection *n.* 복종 bokjong
subjective *adj.* 주관적인 jookwanjeokyin
subjudice *adj.* 심리중인 shimreejoongin
subjugate *v.* 예속시키다 yesokshikida
subjugation *n.* 정복 jeongbok
subjunctive *adj.* 가정법 gajeongbup
sublet *v.t.* 전대하다 jeondaehada
sublimate *v.* 승화시키다 seunghwasikida
sublime *adj.* 절묘한 jeolmyohan
subliminal *adj.* 알지못하는 사이에 ahljimothansahyieh
submarine *n.* 잠수함 jamsooham
submerge *v.* 잠수하다 jamsoohada
submerse *v.* 물속에 잠기다 moolsokeh jamgheeda
submersible *adj.* 물속에서 쓸수있는 moolsokeh sseulsooitneun
submission *n.* 순종 soonjong
submissive *adj.* 순종적인 soonjongjeokin
submit *v.* 제출하다 jechoolhada
subordinate *adj.* 종속된 jongsokdoein
subordination *n.* 예속시킴 yesokshikim
suborn *v.* 매수하다 maesoohada
subscribe *v.* 구독하다 goodokhada
subscript *adj.* 아래에 기입한 ahrae e giyiphan
subscription *n.* 구독료 goodokryo
subsequent *adj.* 차후의 chahoowui

subservience *n.* 복종 bokjong
subservient *adj.* 복종하는 bokjonghaneun
subside *v.* 가라앉다 garaahnda
subsidiary *adj.* 부수적인 boosoojeokin
subsidize *v.* 보조금을 주다 bojogeumeul jooda
subsidy *n.* 보조금 bojogeum
subsist *v.* 근근히 살아가다 geungeunhi salahgada
subsistence *n.* 최저생활 choijeosanghwal
subsonic *adj.* 음속보다 느린 eumsokboda neurin
substance *n.* 물질 mooljil
substantial *adj.* 상당한 sangdanghan
substantially *adv.* 상당히 sangdanghee
substantiate *v.* 입증하다 yipjeunghanda
substantiation *n.* 입증 yupjeung
substantive *adj.* 실질적인 siljilseokyin
substitute *n.* 대리 daeri
substitution *n.* 대리 da
subsume *v.* 포함하다 pohamhada
subterfuge *n.* 속임수 sokyimsoo
subterranean *adj.* 지하의 jihaeui
subtitle *n.* 자막 jamak
subtle *adj.* 미묘한 mimyohan
subtlety *n.* 미묘함 mimyoham
subtotal *n.* 소계 sogye
subtract *v.* 빼다 bbaeda
subtraction *n.* 삭감 sakgam
subtropical *adj.* 아열대의 ahyeoldaeeui
suburb *n.* 교외 gyowoei
suburban *adj.* 교외의 gyowoeieui
suburbia *n.* 교외의 생활방식 gyowoeieui sanghwalbangsik
subversion *n.* 전복 jeonbok
subversive *adj.* 전복적인 jeonbokjeokyin
subvert *v.i.* 전복시키다 jeonbokshikida

subway *n.* 지하철 jihahchul
succeed *v.* 성공하다 sunggonghada
success *n.* 성공 sunggong
successful *adj.* 성공적인 sunggongjeokyin
succession *n.* 연속 yeonsok
successive *adj.* 연속적인 yeonsokjeokyin
successor *n.* 승계자 seunggyeja
succint *adj.* 간단명료한 gandanmyungryohan
succour *n.* 도움 dowoom
succulent *adj.* 즙이많은 jeupyimaneun
succumb *v.* 굴복하다 goolbokhada
such *adj.* 그러한 geureohan
suck *v.* 빨아먹다 bbalahmukda
sucker *n.* 잘속는사람 jalsokneunsaram
suckle *v.* 젖을먹이다 jotjeulmokyida
suckling *n.* 젖먹이 jotmuckyi
suction *n.* 흡입 heumyip
sudden *adj.* 갑작스러운 gahpjackseureowoon
suddenly *adv.* 갑자기 gahpjaghi
sudoku *n.* 수도쿠 soodoku
sue *v.t.* 고소하다 gosohada
suede *n.* 스웨이드 seuweideu
suffer *v.i.* 고통받다 gotongbatda
sufferance *n.* 묵인 mookyin
suffice *v.* 충분하다 choongboonhada
sufficiency *n.* 충분한양 choongboonhanyang
sufficient *adj.* 충분한 choongboon
suffix *n.* 접미사 jeopmisah
suffocate *v.* 질식하사다 jilshikhada
suffocation *n.* 질식 jilshik
suffrage *n.* 투표권 toopyogwon
suffuse *v.* 퍼지다 peojidah
sugar *n.* 설탕 seoltang
suggest *v.* 제안하다 jeahnhada

suggestible *adj.* 남의 영향을 받기 쉬운 nameuiyounghyangeul batgiswiwoon
suggestion *n.* 제안하다 jeahnhada
suggestive *adj.* 연상시키는 yeonsangshikineun
suicidal *adj.* 자살하고싶어하는 jasalhago shipeohaneun
suicide *n.* 자살 jasal
suit *n.* 양복 yangbok
suitability *n.* 적당 jeokdang
suitable *adj.* 적당한 jeokhdanghan
suite *n.* 스위트 seuweeteu
suitor *n.* 구혼자 goohonja
sulk *v.* 부루퉁하다 boorootoonghada
sullen *adj.* 뚱한 ddoonghan
sully *v.* 훼손하다 hwesonhada
sulphur *n.* 유황 youhwang
sultana *n.* 황비 hwangbee
sultry *adj.* 무더운 moodeowoon
sum *n.* 합계 hapgye
summarily *adv.* 약식으로 yaksikeuro
summarize *v.* 요약하다 yoyakhada
summary *n.* 요약 yoyak
summer *n.* 여름 yeoreum
summit *n.* 산정 sanjeong
summon *v.* 소환하다 sohwanhada
summons *n.* 소환장 sohwanjang
sumptuous *adj.* 호화로운 hohwarowoon
sun *n.* 태양 taeyang
sun *v.* 햇볕을 쬐다 habyuteul jjoida
sundae *n.* 선데이 sundei
Sunday *n.* 일요일 yilyoyil
sunder *v.* 찢다 jjitda
sundry *adj.* 양건 yanggeon
sunken *adj.* 침몰한 chimmolhan
sunny *adj.* 밝은 balgeun
super *adj.* 최고의 choigoeui
superabundance *adj.* 과다 gwada
superabundant *adj.* 과다한 gwadahan

superannuation *n.* 연금 yeongeum
superb *adj.* 최고의 choigoeui
supercharger *n.* 과급기 gwageupgi
supercillous *adj.* 거만한 geomanhan
superficial *adj.* 얕은 yateun
superficiality *n.* 천박 cheonbak
superfine *adj.* 극도로 가는 geukdoroganeun
superfluity *n.* 여분 yeoboon
superfluous *adj.* 필요치 않은 pilyochiahneun
susperhuman *adj.* 초인적인 choyinjeokyin
superimpose *v.* 겹쳐놓다 gyepcheonota
superintend *v.* 관리하다 gwanrihada
superintendence *n.* 감독 gamdok
superintendent *n.* 관리자 gwanrija
superior *adj.* 우수한 woosoohan
superiority *n.* 우월성 woowolsung
superlative *adj.* 최상의 choisangwui
supermarket *n.* 슈퍼마켓 supeomaket
supernatural *adj.* 초인적인 choyinjeokyin
superpower *n.* 초강대국 chogandaegook
superscript *adj.* 어깨글자의 uhggaegeuljaeui
supersede *v.* 대체하다 daechaehada
supersonic *adj.* 초음속의 choeumsokeui
superstition *n.* 미신 mishin
superstitious *adj.* 미신적인 mishinjeokyin
superstore *n.* 대형수퍼 daehyungsooper
supervene *v.* 발생하다 balsanghada
supervise *v.* 감독하다 gamdokhada
supervision *n.* 감독 gamdok
supervisor *n.* 감독자 gamdokja
supper *n.* 만찬 manchan

supplant *v.* 대신하다 daeshinhada
supple *adj.* 유연한 youyeonhan
supplement *n.* 보충 bochoong
supplementary *adj.* 보충의 bochoong
suppliant *n.* 탄원자 tanwonja
supplicate *v.* 간청하다 gancheongja
supplier *n.* 공급자 gonggeupja
supply *v.* 공급하다 gonggeuphada
support *v.* 지원하다 jiwonhada
support *n.* 지원 jiwon
suppose *v.* 생각하다 sangakhada
supposition *n.* 추정 choojeong
suppository *n.* 좌약 jwayak
suppress *v.* 진압하다 jinahphada
suppression *n.* 진압 jinahp
suppurate *v.* 곪다 gomda
supremacy *n.* 패권 taegwon
supreme *adj.* 최고의 choigoeui
surcharge *n.* 추가요금 choogayogeum
sure *adj.* 확실한 hwaksilhan
surely *adv.* 확실하게 hwaksilhagye
surety *n.* 꼭 ggok
surf *n.* 파도 padoe
surface *n.* 표면 pyomyon
surfeit *n.* 과다 gwada
surge *n.* 치밀어오름 chimiluhoreum
surgeon *n.* 외과의사 oeigwawuisa
surgery *n.* 수술 soosool
surly *adj.* 무례한 mooryehan
surmise *v.t.* 추측하다 choocheukhada
surmount *v.* 극복하다 geukbokhada
surname *n.* 성 sung
surpass *v.* 능가하다 neunggahada
surplus *n.* 초과 chogwa
surprise *n.* 놀람 nollam
surreal *adj.* 비현실적의 bihyunshiljeokyin
surrealism *n.* 초현실주의 chohyunshiljwuuei
surrender *v.* 항복하다 hangbokhada
surrender *n.* 항복 hangbok

surreptitious *adj.* 은밀한 eunmilhan
surrogate *n.* 대리의 daerieui
surround *v.* 둘러싸다 doolleossada
surroundings *n.* 주변 joobyun
surtax *n.* 부가세 boogaseh
surveillance *n.* 감시 gamshi
survey *v.t.* 조사 joesah
surveyor *n.* 측량사 cheukryangsah
survival *n.* 생존 sangjon
survive *v.* 살아남다 salahnamda
susceptible *adj.* 민감한 mingamhan
suspect *v.* 의심하다 euishimhada
suspect *n* 용의자 yongeuija
suspend *v.* 매달다 maedalda
suspense *n.* 긴장감 ginjanggam
suspension *n.* 정지 jeongji
suspicion *n.* 의심하다 euishimhada
suspicious *adj.* 의심스러운 euishimseureowoon
sustain *v.* 지탱하다 jitanghada
sustainable *adj.* 지속가능한 jisokganeunghan
sustenance *n.* 내구 naegoo
suture *n.* 봉합성 bonghapsung
svelte *adj.* 날씬한 nalssinhan
swab *n.* 면봉 myunbong
swaddle *v.* 단단히 싸다 dandanhee ssada
swag *n.* 꽃다발 ggotdabal
swagger *v.* 으스대며걷다 euseudaemyo gotda
swallow *v.* 삼키다 samkida
swamp *n.* 늪 neup
swan *n.* 백조 baekjo
swank *v.* 으스대다 euiseudaeda
swanky *v.* 호화로운 hohwarowoon
swap *v.* 바꾸다 baggooda
swarm *n.* 기어오르다 giuhohreuda
swarthy *adj.* 거무스름한 geomooseureumhan

swashbuckling *adj.* 액션넘치는 aekshunnumchineun
swat *v.* 찰싹때리다 chalssakddaerida
swathe *n.* 기다란 띠 모양 gidarahn ddimoyang
sway *v.* 흔들리다 heundeullida
swear *v.* 맹세하다 mangsehada
sweat *n.* 땀 ddam
sweater *n.* 스웨터 seuwetuh
sweep *v.* 쓸다 sseulda
sweeper *n.* 청소기 chungsogi
sweet *adj.* 달콤한 dalcomhan
sweet *n.* 단것 dangut
sweeten *v.* 설탕을 넣다 seoltang
sweetheart *n.* 애인 aeyin
sweetmeat *n.* 사탕 satang
sweetener *n.* 감미료 gammeeryo
sweetness *n.* 달콤함 dalcomham
swell *v.* 부어오르다 boouhoreuda
swell *n.* 부기 booghi
swelling *n.* 부기 booghi
swelter *v.* 무더위에 시달리다 moodeowieh shidallida
swerve *v.* 방향을 틀다 banghyangeul teulda
swift *adj.* 신속한 shinsokhan
swill *v.* 씻다 ssitda
swim *v.* 수영하다 sooyounghada
swimmer *n.* 수영선수 sooyoungseonsoo
swindle *v.* 사기치다 sagichida
swindler *n.* 사기꾼 sagheeggoon
swine *n.* 골치거리 golchigeoryee
swing *n.* 그네 geune
swing *v.* 흔들리다 heundeullida
swingeing *adj.* 대폭적인 daepokjeokyin
swipe *v.* 긁다 geukda
swirl *v.* 빙빙돌다 bingbing dolda
swish *adj.* 쉭 소리를 내는 shik sorireul naeneun
switch *n.* 스위치 seuweechee

swivel v. 돌다 dolda
swoon v. 기절 gijeol
swoop v. 급강하다 geupganghada
sword n. 칼 kal
sybarite n. 사치를 좋아하는 무리 sachireul joahaneun mooree
sycamore n. 시카모어 sikamore
sycophancy n. 사대주의 sadaejoowui
sycophant n. 아첨꾼 ahchumggoon
syllabic adj. 음절의 eumjeoleui
syllable n. 음절 eumjeol
syllabus n. 교수요목 gyosooyomok
syllogism n. 삼단논법 samdannonbeob
sylph n. 요정 yojeong
sylvan adj. 숲의 soopeui
symbiosis n. 공생 gongsang
symbol n. 상징 sangjing
symbolic adj. 상징하는 sangjinghaneun
symbolism n. 상징주의 sangjingjooeui
symbolize v. 상징하다 sangjinghada
symmetrical adj. 대칭적인 daechingjeokyin
symmetry n. 대칭 daeching
sympathetic adj. 동정적인 dongjeongjeokyin
sympathize v. 동정하다 dongjeonghada
sympathy n. 동정 dongjeong
symphony n. 심포니 simponee
symposium n. 심포지엄 simpongeeuhm
symptom n. 증상 jeungsang
symptomatic adj. 증상을 보이는 jeungsangeul boyeeneun
synchronize v. 동시에 발생하다 dongshieh balsanghada
synchronous adj. 동시발생하는 dongshibalsanghaneun
syndicate n. 연합체 yeonhapche
syndrome n. 신드롬 shindeurom
synergy n. 시너지 sineogee
synonym n. 동의어 dongwuieoh

synonymous adj. 비슷한 뜻을 같는 bisheuthan ddeuteul gatneun
synopsis n. 개요 gaeyo
syntax n. 구문론 goomoonron
synthesis n. 합성 hapseong
synthesize v. 합성하다 hapseonghada
synthetic adj. 합성한 hapseonghan
syringe n. 주사기 joosaghi
syrup n. 시럽 sirup
system n. 시스템 siseutem
systematic adj. 체계적인 chegyejeokyin
systematize v. 체계화하다 chegyehwahada
systemic adj. 전체에 영향을 주는 jeonchae eh yeonghyangeul jooeun

T

tab n. 색인표 sakyeenpyo
table n. 테이블 taeyeebeul
tableau n. 광경 gwanggyung
tablet n. 정제 jeongje
tabloid n. 타블로이드판 tabeulloidpan
taboo n. 금기 geumghi
tabular adj. 표로 정리된 pyoro jeongridoein
tabulate v. 표로 만들다 pyoro mandeulda
tabulation n. 도표작성 dopyojaksung
tabulator v. 도표작성자 dopyojaksungja
tachometer n. 회전속도계 hwejeonsokdogye
tacit adj. 암묵적인 ahmmookjeokyin
taciturn adj. 묵계의 mookgyeeui
tack n. 방침 bangchim
tackle v.t. 솔직히말하다 soljikhimalhada
tacky adj. 조잡한 joejaphan
tact n. 요령 yoryung
tactful adj. 요령있는 yoryungitneun
tactic n. 전략 jeonryak

tactician *n.* 책략가 chaekryakga
tactical *adj.* 작전의 jakjeoneui
tactile *adj.* 촉각의 chokgakeui
tag *n.* 꼬리표 ggoryeepyo
tail *n.* 꼬리 ggoryee
tailor *n.* 재단사 jaedansa
taint *v.* 더럽히다 derupheeda
take *v.* 가지다 gajeeda
takeaway *n.* 테이크아웃전문점 taeyeekeuout jeonmoonjeom
takings *n.* 매출액 maechoolaek
talc *n.* 활석 hwalseok
tale *n.* 이야기 yiyagi
talent *n.* 재능 jaeneung
talented *adj.* 재능있는 jaeneungyitneun
talisman *n.* 부적 boojeok
talk *v.* 이야기하다 yiyagihada
talkative *adj.* 말이 많은 malyimaneun
tall *adj.* 키가큰 kigakeun
tallow *n.* 수지 sooji
tally *n.* 기록 girok
talon *n.* 발톱 baltop
tamarind *n.* 타마린드 tamarindeu
tambourine *n.* 탬버린 tamburin
tame *adj.* 재미없는 jaemiupneun
tamely *adv.* 길들여져서 gildeulyeojeosuh
tamp *v.* 다져넣다 dajeonutda
tamper *v.* 참견하다 chamgyeonhada
tampon *n.* 탐폰 tampon
tan *n.* 황갈색 hwanggalsaek
tandem *n.* 2인용자전거 yiyinyong jajeonguh
tang *n.* 접촉 jeopchok
tangent *n.* 접선 jeobseon
tangerine *n.* 탄제린 tangerin
tangible *adj.* 실재하는 siljaehaneun
tangle *v.t.* 얽히다 ulkida
tank *n.* 탱크 tankeu
tanker *n.* 대형선박 daehyungsunbak
tanner *n.* 무두장이 moodoojangyee

tannery *n.* 무두질공장 moodoojilgongjang
tantalize *v.* 감질나게하다 gamjilnagehada
tantamount *adj.* ~와 마찬가지의 ~wa machangajieui
tantrum *n.* 짜증 jjajeung
tap *n.* 꼭지 ggokji
tapas *n.* 고행 gohang
tape *n.* 테이프 teyeepeu
tape *v.i.* 녹음하다 nokeumhada
taper *v.* 점점가늘어지다 jeomjeomganeuleohjida
tapestry *n.* 태피스트리 taepiseuteuri
tappet *n.* 철자 cheolja
tar *n.* 느림 neurim
tardy *adj.* 느린 neurin
target *n.* 목표물 mokpyomool
tariff *n.* 관세 gwanse
tarn *n.* 호수 hosoo
tarnish *v.* 흐려지다 heuryejida
tarot *n.* 타로카드 taroekadeu
tarpaulin *n.* 방수포 bangsoopo
tart *n.* 파이 payee
tartar *n.* 치석 chisuck
task *n.* 업무 uhpmoo
tassel *n.* 술 sool
taste *n.* 맛 mat
taste *v.* 맛을보다 mateulboda
tasteful *adj.* 고상한 gosanghan
tasteless *adj.* 맛이없는 motyeeeupneun
tasty *adj.* 맛있는 matyitneun
tatter *n.* 넝마 nungma
tattle *n.* 고자질하다 gojajilhada
tattoo *n.* 문신 moonshin
tatty *adj.* 닳아해진 dalahhaejin
taunt *n.* 조롱 jorong
taut *adj.* 팽팽한 pangpanghan
tavern *n.* 터번 teobun
tawdry *adj.* 저속한 jeosokhan
tax *n.* 세금 segeum

taxable *adj.* 과세되는 gwasedwoineun
taxation *n.* 조세 jose
taxi *n.* 택시 tasee
taxi *v.* 천천히 달리다 cheoncheonhi dallida
taxonomy *n.* 분류학 boonryuhak
tea *n.* 차 cha
teach *v.* 가르치다 gareuchida
teacher *n.* 선생님 seonsangnim
teak *n.* 찻찬 chatjan
team *n.* 팀 tim
tear *v.* 찢다 jjitda
tear *n.* 눈물 noonmool
tearful *adj.* 울먹이는 woolmukyeeneun
tease *v.* 놀리다 nollida
teat *n.* 젖꼭지 juhtggokji
technical *adj.* 과학기술의 gwahakgisoolwui
technicality *n.* 세부내용 seboonaeyong
technician *n.* 기술자 gisoolja
technique *n.* 기술 gisool
technological *adj.* 기술적인 gisooljeokyin
technologist *n.* 최신과학기술전문가 choishingwahakghisooljeonmoonga
technology *n.* 기술 gisoon
tedious *adj.* 지루한 jeeroohan
tedium *n.* 지루함 jeerooham
teem *v.* 충만하다 choongmanhada
teenager *n.* 청소년 chungsonyun
teens *adj.* 십대시절의 shipdaeshijeoleui
teeter *v.* 불안정하게서다 boolanjeonghagyeseoda
teethe *v.* 이가나기시작하다 yiganagishijakhada
teetotal *adj.* 금주주의의 geumjoojooeuieui
teetotaller *n.* 금주자 geumjooja
telecast *v.t.* 텔레비전방송 telebeejeonbangsong

telecommunications *n.* 전기통신 jeongitongshin
telegram *n.* 전보 jeonbo
telegraph *n.* 전신 jeonshin
telegraphic *adj.* 전신의 jeonshineui
telegraphy *n.* 전신 jeonshin
telepathic *adj.* 텔레파시를 이용한 telepashireul yiyonghan
telepathist *n.* 텔레파시연구가 telepashiyeongooga
telepathy *n.* 텔레파시 telepshi
telephone *n.* 전화 jeonhwa
teleprinter *n.* 전신기 jeonshingi
telescope *n.* 망원경 mangwongyung
teletext *n.* 텔레텍스 teleteseu
televise *v.* 텔레비전으로 방송하다 telebeejeoneurobangsonghada
television *n.* 텔레비전 telebeejoen
tell *v.* 말하다 malhada
teller *n.* 창구직원 changgoojikwon
telling *adj.* 효과적인 hyogwajeokyin
telltale *adj.* 숨길수 없는 soomgilsooupneun
temerity *n.* 만용 manyong
temper *n.* 성질 sungjil
temperament *n.* 기질 gijil
temperamental *adj.* 괴팍한 gweipakhan
temperance *n.* 금주 geumjoo
temperate *adj.* 온화한 onhwahan
temperature *n.* 온도 ondo
tempest *n.* 폭풍 pokpoong
tempestuous *adj.* 열렬한 yeolryeolhan
template *n.* 견본 gyunbon
temple *n.* 사원 sawon
tempo *n.* 템포 tempo
temporal *adj.* 시간의 shiganeui
temporary *adj.* 임시의 yimshieui
temporize *v.* 미루다 mirooda
tempt *v.* 유혹하다 yoohokhada
temptation *n.* 유혹 yoohok

tempter *n.* 유혹하는사람 yoohokhaneunsaram
ten *adj. & adv.* 10의 &10번째 shipeui &yeolbunjjae
tenable *adj.* 쉽게 방어할 수 있는 shipgyebanguhhalsooyitneun
tenacious *adj.* 집요한 jipyohan
tenacity *n.* 고집 gojip
tenancy *n.* 차용 chayong
tenant *n.* 세입자 seyipja
tend *v.* ~하는경향이 있다 ~haneungyunghyangyeeitda
tendency *n.* 경향 gyunghyang
tendentious *adj.* 과격한 gwagyeokhan
tender *adj.* 부드러운 boodeureowoon
tender *n.* 간호인 ganhoyin
tendon *n.* 힘줄 himjool
tenement *n.* 공동주택 gongdongjootae
tenet *n.* 주리 joowui
tennis *n.* 테니스 teniseu
tenor *n.* 테너 tenuh
tense *adj.* 긴장감있는 ginjanggamyitneun
tensile *adj.* 인장의 yinjangeui
tension *n.* 긴장 ginjang
tent *n.* 텐트 tenteu
tentacle *n.* 촉수 choksoo
tentative *adj.* 잠정적인 jamjeongjeokyin
tenterhook *n.* 갈고리 galgori
tenth *adj. & n.* 10의 &10번째 shipeui &yeolbunjjae
tenuous *adj.* 미약한 miyakhan
tenure *n.* 재임 jaeyim
tepid *adj.* 미지근한 mijigeunhan
term *n.* 기간 gighan
termagant *n.* 잔소리 심한 여자 jansori shimhanyeoja
terminal *adj.* 터미널 teominul
terminate *v.* 끝나다 ggeutnada
termination *n.* 종료 jongryo
terminological *adj.* 용어의 yonguheui

terminology *n.* 용어 yonguh
terminus *n.* 종점 jongjum
termite *n.* 흰개미 huingaemi
terrace *n.* 테라스 teraseu
terracotta *n.* 테라코타 terakota
terrain *n.* 지형 jihyung
terrestrial *adj.* 지구의 jigueui
terrible *adj.* 최악의 choiakeui
terrier *n.* 토지대장 tojidaejang
terrific *adj.* 멋진 motjin
terrify *v.* 무섭게하다 moosepgyehada
territorial *adj.* 영토의 youngtowui
territory *n.* 구역 gooyeok
terror *n.* 공포 gongpo
terrorism *n.* 테러리즘 tereorijeum
terrorist *n.* 테러리스트 tereoriseuteu
terrorize *v.* 공포에떨게하다 gongpoehddeolgyehada
terry *n.* 테리직물 terrijikmool
terse *adj.* 간결한 gangyulhan
tertiary *adj.* 제3의 jesamwui
test *n.* 테스트 testeu
testament *n.* 증서 jeunggeo
testate *adj.* 유효한 유언을 남기고 죽은 youhyohan youeoneul namgigo jookeun
testicle *n.* 고환 gohwan
testify *v.* 증언하다 jeunguhnhada
testimonial *n.* 추천서 choocheonsuh
testimony *n.* 증언하다 jeunguhnhada
testis *n.* 고환 gohwan
testosterone *n.* 테스토스테론 teseutoseuteron
testy *adj.* 짜증잘내는 jjajeungjalnaeneun
tetchy *adj.* 성질이 나쁜 seongjilyinabbeun
tether *v.t.* 묶다 mookda
text *n.* 텍스트 tekseuteu
textbook *n.* 교과서 gyogwaseo
textual *adj.* 원문의 wonmoonwui

textile *n.* 직물 jikmool
textual *adj.* 원문의 wonmoonwui
texture *n.* 질감 jilgam
thank *v.* 감사하다 gamsahada
thankful *adj.* 감사한 gamsahan
thankless *adj.* 감사받지 못한 gamsabatjimothan
that *pron. & adj.* 저것&저것의 jeogut &jeogutwui
thatch *n.* 짚 jip
thaw *v.* 녹다 nokda
the *adj.* 그것 geugut
theatre *n.* 극장 geukjang
theatrical *adj.* 연극의 yeongeukwui
theft *n.* 절도 jeoldo
their *adj.* 그들의 geudeulwui
theism *n.* 유신론 yooshinron
them *pron.* 그들의 geudeulwui
thematic *adj.* 주제의 joojewui
theme *n.* 주제 jooje
themselves *pron.* 그들 geudeul
then *adv.* 그리고나서 geurigonaseo
thence *adv.* 그뒤에 geudwieh
theocracy *n.* 신권정체 shingwonjeongche
theodolite *n.* 경위의 kyungwieu
theologian *n.* 신학자 shinhakja
theology *n.* 신학 shinhak
theorem *n.* 정리 jeongri
theoretical *adj.* 이론의 yironwui
theorist *n.* 이론가 yironga
theorize *v.* 이론을 제시하다 yironeuljesihada
theory *n.* 이론 yiron
theosophy *n.* 신지학 shinjihak
therapeutic *adj.* 치료상의 chiryosangeui
therapist *n.* 치료사 chiryosah
therapy *n.* 치료 chiryo
there *adv.* 그곳 geugot
thermal *adj.* 열의 yeolwui

thermodynamics *n.* 열역학 yeolyukhak
thermometer *n.* 온도계 ondoegye
thermos *n.* 보온병 boonbyung
thermosetting *adj.* 열결화성의 yeolgyeolhwasunguei
thermostat *n.* 온도조절장치 ondojojeoljangchi
thesis *n.* 논지 nonji
they *pron.* 그들 geudeul
thick *adj.* 두꺼운 dooggeowoon
thicken *v.* 두껍게되다 dooggeopgyedoeida
thicket *n.* 덤불 deombool
thief *n.* 도둑 dodook
thigh *n.* 허벅지 heobuckjee
thimble *n.* 골무 golmoo
thin *adj.* 날씬한 nalsshinhan
thing *n.* 것 gut
think *v.* 생각하다 sanggakhada
thinker *n.* 사상가 sasangga
third *adj.* 세번째의 sebunjjeui
thirst *n.* 갈증 galjeungwui
thirsty *adj.* 목마른 mokmareun
thirteen *adj. & n.* 13의 &13 shipsameui &shipsam
thirteen *adj. & n.* 13의 &13 shipsameui &shipsam
thirteenth *adj. & n.* 13번째의 &13번째 yeolsaebunjjaeeui &yeolsaebunjjae
thirtieth *adj. & n.* 30번째의 &30번째 samshipbeonjjaeui &samshipbunjjae
thirtieth *adj. & n.* 30번째의 &30번째 samshipbeonjjaeui &samshipbunjjae
thirty *adj. & n.* 30의&30 samshipeui&samship
thirty *adj. & n.* 30의&30 samshipeui&samship
this *pron.& adj.* 이것&이것의 yigut &yiguteui

thistle *n.* 엉겅퀴 unggungkwi
thither *adv.* 그쪽에 geujjokeh
thong *n.* 가죽끈 gajookggeun
thorn *n.* 가시 gasi
thorny *adj.* 가시가 있는 gasigayitneun
thorough *adj.* 온전히 onjeonhi
thoroughfare *n.* 주요도로 jooyodoro
though *conj.* 비록~지만 birok~jiman
thoughtful *adj.* 사려깊은 saryogipeun
thoughtless *adj.* 무심한 mooshimhan
thousand *adj. & n.* 1000의 & 천 chuneui &chun
thrall *n.* 노예 noye
thrash *v.* 때리다 ddaereeda
thread *n.* 실 shil
threat *n.* 위협 weehyup
threaten *v.* 위협하다 weehyuphada
three *adj. & n.* 세번째의 & 삼 sebunjjeui&sam
thresh *v.* 타작하다 tajakhada
threshold *n.* 문지방 moonjibang
thrice *adv.* 삼회의 samhwoewui
thrift *n.* 절약 jeolyak
thrifty *adj.* 절약하는 jeolyakhaneun
thrill *n.* 흥분 hungboon
thriller *n.* 스릴러물 seurilreomool
thrive *v.* 번성하다 bunsunghanda
throat *n.* 목 mok
throaty *adj.* 목이쉰 mokyeeshin
throb *v.* 욱신거리다 ookshingeorida
throes *n.* 극심한 고통 geukshimhangotong
throne *n.* 왕좌 wangjwa
throng *n.* 인파 yinpa
throttle *n.* 목을조르다 mokeuljoreuda
through *prep. &adv.* 비록~지만 & ~일지라도 birok~jiman &~yiljirado
throughout *prep.* 전체에 걸쳐 jeoncheehgeulcheo
throw *v.* 던지다 deonjida
thrush *n.* 개똥지빠귀 gaeddongjibbagui

thrust *v.* 밀다 milda
thud *n.* 쿵 kung
thug *n.* 폭력배 polryukbae
thumb *n.* 엄지 umjee
thunder *n.* 천둥 chungdoong
thunderous *adj.* 우레같은 wooregateun
Thursday *n.* 목요일 mokyoyeel
thus *adv.* 그러므로 geureomeuro
thwart *v.* 좌절시키다 jwajeoshikida
thyroid *n.* 갑상선 gapsangsung
tiara *n.* 작은왕관 jakeunwangkwan
tick *n.* 똑닥거리는 소리 dokdakgeorineunsori
ticket *n.* 티켓 tiket
ticking *n.* 똑닥거림 dokdakgeorim
tickle *v.* 간지럼태우다 ganjirumtaewooda
ticklish *adj.* 간지럼 잘타는 ganjirumjaltaneun
tidal *adj.* 조수의 josooeui
tiddly *n.* 술이 취한 soolyichweehan
tide *n.* 일어나다 yileohnada
tidings *n.* 소식 soshik
tidiness *n.* 청결 chungyeol
tidy *adj.* 깔끔한 ggalggeumhan
tie *v.* 묶다 mookda
tie *n.* 넥타이 necktai
tied *adj.* 사택의 sataekwui
tier *n.* 줄 jool
tiger *n.* 호랑이 horangyee
tight *adj.* 단단한 dandanhan
tighten *v.* 팽팽해지다 pangpanghaejida
tile *n.* 타일 tayil
till *prep.* ~까지 ggaji
tiller *n.* 경작자 gyungjakja
tilt *v.* 기울다 giwoolda
timber *n.* 목재 mokjae
time *n.* 시간 shiganeui
timely *adj.* 적절하게 jeokjeolhagye
timid *adj.* 소심한 soshimhan
timidity *n.* 소심 soshim

timorous *adj.* 겁이많은 gupeemaneun
tin *n.* 통 tong
tincture *n.* 팅크 tinkeu
tinder *n.* 부싯깃 booshitkit
tinge *n.* 더하다 deohada
tingle *n.* 따끔거리다 ddaggeumgeorida
tinker *v.* 어설프게 손보다 uhsuleugyesonboda
tinkle *v.* 딸랑 울리다 ddalangwoolida
tinsel *n.* 장식용조각 jangshikyongjogak
tint *n.* 색조 saekjo
tiny *adj.* 작은 jakeun
tip *n.* 팁 tip
tipple *v.* 장치 jangchi
tipster *n.* 정보원 jeongbowon
tipsy *n.* 술이약간취한 soolyiyakganchweehan
tiptoe *v.* 살금걷다 salgeungotda
tirade *n.* 장광설 janggwangseol
tire *v.* 피곤하다 pigonhada
tired *adj.* 피곤한 pigonhan
tireless *adj.* 지칠줄 모르는 jichiljoolmoreuneun
tiresome *adj.* 성가신 sunggashin
tissue *n.* 조직 jojik
titanic *adj.* 아주거대한 ahjoogeodaehan
titbit *n.* 음식한입 eumshikhanyip
tithe *n.* 십일조 shipyiljo
titillate *v.* 자극하다 jageukhada
titivate *v.* 매만지다 maemanjida
title *n.* 제목 jemok
titled *adj.* 작위가 있는 jakweegayitneun
titular *adj.* 명목상의 myungmoksangwi
to *prep.* ~로 ro
toad *n.* 두꺼비 doogeobi
toast *n.* 건배 gunbae
toaster *n.* 토스터 toster
tobacco *n.* 담배 dambae
today *adv.* 오늘의 oneulwee
toddle *v.* 걸음마다 geuleummatada
toddler *n.* 유아 yooah

toe *n.* 발가락 balgarak
toffee *n.* 토피 topee
tog *n.* 옷 ot
toga *n.* 토가 toga
together *adv.* 함께 hamggye
toggle *n.* 토글 togeul
toil *v.i.* 힘들게일하다 himdeulgyeilhada
toilet *n.* 화장실 hwajangshil
toiletries *n.* 세면도구 semyundogu
toils *n.* 덫 deot
token *n.* 토큰 tokeun
tolerable *adj.* 웬만한 wenmanhan
tolerance *n.* 참을성 chameulsung
tolerant *adj.* 관대한 gwandaehan
tolerate *v.* 참다 chamda
toleration *n.* 용인 yongin
toll *n.* 요금 yogeum
tomato *n.* 토마토 tomatoe
tomb *n.* 무덤 moodeum
tomboy *n.* 톰보이 tomboyee
tome *n.* 두꺼운책 dooggeowoonchaek
tomfoolery *n.* 바보같은짓 baboegateunjit
tomorrow *adv.* 내일 naeil
ton *n.* 톤 ton
tone *n.* 말투 maltoo
toner *n.* 토너 toner
tongs *n.* 집게 jipgye
tongue *n.* 혀 hye
tonic *n.* 토닉 tonic
tonight *adv.* 오늘밤 oneulbam
tonnage *n.* 용적톤수 yongeoktonsoo
tonne *n.* 톤 ton
tonsil *n.* 편도선 pyondosun
tonsure *n.* 삭발 sakbal
too *adv.* 역시 yeokshi
tool *n.* 기구 gigu
tooth *n.* 이 yi
toothache *n.* 치통 chitong
toothless *adj.* 이가없는 yigaupneun
toothpaste *n.* 치약 chiyak

toothpick *n.* 이쑤시개 yisooshigye
top *n.* 위 wee
topaz *n.* 토파즈 topajeu
topiary *n.* 장식적 전정법 jangsikjeonjungbub
topic *n.* 주제 jooje
topical *adj.* 시사와 관련되 shisawagwanryondoein
topless *adj.* 상반신을 드러낸 sangbanshineuldeureonan
topographer *n.* 지형학자 jihyunghakja
topographical *adj.* 지형학적인 jihyunghakjeokyin
topography *n.* 지형학 jihyunghank
topping *n.* 고명 gomyong
topple *v.* 넘어지다 numeuhjida
tor *n.* 바위산 baweesan
torch *n.* 손전등 sonjeondeung
toreador *n.* 기마투우사 gimatoowoosa
torment *n.* 고통 gotong
tormentor *n.* 괴롭히는사람 gwoirophineunsaram
tornado *n.* 토네이도 tonaeido
torpedo *n.* 어뢰 uhroei
torpid *adj.* 무기력한 moogiryukhan
torrent *n.* 급류 geupryo
torrential *adj.* 폭우의 pokwoowui
torrid *adj.* 열렬한 yeolryulhan
torsion *n.* 비틂 biteum
torso *n.* 몸통 momtong
tort *n.* 불법행위 bulbuphangwee
tortoise *n.* 거북 geobook
tortuous *adj.* 길고복잡한 gilgobokjaphan
torture *n.* 고문 gomoon
toss *v.* 던지다 deonjida
tot *n.* 한모금 hanmogeum
total *adj.* 전체의 jeonchaewee
total *n.* 전체 jeonche
totalitarian *adj.* 전체주의 jeonchejoowui
totality *n.* 총액 chongaek

tote *v.* 나르다 nareuda
totter *v.* 비틀거리다 biteulgeorida
touch *v.* 만지다 manjida
touching *adj.* 감동적인 gamdongjeokyin
touchy *adj.* 과민한 gwaminhan
tough *adj.* 과격한 gwagyukhan
toughen *v.* 단단하게 하다 dandanhakyehada
toughness *n.* 단단함 dandanham
tour *n.* 여행 yeohang
tourism *n.* 관광 gwangwang
tourist *n.* 관광객 gwangwanggak
tournament *n.* 토너먼트 toneomeonteu
tousle *v.* 헝클어뜨리다 hunhkeuleohteurida
tout *v.* 장점을 내세우다 jangjeomeulnaesewooda
tow *v.* 끌다 ggeulda
towards *prep.* ~를 향해서 reulhyangheseo
towel *n.* 타월 tawol
towelling *n.* 타월천 tawolcheon
tower *n.* 탑 top
town *n.* 도시 doshi
township *n.* 군구 goongoo
toxic *adj.* 독성의 doksungweui
toxicology *n.* 독성학 doksunghak
toxin *n.* 독소 dokso
toy *n.* 장난감 jangnangam
trace *v.t.* 추적하다 choojeokganeunghada
traceable *adj.* 추적가능한 choojeokganeunghan
tracing *n.* 투사 toosa
track *n.* 길 gil
tracksuit *n.* 운동복 woondongbok
tract *n.* 넓이 nulbi
tractable *adj.* 다루기쉬운 darugisweewoon
traction *n.* 끌기 ggeulgi
tractor *n.* 트랙터 teuraekteo

trade *n.* 무역 mooyeok
trademark *n.* 상표 sangpyo
trader *n.* 상인 sangyin
tradesman *n.* 방문판매원 bangmoonpanmaewon
tradition *n.* 전통 jeontong
traditional *adj.* 전통적인 jeontongjeokyin
traditionalist *n.* 전통주의자 jeontongjooeuija
traduce *v.* 비방하다 bibanghada
traffic *n.* 교통 gyotong
trafficker *n.* 상인 sangin
trafficking *n.* 밀매 milmae
tragedian *n.* 비극작가 bigeukjakga
tragedy *n.* 비극 bigeuk
tragic *adj.* 비극적인 bigeukjeokyin
trail *n.* 자국 jagook
trailer *n.* 트레일러 teuraeileo
train *n.* 기차 gicha
train *v.* 훈련하다 hoonryunhada
trainee *n.* 수습 sooseup
trainer *n.* 훈련자 hoonryunja
training *n.* 훈련 hoonryun
traipse *v.* 터벅걷다 teobuckgutda
trait *n.* 특성 teuksung
traitor *n.* 배방자 baebangja
trajectory *n.* 탄도 tandoe
tram *n.* 전차 jeoncha
trammel *v.* 구속하다 goosokhada
tramp *v.* 터벅걷다 teobuckgutda
trample *v.* 짓밟다 jitbalbda
trampoline *n.* 트램펄린 trampullin
trance *n.* 무아지경 mooahjigyung
tranquil *adj.* 고요한 goyohan
tranquility *n.* 고요 goyo
tranquillize *v.* 진정하게하다 jinjunghagehada
transact *v.* 거래하다 georaehada
transaction *n.* 거래 georaehada

transatlantic *adj.* 대서양횡단의 daesuhyanghwengdaneui
transceiver *n.* 트랜시버 transiber
transcend *v.* 초월하다 chowolhada
transcendent *adj.* 초월하는 chowolhaneun
transcendental *adj.* 선험적인 seonhumjeokyin
transcontinental *adj.* 대륙횡단의 daeryukhwengdaneui
transcribe *v.* 기록하다 girokhada
transcript *n.* 기록 girok
transcription *n.* 글로 옮김 geulloomgim
transfer *v.* 옮기다 omgida
transferable *adj.* 이동가능한 yidongganeunghan
transfiguration *n.* 변형 byunhyung
transfigure *v.* 변모하다 byunmohada
transform *v.* 변형시키다 byunhyungshikida
transformation *n.* 변화 byunhwa
transformer *n.* 변압기 byunapgi
transfuse *v.* 수혈하다 soohyulhada
transfusion *n.* 수혈하다 soohyulhada
transgress *v.* 넘어서다 numohsuhda
transgression *n.* 위반 weeban
transient *adj.* 일시적인 yilshijeokyin
transistor *n.* 트랜지스터 teuransister
transit *n.* 수송 soosong
transition *n.* 이행 yihang
transitive *adj.* 타동사의 tadongsaeui
transitory *adj.* 일시적인 yilshijeokyin
translate *v.* 번역하다 bunyeokhada
translation *n.* 번역 bunyeok
transliterate *v.* 다른문자로 옮기다 dareunmoonjaro omgida
translucent *adj.* 반투명한 bantoomyunghan
transmigration *n.* 환생 hwansang
transmission *n.* 전염 jeonyeom
transmit *v.* 전송하다 jeonsong

transmitter *n.* 트랜스미터 teuranseumeteo
transmute *v.* 바꾸다 bagguda
transparency *n.* 투명도 tumyungdo
transparent *adj.* 투명한 tumyunghan
transpire *v.* 알고보니~이다 algomoboni~yida
transplant *v.* 이식하다 yisikhada
transport *v.* 수송하다 susonghada
transportation *n.* 수송 susong
transporter *n.* 트럭 teuruk
transpose *v.* 뒤바꾸다 duibagooda
transsexual *n.* 트랜스젠더 teuransuejendeo
transverse *adj.* 가로지르는 garojireunen
transvestite *n.* 복장도착자 bokjangdochakja
trap *n.* 덫 dut
trapeze *n.* 공중그네 gongjoongeune
trash *n.* 쓰레기 sseuregi
trauma *n.* 정신적외상 jeongshinjeokwoisang
travel *v.* 여행하다 yeohanghada
traveller *n.* 여행자 yeohangja
travelogue *n.* 여행관련영화 yeohanggwanryonyounghwa
traverse *v.* 가로지르다 garojireuda
travesty *n.* 모조품 mojopoon
trawler *n.* 트롤선 teurolsun
tray *n.* 쟁반 jaengban
treacherous *adj.* 기만적인 gimanjeokyin
treachery *n.* 배반 baeban
treacle *n.* 당밀 dangmil
tread *v.* 디디다 didida
treadle *n.* 발판 balpan
treadmill *n.* 드레드밀 teuredeumil
treason *n.* 반역죄 banyeokjeoi
treasure *n.* 보물 bomool

treasurer *n.* 회계담당자 hwegyedamdangja
treasury *n.* 재무부 jaemooboo
treat *v.* 대하다 daehada
treatise *n.* 논문 nonmoon
treatment *n.* 치료 chiryo
treaty *n.* 조약 choyak
treble *adj.* 최고음역 choigoeumyeok
tree *n.* 나무 namoo
trek *n.* 트래킹 traking
trellis *n.* 격자구조물 gyukjagujomool
tremble *v.* 떨다 ddulda
tremendous *adj.* 엄청난 eumcheongnan
tremor *n.* 미진 mijin
tremulous *adj.* 약간떠는 yakganddeoneun
trench *n.* 도랑 dorang
trenchant *adj.* 정통을 찌르는 jeongtongeuljjireuneun
trend *n.* 유행 youhang
trendy *adj.* 최신유행의 choishinyoohangeui
trepidation *n.* 두려움 dooryoum
trespass *v.* 무단침입을 하다 moodanchimyipeulhada
tress *n.* 머릿단 meoritdan
trestle *n.* 가대 gadae
trial *n.* 재판 jaepan
triangle *n.* 삼각형 samgakhyung
triangular *adj.* 삼각형의 samgakhyungeui
triathlon *n.* 철인삼종경기 cheolyinsamjonggyeonggi
tribal *adj.* 부족의 boojokeui
tribe *n.* 부족 boojok
tribulation *n.* 고난 gonan
tribunal *n.* 재판소 jaepanso
tributary *n.* 지류 jiryu
tribute *n.* 헌사 hunsa
trice *n.* 순간 soongan

triceps *n.* 삼두근 samdoogeun
trick *n.* 농담 nongdam
trickery *n.* 사기 saghi
trickle *v.* 흐리다 geurida
trickster *n.* 사기꾼 saghiggoon
tricky *adj.* 힘든 himdeun
tricolour *n.* 삼색기 samsakghi
tricycle *n.* 세발자전거 sebaljajeongeo
trident *n.* 삼지창 samjichang
trier *n.* 트리어 trieuh
trifle *n.* 약간 yakgan
trigger *n.* 방아쇠 banasoi
trigonometry *n.* 삼각법 samgakbub
trill *n.* 떨리는 목소리 ddeollineunmoksori
trillion *adj & n.* 1조&1조 yiljo & yiljo
trilogy *n.* 3부작 sambujak
trim *v.* 다듬다 dadeumda
trimmer *n.* 다듬는기계 dadeumneungigye
trimming *n.* 곁들이는 음식 gyudeurinun eumsik
trinity *n.* 삼위일체 samweeyilche
trinket *n.* 값싼장신구 gapssanjangshingoo
trio *n.* 삼인조 samyinjo
trip *v.* 여행을하다 yeohangeulhada
tripartite *adj.* 3부로된 samburodeoin
triple *n.* 3배 saebae
triplet *n.* 세쌍둥이 sessangdoonyee
triplicate *adj.* 3중의 samjoongeui
tripod *n.* 삼각대 samgakdae
triptych *n.* 세폭짜리 그림 sepokjjari geurim
trite *adj.* 진부한 jinboohan
triumph *n.* 업적 eupjok
triumphal *adj.* 개선의 gaesuneui
triumphant *adj.* 크게성공한 keugyesunggonghan
trivet *n.* 삼발이 sambalyee
trivia *n.* 하찮은것 hachaneungot

trivial *adj.* 하찮은 hachaneun
troll *n.* 돌림노래 dollimnorae
trolley *n.* 카트 kateu
troop *n.* 병력 byungryuk
trooper *n.* 기병 gibyung
trophy *n.* 트로피 teuropi
tropic *n.* 회귀선 hweguisun
tropical *adj.* 열대의 yeoldaewui
trot *v.* 빨리걷다 bballigutda
trotter *n.* 속보훈련말 sokbohullyunmal
trouble *n.* 문제 moonje
troubleshooter *n.* 분쟁중재자 boonjangjoongjaeja
troublesome *adj.* 고질적인 gojiljeokyin
trough *n.* 구유 gooyoo
trounce *v.* 완파하다 wanpahada
troupe *n.* 극단 geukdan
trousers *n.* 바지 baji
trousseau *n.* 혼수감 honsoogam
trout *n.* 송어 songuh
trowel *n.* 모종삽 mojongsap
troy *n.* 트로이 teuroyee
truant *n.* 무단결석생 moodangyeolsuksang
truce *n.* 휴선 hyuson
truck *n.* 트럭 teuruck
trucker *n.* 교역자 gyoyuksa
truculent *adj.* 반항적인 banhangjeokyin
trudge *v.* 터덜거리며걷다 teodulgeorimyogutda
true *adj.* 진실의 jinshinwi
truffle *n.* 트러플 teureopeul
trug *n.* 원예용바구니 wonyeyongbagunee
truism *n.* 뻔한말 bbeonhanmal
trump *n.* 나팔 napal
trumpet *n.* 트럼펫 teurumpet
truncate *v.* 길이를줄이다 gilyeereuljoolyeeda
truncheon *n.* 경찰봉 gyungchalbong
trundle *v.* 굴러가다 goolleogada

trunk *n.* 트렁크 teurunkeu
truss *n.* 트러스 teurus
trust *n.* 신뢰 shinreui
trustee *n.* 신탁관리자 shintakgwanrija
trustful *adj.* 신용하는 shinyonghaneun
trustworthy *adj.* 신용할만한 shinyonghalmanhan
trusty *adj.* 믿을 수 있는 miteulsooyitneun
truth *n.* 진실의 jinshileui
truthful *adj.* 정직한 jeongjikhan
try *v.* 시도하다 shidohada
trying *adj.* 괴로운 gwoirowoon
tryst *n.* 밀회 milhwe
tsunami *n.* 쓰나미 ssunami
tub *n.* 통 tong
tube *n.* 튜브 tjubeu
tubercle *n.* 결절 gyuljeol
tuberculosis *n.* 결핵 gyulhak
tubular *adj.* 관으로된 gwaneuirodeoin
tuck *v.* 밀어넣다 mileohnutda
Tuesday *n.* 화요일 hwayoyil
tug *v.* 잡아딩기다 japahdanggida
tuition *n.* 수업료 soopryo
tulip *n.* 툴립 tulip
tumble *v.* 굴러떨어지다 gulleoddeoluhjida
tumbler *n.* 텀블러 tumbleo
tumescent *adj.* 부풀어오른 boopooleuhoreun
tumour *n.* 종양 jongyang
tumult *n.* 소란 soran
tumultuous *adj.* 떠들석한 ddeodeulssokhan
tun *n.* 큰통 keuntong
tune *n.* 곡 gok
tuner *n.* 조율사 joyoolsa
tunic *n.* 튜닉 toonic
tunnel *n.* 터널 teoneul
turban *n.* 터번 teobun
turbid *adj.* 탁한 takhan

turbine *n.* 터빈 teobin
turbocharger *n.* 터보 과급기 teobo gwageupgi
turbulence *n.* 격동 gyukdong
turbulent *adj.* 격동의 gyunkdongwui
turf *n.* 잔디 jandi
turgid *adj.* 따분한 ddaboonhan
turkey *n.* 칠면조 chilmyonjo
turmeric *n.* 강황 ganghwang
turmoil *n.* 혼란 honran
turn *v.* 돌다 dolda
turner *n.* 공중제비하는 사람 gongjoongjebihaneunsaram
turning *n.* 갈림길 gallimgil
turnip *n.* 순무 soonmo
turnout *n.* 분수문 boomsoomoon
turnover *n.* 반전 banjeon
turpentine *n.* 테레빈유 terebinyoo
turquoise *n.* 터키석 teokisuk
turtle *n.* 거북이 geobookyee
tusk *n.* 엄니 umnee
tussle *n.* 몸싸움 momssaum
tutelage *n.* 지도 jido
tutor *n.* 선생님 sunsaengnim
tutorial *n.* 개별지도시간 gaebyuljidoshigan
tuxedo *n.* 턱시도 tuksido
tweak *v.* 잡아당기다 japahdanggida
twee *adj.* 앙증맞은 angjeungmajeun
tweed *n.* 트위드 teuweedeu
tweet *v.* 재잘거리다 jaejalgeorida
tweeter *n.* 트위터 teuwiteo
tweezers *n.* 족집게 jokjipgye
twelfth *adj.&n.* 제12의&12번째 je sibiui & yeoldubonjjae
twelfth *adj.&n.* 제12의&12번째 je shipyieui&yeoldubonjjae
twelve *adj.&n.* 12 sibi
twentieth *adj.&n.* 제20의&20번째 je yisipeui&seumoobeonjjae

twentieth *adj.&n.* 제20의&20번째 yisipeui&seumoobeonjjae
twenty *adj.&n.* 20 yisip
twice *adv.* 두번 doobun
twiddle *v.* 빙빙돌리다 bingbing dollida
twig *n.* 잔가지 jangaji
twilight *n.* 황혼 hwanghon
twin *n.* 쌍둥이 ssangdoongyee
twine *n.* 노끈 noggeun
twinge *n.* 찌릿한 통증 jjirithantongjeung
twinkle *v.* 반짝거리다 banjjakgeorida
twirl *v.* 빙글돌다 bingledolda
twist *v.* 꼬이다 ggoyida
twitch *v.* 씰룩거리다 ssillookgeorida
twitter *v.* 지저귀다 jijeoguida
two *adj.&n.* 2의 & 2 yieu& yi
twofold *adj.* 두겹의 doogyupeui
tycoon *n.* 거물 geomool
type *n.* 형 hyung
typesetter *n.* 식자공 shikjagong
typhoid *n.* 장티푸스 jangtipooseu
typhoon *n.* 타이푼 tayeepoon
typhus *n.* 발진티푸스 baljintipooseu
typical *adj.* 전형적인 jeonhyungjeokyin
typify *v.* 전형적이다 jeonhyungjeokyida
typist *n.* 타이피스트 taipeesteu
tyrannize *v.* 압제하다 apjehada
tyranny *n.* 압제 apje
tyrant *n.* 폭군 pokgoon
tyre *n.* 타이어 taeeuh

U

ubiquitous *adj.* 아주흔한 ahjooheunhan
udder *n.* 젖통 juttong
ugliness *n.* 추함 chooham
ugly *adj.* 못생긴 motsanggin
ulcer *n.* 궤양 gweyang
ulterior *adj.* 이면의 yimyonwui
ultimate *adj.* 궁극적인 goongeukjeokyin

ultimately *adv.* 궁극적으로 goongeukjeokeuro
ultimatum *n.* 최후통첩 choihootongchup
ultra *pref.* 초 cho
ultramarine *n.* 군청색 goonchungsak
ultrasonic *adj.* 초음파의 choeumpaeui
ultrasound *n.* 초음파 choeumpa
umber *n.* 엄버 umbuh
umbilical *adj.* 배꼽의 baeggopeui
umbrella *n.* 우산 woosan
umpire *n.* 심판 shimpan
unable *adj.* ~할 수 없는 halsooupneun
unanimity *a.* 만장일치의 manjangyilchieui
unaccountable *adj.* 셀수없는 selsuupneun
unadulterated *adj.* 완전한 wanjeonhan
unalloyed *adj.* 순수한 soonsoohan
unanimous *adj.* 만장일치의 manjangyilchieui
unarmed *adj.* 무장해제의 moojanghejeeui
unassailable *adj.* 난공불락의 nangongbullakeui
unassuming *adj.* 잘난체하지 않는 jalnanchehajiahnneun
unattended *adj.* 부재의 boojeeui
unavoidable *adj.* 불가피한 boolgapeehan
unaware *adj.* 알지 못하는 aljeemothaneun
unbalanced *adj.* 불균형의 boolgyunhyungeui
ubelievable *adj.* 믿을수 없는 mideulsooeupneun
unbend *v.* 누그러지다 noogeureojida
unborn *adj.* 태중의 taejoongeui
unbridled *adj.* 통제할수 없는 tongjehalsueupneun
unburden *v.* 덜어주다 duleohjooda

uncalled *adj.* 부르지 않은 booreujiahnneun
uncanny *adj.* 이상한 yisanghan
unceremonious *adj.* 예의를 차리지 않는 yeeuileul chariji ahnneun
uncertain *adj.* 확실하지 않은 hwakshilhajiahneun
uncharitable *adj.* 몰인정한 molyinjeonghan
uncle *n.* 삼촌 samchon
unclean *adj.* 깨끗하지 않은 ggaeggeuthajiahneun
uncomfortable *adj.* 불편한 bulpyunhan
uncommon *adj.* 특이한 teukyeehan
uncompromising *adj.* 타협하지 않는 tahyuphajeeahneun
unconditional *adj.* 무조건적인 moojogeonjeokyin
unconscious *adj.* 의식이 없는 euisikyieupneun
uncouth *adj.* 무례한 mooryehan
uncover *v.* 뚜껑을 열다 ddooggungeulyeolda
unctuous *adj.* 번지르한 bunjijireuhan
undeceive *v.* 진실을 깨닫게하다 jinsileulggaedatgyehada
undecided *adj.* 결정하지 못한 gyuljeonghajimothan
undeniable *adj.* 부정할 수 없는 boojeonghalsooupneun
under *prep.* 아래 aerae
underarm *adj.* 겨드랑이의 gyeodeurangyeeeui
undercover *adj.* 비밀리에하는 bimilliehaneun
undercurrent *n.* 암류 amryu
undercut *v.* 언더컷 undeocut
underdog *n.* 약자 yakja
underestimate *v.* 과소평가하다 gwasopyungahada
undergo *v.* 겪다 gyukda

undergraduate *n.* 학부생 hakboosang
underground *adj.* 지하의 jihaeui
underhand *adj.* 비밀의 bimileui
underlay *n.* 밑깔개 mitggalgye
underline *v.t.* 밑줄치다 mitjulchida
underling *n.* 부하 booha
undermine *v.* 악화시키다 akhwashikida
underneath *prep.* 아래에 ahraeeh
underpants *n.* 팬티 pantee
underpass *n.* 언더패스 unduhpaesseu
underprivileged *adj.* 혜택을 못받는 hyetekeulmotbatneun
underrate *v.* 과소평가하다 gwasopyungahada
underscore *v.* 밑줄표시하다 mitjulpyosihada
undersigned *n.* 서명인 seomyungyin
understand *v.t.* 이해하다 yihaehada
understanding *n.* 이해 yihae
understate *v.* 축소해서 말하다 chooksohaeseo malhada
undertake *v.* 착수하다 chaksoohada
undertaker *n.* 장의사 jangeuisa
underwear *n.* 속옷 sokot
underworld *n.* 암흑가 amheukga
underwrite *v.* 동의하다 dongeuihada
undesirable *adj.* 원하지 않는 wonhajiahnneun
undo *v.* 풀다 poolda
undoing *n.* 실패의원인 silpaeeuiwonyeen
undone *adj.* 하지 않은 hajeeaheun
undress *v.* 옷을 벗다 otseul butda
undue *adj.* 지나친 jinacheen
undulate *v.* 파도모양을 이루다 padomoyangeul yirooda
undying *adj.* 불멸의 boolmyuleui
unearth *v.* 파내다 panaeda
uneasy *adj.* 불안한 boolahnhan
unemployable *adj.* 취업을 할 수 없는 chweeupeul halsooeopneun

unemployed *adj.* 실직한 shiljikhan
unending *adj.* 영원한 youngwonhan
unequalled *adj.* 월등히 woldeunghee
uneven *adj.* 평평하지 않은 pyungpyunghaji anneun
unexceptionable *adj.* 나무랄데없는 namooraldaeupneun
unexceptional *adj.* 평범한 pyungbumhan
unexpected *adj.* 예상치 못한 yesangchimothan
unfailing *adj.* 한결같은 hangyeolgateun
unfair *adj.* 불공평한 boolgongpyunghan
unfaithful *adj.* 외도하는 woidohaneun
unfit *adj.* 부적합한 boojeokhaphan
unfold *v.* 펼치다 pyulchida
unforeseen *adj.* 예측치못한 yecheukchimothan
unforgettable *adj.* 잊을 수 없는 yideulsooeupneun
unfortunate *adj.* 운이 없는 woonyi upneun
unfounded *adj.* 근거없는 geungeoupneun
unfurl *v.* 펼쳐지다 pyulcheojida
ungainly *adj.* 어색한 uhsaekhan
ungovernable *adj.* 다스릴 수 없는 daseurilsooeupneun
ungrateful *adj.* 감사할줄 모르는 gamsahalsooupneun
unguarded *adj.* 보호를받지 못하는 bohoreulbatji mothaneun
unhappy *adj.* 불행한 boolhanghan
unhealthy *adj.* 건강하지 않은 geonganghaji anhneun
unheard *adj.* 귀기울이지 않는 gwigiwoolyigi ahnneun
unholy *adj.* 위험한 wihumhan
unification *n.* 통일 tongyil
uniform *adj.* 균일한 gyunyilhan

unify *v.* 연합하다 yeonhaphada
unilateral *adj.* 단독의 dandokeui
unimpeachable *adj.* 의심할 여지없는 euishimhapyeojiupneun
uninhabited *adj.* 무인의 mooyineui
union *n.* 조합 johap
unionist *n.* 통합론주의자 tonghapronjooeuija
unique *adj.* 특별한 teukbyulhan
unisex *adj.* 남녀공용의 namnyeogongyongeui
unison *n.* 조화 johwa
unit *n.* 구성단위 goosungdanwee
unite *v.* 연합하다 yeonhaphada
unity *n.* 통합 tonghap
universal *adj.* 일반적인 yilbanjeokyin
universality *adv.* 일반성 yilbansung
universe *n.* 우주 woojoo
university *n.* 대학교 daehakgyo
unjust *adj.* 부당한 boodanghan
unkempt *adj.* 헝클어진 hungkeuluhjin
unkind *adj.* 불쾌한 boolkwehan
unknown *adj.* 알려지지 않은 alryojijiahneun
unleash *v.* 촉발시키다 chokbalshikida
unless *conj.* ~하지 않는한 ~haji ahnneunhan
unlike *prep.* ~와 같지 않게 ~wa gatjiahngye
unlikely *adj.* ~할것 같지 않은 ~halgut gatji aheun
unlimited *adj.* 무제한의 moojehaneui
unload *v.* 내리다 naerida
unmanned *adj.* 무인의 mooyineui
unmask *v.* 가면을 벗기다 gamyoneul butgida
unmentionable *adj.* 말못할 malmothal
unmistakable *adj.* 명백한 myungbaekhan
unmitigated *adj.* 순전한 soonjeonhan
unmoved *adj.* 냉정한 nangjeonghan

unnatural *adj.* 부자연스런 boojayeonseurun
unnecessary *adj.* 불필요한 boolpilyohan
unnerve *v.* 불안하게하다 boolahnhagyehada
unorthodox *adj.* 특이한 teukyeehan
unpack *v.* 꺼내다 ggeonaeda
unpleasant *adj.* 불쾌한 boolkwehan
unpopular *adj.* 인기없는 yingiupneun
unprecedented *adj.* 전례없는 jeonryeupneun
unprepared *adj.* 준비되지 않은 joonbidwejianneun
unprincipled *adj.* 절조없는 jeoljoeupneun
unprofessional *adj.* 전문가답지 않은 jeonmoongadapjeeahneun
unqualified *adj.* 자격이 없는 jagyuckyi upneun
unreasonable *adj.* 불합리한 bulhaprihan
unreliable *n* 믿을수 없는 mideulsooeupneun
unreserved *adj.* 예약되지 않은 yeyakdeoijiahneun
unrest *n.* 불안 bulahn
unrivalled *adj.* 타의추종을불허하는 taeuichoojongeulboolheohaneun
unruly *adj.* 다루기힘든 darooghihimdeun
unscathed *adj.* 다치지 않은 dachijiahneun
unscrupulous *adj.* 부도덕한 boododukhan
unseat *v.* 자리에서몰아내다 jariesuhmolahnaeda
unselfish *adj.* 이기적이 아닌 yigijeokyianin
unsettle *v.* 불안하게하다 boolanhagyehada

unshakeable *adj.* 흔들리지 않는 heundeulligianneun
unskilled *adj.* 미숙한 misookhan
unsocial *adj.* 사회성없는 sahwesung upneun
unsolicited *adj.* 청하지 않는 chunghajeeahnneun
unstable *adj.* 불안정한 boolanjunghan
unsung *adj.* 찬양받지 못한 changyangbatji mothan
unthinkable *adj.* 상상도 할 수 없는 sangsangdo halsooupneun
untidy *adj.* 어수선한 uhsoosunhan
until *prep.* ~까지 ~ggaji
untimely *adj.* 때이른 ddaeyireun
untold *adj.* 말로다못할 mallodamothal
untouchable *adj.* 건드릴 수 없는 geondeurilsooeupneun
untoward *adj.* 뜻밖의 ddeutbakeui
unusual *adj.* 특이한 tteukyihan
unutterable *adj.* 말로표현할 수 없는 mallopyohyunhalsooupneun
unveil *v.* 덮개를 벗기다 deopgyereulbutgida
unwarranted *adj.* 부당한 boodanghan
unwell *adj.* 아픈 ahpeun
unwilling *adj.* 꺼리는 ggeorineun
unwind *v.* 풀다 poolda
unwise *adj.* 어리석은 eorisokeun
unwittingly *adv.* 부지불식간 boojiboolshikgan
unworldly *adj.* 물욕이 없는 moolyokyiupneun
unworthy *adj.* 자격이 없는 jagyuckyi upneun
up *adv.* 위에 wee eh
upbeat *adj.* 긍정적인 geungjeongjeokyin
upbraid *adj.* 질책하다 jilchaekhada
upcoming *adj.* 다가오는 dagaohneun
update *v.* 갱신하다 gangshinhada

upgrade v. 개선하다 gaesunhada	**usual** adj. 일반적인 yilbanjeokyin
upheaval n. 격변 gyukbyun	**usually** adv. 일반적으로 yilbanjeokeuro
uphold v. 옹호하다 onghohada	**usurp** v. 빼앗다 bbaeatda
upholster v. 천을씌우다 chuneulssuiwooda	**usurpation** n. 찬탈 chantal
upholstery n. 덮개 deopgye	**usury** n. 고리대금업 goridaegeunup
uplift v. 들어올리다 deuleuh ollida	**utensil** n. 기구 gigu
upload v. 업로드하다 uplodeuhada	**uterus** n. 자궁 jagung
upper adj. 위에 wee eh	**utilitarian** adj. 실용적인 silyongjeokyin
upright adj. 똑바른 dookbareun	**utility** n. 유용성 youyongsung
uprising n. 봉기 bong ghi	**utilization** n. 이용 yiyong
uproar n. 소란 soran	**utilize** v. 이용하다 yiyonghada
uproarious adj. 시끌벅적한 siggeulbukjeokhan	**utmost** adj. 최고의 choigoeui
uproot v. 뿌리째뽑다 bborijjaebbobda	**utopia** n. 유토피아 youtopia
upset v. 화나다 hwanada	**utopian** adj. 이상적인 yisangjeokyin
upshot n. 결과 gyulgwa	**utter** adj. 전적인 jeonjeokyin
upstart n. 건방진놈 gunbangjinnom	**utterance** n. 최후 choihoo
upsurge n. 급증 geumjeung	**uttermost** adj. & n. 최대한도의 & 최대한도 choidaehandoeui & chodaehando
upturn n. 호전 hojeon	
upward adv. 위쪽을 향한 weejjokeulhyanghan	
urban adj. 도시의 doshieu	

V

urbane adj. 세련된 seryundeoin	**vacancy** n. 공석 gongsuk
urbanity n. 세련 seryun	**vacant** adj. 빈 bin
urchin n. 부랑아 boorangah	**vacate** v. 비우다 biwooda
urge v. 충고하다 choonggohada	**vacation** n. 방학 banghak
urgent adj. 급한 geuphan	**vaccinate** v. 예방주사를맞다 yebanjoosareulmatda
urinal n. 소변기 sobyungi	**vaccination** n. 백신접종 bakshinjeopjong
urinary adj. 소변의 sobyuneui	**vaccine** n. 백신 bakshin
urinate v. 소변을보다 sobyuneulboda	**vacillate** v. 흔들리다 heundeullida
urine n. 소변 sobyun	**vacillation** n. 동요 dongyo
urn n. 항아리 hangahri	**vacuous** adj. 멍청한 mungchunghan
usable adj. 사용할수 있는 sayonghalsooyitneun	**vacuum** n. 진공 jingong
usage n. 사용 sayong	**vagabond** n. 방랑자 banrangja
use v.t. 사용하다 sayonghada	**vagary** n. 변동 byundong
useful adj. 유용한 youyonghan	**vagina** n. 질책하다 jilchaekhada
useless adj. 쓸모없는 sseulmoeupneun	**vagrant** n. 부랑자 boorangjah
user n. 사용자 sayongja	**vague** adj. 모호한 mohohan
usher n. 정리 jeongri	**vagueness** n. 막연성 makyeonsung

vain *adj.* 헛된 hutdwen
vainglorious *adj.* 자만심이강한 jamanshimyeeganghan
vainly *adv.* 헛되이 hutdweyi
valance *n.* 장식용천 jangsikyongcheon
vale *n.* 계곡 gyegok
valediction *n.* 고별 gobyul
valency *n.* 원자가 wonjaga
valentine *n.* 발렌타인 balentain
valet *n.* 종자 jongja
valetudinarian *n.* 병약자 byungyakja
valiant *adj.* 용맹한 yongmanghan
valid *adj.* 유효한 youhyohan
validate *v.* 입증하다 yipjeunghada
validity *n.* 유효함 youhyoham
valise *n.* 작은 여행 가방 jakeunyeohanggabang
valley *n.* 계곡 gyegok
valour *n.* 용기 yonggi
valuable *adj.* 가치있는 gachiyitneun
valuation *n.* 평가 pyungga
value *n.* 가치있는 gachiyitneun
valve *n.* 밸브 balbeu
vamp *n.* 요부 youbu
vampire *n.* 뱀파이어 bampaiuh
van *n.* 밴 ban
vandal *n.* 반달 bahndal
vandalize *v.* 기물파손하다 gimoolpasonhada
vane *n.* 날개 nalgae
vanguard *n.* 선봉 sunbong
vanish *v.* 사라지다 sarajeeda
vanity *n.* 자만심 jamanshim
vanquish *v.* 완파하다 wanpahada
vantage *n.* 우세 woose
vapid *adj.* 김빠진 gimbbajin
vaporize *v.* 증발하다 jeungbalhada
vapour *n.* 수증기 soojeunggi
variable *adj.* 다양한 dayanghan
variance *n.* 변화 byunhwa
variant *n.* 변종 byunjong

variation *n.* 변화 byunhwa
varicose *adj.* 정맥류의 jeonmakryueui
varied *adj.* 다양한 dayanghan
variegated *adj.* 얼룩덜룩한 ullookdullookhan
variety *n.* 여러가지 yeoreogaji
various *adj.* 다양한 dayanghan
variet *n.* 버라이틀 buhrayeeteul
varnish *n.* 니스 neeseu
vary *v.* 서로다르다 seorodareuda
vascular *adj.* 관의 gwaneui
vase *n.* 꽃병 ggotbyung
vasectomy *n.* 정관절제순 junggwanjeoljesoon
vassal *n.* 봉신 bongshin
vast *adj.* 광대한 gwangdaehan
vaudeville *n.* 보드빌 bodeubil
vault *n.* 둥근천장 doonggeunchungjang
vaunted *adj.* 과시된 gwashidwen
veal *n.* 송아지고기 songahjeegoghi
vector *n.* 매개체 maegaeche
veer *n.* 방향을 틀기 banghyangeulteulgi
vegan *n.* 채식주의자 chesikjooeuija
vegetable *n.* 야채 yachae
vegetarian *n.* 채식주의자 chesikjooeuija
vegetate *v.* 별로하는일 없이 지내다 byullohaneunyil upshi jinaeda
vegetation *n.* 초목 chomok
vegetative *adj.* 식물생장과 관련된 shikmoolsangjanggwa gwanryondwen
vehement *adj.* 격렬한 gyurkryeolhan
vehicle *n.* 차량 charyang
vehicular *adj.* 차량을 위한 charyangeulweehan
veil *n.* 베일 beil
vein *n.* 정맥 jungmaek
velocity *n.* 속도 sokdo
velour *n.* 벨루어 belloueoh
velvet *n.* 벨벳 belbet

velvety *adj.* 아주부드러운 ahjooboodeureowoon
venal *adj.* 부패한 boopaehan
venality *n.* 돈에 좌우됨 donehjwawoodwoim
vend *v.* 팔다 palda
vendetta *n.* 복수 boksoo
vendor *n.* 행상인 hangsangin
veneer *n.* 허식 heoshik
venerable *adj.* 공경할만한 gonggyunghalmanhan
venerate *v.* 공경하다 gonggyunghada
veneration *n.* 존경 jongyung
venetian *adj.* 베니스의 beniseueui
vengeance *n.* 복수 boksoo
vengeful *adj.* 복수심을 보이는 boksooshimeulboyeeneun
venial *adj.* 가치있는벼운 gachiyitneun
venom *n.* 독 dok
venomous *adj.* 독이있는 dokyeeitneun
venous *adj.* 정맥의 jungmaekeui
vent *n.* 통풍구 tongpoonggu
ventilate *v.* 환기하다 hwangihada
ventilation *n.* 통풍 tongpoong
ventilator *n.* 환풍기 hwanpoonggie
venture *n.* 모험 mohum
venturesome *adj.* 모험적인 mohumjeokyin
venue *n.* 장소 jangso
veracious *adj.* 진실을 말하는 jinshileulmalhaneun
veracity *n.* 진실성 jinshilsung
verendah *n.* 베란다 berandah
verb *n.* 동사 dongsa
verbal *adj.* 언어의 uneohevi
verbally *adv.* 말로 mallo
verbalize *v.* 말로 표현하다 mallopyohyunhada
verbatim *adv.* 말대로 maldaero
verbiage *n.* 장황함 janghwangham
verbose *adj.* 장황한 janghwanghan

verbosity *n.* 수다 sooda
verdant *adj.* 신록의 sinrokeui
verdict *n.* 의견 euigyuneui
verge *n.* 길가 gilga
verification *n.* 확인 hwakyin
verify *v.* 확인하다 hwakyinhada
verily *adv.* 참으로 chameuiro
verisimilitude *n.* 신빙성 shinbingsung
veritable *adj.* 진정한 jinjunghan
verity *n.* 진리 jinri
vermillion *n.* 버밀리언 bumilion
vermin *n.* 해충 haechoong
vernacular *n.* 말 mal
vernal *adj.* 봄의 bomeui
versatile *adj.* 다용도의 dayongdo
versatility *n.* 다재 dajae
verse *n.* 절 jeol
versed *adj.* 정통한 jungtonghan
versification *n.* 시형 shihyung
versify *v.* 시를짓다 shireuljitda
version *n.* 버전 buhjeon
verso *n.* 왼쪽페이지 wenjjokpeigee
versus *prep.* ~대 ~dae
vertebra *n.* 등골뼈 deungolbbyo
vertebrate *n.* 척추동물 chuckchoodongmool
vertex *n.* 정점 jungjeom
vertical *adj.* 수직의 soojikyee
vertiginous *adj.* 어지러운 eohjeeruhwoon
vertigo *n.* 현기증 hyungijjeung
verve *n.* 열정 yeoljung
very *adv.* 매우 maewoo
vesicle *n.* 소낭 sonang
vessel *n.* 선박 seonbak
vest *n.* 조끼 joggie
vestibule *n.* 현관 hyungwan
vestige *n.* 자취 jachwee
vestment *n.* 제의 jeeui
vestry *n.* 제의실 jeeuishil
veteran *n.* 베테랑 beterang

veterinary *adj.* 가축병치료와 관련된 gachookbyung chiryowa gwanryundwen
veto *n.* 거부권 geoboogwon
vex *v.* 성가시게하다 sunggashigehada
vexation *n.* 성가심 sunggashim
via *prep.* 통하여 tonghayeo
viable *adj.* 실행가능한 shilhangganeunghan
viaduct *n.* 고가교 gogagyo
vial *n.* 유리병 youribyung
viands *n.* 식품 shikpoon
vibe *n.* 분위기 boonweegee
vibrant *adj.* 활기찬 hwalgeechan
vibraphone *n.* 비브라폰 bibrapone
vibrate *v.* 진동하다 jindonghada
vibration *n.* 진동 jindong
vibrator *n.* 진동기 jindonggi
vicar *n.* 목사 moksa
vicarious *adj.* 대리의 daerieui
vice *n.* 악덕 akduk
viceroy *n.* 총독 chongdok
vice-versa *adv.* 거꾸로 geogguro
vicinity *n.* 부근 boogeun
vicious *adj.* 잔인한 janyinhan
vicissitude *n.* 우여곡절 wooyeogokjeol
victim *n.* 피해자 pihaeja
victimize *n.* 괴롭히다 gwerophida
victor *n.* 승리자 seungrija
victorious *adj.* 승리한 seungrihan
victory *n.* 승리 seungri
victualler *n.* 주류판매 허가받은사람 jooryupannae huhgabateunsaram
victuals *n.* 음식물 eumsikmool
video *n.* 비디오 bedeeoh
vie *v.* 다투다 datooda
view *n.* 광경 gwangyung
vigil *n.* 간호 ganho
vigilance *n.* 경계 gyungye
vigilant *adj.* 경계하는 gunggyehaneun
vignette *n.* 소품문 sopoommoon

vigorous *adj.* 활발한 hwalbalhan
vigour *n.* 활기찬 hwalgichan
viking *n.* 바이킹 bayeeking
vile *adj.* 극도로 불쾌한 geukdoro boolkwehan
vilify *v.* 비난하다 binanhada
villa *n.* 빌라 billa
village *n.* 마을 maeul
villager *n.* 마을사람 maeul
villain *n.* 악당 akdang
vindicate *v.* 정당성을 입증하다 jeongdangsungeul ipjeunghada
vindication *n.* 정당성 jeongdangsung
vine *n.* 포도나무 podonamu
vinegar *n.* 식초 sikcho
vintage *n.* 빈티지 bintigee
vintner *n.* 비트널 biteunul
vinyl *n.* 비닐 bini
violate *v.* 위반하다 weebanhada
violation *n.* 위반 weeban
violence *n.* 폭력 pokryuk
violent *adj.* 폭력적인 pokryuk
violet *n.* 보라 bora
violin *n.* 바이올린 bayeeolin
violinist *n.* 바이올린 연주가 bayeeolin yeonjooga
virago *n.* 말참견하는 여자 malchamgyeonhaneun yeoja
viral *adj.* 바이러스성의 bayeerussungeui
virgin *n.* 처녀 cheonyu
virginity *n.* 처녀성 cheonyusung
virile *adj.* 남성적인 namsungjeokyin
virility *n.* 정력 jungryuk
virtual *adj.* 사실상의 sasilsangeui
virtue *n.* 선박 sunbak
virtuous *adj.* 도덕적인 dodukjeokyin
virulence *n.* 독성 doksung
virulent *adj.* 악성의 aksung
virus *n.* 바이러스 bayirus
visa *n.* 비자 bija

visage *n.* 얼굴 ulgool
viscid *adj.* 점성의 jeomsung
viscose *n.* 비스코스 biseukoseu
viscount *n.* 자작 jajak
viscountess *n.* 여자작 yeojajak
viscous *adj.* 끈적거리는 ggeunjeokgeorineun
visibility *n.* 시정 shijung
visible *adj.* 눈에 보이는 nuneboyeeneun
vision *n.* 시력 shiryuk
visionary *adj.* 예지력 yejiryuk
visit *v.* 방문하다 bangmoonhada
visitation *n.* 방문 bangmoon
visitor *n.* 방문자 bangmoonja
visor *n.* 차양 chayang
vista *n.* 경치 gyungchi
visual *adj.* 보는 boneun
visualize *v.* 시각화하다 shigakhwahada
vital *adj.* 필수적인 pilsoojeokyin
vitality *n.* 활력 hwallyuk
vitalize *v.* 생명을주다 sangmyungeuljooda
vitamin *n.* 비타민 bitamin
vitiate *v.* 해치다 haechida
viticulture *n.* 비티컬쳐 biticulchuh
vitreous *adj.* 유리같은 yourigateun
vitrify *v.* 유리로되다 yourirodweda
vitriol *n.* 독설 doksul
vituperation *n.* 혹평 hokpyung
vivacious *adj.* 명랑한 myungranghan
vivacity *n.* 생기 sangghi
vivarium *n.* 동물사육장 dongmulsayookjang
vivid *adj.* 선명한 sunmyunghan
vivify *v.* 생기를주다 sangireuljooda
vixen *n.* 암여우 amyeowoo
vocabulary *n.* 단어 danuh
vocal *adj.* 목소리의 moksorieui
vocalist *n.* 가수 gasu
vocalize *v.* 표현하다 pyohyunhada

vocation *n.* 천직 chunjik
vociferous *adj.* 소리높여 외치는 sorinopyowechineun
vogue *n.* 유행 youhang
voice *n.* 목소리 moksori
voicemail *n.* 음성메세지 eumsungmesegee
void *adj.* 빈공간 bingonggan
voile *n.* 보일 boil
volatile *adj.* 불안한 boolahnhan
volcanic *adj.* 화산의 hwasaneui
volcano *n.* 화산 hwasan
volition *n.* 자유의지 jayoueuiji
volley *n.* 발리 bali
volt *n.* 볼트 bolteu
voltage *n.* 전압 jeonap
voluble *adj.* 입심좋은 yipshimjoeun
volume *n.* 양 yang
voluminous *adj.* 아주큰 ahjookeun
voluntarily *adv.* 자발적으로 jabaljeokeuro
voluntary *adj.* 자발적인 jabaljeokyin
volunteer *n.* 자원봉사 jawonbongs
voluptuary *n.* 쾌락가 kwarakga
voluptuous *adj.* 풍만한 poongmanhan
vomit *v.* 토하다 tohada
voodoo *n.* 부두교 bodoogyo
voracious *adj.* 게걸스러운 gegulseureowoon
vortex *n.* 소용돌이 soyongdolyi
votary *n.* 숭배자 soongbaeja
vote *n.* 투표 toopyo
voter *n.* 투표자 toopyoja
votive *adj.* 봉헌된 bonghungdwen
vouch *v.* 보증하다 bojeunghada
voucher *n.* 상품권 sangpoomkwon
vouchsafe *v.* 주다 jooda
vow *n.* 맹세 mangse
vowel *n.* 모음 moeum
voyage *n.* 여행 yeohang
voyager *n.* 여행자 yeohangja

vulcanize v. 경화하다 kyunghwahada
vulgar adj. 저속한 jeosokhan
vulgarian n. 속물 sokmul
vulgarity n. 상스러움 sangseurum
vulnerable adj. 취약한 chweeyakhan
vulpine adj. 여우의 yeowooeui
vulture n. 독수리 doksuri

W

wacky adj. 괴짜의 gwejjaeui
wad n. 뭉치 moongchi
waddle v. 뒤뚱걷다 dweeddunggutda
wade v. 헤치며걷다 hechimyogutda
wader n. 긴장화 ginjanghwa
wadi n. 와디 wadi
wafer n. 와퍼 wapuh
waffle v. 장황하게 늘어놓다 janghwanghageneuleuhnotda
waft v. 퍼지게하다 puhjigyehada
wag v. 흔들다 heundeulda
wage n. 임금 yimgeum
wager n. & v. 내기 & 걸다 naegi &geulda
waggle v. 흔들다 heundeulda
wagon n. 마차 macha
wagtail n. 할미새 halmisae
waif n. 방랑자 bangrangja
wail n. 통곡 tongok
wain n. 짐수레 jimsure
wainscot n. 징두리벽 jingdooribyuk
waist n. 허리 huree
waistband n. 허리띠 hureeddi
waistcoat n. 조끼 joggi
wait v. 기다리다 gidarida
waiter n. 웨이터 waituh
waitress n. 웨이츄리스 waichuris
waive v. 포기하다 pogihada
wake v. 일어나다 yiluhnada
wakeful adj. 잠이 안든 jamyiahndeun
waken v. 깨다 ggaeda

walk v. 걷다 gutda
wall n. 벽 byuk
wallaby n. 왈라비 walabi
wallet n. 지갑 jigap
wallop v. 세게치다 segechida
wallow v. 뒹굴다 dwinggulda
wally n. 바보 baboe
walnut n. 호두 hodoo
walrus n. 바다코끼리 badakoggiri
waltz n. 왈츠 walcheu
wan adj. 창백한 changbakhan
wand n. 지팡이 jipangyee
wander v. 거닐다 guhnilda
wane v. 약해지다 yakhaejida
wangle v. 얻어내다 uteuhnaeda
want v. 원하다 wonhada
wanting adj. 부족한 boojukhan
wanton adj. 고의적인 gowuijeokyin
war n. 전쟁 jeonjang
warble v. 노래하다 noraehada
warbler n. 울새 woolsae
ward n. 구 goo
warden n. 관리인 gwanreeyin
warder n. 교도관 gyodogwan
wardrobe n. 옷장 otjang
ware n. 쓰다 sseuda
warehouse n. 창고 changgo
warfare n. 전투 jeontoo
warlike adj. 전쟁의 jeonjangeui
warm adj. 따뜻한 ddaddeuthan
warmth n. 따뜻함 ddaddeutham
warn v. 경고하다 gyunggohada
warning n. 경고 gyunggo
warp v. 휘다 hwida
warrant n. 영장 youngjang
warrantor n. 보증인 bojeungyin
warranty n. 보증서 bojeungsuh
warren n. 토끼사육장 toggisayukjang
warrior n. 전사 jeonsa
wart n. 무사마귀 moosamagwi
wary adj. 경계하는 gyungyehaneun

wash *v.* 씻다 ssitda
washable *adj.* 씻을 수 있는 ssiteulsuitneun
washer *n.* 세탁기 setakgi
washing *n.* 씻기 ssitgi
wasp *n.* 말벌 malbul
waspish *adj.* 성질이 더러운 sungjilyi deoruwoon
wassail *n.* 주연 jooyeon
wastage *n.* 낭비 nangbi
waste *v.* 낭비하다 nangbihada
wasteful *adj.* 낭비적인 nangbijeokyin
watch *v.* 보다 boda
watchful *adj.* 지켜보는 jikyoboneun
watchword *n.* 표어 pyoeuh
water *n.* 물 mool
water *n.* 물 mool
waterfall *n.* 폭포 pokpo
watermark *n.* 수위표 sooweepyo
watermelon *n.* 수박 soobak
waterproof *adj.* 방수의 bangsooeui
watertight *adj.* 물이들어오지 않는 moolyideuleohohjiahnneun
watery *adj.* 물의 mooleui
watt *n.* 와트 wateu
wattage *n.* 전력량 jeonryukryang
wattle *n.* 육수 yooksoo
wave *v.* 파도치다 padochida
waver *v.* 약하다 yakhada
wavy *adj.* 물결모양의 moolgyulmoyangeui
wax *n.* 왁스 wakseu
way *n.* 길 gil
waylay *v.* 불러세우다 boolleuhsewooda
wayward *adj.* 다루기 힘든 daroogihimdeun
we *pron.* 우리 woori
weak *adj.* 약한 yakhan
weaken *v.* 약하게하다 yakhagyehada
weakling *n.* 약골 yakgol
weakness *n.* 약함 yakham

weal *n.* 복리 bokri
wealth *n.* 부 boo
wealthy *adj.* 부유한 booyoohan
wean *v.* 젖을 떼다 jojeulddaeda
weapon *n.* 무기 moogi
wear *v.* 입다 yipda
wearisome *adj.* 지루한 jiroohan
weary *adj.* 지친 jichin
weasel *n.* 족제비 jokjebi
weather *n.* 날씨 nalssi
weave *v.* 짓다 jitda
weaver *n.* 베짜는 사람 bejjaneunsaram
web *n.* 그물 geumul
webby *adj.* 물갈퀴 mulgalchwee
webpage *n.* 웹페이지 webpeigee
website *n.* 웹사이트 websaiteu
wed *v.* 혼인하다 honyinhada
wedding *n.* 결혼 gyulhon
wedge *n.* 쐐기 ssweghi
wedlock *n.* 결혼 gyulhon
Wednesday *n.* 수요일 sooyoyil
weed *n.* 잡초 japchoo
week *n.* 주 joo
weekday *n.* 주일 jooyil
weekly *adj.* 주마다 joomada
weep *v.* 울다 woolda
weepy *adj.* 슬픈 seulpeun
weevil *n.* 바구미 bagoomi
weigh *v.* 무게가 -이다 moogega-yida
weight *n.* 무게 mogye
weighting *n.* 가중치 gajoongchi
weightlifting *n.* 역도 yuckdo
weighty *adj.* 중대한 joongdaehan
weir *n.* 둑 dook
weird *adj.* 이상한 yeesanghang
welcome *n.* 환영 hwanyoung
weld *v.* 용접하다 yongjeophada
welfare *n.* 복지 bokji
well *adv.* 잘 jal
well *n.* 우물 woomool
wellignton *n.* 장화 janghwa

welt *n.* 부은자국 booeunjaguk
welter *n.* 강타 gangta
wen *n.* 혹 hok
wench *n.* 젊은처자 jeolmeunchuhjah
wend *v.* 가다 gada
west *n.* 서쪽 seojjok
westerly *adv.* 서쪽의 seojjokeui
western *adj.* 서부의 seobooeui
westerner *n.* 서양인 seoyangyin
westernize *v.* 서양화되다 seoyanghwadoida
wet *adj.* 젖은 jujeun
wetness *n.* 축축함 chukchukham
whack *v.* 세게치다 segechida
whale *n.* 고래 gorae
whaler *n.* 포경선 pogyungsun
whaling *n.* 고래잡이 goraejapyee
wharf *n.* 부두 boodoo
wharfage *n.* 선창사용료 sunchangsayongryo
what *pron. & adj.* 어떤것 & 무엇의 uhddeongut &mooeuteui
whatever *pron.* ~한 어떤 ~han euhddeon
wheat *n.* 밀 mil
wheaten *adj.* 밀의 mileui
wheedle *v.* 꾀다 ggweda
wheel *n.* 바퀴 baqui
wheeze *v.* 쌕쌕거리다 saksakgeorida
whelk *n.* 여드름 yeodeureum
whelm *v.* 압도하다 apdohada
whelp *n.* 강아지 gangahji
when *adv.* 언제 unje
whence *adv.* 곳에서 gosesuh
whenever *conj.* 언제나 unjena
where *adv.* 어디에 uhdieh
whereabout *adv.* 행방 hangbang
whereas *n.* 비교 bigyo
whet *v.* 돋우다 dotwooda
whether *conj.* ~인지 ~yinji
whey *n.* 유장 yoojang

which *pron. & adj.* 어느 & 어떤 uhneu& uhddeon
whichever *pron.* 어느쪽이든 uhneujjokyiden
whiff *n.* 풍기는 냄새 poongineunnamsae
while *n.* 잠깐 jamggan
whilst *conj.* ~중에 ~joongeh
whim *n.* 기분 giboon
whimper *v.* 훌쩍이다 hooljeokyida
whimsical *adj.* 엉뚱한 ungddoonghan
whimsy *n.* 엉뚱함 ungddoongham
whine *n.* 징징거림 jingjinggeorim
whinge *v.* 넋두리를하다 nuckdoorireulhada
whinny *n.* 말울음소리 malulreumsory
whip *n.* 채찍 chajjik
whir *n.* 씽소리 ssingsori
whirl *v.* 빙그르르 돌다 binggeureureudolda
whirligig *n.* 회전목마 hwejeonmokma
whirlpool *n.* 소용돌이 soyongdolyi
whirlwind *n.* 선풍 sunpoong
whirr *v.* 붕붕거리다 boongboongeorida
whisk *v.* 휘젓다 hwijeotda
whisker *n.* 수염 sooyeom
whisky *n.* 위스키 whiskee
whisper *v.* 속삭이다 soksakyeeda
whist *n.* 쉿 shwit
whistle *n.* 휘파람 hwiparam
whit *n.* 아주조금 ajujogeum
white *adj.* 하얀 hayan
whitewash *n.* 백도제 baekdoje
whither *adv.* 어디로 uhdiroh
whiting *n.* 호분 hoboon
whittle *v.* 깎아서만들다 ggakahseomandeulda
whiz *v.* 쉿하는 소리를 내다 shithaneunsorireulnaeda
who *pron.* 누구 noogoo
whoever *pron.* 누구든지 noogoodeunji

whole *adj.* 전체의 jeoncheeui	**willingness** *adj.* 쾌히하는 kwaehihaneun
whole-hearted *adj.* 전적인 jeonjeokyin	**willow** *n.* 버드나무 budeunamoo
wholesale *n.* 도매 domae	**wily** *adj.* 교활한 gyohwalhan
wholesaler *n.* 도매상 domaesang	**wimble** *n.* 송곳 songgot
wholesome *adj.* 건강에 좋은 gungangejoeun	**wimple** *n.* 머리가리개 meorigarigae
wholly *adv.* 완전히 wanjeonhee	**win** *v.* 이기다 yigida
whom *pron.* 누구의 noogooeui	**wince** *v.* 놀라다 nolada
whoop *n.* 함성 hamsung	**winch** *n.* 윈치 winchi
whopper *n.* 거짓말 geojitmal	**wind** *n.* 바람 baram
whore *n.* 매춘부 maechoonboo	**windbag** *n.* 수다쟁이 soodajangyee
whose *adj. & pron.* 누구의&누구 noogooeui&noogoo	**winder** *n.* 감는장치 gamneunjangchi
why *adv.* 왜 whae	**windlass** *n.* 윈치 winchi
wick *n.* 심지 shimjee	**windmill** *n.* 풍차 poongcha
wicked *adj.* 악한 yakhan	**window** *n.* 창문 changmoon
wicker *n.* 고리버들 goribuddeul	**windy** *adj.* 바람부는 barambooneun
wicket *n.* 삼주문 samjoomoon	**wine** *n.* 와인 wain
wide *adj.* 넓은 nulbeun	**winery** *n.* 와이너리 wainuhri
widen *v.* 넓게하다 nulgehada	**wing** *n.* 날개 nalgae
widespread *adj.* 넓게퍼진 nulgepuhjin	**wink** *v.* 윙크하다 winkeuhada
widow *n.* 미망인 mimanyin	**winkle** *n.* 경단고둥 gyungdangodung
widower *n.* 홀아비 holahbi	**winner** *n.* 승리자 seunrija
width *n.* 넓이 nulbi	**winning** *adj.* 이긴 yigin
wield *v.* 행사하다 hangsahada	**winnow** *v.* 까부르다 ggabureuda
wife *n.* 부인 booyin	**winsome** *adj.* 마음을 끄는 maeumeulggeuneun
wig *n.* 가발 gabal	**winter** *n.* 겨울 gyeowool
wiggle *v.* 씰룩거리다 ssillukgeorida	**wintry** *adj.* 겨울의 gyeowooleui
wight *n.* 귀신 gwishin	**wipe** *v.* 닦다 ddakda
wigwam *n.* 원형천막 wonhyungcheonmak	**wire** *n.* 철사 chulsa
wild *adj.* 야생의 yasangeui	**wireless** *adj.* 무선의 mooseonwui
wilderness *n.* 광야 gwanya	**wiring** *n.* 배선 baeson
wile *n.* 책략 chakryak	**wisdom** *n.* 지혜 jihye
wilful *adj.* 고의적인 goeuijeokyin	**wise** *adj.* 현명한 hyunmyunghan
will *v.* 할것이다 halgusida	**wish** *v.* 소망하다 somanghada
willing *adj.* 반대하지 않는 bandaehajianneun	**wishful** *adj.* 소망하는 somanghaneun
	wisp *n.* 조각 jogak
	wisteria *n.* 등나무 deungnamoo

wistful *adj.* 애석해하는 aesukhaehaneun
wit *n.* 재치 jaechi
witch *n.* 마녀 manyu
witchcraft *n.* 마법 mabub
witchery *n.* 마법 mabub
with *prep.* 함께 hamggye
withal *adv.* 게다가 gyedaga
withdraw *v.* 빼내다 bbaenaeda
withdrawal *n.* 철회 chulhwe
withe *n.* 가는가지 ganeungaji
wither *v.* 시들다 shideulda
withhold *v.* 주지않다 joojianda
within *prep.* 사이에 sayeeeh
without *prep.* 없이 upshi
withstand *v.* 견뎌내다 gyundyoneda
witless *adj.* 어리석은 uhrisugeun
witness *n.* 증인 jeungyin
witter *v.* 씨부렁거리다 ssiburunggeorida
witticism *n.* 재담 jaedam
witty *adj.* 재치있는 jaechiitneun
wizard *n.* 마법사 mabubsa
wizened *adj.* 주름이쪼글한 jureumyijjogeulhan
woad *n.* 대청 daechung
wobble *v.* 흔들리다 heundeullida
woe *n.* 고민 gomin
woeful *adj.* 통탄할 tongtanhal
wok *n.* 웍 wok
wold *n.* 산지 sanji
wolf *n.* 늑대 neukdae
woman *n.* 여자 yeoja
womanhood *n.* 여성임 yeosungyim
womanize *v.* 여성화되다 yeosunghwadweda
womb *n.* 자궁 jagoong
wonder *v.* 궁금하다 goonggeumhada
wonderful *adj.* 최고의 choigoeui
wondrous *adj.* 경의로운 gyungeuirowoon
wonky *adj.* 미친 michin

wont *n.* 습관 seupgwan
wonted *adj.* 늘하는 neulhaneun
woo *v.* 지지를 호소하다 jijireulhosohada
wood *n.* 나무 namoo
wooded *adj.* 나무가우거진 namoogawoogeojin
wooden *adj.* 목재의 mokjaeeui
woodland *n.* 삼림지대 samrimjida
woof *n.* 씨 ssi
woofer *n.* 저음전용스피커 jeoumjeonyongseupikuh
wool *n.* 양털 yangtul
woollen *adj.* 양모의 yangmoeui
woolly *adj.* 털복숭이의 tulboksoongyieui
woozy *adj.* 밍한 munghan
word *n.* 말 mal
wording *n.* 표현 pyohyun
wordy *adj.* 장황한 janghwanghan
work *n.* 일 yil
workable *adj.* 운용가능한 woonyongganeunhan
workaday *adj.* 평범한 pyungbumhan
worker *n.* 노동자 nodongja
working *n.* 작동 jakdong
workman *n.* 노동자 nodongja
workmanship *n.* 솜씨 somssi
workshop *n.* 워크샵 wokeushop
world *n.* 세상 sesang
worldly *adj.* 세속적인 sesokjeokyin
worm *n.* 벌레 beolle
wormwood *n.* 고애 goae
worried *adj.* 걱정하는 gukjeonhaneun
worrisome *adj.* 걱정스럽게하는 gukjeonseurupgyehaneun
worry *v.* 걱정하다 gukjeonghada
worse *adj.* 나쁜 nabbeun
worsen *v.* 나쁘게된다 nabbeugyedoeida
worship *n.* 숭배 soongbae
worshipper *n.* 숭배자 soongbaeja

worst *adj.* 최악의 choiakeui
worsted *n.* 소모사 somosa
worth *adj.* 가치있는 gachiitneun
worthless *adj.* 가치없는 gachiupneun
worthwhile *adj.* 가치있는 gachiitneun
worthy *adj.* 자격이 있는 jagyucgi itneun
would *v.* 할것이다 halgusida
wouldbe *adj.* ~이되려고하는
~yidweryogohaneun
wound *n.* 상처 sanchuh
wrack *n.* 고문대 gomoondae
wraith *n.* 유령 yooryung
wrangle *n.* 언쟁 eunjang
wrap *v.* 싸다 ssada
wrapper *n.* 포장지 pojangji
wrath *n.* 분노 boonno
wreak *v.* 입히다 yiphida
wreath *n.* 화환 hwahwan
wreathe *v.* 둘러싸다 doolleossada
wreck *n.* 난파선 nanpaseon
wreckage *n.* 잔해 janhae
wrecker *n.* 파괴차 pagwecha
wren *n.* 굴뚝새 goo!dduksae
wrench *v.* 확비틀다 hwakbiteulda
wrest *v.* 비틀다 biteulda
wrestle *v.* 몸싸움하다 momssaumhada
wrestler *n.* 레스링선수 leseulingsunsoo
wretch *n.* 가엾은사람 gayupseunsaram
wretched *adj.* 비참한 bichamhan
wrick *v.* 결리게 하다 gyulligyehada
wriggle *v.* 꿈틀거리다 ggumteulgeorida
wring *v.* 짜다 jjada
wrinkle *n.* 주름 jooreum
wrinkle *n.* 주름 jooreum
wrist *n.* 손목 sonmok
writ *n.* 영장 youngjang
write *v.* 쓰다 sseuda
writer *n.* 작가 jakga
writhe *v.* 온몸을 비틀다
onmomeulbiteulda
writing *n.* 쓰기 sseuki

wrong *adj.* 잘못된 jalmotdwen
wrongful *adj.* 부당한 boodanghan
wry *adj.* 입을 삐둘게 는
ipeulbbidoolgyehaneun

X

xenon *n.* 크세논 keusenon
xenophobia *n.* 외국인혐오
wegooginhyumoh
xerox *n.* 복사 boksa
Xmas *n.* 크리스마스 keuriseumaseu
x-ray *n.* 엑스레이 ekseuray
xylophagous *adj.* 나무에 구멍을뚫는
namooehgoomungeulddoolneun
xylophilous *adj.* 나무를좋아하는
namooreuljoahhaneun
xylophone *n.* 실로폰 shillopon

Y

yacht *n.* 요트 yoteu
yachting *n.* 요트타기 yoteutagi
yatchsman(misspell) *n.* 요트타는사람
yoteutaneunsaram
yak *n.* 수다 sooda
yam *n.* 얌 yam
yap *v.* 짖어대다 jijeodaeda
yard *n.* 마당 madang
yarn *n.* 하품 hapoon
yashmak *n.* 얘시맥 yaeshimac
yaw *v.* 한쪽으로 기우뚱하다
hanjjokeurogiwooddonghada
yawn *v.* 하품하다 hapoomhada
year *n.* 해 hae
yearly *adv.* 해마다 haemada
yearn *v.* 갈망하다 galmanghada
yearning *n.* 갈망 galmang
yeast *n.* 이스트 yisteu
yell *n.* 고함 goham

yellow *adj.* 노란색의 noransakeu
yelp *n.* 비명 bimyung
Yen *n.* 엔화 enhwa
yeoman *n.* 자작농 jajaknong
yes *excl.* 네 ne
yesterday *adv.* 어제 uhje
yet *adv.* 아직 ahjik
yeti *n.* 설인 sulyin
yew *n.* 주목 joomok
yield *v.* 양보하다 yangbohada
yob *n.* 무례한 자식 mooryehanjasik
yodel *v.* 요들을 부르다 yodeuleulbooreuda
yoga *n.* 요가 yoga
yogi *n.* 요가 수행자 yogasoohangjae
yogurt *n.* 요구르트 yogooreuteu
yoke *n.* 멍에 mungeh
yokel *n.* 촌놈 chonnom
yolk *n.* 계란노란자 gyerannoreunja
yonder *adj.* 저기있는 jeoggiitneun
yonks *n.* 오랜시간 oraensigan
yore *n.* 옛날 yetnal
you *pron.* 당신 dangshin
young *adj.* 젊은 jeolmeun
youngster *n.* 청소년 chungsonyun
your *adj.* 당신의 dangshineui
yourself *pron.* 당신스스로 dangshinseuseuro
youth *n.* 청년 chungnyun
youthful *adj.* 젊은이의 jeolmeunieui
yowl *n.* 울부짖음 ulboojijeum
yummy *adj.* 맛있는 masinneun

Z

zany *adj.* 엉뚱한 ungdoonghan
zap *v.* 제압하다 jeaphada
zeal *n.* 열심 yeolsim
zealot *n.* 열성적인사람 yeolsungjekyinsaram
zealous *adj.* 열심있는 yeolsimitneun
zebra *n.* 얼룩말 ulrookmal
zebra crossing *n.* 횡단보도 hwendanbodo
zenith *n.* 정점 jungjum
zephyr *n.* 미풍 mipoong
zero *adj.* 영장 youngjang
zest *n.* 열정 yeoljung
zigzag *n.* 지그재그 jigeujageu
zilch *n.* 무 moo
zinc *n.* 아연 ahyeon
zing *n.* 윙윙소리나개움 wingwingsorinagewoom
zip *n.* 지퍼 jipuh
zircon *n.* 지르콘 jireukon
zither *n.* 치터 chituh
zodiac *n.* 황도 hwangdo
zombie *n.* 좀비 jombi
zonal *adj.* 지역의 jiyeokeui
zone *n.* 지역 jiyeok
zoo *n.* 동물원 dongmoolwon
zoological *adj.* 동물학의 dongmoolhakeui
zoologist *n.* 동물학자 dongmoolhakja
zoology *n.* 동물학 dongmoolhak
zoom *v.* 윙하고 가다 winghago gada

KOREAN-ENGLISH

A

aa 아아 *conj.* alas
abeoji 아버지 *n.* father
abeojiim 아버지임 *n.* paternity
abeojiui 아버지의 *adj.* paternal
abiga doida 아비가 되다 *v.* beget
achi 아치 *n.* arch
achim siksa 아침 식사 *n.* breakfast
acilui 아크릴의 *adj.* acrylic
aebeolae 애벌레 *n.* caterpillar
aechak 애착 *n.* affection
aechak 애착 *n.* attachment
aecheoreoun 애처로운 *adj.* pathetic
aecheoreoun 애처로운 *adj.* piteous
aecheoreoun 애처로운 *adj.* plaintive
aedo 애도 *n.* mourning
aedohada 애도하다 *v.* mourn
aegittongpul 애기똥풀 *n.* celandine
aegukjja 애국자 *n.* patriot
aegukjjeogin 애국적인 *adj.* patriotic
aegukssim 애국심 *n.* partiotism
aeho 애호 *n.* penchant
aein 애인 *n.* paramour
aein 애인 *n.* soulmate
aejeongeorin 애정어린 *adj.* affectionate
aejeongeul dameun mal 애정을 담은 말 *n.* endearment
aejeongeul neukkineun 애정을 느끼는 *adj.* fond
aejeoran 애절한 *adj.* mournful
aejijungjihada 애지중지하다 *v.* pamper

aekche 액체 *n.* fluid
aekche 액체 *n.* liquid
aekshunnumchineun 액션넘치는 *adj.* swashbuckling
aekwadoeda 액화되다 *v.* liquefy
aelbeom 앨범 *n* album
aemaehage mandeulda 애매하게 만들다 *v.* obfuscate
aemaehan 애매한 *adj.* equivocal
aempeosend 앰퍼샌드 *n.* ampersand
aemuhada 애무하다 *v.* caress
aemuhada 애무하다 *v.* fondle
aengmusae 앵무새 *n.* parrot
aengmyeonkka 액면가 *n.* par
aerae 아래 *prep.* under
aeseoga 애서가 *n.* bibliophile
aesongyee 애송이 *n.* stripling
aesseuda 애쓰다 *v.* belabour
aesukhaehaneun 애석해하는 *adj.* wistful
aetonghada 애통하다 *n.* lament
aewandongmul 애완동물 *n.* pet
aewon 애원 *n.* plea
aewonada 애원하다 *v.t.* implore
aewonada 애원하다 *v.* plead
aeyin 애인 *n.* sweetheart
africaui 아프리카의 *adj.* african
agari 아가리 *n.* gob
agassi 아가씨 *n.* lass
agassi 아가씨 *n.* miss
ageo 악어 *n.* crocodile
ageul sseuda 악을 쓰다 *v.* rave
agi 아기 *n.* babe
agi 아기 *n.* baby

agi chimddae 아기 침대 *n. cot*
agibang 아기 방 *n. nursery*
agin 악인 *n. malefactor*
agui 악의 *n. malice*
aguie chan 악의에 찬 *adj. malignant*
aguigeogin 악의적인 *adj. malicious*
ahchumggoon 아첨꾼 *n. sycophant*
ahjik 아직 *adv. yet*
ahjooboodeureowoon 아주부드러운 *adj. velvety*
ahjoogeodaehan 아주거대한 *adj. titanic*
ahjooheunhan 아주흔한 *adj. ubiquitous*
ahjookeun 아주큰 *adj. voluminous*
ahkeuijeokin 악의적인 *adj. spiteful*
ahljimothansahyieh 알지못하는 사이에 *adj. subliminal*
ahmmookjeokyin 암목적인 *adj. tacit*
ahpeun 아픈 *adj. unwell*
ahrae e giyiphan 아래에 기입한 *adj. subscript*
ahraeeh 아래에 *prep. underneath*
ahyeoldaeeui 아열대의 *adj. subtropical*
ahyeon 아연 *n. zinc*
ai 아이 *n. child*
ai 아이 *n. kid*
ai eoreuda 아이 어르다 *v. dandle*
aiireul nata 아이를 낳다 *v. procreate*
aikon 아이콘 *n. icon*
aiseukeurim 아이스크림 *n. icecream*
aising 아이싱 *n. icing*
ajjaui a자의 *a. a*
ajjiran 아찔한 *adj. giddy*

aju bulkwehan 아주 불쾌한 *adj. obnoxious*
aju darugihimdeun 아주 다루기 힘든 *adj. intractable*
aju eomkkyeokkan saram 아주 엄격한 사람 *n. martinet*
aju gageun maeul 아주 작은 마을 *n. hamlet*
aju gippeohaneun 아주 기뻐하는 *adj. joyful*
aju gippeuge mandeulda 아주 기쁘게 만들다 *v. exhilarate*
aju himdeun 아주 힘든 *adj. onerous*
aju jeokjeoran 아주 적절한 *adj. apposite*
aju jeulgeopkke hada 아주 즐겁게 하다 *v. t. delight*
aju keun 아주 큰 *adj. jumbo*
aju kkaekkeutan 아주 깨끗한 *adj. pristine*
aju kwewaran 아주 쾌활한 *adj. jovial*
aju masineun 아주 맛있는 *adj. delectable*
aju masineun 아주 맛있는 *adj. delicious*
aju meotjjin 아주 멋진 *adj. gorgeous*
aju mimyohan 아주 미묘한 *adj. impalpable*
aju nopeun 아주 높은 *adj. lofty*
aju pyeonan jari 아주 편한 자리 *n. niche*
aju pyeonanan 아주 편안한 *adj. luxurious*
aju useum 아주 우스움 *n. hilarity*
aju useuun 아주 우스운 *adj. hilarious*

aju wiheoman 아주 위험한 *adj.* perilous
aju yakan 아주 약한 *adj.* feeble
ajuheunan 아주 흔한 *adj.* commonplace
ajujogeum 아주조금 *n.* whit
akadoeda 악화되다 *v.* degenerate
akan 악한 *n.* miscreant
akchui 악취 *n.* stench
akchwi 악취 *n.* odour
akchwi punggida 악취 풍기다 *v.* reek
akchwinaneun 악취 나는 *adj.* foul
akdang 악당 *n.* villain
akddan 악단 *n.* band
akduk 악덕 *n.* vice
akgamjeong 악감정 *n.* acrimony
akhwa 악화 *n.* aggravation
akhwashikida 악화시키다 *v.* undermine
akhwasikida 악화시키다 *v.* aggravate
akkida 아끼다 *v. t* conserve
aksseongui 악성의 *adj.* malign
aksu 악수 *n.* handshake
aksung 악성의 *adj.* virulent
aktinyum 악티늄 *n.* actinium
akttam 악담 *n.* curse
akttong 악동 *n.* rascal
akwadoeda 악화되다 *v.* deteriorate
al ssu eomneun goseseo naoneun 알 수 없는 곳에서 나오는 *adj.* disembodied
alak 안락 *n.* comfort
alanggeorida 알랑거리다 *v.* flatter
alda 알다 *v.* know

alereugen 알레르겐 *n.* allergen
alereugi 알레르기 *n.* allergy
alereugiseongui 알레르기성의 *adj.* allergic
aleulnatda 알을 낳다 *v.* spawn
algaengi 알갱이 *n.* pellet
algoineun 알고 있는 *adj.* aware
algomoboni~yida 알고보니~이다 *v.* transpire
alibai 알리바이 *n.* alibi
alida 알리다 *v.* announce
alida 알리다 *v.* apprise
alida 알리다 *v.* inform
alida 알리다 *v.* notify
alim 알림 *n.* notification
aljeemothaneun 알지 못하는 *adj.* unaware
alkali 알칼리 *n.* alkali
alkool 알코올 *n.* alcohol
alligator 앨리게이터 *n.* alligator
alpa 알파 *n.* alpha
alpabet 알파벳 *n.* alphabet
alpabet sunui 알파벳순의 *adj.* alphabetical
alrakssa 안락사 *n.* euthanasia
alryojijiahneun 알려지지 않은 *adj.* unknown
aluminum 알루미늄 *n.* aluminium
alyak 알약 *n.* pill
am 암 *n.* cancer
ama 아마 *adv.* perhaps
ama 아마 *adv.* probably
amachyueo 아마츄어 *n.* amateur
amagetton 아마겟돈 *n.* Armageddon

amalgam 아말감 *n. amalgam*
amassi 아마씨 *n. linseed*
ambrosia 암브로시아 *n. ambrosia*
amcho 암초 *n. reef*
amdaman 암담한 *adj. disconsolate*
amgongjak 암공작 *n. peahen*
amheukga 암흑가 *n. underworld*
amho 암호 *n. code*
amho haedokada 암호 해독하다 *v. decode*
amhohwa hada 암호화 하다 *v. encode*
amhohwa hada 암호화 하다 *v. encrypt*
amjeoksaegui 암적색의 *n. carmine*
amkae 암캐 *n. bitch*
amkeot 암컷 *n. doe*
ammal 암말 *n. mare*
ammeori 앞머리 *n. fringe*
ammeori 앞머리 *n. quiff*
ammyeon 앞면 *n. front*
ammyeon 앞면 *n. obverse*
amnyeogeul gahada 압력을 가하다 *v. pressurize*
amond 아몬드 *n. almond*
ampeo 암페어 *n. ampere*
amryu 암류 *n. undercurrent*
amsal 암살 *n. assassination*
amsalbeom 암살범 *n. assassin*
amsalhada 암살하다 *v. assassinate*
amsi 암시 *n. hint*
amsi 암시 *n. allusion*
amsidoen 암시된 *adj. implicit*
amsidoen naeyong 암시된 내용 *n. insinuation*
amsihada 암시하다 *v.t. allude*

amsihada 암시하다 *v. imply*
amsihada 암시하다 *v. insinuate*
amso 암소 *n. cow*
amtak 암탉 *n. hen*
amu 아무 *adj. any*
amu gachi eomneun 아무 가치 없는 *adj. null*
amudedo (~anta) 아무데도 (~않다) *adv. nowhere*
amudo (~anta) 아무도 (~않다) *pron. none*
amudo anin 아무도 아닌 *pron. nobody*
amugeot 아무것 *pron. anything*
amugeotto 아무것도 *pron. nothing*
amuran 아무란 *adj. bleak*
amuri 아무리 *adv. however*
amyeowoo 암여우 *n. vixen*
analogeusigin 아날로그식인 *adj. analogue*
ando 안도 *n. relief*
android 안드로이드 *n. android*
aneukan 아늑한 *adj. cosy*
aneukan 아늑한 *adj. cozy*
aneukan 아늑한 *adj. homely*
aneun saram 아는 사람 *n. acquaintance*
~aneuro ~안으로 *prep. into*
angae 안개 *n. fog*
angjeungmajeun 앙증맞은 *adj. dainty*
angjeungmajeun 앙증맞은 *adj. twee*
angkoreu 앙코르 *n. encore*
anglaran 악락한 *adj. dastardly*
angma 악마 *n. devil*

angma gateun saram 악마 같은 사람 *n. fiend*
angmaro mandeulda 악마로 만들다 *v. demonize*
angmong 악몽 *n. nightmare*
angmyeong 악명 *n. obloquy*
angmyeong 악명 *n. notoriety*
angmyeong nopeun 악명 높은 *adj. infamous*
angmyeong nopeun 악명 높은 *prep. notorious*
angnyeong 악령 *n. demon*
angraran 악랄한 *adj. heinous*
angshim 앙심 *n. spite*
angyeongsa 안경사 *n. optician*
ani 아니 *adj. no*
~anida ~아니다 *adv. not*
anihan 안이한 *adj. facile*
aniseussi 아니스씨 *n. aniseed*
anjaitta 앉아 있다 *n. perch*
anjeong 안정 *n. stabilization*
anjeongdoeda 안정되다 *v. stabilize*
anjeongsung 안정성 *n. stability*
anjjogeuro hyanghan 안쪽으로 향한 *adj. inward*
anjoendweon 안정된 *adj. stable*
anjoeun 안좋은 *adj. lousy*
ankkam 안감 *n. lining*
annae chaekjja 안내 책자 *n. directory*
annaehada 안내하다 *v. lead*
annaein 안내인 *n. guide*
annaemun 안내문 *n. blurb*
annyeong 안녕 *n. adieu*
annyeong 안녕 *excl. goodbye*

annyeonghi gaseyo 안녕히 가세요 *interj. farewell*
anode 양극 *n. anode*
ansaek 안색 *n. complexion*
anseong machumui 안성 마춤의 *adj. fit*
ansikcheo 안식처 *n. haven*
ansimsikida 안심시키다 *v. reassure*
antena 안테나 *n. aerial*
antena 안테나 *n. antenna*
apateu 아파트 *n. condominium*
apchima 앞치마 *n. apron*
apchuk 압축 *n. compression*
apchukada 압축하다 *v. compress*
apdohada 압도하다 *v. whelm*
ape 앞에 *adv. before*
apeum 아픔 *n. ache*
apeun 아픈 *adj. ill*
apeun 아픈 *adj. painful*
apeun 아픈 *adj. peaky*
apeuro 앞으로 *adv. ahead*
apeuro & apui 앞으로 & 앞의 *adv. &adj. forward*
apeuro naagneun 앞으로 나아가는 *adv. onward*
apjapyee 앞잡이 *n. stooge*
apje 압제 *n. tyranny*
apjehada 압제하다 *v. tyrannize*
apjjeja 압제자 *n. oppressor*
apjjireuda 앞지르다 *v. outstrip*
apjjoge 앞쪽에 *adj. fore*
appa 아빠 *n dad*
appadaui 앞바다의 *adj. offshore*
appak 압박 *n. pressure*

apseomaran 앞서 말한 *adj. foregoing*
apssuhada 압수하다 *v. impound*
apteu 아파트 *n. apartment*
apttari 앞다리 *n. foreleg*
apttohada 압도하다 *v. outclass*
apyeon 아편 *n. opium*
arabeo 아랍어 *n. Arabic*
arabia 아라비아 *n. Arabian*
arabin 아랍인 *n. Arab*
araboda 알아보다 *v. inquire*
araboda 알아보다 *v.i. recognize*
arachaem 알아챔 *n. notice*
aracharida 알아차리다 *v. discern*
araee 아래에 *adv. beneath*
araee 아래에 *adv. down*
araekkeot 아랫것 *n. minion*
araero cheojida 아래로 처지다 *v. droop*
araeui 아래의 *adj. nether*
aranaeda 알아내다 *v. t determine*
araneda 알아내다 *v. ascertain*
areumdaeum 아름다움 *n. beauty*
areumdapkke hada 아름답게 하다 *v. beautify*
areumdaun 아름다운 *adj. beautiful*
asakasak meoktta 아삭아삭 먹다 *v. munch*
aseteit 아세테이트 *n. acetate*
aseton 아세톤 *n. acetone*
asiaui 아시아의 *adj. Asian*
asparageos 아스파라거스 *n. asparagus*
asurajang 아수라장 *n. melee*
atichokeu 아티초크 *n. artichoke*

atist 아티스트 *n. artist*
atrium 아트리움 *n. atrium*
avocado 아보카도 *n. avocado*
ayeon dogeumeul hada 아연 도금을 하다 *v.i. galvanize*
ayeonsilsaekan 아연실색한 *adj. nonplussed*
ayeonsilsaekan 아연실색한 *adj. nonplussed*

B

babikyu 바비큐 *n. barbecue*
babo 바보 *n. idiot*
babo 바보 *n. fool*
babo gatteun 바보 같은 *adj. idiotic*
baboe 바보 *n. wally*
baboecheorum boyeegyehada 바보처럼 보이게하다 *v. stultify*
baboegateunjit 바보같은짓 *n. tomfoolery*
babogateun 바보 같은 *adj. daft*
babogateun 바보같은 *adj. foolish*
bachimttae 받침대 *n. pedestal*
bachimttae 받침대 *n. rack*
badadeurida 받아들이다 *v. accept*
badadeuril su inneun 받아들일 수 있는 *adj. agreeable*
badak 바닥 *n. floor*
badakoggiri 바다코끼리 *n. walrus*
badaui 바다의 *adj. marine*
badaui 바다의 *adj. maritime*
badeul manhada 받을 만하다 *v. t. deserve*

badminton 배드민턴 *n. badminton*
bae 배 *n. belly*
bae 배 *n. pear*
bae bakkeuro 배 밖으로 *adv. overboard*
bae dwijiptta 배 뒤집다 *v. capsize*
baea 배아 *n. embryo*
baeari 배앓이 *n. colic*
baeban 배반 *n. treachery*
baebangja 배방자 *n. traitor*
baebunhada 배분하다 *v.t. apportion*
baebyeonada 배변하다 *v. defecate*
baechi 배치 *n. configuration*
baechihada 배치하다 *v. deploy*
baechihada 배치하다 *v. t dispose*
baedang 배당 *n. allotment*
baedanggeum 배당금 *n. dividend*
baedarada 배달하다 *v. deliver*
baedarada 배달하다 *n. delivery*
baega danil ssu inneun 배가 다닐 수 있는 *adj. navigable*
baega gopa jugeul jigyeongin 배가 고파 죽을 지경인 *adj. famished*
baegahada 배가하다 *v. redouble*
baegeubeopjja 배급 업자 *n. distributor*
baegeumnyang 배급량 *n. ration*
baeggopeui 배꼽의 *adj. umbilical*
baeginui 백인의 *adj. caucasian*
baegopeun 배고픈 *adj. hungry*
baegopeun 배고픈 *adj. ravenous*
baegui & baek 백의 & 백 *adj.& n. hundred*
baegunmo 백운모 *n. muscovite*
baegwangong 배관공 *n. plumber*

baegyeong 배경 *n. background*
baegyoja 배교자 *n. apostate*
baejeubro bijeun sul 배즙으로 빚은 술 *n. perry*
baejjang 배짱 *n. boldness*
baejjang inneun 배짱 있는 *adj. gutsy*
baekand 백핸드 *n. backhand*
baekap 백합 *n. lily*
baekchi 백치 *n. idiocy*
baekdoje 백도제 *n. whitewash*
baekjjak 백작 *n. earl*
baekjjunyeon 100주년 *n. centenary*
baekjo 백조 *n. swan*
baekkeum 백금 *n. platinum*
baekkwasajeon 백과사전 *n. encyclopaedia*
baekppunyul 백분율 *n. percentage*
baenang 배낭 *n. backpack*
baengman 100만 *n. million*
baengman pikssel 100만 픽셀 *n. megapixel*
baengmanjangja 백만장자 *n. millionaire*
baengnaejang 백내장 *n. cataract*
baengnyeon 100년 *n. century*
baengnyeon ginyeomil 100년 기념일 *n. centennial*
baeranada 배란하다 *v. ovulate*
baereol 배럴 *n. barrel*
baeryeohaneun 배려하는 *adj. attentive*
baesanggeum 배상금 *n. indemnity*
baesanghada 배상하다 *v. reimburse*
baeseorada 배설하다 *v. excrete*
baesimwon 배심원 *n. juror*

baesimwondan 배심원단 *n. jury*
baesin 배신 *n. betrayal*
baesinada 배신하다 *v. betray*
baeson 배선 *n. wiring*
baesooroe 배수로 *v. sough*
baesuro 배수로 *n. ditch*
baesusikida 배수시키다 *v. t drain*
baet 배트 *n. bat*
baetajeogin 배타적인 *adj. insular*
baeteon 배턴 *n. baton*
baeu 배우 *n. actor*
baeuda 배우다 *v. learn*
baeuja 배우자 *n. consort*
baewooja 배우자 *n. spouse*
baeyanghada 배양하다 *v. incubate*
baeyeok seonjeong 배역 선정 *n. casting*
baeyeol 배열 *n. array*
bagae 박애 *n. benevolence*
baget 바게트 *n. baguette*
baggooda 바꾸다 *v. swap*
bagguda 바꾸다 *v. transmute*
bagoomi 바구미 *n. weevil*
baguni 바구니 *n. basket*
bahkcha 박차 *n. spur*
bahndal 반달 *n. vandal*
bahneul 바늘 *n. stylus*
baiolin 바이올린 *n. fiddle*
bait 바이트 *n. byte*
baji 바지 *n. pants*
baji 바지 *n. trousers*
bajil 바질 *n. basil*
bajiseon 바지선 *n. barge*
bak 박 *n. gourd*

bakae 박해 *n. persecution*
bakaehada 박해하다 *v. persecute*
bakeuro 밖으로 *adv. out*
bakka 박하 *n. mint*
bakkajjok 바깥쪽 *n. outside*
bakke 밝게 *adj. bright*
bakshin 백신 *n. vaccine*
bakshinjeopjong 백신접종 *n. vaccination*
baksik 박식 *n. omniscience*
baksikan 박식한 *adj. learned*
bakssahagui 박사 학위 *n. doctorate*
bakssu 박수 *n. ovation*
bakssuchida 박수치다 *v. clap*
baksu 박수 *n. applause*
baksuchida 박수치다 *v. applaud*
bakwi 바퀴 *n. castor*
bakwibeole 바퀴벌레 *n. cockroach*
bakwisal 바퀴살 *n. spoke*
bakwitong 바퀴통 *n. nave*
bal 발 *n. foot*
bal gwali 발 관리 *n. pedicure*
bala 발아 *n. germination*
balad 발라드 *n. ballad*
balan 반란 *n. rebellion*
balan 반란 *n. mutiny*
balan satae 반란 사태 *n. insurrection*
balaneul ireukida 반란을 일으키다 *v. rebel*
balanja 반란자 *n. insurgent*
balararan 발랄한 *adj. cheerful*
balbeu 밸브 *n. valve*
balchwe bubun 발췌 부분 *n. excerpt*
balcony 발코니 *n. balcony*

baldwikkumchi 발뒤꿈치 *n. heel*
bale 발레 *n. ballet*
balentain 발렌타인 *n. valentine*
baleulgooreuda 발을 구르다 *v. stamp*
balgajida 밝아지다 *v. brighten*
balgarak 발가락 *n. toe*
balgeun 밝은 *adj. sunny*
balgeuraehan 발그레한 *adj. reddish*
balgibulneungui 발기불능의 *adj. impotent*
balgup 발굽 *n. hoof*
balgurada 발굴하다 *v. excavate*
balgyeon 발견 *n. discovery*
balgyeonada 발견하다 *v. detect*
balgyeonada 발견하다 *v. find*
balgyeonhada 발견하다 *v. discover*
balhan eokjeje 발한 억제제 *n. antiperspirant*
bali 발리 *n. volley*
baljeon 발전 *n. advancement*
baljintipooseu 발진티푸스 *n. typhus*
baljjeon 발전 *n. development*
baljjeonada 발전하다 *v. develop*
baljjeongi 발전기 *n. generator*
baljji 발찌 *n. anklet*
baljjin 발진 *adj. rash*
balkida 밝히다 *v. disclose*
balkida 밝히다 *v. enunciate*
balmok 발목 *n. ankle*
balmyeong 발명 *n. invention*
balmyeongga 발명가 *n. inventor*
balo chada 발로 차다 *v. kick*
balpan 발판 *n. treadle*
balpyo 발표 *n. announcement*

balpyohoe 발표회 *n. recital*
balsaenggiui 발생기의 *adj. nascent*
balsaengjangso 발생장소 *n. locus*
balsaengsikida 발생시키다 *v. incur*
balsam namu 발삼나무 *n. balsam*
balsanghada 발생하다 *v. supervene*
balssa mugi 발사 무기 *n. projectile*
balssaeng jeongdo 발생 정도 *n. incidence*
balssaenghada 발생하다 *v. occur*
balssaenghaneun geot 발생하는 것 *n. occurrence*
balssan sudan 발산 수단 *n. outlet*
baltop 발톱 *n. claw*
baltop 발톱 *n. talon*
bam 밤 *n. chestnut*
bam 밤 *n. night*
bampaiuh 뱀파이어 *n. vampire*
bamssaiedo 밤사이에 *adv. overnight*
ban 밴 *n. van*
ban 반 *n. squad*
banajagyong 반사 작용 *n. reflex*
banana 바나나 *n. banana*
bananghada 반항하다 *v. defy*
bananghaneun 반항하는 *adj. mutinous*
banasoi 방아쇠 *n. trigger*
banbaji 반바지 *n. breeches*
banbakada 반박하다 *v. contradict*
banbakada 반박하다 *v. i dispute*
banbakal ssu eomneun 반박할 수 없는 *adj. irrefutable*
banbal 반발 *n. backlash*
banbok 반복 *n. reiteration*
banbok 반복 *n. repetition*

banbokada 반복하다 *v. reiterate*
banbokada 반복하다 *v. repeat*
bancheje insa 반체제 인사 *n. dissident*
bandae 반대 *n. negation*
bandae 반대 *n. opposition*
bandaehada 반대하다 *v. deprecate*
bandaehada 반대하다 *v. dissent*
bandaehada 반대하다 *v. oppose*
bandaehajianneun 반대하지 않는 *adj. willing*
bandaehaneun 반대하는 *n. anti*
bandaeui 반대의 *adj. opposite*
bandeunghada 반등하다 *v. rebound*
bando 반도 *n. peninsula*
baneujileulhada 바느질을하다 *v. stitch*
baneul 바늘 *n. needle*
baneulddam 바늘땀 *n. stitch*
baneung 반응하다 *v. react*
baneung 반응 *n. reaction*
baneunggi 반응기 *n. reactor*
baneungui 반응의 *adj. reactinary*
baneuro julda 반으로 줄다 *v. halve*
bangakkan 방앗간 *n. mill*
bangalo 방갈로 *n. bungalow*
bangam 반감 *n. antipathy*
bangam 반감 *n. disapproval*
bangam 반감 *n. repugnance*
bangbeom 방법 *n. method*
bangbeomnon 방법론 *n. methodology*
bangbu cheorireul hada 방부 처리를 하다 *v. embalm*
bangbuje 방부제 *n. preservative*
bangcha다 방책 *n. stockade*
bangchihada 방치하다 *v. neglect*

bangchim 방침 *n. tack*
bangdaehan 방대한 *adj. copious*
bangeo 방어 *n. defence*
bangeohada 방어하다 *v. defend*
bangeomul 방어물 *n. bulwark*
bangeon 방언 *n. dialect*
bangeoui 방어의 *adj. defensive*
bangeum 방음 *adj. soundproof*
banghae 방해 *n. spoiler*
banghae 방해 *n. obstruction*
banghaehada 방해하다 *v. disturb*
banghaehada 방해하다 *n. hamper*
banghaehada 방해하다 *n. hindrance*
banghaehada 방해하다 *v. interrupt*
banghaehada 방해하다 *v. intrude*
banghaehada 방해하다 *v. stymie*
banghaehaneun 방해하는 *adj. obstructive*
banghak 방학 *n. vacation*
banghwa 방화 *n. arson*
banghwabeok 방화벽 *n. firewall*
banghwabyeok 방화벽 *n. pyromania*
banghyang 방향 *n. direction*
banghyang bakkugehada 방향 바꾸게 하다 *v. t divert*
banghyang bakkugi 방향 바꾸기 *n. diversion*
banghyang gamgageul ilkehada 방향 감각을 잃게 하다 *v. disorientate*
banghyangeul bakkuda 방향을 바꾸다 *v. deflect*
banghyangeul teulda 방향을 틀다 *v. swerve*

banghyangeulteulgi 방향을 틀기 *n. veer*
banghyangyoppeop 방향요법 *n. aromatherapy*
bangjeongsik 방정식 *n. equation*
bangji 방지 *n. containment*
bangmoon 방문 *n. visitation*
bangmoonhada 방문하다 *v. visit*
bangmoonja 방문자 *n. visitor*
bangmoonpanmaewon 방문판매원 *n. tradesman*
bangmu 박무 *n. mist*
bangmulgwan 박물관 *n. museum*
bangmurakjja 박물학자 *n. naturalist*
bangmyeonada 방면하다 *v. remand*
bangpyeon 방편 *adj. expedient*
bangrangja 방랑자 *n. waif*
bangsahada 방사하다 *v. emit*
bangsaneun cheorireul hada 방사능 처리를 하다 *v. irradiate*
bangsasangui 방사상의 *adj. radial*
bangsaseon 방사선 *n. radiation*
bangsaseon chwaryeong 방사선 촬영 *n. radiography*
bangsaseonak 방사선학 *n. radiology*
bangsaseonui 방사성의 *adj. radioactive*
bangsik 방식 *n. manner*
bangsik 방식 *n. mode*
bangsonghada 방송하다 *v. t broadcast*
bangsooeui 방수의 *adj. waterproof*
bangsoopo 방수포 *n. tarpaulin*
bangtang 방탕 *n. profligacy*
bangtang 방탕 *n. debauchery*

bangtanghada 방탕하다 *v. debauch*
banguhyeong 반구형 지붕 *n. dome*
bangulbangul heureuda 방울방울 흐르다 *v. i drip*
bangwang 방광 *n. bladder*
banhangdoeneun 반향되는 *adj. reflective*
banhanghaneun 반항하는 *adj. disobedient*
banhangjeogin 반항적인 *adj. rebellious*
banhangjeokyin 반항적인 *adj. truculent*
banhwan 반환 *n. restitution*
banhyang 반향 *n. defiance*
banhyang 반향 *n. reflection*
banjeom 반점 *n. blotch*
banjeom 반점 *n. mottle*
banjeon 반전 *n. turnover*
banjireum 반지름 *n. radius*
banjjagida 반짝이다 *v. glisten*
banjjakbanjjak binnada 반짝반짝 빛나다 *v. glitter*
banjjakeeda 반짝이다 *v. sparkle*
banjjakgeorida 반짝거리다 *v. twinkle*
banjjakgeorineun 반짝거리는 *n. sparkling*
banjjakkeorineun 반짝거리는 *adj. beady*
banjo 밴조 *n. banjo*
banju 반주 *n. accompaniment*
banjuk 반죽 *n. paste*
banjuk igida 반죽 이기다 *v. knead*
banpohada 반포하다 *v. promulgate*

banrangja 방랑자 *n. vagabond*
bansahoijeogin 반사회적인 *adj. antisocial*
bansayoppeop 반사요법 *n. reflexology*
bantoomyunghan 반투명한 *adj. translucent*
banuieo 반의어 *n. antonym*
banyeokjeoi 반역죄 *n. treason*
banyeonghada 반영하다 *v. reflect*
bappeun 바쁜 *adj. brisk*
bappeun 바쁜 *adj. busy*
bappi umjigida 바삐 움직이다 *v. bustle*
baqui 바퀴 *n. wheel*
baraboda 바라보다 *v. behold*
baraboda 바라보다 *v. look*
barada 바라다 *n. hope*
barageondae 바라건대 *adv. hopefully*
baram 바람 *n. wind*
barambooneun 바람부는 *adj. windy*
barami jal tonghaneun 바람이 잘 통하는 *adj. airy*
baramjikan 바람직한 *adj. desirable*
baraneun 바라는 *adj. desirous*
bareul didim 발을 디딤 *n. footing*
bareum 발음 *n. diction*
bareum 발음하다 *n. pronunciation*
bareumada 발음하다 *v. pronounce*
barikeid 바리케이드 *n. barricade*
barojabeul ssu eomneun 바로잡을 수 없는 *adj. irredeemable*
barojamneun 바로잡는 *adj. corrective*
barojaptta 바로잡다 *v. rectify*
baronjaptta 바로잡다 *v. redress*
baryo 발효 *n. fermentation*

baryohada 발효하다 *v. ferment*
basakan 바삭한 *adj. crisp*
baseureojida 바스러지다 *v. crumble*
basilica 바실리카 *n. basilica*
batik 바틱 *n. batik*
batta 받다 *v. get*
batta 받다 *v. receive*
baundeuhada 바운드하다 *v.t. hop*
baweesan 바위산 *n. tor*
bawi 바위 *n. boulder*
bayeeking 바이킹 *n. viking*
bayeeolin 바이올린 *n. violin*
bayeeolin yeonjooga 바이올린연주가 *n. violinist*
bayeerussungeui 바이러스성의 *adj. viral*
bayirus 바이러스 *n. virus*
bazukapo 바주카포 *n. bazooka*
bbaeatda 빼앗다 *v. usurp*
bbaeda 빼다 *v. subtract*
bbaenaeda 빼내다 *v. withdraw*
bbalahmukda 빨아먹다 *v. suck*
bbaldae 빨대 *n. straw*
bballigutda 빨리걷다 *v. trot*
bbareun 빠른 *adj. speedy*
bbeedah 삐다 *v.t. sprain*
bbeonhanmal 뻔한말 *n. truism*
bboorida 뿌리다 *v.i. sprinkle*
bborijjaebbobda 뿌리째뽑다 *v. uproot*
bbotbbothagye hada 뻣뻣하게 하다 *v. stiffen*
bbotbbothan 뻣뻣한 *adj. stiff*
bbyojokgudoo 뾰족구두 *n. stiletto*
bbyojokhan 뾰족한 *adj. spiky*

beagle 비글 *n. beagle*
bedeeoh 비디오 *n. video*
begae 베개 *n. pillow*
beiji saek 베이지 색 *n. beige*
beikeon 베이컨 *n. bacon*
beil 베일 *n. veil*
beis 베이스 *n. bass*
bejjaneunsaram 베짜는 사람 *n. weaver*
belbet 벨벳 *n. velvet*
belloueoh 벨루어 *n. velour*
belt 벨트 *n. belt*
benchi 벤치 *n. bench*
beniseueui 베니스의 *adj. venetian*
beobe jeonghaejin 법에 정해진 *adj. mandatory*
beobeuro geumada 법으로 금하다 *v. prohibit*
beobinche 법인체 *n. incorporation*
beobuihakjjeogin 법의학적인 *adj. forensic*
beobwon 법원 *n. court*
beobwonui gyeoljjeongeul pagihada 법원의 결정을 파기하다 *v. quash*
beobwonui myeongnyeong 법원의 명령 *n. injunction*
beogeo 버거 *n. burger*
beojeo 버저 *n. buzzer*
beojjip 벌집 *n. honeycomb*
beokkida 벗기다 *v. denude*
beokttol deungeul gumneun gama 벽돌 등을 굽는 가마 *n. kiln*
beol 벌 *n. bee*
beole 벌레 *n. bug*

beolgeobeoseun 벌거벗은 *adj. naked*
beolgeobeoseun sangtae 벌거벗은 상태 *n. nudity*
beoljjip 벌집 *n. hive*
beolkeokbeokeok masida 벌컥벌컥 마시다 *v. quaff*
beolkkul sul 벌꿀 술 *n. mead*
beolle 벌레 *n. worm*
beolrida 벌리다 *v. splay*
beomin 범인 *n. culprit*
beomjoe 범죄 *n. crime*
beomjoehak 범죄학 *n. criminology*
beomjoeja 범죄자 *n. criminal*
beomjoeja 범죄자 *n. offender*
beomjoeui 범죄의 *adj. nefarious*
beomju 범주 *n. category*
beomnyeonge uihan geumji 법령에 의한 금지 *n. prohibition*
beomnyul jejeonghada 법률을 제정하다 *v. legislate*
beomnyureul pyejihada 법률을 폐지하다 *v. repeal*
beompeopjja 범법자 *n. outlaw*
beomryeong 법령 *n. ordinance*
beomryeong 법령 *n. ordnance*
beomsinnon 범신론 *n. pantheism*
beomsinnonja 범신론자 *adj. pantheist*
beomui 범위 *n. ambit*
beonchanghada 번창하다 *v. flourish*
beoncheol 번철 *n. griddle*
beongeorijangap 벙어리장갑 *n. mitten*
beongeoriui 벙어리의 *adj. dumb*
beongnaloui seonban 벽난로의 선반 *n. mantel*

beonkeo 벙커 *n. bunker*
beonppang 번빵 *n. bun*
beonsik 번식 *n. propagation*
beonsiksikida 번식시키다 *v. propagate*
beonyoung 번영하다 *v. prosper*
beonyoung 번영 *n. prosperity*
beonyounghan 번영한 *adj. prosperous*
beop 법 *n. law*
beopak 법학 *n. jurisprudence*
beopakjja 법학자 *n. jurist*
beopeo 범퍼 *n. bumper*
beopjjeogin 법적인 *adj. legal*
beopjjeok chaegim 법적 책임 *n. liability*
beopjjeok chaegimi ineun 법적 책임이 있는 *adj. liable*
beopjjeong byeonhosa 법정 변호사 *n. barrister*
beopkkwandeul 법관들 *n. judiciary*
beopnyeong 법령 *n. decree*
beoreubeomneun 버릇없는 *adj. insolent*
beoreudeomneun 버릇없는 *adj. naughty*
beoreut 버릇 *n. habit*
beoreut 버릇 *n. mannerism*
beoreut eomneun saram 버릇없는 사람 *n. bumpkin*
beori 벌이 *n. pickings*
beorida 버리다 *v. desert*
beorida 버리다 *v. discard*
beorimbadeun saram 버림받은 사람 *n. pariah*

beoring 베어링 *n. bearing*
beos 버스 *n. bus*
beoseona 벗어나 *adv. astray*
beoseonada 벗어나다 *v. deviate*
beoseot 버섯 *n. mushroom*
beoteo 버터 *n. butter*
beotimdae 버팀대 *n. brace*
berandah 베란다 *n. verendah*
bereugamot 베르가못 *n. bergamot*
beri 베리 *n. berry*
(~e) beryehaneun (~에) 비례하는 *adj. proportionate*
beterang 베테랑 *n. veteran*
betonghaehada 비통해하다 *v. bewail*
bi 비 *n rain*
bibanghada 비방하다 *v. traduce*
bibeo 비버 *n. beaver*
bibeoman 비범한 *adj. extraordinary*
bibrapone 비브라폰 *n. vibraphone*
bicham 비참 *n. misery*
bichaman 비참한 *adj. miserable*
bichamhan 비참한 *adj. wretched*
bicheol ilke mandeulda 빛을 잃게 만들다 *v. overshadow*
bicheul naeneun 빛을 내는 *adj. lucent*
bichi 비치 *n. furnishing*
bichida 비치다 *v. flash*
bichuda 비추다 *v. illuminate*
bichungmul 비축물 *n. hoard*
bide 비데 *n. bidet*
bideum 비듬 *n. dandruff*
bidodeokjjeogin 비도덕적인 *adj. immoral*

bidongmaengjuui 비동맹주의 *n. non-alignment*
bidulgi 비둘기 *n. pigeon*
biga mani oneun 비가 많이 오는 *adj. rainy*
bigeop 비겁 *n. cowardice*
bigeuk 비극 *n. tragedy*
bigeukjakga 비극작가 *n. tragedian*
bigeukjeokyin 비극적인 *adj. tragic*
bigugeonghwahada 비국영화하다 *v. denationalize*
bigukkyodo 비국교도 *n. nonconformist*
bigureum 비구름 *n. nimbus*
bigwanjeogin 비관적인 *adj. pessimistic*
bigwanjuui 비관주의 *n. pessimism*
bigwanjuuija 비관주의자 *n. pessimist*
bigyo 비교 *n. comparison*
bigyo 비교 *n. whereas*
bigyohada 비교하다 *v. compare*
bigyoui 비교의 *adj. comparative*
bihaeng 비행 *n. misconduct*
bihaeng 비행 *n. misdeed*
bihaenggi 비행기 *n. plane*
bihaengsa 비행사 *n. aviator*
bihaengui 비행의 *adj. delinquent*
bihahada 비하하다 *v. degrade*
bihal ttae eopssi ttuieonan saram 비할 데 없이 뛰어난 사람 *adj. nonpareil*
bihal tte eomneun 비할 데 없는 *adj. peerless*
bihal ttega eomneun 비할 데가 없는 *adj. incomparable*
bihang 비행 *n. flight*

bihwalsseongui 비활성의 *adj. inert*
bihyoyuljjeogin 비효율적인 *adj. inefficient*
bihyunshiljeokyin 비현실적의 *adj. surreal*
biinganjeogeuro mandeulda 비인간적으로 만들다 *v. dehumanize*
biiseongjeogin 비이성적인 *adj. irrational*
bija 비자 *n. visa*
bijeok 비적 *n. bandit*
bijeongsangjeogin 비정상적인 *adj. abnormal*
bijeonmunga 비전문가 *n. layman*
bijeonmunjeogin 비전문적인 *adj. amateurish*
bijjang 빗장 *n. bolt*
bijjaru 빗자루 *n. broom*
bijobeun 비좁은 *adj. poky*
bijunada 비준하다 *v. ratify*
bikeo 비이커 *n. beaker*
bikini 비키니 *n. bikini*
bikkal 빛깔 *n. hue*
bilida 빌리다 *v. borrow*
billa 빌라 *n. villa*
bilyeojuda 빌려주다 *v. lend*
biman 비만 *n. obesity*
bimanin 비만인 *adj. obese*
bimil alyeojuda 비밀 알려주다 *v. divulge*
bimileui 비밀의 *adj. underhand*
bimilliehaneun 비밀리에하는 *adj. undercover*

bimireul teoreonota 비밀을 털어놓다 v. confide
bimirui 비밀의 adj. confidential
bimyung 비명 n. yelp
bin 빈 adj. blank
bin 빈 adj. empty
bin 빈 adj. vacant
binan 비난 n. accusation
binan 비난 n. condemnation
binan 비난 n. recrimination
binanbadeul manan 비난받을 만한 adj. reprehensible
binanhada 비난하다 v. vilify
binbal 빈발 n. spate
bindo 빈도 n. frequency
bindunggeorida 빈둥거리다 v. potter
bing duleo 빙 둘러 adv. around
bingbing dolda 빙빙 돌다 v. gyrate
bingbing dolda 빙빙돌다 v. swirl
bingbing dollida 빙빙돌리다 v. twiddle
bingeure utta 빙그레 웃다 v. chuckle
binggeureureudolda 빙그르르 돌다 v. whirl
bingha 빙하 n. glacier
binghagiui 빙하기의 adj. glacial
bingledolda 빙글돌다 v. twirl
bingonada 빈곤하게 하다 v. impoverish
bingonggan 빈공간 adj. void
bingsan 빙산 n. iceberg
bingtoeseok 빙퇴석 n. moraine
bingwon 빙원 n. floe
binhyuljjeung 빈혈증 n. anaemia
bini 비닐 n. vinyl

binnada 빛나다 v. glow
binnagada 빗나가다 adv. awry
binnaneun 빛나는 adj. radiant
binolijeogin 비논리적인 adj. illogical
binteum 빈틈 n. lacuna
bintigee 빈티지 n. vintage
binyakan 빈약한 adj. meagre
biokan 비옥한 adj. fertile
bipanada 비판하다 v. criticize
bipanjeogin 피판적인 adj. critical
bipyeong 비평 n. criticism
bipyeongga 비평가 n. critic
bireomeogeul 빌어먹을 v. damn
birok~jiman 비록~지만 conj. though
birok~jiman &~yiljirado 비록~지만 & ~일지라도 prep. &adv. through
birottoeda 비롯되다 v. originate
biryeui 비례의 adj. proportional
biryo 비료 n. fertilizer
bisang 비상 n. emergency
biseudeuman myeon 비스듬한 면 n. bevel
biseudeumhi gidaeda 비스듬히 기대다 v. recline
biseudeumi 비스듬히 adv. askance
biseukoseu 비스코스 n. viscose
bisheuthan ddeuteul gatneun 비슷한 뜻을 같는 adj. synonymous
biskit 비스킷 n. biscuit
biso 비소 n. arsenic
bissaji aneun 비싸지 않은 adj. inexpensive
bissan 비싼 adj. costly
bissan 비싼 adj. expensive

bisul 비술 *n. occult*
bit 빗 *n. comb*
bit 비트 *n. beetroot*
bitamin 비타민 *n. vitamin*
bitan 비탄 *n. grief*
biteuga ganghan 비트가 강한 *adj. funky*
biteulda 비틀다 *v. distort*
biteulda 비틀다 *v. wrest*
biteulgeorida 비틀거리다 *v. stagger*
biteulgeorida 비틀거리다 *v. totter*
biteulgeorineun 비틀거리는 *adj. staggering*
biteum 비틈 *n. torsion*
biteunul 비트널 *n. vintner*
biticulchuh 비티컬쳐 *n. viticulture*
bitjjigo itta 빚지고 있다 *n. owe*
bitjjulgi 빛줄기 *n. beam*
bitong 비통 *n. anguish*
bitong 비통 *n. heartbreak*
bitonghae hada 비통해 하다 *v. grieve*
bittureojin 비뚤어진 *adj. perverse*
biutta 비웃다 *v. gibe*
biwooda 비우다 *v. vacate*
biyeolhan 비열한 *adj. abject*
biyeoran 비열한 *adj. despicable*
biyeoran 비열한 *adj. ignoble*
biyeoran ingan 비열한 인간 *n. cad*
biyeoran nom 비열한 놈 *n. louse*
biyong 비용 *n. expense*
biyong sanghwanada 비용 상환하다 *v. defray*
biyujeogin 비유적인 *adj figurative*
biyujeonjeok munhwayoso 비유전적 문화 요소 *n. memo*
biyul 비율 *n. ratio*
blackberi 블랙베리 *n. blackberry*
blaeklist 블랙리스트 *n. blacklist*
blaus 블라우스 *n. blouse*
blogeu 블로그 *n. blog*
bo 보 *n. barrage*
bobok 보복 *n. reprisal*
bobok 보복 *n. retaliation*
bobokada 보복하다 *v. retaliate*
bobyung 보병대 *n. infantry*
bochoong 보충 *n. supplement*
bochoong 보충의 *adj. supplementary*
boda 보다 *v. watch*
~boda deo keuda ~보다 더 크다 *v. outweigh*
~boda deo oraegada ~보다 더 오래 가다 *v. outlast*
~boda hansu apsseoda ~보다 한 수 앞서다 *v. outwit*
~boda keojida ~보다 커지다 *v. outgrow*
..boda wie ..보다 위에 *prep. above*
~bodanatta ~보다 더 낫다 *v. outshine*
bodapada 보답하다 *v.t. requite*
bodeubil 보드빌 *n. vaudeville*
bodiseu 보디스 *n. bodice*
bodo 보도 *n. pavement*
bodoche 보도체 *n. reportage*
bodoogyo 부두교 *n. voodoo*
bogeumjari 보금자리 *n. abode*
bogeumseo 복음서 *n. gospel*
bogeup 보급 *n. prevalance*

bogohada 보고하다 v. report
bogoreul detta 보고를 듣다 v. debrief
bogwan tong 보관 통 n. canister
bogwanso 보관소 n. depository
bogwi 복위 n. reinstatement
bogwon 복원 adj. restoration
bogwonada 복원하다 v. restore
bohaengja 보행자 n. pedestrian
boheom 보험 n. insurance
boheome deulda 보험에 들다 v. insure
boheomnyo 보험료 n. premium
boho 보호 n. aegis
boho 보호 n. conservation
boho 보호 n. protection
boho gwanchal 보호 관찰 n. probation
bohohada 보호하다 v. protect
bohoreulbatji mothaneun 보호를받지 못하는 adj. unguarded
bohoyongui 보호용의 adj. protective
boicotada 보이콧하다 v. boycott
boil 보일 n. voile
boileo 보일러 n. boiler
bojalkkeoteomneun 보잘것없는 adj. paltry
bojangbaneun 보장받는 adj. assured
bojanghada 보장하다 v. ensure
bojeonghada 보정하다 v. calibrate
bojeungganeunhan 보증 가능한 adj. certifiable
bojeunghada 보증하다 v. vouch
bojeungin 보증인 n. guaranter
bojeungsuh 보증서 n. warranty
bojeungyin 보증인 n. warrantor
bojjong 복종 n. obedience

bojogeum 보조금 n. subsidy
bojogeumeul jooda 보조금을 주다 v. subsidize
bojojeogin 보조적인 adj. ancillary
bojon 보존 n. preservation
bojonada 보존하다 v. preserve
bojoui 보조의 adj. auxiliary
bojwagwan 보좌관 n. aide
bok padeun 복 받은 adj. blessed
bokapchehyeongseong 복합체 형성 n. conglomeration
bokapjjeogin 복합적인 adj. multiple
bokcheung apateu 복층 아파트 n. duplex
bokcheung jutaek 복층 주택 n. maisonette
bokjangdochakja 복장도착자 n. transvestite
bokjapan 복잡한 adj. complex
bokji 복지 n. welfare
bokjjang 복장 n. attire
bokjjapage mandeulda 복잡하게 만들다 v. complicate
bokjjapan 복잡한 adj. intricate
bokjjapan siguk 복잡한 시국 n. imbroglio
bokjjasseong 복잡성 n. complexity
bokjje 복제 n. facsimile
bokjje saengmul 복제 생물 n. clone
bokjjepum 복제품 n. replica
bokjong 복종 n. subjection
bokjong 복종 n. subservience
bokjonghaneun 복종하는 adj. subservient
bokkuisikida 복귀시키다 v. reinstate

bokkwon 복권 *n. lottery*
bokppu 복부 *n. abdomen*
bokppuui 복부의 *a. abdominal*
bokri 복리 *n. weal*
boksa 복사 *n. xerox*
boksabon 복사본 *n. copy*
boksagi 복사기 *n. copier*
boksahada 복사하다 *v. copy*
boksoo 복수 *n. vendetta*
boksoo 복수 *n. vengeance*
boksooshimeulboyeeneun 복수심을 보이는 *adj. vengeful*
bokssa 복사 *n. photocopy*
bokssa 복사 *n. photostat*
bokssagi 복사기 *n. polygraph*
bokssuhada 복수하다 *v. avenge*
bokssuhyeong 복수형 *adj. plural*
bokssunga 복숭아 *n. peach*
boktto 복도 *n. corridor*
bol 볼 *n. cheek*
boleonji 볼연지 *n. blusher*
bolkkeori 볼거리 *n. mumps*
bolpumeopkke godeun 볼품없게 곧은 *adj. lank*
bolssu eomneun 볼 수 없는 *adj. invisible*
bolteu 볼트 *n. volt*
bomeui 봄의 *adj. vernal*
bomool 보물 *n. treasure*
bonaeda 보내다 *v. dispatch*
boneun 보는 *adj. visual*
boneunjeogin 본능적인 *adj. instinctive*
bong ghi 봉기 *n. uprising*
bongeon jedo 봉건 제도 *n. feudalism*

bonggeup 봉급 *n. stipend*
bonghapsung 봉합성 *n. suture*
bonghungdwen 봉헌된 *adj. votive*
bongshin 봉신 *n. vassal*
bongswae 봉쇄 *n. blockade*
bongtu 봉투 *n. envelope*
bongugeuro songhwanada 본국으로 송환하다 *v. repatriate*
bonit 보닛 *n. bonnet*
bonjil 본질 *n. essence*
bonneung 본능 *n. instinct*
bonsa 본사 *n. headquarters*
bonus 보너스 *n. bonus*
boo 부 *n. wealth*
boodam 부담 *n. strain*
boodanghan 부당한 *adj. unjust*
boodanghan 부당한 *adj. unwarranted*
boodanghan 부당한 *adj. wrongful*
boodeureowoon 부드러운 *adj. tender*
boododukhan 부도덕한 *adj. unscrupulous*
boodoo 부두 *n. wharf*
booeunjaguk 부은자국 *n. welt*
boogaseh 부가세 *n. surtax*
boogeun 부근 *n. vicinity*
booghi 부기 *n. swell*
booghi 부기 *n. swelling*
boogyeyak 부계약 *v. subcontract*
booha 부하 *n. underling*
boojayeonseureowoon 부자연스러운 *adj. stilted*
boojayeonseurun 부자연스런 *adj. unnatural*
boojeeui 부재의 *adj. unattended*

boojeok 부적 *n. talisman*
boojeokhaphan 부적합한 *adj. unfit*
boojeonghalsooupneun 부정할 수 없는 *adj. undeniable*
boojiboolshikgan 부지불식간 *adv. unwittingly*
boojok 부족 *n. tribe*
boojokeui 부족의 *adj. tribal*
boojokhan 부족한 *adj. wanting*
boojoopilja 부주필자 *v. subedit*
boolahn 불안 *n. spectre*
boolahnhagyehada 불안하게하다 *v. unnerve*
boolahnhan 불안한 *adj. uneasy*
boolahnhan 불안한 *adj. volatile*
boolanhagyehada 불안하게하다 *v. unsettle*
boolanjeonghagyeseoda 불안정하게서다 *v. teeter*
boolanjunghan 불안정한 *adj. unstable*
booleul ddaeda 불을 때다 *v. stoke*
boolgapeehan 불가피한 *adj. unavoidable*
boolgongpyunghan 불공평한 *adj. unfair*
boolgyunhyungeui 불균형의 *adj. unbalanced*
boolhanghan 불행한 *adj. unhappy*
boolkwehan 불쾌한 *adj. unkind*
boolkwehan 불쾌한 *adj. unpleasant*
boolleuhsewooda 불러세우다 *v. waylay*
boolmyuleui 불멸의 *adj. undying*
boolpilyohan 불필요한 *adj. unnecessary*

boolyim 불임 *n. sterility*
boolyimkeham 불임케함 *n. sterilization*
boolyimuei 불임의 *adj. sterile*
boomok 부목 *n. splint*
boomsoomoon 분수문 *n. turnout*
boonbyung 보온병 *n. thermos*
boongboongeorida 붕붕거리다 *v. whirr*
boonjangjoongjaeja 분쟁중재자 *n. troubleshooter*
boonno 분노 *n. wrath*
boonryuhak 분류학 *n. taxonomy*
boontoohada 분투하다 *v. strive*
boontoohada 분투하다 *v. struggle*
boonweegee 분위기 *n. vibe*
boonyeoldoida 분열되다 *v. split*
boopae 부패 *n. staleness*
boopaehan 부패한 *adj. venal*
boopooleuhoreun 부풀어오른 *adj. tumescent*
boorangah 부랑아 *n. urchin*
boorangjah 부랑자 *n. vagrant*
booreujiahnneun 부르지 않은 *adj. uncalled*
boorootoonghada 부루퉁하다 *v. sulk*
booshitkit 부싯깃 *n. tinder*
boosoojeokin 부수적인 *adj. subsidiary*
boouhoreuda 부어오르다 *v. swell*
booyin 부인 *n. wife*
booyoohan 부유한 *adj. wealthy*
bopul 보풀 *n. fluff*
bora 보라 *n. violet*
bori 보리 *n. barley*
boru 보루 *n. fort*

bosang 보상 v. recompense
bosang 보상 n. compensation
bosanghada 보상하다 v. compensate
boseok 보석 n. bail
boseok 보석 n. gem
boseok 보석 n. jewel
boseokssang 보석상 n. jeweller
boseongnyu 보석류 n. jewellery
bosu 보수 n. emolument
bosu 보수 n. remuneration
bosuga maneun 보수가 많은 adj. remunerative
bosujeogin 보수적인 adj. conservative
bosureul jiburada 보수를 지불하다 v. remunerate
botgida 벗기다 v.t. strip
botong 보통 n. mediocrity
botongui 보통의 adj. mediocre
botongui 보통의 adj. middling
botongui 보통의 adj. modest
bowanada 보완하다 n. complement
bowananda 보완하다 v. redeem
bowol seongeo 보궐 선거 n. by-election
boyu 보유 n. retention
boyumul 보유물 n. retainer
braejieo 브래지어 n. bra
braendi 브랜디 n. brandy
braujeo 브라우저 n. browser
breik 브레이크 n. brake
breonchi 브런치 n. brunch
brifing 브리핑 n. briefing
brochi 브로치 adj. broach
brokoli 브로콜리 n. broccoli

bube myungshidoen 법에 명시된 adj. statutory
bubgyu 법규 n. statute
bubon 부본 n. counterfoil
bubun 부분 n. fraction
bubun 부분 n. portion
bubun 부분 n. proportion
bubuui 부부의 v.t. & i. conjugal
buchaega inneun 부채가 있는 adj. indebted
buchak 부착 n. adherence
buchakada 부착하다 v.t. affix
bucheu 부츠 n. boot
buchin sarae 부친 살해 n. patricide
buchugida 부추기다 v. abet
budaeyongpum 부대용품 n. accessory
budam 부담 n. burden
budami keun 부담이 큰 adj. demanding
budang iigeul chwiham 부당 이익을 취함 n. profiteering
budanghage eodeun don 부당하게 얻은 돈 n. lucre
budanghage iyonghada 부당하게 이용하다 v. t exploit
budangsseong 부당성 n. injustice
budeugi 부득이 adv. perforce
budeunamoo 버드나무 n. willow
budichim 부딪침 n. collision
budodeok 부도덕 n. immorality
budodeokan 부도덕한 adj. amoral
budu 부두 n. dock
budu 부두 n. pier
budu 부두 n. quay

bueok 부엌 *n. kitchen*
buga 부가 *n. annexation*
bugeom 부검 *n. autopsy*
bugwahada 부과하다 *v. impose*
bugyureop gukkaui 북유럽 국가의 *adj. Nordic*
buhapada 부합하다 *v. accord*
buhapada 부합하다 *v. correspond*
buhapaneun 부합하지 않는 *adj. inconsistent*
buhjeon 버전 *n. version*
buhrayeeteul 버라이틀 *n. variet*
buhwahada 부화하다 *n. hatch*
buhwalsikida 부활시키다 *v. resurrect*
buin 부인 *n. denial*
buinada 부인하다 *v. disclaim*
buinal su eomneun 부인할 수 없는 *adj. indisputable*
buinhada 부인하다 *v. i. deny*
buinkkwahak 부인과학 *n. gynaecology*
bujae 부재 *n. absence*
bujaeui 부재의 *adj. absent*
bujayeonseureoum 부자연스러움 *n. contrivance*
bujeogeungja 부적응자 *n. misfit*
bujeok 부적 *n. amulet*
bujeokapan 부적합한 *adj. innapropriate*
bujeokjjeoran 부적절한 행동 *n. impropriety*
bujeokjjeoran myeongching 부적절한 명칭 *n. misnomer*
bujeokttanghan 부적당한 *adj. inadequate*

bujeokttanghan gyeoron 부적당한 결혼 *n. misalliance*
bujeonghwakan 부정확한 *adj. inaccurate*
bujeonghwakan 부정확한 *adj. incorrect*
bujeonghwakan 부정확한 *adj. inexact*
bujeonghwakan 부정확한 *n. infidelity*
bujeongjeogin 부정적인 *adj. negative*
bujeongjeogin saram 부정적인 사람 *n. cynic*
bujeongjeok seonghyang 부정적 성향 *n. negativity*
bujjaptta 붙잡다 *v. grab*
bujohwa 부조화 *n. mismatch*
bujok 부족 *n. dearth*
bujokan 부족함 *n. lack*
bujuuihan 부주의한 *adj. careless*
bukdoduda 북돋우다 *v. boost*
bukjjogui 북쪽의 *adj. northerly*
bukjjok 북쪽 *n. north*
bukkeureoun 부끄러운 *adj. ashamed*
bukkeureowohaneun 부끄러워하는 *adj. abashed*
bukkeuui 북극의 *adj. polar*
bukkui 북극의 *adj. Arctic*
bukppuui 북부의 *adj. northern*
bul 불 *n. fire*
bulahn 불안 *n. unrest*
bulan 불안 *n. anxiety*
bulanhaehaneun 불안해하는 *adj. anxious*
bulbari doeda 불발이 되다 *v. misfire*
bulbokjjong 불복종 *n. insubordination*

bulbokjjonghada 불복종하다 *v.* disobey
bulbunmyeonghan 불분명한 *adj.* inarticulate
bulbuphangwee 불법행위 *n.* tort
bulbyeonui 불변의 *adj.* immutable
bulchiui 불치의 *adj.* incurable
bulchunbunan 불충분한 *adj.* insufficient
bulchungsiran 불충실한 *adj.* disloyal
bulda 불다 *v.* blow
buldog 불독 *n.* bulldog
bulgabuanan 불가분한 *adj.* inseparable
bulgabunhan 불가분한 *adj.* inextricable
bulgabunui 불가분의 *adj.* indivisible
bulgachimui 불가침의 *adj.* inviolable
bulgahaehan 불가해한 *adj.* inexplicable
bulgamjjeungui 불감중의 *adj.* frigid
bulganeungham 불가능함 *n.* impossibility
bulganeunghan 불가능한 *adj.* impossible
bulgeojida 붉어지다 *v.* flush
bulgeonjeon 불건전 *adv.* morbidity
bulggot 불꽃 *n.* spark
bulgiran 불길한 *adj.* inauspicious
bulgongjeong 불공정 *n.* impartiality
bulguja 불구자 *n.* cripple
bulguro mandeulda 불구로 만들다 *v.* maim
bulgurohagi 불구로 하기 *n.* mutilation
bulgurui 불굴의 *adj.* dauntless

bulgurui 불굴의 *adj.* indomitable
bulgurui yonggi 불굴의 용기 *n.* fortitude
bulgyeonghan 불경한 *adj.* impious
bulgyeonghan 불경한 *adj.* profane
bulgyuchikan 불규칙한 *adj.* erratic
bulgyunhyeong 불균형 *n.* imbalance
bulgyunhyeongui 불균형의 *adj.* disproportionate
bulhamni 불합리 *n.* absurdity
bulhaprihan 불합리한 *adj.* unreasonable
bulhwa 불화 *n.* discord
bulhyeopwaeumui 불협화음의 *adj.* discordent
bulihan 불리한 *adj.* adverse
buliik 불이익 *n.* disadvantage
bulkkeuda 불끄다 *v.* extinguish
bulkkil 불길 *n.* flame
bulkkiran 불길한 *adj.* ominous
bulkoihan 불쾌한 *adj.* beastly
bulkwaekkam 불쾌감 *n.* pique
bulkwegam 불쾌감 *n.* displeasure
bulkwegam 불쾌감 *n.* distaste
bulkwehage mandeulda 불쾌하게 만들다 *v.* displease
bulkwehan 불쾌한 *adj.* repugnant
bulkwehan 불쾌한 *adj.* objectionable
bulkwehan irui sijak 불쾌한 일의 시작 *n.* onset
bulman 불만 *n.* discontent
bulman 불만 *n.* dissatisfaction
bulman 불만 *n.* grievance

bulmaneul pumeun 불만을 품은 *adj. disaffected*
bulmanseureowohaneun 불만스러워하는 *adj. disgruntled*
bulmyeol 불멸 *n. immortality*
bulmyeongye 불명예 *n. dishonour*
bulmyeongye 불명예 *n. ignominy*
bulmyeoragehada 불멸하게 하다 *v. immortalize*
bulneung 불능 *n. inability*
bulpiryohan 불필요한 *adj. dispensable*
bulpiryohan 불필요한 *adj. gratuitous*
bulpiryohan 불필요한 *adj. needless*
bulpiryohan 불필요한 *adj. redundant*
bulppeobui 불법의 *adj. illegal*
bulppeobui 불법의 *adj. illicit*
bulpyeon 불편 *n. discomfort*
bulpyeon 불편 *n. inconvenience*
bulpyeong 불평 *n. complaint*
bulpyeongdeung 불평등 *n. inequality*
bulpyeonghada 불평하다 *v. complain*
bulpyeonghada 불평하다 *v. gripe*
bulpyeonghaneun 불평하는 *adj. querulous*
bulpyunhan 불편한 *adj. uncomfortable*
bulssajo 불사조 *n. phoenix*
bulssinada 불신하다 *v. mistrust*
bulssingam 불신감 *n. disbelief*
bulssingam 불신감 *n. distrust*
bulsso 불소 *n. flouride*
bulssungnaebaetta 불쑥 내뱉다 *v. blurt*
bulssunmul 불순물 *n. impurity*

bulsunmul seoktta 불순물 섞다 *v. adulterate*
bultaeuda 불태우다 *v.t. alight*
bultagi sijakada 불타기 시작하다 *v. kindle*
bultaneun 불타는 *adj. aflame*
bultaneun 불타는 *adj. burning*
bultaola 불타올라 *adv. ablaze*
bultumyeongham 불투명함 *n. opacity*
bultumyeonghan 불투명한 *adj. opaque*
bulukan geot 볼록한 것 *n. bulge*
bulyeong bunja 불평분자 *n. malcontent*
bulyu 분류 *n. classification*
bulyuhada 분류하다 *v. catagorize*
bulyuhada 분류하다 *v. classify*
bumilion 버밀리언 *n. vermillion*
bumo 부모 *n. parent*
bumoui 부모의 *adj. parental*
bun 분 *n. minute*
bunae 구내 *n. premises*
bunal 분할 *n. division*
bunbyeo rinneun 분별 있는 *adj. prudential*
bunchul 분출 *n. jet*
bunchurada 분출하다 *v. erupt*
bungae 분개 *n. resentment*
bungaehada 분개하다 *v. resent*
bungaeham 분개함 *n. indignation*
bungaehan 분개한 *adj. indignant*
bungdae 붕대 *n. bandage*
bungibyeorui 분기별의 *adj. quarterly*

bungihada 분기하다 *v. ramify*
bungoedoeda 붕괴되다 *v. collapse*
bungyeseon 분계선 *n. boundary*
bunhae 분해 *n. decompose*
bunhaedoeda 분해되다 *v. t decomposition*
bunhaehada 분해하다 *v. dismantle*
bunhongs 분홍색의 *adj. pink*
bunja 분자 *n. molecule*
bunja 분자 *n. numerator*
bunjaui 분자의 *adj. molecular*
bunji 분지 *n. basin*
bunjijireuhan 번지르한 *adj. unctuous*
bunkkwonwahada 분권화하다 *v. decentralize*
bunmal 분말 *n. powder*
bunmo 분모 *n. denominator*
bunmyeonghan 분명한 *adj. evident*
bunmyeonghan 분명한 *adj. obvious*
bunmyeonghan 분명한 *adj. plain*
bunmyeonghan 분명한 *adj. clear*
bunmyeonghi balkida 분명히 밝히다 *v. evince*
bunmyeonghi marada 분명히 말하다 *v. clarify*
bunmyeonhi 분명히 *adv. certainly*
bunmyunghan 분명한 *adj. apparent*
bunno 분노 *n. anger*
bunno 분노 *n. dudgeon*
bunno 분노 *n. ire*
bunpil 분필 *n. chalk*
bunsandoeda 분산되다 *v. diffuse*
bunseok 분석 *n. analysis*
bunseokada 분석하다 *v. analyse*

bunseokada 분석하다 *v. parse*
bunseokjjeogin 분석적인 *adj. analytical*
bunseokka 분석가 *n. analyst*
bunsu 분수 *n. fountain*
bunsunghanda 번성하다 *v. thrive*
bunu geopum 비누 거품 *n. lather*
bunyeok 번역 *n. translation*
bunyeokhada 번역하다 *v. translate*
bupaehada 부패하다 *v. i decay*
bupaehaneun 부패하는 *adj. putrid*
bupe 부패 *n. corruption*
bupehan 부패한 *adj. corrupt*
bupiga keun 부피가 큰 *adj. bulky*
bupulida 부풀리다 *v. bloat*
bupulida 부풀리다 *v. inflate*
bupum 부품 *n. component*
bupureooreuda 부풀어 오르다 *v. billow*
bupyo 부표 *n. buoy*
buran 불안 *n. disquiet*
buranchojohan 불안초조한 *adj. nervy*
buranhage mandeulda 불안하게 만들다 *v. disconcert*
buranhan 불안해하는 *adj. nervous*
buranjeong 불안정 *n. insecurity*
buranjeong 불안정 *n. instability*
buranjeonghage mandeulda 불안정하게 만들다 *v. destabilize*
buranjeonghan 불안정한 *adj. precarious*
buranppyeong 부란병 *n. blight*
bure haewo jugida 불에 태워 죽이다 *v. immolate*

bure jal taneun 불에 잘 타는 *adj. flammable*
bureoneota 불어넣다 *v. infuse*
bureoneota 불어넣다 *v. instil*
bureoum 부러움 *n. envy*
bureoun 부러운 *adj. enviable*
bureowohaneun 부러워하는 *adj. envious*
bureu 불의 *adj. fiery*
bureuda 부르다 *v. call*
burhwakssiran sangtae 불확실한 상태 *n. limbo*
buri 부리 *n. beak*
buri butta 불이 붙다 *v. ignite*
burimui 불임의 *adj. infertile*
burok 부록 *n. addendum*
burun 불운 *n. misadventure*
burun 불운 *n. mischance*
burun 불운 *n. misfortune*
burunan 불운한 *adj. hapless*
buruui 불후의 *adj. immortal*
burwa 불화 *n. feud*
burwanjeonan 불완전한 *adj. imperfect*
burwanjeonan 불완전한 *adj. incomplete*
burwanjeonhan 불완전한 *adj. partial*
buryeok 부력 *n. buoyancy*
bus 부스 *n. booth*
busa 부사 *n. adverb*
busanan 부산한 *adj. frenetic*
busang 부상 *n. injury*
busangeul iptta 부상을 입다 *v. injure*
buseo 부서 *n. department*
buseojida 부서지다 *v. break*
buseojigi swiun 부서지기 쉬운 *adj. brittle*
busik 부식 *n. corrosion*
busiksikida 부식시키다 *v. corrode*
busiksseongui 부식성의 *adj. caustic*
busiksseongui 부식성의 *adj. corrosive*
busittol 부싯돌 *n. flint*
busokmul 부속물 *n. appendage*
busongmul 부속물 *n. adjunct*
busujeogin 부수적인 *adj. incidental*
butakamnida 부탁합니다 *v. please*
~buteo ~부터 *prep. from*
butkkot 붓꽃 *n. iris*
butodeokan 부도덕한 *adj. improper*
butta 붓다 *v. pour*
buui sin 부의 신 *n. mammon*
buyeoinneun 부어 있는 *adj. puffy*
buyeon 부연 *adj. misty*
buyu 부유 *n. affluence*
buyu seongwang 부유 선광 *n. flotation*
buyuhan 부유한 *adj. affluent*
bwipe 뷔페 *n. buffet*
byeokkwa 벽화 *n. mural*
byeokttol 벽돌 *n. brick*
byeolan 별난 *adj. eccentric*
byeolchae 별채 *n. outhouse*
byeolgaeui 별개의 *adj. discrete*
byeolgeojungin 별거 중인 *adj. estraged*
byeoljjari 별자리 *n. constellation*
byeolmyeong 별명 *n. nickname*
byeolpyo 별표 *n. asterisk*
byeonbi 변비 *n. constipation*
byeonchianneun 변치않는 *adj. abiding*

byeonchik 변칙 *n. irregularity*
byeondeoksseureoun 변덕스러운 *adj. fickle*
byeondeoksseureoun 변덕스러운 *adj. mercurial*
byeondonghada 변동하다 *v. fluctuate*
byeonghaengseon 병행선 *n. byline*
byeongrihak 병리학 *n. pathology*
byeongyeonghal ssu eomneun 변경할 수 없는 *adj. irrevocable*
byeonhada 변하다 *v. change*
byeonhalssu inneun 변할 수 있는 *adj. mutable*
byeonhameomneun 변함없는 *adj. invariable*
byeonhoin 변호인 *n. counsel*
byeonhosa 변호사 *n. attorney*
byeonhosa 변호사 *n. lawyer*
byeonhyeongui 변형되다 *v. mutative*
byeonhyungsikida 변형시키다 *v. deform*
byeonjeoljja 변절자 *n. renegade*
byeonjil 변질 *n. corrupt*
byeonmyeong 변명 *v. excuse*
byeonmyeongui yeojiga eomneun 변명의 여지가 없는 *adj. indefensible*
byeonso 변소 *n. latrine*
byeoruk 벼룩 *n. flea*
byerui 별의 *adj. astral*
byugeul 뷰글 *n. bugle*
byuk 벽 *n. wall*
byukggam 벽감 *n. alcove*
byukjjang 벽장 *n. closet*
byul 별 *n. star*

byulgateun 별같은 *adj. starry*
byullohaneunyil upshi jinaeda 별로하는일 없이 지내다 *v. vegetate*
byulwui 별의 *adj. stellar*
byunapgi 변압기 *n. transformer*
byunchigui 변칙의 *adj. anomalous*
byundeoksseureoum 변덕스러움 *n. caprice*
byundeoksseureoun 변덕스러운 *adj. capricious*
byundong 변동 *n. vagary*
byung 병 *n. bottle*
byung 병 *n. illness*
byung 병 *n. jar*
byung 병 *n. ailment*
byungarikong 병아리콩 *n. chickpea*
byungdeun 병든 *adj. ailing*
byungjjeogin 병적인 *adj. morbid*
byungnyak 병약 *n. infirmity*
byungnyakan 병약한 *adj. infirm*
byungryuk 병력 *n. troop*
byungwon 병원 *n. clinic*
byungwon 병원 *n. hospital*
byungyakja 병약자 *n. valetudinarian*
byunhamupneun 변함없는 *adj. steadfast*
byunhosa 변호사 *n. advocate*
byunhwa 변화 *n. transformation*
byunhwa 변화 *n. variance*
byunhwa 변화 *n. variation*
byunhyung 변형 *n. transfiguration*
byunhyungshikida 변형시키다 *v. transform*
byunjanghada 변장하다 *v. disguise*

byunjong 변종 *n. variant*
byunmohada 변모하다 *v. transfigure*
byunsaekttoeda 변색되다 *v. discolour*
byuntae 변태 *n. metamorphosis*

C

cha 차 *n. tea*
chabunan 차분한 *adj. nonchalant*
chabunan 차분한 *adj. placid*
chabyeon 차변 *n. debit*
chabyeorada 차별하다 *v. discriminate*
chaegeul joahaneun 책을 좋아하는 *adj. bookish*
chaegim 책임 *n. onus*
chaegim inneun 책임 있는 *adj. responsible*
chaegimiinneun 책임이 있는 *adj. accountable*
chaegui jang 책의 장 *n. chapter*
chaegui jongi han jang 책의 종이 한 장 *n. folio*
chaejjikjireul hada 채찍질을 하다 *v. flagellate*
chaek 책 *n. book*
chaekkwonja 채권자 *n. creditor*
chaeknyuk 책력 *n. almanac*
chaekryak 책략 *n. strategem*
chaekryakga 책략가 *n. tactician*
chaekssang 책상 *n. desk*
chaempieon 챔피언 *n. champion*
chaemu 채무 *n. debt*
chaemu burihaeng 채무 불이행 *n. default*

chaemuja 채무자 *n. debtor*
chaemujeunseo 채무 증서 *n. debenture*
chaeneol 채널 *n. channel*
chaengmanghada 책망하다 *v. reproach*
chaengmu 책무 *n. responsibility*
chaengnyak 채략 *n. artifice*
chaeseokjjang 채석장 *n. quarry*
chaetaekada 채택하다 *v. adopt*
chaetaekdoin 채택된 *adj. adoptive*
chaeuda 채우다 *v. fill*
chaeuda 채우다 *v. replenish*
chaeugi sok 채우기 속 *n. filling*
chaeul ssu eomneun 채울 수 없는 *adj. insatiable*
chagaun 차가운 *adj. cool*
chahoowui 차후의 *adj. subsequent*
chai 차이 *n. difference*
chai 차이 *n. discrepancy*
chai 차이 *n. disparity*
chaimbel sori 차임벨 소리 *n. chime*
chajihada 차지하다 *v. occupy*
chajjik 채찍 *n. whip*
chakryak 책략 *n. wile*
chaksoohada 착수하다 *v. undertake*
chakssu 착수 *n. outset*
chakssugeum 착수금 *n. deposit*
chakssuhada 착수하다 *v. t embark*
chalgwasangeul ipida 찰과상을 입히다 *v. excoriate*
chalssakddaerida 찰싹때리다 *v. swat*
chamda 참다 *v. tolerate*
chameuiro 참으로 *adv. verily*

chameul ssu eomneun 참을 수 없는 *adj. insupportable*	**changgo** 창고 *n. warehouse*
chameulsseong 참을성 *n. patience*	**changgoojikwon** 창구직원 *n. teller*
chameulsung 참을성 *n. tolerance*	**changja** 창자 *n. bowel*
chameuro areumdaun 참으로 아름다운 *adj. magnificent*	**changja** 창자 *n. intestine*
chamga 참가 *n. participation*	**changjo** 창조 *n. creation*
chamgahada 참가하다 *v. partake*	**changjohada** 창조하다 *v. create*
chamgahada 참가하다 *v. participate*	**changjoja** 창조자 *n. creator*
chamgaja 참가자 *n. contestant*	**changkko** 창고 *n. depot*
chamgaja 참가자 *n. participant*	**changkko** 창고 *n. garage*
chamgaja 참가자 *n. player*	**changmoon** 창문 *n. window*
chamgomunheon 참고문헌 *n. bibliography*	**changnipjja** 창립자 *n. founder*
chamgyeonaneun 참견하기 좋아하는 *adj. nosy*	**changnyuk** 착륙 *n. landing*
chamgyeonhada 참견하다 *v. tamper*	**changseoljja** 창설자 *n. originator*
chamjo 참조 *n. reference*	**changuijeogin** 창의적인 *adj. creative*
chamjohada 참조하다 *v. refer*	**changuijeogin** 창의적인 *adj. imaginative*
chamjoin 참조인 *n. referee*	**changuijeogin** 창의적인 *v. invent*
chamsa 참사 *n. catastrophe*	**changyangbatji mothan** 찬양받지 못한 *adj. unsung*
chamsa 참사 *n. disaster*	**chanjjang** 찬장 *n. cupboard*
chamsae 참새 *n. sparrow*	**chansa** 찬사 *n. compliment*
chamseok 참석 *n. presence*	**chansahada** 찬사하다 *v. acclaim*
chamseokada 참석하다 *v. attend*	**chanseong** 찬성 *n. assent*
chanbaram 찬바람 *n. draught*	**chansongga** 찬송가 *n. hymn*
chang 창 *n. spear*	**chansongga** 찬송가 *n. psalm*
changanada 창안하다 *v. devise*	**chantal** 찬탈 *n. usurpation*
changbaekaejida 창백해지다 *v. blanch*	**chanyang** 찬양 *n. glorification*
changbaekan 창백한 *adj. pale*	**charyang** 차량 *n. car*
changbaekan 창백한 *n. pike*	**charyang** 차량 *n. vehicle*
changbakhan 창백한 *adj. wan*	**charyang jinip bangji malttuk** 차량 진입 방지 말뚝 *n. bollard*
changeyeo 창녀 *n. courtesan*	**charyangeulweehan** 차량을 위한 *adj. vehicular*
changgibyung 창기병 *n. lancer*	**chatjan** 찻찬 *n. teak*

chatkki himdeun 찾기 힘든 *adj. elusive*
chaui sokttoreul jurida 차의 속도를 줄이다 *v. decelerate*
chayang 차양 *n. visor*
chayong 차용 *n. tenancy*
chchuk 차축 *n. axle*
chebeol 체벌 *n. punishment*
chebeorada 체벌하다 *v. punish*
chegyehwahada 체계화하다 *v. systematize*
chegyejeogiji motan 체계적이지 못한 *adj. disorganized*
chegyejeokyin 체계적인 *adj. systematic*
chegyejjeogin 체계적인 *adj. methodical*
(saramui) chegyeok (사람의) 체격 *n. physique*
chegyeol 체결 *n. conclude*
cheje 체제 *n. framework*
chejo seonsu 체조 선수 *n. gymnast*
chemyeon 체면 *n. decency*
chenapkkeum 체납금 *n. arrears*
cheobangeul naerida 처방을 내리다 *v. prescribe*
cheobangjeon 처방전 *n. prescription*
cheobeol 처벌 *n. penalty*
cheobeorada 처벌하다 *v. penalize*
cheobeoreul bajji aneum 처벌을 받지 않음 *n. impunity*
cheobeoreul wihan 처벌을 위한 *adj. punitive*
cheobeorui 처벌의 *adj. penal*
cheobunada 처분하다 *v. divest*

cheokbbakan 척박한 *adj. barren*
cheol 철 *n. iron*
cheolchaek 철책 *n. railing*
cheolchang 철창 *n. nick*
cheolgeohada 철거하다 *v. demolish*
cheolhoehada 철회하다 *v. countermand*
cheolja 철자 *n. tappet*
cheoljjaga teulida 철자가 틀리다 *v. misspell*
cheoljjeohan 철저한 *adj. exhaustive*
cheolo 철로 *n. railway*
cheolyinsamjonggyeonggi 철인삼종경기 *n. triathlon*
cheombeonggeorida 첨벙거리다 *v. dabble*
cheombuhada 첨부하다 *v. append*
cheombuhada 첨부하다 *v. attach*
cheomgamul 첨가물 *n. additive*
cheomui 처음의 *adj. initial*
cheonan 천한 *adj. menial*
cheonbak 천박 *n. superficiality*
cheonbakan saram 천박한 사람 *n. boor*
cheoncheonhi dallida 천천히 달리다 *v. taxi*
cheonching jari 천칭자리 *n. libra*
cheongchwi 청취 *n. hearing*
cheongdong 청동 *n. bronze*
cheongeo 청어 *n. herring*
cheonggeom 총검 *n. bayonet*
cheonggyeol 청결 *n. cleanliness*
cheonggyodojeogin saram 청교도적인 사람 *n. puritan*
cheongjung 청중 *n. audience*

cheongnokssaek 청록색 *n. cyan*
cheongnyungui 청년기의 *adj. adolescent*
cheongsan 청산 *n. liquidation*
cheongsangari 청산가리 *n. cyanide*
cheongsonyeonui 청소년의 *adj. juvenile*
cheongsonyungi 청소년기 *n. adolescence*
cheongugui 천국의 *adj. heavenly*
cheonguk 천국 *n. heaven*
cheonguk 천국 *n. paradise*
cheonguseo 청구서 *n. bill*
cheonguseo 청구서 *n. invoice*
cheongwamul sangin 청과물 상인 *n. greengrocer*
cheongyeol 청결 *n. hygiene*
cheonhamujeogui 천하무적의 *adj. invincible*
cheoni haeeojida 천이 해어지다 *v. fray*
cheonjae 천재 *n. genius*
cheonjang 천장 *n. ceiling*
cheonmunak 천문학 *n. astronomy*
cheonmundae 천문대 *n. observatory*
cheonmunhakjja 천문학자 *n. astronomer*
cheonsa 천사 *n. angel*
cheonsajang 천사장 *n. archangel*
cheonsik 천식 *n. asthma*
cheonusinjoui 천우신조의 *adj. providential*
cheonyeo 처녀 *n. damsel*
cheonyeon 천년 *n. millennium*
cheonyu 처녀 *n. virgin*
cheonyusung 처녀성 *n. virginity*

cheop 첩 *n. concubine*
cheoragui 철학의 *adj. metaphysical*
cheoragui 철학의 *adj. philosophical*
cheorak 철학 *n. philosophy*
cheorakjja 철학자 *n. philosopher*
cheoreom 처럼 *adv. as*
cheori jeolchareul banbokada 처리 절차를 반복하다 *v. iterate*
cheosin 처신 *n. behaviour*
cheosinhada 처신하다 *v. behave*
cheoteuni 처트니 *n. chutney*
cheotjjeui & cheotjje 첫째의 & 첫째 *adj. & n. first*
chepohada 체포하다 *v. arrest*
cheseu 체스 *n. chess*
chesikjooeuija 채식주의자 *n. vegan*
chesikjooeuija 채식주의자 *n. vegetarian*
cheugeunan 측은한 *adj. pitiful*
cheukjjeong 측정 *n. measurement*
cheukjjeonggi 측정기 *n. gauge*
cheukjjeonghada 측정하다 *v. measure*
cheukmyeon 측면 *n. flank*
cheukryangsah 측량사 *n. surveyor*
cheung 층 *n. storey*
cheung 층 *n. stratum*
cheung 층 *n. layer*
cheungmyeon 측면 *n. aspect*
cheyukkwan 체육관 *n. gymnasium*
chianpansa 치안판사 *n. magistrate*
chida 치다 *v. strike*
chida 치다 *v. strum*
chigorui 치골의 *adj. pubic*
chijangbyuckto 치장벽토 *n. stucco*

chijeu 치즈 *n. cheese*
chikkwauisa 치과의사 *n. dentist*
chil 칠 *n. coating*
chilgakhyeong 7각형 *n. heptagon*
chilmyonjo 칠면조 *n. turkey*
chilpan 칠판 *n. blackboard*
chim 침 *n. spit*
chim 침 *n. spittle*
chim 침 *n. sting*
chimbeom 침범 *n. intrusion*
chimchae 침체 *n. stagnation*
chimchak 침착 *n. poise*
chimchakam 침착함 *n. aplomb*
chimchakan 침착한 *adj. calm*
chimchakan 침착한 *adj. phlegmatic*
chimchedoeda 침체되다 *v. stagnate*
chimchedoen 침체된 *adj. stagnant*
chimchuldoenda 침출되다 *v. leach*
chime 치매 *n. dementia*
chimgu 침구 *n. bedding*
chimhaehada 침해하다 *v. encroach*
chimiluhoreum 치밀어오름 *n. surge*
chimipjja 침입자 *n. interloper*
chimmolhan 침몰한 *adj. sunken*
chimnyak 침략 *n. invasion*
chimpenji 침팬지 *n. chimpanzee*
chimryegyodo 침례교도 *n. baptist*
chimsikada 침식하다 *v. erode*
chimsikada 침식하다 *n. erosion*
chimsul 침술 *n. acupuncture*
chimttae 침대 *n. bed*
chimtu 침투 *n. penetration*
chimtuhada 침투하다 *v. penetrate*

chimtuhaneun 침투하는 *adj. permeable*
chimul 침울 *n. doldrums*
chimuran 침울한 *adj. glum*
chimyeongjeogin 치명적인 *adj. deadly*
chimyeongjeogin 치명적인 *adj. fatal*
chimyeongjeogin 치명적인 *adj. lethal*
chimyeongui 치명의 *adj. mortal*
chimyeonjeogin 치명적인 *adj. feral*
chimyeonjeogin 치명적인 *adj. pernicious*
chingchan 칭찬 *n. commendation*
chingchan 칭찬 *n. plaudits*
chingchanada 칭찬하다 *v. commend*
chingchanada 칭찬하다 *v. i compliment*
chingchanada 칭찬하다 *v. laud*
chingchanada 칭찬하다 *v.t. praise*
chingchanal manhan 칭찬할 만한 *adj. creditable*
chingchanalmanan 칭찬할 만한 *adj. laudable*
chingchananeun mal 칭찬하는 말 *n. panegyric*
chingchanbadeul manhan 칭찬받을 만한 *adj. commendable*
chingchaneul hanmanan 칭찬할 만한 *adj. meritorious*
chingeunan 친근한 *adj. familiar*
chingu 친구 *n. chum*
chingu 친구 *n. friend*
chingu 친구 *n. mate*
chingu 친구 *n. pal*
chinguga doieojuda 친구가 되어 주다 *v. befriend*

chinjeorage 친절하게 adv. kindly
chinji 친지 n. kith
chinjok 친족 n. kin
chinjok 친족 n. kinship
chinjok deungyong 친족 등용 n. nepotism
chinmilgam 친밀감 n. affinity
chinmiram 친밀함 n. intimacy
chinmiran 친밀한 adj. intimate
chinmiran gwangye 친밀한 관계 n. rapport
chinmok 친목 n. amity
chinseon 친선 n. goodwill
chirwol 7월 n. july
chiryo 치료 n. therapy
chiryo 치료 n. treatment
chiryosah 치료사 n. therapist
chiryosangeui 치료상의 adj. therapeutic
chisayul 치사율 n. fatality
chisil 치실 n. floss
chisuck 치석 n. tartar
chita 치타 n. cheetah
chitong 치통 n. toothache
chituh 치터 n. zither
chiyak 치약 n. toothpaste
chiyu ganeunghan 치유 가능한 adj. curable
chiyuhada 치유하다 v. heal
chiyureogi inneun 치유력이 있는 adj. curative
cho 초 pref. ultra
choan 초안 n. draft
choboja 초보자 n. neophyte

choboja 초보자 n. novice
chochaman 처참한 adj. disastrous
chochanaeda 쫓아내다 v. t eject
chochokan 촉촉한 adj. moist
chochwehan 초췌한 adj. haggard
chocolate 쵸콜렛 n. chocolate
chodae 초대 n. invitation
chodaehada 초대하다 v. invite
choeagui 최악의 adj. abysmal
choegeokwahada 최적화 하다 v. optimize
choegeun 최근 adv. recently
choegeunui 최근의 adj. recent
choemyeon(sangtae) 최면(상태) n. hypnosis
choeumpa 초음파 n. ultrasound
choeumpaeui 초음파의 adj. ultrasonic
choeumsokeui 초음속의 adj. supersonic
chogandaegook 초강대국 n. superpower
chogiui 초기의 adj. primitive
chogwa 초과 n. surplus
chogwa geunmu 초과 근무 n overtime
chogyeong 초경 n. menstruation
chohyeondaejeogin 초현대적인 adj. futuristic
chohyunshiljwuuei 초현실주의 n. surrealism
choiagui sungan 최악의 순간 n. nadir
choiakeui 최악의 adj. terrible
choiakeui 최악의 adj. worst
choidae 최대 n. maximum

choidaehandoeui&chodaehando 최대한도의&최대한도 *adj. & n. uttermost*
choidaehwahada 최대화하다 *v. maximize*
choigeune 최근에 *adv. newly*
choigeunui 최근의 *adv. lately*
choigoeui 최고의 *adj. super*
choigoeui 최고의 *adj. superb*
choigoeui 최고의 *adj. supreme*
choigoeui 최고의 *adj. utmost*
choigoeui 최고의 *adj. wonderful*
choigoeumyeok 최고음역 *adj. treble*
choigoui 최고의 *adj. best*
choigoui 최고의 *adj. premier*
choigoui 최고 *n. primacy*
choihoo 최후 *n. utterance*
choihootongchup 최후통첩 *n. ultimatum*
choijeogui 최적의 *adj. optimum*
choijeosanghwal 최저생활 *n. subsistence*
choimyeoneul geolda 최면을 걸다 *v. hypnotize*
choimyeoneul geoneun deutan 최면을 거는 듯한 *adj. mesmeric*
choimyeonsul 최면술 *n. hypnotism*
choisangwui 최상의 *adj. superlative*
choishingwahakghisooljeonmoonga 최신과학기술전문가 *n. technologist*
choishinyoohangeui 최신유행의 *adj. trendy*
choiso 최소 *n. minimum*

choisohwahada 최소화하다 *v. minimize*
choisoui 최소의 *adj. minimal*
chojayeonjeogin 초자연적인 *adj. psychic*
chojohage hada 초조하게 하다 *v.t. fret*
chojoham 초조함 *n. jitters*
chojohan 초조한 *adj. edgy*
chokbalshikida 촉발시키다 *v. unleash*
chokchokage hada 촉촉하게 하다 *v. moisturize*
chokgakeui 촉각의 *adj. tactile*
chokjjinada 촉진하다 *v. promote*
chokkejida 촉촉해지다 *v. moisten*
chokkuhada 촉구하다 *v. exhort*
chokppalsikida 촉발시키다 *v. precipitate*
choksoo 촉수 *n. tentacle*
chomok 초목 *n. vegetation*
chonbeol 천벌 *n. nemesis*
chonchoni dalida 천천히 달리다 *v. lope*
chong 총 *n. gun*
chongal 총알 *n. bullet*
chonga다 총액 *n. totality*
chongcheui 총체의 *adj. gross*
chongdok 총독 *n. governor*
chongdok 총독 *n. viceroy*
chonge banneun 총애 받는 *adj. beloved*
chongmae 촉매 *n. catalyst*
chongmaejagyongeul hada 촉매 작용을 하다 *v. catalyse*

chongmyeonghan 총명한 *adj.* intelligent
chongpoui gugyuong 총포의 구경 *n.* calibre
chongseongeo 총선거 *n.* referendum
chongui yakssil 총의 약실 *n.* breech
chonnom 촌놈 *n.* yokel
choocheonsuh 추천서 *n.* testimonial
choocheukhada 추측하다 *v.t.* surmise
choogayogeum 추가요금 *n.* surcharge
chooham 추함 *n.* ugliness
choojeokganeunghada 추적하다 *v.t.* trace
choojeokganeunghan 추적가능한 *adj.* traceable
choojeong 추정 *n.* supposition
chook 축 *n.* spindle
chookchu 척추 *n.* spine
chooksohaeseo malhada 축소해서 말하다 *v.* understate
choongboon 충분한 *adj.* sufficient
choongboonhada 충분하다 *v.* suffice
choongboonhanyang 충분한양 *n.* sufficiency
choongdan 중단 *n.* stoppage
choonggohada 충고하다 *v.* urge
choongjeonjae 충전재 *n.* stuffing
choongmanhada 충만하다 *v.* teem
choongshilhan 충실한 *adj.* stalwart
chopaneu su 초판의 수 *n.* gambit
chosanghwa 초상화 *n.* portrait
chosanghwappeop 초상화법 *n.* portraiture
choseungttal 초승달 *n.* crescent

chowolhada 초월하다 *v.* transcend
chowolhaneun 초월하는 *adj.* transcendent
chowon 초원 *n.* pasture
choyak 조약 *n.* treaty
choyinjeokyin 초인적인 *adj.* susperhuman
choyinjeokyin 초인적인 *adj.* supernatural
chucheuk 추측 *n.* speculation
chucheuk & chucheukada 추측 & 추측하다 *n. &v.* conjecture
chucheukada 추측하다 *v.i* guess
chucheukhada 추측하다 *v.* speculate
chuchukam 축축함 *n.* dampness
chuchukan 축축한 *adj.* damp
chuchul 추출 *n.* extraction
chuchurada 추출하다 *v. t* extract
chuckchoodongmool 척추동물 *n.* vertebrate
chuckchueui 척추의 *adj.* spinal
chueok 추억 *n.* remembrance
chueokttam 추억담 *v.* reminiscence
chuga 추가 *n.* addition
chugaui 추가의 *adj.* additional
chugeumgi 축음기 *n.* gramophone
chugigyeong 추기경 *n.* cardinal
chugu 추구 *n.* pursuance
chuguhada 추구하다 *v.* pursue
chuhaeng 추행 *n.* molestation
chujeong 추정 *v. t* estimate
chujeong 추정 *n.* presumption
chujeong 추정 *n.* assumption
chujeonghada 추정하다 *v.* assume

chujeonghada 추정하다 *v. presume*
chujeongsangui 추정상의 *adj. putative*
chujongja 추종자 *n. follower*
chuk 축 *n. axis*
chuka 축하 *n. congratulation*
chukahada 축하하다 *v. celebrate*
chukahada 축하하다 *v. congratulate*
chukahada 축하하다 *v. felicitate*
chukchukan 축축한 *adj. clammy*
chukchukham 축축함 *n. wetness*
chukchul 축출 *n. expulsion*
chukchurada 축출하다 *v. t expel*
chukjeok 축적 *n. accumulation*
chukjeokada 축적하다 *v. accumulate*
chukjje 축제 *n. festival*
chukjje haengsa 축제 행사 *n. festivity*
chukjjeongi 축전기 *n. capacitor*
chukjjeui 축제의 *adj. festive*
chukku 축구 *n. football*
chukppogui gido 축복의 기도 *n. benediction*
chukppok 축복 *n. blessing*
chukseonghada 축성하다 *v. consecrate*
chuksosikida 축소시키다 *v. curtail*
chukssa 축사 *n. felicitation*
chuksseonghada 축성하다 *v. bless*
chuksso 축소 *n. diminution*
chukssodoen 축소된 *adj. miniature*
chul 철 *n. steel*
chulabwon 출납원 *n. cashier*
chulbal 출발 *n. departure*
chulgu 출구 *n. exit*
chulgyuk 출격 *n. sortie*

chulhwe 철회 *n. withdrawal*
chulhyun 출현 *n. appearance*
chuljabub 철자법 *n. spelling*
chuljahada 철자하다 *v.t. spell*
chuljjunghan 출중한 *adj. pre-eminent*
chulpan 출판 *n. publicity*
chulpanin 출판인 *n. publisher*
chulpanmul 출판물 *n. publication*
chulsa 철사 *n. wire*
chulsiram 충실함 *adj. fidelity*
chulssaeng 출생 *n. birth*
chulssaengui 출생의 *adj. natal*
chulssan gyeongheom inneun 출산 경험 있는 *adj. multiparous*
chulsseok 출석 *n. attendance*
chumchuda 춤추다 *v. dance*
chumtop 첨탑 *n. steeple*
chuneui &chun 1000의 & 천 *adj. & n. thousand*
chuneulssuiwooda 천을씌우다 *v. upholster*
chungbunan 충분한 *adj. enough*
chungbunhan 충분한 *adj. ample*
chungdanghada 충당하다 *v. devote*
chungdong 충동 *n. impulse*
chungdongjeogin 충동적인 *adj. impulsive*
chungdoong 천둥 *n. thunder*
chungdorada 충돌하다 *v. clash*
chungdorada 충돌하다 *v. collide*
chungdorada 충돌하다 *v. crash*
chunggyeogeul juda 충격을 주다 *v.t. jolt*
chunggyeogui 충격 *n. impact*

chunggyeojjeogin 충격적인 adj. lurid
chunggyeokjuda 충격주다 v. appal
chunghajeeahnneun 청하지 않는 adj. unsolicited
chunghyeol wanhwaje 충혈 완화제 n. decongestant
chungjeongi 충전지 n. charger
chungjeonhada 충전하다 v. recharge
chungjeonjae 충전재 n. padding
chungjeonje 충전제 n. filler
chungjingee 청진기 n. stethoscope
chungnyun 청년 n. youth
chungo 충고 n. advice
chungoe gui giurida 충고에 귀 기울이다 v. heed
chungohada 충고하다 v. advise
chungoseongui 충고성의 adj. cautionary
chungseong 충성 n. allegiance
chungsin 충신 n. loyalist
chungsiraji mottan 충실하지 못한 adj. faithless
chungsiran 충실한 adj. faithful
chungsogi 청소기 n. sweeper
chungsonyun 청소년 n. teenager
chungsonyun 청소년 n. youngster
chungsuyeom 충수염 n. appendicitis
chungyeol 청결 n. tidiness
chunjik 천직 n. vocation
chunsiran 충실한 adj. loyal
(~ege) chupareul deonjida (~에게) 추파를 던지다 v. ogle
chupareul deonjida 추파를 던지다 v.i flirt

churon 추론 n. inference
churon 추론 n. deduction
churonada 추론하다 v. deduce
churonada 추론하다 v. infer
churyeon 출현 n. haemorrhage
chusangjeogin 추상적인 adj. abstract
chusin 추신 n. postscript
chuun 추운 adj. cold
chuun 추운 adj. parky
chuworada 추월하다 v. overtake
chweeupeul halsooeopneun 취업을 할 수 없는 adj. unemployable
chweeyakhan 취약한 adj. vulnerable
chwejang 췌장 n. pancreas
chwieop alsseon 취업 알선 n. placement
chwigeupada 취급하다 v.t handle
chwiham 취함 n. intoxication
chwiim 취임 n. accession
chwiimhage hada 취임하게 하다 v. inaugurate
chwiimsikida 취임시키다 v. induct
chwiimui 취임의 adj. inaugural
chwimi 취미 n. hobby
chwimi 취미 n. pastime
chwiso 취소 n. cancellation
chwisohada 취소하다 v. cancel
chyeodeureogada 쳐들어가다 v. invade
chyeonyeo 처녀 n. maiden
cobaneul tteugaejil 코바늘 뜨개질 n. crochet
colon 콜론 n. colon
combi sangui 콤비 상의 n. blazer

cortisone 코르티손 n. cortisone
culpanada 출판하다 v. publish

D

da 대리 n. substitution
da andaneun deutan 다 안다는 듯한 adj. knowing
da heomureojeoganeun 다 허물어져 가는 adj. dilapidated
dabal 다발 n. bunch
daboojin 다부진 adj. stocky
dachigehada 다치게 하다 v. hurt
dachijiahneun 다치지 않은 adj. unscathed
dachin 다친 adj. gammy
dadeukan 가득한 n. laden
dadeumda 다듬다 v. trim
dadeumneungigye 다듬는기계 n. trimmer
dadeumtta 다듬다 v. groom
~dae ~대 prep. versus
dae 대들보 n. girder
daeanjeogin 대안적인 adj. alternative
daebak 대박 n. jackpot
daebu 대부 n. godfather
daebubun 대부분 n. most
daebyun 대변 n. stool
daebyunin 대변인 n. spokesman
daechaehada 대체하다 v.t. alternate
daechaehada 대체하다 v. supersede
daechamsa 대참사 n. holocaust
daechehal ssu eomneun 대체할 수 없는 adj. irreplaceable

daecheohada 대처하다 v. cope
daecheohal ssu eomneun 대처할 수 없는 adj. insurmountable
daechi 대치 n. confrontation
daeching 대칭 n. symmetry
daechingjeokyin 대칭적인 adj. symmetrical
daechukjje 대축제 n. jamboree
daechulgeum 대출금 n. loan
daechung 대청 n. woad
daechunghaneun 대충 하는 adj. cursory
daechungui 대충의 adj. crude
daedae 대대 n. battalion
daedaman 대담한 adj. bold
daedaman 대담한 adj. daring
daedamhage mandeulda 대담하게 만들다 v. embolden
daedamhan 대담한 adj. flamboyant
daedanan 대단한 adj. great
daedanhi 대단히 adv. dearly
daedanhi guijunghan 대단히 귀중한 adj. priceless
daedanhi huhan 대단히 후한 adj. munificent
daedanhi jungyohan saram 대단히 중요한 사람 n. colossus
daedani 대단히 adv. greatly
daedani chunggyeokjjeogin 대단히 충격적인 adj. horrendous
daedanui bipanjeogin 대단히 비판적인 adj. censorious
daedap 대답 n. answer
daedapada 대답하다 v. respond

daedosiui 대도시의 *adj. metropolitan*
daegeolre 대걸레 *n. mop*
daegi 대기 *n. atmosphere*
daegieop 대기업 *n. conglomerate*
daegihaengryeol 대기 행렬 *n. queue*
daegwansik 대관식 *n. coronation*
daegyumo hoeui 대규모 회의 *n. conference*
daeha ipak heoga 대학 입학 허가 *n. matriculation*
daehada 대하다 *v. treat*
daehagwonsaeng 대학원생 *n. postgraduate*
daehak 대학 *n. college*
daehak kkyojeong 대학 교정 *n. campus*
daehakgyo 대학교 *n. university*
daehakjoreopjja 대학 졸업자 *n. graduate*
daehakssaengi doeda 대학생이 되다 *v. matriculate*
daehakssal 대학살 *n. carnage*
daehakssal 대학살 *n. massacre*
..e daehayeo ..에 대하여 *prep. about*
daehoe 대회 *n. contest*
daeholan 대혼란 *n. mayhem*
daeholan 대혼란 *n. pandemonium*
daehwa 대화 *n. conversation*
daehwa 대화 *n. dialogue*
daehwa nanuda 대화 나누다 *v. converse*
daehwa sangdae 대화 상대 *n. interlocutor*
daehyung teureok 대형 트럭 *n. lorry*

daehyungcheonmak 대형천막 *n. marquee*
daehyungsooper 대형수퍼 *n. superstore*
daehyungsunbak 대형선박 *n. tanker*
daehyungui 대형의 *adj. outsize*
daejaeang 대재앙 *n. cataclysm*
daejang 대장 *n. captain*
daejangjangi 대장장이 *n. blacksmith*
daejanyeo 대자녀 *n. godchild*
daejaronupda 대자로 눕다 *v. sprawl*
daejeotaek 대저택 *n. chateau*
daejeotaek 대저택 *n. mansion*
daejiju 대지주 *n. squire*
daejo 대조 *n. antithesis*
daejo 대조 *n. contrast*
daejohaeseo 대조해서 *prep. contra*
daejugyo 대주교 *n. archbishop*
daejungdeul 대중들 *n. populace*
daejunghwahada 대중화하다 *v. popularize*
daekka chireuda 대가 치르다 *v. cost*
daem 댐 *n. dam*
daemacho 대마초 *n. cannabis*
daemeori 대머리의 *adj. bald*
daemo 대모 *n. godmother*
daemot 대못 *n. spike*
daemunjjaro sseuda 대문자로 쓰다 *v. capitalize*
daemyeongsa 대명사 *n. pronoun*
daenamu 대나무 *n. bamboo*
daengeurang 댕그랑 *n. jingle*
daepisikida 대피시키다 *v. evacuate*
daepo 대포 *n. artillery*

daepo 대포 *n. cannon*
daepok gamsosikida 대폭 감소시키다
    v. deplete
daepokjeokyin 대폭적인 *adj.*
    swingeing
daepyo 대표 *n. delegate*
daepyodan 대표단 *n. deputation*
daepyohada 대표하다 *v. represent*
daepyohaneun 대표하는 *adj.*
    representative
daeri 대리 *n. deputy*
daeri 대리 *n. substitute*
daerieui 대리의 *n. surrogate*
daerieui 대리의 *adj. vicarious*
daeriin 대리인 *n. agency*
daeriin 대리인 *n. agent*
daeriin 대리인 *n. proxy*
daeriseok 대리석 *n. marble*
daeriuisa 대리의사 *n. locum*
daero 대로 *n. boulevard*
daeryak 대략 *adv. about*
daeryeong 대령 *n. colonel*
daeryugui 대륙의 *adj. continental*
daeryuk 대륙 *n. continent*
daeryukhwengdaneui 대륙횡단의 *adj.*
    transcontinental
daesa 대사 *n. ambassador*
daesagwan 대사관 *n. embassy*
daeseongdang 대성당 *n. minster*
daeshin 대신 *n. stead*
daeshinhada 대신하다 *v. supplant*
daesikka 대식가 *n. glutton*
daesikka 대식가 *n. gourmand*
daesilpae 대실패 *n. debacle*

daesinada 대신하다 *v. t displace*
daesine 대신에 *adv. instead*
daesuhak 대수학 *n. algebra*
daesuhyanghwengdaneui
    대서양횡단의 *adj. transatlantic*
daetongnyeong 대통령 *n. president*
daetongnyeongui 대통령의 *adj.*
    presidential
daeuikkwon 대의권 *n. representation*
daeumui 다음의 *adj. next*
daeunghada 대응하다 *v. counteract*
daeyang 대양 *n. ocean*
daeyangui 대양의 *adj. oceanic*
daeyuhaeng 대유행 *n. craze*
dagagada 다가가다 *v. approach*
dagakjjeogin 다각적인 *adj. multilateral*
dagaohneun 다가오는 *adj. upcoming*
dagaoneun 다가오는 *adj. forthcoming*
dagukjjeoui 다국적어의 *adj. polyglot*
dagwa 다과 *n. refreshment*
daiamondeu 다이아몬드 *n. diamond*
daineomaiteu 다이너마이트 *n.*
    dynamite
daineomo 다이너모 *n. dynamo*
dajae 다재 *n. versatility*
dajakaneun 다작하는 *adj. prolific*
dajeonghan 다정한 *adj. cordial*
dajeonutda 다져넣다 *v. tamp*
dak 닭 *n. chicken*
dakchida 닥치다 *v. befall*
dakchida 닥치다 *v. confront*
dakyumenteori 다큐멘터리 *n.*
    documentary
dal 달 *n. month*

dal 달 *n. moon*
dalaeda 달래다 *v. appease*
dalaeda 달래다 *v. conciliate*
dalaeda 달래다 *v. lull*
dalaeda 달래다 *v. mollify*
dalaeda 달래다 *v. propitiate*
dalahhaejin 닳아해진 *adj. tatty*
dalak 단락 *n. paragraph*
dalcomham 달콤함 *n. sweetness*
dalcomhan 달콤한 *adj. sweet*
daleo 달러 *n. buck*
daleo 달러 *n. dollar*
dalgadakkeorida 달가닥거리다 *v. rattle*
dalgyal moyangui 달걀 모양의 *adj. ovate*
dalppit 달빛 *n. moonlight*
dalyeok 달력 *n. calendar*
dambae 담배 *n. cigarette*
dambae 담배 *n. tobacco*
dambo 담보 *n. mortgage*
dambomul 담보물 *n. collateral*
damdanggwan 담당관 *n. attache*
damgeuda 담그다 *v. immerse*
damgeum 담금 *n. immersion*
damjaengi deonggul 담쟁이덩굴 *n. ivy*
damjeup 담즙 *n. bile*
damnon 담론 *n. discourse*
damnyo 담요 *n. blanket*
damso nanuda 담소 나누다 *v. i. chat*
damtta 닮다 *v. resemble*
damunhwaui 다문화의 *adj. multicultural*

dan seonyurui 단 선율의 *adj. monophonic*
danangyeong 단안경 *n. monocle*
danbaekjjil 단백질 *n. protein*
danbaeksseok 단백석 *n. opal*
danche deungui sijak 단체 등의 시작 *n. inception*
dancheui 단체의 *adj. collective*
danchoohyung jangshik 단추형 장식 *n. stud*
danchu 단추 *n. button*
dandanhakyehada 단단하게 하다 *v. toughen*
dandanham 단단함 *n. toughness*
dandanhan 단단한 *adj. firm*
dandanhan 단단한 *adj. tight*
dandanhee ssada 단단히 싸다 *v. swaddle*
dandanhi baktta 단단히 박다 *v. embed*
dandanhi jarijapkke hada 단단히 자리 잡게 하다 *v. entrench*
dandokeui 단독의 *adj. unilateral*
dandudae 단두대 *n. guillotine*
daneon 단언하다 *n. affirmation*
daneonhada 단언하다 *v. affirm*
daneumjeoreo 단음절어 *n. monosyllable*
~dang ~당 *prep. per*
dangeom 단검 *n. dagger*
dangeorijooja 단거리주자 *n. sprinter*
dangeun 당근 *n. carrot*
danggwa jepum 당과 제품 *n. confection*
danghokage hada 당혹하게 하다 *v. perplex*

danghokkam 당혹감 *n. perplexity*
danghwanghada 당황하다 *v. baffle*
danghwanghada 당황하다 *v. embarrass*
danghwangkehada 당황케하다 *v.t bewilder*
dangja daewol 당좌대월 *n. overdraft*
dangjang 당장 *adv. forthwith*
dangjwa daeworada 당좌 대월하다 *v. overdraw*
dangmil 당밀 *n. molasses*
dangmil 당밀 *n. treacle*
dangnagui 당나귀 *n. donkey*
dangnyoppyeong 당뇨병 *n. diabetes*
dangol 단골 *n. habitue*
dangshin 당신 *pron. you*
dangshineui 당신의 *adj. your*
dangshinseuseuro 당신스스로 *pron. yourself*
dangu 당구 *n. billiards*
dangut 단것 *n. sweet*
dangwajeom 당과점 *n. confectioner*
dangye 단계 *n. phase*
dangyejeogin 단계적 차이 *n. gradation*
dangyeoni 당연히 *adv. naturally*
danhohan 단호한 *adj. adamant*
danhohan 단호한 *adj. forceful*
danhohan 단호한 *adj. resolute*
danida 다니다 *n. ply*
danil amche 단일 암체 *n. monolith*
danjeonjeogin 단정적인 *adj. categorical*
danjjeom 단점 *n demerit*

danjoroum 단조로움 *n. monotony*
danjoroun 단조로운 *adj. bland*
danjoroun 단조로운 *adj. monotonous*
danohan undong 단호한 운동 *n. crusade*
danpungnamu 단풍나무 *n. maple*
danpyeonjeogin 단편적인 *adv. piecemeal*
dansaek 단색 *n. monochrome*
danseo 단서 *n. clue*
danseo 단서 *n. proviso*
dansun sobakam 단순 소박함 *n. naivety*
dansunhan 단순한 *adj. mere*
danuh 단어 *n. vocabulary*
danyeomsikida 단념시키다 *v. deter*
danyeonsaengui 다년생의 *adj. perennial*
dapal ssu inneun 답할 수 있는 *adj. answerable*
dapdaphan 답답한 *adj. stuffy*
daraegghi 다래끼 *n. sty*
darakbbang 다락방 *n. attic*
darakppang 다락방 *n. garret*
daramjwi 다람쥐 *n. squirrel*
daranada 달아나다 *v.i escape*
daranada 달아나다 *v. flee*
dareuda 다르다 *v. differ*
dareun 다른 *adj. different*
dareun 다른 *adj. another*
dareun & dareun saram 다른 & 다른 사람 *adj. & pron. other*
dareun injongganui 다른 인종간의 *adj. interracial*

dareun ireumeuroneun 다른 이름으로는 *adv. alias*
dareun malo pyohyunhada 다른 말로 표현하다 *v. paraphrase*
dareun yongie butta 다른 용기에 붓다 *v. decant*
dareunmoonjaro omgida 다른문자로 옮기다 *v. transliterate*
dari 다리 *n. bridge*
dari 다리 *n. leg*
darireul beoligo antta 다리를 벌리고 앉다 *v. bestride*
darireul beolligo ollaanhda 다리를 벌리고 올라앉다 *v. straddle*
darireul jeolda 다리를 절다 *v. hobble*
darooghihimdeun 다루기힘든 *adj. unruly*
daroogihimdeun 다루기 힘든 *adj. wayward*
darugisweewoon 다루기쉬운 *adj. tractable*
darui 달의 *adj. lunar*
daryang 다량 *n. lashings*
daryang 다량 *pron. lot*
daryang 다량 *n. profusion*
daseodui & daseot 다섯의 & 다섯 *adj. & n. five*
daseot ssangdungi 다섯 쌍둥이 *n. quin*
daseurilsooeupneun 다스릴 수 없는 *adj. ungovernable*
dasi 다시 *adv. again*
dasi chaeuda 다시 채우다 *v. refill*
dasi jeogeunghada 다시 적응하다 *v. readjust*

dasi natanada 다시 나타나다 *v. reappear*
dasi saenggakada 다시 생각하다 *v. rethink*
dasi seuda 다시 세우다 *v. rebuild*
dasi yuhaenghaneun 다시 유행하는 *adj. resurgent*
dasingyoui 다신교의 *adj. polytheistic*
dasinnon 다신론 *n. polytheism*
dasu 다수 *n. multiplicity*
dasuinui geokppun 다수인의 격분 *n. furore*
dat 닻 *n. anchor*
dateu 다트 *n. dart*
datooda 다투다 *n. squabble*
datooda 다투다 *v. vie*
datugi joahaneun 다투기 좋아하는 *adj. quarrelsome*
daunrodeu 다운로드 *v. download*
dayanghan 다양한 *adj. diverse*
dayanghan 다양한 *adj. multifarious*
dayanghan 다양한 *adj. variable*
dayanghan 다양한 *adj. varied*
dayanghan 다양한 *adj. various*
dayangsseong 다양성 *n. diversity*
dayangsseong 다양성 *n. range*
dayongdo 다용도의 *adj. versatile*
ddaboonhan 따분한 *adj. turgid*
ddaddeutham 따뜻함 *n. warmth*
ddaddeuthan 따뜻한 *adj. warm*
ddaereeda 때리다 *v. thrash*
ddaerida 때리다 *v. spank*
ddaeyireun 때이른 *adj. untimely*

ddaggeumgeorida 따끔거리다 n. tingle
ddakda 닦다 v. wipe
ddalangwoolida 딸랑 울리다 v. tinkle
ddalghi 딸기 n. strawberry
ddam 땀 n. sweat
ddee 띠 n. streamer
ddeodeulssokhan 떠들석한 adj. tumultuous
ddeollineunmoksori 떨리는 목소리 n. trill
ddeoreojyeo 떨어져 adv. away
ddeuneun 뜨는 adj. afloat
ddeutbakeui 뜻밖의 adj. untoward
ddooggungeulyeolda 뚜껑을 열다 v. uncover
ddoonghan 뚱한 adj. sullen
ddulda 떨다 v. tremble
debui 데뷔 n. debut
deiji kkot 데이지 꽃 n. daisy
deiteobeiseu 데이터베이스 n. database
delikteuseun 델리카트슨 n. delicatessen
demo 데모 n. demonstration
deo 더 n. more
deo bissan gapsseul bureuda 더 비싼 값을 부르다 v. outbid
deo gada 더 가다 v. overshoot
deo jemiitkke mandeulda 더 재미있게 만들다 v. enliven
deo jeogeun 더 적은 adj. lesser
deo naaga 더 나아가 adv. further
deo naeun 더 나은 adj. better

deo najeun jjogui 더 낮은 쪽의 adj. lower
deo orae meomulda 더 오래 머물다 v. linger
deo orae salda 더 오래 살다 v. outlive
deo sinsoki chorihada 더 신속히 처리하다 v. expedite
deocheuro olgamaeda 덫으로 옭아매다 v. t. entrap
deodeumgeorida 더듬거리다 v. fumble
deodeumtta 더듬다 v. grope
deohada 더하다 v. add
deohada 더하다 n. tinge
deohal nauieomneun haengbok 더할 나위없는 행복 n. felicity
deombool 덤불 n. thicket
deombul 덤불 n. bush
deomi 더미 n. heap
deomi 더미 n. pile
deongeori 덩어리 n. block
deongeori 덩어리 n. chunk
deongeori 덩어리 n. lump
deongeori 덩어리 n. mass
deongi 덩이 n. hunk
deongul singmul 덩굴 식물 n. creeper
deonjida 던지다 v. cast
deonjida 던지다 v. hurl
deonjida 던지다 v. throw
deonjida 던지다 v. toss
deopchida 덮치다 v. pounce
deopgye 덮개 n. upholstery
deopgyereulbutgida 덮개를 벗기다 v. unveil
deopkkae 덮개 n. canopy

deopkke 덮개 n. cover
deopkke 덮개 v. flap
deoptta 덮다 v. cover
deoreopida 더럽히다 v. t defile
deoreoun 더러운 adj. dirty
deorupheeda 더럽히다 v. taint
deoruphida 더럽히다 v.t. stain
desibel 데시벨 n. decibel
deukki joeun 듣기 좋은 adj. melodious
deuleobutta 들러붙다 v. adhere
deuleuh ollida 들어올리다 v. uplift
deulgot 들것 n. stretcher
deuliji anneun 들리지 않는 adj. inaudible
deulkeultta 들끓다 v. infest
deulkkeultta 들끓다 v. overrun
deulmeogida 들먹이다 v. invoke
deulpan 들판 n. field
deulsso 들소 n. bison
deultong 들통 n. pail
deultteun 들뜬 adj. agog
deultteun 들뜬 pref. hyper
deumeun 드문 adj. rare
deumoon 드문 adj. sparse
deumun 드문 adj. infrequent
deung 등 n. lamp
deungapsseon 등압선 n. isobar
deungbyeonui 등변의 adj. equilateral
deunggeoriui 등거리의 adj. equidistant
deunggeup 등급 n. grade
deunggiso 등기소 n. registry
deungja 등자 n. stirrup
deungnamoo 등나무 n. wisteria
deungnok 등록 n. registration

deungolbbyo 등골뼈 n. vertebra
deungsan 등산 n. mountaineering
deungyu 등유 n. kerosene
deungyu 등유 n. paraffin
deunneun saram 듣는 사람 n. listener
deunnokada 등록하다 n. register
deunsanga 등산가 n. mountaineer
deurama 드라마 n. drama
deureogada 들어가다 v. enter
deureom 드럼 n. drum
deureonaeda 드러내다 v. debunk
deureonaeda 드러내다 v. expose
deureoolida 들어올리다 v. heave
deureoolida 들어올리다 v. hoist
deureoolida 들어올리다 v.t. lift
deuresseu 드레스 n. frock
deuresseu 드레스 n. gown
deuril 드릴 n. drill
deurimasida 들이마시다 v. inhale
deuriun 드리운 adj. pendent
deutta 듣다 v. hear
didida 디디다 v. tread
digiteorui 디지털의 adj. digital
dijain 디자인 n. motif
dijel 디젤 n. diesel
dijeoteu 디저트 n. dessert
dikenteo 디켄터 n. decanter
dilema 딜레마 n. dilemma
dileo 딜러 n. dealer
diskotek 디스코텍 n. disco
do 도 n. degree
~do (ttohan) anida ~도 (또한) 아니다 conj.&adv. nor

~do anigo ~do anida ~도 아니고 ~도 아니다 adj. neither
dobak 도박 v. gamble
dobal 도발 n. provocation
dobaljeogin 도발적인 adj. provocative
dobarada 도발하다 v. provoke
dobo yeohaeng 도보 여행 n. hike
dochak 도착 n. arrival
dochakada 도착하다 v. arrive
dochakjji 도착지 n. destination
dochwisikida 도취시키다 v. enrapture
dodeokjjuija 도덕주의자 n. moralist
dodeokssangui 도덕상의 adj. moral
dodeoksseong 도덕성 n. morality
dodook 도둑 n. thief
dodukan 두둑한 adj. hefty
dodukjeokyin 도덕적인 adj. virtuous
doechajeum 되찾음 n. eviction
doechatta 되찾다 v. reclaim
doechatta 되찾다 v. recoup
doechatta 되찾다 v. regain
doedolil su eomneun 되돌릴 수 없는 adj. irreversible
doeeoitta 되어 있다 v. consist
doejipeo gada 되짚어 가다 v. backtrack
doesalida 되살리다 v. recreate
dogeumyang 도금양 n. myrtle
dogirui 독일의 n. German
dogwan 도관 n. duct
doibui 도입의 adj. introductory
doineundaero 되는대로 adv. anyhow
dojagi 도자기 n. ceramic
dojagi 도자기 n. porcelain

dojagi 도자기 n. pottery
dojeon 도전 n. challenge
dojisa 도지사 n. prefect
dok 독 n. poison
dok 독 n. venom
dokchangga 독창가 n. monody
dokchangsseong 독창성 n. originality
dokdakgeorim 똑닥거림 n. ticking
dokdakgeorineunsori 똑닥거리는 소리 n. tick
dokjja 독자 n. reader
dokjjaeja 독재자 n. dictator
dokjjeom 독점 n. monopoly
dokjjeomada 독점하다 v. monopolize
dokjjeomja 독점자 n. monopolist
dokjjeomjeogin 독점적인 adj. exclusive
dokjjeui 독재의 adj. autocratic
dokjji hwalttong 독지 활동 n. philanthropy
dokjjiga 독지가 n. philanthropist
dokkam 독감 n. flu
dokki 도끼 n. axe
dokki 독기 n. miasma
dokppaek 독백 n. monologue
dokso 독소 n. toxin
doksseo 독서 n. reading
dokssinnam 독신남 n. bachelor
dokssiran 독실한 adj. devout
dokssuri 독수리 n. eagle
doksul 독설 n. vitriol
doksung 독성 n. virulence
doksunghak 독성학 n. toxicology
doksungweui 독성의 adj. toxic

doksuri 독수리 n. vulture
dokttanjeogin 독단적인 adj. dogmatic
dokyeeitneun 독이있는 adj. venomous
dol 돌 n. stone
dolbaljeokin 돌발적인 adj. spasmodic
dolbom 돌봄 n. care
dolboneun saram 돌보는 사람 n. caretaker
dolda 돌다 v. spin
dolda 돌다 v. swivel
dolda 돌다 v. turn
doldol gamgida 돌돌 감기다 v. curl
dolgak 돌각 n. cant
dolida 돌리다 v. avert
dolimaneun 돌이 많은 adj. stony
doljjin 돌진 n. lunge
doljjinada 돌진하다 v. dash
doljjinada 돌진하다 v. hurtle
dollimnorae 돌림노래 n. troll
dolpari uisa 돌팔이 의사 n quack
dolpari uisa jit 돌팔이 의사 짓 n. quackery
dolpoong 돌풍 n. squall
domabaem 도마뱀 n. lizard
domae 도매 n. wholesale
domaesang 도매상 n. wholesaler
domangja 도망자 n. fugitive
donbeolda 돈벌다 v. earn
donbeoriga doeneun 돈벌이가 되는 adj. gainful
done daehae huham 돈에 대해 후함 n. largesse
donehjwawoodwoim 돈에 좌우됨 n. venality

doneul doeneun daero sseuneun 돈을 되는 대로 쓰는 adj. improvident
doneuro maesuhal ssu eomneun 돈으로 매수할 수 없는 adj. incorruptible
dongaptta 돈갚다 v. repay
dongbanhada 동반하다 v. accompany
dongbanja 동반자 n. companion
dongbanja 동반자 n. partner
dongdeunghada 동등하게 하다 v. t equalize
dongdeungham 동등함 n. parity
dongdeunghan 동등한 adj. equivalent
dongeopjjaim 동업자임 n. partnership
dongeuihada 동의하다 v. underwrite
donggeohada 동거하다 v. cohabit
donggi 동기 n. motive
donggibuyeohada 동기부여하다 v. motivate
donggong chuksso 동공 축소 n. myosis
donggul 동굴 n. cave
donghwa 동화 n. assimilation
donghwadoida 동화되다 v. assimilate
dongilssihada 동일시하다 v. equate
dongiran 동일한 adj. identical
dongjak 동작 n. manoeuvre
dongjak 동작 n. motion
dongjakppareun 동작 빠른 adj. nimble
dongjeon 동전 n. coin
dongjeong 동정 n. sympathy
dongjeonghada 동정하다 v. sympathize

dongjeongjeokyin 동정적인 *adj.* sympathetic
dongjiae 동지애 *n.* camaraderie
dongjjogeu 동쪽의 *adj.* eastern
dongjjok 동쪽 *n.* east
dongjong yoppeop 동종 요법 *n.* homeopathy
dongjong yoppeop uisa 동종 요법 의사 *n.* homoeopath
dongjongui 동종의 *adj.* homogeneous
dongjongui 동종의 *a.* homogeneous
dongmaek 동맥 *n.* artery
dongmaeng 동맹 *n.* alliance
dongmaengguk 동맹국 *n.* ally
dongmaenghan 동맹한 *adj.* allied
dongmoolhak 동물학 *n.* zoology
dongmoolhakeui 동물학의 *adj.* zoological
dongmoolhakja 동물학자 *n.* zoologist
dongmoolwon 동물원 *n.* zoo
dongmu 동무 *n.* comrade
dongmul 동물 *n.* animal
dongmulsayookjang 동물사육장 *n.* vivarium
dongmulssang 동물상 *n.* fauna
dongmurui bal 동물의 발 *n.* paw
dongmyeonada 동면하다 *v.* hibernate
dongmyeongsa 동명사 *n.* gerund
dongnip 독립 *n.* independence
dongnip gonggong gigwan 독립 공공 기관 *n.* quango
dongnipche 독립체 *n.* entity
dongnipjjeogin 독립적인 *adj.* independent

dongnipjjuuija 독립주의자 *n.* nationalist
dongnyo 동료 *n.* colleague
dongpo 동포 *n.* compatriot
dongpoaeui 동포애의 *adj.* philanthropic
dongpung 동풍 *n.* easter
dongsa 동사 *n.* noun
dongsa 동사 *n.* verb
dongseongae hyeomojjeung 동성애 혐오증 *n.* homophobia
dongseongaeja 동성애자 *n.* homosexual
dongseongaejain 동성애자인 *adj.* gay
dongshibalsanghaneun 동시발생하는 *adj.* synchronous
dongshieh balsanghada 동시에 발생하다 *v.* synchronize
dongsi balssaeng 동시 발생 *n.* coincidence
dongsidaeui 동시대의 *adj.* contemporary
dongsie balsaenghaneun 동시에 발생하는 *adj.* concurrent
dongsie ireonada 동시에 일어나다 *v.* coincide
dongui 동의 *v.t.* consent
donguihada 동의하다 *v.* agree
donguihada 동의하다 *v.* concur
donguihada 동의하다 *n.* consent
donguihada 동의하다 *v.* relent
donguihaji anta 동의하지 않다 *v.* disagree
dongwondoeda 동원되다 *v.* mobilize
dongwuieoh 동의어 *n.* synonym

dongyang 동양 *n. orient*
dongyangui 동양의 *adj. oriental*
dongyo 동요 *n. agitation*
dongyo 동요 *n. vacillation*
dongyohage hada 동요하게 하다 *v. perturb*
donhobeop 돈호법 *n. apostrophe*
doni mokjjeogin 돈이 목적인 *adj. mercenary*
doni mokjjeogin 돈이 목적인 *n. money*
donkihote gateun 돈키호테 같은 *adj. quixotic*
doobun 두번 *adv. twice*
doodeureojin 두드러진 *adj. striking*
doogeobi 두꺼비 *n. toad*
dooggeopgyedoeida 두껍게되다 *v. thicken*
dooggeowoon 두꺼운 *adj. thick*
dooggeowoonchaek 두꺼운책 *n. tome*
doogyupeui 두겹의 *adj. twofold*
dook 독 *n. weir*
dookbareun 똑바른 *adj. upright*
doolleossada 둘러싸다 *v. surround*
doolleossada 둘러싸다 *v. wreathe*
doongamhan 둔감한 *adj. stolid*
doonggeunchungjang 둥근천장 *n. vault*
dooryoum 두려움 *n. trepidation*
dopi 도피 *n. elusion*
doptta 돕다 *v. help*
dopyo 도표 *n. chart*
dopyo 도표 *n. diagram*
dopyojaksung 도표작성 *n. tabulation*
dopyojaksungja 도표작성자 *v. tabulator*
dorae 도래 *n. advent*
dorang 도랑 *n. gully*
dorang 도랑 *n. trench*
dorel nomtta 도를 넘다 *v. overreach*
doreul neomtta 도를 넘다 *v. overstep*
doreurae 도르래 *n. pulley*
doro gyeonggyeseok 도로 경계석 *n. kerb*
doryangi neolbeun 도량이 넓은 *adj. magnanimous*
doryeonbyeoni 돌연변이 *n. mutation*
doryeonbyeonigadoeda 돌연변이가 되다 *v. mutate*
dosareopjja 도살업자 *n. butcher*
doseogwan 도서관 *n. library*
doseogwan saseo 도서관 사서 *n. librarian*
doshi 도시 *n. town*
doshieu 도시의 *adj. urban*
dosi 도시 *n. city*
dossuri 독수리 *n. buzzard*
dotori 도토리 *n. acorn*
dottae 돛대 *n. mast*
dotwooda 돋우다 *v. whet*
doum 도움 *n. aid*
doum 도움 *n. assistance*
doumdoida 도움되다 *v. assist*
doumeul juneun 도움을 주는 *adj. beneficent*
doumi doeneun 도움이 되는 *adj. helpful*
doumi doida 도움이 되다 *v. avail*

dounbeop 두운법 *n. alliteration*
douneul sayonghada 두운을 사용하다
　v. alliterate
dowajuneun 도와주는 *adj. obliging*
dowoom 도움 *n. succour*
doyong 도용 *n. appropriation*
dressing 드레싱 *n. dressing*
du baeui 두 배의 *adj. double*
dudeoji 두더지 *n. mole*
dudeurida 두드리다 *v. knock*
dugeungeorida 두근거리다 *v. palpitate*
duibagooda 뒤바꾸다 *v. transpose*
duichotta 뒤쫓다 *v. chase*
duieseo 뒤에서 *prep. behind*
duijida 뒤지다 *v. delve*
duijipida 뒤집히다 *v. overturn*
duijiptta 뒤집다 *v. invert*
duijjogui 뒤쪽의 *n. rear*
duijjok 뒤쪽 *n. back*
duimyeonui 뒷면의 *adv. overleaf*
duineujeun 뒤늦은 *adj. belated*
duk 둑 *n. embankment*
dukkil 둑길 *n. causeway*
duldaui 둘 다의 *adj. & pron. both*
duleoboda 둘러보다 *v. browse*
duleohjooda 덜어주다 *v. unburden*
duleossada 둘러싸다 *v. t encircle*
dunan 둔한 *adj. obtuse*
dunbu 둔부 *n. hip*
dununeuro boneun 두 눈으로 보는
　adj. binocular
dunyeo 수녀 *n. nun*
dureoum 두려움 *n. fear*
dureuda 두르다 *v. enclose*

duryeoum eomneun 두려움 없는 *adj.*
　fearless
duryeoun geot 두려운 것 *n. bogey*
duryeowohada 두려워하다 *v.t dread*
duryeowohaneun 두려워하는 *adj.*
　afraid
duryeowohaneun 두려워하는 *adj.*
　fearful
dusaram 두 사람 *n. couple*
duseoeomneun 두서없는 *adj.*
　discursive
dut 덫 *n. trap*
dut 덫 *n. toils*
dutong 두통 *n. headache*
dutong 두통 *n. migraine*
dwaeji 돼지 *n. pig*
dwaejigogi 돼지고기 *n. pork*
dweeddunggutda 뒤뚱걷다 *v. waddle*
dwibeombeok 뒤범벅 *n. hotchpotch*
dwie 뒤에 *adv. after*
dwie cheojida 뒤에 처지다 *v. lag*
dwijida 뒤지다 *v. ransack*
dwijjotta 뒤쫓다 *v. follow*
dwineujeun kkaedareum 뒤늦은
　깨달음 *n. hindsight*
dwinggulda 뒹굴다 *v. wallow*
dwiteulida 뒤틀리다 *v. contort*
dwiteulida 뒤틀림 *n. kink*
dwitteoreojineun 뒤떨어지는 *n.*
　lagging
~dwiui ~뒤의 *adj. posterior*

E

~e ~에 *prep. at*

~e ~에 *prep. in*
~e apsseoda ~에 앞서다 *v. precede*
e banhayeo 에 반하여 *prep. against*
~e chinsukan ~에 친숙한 *adj. conversant*
~e daehae ~에 대해 *prep. for*
~e gaeuichi anko ~에 개의치 않고 *adj. irrespective*
~e guireul giurida ~에 귀를 기울이다 *v. hark*
~e gwanan ~에 관한 *prep. concerning*
~e gwanhayeo ~에 관하여 *prep. regarding*
~e haeroun ~에 해로운 *adj. inimitable*
~e ireuda ~에 이르다 *v. reach*
~e jungsimduda ~에 중심 두다 *n. centre*
~e sokada ~에 속하다 *v. belong*
..e ttaraseo ..에 따라서 *adv. according*
..e ttaraseo ..에 따라서 *adv. accordingly*
~e yeonghyangeul bajjianneun ~에 영향받지 않는 *adj. impervious*
~edo bulguhago ~에도 불구하고 *conj. albeit*
~edo bulguhago ~에도 불구하고 *prep. despite*
~edo bulguhago ~에도 불구하고 *prep. notwithstanding*
eeorobic 에어로빅 *n. aerobics*
~ege ~boneda ~에게 ~보내다 *v. consign*
~ege sinsereul jigoinneun ~에게 신세를 지고 있는 *adj. beholden*
~ege yongireul bukttoduda ~에게 용기를 북돋우다 *v. hearten*

eikeo 에이커 *n. acre*
eil 에일 *n. ale*
eiroein 의뢰인 *n. client*
ekseuray 엑스레이 *n. x-ray*
eliteu 엘리트 *n. elite*
emerald 에메랄드 *n. emerald*
enamel 에나멜 *n. enamel*
eneogi 에너지 *n. energy*
eneoji ssotta 에너지 쏟다 *v. expend*
enhwa 엔화 *n. Yen*
enjin 엔진 *n. engine*
eobu 어부 *n. fisherman*
eochi 어치 *n. jay*
eodeo tada 얻어 타다 *v. hitch*
eodeulssu ineun 얻을 수 있는 *adj. obtainable*
eodideun 어디든 *adv. anywhere*
eodiena inneun 어디에나 있는 *adj. omnipresent*
eodobi byukddol 어도비 벽돌 *n. adobe*
eodugeodukan 어둑어둑한 *adj. gloomy*
eodukan 어둑한 *adj. dim*
eodum 어둠 *n. darkness*
eodupkkehada 어둡게 하다 *v. darken*
eoduun 어두운 *adj. dark*
eogap 억압 *n. repression*
eogapaneun 억압하는 *adj. oppressive*
eogeumni 어금니 *n. molar*
eogeunnaseo 어긋나서 *adj. amiss*
eogyang 억양 *n. accent*
eohjeeruhwoon 어지러운 *adj. vertiginous*

eohwi 어휘 *n. lexicon*
eohwiui 어휘의 *adj. lexical*
eoieomneun silsu 어이없는 실수 *n. howler*
eojang 어장 *n. fishery*
eojeonggeorida 어정거리다 *v. loiter*
eojireopida 어지럽히다 *v. disarrange*
eojjeomeon 어쩌면 *adv. maybe*
eokgeop 억겁 *n. aeon*
eokjje 억제 *n. inhibition*
eokjjehada 억제하다 *v. t curb*
eokjjehada 억제하다 *v. inhibit*
eoknyuja 억류자 *n. detainee*
eolae 얼레 *n. reel*
eolbeomurineun 얼버무리는 *adj. evasive*
eolda 얼다 *v. freeze*
eoleomaeda 얽어매다 *v. t entangle*
eoleoran 얼얼한 *adj. biting*
eolgul 얼굴 *n. face*
eolgul bulkida 얼굴 붉히다 *v. blush*
eolgul moseup 얼굴 모습 *n. physiognomy*
eolgulpyojeong 얼굴 표정 *n. countenance*
eolgului 얼굴의 *adj. facial*
eolgure natananeun bit 얼굴에 나타나는 빛 *n. radiance*
eolgureul chipurida 얼굴을 찌푸리다 *v.i frown*
eolkigo seokin 얽히고설킨 *adj. knotty*
eolon 언론 *v. press*
eolppajige mandeulda 얼빠지게 만들다 *v. infatuate*

eoluk 얼룩 *n. blot*
eolukjjigehada 얼룩지게 하다 *v. dapple*
eolungmal 얼룩말 *n. giraffe*
eolungmunuiin 얼룩무늬인 *adj. brindle*
eomchangnan 엄청난 *adj. prodigious*
eomcheongnage himdeun 엄청나게 힘든 *adj. herculean*
eomcheongnage keun 엄청나게 큰 *adj. mega*
eomcheongnan 엄청난 *adj. immense*
eomcheongnan 엄청남 *n. immensity*
eomcheongnan 엄청난 *adj. princely*
eomcheongnan gyumo 엄청난 규모 *n. magnitude*
eomeoni 어머니 *n. mother*
eomeoni 어머니 *n. mother*
eomeonidaun 어머니다운 *adj. maternal*
eomeoniin sangtae 어머니인 상태 *n. maternity*
eomma 엄마 *n. mum*
eomoni gateun 어머니 같은 *adj. motherly*
eomoniin sangtae 어머니인 상태 *n. motherhood*
eompo nota 엄포 놓다 *v. bluster*
eomsukan 엄숙한 *adj. grim*
eoncheongi 언청이 *n. harelip*
eondeok 언덕 *n. hill*
eondeok 언덕 *n. mound*
eoneo 언어 *n. language*
eoneo 언어 *n. lingua*
eoneohagui 언어학의 *adj. philological*
eoneohakjja 언어학자 *adj. linguist*

eoneoui 언어의 *adj. linguistic*
eoneu hanaui 어느 하나의 *adv. either*
eoneu jeongdo 어느 정도 *adj. pretty*
eongdeongi 엉덩이 *n. bum*
eongdeongi 엉덩이 *n. buttock*
eongeupada 언급하다 *v. remark*
eongmang 엉망 *n. disorder*
eongmang 엉망 *n. mess*
eongmangeuro hada 엉망으로 하다 *v. bungle*
eongmanjangja 억만장자 *n. billionaire*
eongnureul su eomneun 억누를 수 없는 *adj. irresistible*
eongnyuhada 억류하다 *v. intern*
eongnyuja 억류자 *n. captor*
eongteori yak 엉터리 약 *n. nostrum*
eonjaeng 언쟁 *n. altercation*
eonjaeng 언쟁 *n. argument*
eonjaenghada 언쟁하다 *v. argue*
eonjedeun 언제든 *adv. ever*
eonjjaneun mal 언짢은 말 *n. aspersions*
eoppeop 어법 *n. phraseology*
eoppo 업보 *n. karma*
eopsseojin 없어진 *adj. missing*
eopsseoseoneun an doel 없어서는 안 될 *adj. indispensable*
eopssinyeogim 업신여김 *n. disdain*
eoptteurin 엎드린 *adj. prostrate*
eoreoun 어려운 *adj. needy*
eoreum 얼음 *n. ice*
eoreumgachi chan 얼음같이 찬 *n. icy*
eoreun 어른 *n. adult*

eoreunseureoun 어른스러운 *adj. mature*
eoribeongbeonghan 어리벙벙한 *adj. bemused*
eorikkwangdae 어릿광대 *n. jester*
eorin sae 어린 새 *n. nestling*
eorin yang 어린 양 *n. lamb*
eorinae gateun 어린애 같은 *adj. childish*
eorinae gateun 어린애 같은 *adj. infantile*
eorinsijeol 어린 시절 *n. childhood*
eoriseogeun 어리석은 *adj. fatuous*
eoriseogeun haengdong 어리석은 행동 *n. folly*
eorisokeun 어리석은 *adj. unwise*
eoritkkwangdae 어릿광대 *n. buffoon*
eoryeopkke guhada 어렵게 구하다 *v. procure*
eoryeoum 어려움 *n. difficulty*
eoryeoun 어려운 *adj. difficult*
eoseolpeun 어설픈 *adj. clumsy*
eoseumpeure binnada 어슴프레 빛나다 *v. gleam*
eotta 얻다 *v. gain*
eotta 얻다 *v. obtain*
eotteoke 어떻게 *adv. how*
eotteon iri isseul gongsan 어떤 일이 있을 공산 *n. likelihood*
eowoni gateun 어원이 같은 *adj. cognate*
eowonnak 어원학 *n. etymology*
~eseo meoli ~에서 멀리 *adv. forth*
eseukeoleiteo 에스컬레이터 *n. escalator*

esseupresso 에스프레소 n. espresso
euiggaejida 으깨지다 v. squish
euigyuneui 의견 n. verdict
euinhwa 의인화 n. impersonation
euiseudaeda 으스대다 v. swank
euishimhada 의심하다 v. suspect
euishimhada 의심하다 n. suspicion
euishimhapyeojiupneun 의심할 여지없는 adj. unimpeachable
euishimseureowoon 의심스러운 adj. suspicious
euisikyieupneun 의식이 없는 adj. unconscious
eujeorada 의절하다 v. disown
~eul ~euro yeogida ~을 ~으로 여기다 v. regard
~eul guseonghanun ~을 구성하는 adj. constituent
~eul jeoihago ~을 제외하고 prep. barring
~eul kkeorineun ~을 꺼리는 adj. chary
~eul natanaeneun ~을 나타내는 adj. indicative
~eul piryohage mandeulda ~을 필요하게 만들다 v. necessitate
~eul saengangnage haneun ~을 생각나게 하는 adj. redolent
~eul ttara ~을 따라 prep. along
~eul tteutada ~을 뜻하다 v. mean
~eul yeolmanghaneun ~을 열망하는 adj. keen
~eul yeomdue duneun ~을 염두에 두는 adj. mindful
eumagui 음악의 adj. musical
eumak 음악 n. music

eumakka 음악가 n. musician
eumboui 음보의 adj. metrical
eumcheongnan 엄청난 adj. tremendous
eumgyeong 음경 n. penis
eumhyangui 음향의 adj. acoustic
eumjeol 음절 n. syllable
eumjeoleui 음절의 adj. syllabic
eummae 음매 v. moo
eummo 음모 n. conspiracy
eummo 음모 n. plot
eumranan 음란한 adj. obscene
eumryo 음료 n. beverage
eumseongui 음성의 adj. phonetic
eumshikhanyip 음식한입 n. titbit
eumsik 음식 n. food
eumsik gonggeupada 음식 공급하다 v. cater
eumsikjjeom 음식점 n. eatery
eumsikmool 음식물 n. victuals
eumsokboda neurin 음속보다 느린 adj. subsonic
eumsungmesegee 음성메세지 n. voicemail
eumtanghan 음탕한 adj. lascivious
eumtanghan 음탕한 adj. licentious
eumujeogeuro ~hage hada 의무적으로 ~하게 하다 v. oblige
eumuran 음울한 adj. dismal
eundunja 은둔자 n. hermit
eundunja 은둔자 n. recluse
eungchalja 응찰자 n. bidder
eungcharada 응찰하다 v. bid
eungdap 응답 n. response

eungdapada 응답하다 v. reply
eungdapjja 응답자 n. respondent
eungeup cheochi 응급 처치 n. first aid
eunggyeoldoeda 응결되다 v. condense
eunghada 응하다 v. accede
eungjeopssil 응접실 n. parlour
eungjimnyeok 응집력 n. cohesion
eungsihada 응시하다 v. gaze
eungsihada 응시하다 v. peer
eungsu 응수 n. rejoinder
eungyu 응유 n. curd
eunhaeng 은행 n. bank
eunhaenga 은행가 n. banker
eunhagye 은하계 n. galaxy
eunhyereul moreum 은혜를 모름 n. ingratitude
eunjang 언쟁 n. wrangle
eunmilhan 은밀한 adj. surreptitious
eunmilram 은밀함 adj. clandestine
eunmiran 은밀한 adj. covert
eunnikcheo 은닉처 n. cache
euntoe 은퇴 n. retirement
euntoehada 은퇴하다 v. retire
eunwonhada 응원하다 n. barrack
eunyuui 은유 n. metaphor
eupjok 업적 n. triumph
eureureonggeorida 으르렁거리다 v. growl
eurieurihan 으리으리한 adj. palatial
~euro guseongdoeda ~으로 구성되다 v. comprise
~euro kkeuchi nada ~으로 끝이 나다 v. culminate

euseudaemyo gotda 으스대며걷다 v. swagger
euseureotteurida 으스러뜨리다 v. crunch
euseureotteurida 으스러뜨리다 v. crush
eusimaneun 의심하는 adj. dubious
ewossada 에워싸다 n. enclosure

F

faexeugi 팩스기 n. fax
feurangkeupureuteu 프랑크푸르트 n. frankfurter
feuransseuui 프랑스의 adj. French
filamenteu 필라멘트 n. filament

G

gabal 가발 n. wig
gabang 가방 n. bag
gabonyong janggap 갑옷용 장갑 n. gauntlet
gabot 갑옷 n. armour
gabyeopkke 가볍게 adv. lightly
gabyeopkke haejuda 가볍게 해주다 v. lighten
gabyeopkke tteolda 가볍게 떨다 v. quiver
gabyeoun 가벼운 adj. mild
gachaegeul neukkineun 가책을 느끼는 adj. guilty
gachi 가치 n. merit
gachi harak 가치 하락 n. depreciation

gachiga tteoreojida 가치가 떨어지다 v. depreciate
gachiitneun 가치있는 adj. worth
gachiitneun 가치있는 adj. worthwhile
gachim 갇힘 n. confinement
gachiupneun 가치없는 adj. worthless
gachiyitneun 가치있는 adj. valuable
gachiyitneun 가치있는 n. value
gachiyitneun 가치있는벼운 adj. venial
gachookbyung chiryowa gwanryundwen 가축병치료와 관련된 adj. veterinary
gachuguri gateun jip 가축우리 같은 집 n. hovel
gachuk baeseolmul 가축 배설물 n. muck
gada 가다 v. betake
gada 가다 v.t go
gada 가다 v. wend
gadae 가대 n. trestle
gadansseong inneun 가단성 있는 adj. malleable
gadeuk chaeuda 가득 채우다 v. imbue
gadeukchan 가득찬 adj. full
gadongdoeneun 가동되는 adj. operative
gadongsangui 가동상의 adj. operational
gae 개 n. dog
gae eoneo sayongui 2개 언어 사용의 adj. bilingual
gaebong 개봉 n. premiere
gaebyuljidoshigan 개별지도시간 n. tutorial
gaecheokjja 개척자 n. pioneer
gaeddongjibbagui 개똥지빠귀 n. thrush
gaegakada 개각하다 v. reshuffle
gaeguri 개구리 n. frog
gaegwan 개관 n. overview
gaehwahada 개화하다 v. civilize
gaehyeok 개혁 n. reformation
gaehyeokada 개혁하다 v. reform
gaehyeokka 개혁가 n. reformer
gaein mulpum bogwanam 개인 물품 보관함 n. locker
gaeinjeogin 개인적인 adj. personal
gaeinui moseup 개인의 모습 n. persona
gaeipada 개입하다 v. intervene
gaejasik 개자식 n. bastard
gaejeong 개정 n.pl. amendment
gaejip 개집 n. kennel
gaejo 개조 n. alteration
gaejo 개조 n. convert
gaejo 개조 n. renovation
gaejohada 개조하다 n. renovate
gaejonghada 개종하다 v. abjure
gaekcha 객차 n. carriage
gaekkwanjeoeuro 객관적인 adj. objective
gaekkwanjeogeuro 객관적으로 adv. objectively
gaekowonsunggi 개코원숭이 n. baboon
gaeleon 갤런 n. gallon
gaemi 개미 n. ant
gaengnyeongi 갱년기 n. menopause
gaengsaeng 갱생 v. regenerate

gaengsinhada 갱신하다 *adj. renewal*
gaenyeom 개념 *n. concept*
gaenyeom 개념 *n. notion*
gaenyeomsangui 개념상의 *adj. notional*
gaeryang 개량 *n. amelioration*
gaeryanghada 개량하다 *v. ameliorate*
gaeryanghada 개량하다 *v. meliorate*
gaeseondoeda 개선되다 *v. improve*
gaeseong 개성 *n. individualism*
gaeseongi ganghan saram 개성이 강한 사람 *n. maverick*
gaeseukit 개스킷 *n. gasket*
gaesidoege hada 개시되게 하다 *v. initiate*
gaesingyoui mokssa 개신교의 목사 *n. parson*
gaesuneui 개선의 *adj. triumphal*
gaesunhada 개선하다 *v. upgrade*
gaetanseurun 개탄스러운 *adj. deplorable*
gaeui 개의 *adj. canine*
gaeuichi anko 개의치 않고 *adv. regardless*
gaeul 가을 *n. autumn*
gaeul 개울 *n. brook*
gaeul 개울 *n. creek*
gaewool 개울 *n. streamlet*
gaeyeonsseong inneun 개연성 있는 *adj. probable*
gaeyo 개요 *n. outline*
gaeyo 개요 *n. synopsis*
gaeyo 개요 *n. profile*
gaeyoreul marada 개요를 말하다 *v. recapitulate*

gaeyoseo 개요서 *n. compendium*
gageh 가게 *n. store*
gageok 가격 *n. price*
gageum 가금 *n. fowl*
gageum 가금 *n. poultry*
gaginsikida 각인시키다 *v. imprint*
gagonghal 가공할 *adj. formidable*
gagye 가계 *n. ancestry*
gahada 가하다 *v. exert*
gahldeung 갈등 *n. strife*
gahokam 가혹함 *n. asperity*
gahokan 가혹한 *adj. acerbic*
gahokan 가혹한 *adj. harsh*
gahokham 가혹함 *n. stringency*
gahpjackseureowoon 갑작스러운 *adj. sudden*
gahpjaghi 갑자기 *adv. suddenly*
gajae 가재 *n. lobster*
gajang 가장 *n. affectation*
gajang gakkaun 가장 가까운 *adj. nearest*
gajang gakkaun 가장 가까운 *adj. proximate*
gajang haengryeol 가장 행렬 *n. pageant*
gajang jeogeun & jeogeodo 가장 적은 & 적어도 *adj.& pron. least*
gajang joahaneun 가장 좋아하는 *adj. favourite*
gajang jungyohan 가장 중요한 *adj. foremost*
gajang jungyohan bupun 가장 중요한 부분 *n. crux*
gajang maneun su 가장 많은 수 *n. majority*

gajang mudohoe 가장 무도회 *n.* masquerade
gajang sajjeogin 가장 사적인 *adj.* innermost
gajanghada 가장하다 *v. feign*
gajangjari 가장자리 *n. edge*
gajeeda 가지다 *v. take*
gajeongbup 가정법 *adj. subjunctive*
gajeongyong gigi 가정용 기기 *n.* appliance
gajeungsreoun 가중스러운 *adj.* abominable
gaji 가지 *n. aubergine*
gaji 가지 *n. brinjal*
gajida 가지다 *v. nab*
gajigo oda 가지고 오다 *v. fetch*
gajjaui 가짜의 *adj. bogus*
gajjaui 가짜의 *adj. fake*
gajok 가족 *n. family*
gajookggeun 가죽끈 *adj. strapping*
gajookggeun 가죽끈 *n. thong*
gajoongchi 가중치 *n. weighting*
gajuk 가죽 *n. leather*
gajyeooda 가져오다 *v. bring*
gaka 각하 *n. excellency*
gakgagui 각각의 *adj. each*
gakgidung 각기둥 *n. prism*
gakjjaui 각자의 *adj. respective*
gakkagui 각각의 *adj. individual*
gakkaum 가까움 *n. proximity*
gakkaun 가까운 *adj. close*
gakkaun 가까운 *adv. near*
gakkaun 가까운 *v.i. near*
gakkeum 가끔의 *adv. occasionally*

gakkeumui 가끔의 *adj. occasional*
gakkwang 각광 *n. limelight*
gaksseo 각서 *n. memorandum*
gakttagui 각다귀 *n. gnat*
gaktto 각도 *n. angle*
gakttogi 각도기 *n. protractor*
gakttoui 각도의 *adj. angular*
galajida 갈라지다 *v. diverge*
galajin teum 갈라진 틈 *n. cleft*
galchui 갈취 *n. blackmail*
galchwihada 갈취하다 *v. extort*
galda 갈다 *v. grind*
galdeung 갈등 *n. conflict*
galgameoktta 갉아먹다 *v. gnaw*
galgi 갈기 *n.* mane
galgori 갈고리 *n. tenterhook*
galjeungwui 갈증 *n. thirst*
galjjeungeul pulda 갈증을 풀다 *v.* quench
galkwi 갈퀴 *n. rake*
gallimgil 갈림길 *n. turning*
galmaegi 갈매기 *n. gull*
galmang 갈망 *n. longing*
galmang 갈망 *n. yearning*
galmanghada 갈망하다 *v. t crave*
galmanghada 갈망하다 *v. hanker*
galmanghada 갈망하다 *v. yearn*
galmegi sujang 갈매기형 수장 *n.* chevron
galpangjilpanghada 갈팡질팡하다 *v.* bumble
galssaek 갈색 *n. brown*
galtan 갈탄 *n. lignite*
gamaengjeom 가맹점 *n. franchise*

gamang 가망 *n. prospect*
gamangeomneun 가망 없는 *adj. hopeless*
gamanhi mon inneunn 가만히 못 있는 *adj. restive*
gamasot 가마솥 *n. cauldron*
gamchuda 감추다 *v. conceal*
gamchuda 감추다 *v. dissimulate*
gamchuda 감추다 *v.t hide*
gamdang motal jjeongdoro juda 감당 못할 정도로 주다 *v. inundate*
gamdok 감독 *n. superintendence*
gamdok 감독 *n. supervision*
gamdokada 감독하다 *adj. invigilate*
gamdokada 감독하다 *v. oversee*
gamdokhada 감독하다 *v. supervise*
gamdokja 감독자 *n. supervisor*
gamdokjja 감독자 *n. overseer*
gamdongjeokyin 감동적인 *adj. touching*
gameoniseol 감언이설 *n. blarney*
gamgagi eomneun 감각이 없는 *adj. numb*
gamgeum 감금 *n. captivity*
gamgeumada 감금하다 *v. incarcerate*
gamgyulyu gwail 감귤류 과일 *n. citrus*
gamgyulyuui 감귤류의 *adj. citric*
gamhi ~hada 감히 ~하다 *v. dare*
gamhyeong 감형 *n. remission*
gamiroun 감미로운 *adj. luscious*
gamja 감자 *n. potato*
gamjeonge jwaudoeji anneun 감정에 좌우되지 않는 *adj. dispassionate*
gamjeongeul garanchida 감정을 가라앉히다 *v. allay*
gamjeongeul jageukaneun 감정을 자극하는 *adj. emotive*
gamjeongiip 감정이입 *n. empathy*
gamjihada 감지하다 *v. perceive*
gamjihal ssu inneun 감지할 수 있는 *adj. palpable*
gamjilnagehada 감질나게하다 *v. tantalize*
gammeeryo 감미료 *n. sweetener*
gammyeomsikida 감염시키다 *v. infect*
gammyeongeul juda 감명을 주다 *v. impress*
gamneunjangchi 감는장치 *n. winder*
gamok 감옥 *n. jail*
gamsa 감사 *n. audit*
gamsabatjimothan 감사받지 못한 *adj. thankless*
gamsahada 감사하다 *v. thank*
gamsahalsooupneun 감사할줄 모르는 *adj. ungrateful*
gamsahan 감사한 *adj. thankful*
gamsang 감상 *n. appreciation*
gamsangjeogin 감상적인 *adj. emotional*
gamseong 감성 *n. emotion*
gamseongee poongboohan 감성이 풍부한 *adj. soulful*
gamshi 감시 *n. surveillance*
gamso 감소 *v. t. decrement*
gamsosikida 감소시키다 *v.t. abate*
gamssada 감싸다 *v. encase*
gamssada 감싸다 *v. enfold*

gamssada 감싸다 v. envelop
gamssada 감싸다 v. muffle
gamtansa 감탄사 n. exclamation
gamtanseureoun 감탄스러운 adj.
　　admirable
gamum 가뭄 n. drought
gamunui myo 가문의 묘 n.
　　mausoleum
gamyeom 감염 n. infection
gamyeong 가명 n. alias
gamyoneul butgida 가면을 벗기다 v.
　　unmask
gan 간 n. liver
ganan 가난 n. poverty
gananan 가난한 adj. poor
ganbu hubosaeng 간부 후보생 n.
　　cadet
ganbudan 간부단 n. cadre
ganbyungin 간병인 n. carer
gancheong 간청 v. t entreaty
gancheonghada 간청하다 v. beg
gancheonghada 간청하다 v. beseech
gancheonghada 간청하다 v. entreat
gancheongja 간청하다 v. supplicate
gandanhan 간단한 adj. straightforward
gandanmyungryohan 간단명료한 adj.
　　succint
gandeungsikida 강등시키다 v. demote
ganeungaji 가는가지 n. withe
ganeunghada 가능하게 하다 v. enable
ganeunghage hada 가능하게 하다 v.
　　facilitate
ganeunghan 가능한 adj. complete
ganeunghan 가능한 adj. possible

ganeungsseong 가능성 n. possibility
gang 갱 n. gang
gangahji 강아지 n. whelp
gangaji 강아지 n. puppy
gangapada 강압하다 v. coerce
gangbakjjeogin 강박적인 adj.
　　compiulsive
gangdang 강당 n. auditorium
gangdo 강도 n. intensity
gangeopjjeogin 간접적인 adj. indirect
gangganbeom 강간범 n. rapist
gangganhada 강간하다 v. rape
ganghagehada 강하게 하다 v.
　　strengthen
ganghan 강한 adj. potent
ganghan 강한 adj. strong
ganghwa 강화 n. reinforcement
ganghwahada 강화하다 v. intensify
ganghwahada 강화하다 v. reinforce
ganghwang 강황 n. turmeric
gangje chubanghada 강제 추방하다 v.
　　t deport
gangjejeogin 강제적인 adj. forcible
gangjjeom 강점 n. forte
gangjo 강조 n. emphasis
gangjohada 강조하다 v. accentuate
gangjohada 강조하는 adj. emphatic
gangjohada 강조하다 v. highlight
gangjohada 강조하다 v.t. stress
gangjohaneun 강조하다 v. emphasize
gangnyeokan 강력한 adj. mighty
gangnyohada 강요하다 v. compel
gangpan 강판 n. grater
gangpung 강풍 n. gale

gangryeoran 강렬한 *adj. fervent*
gangsa 강사 *n. instructor*
gangsa 강사 *n. lecturer*
gangshinhada 갱신하다 *v. update*
gangsu 강수 *n. rainfall*
gangta 강타 *n. welter*
gangui 강의 *adj. fluvial*
gangui 강의 *n. lecture*
gangwa 간과 *n. oversight*
gangwahada 간과하다 *v. overlook*
gangyeok 간격 *n. interval*
gangyeolsseong 간결성 *n. brevity*
gangyeoran 간결한 *adj. concise*
gangyo 강요 *n. compulsion*
gangyohan sogimsu 간교한 속임수 *n. guile*
gangyulhan 간결한 *adj. terse*
ganhan 강한 *adj. hardy*
ganheol oncheon 간헐 온천 *n. geyser*
ganheoljjeogin 간헐적인 *adj. intermittent*
ganho 간호 *n. vigil*
ganhosa 간호사 *n. nurse*
ganhoyin 간호인 *n. tender*
ganjeopjjeogin 간접적인 영향 *n. repercussion*
ganjirumjaltaneun 간지럼 잘 타는 *adj. ticklish*
ganjirumtaewooda 간지럼태우다 *v. tickle*
ganpan 간판 *n. fascia*
gansa 간사 *n. steward*
ganseop 간섭 *n. interference*
ganseopada 간섭하다 *v. interfere*

ganseopada 간섭하다 *v. meddle*
gansinhi haenaeda 간신히 해내다 *v. manage*
gantong 간통 *n. adultery*
ganyeom 간염 *adj. hepatitis*
gapareun 가파른 *adj. steep*
gapayahal 갚아야 할 *adj. owing*
gappan 갑판 *n. deck*
gappan 갑판 *n deck*
gapsangsung 갑상선 *n. thyroid*
gapssan 값싼 *adj. cheap*
gapssanjangshingoo 값싼장신구 *n. trinket*
gara basuda 갈아 바수다 *v. bray*
garaahnda 가라앉다 *v. subside*
garae 가래 *n. sputum*
gareuchida 가르치다 *v. teach*
gareugi 가르기 *n. parting*
gareuranggeorida 가르랑거리다 *v. purr*
(~eul) garida (~을) 가리다 *v. occlude*
garochaem 가로챔 *n. interception*
garojileo 가로질러 *adv. across*
garojireuda 가로지르다 *v. traverse*
garojireunen 가로지르는 *adj. transverse*
garokke 가라오께 *n. karaoke*
garomaktta 가로막다 *v. intercept*
garoui 가로의 *adj. horizontal*
garyeoun 가려운 *adj. itchy*
gasangjeogin 가상적인 *adj. hypothetical*
gasangjeogin 가상적인 *adj. imaginary*
gaseokppang 가석방 *n. parole*

gaseol 가설 *n. hypothesis*
gasereul nonbakada 가설을 논박하다 *v. confute*
gaseum 가슴 *n. bosom*
gaseumapeun 가슴 아픈 *adj. poignant*
gasi 가시 *n. prickle*
gasi 가시 *n. thorn*
gasidochin 가시돋친 *adj. barbed*
gasigayitneun 가시가 있는 *adj. thorny*
gasik 가식 *n. pretence*
gasikjjeogin 가식적인 *adj. pretentious*
gasokjangchi 가속장치 *n. accelerator*
gasu 가구 *n. furniture*
gasu 가수 *n. vocalist*
gata boida 같아 보이다 *n. lookalike*
gateun 같은 *adj. equal*
gaundee 가운데에 *prep. amid*
gaundee 가운데에 *adj. midst*
gayeol 가열 *n. heating*
gayeol gigu 가열 기구 *n. burner*
gayeolgi 가열기 *n. heater*
gayeonsseongin 가연성인 *adj. combustible*
gayupseunsaram 가엾은사람 *n. wretch*
ge 게 *n. crab*
gedaga 게다가 *adv. moreover*
geeureum 게으름뱅이 *n. idler*
geeureum 게으름 *n. idleness*
geeureun 게으른 *adj. idle*
geeureun 게으른 *adj. indolent*
geeureun 게으른 *adj. lazy*
gegeolseureopkke meoktta 게걸스럽게 먹다 *v. gobble*

gegulseureowoon 게걸스러운 *adj. voracious*
geim 게임 *n. game*
geiropida 괴롭히다 *v. afflict*
geobe jilige mandeulda 겁에 질리게 만들다 *v. petrify*
geobejilin 겁에 질린 *adj. aghast*
geoboogwon 거부권 *n. veto*
geobook 거북 *n. tortoise*
geobookyee 거북이 *n. turtle*
geochanghan 거창한 *adj. grandiose*
geocheo 거처 *n. accommodation*
geochilge daruda 거칠게 다루다 *v. mishandle*
geochilge milchida 거칠게 밀치다 *v.t. jostle*
geochilge milchida 거칠게 밀치다 *n. manhandle*
geochimeomneun 거침없는 *adj. inexorable*
geochin 거친 *adj. coarse*
geochin sori 거친 소리 *n. rasp*
geochiryeppunin 겉치레뿐인 *adj. meretricious*
geochung yangsik 건축 양식 *n. architecture*
geodae gieop 거대 기업 *n. behemoth*
geodaehan 거대한 *adj. colossal*
geodaehan 거대한 *adj. gigantic*
geodaehan 거대한 *adj. massive*
geodaehan 거대한 *adj. stupendous*
geodaehangeot 거대한 것 *n. hulk*
geodeul 거들 *n. girdle*
geodeulmekkeorineun 거들먹거리는 *adj. officious*

geodeumnam 거듭남 *n. rebirth*
geodeupdoeneun 거듭되는 *adj. continual*
geogeon 격언 *n. maxim*
geogeul juda 겁을 주다 *v. intimidate*
geogguro 거꾸로 *adv. vice-versa*
geognyeohada 격려하다 *v. encourage*
geoin 거인 *n. giant*
geojeol 거절 *n. refusal*
geojeol 거절 *n. rejection*
geojeol 거절 *n. repudiation*
geojeong 고정 *n. fixation*
geojeorada 거절하다 *v. t. decline*
geojeorada 거절하다 *v. refuse*
geojeorada 거절하다 *v. reject*
geojeu 거즈 *n. gauze*
geoji 거지 *n. beggar*
geojidimeul boyeojuda 거짓임을 보여주다 *v. belie*
geojinmal 거짓말 *n. hoax*
geojinmaljangi 거짓말장이 *n. liar*
geojisim 거짓임 *n. falsehood*
geojitdoen 거짓된 *adj. spurious*
geojitmal 거짓말 *n. whopper*
geoju 거주 *n. habitation*
geojuhada 거주하다 *v. populate*
geojuja 거주자 *n. residence*
geojuji 거주지 *n. domicile*
geojuji 거주지 *n. resident*
geojujiui 거주지의 *adj. residential*
geokjja 격자 *n. lattice*
geokjjeongdoineun 걱정되는 *adj. apprehensive*
geokjjeongsseureoun 걱정스런 *adj. fraught*
geokkeopjjil 겉껍질 *n. husk*
geokkureojida 거꾸러지다 *v. plunge*
geoknapkko 격납고 *n. hangar*
geolda 걸다 *v.i. hang*
geole 걸레 *n. duster*
geoleum 걸음 *n. step*
geolip 건립하다 *v. found*
geoljjak 걸작 *n. masterpiece*
geoljjukangeot 걸쭉한 것 *n. pulp*
geollyunumuhjida 걸려넘어지다 *v. stumble*
geolmatta 걸맞다 *v. befit*
geolssin deulin deut meoktta 걸신 들린 듯 먹다 *v. devour*
geolssoe 걸쇠 *n. latch*
geomanhan 거만한 *adj. haughty*
geomanhan 거만한 *adj. supercillous*
geomchalgwan 검찰관 *n. prosecutor*
geomeojida 검어지다 *v. blacken*
geomeori 거머리 *n. leech*
geomeun 검은 *adj. black*
geomeun pyobeom 검은 표범 *n. panther*
geomi 거미 *n. spider*
geomijul 거미줄 *n. cobweb*
geommeokkehada 겁먹게 하다 *v. daunt*
geomool 거물 *n. tycoon*
geomooseureumhan 거무스름한 *adj. swarthy*
geomsa 검사 *n. examination*
geomsahada 검사하다 *v. examine*

geomsi 검시 *n. postmortem*
geomsigwan 검시관 *n. coroner*
geomtta 곪다 *v. fester*
geomul 거물 *n. magnate*
geomun don 검은 돈 *n. bung*
geomyeok 검역 *n. quarantine*
geomyeol 검열 *n. censorship*
geomyeolgwan 검열관 *n. censor*
geonbangjin 건방진 *adj. cheeky*
geonbangjin 건방짐 *n impertinence*
geoncho 건초 *n. hay*
geonchukka 건축가 *n. architect*
geondeurilsooeupneun 건드릴 수 없는 *adj. untouchable*
geoneolmok 건널목 *n. crossing*
geongaksikida 경악시키다 *v. astound*
geongang 건강 *n. health*
geonganghaji anhneun 건강하지 않은 *adj. unhealthy*
geonganghan 건강한 *adj. hale*
geonganghan 건강한 *adj. healthy*
geongheomeul iyagihada 경험을 이야기하다 *v. recount*
geongnohan sangtae 격노한 상태 *n. fury*
geongnyeohaneun 격려하는 *adj. heartening*
geonilda 거닐다 *v. meander*
geonilda 거닐다 *v.t. perambulate*
geonilda 거닐다 *v. stroll*
geonjanghan 건장한 *adj. lusty*
geonjeonji 건전지 *n. battery*
geonjogi 건조기 *n. dryer*
geonjosikida 건조시키다 *v. dehydrate*

geonmoseup 겉모습 *n. guise*
geonmul 건물 *n. building*
geonmul 건물 *n. edifice*
geonmurui jeongmyeon 건물의 정면 *n. facade*
geonpodo 건포도 *n. raisin*
geonseolgongsa 건설공사 *n. construction*
geonseoljeogin 건설적인 *adj. constructive*
geopjjaengi 겁쟁이 *n. coward*
geopum 거품 *n. bubble*
geopum 거품 *n. foam*
geopum 거품 *n. froth*
geopumi naneun 거품이 나는 *adj. fizzy*
georae naeyeok wonjjang 거래 내역 원장 *n. ledger*
georaehada 거래하다 *v. i deal*
georaehada 거래하다 *v. transact*
georaehada 거래 *n. transaction*
georami inneun 결함이 있는 *adj. faulty*
georeum 거름 *n. manure*
geori 거리 *n. avenue*
geori 거리 *n. distance*
georikkim 거리낌 *n. qualm*
georum geori 걸음걸이 *n. gait*
geose sussongaji 거세 수송아지 *n. bullock*
geosehada 거세하다 *v. castrate*
geoseogui 거석의 *adj. megalithic*
geoseok 거석 *n. megalith*
geoseulida 거슬리다 *v. irritate*
geoseulineun 거슬리는 *adj. intrusive*

geosikjjeung 거식증 *n. anorexia*
geoteuroneun 겉으로는 *adv. outwardly*
geou 겨우 *adv. barely*
geoui 거의 *adv. almost*
geoui 거의 *adv. nearly*
geoui 거의 *adv. nigh*
geoui ~anida 거의 ~아니다 *adv. hardly*
geoul 거울 *n. mirror*
geowi 거위 *n. goose*
gerila 게릴라 *n. guerilla*
geryeohada 고려하다 *v. consider*
gesipan 게시판 *n. noticeboard*
geu dongane 그 동안에 *adv. meanwhile*
geu jasin 그 자신 *pron. himself*
geu jasin 그 자신 *pron. itself*
geubun 그분 *pron. he*
geudeul 그들 *pron. they*
geudeul 그들 *pron. themselves*
geudeulwui 그들의 *adj. their*
geudeulwui 그들의 *pron. them*
geudwieh 그뒤에 *adv. thence*
geuege 그에게 *pron. him*
geueukan 그윽한 *adj. mellow*
geuge anira 그게 아니라 *adv. nay*
geugeot 그것 *pron. it*
geugot 그곳 *adv. there*
geugut 그것 *adj. the*
geujjokeh 그쪽에 *adv. thither*
geukan 극한 *n. extremist*
geukbinan 극빈한 *adj. destitute*
geukbokhada 극복하다 *v. surmount*
geukbokkada 극복하다 *v. overcome*

geukda 긁다 *v. swipe*
geukdan 극단 *n. troupe*
geukddui 극도의 *adj. extreme*
geukdoro boolkwehan 극도로 불쾌한 *adj. vile*
geukdoroganeun 극도로 가는 *adj. superfine*
geukjang 극장 *n. theatre*
geukjeokin 극적인 *adj. spectacular*
geukjjakka 극작가 *n. dramatist*
geukjjakka 극작가 *n. playwright*
geukjjeogin 극적인 *adj. dramatic*
geukpinja 극빈자 *n. pauper*
geukshimhangotong 극심한 고통 *n. throes*
geukssiman 극심한 *adj. intense*
geukssoui 극소의 *adj. minuscule*
geukttoro hwanage mandeulda 극도로 화나게 만들다 *v. infuriate*
geul 글 *n. article*
geulaideo 글라이더 *n. glider*
geuleummatada 걸음마다 *v. toddle*
geulloomgim 글로 옮김 *n. transcription*
geum 금 *n. gold*
geumada 금하다 *v. ban*
geumaha 금하다 *v. t. debar*
geumanduda 그만두다 *v. desist*
geumanduda 그만두다 *v. forswear*
geumanduda 그만두다 *v. quit*
geumbageul ipida 금박을 입히다 *adj. gilt*
geumbarin 금발인 *adj. blonde*
geumbiteuro binnage hada 금빛으로 빛나게 하다 *v. gild*

geumeuro mandeun 금으로 만든 *adj.* golden
geumgada 금가다 *v. crack*
geumghi 금기 *n. taboo*
geumgihada 금지하다 *v. forbid*
geumgoedeul 금괴들 *n. bullion*
geumjeung 금증 *n. upsurge*
geumjihaneun 금지하는 *adj.* prohibitive
geumjoo 금주 *n. temperance*
geumjooja 금주자 *n. teetotaller*
geumjoojooeuieui 금주주의의 *adj.* teetotal
geumnakada 급락하다 *v. plummet*
geumnyoil 금요일 *n. Friday*
geumsegonin 금세공인 *n. goldsmith*
geumsok 금속 *n. metal*
geumsokgonghak 금속공학 *n.* metallurgy
geumtteongeori 금덩어리 *n. nugget*
geumul 그물 *n. web*
geumul moyang jejae 그물 모양 제재 *n. netting*
geumulmang 그물망 *n. mesh*
geumyok 금욕 *n. abstinence*
geumyok 금욕 *n. celibacy*
geumyokjjeogin 금욕적인 *adj. ascetic*
geumyokjjuuijeogin 금욕주의적인 *adj.* puritanical
geumyokjoouija 금욕주의자 *n. stoic*
geunbonjeogin 근본적인 *adj.* fundamental
geunbonjeogin 근본적인 *adj. radical*
geunchin gyobaehan 근친 교배한 *adj.* inbred

geunchin sanggan 근친상간 *n. incest*
geune 그네 *n. swing*
geungeo 근거 *n. basis*
geungeo eomneun 근거 없는 *adj.* baseless
geungeoeomneun 근거 없는 *adj.* groundless
geungeoji 근거지 *n. stronghold*
geungeoupneun 근거없는 *adj.* unfounded
geungeunhi salahgada 근근히 살아가다 *v. subsist*
geungeup satae 긴급 사태 *n. exigency*
geungjeongjeogin 긍정적인 *adj.* positive
geungjeongjeokyin 긍정적인 *adj.* upbeat
geungjeonhaneun 긍정하는 *adj.* affirmative
geungmihan 극미한 *adj. minute*
geunjeorada 근절하다 *v. eradicate*
geunmu sigan jayul seontaek 근무 시간 자율 선택제 *n. flexitime*
geunmyeon seongsiran 근면 성실한 *adj. assiduous*
geunmyeonan 근면한 *adj. diligent*
geunmyeonui 근면의 *adj. industrious*
geunsachiin 근사치인 *adj.* approximate
geunsi 근시 *n. myopia*
geunsiseongui 근시성의 *adj. myopic*
geunyeo jasin 그녀 자신 *pron. herself*
geunyeoui 그녀의 *pron. her*
geunyeoui geot 그녀의 것 *pron. hers*
geunyugui 근육의 *adj. muscular*

geunyuk 근육 *n. muscle*
geunyuktong 근육통 *n. myalgia*
geupganghada 급강하다 *v. swoop*
geupgyeokage 급격하게 *adj. abrupt*
geuphan 급한 *adj. urgent*
geupjjeung 급증 *n. irruption*
geupjjeung 급증 *n. proliferation*
geupjjeunghada 급증하다 *v. proliferate*
geupryo 급류 *n. torrent*
geupseongjanghada 급성장하다 *v. burgeon*
geupseongui 급성의 *adj. acute*
geupsseup 급습 *n. incursion*
geupsseup 급습 *n. raid*
geupssu 급수 *n. notch*
geurauteu 그라우트 *n. grout*
geureochi aneumyeon 그렇지 안으면 *adv. otherwise*
geureohan 그러한 *adj. such*
geureoldeutan 그럴듯한 *adj. plausible*
geureomedo bulguhago 그럼에도 불구하고 *adv. nevertheless*
geureomeuro 그러므로 *adv. thus*
geureona 그러나 *conj. but*
geureondaero gwaenchaneun 그런대로 괜찮은 *adj. passable*
geureoteorado 그렇더라도 *a. nonetheless*
geureul aneun 글을 아는 *adj. literate*
geureut 그릇 *n. container*
geureut 그릇 *n. crockery*
geureut 그릇 *n. receptable*

geureuttoen cheori 그릇된 처리 *n. mismanagement*
geureuttoen hwakssin 그릇된 확신 *n. misbelief*
geurida 그리다 *v. depict*
geurida 그리다 *v. draw*
geurida 그리다 *v. portray*
geurida 흐리다 *v. trickle*
geurigo 그리고 *conj. and*
geurigonaseo 그리고나서 *adv. then*
geurim 그림 *n. drawing*
geurim 그림 *n. painting*
geurim 그림 *n. picture*
geurimgateun 그림 같은 *adj. picturesque*
geurimui 그림의 *adj. pictorial*
geuriseudo 그리스도 *n. Christ*
geurootuhgi 그루터기 *n. stump*
geurubeuro nanugi 그룹으로 나누기 *n. grouping*
geurut 그릇 *n. bowl*
geuruteogi 그루터기 *n. stubble*
ggabureuda 까부르다 *v. winnow*
ggadaroeun 까다로운 *adj. stroppy*
ggadarounsaram 까다로운사람 *n. stickler*
ggaeda 깨다 *v. waken*
ggaeggeuthajiahneun 깨끗하지 않은 *adj. unclean*
~ggaji ~까지 *prep. until*
ggaji ~까지 *prep. till*
ggakahseomandeulda 깎아서만들다 *v. whittle*
ggalggeumhan 깔끔한 *adj. tidy*

ggamjjaknolragye hada 깜짝 놀라게하다 *v. startle*
ggamjjaknolragye hada 깜작놀라게하다 *v. stupefy*
ggamjjaknolral 깜짝 놀랄 *n. startling*
ggeonaeda 꺼내다 *v. unpack*
ggeorineun 꺼리는 *adj. unwilling*
ggeujeokeeneun 끄적거리는 *adj. sticky*
ggeulda 끌다 *v. tow*
ggeulgi 끌기 *n. traction*
ggeun 끈 *n. strap*
ggeungi 끈기 *n. steadiness*
ggeungiitneun 끈기있는 *adj. steady*
ggeunjeokgeorineun 끈적거리는 *adj. viscous*
ggeutnada 끝나다 *v. terminate*
ggieek haneun sori 끼익 하는소리 *n. squeak*
ggieek haneun sori 끼익 하는소리 *n. squeal*
ggok 꼭 *n. surety*
ggokji 꼭지 *n. tap*
ggoryee 꼬리 *n. tail*
ggoryeepyo 꼬리표 *n. tag*
ggotbyung 꽃병 *n. vase*
ggotdabal 꽃다발 *n. swag*
ggoyida 꼬이다 *v. twist*
ggumteuldaeda 꿈틀대다 *v. squirm*
ggumteulgeorida 꿈틀거리다 *v. wriggle*
ggwakggwak ulda 꽥꽥 울다 *v. squawk*
ggweda 꾀다 *v. wheedle*
giabi julda 기압이 줄다 *v. decompress*

giah 기아 *n. starvation*
giak yeonjuja 기악 연주자 *n. instrumentalist*
giapkkye 기압계 *n. barometer*
giban 기반 *n. base*
gibon 기본 *n. basic*
gibonui 기본의 *adj. elementary*
giboon 기분 *n. whim*
gibugeum 기부금 *n. contribution*
gibuhada 기부하다 *v. contribute*
gibuhada 기부하다 *v. donate*
gibuhada 기부하다 *v. endow*
gibun 기분 *n. mood*
gibun sanghage hada 기분 상하게 하다 *v. offend*
gibyeok 기벽 *n. quirk*
gibyung 기병 *n. trooper*
gicha 기차 *n. train*
gichaui chimsang 기차의 침상 *n. berth*
gichayeok junganghol 기차역 중앙 홀 *n. concourse*
giche 기체 *n. gas*
gichimada 기침하다 *v. cough*
gida 기다 *v. crawl*
gidaeda 기대다 *v. abut*
gidaeda 기대다 *v. lean*
gidaehaneun 기대하는 *adj. expectant*
gidarahn ddimoyang 기다란 띠 모양 *n. swathe*
gidarida 기다리다 *v. await*
gidarida 기다리다 *v. wait*
gido 기도 *n. invocation*
gido 기도 *n. prayer*
gidokkyo 기독교 *n. Christianity*

gidokkyoin 기독교인 *adj. Christian*
gidoong 기둥 *n. stilt*
gidung 기둥 *n. column*
gidung 기둥 *n. pillar*
gidung 기둥 *n. plume*
gieo 기어 *n. gear*
gieob 기업 *n. corporation*
gieobui 기업의 *adj. corporate*
gieok 기억 *n. recollection*
gieok sangsil 기억 상실 *n. amnesia*
gieokada 기억하다 *v. remember*
gieokagi suiun 기억하기 쉬운 *adj. catchy*
gieokalmanan 기억할 만한 *adj. memorable*
gieoke naeda 기억해 내다 *v. recollect*
gieongnyeok 기억력 *n. memory*
gieop 기업 *n. enterprise*
giga bait 기가 바이트 *n. gigabyte*
gigaega upneun 기개가 없는 *adj. spineless*
gigakada 기각하다 *v. overrule*
gigan 기간 *n. duration*
gigan 기간 *n. period*
gigan 기간 *n. span*
gigang haei 기강 해이 *n. indiscipline*
gigap ppudae 기갑 부대 *n. cavalry*
gigeum 기금 *n. fund*
gigeun 기근 *n. famine*
gighan 기간 *n. term*
gigoehan 기괴한 *n. grotto*
gigu 기구 *n. device*
gigu 기구 *n. instrument*
gigu 기구 *n. tool*

gigu 기구 *n. utensil*
gigwan 기관 *n. establishment*
gigwan 기관 *n. institute*
gigwancha 기관차 *n. locomotive*
gigwanjiui 기관지의 *adj. bronchial*
gigye 기계 *n. machine*
gigye jojakjja 기계 조작자 *n. operator*
gigyehak 기계학 *n. mechanics*
gigyejeogin 기계적인 *adj. mechanical*
gigyeolssu 기결수 *n. convict*
gigyeryu 기계류 *n. macinery*
gihahagui 기하학의 *adj. geometic*
gihahak 기하학 *n. geometry*
gihani jinan 기한이 지난 *adj. overdue*
gihl 길 *n. street*
gihoe 기회 *n. chance*
gihoe 기회 *n. opportunity*
gihoejuui 기회주의 *n. opportunism*
gihoireul gidarida 기회를 기다리다 *v. bide*
gihu 기후 *n. climate*
gihyeong 기형 *n. deformity*
gihyeong 기형 *n. malformation*
giihan 기이한 *adj. bizarre*
gija 기자 *n. correspondent*
gija 기자 *n. reporter*
gijeogui 기저귀 *n. diaper*
gijeogui 기저귀 *n. nappy*
gijeok 기적 *n. miracle*
gijeokkaneun 기적같은 *adj. miraculous*
gijeol 기절 *v. swoon*
gijeolshikita 기절시키다 *v. stun*
gijeungja 기증자 *n. donor*
gijil 기질 *n. temperament*

gijinmaekjjinage mandeulda 기진맥진하게 만들다 *v. exhaust*
gijunggi 기중기 *n. crane*
gil 길 *n. path*
gil 길 *n. track*
gil 길 *n. way*
gildeu 길드 *n. guild*
gildeulyeojeosuh 길들여져서 *adv. tamely*
gildeurida 길들이다 *v.t. habituate*
gilga 길가 *n. verge*
gilge galajin teum 길게 갈라진 틈 *n. fissure*
gilge neurida 길게 늘이다 *v. elongate*
gilgiri ttuineun 길길이 뛰는 *adj. berserk*
gilgobokjaphan 길고복잡한 *adj. tortuous*
gilyeereuljoolyeeda 길이를줄이다 *v. truncate*
gim 김 *n. steam*
gimakige joeun 기막히게 좋은 *adj. fabulous*
gimakige joeun 기막히게 좋은 *adj. marvellous*
gimanjeogin 기만적인 *adj. deceitful*
gimanjeogin 기만적인 *adj. deceptive*
gimanjeogin 기만적인 *adj. devious*
gimanjeokyin 기만적인 *adj. treacherous*
gimatoowoosa 기마투우사 *n. toreador*
gimbbajin 김빠진 *adj. vapid*
gimil liseuteueseo jeoesikida 기밀 리스트에서 제외시키다 *v. declassify*

gimono 기모노 *n. kimono*
gimoolpasonhada 기물파손하다 *v. vandalize*
gimyohan 기묘한 *adj. queer*
gin 긴 *adj. long*
gin chang 긴 창 *n. lance*
gineung 기능 *n. function*
gingeup uiryowon 긴급 의료원 *n. paramedic*
ginjang 긴장 *n. tension*
ginjanggam 긴장감 *n. suspense*
ginjanggamyitneun 긴장감있는 *adj. tense*
ginjanghan 긴장한 *adj. strained*
ginjanghwa 긴장화 *n. wader*
ginmilhi hyeobeopada 긴밀히 협업하다 *v. cohere*
ginuija 긴의자 *n. couch*
ginyeom 기념 *n. commemoration*
ginyeombi 기념비 *n. memorial*
ginyeombijeogin 기념비적인 *adj. monumental*
ginyeomhada 기념하다 *v. commemorate*
ginyeomhaengsa 기념행사 *n. fete*
ginyeomhaengssa 기념행사 *n. celebration*
ginyeomil 기념일 *n. jubilee*
ginyeommul 기념물 *n. monument*
ginyeompum 기념품 *n. keepsake*
ginyeompum 기념품 *n. memento*
ginyum poom 기념품 *n. souvenir*
ginyumil 기념일 *n. anniversary*
gipeun 깊은 *adj. profound*

gipi 깊이 *n. depth*
gippal 깃발 *n. flag*
gippeuge hada 기쁘게 하다 *v. gladden*
gippeuge hada 기쁘게 하다 *v. gratify*
gippeum 기쁨 *n. pleasure*
gippeum 기쁨 *n. joy*
gippeumeul juneun 기쁨을 주는 *adj. joyous*
gippeun 깊은 *adj. deep*
gippeun 기쁜 *adj. glad*
gipung 기풍 *n. ethos*
gireul chatta 길을 찾다 *v. navigate*
gireum 기름 *n. oil*
gireumkki inneun 기름기 있는 *adj. oily*
gireumkkiga deopin 기름기가 덮인 *a. oil*
giri 길이 *n. length*
girok 기록 *n. record*
girok 기록 *n. tally*
girok 기록 *n. transcript*
girok bogwanso 기록 보관서 *n. archives*
girokhada 기록하다 *v. transcribe*
giryang 기량 *n. prowess*
giryu 기류 *n. current*
gisa 기사 *n. engineer*
gisa 기사 *n. knight*
gisado jeongsin 기사도 정신 *n. chivalry*
gisaeng dongmul 기생 동물 *n. parasite*
gisanghak 기상학 *n. meteorology*
giseup gonggyeok 기습 공격 *n. blitz*
gisigam 기시감 *n. deja vu*

giso 기소 *n. prosecution*
giso daesangeseo jeoesikida 기소 대상에서 제외시키다 *v. decriminalize*
gisohada 기소하다 *v. indict*
gisohada 기소하다 *v. prosecute*
gisool 기술 *n. technique*
gisoolja 기술자 *n. technician*
gisooljeokyin 기술적인 *adj. technological*
gisoon 기술 *n. technology*
gisu 기수 *n. jockey*
gisukssa 기숙사 *n. dormitory*
gisurada 기술하다 *v. delineate*
gita 기타 *adv. et cetera*
gita 기타 *n. guitar*
gitteol 깃털 *n. plumage*
gittlida 깃들이다 *v.i abide*
giuhohreuda 기어오르다 *n. swarm*
giunchan 기운찬 *n. mettlesome*
giuni eomneun 기운이 없는 *v. limp*
giuni ppajin 기운이 빠진 *adj. effete*
giwon 기원 *n. genesis*
giwon 기원 *n. origin*
giwonada 기원하다 *v. pray*
giwonada 기원하다 *n. provenance*
giwoneul duda 기원을 두다 *v. derive*
giwoolda 기울다 *v. tilt*
giwoonchan 기운찬 *adj. spanking*
gliserin 글리세린 *n. glycerine*
goa 고아 *n. orphan*
goae 고애 *n. wormwood*
goapjjeogin 고압적인 *adj. overbearing*
goawon 고아원 *n. orphanage*

gobalhada 고발하다 v. accuse
gobeulit 고블릿 n. goblet
gobungobunhan 고분고분한 adj. biddable
gobyul 고별 n. valediction
gochi 고치 n. cocoon
gochida 고치다 v. alter
gochida 고치다 v. fix
gochu 고추 n. capsicum
gochu 고추 n. chilli
gochu 고추 n. pepper
godaeui 고대의 adj. ancient
godaeui 고대의 adj. archaic
godeureum 고드름 n. icicle
godoin 고된 adj. arduous
godok 고독 n. loneliness
godongsaek 고동색 n. maroon
goejja 괴짜 n. freak
goejja 괴짜 n. geek
goemul 괴물 n. monster
goemulgateun 괴물같은 n. monstrous
goengjangan 굉장한 adj. fantastic
goepyakan 괴팍한 adj. fractious
goeropida 괴롭히다 v. harass
goeropim 괴롭힘 n. harassment
goeropineun saram 괴롭히는 사람 n. bully
goeroumeul gahada 괴로움을 가하다 v. inflict
goeuijeokyin 고의적인 adj. wilful
gogaek 고객 n. punter
gogagyo 고가교 n. viaduct
gogeul 고글 n. goggle
gogi 고기 n. meat

gogi galda 고기 갈다 v. mince
gogohak 고고학 n. archaeology
gogyebihaeng 곡예비행 n. aerobatics
gogyeoran 고결한 adj. noble
gogyesa 곡예사 n. acrobat
gogyeui 곡예의 adj. acrobatic
goham 고함 n. yell
gohamchida 고함치다 v. bawl
gohamchida 고함치다 v. bellow
gohamchida 고함치다 v. rant
gohang 고행 n. tapas
gohsokdoro 고속도로 n. speedway
gohwan 고환 n. testicle
gohwan 고환 n. testis
gohyeorap 고혈압 n. hypertension
goingjanghan 굉장한 adj. awesome
goiropida 괴롭히다 v. ail
goiropida 괴롭히다 v. beset
gojajilhada 고자질하다 n. tattle
gojangnan 고장난 adj. dysfunctional
gojeongdoen 고정된 adv. immovable
gojeongdoen 고정된 adj. static
gojeonggwannyum 고정관념 n. stereotype
gojeongmul 고정물 n. fixture
gojeonjeogin 고전적인 adj. classical
gojiljeokyin 고질적인 adj. troublesome
gojip 고집 n. persistence
gojip 고집 n. tenacity
gojip 고집 n. insistence
gojip 고집 n. obduracy
gojipada 고집하다 v. insist
gojipaneun 고집하는 adj. insistent

gojipbultongui 고집불통의 *adj. headstrong*
gojipssen 고집 센 *adj. obdurate*
gojirui 고질의 *adj. chronic*
gojisikan 고지식한 *adj. prim*
gojodoeda 고조되다 *v. heighten*
gok 곡 *n. tune*
gokka cheoltto 고가 철도 *n. overpass*
gokkan 곳간 *n. barn*
golanan 곤란한 *adj. awkward*
golansseureopkke mandeulda 혼란스럽게 만들다 *v. mystify*
golban 골반 *n. pelvis*
golchigeoryee 골치거리 *n. swine*
golchiggeori 골칫거리 *n. annoyance*
golchikkeori 골칫거리 *n. bane*
goldongpum 골동품의 *n. antique*
goldongpumui 골동품의 *adj. antiquarian*
golfeu 골프 *n. golf*
goli jin 골이 진 *adj. corrugated*
goljjeol 골절 *v.t fracture*
golkipeo 골키퍼 *n. goalkeeper*
golmok 골목 *n. alley*
golmoo 골무 *n. thimble*
golmun 골문 *n. goal*
golttorisaeng 골똘히 생각하다 *v.t. puzzle*
gom 곰 *n. bear*
gomaeum 고마움 *n. gratitude*
gomawohaneun 고마워하는 *n. grateful*
gomda 곪다 *v. suppurate*
gomidarak 고미다락 *n. loft*

gomin 고민 *n. woe*
gomo 고모 *n. aunt*
gomoon 고문 *n. torture*
gomoondae 고문대 *n. wrack*
gompangui 곰팡이 *n. fungus*
gomuhada 고무하다 *v. inspire*
gomupul 고무풀 *n. mucilage*
gomure 고물에 *adv. aft*
gomyeong eontta 고명 얹다 *v. garnish*
gomyong 고명 *n. topping*
gonan 고난 *n. tribulation*
gonbong 곤봉 *n. cudgel*
gonchung 곤충 *n. insect*
gonchungak 곤충학 *n. entomology*
gondola 곤돌라 *n. gondola*
gong 공 *n. ball*
gongabui 공압의 *adj. pneumatic*
gongahneui 공간의 *adj. spatial*
gongbaek 공백 *n. gap*
gongbeomja 공범자 *n. accomplice*
gongboo 공부 *n. study*
gongboohada 공부하다 *v. study*
gongcheogaui 공처가의 *adj. henpecked*
gongdeurin 공들인 *adj. painstaking*
gongdong jageop 공동 작업 *n. collaboration*
gongdong ppalaebang 공동 빨래방 *n. launderette*
gongdongche 공동체 *n. commune*
gongdongjootae 공동주택 *n. tenement*
gongdongmyoji 공동묘지 *n. necropolis*
gongdongui 공동의 *adj. communal*

gongdongui 공동의 *n. joint*
gongeupada 공급하다 *v. purvey*
gongeupjangchi 공급 장치 *n. feeder*
gonggan 공간 *n. space*
gonggan jegonghada 공간 제공하다 *v. accommodate*
gonggeup 공급 *n. provision*
gonggeuphada 공급하다 *v. supply*
gonggeupja 공급자 *n. supplier*
gonggi 공기 *n. air*
gonggiga takan 공기가 탁한 *adj. frowsty*
gonggonggigwanui jigwon 공공기관의 직원 *n. functionary*
gonggongui 공공의 *adj. public*
gonggyeogeul chyeonaeda 공격을 쳐내다 *v. parry*
gonggyeokada 공격하다 *v. assail*
gonggyeokada 공격하다 *v. attack*
gonggyeokada 공격하다 *v. pelt*
gonggyeokjja 공격자 *n. aggressor*
gonggyeokjjeogin 공격적인 *adj. aggressive*
gonggyunghada 공경하다 *v. venerate*
gonggyunghalmanhan 공경할만한 *adj. venerable*
gonghwaguk 공화국 *n. republic*
gonghwajuija 공화주의자 *adj. republican*
gonghwang 공황 *n. panic*
gongindoen 공인된 *adj. accredited*
gongjak 공작 *n. peacock*
gongjang 공장 *n. factory*
gongjehada 공제하다 *v. deduct*

gongjeonghan 공정한 *adj. equitable*
gongjeonhan 공정한 *adj. impartial*
gongjeung 공증 *n. probate*
gongjeungin 공증인 *n. notary*
gongjja seonmul 공짜 선물 *n. freebie*
gongjon 공존 *n. coexistence*
gongjonada 공존하다 *v. coexist*
gongjoongeune 공중그네 *n. trapeze*
gongjoongjebihaneunsaram 공중제비하는 사람 *n. turner*
gongjy 공주 *n. princess*
gongminak 공민학 *n. civics*
gongmo 공모 *n. cahoots*
gongmo 공모 *n. collusion*
gongmo 공모 *n. complicity*
gongmohada 공모하다 *v. conspire*
gongmoja 공모자 *n. conspirator*
gongmul 곡물 *n. cereal*
gongmul 공물 *n. offering*
gongmul 곡물 *n. grain*
gongmul jeojanggo 곡물 저장고 *n. granary*
gongmul kkaru 곡물 가루 *n. flour*
gongmureul suhaenghada 공무를 수행하다 *v. officiate*
gongmyeong 공명 *n. resonance*
gongmyeonghaneun 공명하는 *adj. resonant*
gongnyong 공룡 *n. dinosaur*
gongpo 공포 *n. terror*
gongpoehddeolgyehada 공포에떨게하다 *v. terrorize*
gongpogam 공포감 *n. horror*
gongpojjeung 공포증 *n. phobia*

gongsang 공상 *n. fantasy*
gongsang 공생 *n. symbiosis*
gongsanjuui 공산주의 *n. communism*
gongsik 공식 *n. formula*
gongsikjjeogeuro jesihada 공식적으로 제시하다 *v. render*
gongsikjjeogin 공식적인 *adj. official*
gongsikjjeogin pyeonji 공식적 편지 *n. missive*
gongsikjjeoguiro 공식적으로 *adv. officially*
gongsonam 공손한 *adj. polite*
gongsonam 공손함 *n. pliteness*
gongsonhan 공손한 *adj. courteous*
gongsonhan 공손한 *adj. courtly*
gongsuk 공석 *n. vacancy*
gongwon 공원 *n. park*
gongwon gwaliin 공원 관리인 *n. ranger*
gongye 공예 *n. craft*
gongyeon 공연 *n. performance*
gongyeong 곤경 *n. predicament*
gongyong saje 공용 사제 *n. chaplain*
gonjuk 곤죽 *n. mush*
gonoihada 고뇌하다 *v. agonize*
goo 구 *n. ward*
goochejeokeen 구체적인 *adj. specific*
goodokhada 구독하다 *v. subscribe*
goodokryo 구독료 *n. subscription*
goohonja 구혼자 *n. suitor*
goojo 구조 *n. structure*
goojosangeui 구조상의 *adj. structural*
goolbokhada 굴복하다 *v. succumb*
goolddeuksae 굴뚝새 *n. wren*

goolleogada 굴러가다 *v. trundle*
goomjooreeda 굶주리다 *v. starve*
goomoonron 구문론 *n. syntax*
goonchungsak 군청색 *n. ultramarine*
goongeukjeokeuro 궁극적으로 *adv. ultimately*
goongeukjeokyin 궁극적인 *adj. ultimate*
goonggeumhada 궁금하다 *v. wonder*
goongoo 군구 *n. township*
gooseok 구석 *n. streak*
goosokhada 구속하다 *v. trammel*
goosungdanwee 구성단위 *n. unit*
gooyeok 구역 *n. territory*
gooyoo 구유 *n. trough*
gopada 곱하다 *v. multiply*
goppi 고삐 *n. halter*
gopssem 곱셈 *n. multiplication*
gorae 고래 *n. whale*
goraejapyee 고래잡이 *n. whaling*
gorang 고랑 *n. furrow*
goreuda 고르다 *v. pick*
goreuji motan 고르지 못한 *adj. irregular*
goreum 고름 *n. pus*
gori 고리 *n. hook*
gori 고리 *n. loop*
goribuddeul 고리버들 *n. wicker*
goridaegeunup 고리대금업 *n. usury*
gorila 고릴라 *n. gorilla*
gorip 고립 *n. isolation*
goripsikida 고립시키다 *v. isolate*
goroohan 고루한 *adj. staid*
goryeohada 고려하다 *v. contemplate*

goryeohal gachiga inneun 고려할 가치가 없는 *adj. moot*
goryeohamyeon 고려하면 *prep. considering*
gosangham 고상함 *n. gentility*
gosanghan 고상한 *adj. tasteful*
gosari 고사리 *n. fern*
gosesuh 곳에서 *adv. whence*
gosohada 고소하다 *v.t. sue*
gosohae hada 고소해 하다 *v. gloat*
gosoin 고소인 *n. plaintiff*
gosokttoro 고속도로 *n. highway*
gosokttoro 고속도로 *n. motorway*
gosu 고수 *n. coriander*
got mangajil tteutan 곧 망가질 듯한 *adj. ramshackle*
gotgehada 곧게하다 *v. straighten*
gotong 고통 *n. affliction*
gotong 고통 *n. agony*
gotong 고통 *n. distress*
gotong 고통 *n. pang*
gotong 고통 *n. torment*
gotongbatda 고통받다 *v.i. suffer*
gotongeuljuda 고통을 주다 *v. aggrieve*
gouiro 고의로 *adv. purposely*
gowi gwali 고위 관리 *n. dignitary*
gowi seongjikjja 고위 성직자 *n. prelate*
gowon 고원 *n. plateau*
gowuijeokyin 고의적인 *adj. wanton*
goyangi 고양이 *n. cat*
goyangi 고양이 *n. puss*
goyo 고요 *n. stillness*
goyo 고요 *n. tranquility*

goyohan 고요한 *adj. tranquil*
goyong gyeyanksseo 고용 계약서 *n. indenture*
goyonghada 고용하다 *v. employ*
goyonghada 고용하다 *v.t hire*
goyongin 고용인 *n. employee*
goyongju 고용주 *n. employer*
goyuhan 고유한 *adj. intrinsic*
goyuui 고유의 *adj. endemic*
graem 그램 *n. gram*
graindeo 그라인더 *n. grinder*
greibi 그레이비 *n. gravy*
greihaundeu 그레이하운드 *n. greyhound*
grepigui 그래픽의 *adj. graphic*
griseu 그리스 *n. grease*
gu 구 *n. sphere*
guaba 구아바 *n. guava*
gubeun 굽은 *adj. hooked*
guboro seungmahagi 구보로 승마하기 *n. canter*
gubunada 구분하다 *v. disentangle*
gubureojin 구부러진 *adj. bent*
gubureojin 구부러진 *adj. crooked*
guburida 구부리다 *v. hunch*
gubyeorada 구별하다 *v. t distinguish*
gucheeui 구체의 *n. spherical*
guchehwadoeda 구체화되다 *v. materialize*
guchida 굳히다 *v. consolidate*
guchukam 구축함 *n. destroyer*
guchul 구출 *v. rescue*
guchwi 구취 *n. halitosis*
gudeongi 구덩이 *n. hole*

gudeongi 구덩이 n. pit
gudojjeomeul jjiktta 구두점을 찍다 v. punctuate
gudoui 구두의 adj. oral
gudu suseongong 구두 수선공 n. cobbler
guduppeop 구두법 n. punctuation
guduro 구두로 adv. orally
gudusoe 구두쇠 n. niggard
gudusoe 구두쇠 n. miser
gudusoein 구두쇠인 adj. miserly
gueoui 구어의 adj. colloquial
gugae 구개 n. palate
gugaeumui 구개음의 adj. palatal
gugeum 구금 n. detention
gugeumada 구금하다 v. t detain
gugeupcha 구급차 n. ambulance
gugida 구기다 v. crumple
gugoe geojuja 국외 거주자 n. expatriate
gugwang sarae 국왕 살해 n. regicide
gugweja 국외자 n. outsider
gugyeonghwahada 국영화하다 v. nationalize
gugyeongkkun 구경꾼 n. bystander
gugyeongkkun 구경꾼 n. onlooker
guhalsu inneun 구할 수 있는 adj. available
guhnilda 거닐다 v. wander
guho 구호 n. chant
guhogeum 구호금 n. alms
gui 그의 adj. his
gui giurida 귀 기울이다 v. listen

guichaneun sanghwang 귀찮은 상황 n. hassle
guichanke hada 귀찮게 하다 n. repartee
guicheonsanghonui 귀천상혼의 adj. morganatic
guiga meongmeokan 귀가 먹먹한 adj. deafening
guihwa 귀화 n. naturalization
guihwan 귀환 n. repatriation
guihwasikida 귀화시키다 v. naturalize
guijok 귀족 n. lord
guijok 귀족 n. nobility
guijok 귀족 n. aristocrat
guijok gyecheung 귀족 계층 n. aristocracy
guijunghan 귀중한 adj. invaluable
guimeogeun 귀먹은 adj. deaf
guinappeop 귀납법 n. induction
guiri 귀리 n. oat
guirigaru 귀리가루 n. oatmeal
guirijuk 귀리죽 n. gruel
guitturami 귀뚜라미 n. cricket
guiyeoun 귀여운 adj. lovely
guiyeoum 귀여움 n. prettiness
guje bulneungui 구제 불능의 adj. incorrigible
gujeol 구절 n. phrase
gujo 구조 n. deliverance
gujungchang 9중창 n. nonentity
gukjeokupneun 국적없는 adj. stateless
gukjeonghada 걱정하다 v. worry
gukjeonhaneun 걱정하는 adj. worried

gukjeonseurupgyehaneun 걱정스럽게하는 adj. worrisome
gukjja 국자 n. ladle
gukjjejeogin 국제적인 adj. international
gukjjeok 국적 n. nationality
gukka 국가 n. anthem
gukka 국가 n. country
gukka 국가 n. nation
gukka jaejeongui 국가 재정의 adj. fiscal
gukka mit dancheui sangjing 국가 및 단체의 상징 n. emblem
gukkan 국한 n. limitation
gukkansikida 국한시키다 v. localize
gukkaui 국가의 adj. national
gukkyeong 국경 n. border
gukkyeong jiyeok 국경 지역 n. frontier
gukoe 국회 n. parliament
gukwang 국왕 n. sovereign
gul 굴 n. oyster
gul 굴 n. den
gule 굴레 n. bridle
gule 굴 n. burrow
guljjeol 굴절 n. refraction
guljjeorada 굴절하다 v. inflect
gulleoddeoluhjida 굴러떨어지다 v. tumble
gulttuk 굴뚝 n. chimney
gulyokkameul juda 굴욕감을 주다 v. humiliate
gulyokkameul juda 굴욕감을 주다 v. mortify
gumaehada 구매하다 v. purchase

gumaeja 구매자 n. buyer
gumeong 구멍 n. opening
gumeong ttulta 구멍 뚫다 v. bore
gumeongeul ttulta 구멍을 뚫다 v. perforate
gumeongeul ttulta 구멍을 뚫다 n. pore
gumeongeul ttulta 구멍을 뚫다 n. puncture
gumjurim 굶주림 n. hunger
gumsoksseongui 금속성의 adj. metallic
gunaejeonhwa 구내전화 n. intercom
gunbae 건배 n. toast
gunbangjinnom 건방진놈 n. upstart
gunbi 군비 n. armament
gunbi chuksso 군비 축소 n. disarmament
gundae 군대 n. army
gundae judunji 군대 주둔지 n. cantonment
gundan 군단 n. corps
gundan 군단 n. legion
gundegunde inneun 군데군데 있는 adj. patchy
gunesikttang 구내식당 n. canteen
gungangejoeun 건강에 좋은 adj. wholesome
gungdungi 궁둥이 n. haunch
gunggeuman 궁금한 adj. curious
gunggyehaneun 경계하는 adj. vigilant
gungjeon 궁전 n. palace
gungjie molin 궁지에 몰린 adj. embattled
gungmin tupyo 국민 투표 n. plebiscite

gungminhwa 국민화 *n. nationalization*
gungnaeui 국내의 *adj. domestic*
gungpip 궁핍 *n. privation*
gungsu 궁수 *n. archer*
gunju 군주 *n. monarch*
gunjuje 군주제 *n. monarchy*
gunjung 군중 *n. crowd*
gunsal 군살 *n. flab*
gunsaui 군사의 *adj. military*
gunsupum 군수품 *n. munitions*
gunwang 군왕 *n. liege*
gupdda 굽다 *v. bake*
gupeemaneun 겁이많은 *adj. timorous*
gupida 굽히다 *v. bend*
gupssingeorida 굽신거리다 *v. grovel*
guptta 굽다 *v. grill*
gureum 구름 *n. cloud*
guri 구리 *n. copper*
gusang 구상 *n. conception*
guseju 구세주 *n. messiah*
guseok 구석 *n. corner*
guseong 구성 *n. composition*
guseong yoso 구성 요소 *n. ingredient*
guseonghada 구성하다 *v. compose*
guseongwon 구성원 *n. member*
guseuberi 구스베리 *n. gooseberry*
guseul 구슬 *n. bead*
guseulida 구슬리다 *v. beguile*
guseulida 구슬리다 *v. coax*
gusigin 구식인 *adj. antiquated*
gusigin 구 *n. orb*
gusigin 구식인 *adj. outdated*
gusil 구실 *n. pretext*

gusip & aheun 90 & 아흔 *adj. & n. ninety*
gusok 구속 *n. bondage*
gusul 구술 *n. dictation*
gut 것 *n. stuff*
gut 것 *n. thing*
gutda 걷다 *v. walk*
gutta 굳다 *v. harden*
guui & ahop 9의 & 아홉 *adj. & n. nine*
guwon 구원 *n. redemption*
guyeok 구역 *n. precint*
guyeokjjilnage hada 구역질나게 하다
    v. retch
gwada 과다 *n. plethora*
gwada 과다 *adj. superabundance*
gwada 과다 *n. surfeit*
gwada bogyong 과다 복용 *n. overdose*
gwadaepyeongkkahada 과대평가하다
    v. overestimate
gwadaepyeongkkahada 과대평가하다
    v. overrate
gwadahan 과다한 *adj. superabundant*
gwadohan 과도한 *adj. exorbitant*
gwadohan 과도한 *adj. immoderate*
gwadohan 과도한 *adj. overblown*
gwadoje gukka 과두제 국가 *n. oligarchy*
gwagaman 과감한 *adj. drastic*
gwageupgi 과급기 *n. supercharger*
gwagyeokan 과격한 *adj. rabid*
gwagyeokhan 과격한 *adj. tendentious*
gwagyukhan 과격한 *adj. tough*
gwahakgisoolwui 과학기술의 *adj. technical*

gwail 과일 n. fruit
gwaing 과잉 n. glut
gwaing 과잉 n. excess
gwaing eungeul boida 과잉 반응을 보이다 v. overreact
gwaing ingu 과잉 인구 n. overspill
gwaingdoen 과잉된 adj. excessive
gwajang 과장 n. exaggeration
gwajangdoen seonjeon 과장된 선전 n. propaganda
gwajangdoen yeongireurada 과장된 연기를 하다 v. overact
gwajanghada 과장하다 v. exaggerate
gwajanghada 과장하다 v. overdo
gwajangppeop 과장법 n. hyperbole
gwajaryu 과자류 n. confectionery
gwaje 과제 n. assignment
gwajemul 과제물 n. essay
gwajeokkaa 과적하다 v. overload
gwajeong 과정 n. process
gwajunghan butameul juda 과중한 부담을 주다 v. overburden
gwalho 괄호 n. bracket
gwalihal ssu inneun 관리할 수 있는 adj. manageable
gwaliin 관리인 n. custodian
gwalijik 관리직 n. administration
gwalisangui 관리상의 adj. administrative
gwalyejeogin 관례적인 adj. customary
gwalyeonsikida 관련시키다 v. involve
gwalyeonsikida 관련시키다 v. relate
gwalyeonsseng 관련성 n. link
gwalyo 관료 n. bureaucrat

gwalyo cheje 관료 체제 n. bureaucracy
gwaminhan 과민한 adj. touchy
gwan 관 n. coffin
gwan 관 n. pipe
gwanbo 관보 n. gazette
gwanchal 관찰 n. observation
gwanchan 과찬 n. adulation
gwancharada 관찰하다 v. observe
gwandae 관대 n. leniency
gwandaehan 관대한 adj. generous
gwandaehan 관대한 adj. lenient
gwandaehan 관대한 adj. permissive
gwandaehan 관대한 adj. tolerant
gwandaehan cheobun 관대한 처분 n. clemency
gwaneui 관의 adj. vascular
gwaneuirodeoin 관으로된 adj. tubular
gwangae 관개 n. irrigation
gwangbu 광부 n. miner
gwangbun 광분 n. frenzy
gwangdae 광대 n. clown
gwangdaehan 광대한 adj. vast
gwanggo 광고 n. hype
gwanggohada 광고하다 v. publicize
gwanggyeonppyeong 광견병 n. rabies
gwanggyung 광경 n. tableau
gwanghui 광휘 adj. refulgence
gwanghwi 광휘 n. brilliance
gwangjang 광 n. photo
gwangjang 광장 n. plaza
gwangmul 광물 n. mineral
gwangmurak 광물학 n. mineralogy
gwangnan 광란 v. rampage

gwango 광고 *n. advertisement*
gwango chaekjja 광고 책자 *n. brochure*
gwango jeondan 광고 전단 *n. handbill*
gwangohada 광고하다 *v. advertise*
gwangopan 광고판 *n. hoarding*
gwangseok 광석 *n. ore*
gwangseon 광선 *n. light*
gwangseon 광선 *n. ray*
gwangsindo 광신도 *n. fanatic*
gwangsinjeok jonggyo jipttan 광신적 종교 집단 *n. cult*
gwangtaek 광택 *n. gloss*
gwangtaek 광택 *n. lustre*
gwangtaekjja 광택자 *n. polish*
gwangtaekjje bareuda 광택제 바르다 *v. glaze*
gwangwang 관광 *n. tourism*
gwangwanggak 관광객 *n. tourist*
gwangye 관계 *n. relation*
gwangye 관계 *n. relationship*
gwangyeok dosikkwon 광역 도시권 *n. conurbation*
gwangyung 광경 *n. view*
gwanhalkkwon 관할권 *n. jurisdiction*
gwanjeoleom 관절염 *n. arthritis*
gwanjeom 관점 *n. standpoint*
gwanjjeom 관점 *n. outlook*
gwanjjeom 관점 *n. perspective*
gwanjoong 관중 *n. spectator*
gwanreeyin 관리인 *n. warden*
gwanrihada 관리하다 *v. superintend*
gwanrija 관리자 *n. superintendent*
gwanse 관세 *n. tariff*

gwanseong 관성 *n. inertia*
gwanseup 관습 *n. convention*
gwanseup 관습 *n. custom*
gwansim 관심 *n. interest*
gwanya 광야 *n. wilderness*
gwanyonggu 관용구 *n. idiom*
gwanyongguga deun 관용구가 든 *adj. idiomatic*
gwasedwoineun 과세되는 *adj. taxable*
gwashidwen 과시된 *adj. vaunted*
gwasi 과시 *n. ostentation*
gwasihada 과시하다 *v. flaunt*
gwasireul jeojireuneun 과실을 저지르다 *v. perpetrate*
gwasiri inneun 과실이 있는 *adj. culpable*
gwasopyungahada 과소평가하다 *v. underestimate*
gwasopyungahada 과소평가하다 *v. underrate*
gwasuwon 과수원 *n. orchard*
gwedo 궤도 *n. orbit*
gwedoui 궤도의 *adj. orbital*
gweipakhan 괴팍한 *adj. temperamental*
gwejjaeui 괴짜의 *adj. wacky*
gwerophida 괴롭히다 *n. victimize*
gweyang 궤양 *n. ulcer*
gwi 귀 *n. ear*
gwichankehada 귀찮게 하다 *v. annoy*
gwiehgeoseullineun 귀에거슬리는 *adj. strident*
gwigam 귀감 *n. paragon*

gwigiwoolyigi ahnneun 귀기울이지 않는 adj. unheard
gwijok 귀족 n. peerage
gwijunghan 귀중한 adj. precious
gwijungpum sangja 귀중품 상자 n. coffer
gwishin 귀신 n. wight
gwisini chulmoraneun 귀신이 출몰하는 adj. haunted
gwisini natanada 귀신이 나타나다 v. haunt
gwiyeoun 귀여운 adj. cute
gwoeingjanghang meeyeen 굉장한 미인 n. stunner
gwoirophineunsaram 괴롭히는사람 n. tormentor
gwoirowoon 괴로운 adj. trying
gwoli cheongguin 권리 청구인 n. claimant
gwolyeok iyang 권력 이양 n. devolution
gwonchong 권총 n. pistol
gwonchongjjip 권총집 n. holster
gwongoui 권고의 adj. monitory
gwonhan 권한 n. authority
gwonhan 권한 n. mandate
gwonhan buyeohada 권한 부여하다 v. authorize
gwonhaneul juda 권한을 주다 v. empower
gwonjang 권장 n. recommendation
gwonjanghada 권장하다 v. recommend
gwontu 권투 n boxing
gwontu seonsu 권투 선수 n. boxer
gwontuui jaep 권투의 잽 v. jab
gwonuijeoggin 권위적인 adj. authoritative
gyechaek 계책 n. ploy
gyecheung 계층 n. hierarchy
gyecheunghwahada 계층화하다 v. stratify
gyedaga 게다가 adv. withal
gyedan 계단 n. stair
gyedan 계단 n. staircase
gyegipan 계기판 n. dashboard
gyegok 계곡 n. dale
gyegok 계곡 n. vale
gyegok 계곡 n. valley
gyehoek 계획 n. plan
gyeodeurangyeeeui 겨드랑이의 adj. underarm
gyeogeon 격언 n. dictum
gyeogeul nachuda 격을 낮추다 v. t. cheapen
gyeognyeonui 격년의 adj. biennial
gyeogwa 결과 n. result
gyeogyangdoen 격앙된 adj. inflammable
gyeoja 겨자 n. mustard
gyeojeonghagi wihan 교정하기 위한 adj. remedial
gyeojjeom 결점 n. failling
gyeojjeonghada 결정하다 v. t determination
gyeokasikida 격하시키다 v. relegate
gyeokjeongjeogin 격정적인 adj. passionate
gyeokjjamunui 격자무늬 n. grid
gyeokppun 격분 n. outrage

gyeokppunan 격분한 *adj. outrageous*
gyeokppunhada 격분하게 만들다 *v. enrage*
gyeokssigeul charin 격식을 차린 *adj. formal*
gyeoktoehada 격퇴하다 *v. repel*
gyeoktukkeute bujjaptta 격투 끝에 붙잡다 *v.t. grapple*
gyeolbaek 결백 *n. innocence*
gyeolbujitta 결부짓다 *v. associate*
gyeolguk 결국 *adv. eventually*
gyeolgwa 결과로 일어나는 *n. consequence*
gyeolgwa 결과 *n. outcome*
gyeolgwaga dwittareuda 결과가 뒤따르다 *v. ensue*
gyeolgwajeogin 결과적인 *adj. resultant*
gyeolgwaro ireonaneun 결과로 일어나는 *adj. consequent*
gyeolhonhaji aneun 결혼하지 않는 *adj. celibate*
gyeoljjeom 결점 *n. drawback*
gyeoljjeong 결정 *n. decision*
gyeoljjeonghada 결정하다 *v. decide*
gyeoljjeongjeogi anin 결정적이 아닌 *adj. inconclusive*
gyeoljjeongkkwonja 결정권자 *n. arbiter*
gyeoljjeonjeogin 결정적인 *adj. decisive*
gyeolko ~anta 결코~않다 *adv. never*
gyeolko tteuliji anneun 결코 틀리지 않는 *adj. infallible*
gyeolmagyeom 결막염 *n. conjunctivitis*

gyeolon 결론 *n. conclusion*
gyeolonjeogin 결론적인 *adj. conclusive*
gyeolpip 결핍 *n. deficiency*
gyeolpipttoen 결핍된 *adj. deficient*
gyeolseokjja 결석자 *n. absentee*
gyeolsoran 경솔한 *adj. flippant*
gyeolsseungjeon chuljjeonja 결승전 출전자 *n. finalist*
gyeolttannada 결딴나다 *v. implode*
gyeolttanryeogi eomneun 결단력이 없는 *adj. irresolute*
gyeoltu 결투 *n. duel*
gyeolye 결례 *n. gaffe*
gyeomheomi gadeukan gin yeojeong 경험이 가득한 긴 여정 *n. odyssey*
gyeomja 겸자 *n. clamp*
gyeomja 겸자 *n. forceps*
gyeomson 겸손 *n. modesty*
gyeomson 겸손 *n. humility*
gyeomsonan 겸손한 *adj. humble*
gyeonbon 견본 *n. example*
gyeonchaekada 견책하다 *v. censure*
gyeondida 견디다 *v. endure*
gyeondil ssu eomneun 견딜 수 없는 *adj. intolerable*
gyeongakganeunghan 경작가능한 *adj. arable*
gyeongam 경감 *mitigation mitigation*
gyeongamada 경감하다 *v. mitigate*
gyeongbakan 경박한 *adj. facetious*
gyeongbeomjoe 경범죄 *n. misdemeanour*
gyeongbi 경비 *n. expenditure*

gyeongbo 경보 n alarm
gyeongbo jeonhada 경보 전하다 v alarm
gyeongbuui 경부의 adj. cervical
gyeongchal 경찰 n. police
gyeongchal jigudae 경찰 지구대 n. constabulary
gyeongcheop 경첩 n. hinge
gyeongdo 경도 n. longitude
gyeongeonan 경건한 adj. pious
gyeonggam 경감 n. alleviation
gyeonggamgam 경감감 n. lightening
gyeonggeonam 경건함 n. piety
gyeonggeonan 경건한 adj. godly
gyeonggye 경계 n. demarcation
gyeonghappada 경합하다 v. compete
gyeongheom 경험 n. experience
gyeongheom bujok 경험 부족 n. inexperience
gyeongho seondoja 경호 선도자 n. outrider
gyeonghowon 경호원 n bodyguard
gyeonghwadoeda 경화되다 v. ossify
gyeongi 경이 v.i marvel
gyeongi hutoe 경기 후퇴 n. recession
gyeongida joeun 경기가 좋은 adj. buoyant
gyeongijang 경기장 n. arena
gyeongijang 경기장 n. pitch
gyeongijeogin 경이적인 adj. phenomenal
gyeongjaeng 경쟁 n. competition
gyeongjaenghaneun 경쟁하는 adj. competitive
gyeongjaengja 경쟁자 n. competitor

gyeongje 경제 n. economy
gyeongjehak 경제학 n. economics
gyeongjejeogin 경제적인 adj. economical
gyeongjeui 경제의 adj. economic
gyeongju 경주 n. race
gyeongjuhada 경주하다 v. race
gyeongjuyong macha 경주용 마차 n. chariot
gyeongmyeol 경멸 n. contempt
gyeongmyeol 경멸하는 adj. contemptuous
gyeongmyeoljeogin 경멸적인 adj. pejorative
gyeongmyeorada 경멸하다 v. despise
gyeongmyeoraneun 경멸하는 adj. derogatory
gyeongno 격노 n. rage
gyeongnyeohada 격려하다 v. t. cheer
gyeongnyeoran baneung 격렬한 반응 n. outcry
gyeongoehal manan 경외할 만한 adj. redoubtable
gyeongohan 견고한 adj. sturdy
gyeongoisim 경외심 n. awe
gyeongryeon 경련 n. convulsion
gyeongryeoran 격렬한 adj. fierce
gyeongsado 경사도 n. gradient
gyeongsaro 경사로 n. ramp
gyeongsol 경솔 n. levity
gyeongsoran 경솔한 adj. frivolous
gyeongsoran 경솔한 adj. imprudent
gyeongu 경우 n. case
gyeongui 경의 n. homage
gyeongwa 경과 adj. passing

gyeongwa 견과 *n. nut*
gyeongwaga deun 견과가 든 *adj. nutty*
gyeongwan 경관 *n. landscape*
gyeongwaryuui almaengi 견과류의 알맹이 *n. kernel*
gyeongyeongja 경영자 *n. manager*
gyeongyeongja 경영자 *n. manger*
gyeongyeongjin 경영진 *n. executive*
gyeongyeongui 경영의 *adj. managerial*
gyeongyeoran bipan 격렬한 비판 *n. polemic*
gyeongyeoung 경영 *n. management*
gyeonjeok 견적 *n. quotation*
gyeonkchuk haengsa 경축 행사 *n. gala*
gyeonryeon 경련 *n. cramp*
gyeonryeonhada 경련하다 *n. convulse*
gyeonseupsaeng 견습생 *n. apprentice*
gyeonyanghada 겨냥하다 *v.i. aim*
gyeoram 결함 *n. defect*
gyeoram 결함 *n. flaw*
gyeoram 결함 *n. imperfection*
gyeoramiineun 결함이 있는 *adj. defective*
gyeorap 결합 *n. nexus*
gyeorapada 결합하다 *v. combine*
gyeorapan 결합한 *adj. conjunct*
gyeorhap 결합 *n. conjuncture*
gyeoron 결혼 *n. marriage*
gyeoron (saenghwal) 결혼 (생활) *n. matrimony*
gyeoron jungmaesa 결혼 중매사 *n. matchmaker*

gyeoron saenghwarui 결혼 생활의 *adj. matrimonial*
gyeoronhada 결혼하다 *v. marry*
gyeoronui 결혼의 *adj. marital*
gyeoronui 결혼의 *adj. nuptial*
gyeoryeonan 결연한 *adj. concerted*
gyeousari 겨우살이 *n. mistletoe*
gyeowool 겨울 *n. winter*
gyeowooleui 겨울의 *adj. wintry*
gyepcheonota 겹쳐놓다 *v. superimpose*
gyepi 계피 *n. cinnamon*
gyeran 계란 *n. egg*
gyerannoreunja 계란노란자 *n. yolk*
gyerisa 계리사 *n. actuary*
gyeryanggi 계량기 *n. meter*
gyesan 계산 *n. calculation*
gyesan 계산 *n. computation*
gyesanada 계산하다 *v. calculate*
gyesanada 계산하다 *v. compute*
gyesandae 계산대 *n. counter*
gyesangi 계산기 *n. calculator*
gyeseon younggu 계선 용구 *n. moorings*
gyesok 계속 *n. continuation*
gyesok ogada 계속 오가다 *v. oscillate*
gyesokchida 계속 치다 *v. pummel*
gyesokdoeda 계속되다 *v. continue*
gyesu 계수 *n. coefficient*
gyeyak 계약 *n. contract*
gyeyak 계약 *n contract*
gyeyakjja 계약자 *n. contractor*
gyeyakssangeui 계약상의 *adj. contractual*

gyobaeyong amkae 교배용 암캐 *n.* brood
gyobogi 계보기 *n.* pedometer
gyochahada 교차하다 *v.* intersect
gyochak sangtae 교착 상태 *n.* deadlock
gyochaksangtae 교착상태 *n.* stalemate
gyochakssangtae 교착 상태 *n.* impasse
gyocharo 교차로 *n.* junction
gyoche 교체 *n.* replacement
gyochehada 교체하다 *v.* replace
gyodogwan 교도관 *n.* warder
gyodoso 교도소 *n.* prison
gyogu 교구 *n.* parish
gyoguui 교구의 *adj.* parochial
gyogwaseo 교과서 *n.* textbook
gyohoe 교회 *n.* church
gyohoe gyeongnae 교회 경내 *n.* churchyard
gyohoe jihasil 교회 지하실 *n.* crypt
gyohun 교훈 *n.* lesson
gyohunjeogin 교훈적인 *adj.* didactic
gyohwalhan 교활한 *adj.* wily
gyohwanada 교환하다 *v.* t exchange
gyohwang 교황 *n.* pontiff
gyohwang 교황 *n.* pope
gyohwangui 교황의 *adj.* papal
gyohwangui jiwi 교황의 지위 *n.* papacy
gyohwanhada 교환하다 *v.* interchange
gyohwaran 교활한 *adj.* crafty
gyohwaran 교활한 *adj.* cunning

gyoje 교제 *n.* courtship
gyojeon 교전 *v.t.* counter
gyojeong 교정 *n.* reclamation
gyojeong 교정 *n.* correction
gyojeonghada 교정하다 *v.* correct
gyojeonghada 교정하다 *v.* emend
gyomyohan 교묘한 *adj.* artful
gyomyohan cheori 교묘한 처리 *n.* manipulation
gyomyohan sogimsu 교묘한 속임수 *n.* chicanery
gyooe 교외 *n.* outskirts
gyopa 교파 *n.* denomination
gyori 교리 *n.* doctrine
gyori mundapsseo 교리 문답서 *n.* catechism
gyoryu 교류 *n.* intercourse
gyosa 교사 *n.* pedagogue
gyosal 교살 *n.* strangulation
gyosalhada 교살하다 *v.* strangle
gyoseop 교섭 *n.* parley
gyoseopjja 교섭자 *n.* negotiator
gyosooyomok 교수요목 *n.* syllabus
gyosu 교수 *n.* professor
gyosudae 교수대 *n.* gallows
gyosuhyung 교수형 *n.* hanging
gyotong 교통 *n.* traffic
gyoukak 교육학 *n.* pedagogy
gyowoei 교외 *n.* suburb
gyowoeieui 교외의 *adj.* suburban
gyowoeieui sanghwalbangsik 교외의 생활방식 *n.* suburbia
gyoyuk 교육하다 *n.* education
gyoyukada 교육하다 *v.* educate

gyoyukkwajeong 교육과정 *n. curriculum*
gyoyuksa 교역자 *n. trucker*
gyubeom 규범 *n. canon*
gyubeom 규범 *n. norm*
gyubeomjeogin 규범적인 *adj. normative*
gyudeurinun eumsik 곁들이는 음식 *n. trimming*
gyuje 규제 *n. restraint*
gyuje 규제 *n. regulation*
gyuje gigwan 규제 기관 *n. regulator*
gyujehada 규제하다 *v. regulate*
gyujeonghada 규정하다 *v. stipulate*
gyujereul cheolpyehada 규제를 철폐하다 *v. deregulate*
gyukbyun 격변 *n. upheaval*
gyukda 겪다 *v. undergo*
gyukdong 격동 *n. turbulence*
gyukjagujomool 격자구조물 *n. trellis*
gyulgwa 결과 *n. upshot*
gyulhak 결핵 *n. tuberculosis*
gyulhon 결혼 *n. spousal*
gyulhon 결혼 *n. wedding*
gyulhon 결혼 *n. wedlock*
gyuljeol 결절 *n. tubercle*
gyuljeonghajimothan 결정하지 못한 *adj. undecided*
gyulligyehada 결리게 하다 *v. wrick*
gyunbon 견본 *n. specimen*
gyunbon 견본 *n. template*
gyundyoneda 견뎌내다 *v. withstand*
gyungchalbong 경찰봉 *n. truncheon*
gyungchi 경치 *n. vista*

gyungdangodung 경단고둥 *n. winkle*
gyungeuirowoon 경의로운 *adj. wondrous*
gyunggijang 경기장 *n. stadium*
gyunggo 경고 *n. warning*
gyunggohada 경고하다 *v. warn*
gyunggyehaneun 경계하는 *adj. alert*
gyunghyang 경향 *n. tendency*
gyungjakja 경작자 *n. tiller*
gyungjang 경쟁 *n. stampede*
gyungohan 견고한 *adj. staunch*
gyungryon 경련 *n. spasm*
gyungye 경계 *n. vigilance*
gyungyehaneun 경계하는 *adj. wary*
gyunhyeongul ilko sseureojida 균형을 잃고 쓰러지다 *v. overbalance*
gyunhyung 균형 *n. balance*
gyunkdongwui 격동의 *adj. turbulent*
gyunyeol 균열 *n. crack*
gyunyilhan 균일한 *adj. uniform*
gyurkryeolhan 격렬한 *adj. vehement*
gyutanada 규탄하다 *v. condemn*
gyuyul 규율 *n. discipline*

H

habui 합의 *n. agreement*
habyuteul jjoida 해별을 쬐다 *v. sun*
hachaneun 하찮은 *adj. trivial*
hachaneungot 하찮은것 *n. trivia*
hachankke mandeulda 하찮게 만들다 *v. belittle*

hadeu deuraibeu 하드 드라이브 *n.* hard drive
hadeu keobeo 하드커버 *n.* hardback
hae 해 *n.* year
haean 해안 *n.* coast
haebal 해발 *n.* altitude
haebang 해방 *n.* manumission
haebang 해방 *n.* liberation
haebangdoeda 해방되다 *v.* extricate
haebangja 해방자 *n.* liberator
haebangsikida 해방시키다 *v.* liberate
haebbyeot jjoida 햇볕 쪼이다 *v.* bask
haebuhada 해부하다 *v.* dissect
haebuhak 해부학 *n.* anatomy
haebyeon 해변 *n.* beach
haechedoeda 해체되다 *v.* disintegrate
haechehada 해체하다 *v.* disband
haechida 해치다 *v.* vitiate
haechil ssu eomneun 해칠 수 없는 *adj.* invulnerable
haechoong 해충 *n.* vermin
haechung 해충 *n.* pest
haedangdoineun 해당되는 *adj.* applicable
haedokje 해독제 *n.* antidote
haedokkada 해독하다 *v.* detoxify
haedonghada 해동하다 *v.* defrost
haegun 해군 *n.* navy
haegunui 해군의 *adj.* naval
haegyeolchaek 해결책 *n.* remedy
haegyeolchaek 해결책 *n.* resolution
haegyeolhada 해결하다 *v.* resolve
haehyup 해협 *n.* strait
haeja 해자 *n.* moat

haejeo kwaengwi 해적 행위 *n.* piracy
haejeok 해적 행위 *n.* pirate
haejeokpanui 해적판의 *adj.* bootleg
haejin cheon 해진 천 *n.* rag
haejunjangseong 해군장성 *n.* admiral
haelyadeu 헬야드 *n.* halyard
haem 햄 *n.* ham
haemada 해마다 *adv.* yearly
haembeogeo 햄버거 *n.* hamburger
haemeok 해먹 *n.* hammock
haemsteo 햄스터 *n.* hamster
haemyeongi doeneun 해명이 되는 *adj.* pardonable
haendeupon 핸드폰 *n.* cellphone
haengbok 행복 *n.* happiness
haengbokan 행복한 *adj.* happy
haengdonghada 행동하다 *v.* act
haengdonghada 행동하다 *v.* comport
haenghada 행하다 *v.* perform
haengjeong guyeok 행정 구역 *n.* canton
haengjeong ju 행정 주 *n.* province
haengjeong silchaek 행정 실책 *n.* maladministration
haengjeongin 행정인 *adj.* administrator
haengjin 행진 *n.* procession
haengjinada 행진하다 *v.* march
haengryeol 행렬 *n.* matrix
haengsa 행사 *n.* event
haengsa 행사 *n.* occasion
haengsang 행상 *n.* hawker
haengsangeul danida 행상을 다니다 *v.* peddle

haengsangin 행상인 *n. pedlar*
haengseong 행성 *n. planet*
haengseongui 행성의 *adj. planetary*
haengui 행위 *n. action*
haengui 행위 *n. deed*
haengwihada 행위하다 *v. do*
haenjeong juui 행정 주의 *adj. provincial*
haepari 해파리 *n. jellyfish*
haeropkke hada 해롭게 하다 *n. harm*
haeroun 해로운 *adj. deleterious*
haeroun 해로운 *adj. harmful*
haeroun 해로운 *adj. prejudicial*
haeseoljja 해설자 *n. commentator*
haesohal ssu eomneun 해소할 수 없는 *adj. irreconcilable*
haewangseong 해왕성 *n. Neptune*
haewoeui 해외의 *adv. overseas*
~haeya hada ~해야 하다 *v. need*
~haeyahada ~해야하다 *v. must*
~haeyaman hage hada ~해야만 하게 하다 *v. impel*
~hage noaduda ~하게 놓아두다 *v. let*
hageubui 하급의 *adj. junior*
hagi swiun 하기 쉬운 *adj. prone*
~hagireul kkeorineun ~하기를 꺼리는 *adj. loath*
~hago sipeun ~하고 싶은 *adj. raring*
hago sipeun daero ham 하고 싶은 대로 함 *n. indulgence*
hagonaseo 하고나서 *conj. after*
hagui suyeosik 학위 수여식 *n. convocation*
haiena 하이에나 *n. hyena*

hain 하인 *n. lackey*
haipeun 하이픈 *n. hyphen*
haje 하제 *n. laxative*
hajeeaheun 하지 않은 *adj. undone*
~haji ahnneunhan ~하지 않는한 *conj. unless*
~haji antorok ~하지 않도록 *conj. lest*
~haji motaneun ~하지 못하는 *adj. incapable*
hakbbi bojogeum 학비 보조금 *n. bursary*
hakboosang 학부생 *n. undergraduate*
hakgujeokin 학구적인 *adj. studious*
haki 하키 *n. hockey*
hakjjang 학장 *n. principal*
hakkeup 학급 *n. class*
hakkwajang 학과장 *n. dean*
hakkwamok 학과목 *n. course*
hakkyo deungui annaeseo 학교 등의 안내서 *n. prospsectus*
hakkyoe deungnokada 학교에 등록하다 *v. enrol*
haksang 학생 *n. student*
hakssaeng 학생 *n. pupil*
haksseup 학습 *n. learning*
haksseupjja 학습자 *n. learner*
hakssigineun 학식 있는 *adj. erudite*
hakssuljjeogin 학술적인 *adj. academic*
hakssurwon 학술원 *n. academy*
hakttaehada 학대하다 *v. maltreat*
hakttaehada 학대하다 *v. mistreat*
~hal geot gateun ~할 것 같은 *adj. likely*
~hal ssu itta ~할 수 있다 *v. can*

hal ssuineun 할 수 있는 *adj. able*
halbugeum 할부금 *n. instalment*
haldang 할당 *n. allocation*
haldanghada 할당하다 *v. allocate*
haldanghada 할당하다 *v. allot*
halgichan 활기찬 *adj. perky*
halgusida 할것이다 *v. will*
halgusida 할것이다 *v. would*
~halgut gatji aheun ~할것 같지 않은 *adj. unlikely*
halikwin 할리퀸 *n. harlequin*
halmeoni 할머니 *n. grandmother*
halmisae 할미새 *n. wagtail*
halogen 할로겐 *n. halogen*
halsooupneun ~할 수 없는 *adj. unable*
halttanghada 할당하다 *v. mete*
halyereul hada 할례를 하다 *v. circumcise*
hamchuk 함축 *n. implication*
hamchuk 함축 *n. overtone*
hamdae 함대 *n. armada*
hamdae 함대 *n. fleet*
hamggye 함께 *adv. together*
hamggye 함께 *prep. with*
hamnihwahada 합리화하다 *v. rationalize*
hamnijeogin 합리적인 *adj. rational*
hamnijeogin 합리적인 *adj. reasonable*
hamonyum 하모늄 *n. harmonium*
hamryujijeom 합류지점 *n. confluence*
hamsung 함성 *n. whoop*
han 한 *adj. an*
han beon 한 번 *adv. once*

~han euhddeon ~한 어떤 *pron. whatever*
han gwak 한 곽 *n. carton*
han hoibun 한 회분 *n. batch*
han jjogak 한 조각 *n. bit*
han mogeum 한 모금 *n. mouthful*
han mukkeum 한 묶음 *n. dozen*
hana & han 하나 & 한 *n. & adj. one*
hanaui jaryo 하나의 자료 *n. datum*
hanbalo kkanchongkkangchong ttwida 한 발로 깡충깡충 뛰다 *v. hop*
hanbamjjung 한밤중 *n. midnight*
handaneun uihyangeul boida 한다는 의향을 보이다 *v. deign*
handbaeg 핸드백 *n. handbag*
hando 한도 *n. quota*
haneulnopi 하늘높이 *adv. aloft*
~haneungyunghyangyeeitda ~하는경향이 있다 *v. tend*
haneunim 하느님 *n. god*
hangahan 한가한 *adj. leisurely*
hangahri 항아리 *n. urn*
hangari 항아리 *n. pitcher*
hangbang 행방 *adv. whereabout*
hangbok 항복 *n. surrender*
hangbokada 항복하다 *v. capitulate*
hangbokan 행복한 *adj. jolly*
hangbokhada 항복하다 *v. surrender*
hangche 항체 *n. antibody*
hanggongi 항공기 *n. aeroplane*
hanggongsul 항공술 *n. aeronautics*
hanggonguju saneop 항공우주 산업 *n. aerospace*

hanggu 항구 n. harbour
hanggu 항구 n. port
hanghae 항해 n. navigation
hangmok 항목 n. item
hangmun 항문 n. anus
hangmunui 항문의 adj. anal
hangonggi 항공기 n. aircraft
hangongsul 항공술 n. aviation
hangsaengje 항생제 n. antibiotic
hangsahada 행사하다 v. wield
hangsang 항상 adv. always
hangsangin 행상인 n. vendor
hangsanhwaje 항산화제 n. antioxidant
hanguihada 항의하다 v. remonstrate
hangun 행운 n. luck
hangye 한계 n. limit
hangyeolgateun 한결같은 adj. unfailing
hani eomneun 한이 없는 adj. boundless
hanjeongdoen 한정된 adj. finite
hanjjak 한짝 n. pair
hanjjogi cheojin 한쪽이 처진 adj. lopsided
hanjjokeurogiwooddonghada 한쪽으로 기우뚱하다 v. yaw
hanmogeum 한모금 n. tot
hanrui 하늘의 adj. celestial
hansaram mogui siksaryang 한 사람 몫의 식사량 n. helping
hansutgark 한숟가락 n. spoonful
hantannada 한탄하다 v. bemoan
hantanseureoun 한탄스러운 adj. lamentable

hanyeoreumui 한여름의 adj. midsummer
hapbbyeong 합병 n. amalgamation
hapchangdan 합창단 n. choir
hapchanggok 합창곡 n. chorus
hapchangui 합창의 adj. choral
hapchi 합치 n. accordance
hapchida 합치다 v. amalgamate
hapchida 합치다 v. merge
hapchneun 합치는 adj. confluent
hapeu 하프 n. harp
hapgeum 합금 n. alloy
hapggye 합계 n. aggregate
hapgye 합계 n. sum
hapoomhada 하품하다 v. yawn
hapoon 하품 n. yarn
happaneul yeoreo jang bucheomandeulda 합판을 여러 장 붙여 만들다 v. laminate
happeopsseong 합법성 n. legality
happeopsseong 합법성 n. legitimacy
happeopwahada 합법화하다 v. legalize
happeopwahada 합법화하다 v. regularize
happpyeongjjeung 합병증 n. complication
happyeong 합병 n. consolidation
happyeong 합병 n. merger
happyeonghada 합병하다 v. annex
hapseong 합성 n. synthesis
hapseonghada 합성하다 v. synthesize
hapseonghan 합성한 adj. synthetic
hapttongui 합동의 adj. congruent

harem 하렘 n. harem
harin 할인 n. discount
~haryeoneun uihyang ~하려는 의향 n. inclination
hasseongui 합성의 adj. composite
hasugin 하숙인 n. lodger
hatta 핥다 v. lick
hawiui 하위의 adj. inferior
hayan 하얀 adj. white
hayeo 하녀 n. maid
headraiteu 헤드라이트 n. headlight
hearida 헤아리다 v. plumb
hearil ssu eomneun 헤아릴 수 없는 adj. immeasurable
hechimyogutda 헤치며걷다 v. wade
hedeo 헤더 n. heather
hedeupon 헤드폰 n. headphone
heeomchineun 헤엄치는 adj. natant
heksogen 헥소겐 n. hexogen
hektareu 헥타르 n. hectare
helikopteo 헬리콥터 n. chopper
helikopteo 헬리콥터 n. helicopter
helikopteo ichangnyukjjang 헬리콥터 이착륙장 n. heliport
helmet 헬멧 n. helmet
hemoglobin 헤모글로빈 n. haemoglobin
hena 헤나 n. henna
heobeosn 헐벗은 adj. bare
heobeu 허브 n. herb
heobokada 회복하다 v. recover
heobuckjee 허벅지 n. thigh
heodeul 허들 n. hurdle
heodungdaeda 허둥대다 v. flounder

heodunggeorim 허둥거림 v. fluster
heogu 허구 n. figment
heoguui 허구의 adj. fictitious
heoleonghan 헐렁한 adj. baggy
heoleonghan 헐렁한 adj. floppy
heolgeowojin 헐거워진 adj. loose
heoltteutta 헐뜯다 v. defame
heomdam 험담 n. jibe
heomujueu 허무주의 n. nihilism
heomureomneun 허물없는 adj. informal
heonjang 헌장 n. charter
heonnap 헌납 n. oblation
heonppeop 헌법 n. constitution
heonsin 헌신 n. devotion
heonsinjeogin chujongja 헌신적인 추종자 n. devotee
heopa 허파 n. lung
heopung 허풍 n. eyewash
heopungseureon 허풍스런 adj. flatulant
heorakada 허락하다 v. allow
heoridule 허리둘레 n. girth
heorikein 허리케인 n. hurricane
heoseburida 허세부리다 v. bluff
heoseukihan 허스키한 adj. husky
heoshik 허식 n. veneer
heoteunsori 허튼소리 n. nonsense
heottoem 헛됨 n. futility
heottoen 헛된 adj. futile
heoulppunin 허울뿐인 adj. cosmetic
heowi bodo 허위 보도 n. canard
heowiin 허위인 adj. mendacious

heowireul jujanghada 허위를 주장하다 *v. profess*
heoyong 허용 *n. permission*
heoyongdoen 허용된 *adj. privy*
heoyongdoeneun 허용되는 *adj. permissible*
heoyonghada 허용하다 *v. permit*
heoyongryang 허용량 *n. allowance*
hereunia 헤르니아 *n. hernia*
hereupeseu 헤르페스 *n. herpes*
heroin 헤로인 *n. heroine*
heubipkki 흡입기 *n. inhaler*
heugin yeoja 흑인 여자 *n. negress*
heugyeon 흑연 *n. graphite*
heujibuji doeda 흐지부지 되다 *v. fizzle*
heukgalsaek moriui baegin yeoseong 흑갈색 머리의 백인 여성 *n. brunette*
heukttan 흑단 *n. ebony*
heulgeuro doen 흙으로 된 *adj. earthen*
heulkkit boda 흘깃 보다 *v.i. glance*
heulrim 흘림 *n. spillage*
heum jabeul tte eomneun 홈 잡을 데 없는 *adj. impeccable*
heumchit nolada 흠칫 놀라다 *v. blench*
heumjaptta 흠잡다 *v. niggle*
heummo 흠모 *n. adoration*
heumppeokjeokssida 흠뻑 적시다 *v. drench*
heumyip 흡입 *n. suction*
heunan 흔한 *adj. common*
heunbunsikida 흥분시키다 *v.i excite*
heundeulda 흔들다 *v. wag*
heundeulda 흔들다 *v. waggle*
heundeulida 흔들리다 *v. falter*
heundeulida 흔들리다 *v. flutter*
heundeullida 흔들리다 *v. sway*
heundeullida 흔들리다 *v. swing*
heundeullida 흔들리다 *v. vacillate*
heundeullida 흔들리다 *v. wobble*
heundeulligianneun 흔들리지 않는 *adj. unshakeable*
heuneujeokkeorideut umjigineun 흐느적거리듯 움직이는 *adj. lanky*
heuneujeokkeorineun 흐느적거리는 *adj. gawky*
heungboonje 흥분제 *n. stimulant*
heungbun 흥분 *n. excitement*
heungbundoeneun 흥분되는 *adj. racy*
heungbunsikida 흥분시키다 *v. inflame*
heungcheonggeorigi 흥청거리기 *n. spree*
heungjeonghada 흥정하다 *v. haggle*
heungyeoun 흥겨운 *n. gaiety*
heunjeong 흥정 *n. bargain*
heupchakada 흡착하다 *v. adsorb*
heupssuhada 흡수하다 *v. imbibe*
heupsuhada 흡수하다 *v. absorb*
heureum 흐름 *v.i flow*
heurim 흐림 *n. murk*
heurin 흐린 *adj. cloudy*
heurin 흐린 *adj. murky*
heurin 흐린 *adj. overcast*
heuritaejida 흐릿해지다 *v. blur*
heuritan 흐릿한 *adj. hazy*
heuritan 흐릿한 *adj. nebulous*
heuryejida 흐려지다 *v. tarnish*

heutda 흩다 v. strew
heuteojida 흩어지다 v. disperse
hilchaekada 힐책하다 v.t. rebuke
him 힘 n. strength
him 힘 n. power
himdeulgyeilhada 힘들게일하다 v.i. toil
himdeun 힘든 adj. laborious
himdeun 힘든 adj. tricky
himeomneun 힘없는 adj. languid
himeomneun 힘없는 adj. listless
himi eomneun 힘이 없는 adj. nerveless
himinneun 힘있는 adj. powerful
himjool 힘줄 n. tendon
hindugyoui kasteu 힌두교의 카스트 n. caste
hiseuteri 히스테리 n. hysteria
hiseuteri sangtaeui 히스테리 상태의 adj. hysterical
hobak 호박 n. pumpkin
hobaksaek 호박색 n. amber
hoboon 호분 n. whiting
hodeulgap 호들갑 n. fuss
hodoege binanhada 호되게 비난하다 v. lambast
hodohada 호도하다 v. mislead
hodoo 호두 n. walnut
hoebanjuk 회반죽 n. plaster
hoebok 회복 n. recovery
hoebokada 회복하다 v. recuperate
hoechun 회춘 n. rejuvenation
hoegorok 회고록 n. memoir
hoegye 회계 n. account

hoegye damdangja 회계 담당자 n. bursar
hoegyejik 회계직 n. accountancy
hoegyesa 회계사 n. accountant
hoegyo sawon 회교 사원 n. mosque
hoegyodo 회교도 n. muslim
hoehan 회한 n. remorse
hoehyang 회향 n. fennel
hoekdeukada 획득하다 v. acquire
hoendaenggeurehan 휑댕그렁한 adj. cavernous
hoenggyeongmak 횡경막 n. midriff
hoengseolsuseolhada 횡설수설하다 v. gibber
hoepi 회피 n. evasion
hoepi 회피 n. avoidance
hoepihada 회피하다 v. avoid
hoero 회로 n. circuit
hoesa 회사 n. company
hoesa 회사 n. firmament
hoeui 회의 n. congress
hoeui 회의 n. meeting
hoeuisil 회의실 n. chamber
hoewon 회원 n. membership
hoeyuhada 회유하다 v. cajole
hogameul ganneun 호감을 갖는 adj. favourable
hogami ganeun 호감이 가는 adj. likeable
hogisim 호기심 n. curiosity
hoheup 호흡 n. respiration
hoheupada 호흡하다 v. breathe
hoheupada 호흡하다 v. respire
hohwang 호황 n. boom

hohwani doeneun 호환이 되는 *adj. compatible*
hohwaroum 호화로움 *n. luxury*
hohwaroun 호화로운 *adj. opulent*
hohwarowoon 호화로운 *adj. sumptuous*
hohwarowoon 호화로운 *v. swanky*
hoingseolsuseol 횡설수설하다 *v. babble*
hoirang 회랑 *n. arcade*
hojeo 호저 *n. porcupine*
hojeok damdangja 호적 담당자 *n. registrar*
hojeon 호전 *n. upturn*
hojeonjeogin 호전적인 *adj. bellicose*
hojeonjeogin 호전적 *n. militant*
hojuin 호주인 *n. Australian*
hok 혹 *n. hump*
hok 혹 *n. wen*
hokpyeonghada 혹평하다 *v. castigate*
hokpyung 혹평 *n. vituperation*
hoksahada 혹사하다 *v. strain*
holahbi 홀아비 *n. widower*
holan 혼란 *n. confusion*
holanseuryeoun 혼란스러운 *adj. muzzy*
holansikida 혼란시키다 *v. confuse*
holmyum 홀뮴 *n. holmium*
holograem 홀로그램 *n. hologram*
holran 혼란 *n. disarray*
holrnseureokke mandeulda 혼란스럽게 만들다 *v. discomfit*
hom 홈 *n. groove*
homtong 홈통 *n. gutter*

honap 혼합 *n. mixture*
hondon 혼돈 *n. chaos*
hondon sangtaein 혼돈 상태인 *adj. chaotic*
hondonghada 혼동하다 *v. garble*
hondonghada 혼동하다 *v. muddle*
honghap 홍합 *n. mussel*
hongsu 홍수 *n. flood*
hongyeok 홍역 *n. measles*
honhammul 혼합물 *n. melange*
honinhagie almanneun 혼인하기에 알맞는 *adj. marriageable*
honja 혼자 *adv. alone*
honjap 혼잡 *n. jam*
honjap 혼잡 *n. congestion*
honjapan 혼잡한 *adj. congested*
honjaui 혼자의 *adj. lone*
honjeonui 혼전의 *adj. premarital*
honran 혼란 *n. turmoil*
honsoogam 혼수감 *n. trousseau*
honsusangtae 혼수상태 *n. coma*
honyinhada 혼인하다 *v. wed*
hooljeokyida 훌쩍이다 *v. whimper*
hoolryunghan 훌륭한 *adj. splendid*
hoomchida 훔치다 *v. steal*
hoonryun 훈련 *n. training*
hoonryunhada 훈련하다 *v. train*
hoonryunja 훈련자 *n. trainer*
hoowon 후원 *n. sponsorship*
horangkkasinamu 호랑가시나무 *n. holly*
horangyee 호랑이 *n. tiger*
horeumon 호르몬 *n. hormone*
horihorihan 호리호리한 *adj. lissom*

hosaekan 호색한 *adj. amorous*
hoseu 호스 *n. hose*
hoseupiseu 호스피스 *n. hospice*
hoseutel 호스텔 *n. hostel*
hoso 호소 *v.t. appeal*
hosongdae 호송대 *n. convoy*
hosoo 호수 *n. tarn*
hosu 호수 *n. lake*
hotel 호텔 *n. hotel*
houi 호의 *n. favour*
howharoun 호화로운 *adj. deluxe*
howidae 호위대 *n. escort*
hu 후 *prep. after*
hubo 후보 *n. nominee*
huboja 후보자 *n. candidate*
hucheonsseong myunyeok gyulpipjjeung 후천성 면역 결핍증 *n. aids*
hudeopjjigeunan 후덥지근한 *adj. muggy*
hudu 후두 *n. larynx*
hududuk ddeoleojidah 후두둑 떨어지다 *v. splatter*
hugyeonin 후견인 *n. guardian*
huhoe 후회 *n. regret*
huhoedoeneun 후회되는 *adj. regrettable*
huhwoolmahn geureoldeuthan 허울만 그럴듯한 *adj. specious*
huihanan 희한한 *adj. improbable*
huijang 휘장 *n. badge*
huimihaejida 희미해지다 *v. recede*
huimihan 희미한 *adj. faint*
huimihan 희미한 *adj. indistinct*

huiseokada 희석하다 *v. dilute*
huiyeol 희열 *n. euphoria*
hujaui 후자의 *adj. latter*
hujeulgrehan 후줄그레한 *adj. bedraggled*
huligeon 훌리건 *n. hooligan*
hulryungan 훌륭한 *adj. honourable*
hulyeon 훈련 *n. gymnastic*
hulyunghan 훌륭한 *adj. excellent*
humcheoboda 훔쳐보다 *v. peek*
humcheoboda 훔쳐보다 *v. peep*
hummohada 흠모하다 *v.t. adore*
hungboon 흥분 *n. thrill*
hungkeuluhjin 헝클어진 *adj. unkempt*
hungyehada 훈계하다 *v. chasten*
hunhkeuleohteurida 헝클어뜨리다 *v. tousle*
hunjeung sodokada 훈증 소독하다 *v. fumigate*
hunsa 헌사 *n. tribute*
huree 허리 *n. waist*
hureeddi 허리띠 *n. waistband*
huryeochida 후려치다 *v. lash*
huse 후세 *n. posterity*
hutdwen 헛된 *adj. vain*
hutdweyi 헛되이 *adv. vainly*
huwon 후원 *n. patronage*
huwonhada 후원하다 *v. patronize*
huwonja 후원자 *n. benefactor*
huwonja 후원자 *n. patron*
hwa 화 *n. spleen*
hwaboo 화부 *n. stoker*
hwadapada 화답하다 *v. reciprocate*
hwaeum 화음 *n. chord*

hwaga 화가 *n. painter*
hwaga nan 화가 난 *adj. furious*
hwagangam 화강암 *n. granite*
hwageon 확언 *n. assurance*
hwageonada 확언하다 *v. assure*
hwagin 확인 *n. confirmation*
hwaginada 확인하다 *v. confirm*
hwaginhada 확인하다 *v. check*
hwaginhada 확인하다 *v. identity*
hwagwan 화관 *n. coronet*
hwagyak 확약 *v.t guarantee*
hwahaehada 화해 *n. reconciliation*
hwahagui 화학의 *adj. chemical*
hwahak 화학 *n. chemistry*
hwahammul 화합물 *n. compound*
hwahang yobeop 화학 요법 *n. chemotherapy*
hwahap 화합 *n. concord*
hwahapaneun 화합하는 *adj. cohesive*
hwahwan 화환 *n. garland*
hwahwan 화환 *n. wreath*
hwajang 화장 *n. cremation*
hwajanghada 화장하다 *v. cremate*
hwajangpum 화장품 *n. cosmetic*
hwajangpum 화장품 *n. make-up*
hwajangshil 화장실 *n. toilet*
hwajangsil 화장실 *n. lavatory*
hwajangsil 화장실 *n. loo*
hwajangteo 화장터 *n. crematorium*
hwajangyong jangjaktteomi 화장용 장작더미 *n. pyre*
hwakbiteulda 확비틀다 *v. wrench*
hwakddae 확대 *n. amplification*
hwakddae 확대 *n. extension*

hwakjanghada 확장하다 *v. dilate*
hwakjjeung 확증하다 *v. corroborate*
hwakkohan 확고한 *adj. implacable*
hwakshilhajiahneun 확실하지 않은 *adj. uncertain*
hwaksilhagye 확실하게 *adv. surely*
hwaksilhan 확실한 *adj. sure*
hwakssin 확신 *n. certitude*
hwakssiran 확실한 *adj. certain*
hwakssiran 확실한 *adj. decided*
hwakssiran 확실한 *adj. definite*
hwakssiri 확실히 *adv. duly*
hwakttaedoeda 확대되다 *v. escalate*
hwakttaedoeda 확대되다 *v. expand*
hwakttaehada 확대하다 *v. enlarge*
hwakttaehada 확대하다 *v. magnify*
hwakyin 확인 *n. verification*
hwakyinhada 확인하다 *v. verify*
hwal 활 *n. bow*
hwalbalhan 활발한 *adj. active*
hwalbalhan 활발한 *adj. spirited*
hwalbalhan 활발한 *adj. spry*
hwalbalhan 활발한 *adj. vigorous*
hwaldong 활동가 *n. activity*
hwaldongga 활동가 *n. activist*
hwaldongyongpum 활동용품 *n. paraphernalia*
hwalgeechan 활기찬 *adj. vibrant*
hwalgi neomchineun 활기 넘치는 *adj. boisterous*
hwalgi neomchineun 활기 넘치는 *adj. exuberant*
hwalgi neomchineun 활기 넘치는 *adj. lively*

hwalgichan 활기찬 *adj. animated*
hwalgichan 활기찬 *n. vigour*
hwalgireul doechakkehada 활기를 되찾게 하다 *v. rejuvenate*
hwalhwaltada 활활타다 *n. blaze*
hwaljjak utta 활짝 웃다 *v. grin*
hwallyuk 활력 *n. vitality*
hwalseok 활석 *n. talc*
hwalseonghwasikida 활성화시키다 *v. activate*
hwalttong gwaingui 활동 과잉의 *adj. hyperactive*
hwalttongbujok 활동 부족 *n. inaction*
hwalyonghada 활용하다 *v. conjugate*
hwamul 화물 *n. cargo*
hwamul susong 화물 수송 *n. haulage*
hwamul susong hoesa 화물 수송 회사 *n. haulier*
hwamul unbandae 화물 운반대 *n. pallet*
hwamulsseon 화물선 *n. freighter*
hwamyeon 화면 *n. monitor*
hwanada 화나다 *v. upset*
hwanbul 환불 *n. rabate*
hwanburada 환불하다 *v. refund*
hwanburada 환불하다 *v. refund*
hwandae 환대 *n. hospitality*
hwandaehaneun 환대하는 *adj. hospitable*
hwangageul neukkida 환각을 느끼다 *v. hallucinate*
hwangbee 황비 *n. sultana*
hwangdal 황달 *n. jaundice*
hwangdo 황도 *n. zodiac*

hwanggalsaek 황갈색 *n. tan*
hwangholgam 황홀감 *n. rapture*
hwangholgyeong 황홀경 *n. ecstasy*
hwanghon 황혼 *n. dusk*
hwanghon 황혼 *n. twilight*
hwangihada 환기하다 *v. ventilate*
hwangje 황제 *n. emperor*
hwangjeui 황제의 *adj. imperial*
hwangma 황마 *n. jute*
hwangnyul 확률 *n. probability*
hwangpye 황폐 *n. disrepair*
hwangryanghan 황량한 *adj. desolate*
hwangsae 황새 *n. stork*
hwangso 황소 *n. bull*
hwangso 황소 *n. ox*
hwangsogojibui 황소고집의 *adj. mulish*
hwangya 황야 *n. heath*
hwangyajidae 황야지대 *n. moor*
hwangyeong 환경 *n. environment*
hwanhi binnaneun 환히 빛나는 *adj. refulgent*
hwanja 한자 *n. patient*
hwanmyeoreul neukkida 환멸을 느끼다 *v. disenchant*
hwanpoonggie 환풍기 *n. ventilator*
hwansaenghada 환생하다 *v. reincarnate*
hwansang 환상 *v.t. illusion*
hwansang 환생 *n. transmigration*
hwansang sanhodo 환상 산호도 *n. atoll*
hwansange bulgwahan 환상에 불과한 *adj. illusory*

hwansangeul gatta 환상을 갖다 *v.* fantasize
hwansangeul kkaetteurida 환상을 깨뜨리다 *v.* disillusion
hwanwan 환관 *n.* eunuch
hwanwonjuuijeogin 환원주의적인 *adj.* reductive
hwanyeonghada 환영하다 *n.* greet
hwanyoung 환영 *n.* welcome
hwarang 화랑 *n.* gallery
hwareul dalaeda 화를 달래다 *v.* placate
hwareul jalnaenun 화를 잘 내는 *adj.* splenetic
hwaryeo 화려 *n.* pomposity
hwaryeohage jangsikttoen 화려하게 장식된 *adj.* ornate
hwaryeohan haengsa 화려한 행사 *n.* pageantry
hwaryeohan orangmul 화려한 오락물 *n.* extravaganza
hwasahage 화사하게 *adv.* gaily
hwasal 화살 *n.* arrow
hwasan 화산 *n.* volcano
hwasaneui 화산의 *adj.* volcanic
hwaseok 화석 *n.* fossil
hwaseong 화성 *v.* mar
hwaseong 화성 *n.* Mars
hwaseongamjjeogin 화성암적인 *adj.* igneous
hwaso 화소 *n.* pixel
hwassi 화씨 *n.* faherenheit
hwayoyil 화요일 *n.* Tuesday
hweguisun 회귀선 *n.* tropic
hwegyedamdangja 회계담당자 *n.* treasurer
hwejeonmokma 회전목마 *n.* whirligig
hwejeonsokdogye 회전속도계 *n.* tachometer
hwek umjigida 획 움직이다 *n.* jerk
hwendanbodo 횡단보도 *n.* zebra crossing
hwesonhada 훼손하다 *v.* sully
hwibalyu 휘발유 *n.* petrol
hwida 휘다 *v.* warp
hwijeotda 휘젓다 *v.* whisk
hwijeotta 휘젓다 *v.* agitate
hwik jeochida 휙 젖히다 *v.* flip
hwik seuchida 휙 스치다 *v.* flit
hwingaemieui 흰개미 *n.* termite
hwiparam 휘파람 *n.* whistle
hwipssada 휩싸다 *v.* overwhelm
hwoesaegui 회색의 *n.* grey
hwolssin 훨씬 *adj.* even
hwryeoham 화려함 *n.* glamour
hyang 향 *n.* incense
hyanggi 향기 *n.* aroma
hyanggi 향기 *n.* fragrance
hyanggi 향기로운 *adj.* fragrant
hyanggireul punggida 향기를 풍기다 *adv.* perfume
hyangno 향로 *n.* censer
hyangsang 향상 *n.* improvement
hyangsu 향수 *n.* nostalgia
hyangsu 향수 *n.* perfume
hye 혀 *n.* tongue
hyeobui 협의 *n.* consultation
hyeojjalbaegi 혀짧배기 소리 *n.* lisp

hyeolgi wangseonghan 혈기 왕성한 adj. feisty
hyeolssopan 혈소판 n. platelet
hyeomo 혐오 n. abhorrence
hyeomogam 혐오감 n. disgust
hyeomogam 혐오감 n. repulsion
hyeomogameul juda 혐오감을 주다 v. repulse
hyeomohada 혐오하다 v. abhor
hyeomohada 혐오하다 v. detest
hyeomohada 혐오하다 v. loathe
hyeomoseureoun 혐오스러운 adj. hateful
hyeomoseureoun 혐호스러운 adj. loathsome
hyeomoseureoun 혐오스러운 adj. repulsive
hyeonakjja 현학자 n. pedant
hyeonakjjeogin 현학적인 adj. pedantic
hyeondaehwahada 현대화하다 v. modernize
hyeondaesseong 현대성 n. modernity
hyeondaeui 현대의 adj. modern
hyeong jipaengeul chwisohada 형집행을 취소하다 v. reprieve
hyeongeumeuro bakkuda 현금으로 바꾸다 v. enchant
hyeonggwangui 형광의 adj. flourescent
hyeongjeae 형제애 n. fraternity
hyeongjeganui 형제간의 adj. fraternal
hyeongpyeoneopssi 형편없이 adv. poorly
hyeongsa 형사 n. detective

hyeongseonghada 형성 n. formation
hyeongsikjjeogin 형식적인 adj. perfunctory
hyeongsikssangui jeolcha 형식상의 절차 n. formality
hyeongwan 현관 n. porch
hyeonjae 현재 n. present
hyeonjaeui 현재의 adj. present
hyeonjang gamdok 현장 감독 n. foreman
hyeonjonaneun 현존하는 adj. extant
hyeonmigyeong 현미경 n. microscope
hyeonmyeonghan 현명한 adj. politic
hyeonpyeongppeop beobwon 형평법 법원 n. Chancery
hyeonsang 현상 n. phenomenon
hyeonsiljjeogin 현실적인 adj. practical
hyeonsiljjeogin 현실적인 adj. realistic
hyeonsilsseong 현실성 n. practicability
hyeonsumak 현수막 n. placard
hyeoppak 협박 n. intimidation
hyeopssang 협상 n. nagotiation
hyeopssanghada 협상하다 v. negotiate
hyeseong 혜성 n. comet
hyetaek 혜택 n. benefit
hyetekeulmotbatneun 혜택을 못받는 adj. underprivileged
hyogwajeokyin 효과적인 adj. telling
hyokkwaeomneun 효과 없는 adj. ineffective
hyoneung 효능 n. efficacy
hyoonggol 흉골 n. sternum

hyoryogeomneun 효력 없는 *n. invalid*
hyoyul 효율 *n. efficiency*
hyoyuljjeogin 효율적인 *adj. efficient*
hysigeul chwihada 휴식을 취하다 *v. relax*
hysikada 휴식하다 *v. rest*
hyudaeyongui 휴대용의 *adj. portable*
hyuhoe 휴회 *n. adjournment*
hyuhoegigan 휴회기간 *n. recess*
hyuil 휴일 *n. holiday*
hyujeon 휴전 *n. armistice*
hyujeon 휴전 *n. ceasefire*
hyukssin 혁신 *n. innovation*
hyukssinada 혁신하다 *v. innovate*
hyukssinja 혁신자 *n. innovator*
hyultong 혈통 *n. lineage*
hyultong 혈통 *n. parentage*
hyumnyeok 협력 *n. cooperation*
hyumnyeokada 협력하다 *v. collaborate*
hyumnyeokaneun 협력하는 *adj. cooperative*
hyumogam 혐오감 *n. aversion*
hyumui 혐의 *n. allegation*
hyumui jegihada 혐의 제기하다 *v. allege*
hyung 형 *n. type*
hyungbu 흉부 *n. chest*
hyungcheukan 흉측한 *adj. hideous*
hyungeonhal ssu eomneun 형언할 수 없는 *adj. indescribable*
hyungeum 현금 *n. cash*
hyungijjeung 현기증 *n. vertigo*

hyungisanghak 형이상학 *n. metaphysics*
hyungje 형제애 *n. brotherhood*
hyungnae 흉내 *n. mimicry*
hyungpohan 흉포한 *adj. ferocious*
hyungsang 흉상 *n. bust*
hyungsanghwa 형상화 *n. imagery*
hyungtaehak 형태학 *n. morphology*
hyungwan 현관 *n. hall*
hyungwan 현관 *n. vestibule*
hyungyehada 훈계하다 *v. moralize*
hyungyongsa 형용사 *n. adjective*
hyunhyun 현현 *n. incarnation*
hyunjonhajianneun 현존하지 않는 *adj. defunct*
hyunmigyeongeul iyonghan susul 현미경을 이용한 수술 *n. microsurgery*
hyunmyunghan 현명한 *adj. wise*
hyunsire anjuhaneun 현실에 안주하는 *adj. complacent*
hyunsumak 현수막 *n. banner*
hyupkkok 협곡 *n. canyon*
hyupkkok 협곡 *n. ravine*
hyupnyeokada 협력하다 *v. cooperate*
hyupsimjjeung 협심증 *n. angina*
hyusigeomneun 휴식 없는 *adj. nonstop*
hyusik 휴식 *n. repose*
hyuson 휴선 *n. truce*
hyuyangji 휴양지 *n. resort*

I

~I deureo itta ~이 들어 있다 *v.t.* contain
~I doeda ~이 되다 *v.* constitute
~i doida ~이 되다 *v.* become
~i gadeukan ~이 가득한 *adj.* replete
I geuncheoe 이 근처에 *adv.* hereabouts
~I jalmotan geotcheoreom boida ~이 잘못한 것처럼 보이게 하다 *v.i.* incriminate
~i jeonhyeo eomneun ~이 전혀 없는 *adj.* devoid
i meil 이 메일 *n.* email
iangmulda 이악물다 *v.* clench
ibalssa 이발사 *n.* barber
ibanginui 이방인의 *adj.* barbaric
ibirui & sibil 십일의 & 십일 *adj. & n.* eleven
ibul 이불 *n.* duvet
ibuneumpyo 2분 음표 *n.* minim
ibwon hwanja 입원 환자 *n.* inpatient
ibyang 입양 *n.* adoption
icheung chimdae 이층 침대 *n.* bunk
~ida ~이다 *a.* measure
ida 이다 *v.* be
ideologi 이데올로기 *n.* ideology
ideungbuada 이등분하다 *v.* bisect
idongsigui 이동식의 *adj.* mobile
idongsik jutaek 이동식 주택 *n.* caravan
idubakken 이두박근 *n.* biceps

ie uihayeo 이에 의하여 *adv.* hereby
iganhada 이간하다 *v.i.* alienate
igeot jeogeut dayanghan 이것 저것 다양한 *adj.* miscellaneous
igeulu 이글루 *n.* igloo
igida 이기다 *v.* beat
~igin hajiman ~이긴 하지만 *conj.* although
igukjjeogin 이국적인 *adj.* exotic
igyodo 이교도 *n.* heathen
igyodo 이교도 *n.* pagan
ihaedoeneun 이해되는 *adj.* comprehensible
ihaegwangye maetta 이해관계 맺다 *v.* engage
ihaehada 이해하다 *v.* comprehend
ihaehada 이해하다 *v.* construe
ihaehagi himdeun 이해하기 힘든 *adj.* mysterious
ihaehagi suipkke hae juda 이해하기 쉽게 해 주다 *v.* demystify
ihaehalssuinneun 이해할 수 있는 *adj.* intelligible
ihaeng yeongu 2행 연구 *n.* couplet
ihaeryeok 이해력 *n.* comprehension
ihaesikida 이해시키다 *v.* enlighten
ihoeto 이회토 *n.* marl
ihon 이혼 *n.* divorce
ihon sudang 이혼 수당 *n.* alimony
ihonan saram 이혼한 사람 *n.* divorcee
~ihuro ~이후로 *adv.* henceforth
ihuro 이후로 *adv.* hereafter
iik 이익 *n.* advantage
iik 이익 *n.* profit

iinjo 2인조 *n. duo*
ije 이제 *adv. now*
ijeone 이전에 *adv. formerly*
ijeonhada 이전하다 *v. relocate*
ijeonui 이전의 *adj. erstwhile*
ijeonui 이전의 *adj. past*
ijeonui 이전의 *adj. previous*
ijeonui 이전의 *adj. quondam*
ijil 이질 *n. dysentery*
ijiljeogin 이질적인 *adj. alien*
ijinppeobui 이진법의 *adj. binary*
iju 이주 *n. migration*
ijuhada 이주하다 *v. emigrate*
ijuhada 이주하다 *v. migrate*
ijuhaeoda 이주해 오다 *v. immigrate*
ijuhaeoda 이주 *n. immigration*
ijuilgan 2주일간 *n. fortnight*
ijuja 이주자 *n. migrant*
ijung chojjeomui 이중 초점의 *adj. bifocal*
ijungju 이중주 *n. duet*
ijungsseong 이중성 *n. duplicity*
ijungui 이중의 *adj. dual*
ikida 익히다 *v. acquaint*
ikki 이끼 *n. moss*
ikmyung 익명 *n. anonymity*
ikmyungin 익명인 *adj. anonymous*
ikssalgeuk 익살극 *n. farce*
ikssalseureoun 익살스러운 *adj. jocose*
ikssasikida 익사시키다 *v. drown*
iksukan 익숙한 *adj. accustomed*
iksukejida 익숙해지다 *v. accustom*
iksukejida 익숙해지다 *v.t acclimatise*
iktta 읽다 *v. read*

il 일 *n. affair*
il paundeu 1 파운드 *n. quid*
ilban daejung 일반 대중 *n. multitude*
ilbanhwahada 일반화 하다 *v. generalize*
ilbanjeogin 일반적인 *adj. general*
ilbanjeogin 일반적인 *adj. prevalent*
ilbu 일부 *n. part*
ilbudacheoje 일부다처제 *n. polygamy*
ilbudacheoui 일부다처의 *adj. polygamous*
ilbuilcheoje 일부일처제 *n. monogamy*
ilche 일체 *n. oneness*
ilcheodabuui 일처다부제 *n. polyandry*
ileul ssu inneun 읽을 수 있는 *adj. legible*
ilguda 일구다 *v. cultivate*
ilgwanjeogin 일관적인 *adj. consistent*
ilgwansseong 일관성 *n. consistency*
ilgwansseongi eomneun 일관성이 없는 *adj. incoherent*
ilgwansseonginnun 일관성 있는 *adj. coherent*
ilhwa 일화 *n. anecdote*
iljeonggigan hwaldong 일정기간 활동 *n. stint*
~iljido moreunda ~일지도 모른다 *v. may*
~iljjido moreunda ~일지도 모른다 *v. might*
ilkki eoryeoun 읽기 어려운 *adj. illegible*
ilryeolge kkeulida 인력에 끌리다 *v. gravitate*

ilsangjeogeuro 일상적으로 adj. ordinary
ilsingyodo 일신교도 n. monotheist
ilsinsungbae 일신숭배 n. monolatry
ilssik 일식 n. eclipse
iltal 일탈 n. aberration
iltaljeogin 일탈적인 adj. aberrant
iltaljjeogin 일탈적인 adj. deviant
ilyeok 인력 n. manpower
ilyu 인류 n. humanity
ilyu 인류 n. mankind
ilyuhak 인류학 n. anthropology
ilyuui 일류의 adj. classic
ima 이마 n. brow
ima 이마 n. forehead
imak 임학 n. forestry
imbakan 임박한 adj. imminent
imbakan 임박한 adj. impending
imchaIn 임차인 n. lessee
imcharyo 임차료 n. rent
imdaecha gyeyak 임대차 계약 n. lease
imdaein 임대인 n. lessor
imdaeju 임대주 n. landlord
imdaemul 임대물 n. rental
imi 이미 adv. already
imiji 이미지 n. image
iminja 이민자 n. immigrant
immage 입마개 n. muzzle
immu 임무 n. mission
immyeong 임명 n. appointment
immyeonghada 임명하다 v. appoint
imsin 임신 n. gestation
imsin 임신 n. pregnancy
imsinan 임신한 adj. pregnant

imsisuksso 임시숙소 n. billet
imsisuksso 임시숙소 n. lodging
imsiui 임시의 adj. arbitrary
imsiui 임시의 adj. provisional
imwon 임원 n. director
in 인 n. phosphorus
~in cheokada ~인 척하다 v. prtend
inche mohyeong 인체 모형 n. dummy
incheui janggi 인체의 장기 n. organ
inchi 인치 n. inch
indae 인대 n. ligament
indoin 인도인 n. Indian
indojeogin 인도적인 adj. humane
indojuuijeogin 인도주의적인 adj. humanitarian
induse 인두세 n. capitation
ineo 인어 n. mermaid
infleisyeon 인플레이션 n. inflation
influenja 인플루엔자 n. influenza
ingahada 인가하다 v. approve
ingan boleui 인간 본래의 adj. atavistic
ingandapkke mandeulda 인간답게 만들다 v. humanize
inganmi eomneun 인간미 없는 adj. inhuman
inganmi womneun 인간미 없는 adj. impersonal
inganui 인간의 adj. human
inganui moseubeul han 인간의 모습을 한 adj. incarnate
ingeun 인근 n. locality
ingeunui 인근의 adv. nearby
ingonghoheupkki 인공호흡기 n. respirator

ingongmul 인공물 *n. artefact*
ingongui 인공의 *adj. artificial*
ingu 인구 *n. population*
ingu josa 인구 조사 *n. census*
ingu tonggyehak 인구 통계학 *n. demography*
inguga maneun 인구가 많은 *adj. populous*
ingwa gwangyeui 인과 관계의 *adj. causal*
ingwa gwangyeui 인과 관계 *n. causality*
inhyeong 인형 *n. doll*
inhyeong 인형 *n. marionette*
ining 이닝 *n. innings*
injeong 인정하다 *n. acknowledgement*
injeongdoineun 인정되는 *adj. admissible*
injeonghada 인정하다 *v. acknowledge*
injeonghada 인정하다 *v. admit*
injeonghada 인정하다 *v. concede*
injeonghaji anta 인정하지 않다 *v. disallow*
injeonghal ssu eomneun 인정할 수 없는 *adj. inadmissible*
injeopada 인접하다 *v. adjoin*
injeopan 인접한 *adj. adjacent*
injeopan 인접한 *adj. contiguous*
injeung 인증 *n. accretion*
injeunghada 인증하다 *v. certify*
injeungseo 인증서 *n. certificate*
inji 인지 *n. cognizance*
injil 인질 *n. hostage*
injongchabyeol 인종차별 *n. apartheid*

injongchabyeoljuui 인종차별주의 *n. racialism*
injongui 인종의 *adj. racial*
inkeu 잉크 *n. ink*
inkki 인기 *n. popularity*
inkki inneun 인기 있는 *adj. popular*
inmom 잇몸 *n. gum*
inmuljuui 인문주의 *n. humanism*
innaehamyeo gyesokada 인내하며 계속하다 *v.i. persevere*
innaesim 인내심 *n. perseverance*
innyonghada 인용하다 *v. cite*
insaekam 인색함 *n. parsimony*
insaekan 인색한 *adj. niggardly*
insaideu 인사이드 *n. inside*
insan 인산 *n. phosphate*
insang 인상 *n. impression*
insangjeogin 인상적인 *adj. imposing*
insangjeogin 인상적인 *adj. impressive*
insik 인식 *n. recognition*
insulin 인슐린 *n. insulin*
inswaehada 인쇄하다 *v. print*
inswaemul 인쇄물 *n. handout*
inswaemul 인쇄물 *n. printout*
inteonet 인터넷 *n. internet*
inteopeiseu 인터페이스 *n. interface*
inteuranet 인트라넷 *n. intranet*
inuijeoggin 인위적인 *adj. factitious*
inwon 인원 *n. personnel*
inyonghada 인용하다 *v. quote*
ip 잎 *n. leaf*
ip 입 *n. mouth*
ipcheumhyangwui 입체음향의 *adj. stereophonic*

ipeulbbidoolgyehaneun 입을 삐둘게 는 *adj. wry*
ipjang 입장 *n. admittance*
ipjang 입장 *n. stance*
ipjja 입자 *n. particle*
ipjjang 입장 *n. entry*
ipjjeunghada 입증하다 *v. demonstrate*
ipjjeunghada 입증하다 *v. prove*
ipkkim 입김 *n. breath*
ipkku 입구 *n. entrance*
ippangcheui 입방체의 *adj. cubical*
ippeobui 입법의 *adj. constitutional*
ippeobui 입법의 *adj. legislative*
ippeopjja 입법자 *n. legislator*
ippeoppu 입법부 *n. legislature*
ipssulo naeneun 입술로 내는 *adj. labial*
ipsulo naeneun 입술로 내는 *n. lip*
ipttaehada 입대하다 *v. enlist*
ireobeorida 잃어버리다 *v. lose*
ireon iyuro 이런 이유로 *adv. hence*
ireukida 일으키다 *v. raise*
ireul makkida 일을 맡기다 *v. entrust*
ireum 이름 *n. forename*
ireum 이름 *n. name*
ireum deungeul sseuda 이름 등을 쓰다 *v. inscribe*
ireumi gateun saram 이름이 같은 사람 *n. namesake*
iroe bangsongbun 1회 방송분 *n. episode*
iroeyongui 일회용의 *adj. disposable*
ironui yeojiga inneun 이론의 여지가 있는 *adj. debatable*

iroun 이로운 *adj. advantageous*
iruda 이루다 *v. attain*
irwol 일월 *n. january*
irye 이례 *n. anomaly*
isang 이상 *n. idea*
isangga 이상가 *n. idealist*
isanghan 이상한 *adj. odd*
isanghan 이상한 *adj. outlandish*
isanghan saram 이상한 사람 *n. oddity*
isanghwahada 이상화하다 *v. idealize*
isangjeogin 이상적인 *n. ideal*
isangjuui 이상주의 *n. idealism*
isangjuuijeogin 이상주의적인 *adj. idealistic*
iseongaeja 이성애자 *adj. heterosexual*
iseongjuui 이성주의 *n. rationalism*
iseul 이슬 *n. dew*
iseulamgyo 이슬람교 *n. Islam*
iseulamgyo gyeure ttara dochukdoen 이슬람교 계율에 따라 도축된 *adj. halal*
iseulbi 이슬비 *n. drizzle*
itaelikcheui 이탤릭체의 *adj. italic*
itasim 이타심 *n. altruism*
itda 잇다 *v. splice*
itta 잊다 *v. forget*
iui 이의 *n. objection*
iui 이의 *adj. dental*
iuireul jegihada 이의를 제기하다 *v. demur*
iut 이웃 *n. neighbour*
iutkkanui 이웃간의 *adj. neighbourly*
iutssaramdeul 이웃 사람들 *n. neighbourhood*

iwan 이완 *n. laxity*
iwol 2월 *n. February*
iyagireul hada 이야기를 하다 *v. narrate*
iyonghada 이용하다 *v.t. advantage*
iyu 이유 *n. rationale*
iyu 이유 *n. reason*
iyu jesihada 이유 제시하다 *v. adduce*

J

jaa 자아 *n. ego*
jabaek 자백 *n. confession*
jabaekada 자백하다 *v. confess*
jabaljeokeuro 자발적으로 *adv. voluntarily*
jabaljeokim 자발적임 *n. spontaneity*
jabaljeokin 자발적인 *adj. spontaneous*
jabaljeokyin 자발적인 *adj. voluntary*
jabeolrae 자벌레 *n. spanner*
jabi 자비 *n. mercy*
jabiroun 자비로운 *adj. merciful*
jabonga 자본가 *n. financier*
jabonjuui 자본주의 *n. capitalism*
jabonjuuija & jabonjuuijeogin 자본주의자 & 자본주의적인 *n. &adj. capitalist*
jachigu 자치구 *n. borough*
jachiju 자치주 *n. county*
jachiui 자치의 *adj. autonomous*
jachui 자취 *n. spoor*
jachwee 자취 *n. vestige*
jadongcha 자동차 *n. automobile*
jadongsaui 자동사의 *adj. intransitive*

jadongui 자동의 *adj. automatic*
jadu 자두 *n. plum*
jae 재 *n. ash*
jaeang 재앙 *n. calamity*
jaebaechisikida 재배치시키다 *v. redeploy*
jaebaeyeorada 재배열하다 *v. rearrange*
jaebal 재발 *n. recurrence*
jaebal 재발 *v. relapse*
jaebaldoeneun 재발되는 *adj. recurrent*
jaebalssenghada 재발생하다 *v. reoccur*
jaebarada 재발하다 *v. recur*
jaecha hwaginanda 재차 확인하다 *v. reaffirm*
jaechi 재치 *n. wit*
jaechiitneun 재치있는 *adj. witty*
jaechokada 재촉하다 *v. prod*
jaeda 재다 *v. assess*
jaedam 재담 *n. quip*
jaedam 재담 *n. witticism*
jaedansa 재단사 *n. tailor*
jaegae 재재 *n. resumption*
jaegaehada 재개하다 *v. renew*
jaegaehada 재재하다 *v. resume*
jaegaipada 재가입하다 *v. rejoin*
jaegal 재갈 *n. gag*
jaegeonada 재건하다 *v. reconstruct*
jaegi 재기 *a. resurgence*
jaego 재고 *n. inventory*
jaegohada 재고하다 *v. reconsider*
jaegui yongppeobui 재귀 용법의 *adj. reflexive*

jaeim jungin 재임 중인 *adj. incumbent*
jaejalgeorida 재잘거리다 *v. chatter*
jaejalgeorida 재잘거리다 *v. tweet*
jaejeong 재정 *n. finance*
jaejeongui 재정의 *adj. financial*
jaejeu 재즈 *n. jazz*
jaejeu gateun 재즈 같은 *adj. jazzy*
jaejojikada 재조직하다 *v. reorganize*
jaeju 재주 *n. dexterity*
jaek 잭 *n. jack*
jaekit 재킷 *n. jacket*
jaemi 재미 *n. fun*
jaemi euomneun 재미없는 *adj. lacklustre*
jaemieomneun 재미없는 *adj. mundane*
jaemiineun 재미있는 *adj. humorous*
jaemiineun 재미있는 *adj. interesting*
jaeminneun 재밌는 *adj. funny*
jaemiupneun 재미없는 *adj. tame*
jaemooboo 재무부 *n. treasury*
jaemubu 재무부 *n. exchequer*
jaeneung 재능 *n. talent*
jaeneungi inneun 재능이 있는 *adj. gifted*
jaeneungyitneun 재능있는 *adj. talented*
jaengban 쟁반 *n. tray*
jaenggi 쟁기 *n. plough*
jaengijiraneun saram 쟁기질하는 사람 *n. ploughman*
jaengjjeom 쟁점 *n. issue*
jaepan 재판 *n. trial*
jaepaneul hyujeonghada 재판을 휴정하다 *v. adjourn*
jaepaneul jjiktta 재판을 찍다 *v. reprint*
jaepanso 재판소 *n. tribunal*
jaeppali umjigida 재빨리 움직이다 *v. t dodge*
jaeppareun 재빠른 *adj. agile*
jaeppareun 재빠른 *adj. quick*
jaepyeongkka 재평가 *n. reappraisal*
jaepyeongkkahada 재평가하다 *v. reassess*
jaeroun 자애로운 *adj benevolent*
jaeroun 자애로운 *adj. gracious*
jaesaeng 재생 *n. regeneration*
jaesaenghada 재생하다 *v. recycle*
jaesaenghada 재생하다 *v. replay*
jaesaenghada 재생하다 *v. reproduce*
jaesaengsikida 재생시키다 *v. recap*
jaesan 재산 *n. property*
jaesaneul ppaeatta 재산을 빼앗다 *v. dispossess*
jaesannamgida 재산 남기다 *n. bequest*
jaeseumin 재스민 *n. jasmine*
jaesoja 재소자 *n. prisoner*
jaesoyuhada 재소유하다 *v. repossess*
jaeum 자음 *n. consonant*
jaewangjeolgae 재왕절개 *n. caeserean*
jaeyim 재임 *n. tenure*
jagal 자갈 *n. cobble*
jagal 자갈 *n. gravel*
jagal 자갈 *n. pebble*
jageogeul juda 자격을 주다 *v. entitle*
jageokada 자격이 있는 *adj. eligible*
jageuk 자극 *n. motivation*

jageukada 자극하다 *v. arouse*
jageukhada 자극하다 *v. stimulate*
jageukhada 자극하다 *v. titillate*
jageukje 자극제 *n. stimulus*
jageukjje 자극제 *n. fillip*
jageukjje 자극제 *n. impetus*
jageukjjeogin 자극적인 *adj. heady*
jageumahan 자그마한 *adj. petite*
jageun 작은 *adj. little*
jageun 작은 *adj. minor*
jageun bangmokjjang 작은 방목장 *n. paddock*
jageun bangul 작은 방울 *n. blob*
jageun bihaengjang 작은 비행장 *n. aerodrome*
jageun dogu 작은 도구 *n. gadget*
jageun eondeok 작은 언덕 *n. hillock*
jageun eondeok 작은 언덕 *n. hummock*
jageun gabang 작은 가방 *n. caddy*
jageun goljjagi 작은 골짜기 *n. dell*
jageun gumeong 작은 구멍 *n. aperture*
jageun ip 작은 잎 *n. leaflet*
jageun jogakssang 작은 조각상 *n. figurine*
jageun kan 작은 칸 *n. pigeonhole*
jageun man 작은 만 *n. cove*
jageun munje 작은 문제 *n. glitch*
jageun nadal 작은 낱알 *n. granule*
jageun pokpo 작은 폭포 *n. cascade*
jageun sago 작은 사고 *n. mishap*
jageun seom 작은 섬 *n. islet*
jageun yang 작은 양 *n. morsel*

jageun yuribyeong 작은 유리병 *n. phial*
jageungmul 자극물 *n. irritant*
jagi banseonghada 자기 반성하다 *v. introspect*
jagi jabon 자기 자본 *n. equity*
jagi jasineul 자기 자신을 *pron. oneself*
jagi jungsimbyuk 자기 중심벽 *n. egotism*
jagi seongchal 자기 성찰 *n. introspection*
jagido moreuge haneun 자기도 모르게 하는 *adj. involuntary*
jagipyeon 자기편 *n. behalf*
jagook 자국 *n. trail*
jagoong 자궁 *n. womb*
jagung 자궁 *n. uterus*
jagyeog baktal 자격 박탈 *n. disqualification*
jagyeogeul baktarada 자격을 박탈하다 *v. disqualify*
jagyeogeul gachuda 자격을 갖추다 *v. qualify*
jagyeogi eomneun 자격이 없는 *adj. ineligible*
jagyeok 자격 *n. credentials*
jagyeok 자격 *n. qualification*
jagyonghada 작용하다 *v. militate*
jagyucgi itneun 자격이 있는 *adj. worthy*
jagyuckyi upneun 자격이 없는 *adj. unqualified*
jagyuckyi upneun 자격이 없는 *adj. unworthy*
jahongsaek 자홍색 *n. magenta*

jaireul maeda 자일을 매다 v. belay
jajak 자작 n. viscount
jajaknong 자작농 n. yeoman
jajangga 자장가 n. lullaby
jajangnamu 자작나무 n. birch
jajehada 자제하다 v. abstain
jajeongeo 자전거 n. bicycle
jajeongeo 자전거 n. bike
jajeongeo 자전거 n. cycle
jajjeun 잦은 adj. frequent
jaju 자주 adv. oft
jajusaegui 자주색의 n. purple
jakal 자칼 n. jackal
jakdong 작동 n. working
jakdongsikida 작동시키다 v. actuate
jakeun 작은 adj. tiny
jakeun joegakpoom 작은 조각품 n. statuette
jakeunbanjeom 작은반점 n. speckle
jakeunwangkwan 작은왕관 n. tiara
jakeunyeohanggabang 작은 여행 가방 n. valise
jakga 작가 n. writer
jakjeoneui 작전의 adj. tactical
jakjjeon 작전 n. operation
jakko yeonyakan 작고 연약한 adj. puny
jakkoka 작곡가 n. composer
jakku kkeuneojineun 자꾸 끊어지는 adj. halting
jakssaga 작사가 n. lyricist
jakuji 자쿠지 n. jacuzzi
jakweegayitneun 작위가 있는 adj. titled

jal 잘 adv. well
jal badadeurineun 잘 받아들이는 adj. amiable
jal buseojineun 잘 부서지는 adj. friable
jal ijeo meongneun 잘 잊어 먹는 adj. forgetful
jal itjji anneun 잘 잊지 않는 adj. retentive
jal uneun 잘 우는 adj. lachrymose
jalan chehaneun 잘난 체하는 adj. lordly
jaldeulineun 잘들리는 adj. audible
jalmot 잘못 n. fault
jalmot algoinneun 잘못 알고 있는 adj. mistaken
jalmot haeseokada 잘못 해석하다 v. misconstrue
jalmot haeseokada 잘못 해석하다 v. misinterpret
jalmot ikkeulda 잘못 이끌다 v. misguide
jalmot iltta 잘못 읽다 v. misread
jalmot inyonghada 잘못 인용하다 v. misquote
jalmot jeonada 잘못 전하다 v. misrepresent
jalmot pandanhada 잘못 판단하다 v. misjudge
jalmotdwen 잘못된 adj. wrong
jalmottoen 잘못된 adj. errant
jalmottoen 잘못된 adj. erroneous
jalmottoen jongboreul juda 잘못된 정보를 주다 v. misinform
jalnanchehajiahnneun 잘난체하지 않는 adj. unassuming

jalsanghaneun 잘 상하는 *adj.* perishable
jalsokneunsaram 잘속는사람 *n.* sucker
jamak 자막 *n.* subtitle
jamananeun 자만하는 *n.* immodest
jamane chan 자만에 찬 *adj.* overweening
jamanshim 자만심 *n.* vanity
jamanshimyeeganghan 자만심이강한 *adj.* vainglorious
jamansim 자만심에 찬 *n.* conceit
jamansime chan 자만심에 찬 *adj.* cocky
jamboksseongui 잠복성의 *adj.* latent
jamdeun 잠든 *adj.* asleep
jamggan 잠깐 *n.* while
jamhang 잠행 *n.* stealth
jamippda 잠입하다 *v.* infiltrate
jamjaejeogin 잠재적인 *adj.* potential
jamjaeryeok 잠재력 *n.* pontentiality
jamjaewuisikjeokin 잠재의식적인 *adj.* subconscious
jamjaman 잠잠한 *adj.* quiescent
jamjeongjeokyin 잠정적인 *adj.* tentative
jamkkan 잠깐 *n.* moment
jamkkan bom 잠깐 봄 *n.* glimpse
jamkkanssik hadaga maneun 잠깐씩 하다가 마는 *adj.* fitful
jamot 잠옷 *n.* nightie
jamot 잠옷 *n.* pyjamas
jamsi 잠시 *adv.* awhile
jamsi meomchuda 잠시 멈추다 *n.* pause

jamsoohada 잠수하다 *v.* submerge
jamsooham 잠수함 *n.* submarine
jamulsoe 자물쇠 *n.* lock
jamyiahndeun 잠이 안든 *adj.* wakeful
janchi 잔치 *n.* feast
jandanada 진단하다 *v.* diagnose
jandi 잔디 *n.* turf
jandibat 잔디밭 *n.* lawn
jangae 장애 *n.* blockage
jangae 장애 *n.* disability
jangae 장애 *n.* handicap
jangae 장애 *n.* obstacle
jangaega inneun 장애가 있는 *n.* handicapped
jangaejaro mandeulda 장애자로 만들다 *v.* disable
jangaemul 장애물 *n.* impediment
jangaereul gajin 장애를 가진 *adj.* disabled
jangaji 잔가지 *n.* sprig
jangaji 잔가지 *n.* twig
jangbi 장비 *n.* equipment
jangbireul gachuda 장비를 갖추다 *v.* equip
jangbyuk 장벽 *n.* barrier
jangchi 장치 *n.* apparatus
jangchi 장치 *v.* tipple
jangeoman 장엄한 *adj.* regal
jangeomham 장엄함 *n.* majesty
jangeomhan 장엄함 *n.* grandeur
jangeomhan 장엄한 *adj.* majestic
jangeuisa 장의사 *n.* undertaker
janggap 장갑 *n.* glove
janggwan 장관 *n.* spectacle

janggwan 장관 *n. splendour*
janggwangseol 장광설 *n. tirade*
janggwanui 장관의 *adj. ministerial*
janghwa 장화 *n. wellignton*
janghwanghageneuleuhnotda
  장황하게 늘어놓다 *v. waffle*
janghwangham 장황함 *n. verbiage*
janghwanghan 장황한 *adj. lengthy*
janghwanghan 장황한 *adj. verbose*
janghwanghan 장황한 *adj. wordy*
jangin 장인 *n. artisan*
jangin 장인 *n. craftsman*
jangjeomeulnaesewooda 장점을
  내새우다 *v. tout*
jangmatppi 장맛비 *n. monsoon*
jangmo 장모 *n. mother-in-law*
jangmul 작물 *n. crop*
jangmyeon 장면 *n. footage*
jangnaereul Junbihaneun 장래를
  준비하는 *adj. provident*
jangnaeui 장래의 *adj. prospective*
jangnan 장난 *n. prank*
jangnangam 장난감 *n. toy*
jangnoe 장뇌 *n. camphor*
jangnyesik 장례식 *n. funeral*
jangseon 장선 *n. joist*
jangshikeul booteeda 장식을 붙이다
  v. stud
jangshikyongjogak 장식용조각 *n.*
  tinsel
jangsigi doen 장식이 된 *adj.*
  decorative
jangsik 장식 *n. ornamentation*
jangsikada 장식하다 *v. adorn*
jangsikada 장식하다 *v. decorate*
jangsikada 장식하다 *v. embellish*
jangsikam 장식함 *n. casket*
jangsikjeonjungbub 장식적 전정법 *n.*
  topiary
jangsikpum 장식품 *n. decoration*
jangsikpum 장식품 *n. ornament*
jangsikyongcheon 장식용천 *n.*
  valance
jangsingyongui 장식용의 *adj.*
  ornamental
jangso 장소 *n. lieu*
jangso 장소 *n. location*
jangso 장소 *n. place*
jangso 장소 *n. venue*
jangsu 장수 *n. longevity*
jangtipooseu 장티푸스 *n. typhoid*
jangwan 장관 *n. minister*
jangwan 장관 *n. pomp*
jangyo 장교 *n. officer*
janhae 잔해 *n. debris*
janhae 잔해 *n. wreckage*
janhokan 잔혹한 *adj. brutal*
janinan 잔인한 *adj. cruel*
janinhan yeoja 잔인한 여자 *n. harpy*
janinsseong 잔인성 *adv. cruelty*
janjil 간질 *n. epilepsy*
jannamu 잣나무 *v. pine*
janok haengwi 잔혹 행위 *n. atrocity*
jansori shimhanyeoja 잔소리 심한
  여자 *n. termagant*
jansorireul hada 잔소리를 하다 *v.t.*
  nag

jantteuk ginjanghan 잔뜩 긴장한 *adj. overwrought*
janyeomul 잔여물 *n. residue*
janyeoui 잔여의 *adj. residual*
janyinhan 잔인한 *adj. vicious*
jaoseon 자오선 *n. meridian*
japahdanggida 잡아당기다 *v. tug*
japahdanggida 잡아당기다 *v. tweak*
japchoo 잡초 *n. weed*
japjji 잡지 *n. magazine*
japjjong 잡종 *n. hybrid*
japjjongyeon 잡종견 *n. mongrel*
japkkoitta 잡고 있다 *v.t hold*
japojagihan 자포자기한 *adj. desperate*
japtta 잡다 *v. catch*
japttahage seokkin 잡다하게 섞인 *adj. motley*
japyejjeung 자폐증 *n. autism*
jarada 자라다 *v.i. grow*
jaranghada 자랑하다 *v. boast*
jaranghada 자랑하다 *v. brag*
jarangseureoum 자랑스러움 *n. pride*
jarangseureoun 자랑스러운 *adj. proud*
jareuda 자르다 *v. hack*
jareuda 자르다 *v. hew*
jariesuhmolahnaeda 자리에서몰아내다 *v. unseat*
jarijaptta 자리잡다 *v. nestle*
jaromeun 잘 옮는 *adj. catching*
jaru 자루 *n. hilt*
jaryo 자료 *n. data*
jasal 자살 *n. suicide*

jasalhago shipeohaneun 자살하고싶어하는 *adj. suicidal*
jasan 자산 *n. asset*
jase 자세 *n. posture*
jasehage 자세하게 *adv. minutely*
jasehi seolmyeonghada 자세히 설명하다 *v. t elucidate*
jaseojeon 자서전 *n. autobiography*
jaseok 자석 *n. magnet*
jaseokkateun 자석 같은 *adj. magnetic*
jaseon 자선 *n. charity*
jaseong 자성 *n. magnetism*
jaseonui 자선의 *adj. charitable*
jasik 자식 *n. offspring*
jasingam inneun 자신감 있는 *adj. confident*
jasini eomneun 자신이 없는 *adj. insecure*
jasinmanmanan 자신만만한 *adj. brash*
jasinul nachuda 자신을 낮추다 *v. condescend*
jason 자손 *n. descendant*
jason 자손 *n. progeny*
jasu 자수 *n. embroidery*
jawonbongs 자원봉사 *n. volunteer*
jayangbun 자양분 *n. nourishment*
jayeon 자연 *n. nature*
jayeonjuui 자연주의 *n. naturism*
jayeonui 자연의 *adj. natural*
jayoueuiji 자유의지 *n. volition*
jayu 자유 *n. freedom*
jayu 자유 *n. liberty*
jayuminjugeogin 자유민주적인 *adj. liberal*

jayuroun 자유로운 *adj. free*	**jegonghada** 제공하다 *v. furnish*
je shipyieui&yeoldubonjjae 제12의&12번째 *adj.&n. twelfth*	**jegonghada** 제공하다 *v. provide*
je shipyieui&yeoldubonjjae 제12의&12번째 *adj.&n. twelfth*	**jeguk** 제국 *n. empire*
je yisipeui&seumoobeonjjae 제20의&20번째 *adj.&n. twentieth*	**jegukjjuui** 제국주의 *n. imperialism*
je yisipeui&seumoobeonjjae 제20의&20번째 *adj.&n. twentieth*	**jegusip & gusippeonjjaeui** 제90 & 90번째 *adj. & n. ninetieth*
jeahnhada 제안하다 *v. suggest*	**jeguui & ahopchaeui** 제9의 & 아홉째의 *adj. & n. ninth*
jeahnhada 제안하다 *n. suggestion*	**jegwajeom** 제과점 *n. bakery*
jean 제안 *n. proposal*	**jehanada** 제한하다 *v. constrain*
jeanada 제안하다 *v. propose*	**jehanada** 제한하다 *n. restrict*
jeapada 제압하다 *v. overpower*	**jehandoen** 제한된 *adj. limited*
jeaphada 제압하다 *v. zap*	**jehyu** 제휴 *n. affiliation*
jechoolhada 제출하다 *v. submit*	**jehyuhada** 제휴하다 *v. affiliate*
jechul 제출 *n. presentation*	**jeja** 제자 *n. disciple*
jedaesikida 제대시키다 *v. demobilize*	**jejakada** 제작하다 *v. fabricate*
jedan 제단 *n. altar*	**jejarie duji anta** 제자리에 두지 않다 *v. mislay*
jeerooham 지루함 *n. tedium*	**jejarie duji anta** 제자리에 두지 않다 *v. misplace*
jeeroohan 지루한 *adj. tedious*	**jejarireul beoseonagehada** 제자리를 벗어나게 만들다 *v. dislodge*
jeeui 제의 *n. vestment*	**jejeonghada** 제정하다 *v. enact*
jeeuishil 제의실 *n. vestry*	**jejeongui** 제정법 *n. legislation*
jegeo 제거 *n. removal*	**jejihaneungeot** 제지하는 것 *n. deterrent*
jegeohada 제거하다 *v. eliminate*	**jejohada** 제조하다 *v. manufacture*
jegeohada 제거하다 *v. extirpate*	**jejosa** 제조사 *n. manufacturer*
jegeohada 제거하다 *v. obviate*	**jel** 젤 *n. gel*
jegeohada 제거하다 *v. purge*	**jelli** 젤리 *n. jelly*
jegeohada 제거하다 *v. remove*	**jemoje** 제모제 *adj. depilatory*
jegihada 제기하다 *v. pose*	**jemok** 제목 *n. heading*
jegihada 제기하다 *v. propound*	**jemok** 제목 *n. title*
jegileul butuhnada 제 길을 벗어나다 *v. stray*	
jegonghada 제공하다 *v.t. afford*	

jemotdaero jaradah 제멋대로 자라다 v. straggle
jenchehaneun 젠체하는 adj. pompous
jeobchakje 접착제 n. adhesive
jeobeorida 저버리다 v. forsake
jeobisik chimdae 접이식 침대 n. couchette
jeobseon 접선 n. tangent
jeodangkkwonja 저당권자 n. mortagagee
jeodangmul 저당물 n. pawn
jeoe 제외 n. exception
jeoehada 제외하다 v. exclude
jeoehago 제외하고는 prep. except
jeogeuling hada 저글링하다 v. juggle
jeogeuling haneun saram 저글링하는 사람 n. juggler
jeogeun 적은 adj. few
jeogeun 적은 n. foe
jeogeun & deo jeogeun 적은 & 더 적은 adj. & pron. less
jeogeung 적응 n. adaptation
jeogeunghada 적응하다 v. adapt
jeogeunghajimotaneun 적응하지 못하는 adj. maladjusted
jeoggiitneun 저기있는 adj. yonder
jeogui 적의 n. antagonism
jeoguseonghada 재구성하다 v. reconstitute
jeogut &jeogutwui 저것&저것의 pron. & adj. that
jeogyong 적용 n. application
jeogyonghada 적용하다 v.t. apply
jeohaehada 저해하다 v. hinder

jeohang 저항 n. protest
jeohang 저항 n. resistance
jeohanghada 저항하다 v. fend
jeohanghada 저항하다 v. resist
jeohanghaneun 저항하는 adj. resistant
jeohyeorap 저혈압 n. hypotension
jeoja 저자 n. author
jeojanggoh 저장고 n. storage
jeojangso 저장소 n. repository
jeojejokkeon 전제조건 n. prerequisite
jeojeul bunbihada 젖을 분비하다 v. lactate
jeojihada 저지하다 v. restrain
jeojireuda 저지르다 v. commit
jeojiseon 저지선 n. cordon
jeoju 저주 n. malediction
jeok 적 n. enemy
jeokdaegam ireukida 적대감 일으키다 v. antagonize
jeokdaeja 적대자 n. antagonist
jeokdang 적당 n. suitability
jeokhdanghan 적당한 adj. suitable
jeokin geul 적힌 글 n. inscription
jeokjeol 적절 n. adequacy
jeokjeolhagye 적절하게 adj. timely
jeokjeolhan 적절한 adj. adequate
jeokjeoran 적절한 adj. apt
jeokjeoran 적절한 adj. opportune
jeokjja 적자 n. deficit
jeokjjeol 적절 n. relevance
jeokjjeolsseong 적절성 n. propriety
jeokjjeoran 적절한 adj. appropriate
jeokjjeoran 적절한 adj. pertinent
jeokjjeoran 적절한 adj. relevant

jeokkarak 젓가락 *n. chopstick*
jeokkokjji 젖꼭지 *n. nipple*
jeokppeopan 적법한 *adj. lawful*
jeokssaegui 적색의 *adj. red*
jeokttaegam 적대감 *n. animosity*
jeokttaegam 적대감 *n. enmity*
jeokttaegam 적대감 *n. hostility*
jeokttaejeogin 적대적인 *adj. belligerent*
jeokttaejeogin 적대적인 *adj. hostile*
jeokttaejeogin 적대적인 *adj. inimical*
jeokttangham 적당함 *n. moderation*
jeol 절 *n. clause*
jeol 절 *n. verse*
jeolbyeok 절벽 *n. cliff*
jeolcha 절차 *n. procedure*
jeolchung ganeunghan 절충 가능한 *adj. negotiable*
jeoldaejeogin 절대적인 *adj. absolute*
jeolddo 절도 *n. burglary*
jeolddobeom 절도범 *n. burglar*
jeoldo 절도 *n. theft*
jeoleumbariui 절름발이의 *adj. lame*
jeolipsseon 전립선 *n. prostate*
jeolipum 전리품 *n. loot*
jeoljjeong 절정 *n. climax*
jeoljjeong 절정 *n. peak*
jeoljoeupneun 절조없는 *adj. unprincipled*
jeolmang 절망 *n. despair*
jeolmeun 젊은 *adj. young*
jeolmeunchuhjah 젊은처자 *n. wench*
jeolmeunieui 젊은이의 *adj. youthful*
jeolmyohan 절묘한 *adj. sublime*

jeolpum 전리품 *n. booty*
jeolttaejeogin 절대적인 *adj. obsolete*
jeolttan 절단 *n. cutting*
jeolttanada 절단하다 *v. cut*
jeolttangi 절단기 *n. cutter*
jeolyak 절약 *n. thrift*
jeolyakhaneun 절약하는 *adj. thrifty*
jeom 점 *n. dot*
jeom 점 *n. spot*
jeomaegui 점액의 *adj. mucous*
jeomaek 점액 *n. mucus*
jeomgangppeop 점강법 *n. bathos*
jeomgeom 점검 *n. inspection*
jeomgeomada 점검하다 *v. inspect*
jeomgeomada 점검하다 *v. overhaul*
jeomhwa 점화 *n. ignition*
jeomjaneum 점잖음 *n. decorum*
jeomjaneun 점잖은 *adj. decorous*
jeomjeomganeuleohjida 점점가늘어지다 *v. taper*
jeomjinjeogin 점진적인 *adj. gradual*
jeomjja 점자 *n. braille*
jeommok 접목 *n. graft*
jeommyobeobeuro geurida 점묘법으로 그리다 *v. stipple*
jeompeuhada 점프하다 *v.i jump*
jeompeuhaneun saram 점프하는 사람 *n. jumper*
jeomseongga 점성가 *n. astrologer*
jeomseongsul 점성술 *n. astrology*
jeomseongsul 점성술 *n. horoscope*
jeomsim 점심 *n. lunch*
jeomsung 점성의 *adj. viscid*
jeomto 점토 *n. clay*

jeomyeonghan 저명한 *adj. eminent*
jeomyeonghan 저명한 *adj. illustrious*
jeomyeonginsa 저명인사 *n. personage*
jeonap 전압 *n. voltage*
jeonbo 전보 *n. telegram*
jeonbo samusil 정보 사무실 *n. bureau*
jeonbok 전복 *n. subversion*
jeonbokjeokyin 전복적인 *adj. subversive*
jeonbokshikida 전복시키다 *v.i. subvert*
jeoncha 전차 *n. tram*
jeonchae eh yeonghyangeul jooneun 전체에 영향을 주는 *adj. systemic*
jeonchaewee 전체의 *adj. total*
jeonchaeyori 전채요리 *n. appetizer*
jeonchaeyori 전채요리 *n. starter*
jeonche 전체 *n. gamut*
jeonche 전체 *n. total*
jeoncheehgeulcheo 전체에 걸쳐 *prep. throughout*
jeoncheeui 전체의 *adj. whole*
jeonchejoowui 전체주의 *adj. totalitarian*
jeoncheronui 전체론의 *adj. holistic*
jeoncheui 전체의 *adj. entire*
jeonchisa 전치사 *n. preposition*
jeoncho giji 전초 기지 *n. outpost*
jeondaehada 전대하다 *v.t. sublet*
jeondalhada 전달하다 *v. convey*
jeondangeopjja 전당업자 *n. pawnbroker*
jeondonggi 전동기 *n. motor*
jeondosa 전도사 *n. preacher*

jeone 전에 *adv. ago*
jeoneol 저널 *n. journal*
jeoneoliseum 저널리즘 *n. journalism*
jeoneoliseuteu 저널리스트 *n. journalist*
jeoneom 전염 *n. contagion*
jeongameorin nongdam 정감 어린 농담 *n. banter*
jeongbaji 청바지 *n. jeans*
jeongbakjji 정박지 *n. anchorage*
jeongbakjji 정박지 *n. marina*
jeongbigong 정비공 *n. mechanic*
jeongbo deung eoryeopkke eotta 정보 등 어렵게 얻다 *v. glean*
jeongbo deungeul jeonhada 정보 등을 전하다 *n. information*
jeongbo eotta 정보 얻다 *v. garner*
jeongbo sujipada 정보 수집하다 *v. collate*
jeongbok 정복 *n. subjugation*
jeongbok 정복 *n. conquest*
jeongbokada 정복하다 *v. conquer*
jeongboreul alyeojuda 정보를 알려주다 *v. blab*
jeongboreul kkeureonaeda 정보를 끌어내다 *v. elicit*
jeongbowon 정보원 *n. informer*
jeongbowon 정보원 *n. tipster*
jeongbu 정부 *n. government*
jeongbubucheo 정부 부처 *n. ministry*
jeongchaek 정책 *n. policy*
jeongchi 정치 *n. politics*
jeongchiga 정치가 *n. politician*
jeongchijeogin 정치적인 *adj. political*

jeongchijeok jojikche 정치적 조직체 n. polity
jeongchiyin 정치인 n. statesman
jeongdang 정당 adv. partly
jeongdang 정당 n. party
jeongdanghan 정당한 adj. justifiable
jeongdanghan 정당한 adj. legitimate
jeongdanghwasikida 정당화시키다 v. justify
jeongdangsung 정당성 n. vindication
jeongdangsungeul ipjeunghada 정당성을 입증하다 v. vindicate
jeongdo 정도 n. deal
jeongdondoen 정돈된 adj. neat
jeongeul 정글 n. jungle
jeonggijeogim 정기적임 n. regularity
jeonggiui 정기의 adj. regular
jeonghaejin 정해진 adj. given
jeonghoehada 정회하다 v. prorogue
jeonghwa 정화 n. purgation
jeonghwa 정화 n. purification
jeonghwahada 정화하다 v. purify
jeonghwakam 정확함 n. punctuality
jeonghwakan 정확한 adj. correct
jeonghwakan 정확한 adj. precise
jeonghwaki 정확히 adj. just
jeonghwaki chajanaeda 정확히 찾아내다 v. pinpoint
jeonghwang 정황 n. circumstance
jeonghwankan 정확한 adj. accurate
jeonghyang 정향 n. clove
jeonghyeongoekkwa 정형외과 n. orthopaedics
jeongi 전기 n. biography

jeongi 전기의 adj. electric
jeongi 전기 n. electricity
jeongi cheohyunghada 전기 처형하다 v. electrocute
jeongi gisa 전기 기사 n. electrician
jeongi jiburui yakssok 정기 지불의 약속 n. covenant
jeongiganhaengmul 정기간행물 adj. periodical
jeongireul tonghagehada 전기를 통하게 하다 v. electrify
jeongitongshin 전기통신 n. telecommunications
jeongja 정자 n. sperm
jeongje 정제 n. tablet
jeongje 정제 n. refinement
jeongje gongjang 정제 공장 n. refinery
jeongjehada 정제하다 v. refine
jeongjeon 정전 n. blackout
jeongji 정지 n. suspension
jeongjidoin 정지된 adj. becalmed
jeongjik 정직 n. rectitude
jeongjik 정직 n. honesty
jeongjikaji motan 정직하지 못한 adj. dishonest
jeongjikaji motannom 정직하지 못한 놈 n. knave
jeongjikan 정직한 adj. honest
jeongjikhan 정직한 adj. truthful
jeongjiksseong 정직성 n. probity
jeongjjeom 정점 n. acme
jeongjjeom 정점 n. pinnacle
jeongjungham 정중함 n. courtesy
jeongjunghan 정중한 adj. gallant

jeongkkwon 정권 n. regime
jeonglihada 정리하다 v. organize
jeongmal 정말 adv. indeed
jeongmal gibun joeun 정말 기분 좋은 adj. delightful
jeongmun 정문 n. portal
jeongnyeokjjeogin 정력적인 adj. energetic
jeongnyungmyeonche 정육면체 n. cube
jeongo 정오 n. midday
jeongo 증오 n. odium
jeongokssu 정족수 n. quorum
jeongol yoppeop 정골 요법 n. osteopathy
jeongonhada 전공하다 v. specialize
jeongri 정리 n. theorem
jeongri 정리 n. usher
jeongri haego 정리 해고 n. redundancy
jeongryeol 정렬 n. alignment
jeongsang sangtae 정상 상태 n. normalcy
jeongsanghwahada 정상화하다 v. normalize
jeongsangjeogeuro 정상적으로 adv. ordinarily
jeongsangui 정상의 adj. normal
jeongseol 정설 n. orthodoxy
jeongseongeul deurin 정성을 들인 adj. elaborate
jeongshinjeokwoisang 정신적외상 n. trauma
jeongsik 정식 n. dinner
jeongsin isang 정신 이상 n. insanity

jeongsin isangin 정신 이상인 adj. demented
jeongsin isangui 정신 이상의 adj. insane
jeongsinchiryo 정신 치료 n. psychotherapy
jeongsineopssi bappeun 정신없이 바쁜 adj. hectic
jeongsineopssi seodureuneun 정신없이 서두르는 adj. frantic
jeongsineul mocharineun 정신을 못차리는 adj. besotted
jeongsini eomneun 정신이 없는 adj. befuddled
jeongsinkkwa uisa 정신과 의사 n. psychiatrist
jeongsinppyeong 정신병 n. psychosis
jeongsinppyung 전신병 n. lunacy
jeongsinui 정신의 adj. mental
jeongsinui 정신의 adj. psychological
jeongtongeuljjireuneun 정통을 찌르는 adj. trenchant
jeongtongui 정통의 adj. orthodox
jeongu 전구 n. bulb
jeonguche 전구체 n. precursor
jeongui 정의 n. justice
jeongui 정의 n. definition
jeonguihada 정의하다 v. define
jeongwon 정원 n. garden
jeongwonsa 정원사 n. gardener
jeongwonui jeongja 정원의 정자 n. gazebo
jeongyeong 전경 n. panorama
jeonhui 전희 n. foreplay
jeonhwa 정화 n. clarification

jeonhwa 전화 n. phone
jeonhwa 전화 n. telephone
jeonhwakan 정확한 adj. exact
jeonhwan 전환 n. conversion
jeonhwansikida 전환시키다 v. convert
jeonhyeong 전형 v. t. embodiment
jeonhyeong 전형 n. quintessence
jeonhyungjeokyida 전형적이다 v. typify
jeonhyungjeokyin 전형적인 adj. typical
jeonjang 전쟁 n. war
jeonjangeui 전쟁의 adj. warlike
jeonjareinji 전자레인지 n. microwave
jeonjaui 전자의 adj. electronic
jeonje 전제 n. premise
jeonje gunju 전제군주 n. autocrat
jeonje jeongchi 전제 정치 n. autocracy
jeonje jokkeon 전제 조건 n. precondition
jeonjeokyin 전적인 adj. utter
jeonjeokyin 전적인 adj. whole-hearted
jeonjeonghan 정정한 adj. sprightly
jeonjiui 전지의 adj. omniscient
jeonjjeogeuro 전적으로 n. entirety
jeonjo 전조 n. portent
jeonjoga doeda 전조가 되다 v. presage
jeonjoida 전조이다 v. portend
jeonmakryueui 정맥류의 adj. varicose
jeonmimja 전임자 n. predecessor
jeonmoonga 전문가 n. specialist

jeonmoongadapjeeahneun 전문가답지 않은 adj. unprofessional
jeonmun jisik 전문 지식 n. expertise
jeonmunga 전문가 n. expert
jeonmunjeogin 전문적인 명성 n. eminance
jeonnal 전날 n. eve
jeonnamu 전나무 n. fir
jeonneun 전능 n. omnipotence
jeonneunghan 전능한 adj. almighty
jeonneunghan 전능한 adj. omnipotent
jeonnyeom 전념 n. dedication
jeonnyeomada 전념하다 v. dedicate
jeonnyeomppyeong 전염병 n. plague
jeonryak 전략 n. strategy
jeonryak 전략 n. tactic
jeonryakga 전략가 n. strategist
jeonryakjeokin 전략적인 adj. strategic
jeonryeupneun 전례없는 adj. unprecedented
jeonryukjiljoohada 전력질주하다 v. sprint
jeonryukryang 전력량 n. wattage
jeonsa 전사 n. warrior
jeonsangi anin 정상이 아닌 adj. deranged
jeonsanhwahada 전산화하다 v. computerize
jeonse naen 전세 낸 adj. chartered
jeonseol 전설 n. legend
jeonseoljjeogin 전설적인 adj. legendary
jeonseongi 전성기 n. heyday
jeonshin 전신 n. telegraph

jeonshin 전신 *n. telegraphy*
jeonshineui 정신의 *adj. spiritual*
jeonshineui 전신의 *adj. telegraphic*
jeonshingi 전신기 *n. teleprinter*
jeonsi 전시 *n. exhibition*
jeonsihada 전시하다 *v. exhibit*
jeonsin jicheui 정신 지체의 *adj. retarded*
jeonsingwahak 정신과학 *n. psychiatry*
jeonsong 전송하다 *v. transmit*
jeontong 전통 *n. tradition*
jeontongjeokyin 전통적인 *adj. traditional*
jeontongjooeuija 전통주의자 *n. traditionalist*
jeontoo 전투 *n. warfare*
jeontu 전투 *n. combat*
jeontu 전투 *n. battle*
jeontugi 전투기 *n. fighter*
jeontujeogin 전투적인 *adj. militant*
jeontuwon 전투원 *n combatant*
jeonwon sogeul geotta 전원 속을 걷다 *v. ramble*
jeonwonsi 전원시 *n. idyll*
jeonyeok 저녁 *n. evening*
jeonyeom 전염 *n. transmission*
jeonyeomdoeneun 전염되는 *adj. infectious*
jeonyeomsseongui 전염성의 *adj. communicable*
jeonyeomsseongui 전염성의 *adj. contagious*
jeoon salgyundoen 저온 살균된 *adj. pasteurized*
jeopchakjje 접착제 *n. glue*

jeopchok 접촉 *n. tang*
jeopeone ~저편에 *adv. beyond*
jeopggeunganeunghan 접근 가능한 *adj. accessible*
jeophapsseon 접합선 *n. commissure*
jeopjjong 접종 *n. inoculation*
jeopjjonghada 접종하다 *v. inoculate*
jeopkkeun 접근 *n. access*
jeopmisah 접미사 *n. suffix*
jeopsokssa 접속사 *n. conjunction*
jeopssi 접시 *n. dish*
jeopssi 접시 *n. plate*
jeopssi 접시 *n. platter*
jeopssucheo 접수처 *n. reception*
jeopssudamdangja 접수담당자 *n. receptionist*
jeoptta 접다 *v.t fold*
jeopttaehada 접대하다 *v. entertain*
jeopttusa 접두사 *n. prefix*
jeopyo 전표 *n. chit*
jeorada 절하다 *v. bow*
jeoryakaneun 절약하는 *adj. frugal*
jeoryeon cheori 절연 처리 *n. insulation*
jeoryeon cheorireul hada 절연 처리를 하다 *v. insulate*
jeoryeon cheoriyong jajae 절연 처리용 자재 *n. insulator*
jeosokhan 저속한 *adj. tawdry*
jeosokhan 저속한 *adj. vulgar*
jeosuji 저수지 *n. rservoir*
jeottang 젖당 *n. lactose*
jeoumjeonyongseupikuh 저음전용스피커 *n. woofer*

jepaenghada 집행하다 *v. administer*
jeppangsa 제빵사 *n. baker*
jesamwui 제3의 *adj. tertiary*
jesanje 제산제 *adj. antacid*
jesipkkuui & sipkkui 제19의 & 19일 *adj. & n. nineteenth*
jeteun meokkureum gateun 짙은 먹구름 같은 *n. pall*
jeubi maneun 즙이 많은 *adj. juicy*
jeugeopkke hada 즐겁게 하다 *v. amuse*
jeui 제의 *n. proposition*
jeuihada 제의하다 *v. offer*
jeuk 즉 *n. namely*
jeukeungjeogeuro hada 즉흥적으로 하다 *v. improvise*
jeukkak banneunghaneun 즉각 반응하는 *adj. responsive*
jeukkakjeogIn 즉각적인 *adj. instantaneous*
jeukseogui 즉석의 *adj. instant*
jeukshi 즉시 *adv. straightway*
jeukssi 즉시 *adj. immediate*
jeulgeopgge chamgahaneun 즐겁게 참가하는 *n. alacrious*
jeulgeopkke ttuinolda 즐겁게 뛰놀다 *v.i. frolic*
jeulgeoum 즐거움 *n. delectation*
jeulgeoum 즐거움 *adv. joviality*
jeulgeoum 즐거움 *n. mirth*
jeulgeoun 즐거운 *adj. merry*
jeulgeoun 즐거운 *adj. nice*
jeulgeoun 즐거운 *adj. pleasant*
jeulgida 즐기다 *v. enjoy*

jeulgida 즐기다 *v. relish*
jeungahada 증가하다 *v. increase*
jeungbalhada 증발하다 *v. vaporize*
jeungbarada 증발하다 *v. evaporate*
jeungeo 증거 *n. evidence*
jeungeo 증거 *n. proof*
jeungga 증가 *n. increment*
jeunggeo 증거 *n. testament*
jeungin 증인 *n. eyewitness*
jeungisun 증기선 *n. steamer*
jeungohada 증오하다 *v. abominate*
jeungryuhada 증류하다 *v. distil*
jeungryuju gongjang 증류주 공장 *n. distillery*
jeungsang 증상 *n. symptom*
jeungsangeul boyeeneun 증상을 보이는 *adj. symptomatic*
jeungseo 증서 *n. muniment*
jeungsok gudong 증속 구동 *n. overdrive*
jeunguhnhada 증언하다 *v. testify*
jeunguhnhada 증언하다 *n. testimony*
jeungyin 증인 *n. witness*
jeunmyeonghada 증명하다 *v. attest*
jeunpokki 증폭기 *n. amplifier*
jeunpoksidida 증폭시키다 *v. amplify*
jeupyimaneun 즙이많은 *adj. succulent*
jewon 지원 *n. backing*
jewon 제원 *n. resource*
jeyak 제약 *n. constraint*
jeyak 제약 *n. restriction*
jeyakada 제약하다 *v. constrict*
jeyakjjeogin 제약적인 *adj. restrictive*
jibae 지배 *n. control*

jibaehada 지배하다 *v. dominate*
jibaejeogida 지배적이다 *v. predominate*
jibaejeogin 지배적인 *adj. predominant*
jibaekkwon 지배권 *n. dominion*
jibahng 지방 *n. speck*
jibang 지방 *n. fat*
jibang 지방 *n. region*
jibang heubipsul 지방 흡입술 *n. liposuction*
jibang jachije danguk 지방 자치제 당국 *n. municipality*
jibang jachijeui 지방 자치제의 *adj. municipal*
jibangui 지방의 *adj. regional*
jibok 지복 *n. bliss*
jibul 지불 *n. payment*
jibul bulneung 지불 불능 *n. insolvency*
jiburada 지불하다 *v. pay*
jiburaek 지불액 *n. payable*
jibyohage gyesokada 집요하게 계속하다 *v. persist*
jichamgeum 지참금 *n. dowry*
jichiljoolmoreuneun 지칠줄 모르는 *adj. tireless*
jichin 지친 *adj. weary*
jichurada 지출하다 *v. disburse*
jido 지도 *n. guidance*
jido 지도 *n. map*
jido 지도 *n. tutelage*
jidochaek 지도책 *n. atlas*
jidoja 지도자 *n. leader*
jidokan 지독한 *adj. damnable*
jidokan 지독한 *adj. dire*

jidoryeok 지도력 *n. leadership*
jieul gaejohada 집을 개조하다 *v. refurbish*
jigageomneun 지각 없는 *adj. indiscreet*
jigagui 지각의 *adj. perceptive*
jigak 지각 *n. perception*
jigakal ssu inneun 지각할 수 있는 *adj. perceptible*
jigakal ssu inneun 지각할 수 있는 *adj. perceptible*
jigap 지갑 *n. wallet*
jigeobui 직업의 *adj. occupational*
jigeobui 직업의 *adj. professional*
jigeop 직업 *n. career*
jigeop 직업 *n. job*
jigeop 직업 *n. occupation*
jigeop 직업 *n. profession*
jigeu 지그 *n. jig*
jigeujageu 지그재그 *n. zigzag*
jigeum 지금 *adv. presently*
jigeutjigeutan 지긋지긋한 *adj. horrible*
jigeutjigeutan 지긋지긋한 *adj. infernal*
jigu 지구 *n. district*
jigu 지구 *n. earth*
jigubon 지구본 *n. globe*
jigueui 지구의 *adj. terrestrial*
jigumkkaji 지금까지 *adv. hitherto*
jiguui bangu 지구의 반구 *n. hemisphere*
jigyeopkke jikkeorida 지겹게 지껄이다 *v. maunder*
jiha gamok 지하 감옥 *n. dungeon*
jiha jeojanggo 지하 저장고 *n. cellar*

jihacheung 지하층 n. basement
jihaeui 지하의 adj. subterranean
jihaeui 지하의 adj. underground
jihahchul 지하철 n. subway
jihwidae 지휘대 n. podium
jihwigwan 지휘관 n. commander
jihwihada 지휘하다 n. mastermind
jihwija 지휘자 n. conductor
jihyanghage hada 지향하게 하다 v. orientate
jihye 지혜 n. wisdom
jihyeropjji motan 지혜롭지 못한 adj. injudicious
jihyulyeedoeineun 지혈이되는 adj. styptic
jihyung 지형 n. terrain
jihyunghakja 지형학자 n. topographer
jihyunghakjeokyin 지형학적인 adj. topographical
jihyunghank 지형학 n. topography
jijangeul juda 지장을 주다 v. disrupt
jijangeul juda 지장을 주다 v. encumber
jijeoboonhan 지저분한 adj. squalid
jijeoboonhan 지저분한 adj. stringy
jijeobunan 지저분한 adj. messy
jijeodaeda 짖어대다 v. yap
jijeoguida 지저귀다 v. twitter
jijeonghada 지정하다 v. designate
jijidae 지지대 n. stanchion
jijihada 지지하다 v. advocate
jijihada 지지하다 v. endorse
jijin 지진 n. earthquake
jijirak 지질학 n. geology

jijirakjja 지질학자 n. geologist
jijireulhosohada 지지를 호소하다 v. woo
jijjeogin 지적인 adj. intellectual
jijjeok neungnyok 지적 능력 n. intellect
jijoo 지주 n. strut
jiju 지주 n. prop
jijunghae 지중해 adj. mediterranean
jikineun saram 지키는 사람 n. keeper
jikjjang 직장 n. rectum
jikjjeon 직전 n. brink
jikjjeop 직접 adv. directly
jikjjeop & jasiui 직접 & ~자신의 adj. & pron. own
jikjjeopjjeogin 직접적인 adj. direct
jikkame uihan 직감에 의한 n. intuitive
jikkeorida 지껄이다 v. burble
jikkeorida 지껄이다 v.t. gabble
jikkeorida 지껄이다 v. jabber
jikkeorida 지껄이다 v. prattle
jikki 직기 n. loom
jikkujjeun 짓궂은 adj. mischievous
jikkwannyeok 직관력 n. intuition
jikmool 직물 n textile
jiksoneuiro 직선으로 adj. straight
jikssagahyeongui 직사각형의 adj. oblong
jikssagakhyeong 직사각형 n. rectangle
jikssagakyeongui 직사각형의 adj. rectangular
jikyoboneun 지켜보는 adj. watchful
jil nopeun 질 높은 adj. fine

jilbyeong deungui balsaeng 질병 등의 발생 *n. outbreak*
jilchaekada 질책하다 *v. berate*
jilchaekada 질책하다 *v. reprimand*
jilchaekhada 질책하다 *adj. upbraid*
jilchaekhada 질책하다 *n. vagina*
jilgam 질감 *n. texture*
jilil jjeondoin 질릴 정도인 *adj. cloying*
jiljjeogin 질적인 *adj. qualitative*
jilmunhaneun 질문하는 *adj. interrogative*
jilsaekaneun 질색하는 *adj. abhorrent*
jilshik 질식 *n. suffocation*
jilshikhada 질식하사다 *v. suffocate*
jilsiksikida 질식시키다 *v. asphyxiate*
jilsiksikida 질식시키다 *v. choke*
jilso 질소 *n. nitrogen*
jiltuhaneun 질투하는 *adj. jealous*
jim 짐 *n. load*
jim 짐 *n. luggage*
jim jiuda 짐 지우다 *v. charge*
jimkkun 짐꾼 *n. porter*
jimseung 짐승 *n. beast*
jimseung 짐승 *n. brute*
jimseung gateun 짐승 같은 *adj. bestial*
jimssagi 짐 싸기 *n. packing*
jimsure 짐수레 *n. wain*
jimyeong 지명 *n. nomination*
jimyeonghada 지명하다 *v. nominate*
jimyungdoo 지명도 *n. stature*
jinacheen 지나친 *adj. undue*
jinachige gyeokssikjjeogin 지나치게 격식적인 *adj. ceremonious*
jinachige mireobuchineun 지나치게 밀어붙이는 *adj. pushy*
jinachin 지나친 *adj. fulsome*
jinagada 지나가다 *v. pass*
jinagan 지나간 *adj. bygone*
jinahp 진압 *n. suppression*
jinahphada 진압하다 *v. subdue*
jinahphada 진압하다 *v. suppress*
jinbojeogin 진보적인 *adj. progressive*
jinbonin 진본인 *adj. authentic*
jinboohan 진부한 *adj. trite*
jinbuhan 진부한 *adj. hackneyed*
jincchaim 진짜임 *n. authenticity*
jinchang 진창 *n. mire*
jinchwiseong 진취성 *n. initiative*
jindan 진단 *n. diagnosis*
jindeugi 진드기 *n. mite*
jindong 진동 *n. oscillation*
jindong 진동 *n. pulsation*
jindong 진동 *n. vibration*
jindonggi 진동기 *n. vibrator*
jindonghada 진동하다 *v. pulsate*
jindonghada 진동하다 *v. vibrate*
jine 지네 *n. centipede*
jineuk ppareuda 진흙 바르다 *v. daub*
jineureomi 지느러미 *n. fin*
jingbal 징발 *n. requisition*
jingdooribyuk 징두리벽 *n. wainscot*
jinghu 징후 *n. manifestation*
jingihage 진기하게 *adv. quaintly*
jingihan 진기한 *adj. quaint*
jingjinggeorim 징징거림 *n. whine*
jingjo 징조 *n. omen*

jingmu daehaengui 직무 대행의 *adj.* acting
jingmul 직물 *n.* fabric
jingmul 직물 *n.* material
jingong 진공 *n.* vacuum
jingong cheongsogiro cheongsohada 진공청소기로 청소하다 *n.* hoover
jinhaenghada 진행하다 *v.* proceed
jinhaengjungui 진행중의 *adv.* afoot
jinheuk 진흙 *n.* mud
jinhwa 진화 *n.* evolution
jinhwahada 진화하다 *v.* evolve
jinigida 짓이기다 *v.* mangle
jinim 지님 *n.* keeping
jinjeon 진전 *n.* progress
jinjeong 진정 *n.* petition
jinjeongin 진정인 *n.* petitioner
jinjeongsikida 진정시키다 *v.* defuse
jinjeongsikida 진정시키다 *v.* pacify
jinjeongsikineun 진정시키는 *adj.* emollient
jinjeonhada 진전하다 *v.* advance
jinjeorinaneun 진저리나는 *adj.* horrid
jinjiham 진지함 *n.* gravitas
jinjjaui 진짜의 *adj.* genuine
jinjjaui 진짜의 *adj.* real
jinju 진주 *n.* pearl
jinjunghagehada 진정하게하다 *v.* tranquillize
jinjunghan 진정한 *adj.* veritable
jinkeuseu 징크스 *n.* jinx
jinkkareul araboda 진가를 알아보다 *v.* appreciate

jinongok 진혼곡 *n.* requiem
jinpok 진폭 *n.* amplitude
jinri 진리 *n.* verity
jinshileui 진실의 *n.* truth
jinshileulmalhaneun 진실을 말하는 *adj.* veracious
jinshilsung 진실성 *n.* veracity
jinshinwi 진실의 *adj.* true
jinsildoeji motan 진실되지 못한 *adj.* insincere
jinsileulggaedatgyehada 진실을 깨닫게하다 *v.* undeceive
jinsilsseong 진실성 *n.* integrity
jinsimeorin 진심 어린 *adj.* heartfelt
jintoeyangnan 진퇴양난 *n.* quandary
jintongje 진통제 *n.* analgesic
jintongje 진통제 *n.* painkiller
jioge tteoreojineun byeol 지옥에 떨어지는 별 *n.* perdition
jiok 지옥 *n.* hell
jiokssari 지옥살이 *n.* damnation
jip 집 *n.* home
jip 집 *n.* house
jip 짚 *n.* thatch
jipaenghada 집행하다 *v.* enforce
jipangi 지팡이 *n.* cane
jipangyee 지팡이 *n.* wand
jipchak 집착 *n.* fetish
jipchak 집착 *n.* obsession
jipddalgwan 집달관 *n.* bailiff
jipeohneotda 집어넣다 *v.* stow
jipeucha 지프차 *n.* jeep
jipge sonkkarak 집게 손가락 *n.* forefinger

jipgye 집게 *n. tongs*
jiphapche 집합체 *n. aggression*
jiphoe 집회 *n. rally*
jipjjung 집중 *n. concentration*
jipjjunghada 집중하다 *v. concentrate*
jipjjunghada 집중하다 *n. focus*
jipjjungjeogin 집중적인 *adj. intensive*
jipoi 집회 *n. assembly*
jipssa 집사 *n. butler*
jipssi 집시 *n. gypsy*
jipuh 지퍼 *n. zip*
jipyohan 집요한 *adj. tenacious*
jiretmok 지렛목 *n. fulcrum*
jireukon 지르콘 *n. zircon*
jireum 지름 *n. diameter*
jirihak 지리학 *n. geography*
jirihakjja 지리학자 *n. geographer*
jirihakssangui 지리학 상의 *adj. geographical*
jiro 지로 *n. giro*
jiroohan 지루한 *adj. wearisome*
jirwan 질환 *n. disease*
jiryaginneun 지략 있는 *adj. resourceful*
jiryu 지류 *n. tributary*
jisange 지상에 *adj. aground*
jisi 지시 *n. directive*
jisi 지시 *n. instruction*
jisigye 지시계 *n. indicator*
jisihada 지시하다 *v. instruct*
jisik 지식 *n. knowledge*
jisokganeunghan 지속가능한 *adj. sustainable*
jisokjjeogin 지속적인 *adj. continuous*
jisoksseong 지속성 *n. continuity*

jitanghada 지탱하다 *v. sustain*
jitbalbda 짓밟다 *v. trample*
jitda 짓다 *v. weave*
jitnooreuda 짓누르다 *v. squash*
jitta 짓다 *v. build*
jiuda 지우다 *v. efface*
jiuda 지우다 *v. erase*
jiwi 지위 *n. standing*
jiwon 지원 *n. support*
jiwonhada 지원하다 *v. support*
jiwonja 지원자 *n. applicant*
jiyeogui 지역의 *adj. local*
jiyeok 지역 *n. area*
jiyeok 지역 *n. zone*
jiyeok sahoe 지역 사회 *n. community*
jiyeokeui 지역의 *adj. zonal*
jiyeon 지연 *n. retardation*
jiyeonsikida 지연시키다 *v. impede*
jiyeonsikida 지연시키다 *v. retard*
jjada 짜다 *v. squeeze*
jjada 짜다 *v. wring*
jjaekjjaek 짹짹 *n. cheep*
jjaekjjaekkeorida 짹짹거리다 *v. chirp*
jjaengeurang 쨍그랑 *n. clink*
jjajeung 짜증 *n. strop*
jjajeung 짜증 *n. tantrum*
jjajeungeul jalnaeneun 짜증을 잘 내는 *adj. irritable*
jjajeungjalnaeneun 짜증잘내는 *adj. testy*
jjajeungnaneun 짜증나는 *v. irksome*
jjajeungnaneun yeoseong 짜증나는 여성 *n. besom*
jjalbeun 짧은 *adj. brief*

jjalbeun pungjasi 짧은 풍자시 *n. epigram*
jjalbeun yeohaeng 짧은 여행 *n. excursion*
jjalbeun yeohaeng 짧은 여행 *n. jaunt*
jjick jjada 찍 짜다 *v. squirt*
jjireuda 찌르다 *v. gouge*
jjireuda 찌르다 *v. prick*
jjireuda 찌르다 *v. stab*
jjirithantongjeung 찌릿한 통증 *n. twinge*
jjitda 찢다 *v. sunder*
jjitda 찢다 *v. tear*
jjochanaeda 쫓아내다 *v. evict*
jjoda 쪼다 *v.i. peck*
jjogeda 쪼개다 *v. cleave*
jjogeurigo anda 쪼그리고 앉다 *v.i. squat*
~jjogeuro giulda ~쪽으로 기울다 *v. incline*
jjugeureong halmanggu 쭈그렁 할망구 *n. hag*
jjugeurida 쭈그리다 *v. crouch*
joa 좋아 *adj. okay*
joaham 좋아함 *n. liking*
jobasimchineun 조바심치는 *adj. fretful*
jobeun 좁은 *adj. narrow*
jobeunbang 좁은 방 *n. cubicle*
jocheum 좇음 *n. pursuit*
jodal 조달 *n. procurement*
joechaekkam 죄책감 *n. compunction*
joechaekkam 죄책감 *n. guilt*
joegak 조각 *n. splinter*
joegaksang 조각상 *n. statue*
joegaksangdeul 조각상들 *n. statuary*
joegaksanggateun 조각상같은 *adj. statuesque*
joejaphan 조잡한 *adj. tacky*
joerul sahada 죄를 사하다 *v. absolve*
joesah 조사 *v.t. survey*
joeun 좋은 *adj. good*
jogak 조각 *n. chip*
jogak 조각 *n. flake*
jogak 조각 *n. patch*
jogak 조각 *n. piece*
jogak 조각 *n. wisp*
jogakada 조각하다 *v. carve*
jogakkeurim 조각그림 *n. jigsaw*
jogeum yeolyeojyeo 조금 열려져 *adv. ajar*
jogeumansseuneun 조금만쓰는 *adj. sparing*
jogcumdo ~anin 조금도 ~아닌 *v.t. jot*
jogeumssik meoktta 조금씩 먹다 *v. nibble*
joggi 조끼 *n. waistcoat*
joggie 조끼 *n. vest*
joginghada 조깅하다 *v. jog*
johang 조항 *n. stipulation*
johap 조합 *n. combination*
johap 조합 *n. union*
johwa 조화 *n. harmony*
johwa 조화 *n. unison*
johwareul iruda 조화를 이루다 *v. harmonize*
johwaroun 조화로운 *adj. harmonious*
johwasikida 조화시키다 *v. reconcile*
joida 조이다 *v. construct*

jojeong 조정 *n. adjustment*
jojeonghada 조정하다 *v. adjust*
jojeongja 조정자 *n. moderator*
jojeongseok 조종석 *n. cockpit*
jojeorada 조절하다 *v. modulate*
jojeulddaeda 젖을 떼다 *v. wean*
jojik 조직 *n. organization*
jojik 조직 *n. tissue*
jojikwa 조직화 *n. coordination*
jojikwahada 조직화하다 *v. t coordinate*
jojimeul boyeojuda 조짐을 보여주다 *v. t denote*
jojonghada 조종하다 *v. manipulate*
jojonghada 조종하다 *v. steer*
jojongjangchi 조종장치 *n. controller*
jojongsa 조종사 *n. navigator*
jojongsa 조종사 *n. pilot*
joka 조카 *n. nephew*
jokattal 조카딸 *n. niece*
jokeo 조커 *n. joker*
jokjebi 족제비 *n. weasel*
jokjipgye 족집게 *n. tweezers*
jokkeonbuui 조건부의 *adj. conditional*
jokki 조끼 *n. jerkin*
jokppo 족보 *n. pedigree*
joktto 적도 *n. equator*
jolda 졸다 *v. i doze*
jolda 졸다 *v. drowse*
jombi 좀비 *n. zombie*
jomdodujjireul hada 좀도둑질을 하다 *v. pilfer*
jomyeong 조명 *n. illumination*
jomyeong 조명 *n. lighting*
jonanja 조난자 *n. castaway*

jong 종 *n. bell*
jong 종 *n. species*
jongap 종합 *n. assortment*
jongbo deungeul jeonhada 정보 등을 전하다 *v. impart*
jongbo yowondeul 정보 요원들 *n. intelligence*
jongdalssae 종달새 *n. lark*
jongeobwon 종업원 *n. attendant*
jonggyo 종교 *n. religion*
jonggyo jaepan 종교 재판 *n. inquisition*
jonggyoui 종교의 *adj. religious*
jonghapjjeogin 종합적인 *adj. overall*
jongi 종이 *n. paper*
jongi danwi yeon 종이 단위 연 *n. ream*
jongijeopkki 종이 접기 *n. origami*
jongja 종자 *n. valet*
jongjeogeul gamchuda 종적을 감추다 *v. abscond*
jongjong 종종 *adv. often*
jongjum 종점 *n. terminus*
jongma 종마 *n. stallion*
jongmal 종말 *n. demise*
jongnyu 종류 *n. form*
jongnyu 종류 *n. kind*
jongryo 종료 *n. termination*
jongsokdoein 종속된 *adj. subordinate*
jongssori 종소리 *n. peal*
jongyang 종양 *n. tumour*
jongyeong 존경 *n. admiration*
jongyeong 존경 *n. esteem*
jongyeong 존경 *n. honour*
jongyeong 존경 *n. respect*

jongyeonghada 존경하다 v. admire
jongyeonghalmanan 존경할 만한 adj. respectable
jongyeongsimeul boineun 존경심을 보이는 adj. respectful
jongyeongsimeul tteoreotteurida 존경심을 떨어뜨리다 v. discredit
jongyung 존경 n. veneration
jonhongsaek 진홍색 n. crimson
jonjae 존재 n. being
jonjae 존재 n. existence
jonjaehada 존재하다 v. exist
jonjaehada 존재하다 v. pertain
jonjaeron 존재론 n. ontology
jonjung 존중 n. deference
jonsoksarin 존속살인 n. parricide
joo 주 n. week
joobyun 주변 n. surroundings
jooda 주다 v. vouchsafe
joodoongee 주둥이 n. spout
jooje 주제 n. topic
jooje 주제 n. theme
joojewui 주제의 adj. thematic
joojianda 주지않다 v. withhold
jookwanjeokyin 주관적인 adj. subjective
jool 줄 n. tier
jool 줄 n. string
joolgi 줄기 n. stalk
joolmoonui 줄무늬 n. stripe
joolmoonui gateungye itneun 줄무늬 같은게 있는 adj. streaky
joolmoonui gateungye itneun 줄무늬 같은게 있는 n. striation

joomada 주마다 adj. weekly
joomok 주목 n. yew
joonbidwejianneun 준비되지 않은 adj. unprepared
joongdaehan 중대한 adj. weighty
~joongeh ~중에 conj. whilst
jooreum 주름 n. wrinkle
jooreum 주름 n. wrinkle
jooryupannae huhgabateunsaram 주류판매 허가받은사람 n. victualler
joosaghi 주사기 n. syringe
jooshik 주식 n. stock
jooshikgeoraega 주식거래가 n. stockbroker
joowui 주의 n. tenet
jooyeon 주연 n. wassail
jooyil 주일 n. weekday
jooyodoro 주요도로 n. thoroughfare
jooyosanmool 주요산물 n. staple
jorangmal 조랑말 n. pony
joreuda 조르다 v. pester
joribeop 조리법 n. recipe
jorida 졸이다 v. poach
jorim 조림 n. afforestation
jorimssigui 조립식의 adj. prefabricated
jorong 조롱 n. mockery
jorong 조롱 n. taunt
joronghada 조롱하다 v. deride
joryu dokkam 조류 독감 n. bird flu
josa 조사 n. enquiry
josa 조사 n. investigation
josa 조사 n. probe
josagwan 조사관 n. inspector

josahada 조사하다 *v. investigate*
josang 조상 *n. effigy*
josang 조상 *n. forefather*
josangui 조상의 *adj. ancestral*
josanui 조산의 *adj. premature*
jose 조세 *n. taxation*
josimhada 조심하다 *v. beware*
josimhaneun 조심하는 *adj. careful*
josimjosim 조심조심 *adv. gingerly*
josimseong eopsseum 조심성 없음 *a. immodesty*
josimseureon 조심스런 *adj. guarded*
josin 조신 *n. courtier*
josooeui 조수의 *adj. tidal*
josu 조수 *n. acolyte*
josu 조수 *n. assistant*
jota jangchi 조타 장치 *n. helm*
jotda 젓다 *v. stir*
jotjeulmokyida 젖을먹이다 *v. suckle*
jotmuckyi 젖먹이 *n. suckling*
joui 조의 *n. condolence*
joyonghaejida 조용해지다 *v. quieten*
joyonghan 조용한 *adj. quiet*
joyonghan 조용한 *adj. still*
joyonghangot 조용한 곳 *n. nook*
joyonghi sikida 조용히 시키다 *v.i hush*
joyoolsa 조율사 *n. tuner*
ju hoero gipan 주 회로 기판 *n. motherboard*
jubu 주부 *n. housewife*
jubureya haneun 지불해야 하는 *adj. due*
jubyeon 주변 *n. periphery*
juchangja 주창자 *n. exponent*

juchu 주추 *n. plinth*
juchumada 주춤하다 *v. boggle*
juda 주다 *v. give*
judoen 주된 *adj. main*
judoen 주된 *adj. primary*
judoen 주된 *adj. principal*
jugeohal ssu inneun 주거할 수 있는 *adj. habitable*
jugeoji 주거지 *n. dwelling*
jugeun 죽은 *adj. lifeless*
jugeun dongmul 죽은 동물 *n. carcass*
jugeunkke 주근깨 *n. freckle*
jugida 죽이다 *v. kill*
jugijeogin 주기적인 *adj. periodic*
jugyeo 주교 *n. bishop*
juhaeng geori 주행 거리 *n. mileage*
juhtggokji 젖꼭지 *n. teat*
juhwa 주화 *n. coinage*
juhyeong 주형 *n. mould*
juikkorimanan 쥐꼬리만한 *adj. measly*
juin 주인 *n. host*
juin 주인 *n. master*
juingong 주인공 *n. protagonist*
juireul banghaehaneun geot 주의를 방해하는 것 *n. distraction*
juireul dolida 주의를 돌리다 *v. detract*
jujaehada 주재하다 *v. preside*
jujang 주장 *n. protestation*
jujanghada 주장하다 *v. assert*
jujanghada 주장하다 *v. claim*
jujanghada 주장하다 *v. contend*
jujanghada 주장하다 *v. purport*
jujeeseo beoseonada 주제에서 벗어나다 *v. digress*

jujeohaneun 주저하는 *adj. hesitant*
jujeonja 주전자 *n. jug*
jujeonja 주전자 *n. kettle*
jujeui gipi 주제의 깊이 *n. profundity*
jujeun 젖은 *adj. wet*
jujiyunglim 주지육림 *n. orgy*
jujo gongjang 주조 공장 *n. foundry*
juktta 죽다 *v. die*
jukwon 주권 *n. sovereignty*
julbab 줄밥 *n. filings*
julda 줄다 *v. lessen*
julgi 줄기 *n. stem*
julnun heuksson 줄눈 흙손 *n. joiner*
jumeogeuro chida 주먹으로 치다 *v. punch*
jumeok 주먹 *n. fist*
jumeoni 주머니 *n. pocket*
jumeoni 주머니 *n. pouch*
jumin 주민 *n. inhabitant*
jumogui daesang 주목의 대상 *n. cynosure*
jumok 주목 *n. attention*
jumokal manan 주목할 만한 *adj. noteworthy*
jumokalmanan 주목할만한 *adj. appreciable*
jumun 주문 *v. indent*
jumun jejakada 주문 제작하다 *v. customize*
junbi 준비 *n. preparation*
junbidoen 준비된 *adj. ready*
junbihada 준비하다 *v. prepare*
junbireul wihan 준비를 위한 *adj. preparatory*

jungan hyusik sigan 중간 휴식 시간 *n. intermission*
jungangjipkkwonhwahada 중앙집권화하다 *v. centralize*
jungangui 중앙의 *adj. central*
jungangui 중앙의 *adj. mid*
jungang 중간의 *n. interim*
jungchu 중추 *n. backbone*
jungdaehan 중대한 *adj. crucial*
jungdaehan 중대한 *adj. momentous*
jungdan 중단 *n. interruption*
jungdanada 중단하다 *v. discontinue*
jungdandoeda 중단되다 *v. cease*
jungdansikida 중단시키다 *v. override*
jungdok 중독 *n. edict*
jungdok 중독 *n. addiction*
jungdokdoen 중독된 *adj. addicted*
jungdokjja 중독자 *n. addict*
jungeolgeorida 중얼거리다 *v. mumble*
jungeolgeorida 중얼거리다 *v. murmur*
jungeolgeorida 중얼거리다 *v. mutter*
junggaein 중개인 *n. broker*
junggan munseoljju 중간 문설주 *n. mullion*
junggan sigan 중간 시간 *adv. meantime*
junggankapsui 중간값의 *adj. median*
junggansangin 중간 상인 *n. middleman*
jungganui 중간의 *adj. intermediate*
jungganui 중간의 *n. medium*
jungganui 중간의 *adj. middle*
jungganui 중간의 *adv. midway*
jungganui 중간의 *adj. moderate*

jungguk 중국 n. china
junggwanjeoljesoon 정관절제순 n. vasectomy
junggye 중계 n. relay
junghon 중혼 n. bigamy
junghwasikida 중화시키다 v. neutralize
jungicheung 중이층 n. mezzanine
jungjae 중재 n. intervention
jungjae 중재 n. arbitration
jungjaehada 중재하다 v. arbitrate
jungjaehada 중재하다 v. mediate
jungjaeja 중재자 n. arbitrator
jungjaeja 중재자 n. intermediary
jungjeokeuro 정적으로 adv. statically
jungjeom 정점 n. vertex
jungji 중지 n. abeyance
jungji 중지 n. cessation
jungji 정지 n. standstill
jungjoein 중죄인 n. felon
jungjoonhang 정중한 adj. suave
jungjum 정점 n. zenith
jungmaek 정맥 n. vein
jungmaekeui 정맥의 adj. venous
jungnipjjeogin 중립적인 adj. neutral
jungnyeok 중력 n. gravity
jungpung 중풍 n. palsy
jungpungui 중풍의 adj. apoplectic
jungpyeon soseol 중편 소설 n. novelette
jungryang danui 중량 단위 n. catty
jungryuk 정력 n. virility
jungsang 중상 n. defamation

jungsang moryak 중상 모략 n. calumny
jungseongja 중성자 n. neutron
jungseongui 중성의 adj. neuter
jungseui 중세의 adj. medieval
jungsim 중심 n. center
jungsim 중심 n. mainstay
jungsimbu 중심부 n. core
jungsimi doeneun 중심이 되는 adj. pivotal
jungsimji 중심지 n. hub
jungsimjjeom 중심점 n. pivot
jungsimui 중심의 adj. focal
jungtonghan 정통한 adj. versed
jungwi 중위 n. lieutenant
jungyo 중요 n. importance
jungyohaji aneun 중요하지 않은 adj. immaterial
jungyohan 중요한 adj. instrumental
jungyohan 중요한 adj. paramount
jungyohan 중요한 adj. important
jungyohan dangye 중요한 단계 n. milestone
jungyohan iri ireonan sidae 중요한 일이 일어난 시대 n. epoch
junjang 준장 n. brigadier
junsu 준수 n. compliance
junsu 준수 n. observance
junsuhada 준수하다 v. comply
junsuhaneun 준수하는 adj. observant
junyeon ginyeomhae 200주년 기념해 n. bicentenary
juptta 눕다 v. lie
jureodeulda 줄어들다 v. diminish

jureodeulda 줄어들다 v. t dwindle
jureum 주름 n. crease
jureum 주름 n. pleat
jureumjangsik 주름장식 n. frill
jureumyijjogeulhan 주름이쪼글한 adj. wizened
jurida 줄이다 v. decrease
jurida 줄이다 v. reduce
jurigi 줄이기 n. abbreviation
jurim 줄임 n. reduction
juro 주로 adv. chiefly
juro honja jineneun saram 주로 혼자 지내는 사람 n. loner
juryeosseuda 줄여쓰다 v.t. abbreviate
juryu 주류 n. liquor
jusa 주사 n. injection
jusahada 주사하다 v. inject
jusaui 주사위 n. dice
juseokdalda 주석달다 v. annotate
juseu 주스 n. juice
juso 주소 n. address
jutaek 주택 n. housing
jutaekjeodangjeungkkownja 주택저당증권자 n. mortgator
juttong 젖통 n. udder
juui 주의 n. caution
juui 주의 adv. primarily
juui deungeul onghohada 주의 등을 옹호하다 v. espouse
juuireul dolida 주의를 돌리다 v. distract
juwa ju saiui 주와 주 사이의 n. interstate
juyo dosi 주요 도시 n. metropolis

juyohan 주요한 adj. major
juyohan 주요한 adj. prime
jwachoshikida 좌초시키다 v. strand
jwajeolsikida 좌절시키다 v. discourage
jwajeoshikida 좌절시키다 v. thwart
jwapa 좌파 n. leftist
jwasang 좌상 n. contusion
jwauhaneun 좌우하는 adj. dictate
jwaumyeong 좌우명 n. motto
jwayak 좌약 n. suppository
jwi 쥐 n. mouse
jwi 쥐 n. rat
jyeon 지연 n. procrastination
jyeongyeonan 정연한 adj. orderly

K

kabare 카바레 n. cabaret
kaboi 카보이 n. carboy
kad 카드 n. card
kadigeon 카디건 n. cardigan
kadmyum 카드뮴 n. cadmium
kaebeori 캐버리 n. carvery
kaembeo 캠버 n. camber
kaemkodeo 캠코더 n. camcorder
kaendi 캔디 n. candy
kaepsteon 캡스턴 n. capstan
kaepsyul 캡슐 n. capsule
kaereomel 캐러멜 n. caramel
kaeseorol 캐서롤 n. casserole
kaesimieo 캐시미어 n. cashmere
kaeteologue 캐털로그 n. catalogue
kafe 카페 n. cafe

kafeineul jegeohan 카페인을 제거한 adj. decaffeinated
kafeteria 카페테리아 n. cafeteria
kajino 카지노 n. casino
kakao 카카오 n. cacao
kakteil 칵테일 n. cocktail
kal 칼 n. knife
kal 칼 n. sword
kala 칼라 n. collar
kalal 칼날 n. blade
kalori 칼로리 n. calorie
kalssyum 칼슘 n. calcium
kameo 카메오 n. cameo
kandela 칸델라 n. candela
kanibal 카니발 n. carnival
kanmagi 칸막이 n. compartment
kanmagi 칸막이 n. partition
kanu 카누 n. canoe
kapeteu 카페트 n. carpet
kapeutan 카프탄 n. kaftan
kare yori 카레 요리 n. curry
kareudamom 카르다몸 n. cardamom
kareutel 카르텔 n. cartel
kariseuma 카리스마 n. charisma
kariseumaga inneun 카리스마가 있는 adj. charismatic
kasanoba 카사노바 n. casanova
kasok 카속 n. cassock
katareusis 카타르시즈 n. catharsis
kateu 카트 n. trolley
kateuriji 카트리지 n. cartridge
katoligui 카톨릭의 adj. catholic
kaunseuleo 카운슬러 n. counsellor
kecheop 케첩 n. ketchup

keibeul 케이블 n. cable
keik 케익 n. cake
keik 케이크 n. gateau
keikeujeom 케이크점 n. patisserie
keimbrik 케임브릭 n. cambric
kelteujogui 켈트족의 adj. Celtic
kemp 캠프 n. camp
kenbeos cheon 캔버스 천 n. canvas
kengeoru 캥거루 n. kangaroo
keobeu 커브 n. curve
keodaran 커다란 adj. big
keodaran 커다란 adj. large
keompyuteo 컴퓨터 n. computer
keompyuteowa gwangyeinneun 컴퓨터와 관계 있는 comb. cyber
keondisyeoneo 컨디셔너 n. conditioner
keonsosieom 컨소시엄 n. consortium
keopi 커피 n. coffee
keoppachim 컵받침 n. coaster
keoseo 커서 n. cursor
keoseutadeu 커스터드 n. custard
keoteulit 커틀릿 n. cutlet
keoteun 커튼 n. curtain
keoteunreil deopkke 코튼레일 덮개 n. pelmet
kep 컵 n. cup
kepein 캠페인 n. campaign
kepsyeon 캡션 n. caption
kereot 캐럿 n. carat
kerikeocheo 캐리커처 n caricature
kesyu 캐슈 n. cashew
keuge 크게 adv. highly

keuge gippeohada 크게 기뻐하다 *v. rejoice*
keugenolan 크게 놀란 *adj. flabbergasted*
keugi 크기 *n. dimension*
keugi deungui jeongdo 크기 등의 정도 *n. extent*
keugo mugeoun 크고 무거운 *adj. cumbersome*
keugyesunggonghan 크게성공한 *adj. triumphant*
keuleop 클럽 *n. club*
keulip 클립 *n. clip*
keumjjikan 끔찍한 *adj. atrocious*
keun donggul 큰 동굴 *n. cavern*
keun gaji 큰 가지 *n. bough*
keun holan 큰 혼란 *n. havoc*
keun medal moyangui boseok 큰 메달 모양의 보석 *n. medallion*
keun muri 큰 무리 *n. horde*
keungashigogi 큰가시고기 *n. stickleback*
keunkkamagui 큰까마귀 *n. raven*
keunsaejang 큰 새장 *n. aviary*
keunsoriro 큰소리로 *adv. aloud*
keuntong 큰통 *n. tun*
keuraekeo 크래커 *n. cracker*
keureyong 크레옹 *n. crayon*
keurim 크림 *n. cream*
keuriseumaseu 크리스마스 *n. Xmas*
keurom geumsok 크롬 금속 *n. chrome*
keuronograepeu 크로노그래프 *n. chronograph*
keuruassang 크루아상 *n. croissant*

keusenon 크세논 *n. xenon*
kiboda 키보드 *n. keyboard*
kiga keugo yeowin 키가 크고 여윈 *adj. gangling*
kigakeun 키가큰 *adj. tall*
kilo 킬로 *n. kilo*
kilobaiteu 킬로바이트 *n. kilobyte*
kilomiteo 킬로미터 *n. kilometre*
kilteu 킬트 *n. kilt*
kishada 키스하다 *v.t. kiss*
kkabulda 까불다 *v. joggle*
kkachi 까치 *n. magpie*
kkachibamnamu yeolmae 까치밥나무 열매 *n. currant*
kkadakkeorida 까닥거리다 *v. bob*
kkaeda 깨다 *v. awaken*
kkaejin 깨진 *adj. broken*
kkaeuda 깨우다 *v. awake*
kkakjjaengi yeoja 깍쟁이 여자 *n. minx*
kkaltaegi 깔때기 *n. funnel*
kkamaqui 까마귀 *n. croak*
kkamaqui 까마귀 *n. crow*
kkambagi 깜박이 *n. blinkers*
kkambagida 깜박이다 *v. blink*
kkambagineun bit 깜박이는 빛 *v. glimmer*
kkambak sinho 깜박 신호 *n. blip*
kkambakgeorida 깜박거리다 *v.t flicker*
kkamdungi 깜둥이 *n. nigger*
kkamjjangnolam 깜짝 놀람 *n. astonishment*
kkamjjangnoldgehada 깜짝 놀라게 하다 *v. astonish*
kkedareum 깨달음 *n. realization*

kkedatta 깨닫다 v. realize
kkekkeutan 깨끗한 adj. clean
kkeopjjil 껍질 n. crust
kkeopjjil beotkkida 껍질 벗기다 n. peel
kkeopjjireul beotkkida 껍질 벗기다 v. pare
kkeorim 꺼림 n. reluctance
kkeudeogyeojida 끄덕여지다 v. nod
kkeudeopssi gyesokdoeneun 끝없이 계속되는 adj. interminable
kkeujjigan 끔찍한 adj. dreadful
kkeul 끌 n. chisel
kkeulda 끌다 v. t drag
kkeulda 끌다 v. pull
kkeulta 끓다 v.i. boil
kkeumimeopsi gyesokdoeneun 끊임없이 계속되는 adj. perpetual
kkeumjjikan 끔찍한 adj. awful
kkeumjjikan 끔찍한 adj. harrowing
kkeumjjikan 끔찍한 adj. horrific
kkeumjjikan 끔찍한 adj. nasty
kkeumjjikan 끔찍한 adj. odious
kkeun 끈 n. cord
kkeungi 끈기 adj. obstinate
kkeungi inneun 끈기 있는 adj. patient
kkeunimeomneun 끊임없는 adj. ceaseless
kkeunimeomneun 끊임없는 adj. constant
kkeunimeomneun byeonhwa 끊임없는 변화 n. flux
kkeunjilgin 끈질긴 adj. persistent
kkeunmaeneun mal 끝맺는 말 n. epilogue

kkeunnaeda 끝내다 v. finish
kkeut 끝 n. end
kkeuteseo du beonjjaeui 끝에서 두 번째의 adj. penultimate
kkieodeulda 끼어들다 v. obtrude
kkirurukkiruruk 끼루룩끼루룩 n. honk
kkocheuro deopin 꽃으로 덮인 adj. flowery
kkochigogi 꼬치고기 n. barracuda
kkochigui 꼬치구이 n. kebab
kkochikkochi kaemunneun 꼬치꼬치 캐묻는 adj. inquisitive
kkojiptta 꼬집다 v. nip
kkojiptta 꼬집다 v. pinch
kkok kkyeoankko sipeun 꼭 껴안고 싶은 adj. cuddly
kkokbujjaptta 꼭 붙잡다 v. cling
kkokdaegi 꼭대기 n apex
kkomjjakada 꼼짝하다 v. budge
kkomkkoman 꼼꼼한 adj. meticulous
kkon munuiui 꽃 무늬의 adj. floral
kkonip 꽃잎 n. petal
kkonttukkaksi 꼭둑각시 n. puppet
kkot 꽃 n. flower
kkot 꽃 n. blossom
kkotjjip 꽃집 n. florist
kkotkkaru 꽃가루 n. pollen
kkotpiuda 꽃피우다 v. bloom
kkottabal 꽃다발 n. bouquet
kkoturi 꼬투리 n. pod
kkubureojida 꾸부러지다 v. crankle
kkujitta 꾸짖다 v. chastise
kkujitta 꾸짖다 v. chide
kkujitta 꾸짖다 v. rebuke

kkul 꿀 *n. honey*
kkul 꿀 *n. nectar*
kkulkkeokkulkkeok samkida 꿀꺽꿀꺽 삼키다 *v. gulp*
kkulkkulgeorida 꿀꿀거리다 *v.i. grunt*
kkum 꿈 *n. dream*
kkumulgeorida 꾸물거리다 *v. dawdle*
kkureomi 꾸러미 *n. bundle*
kkwae 꽤 *adv. quite*
kkwak bujjabeum 꽉 붙잡음 *v. grip*
kkwak umkeojaptta 꽉 움켜잡다 *v. t. clutch*
kkwangsori 꽝소리 *n. bang*
kkwemaeda 꿰매다 *v. darn*
kkyeoantta 껴안다 *v. cuddle*
kkyeoantta 껴안다 *v. hug*
klementain 클레멘타인 *n. clementine*
klorofom 클로로폼 *n. chloroform*
ko 코 *n. nose*
kobalteu 코발트 *n. cobalt*
kobeura 코브라 *n. cobra*
kochi 코치 *n. coach*
koehwaran 쾌활한 *adj. cheery*
kogoneun 코고는 *adj. stertorous*
koieo 코이어 *n. coir*
koil 코일 *n. coil*
kokain 코카인 *n. cocaine*
kokeid 코케이드 *n. cockade*
kokeuseu 코크스 *n. coke*
kokkiri 코끼리 *n. elephant*
kokkirireul burineun saram 코끼리를 부리는 사람 *n. mahout*
kokoa garu 코코아 가루 *n. cocoa*

kokoneot yeolmae 코코넛 열매 *n. coconut*
kolaju 콜라주 *n. collage*
kolera 콜레라 *n. cholera*
kolipeulawo 콜리플라워 *n. cauliflower*
komidi 코미디언 *n comedy*
komidieon 코미디언 *n. comedian*
kondom 콘돔 *n. condom*
konet 코넷 *n. cornet*
kong 콩 *n. bean*
konkeuriteu 콘크리트 *n. concrete*
konnoraereul bureuda 콧노래를 부르다 *v. hum*
koreukeu 코르크 *n. cork*
koreul bibida 코를 비비다 *v. nuzzle*
kotkkumeong 콧구멍 *n. nostril*
kotssuyeom 콧수염 *n. moustache*
koui 코의 *adj. nasal*
krabateu 크라바트 *n. cravat*
krismas kaerol 크리스마스 캐롤 *n. carol*
krosye tteugejil 크로셰 뜨개질 *n. crotchet*
kudeta 쿠데타 *n. coup*
kufehyeong jadongcha 쿠페형 자동차 *n. coupe*
kuk jjireuda 쿡 찌르다 *v. nudge*
kuk jjireuda 쿡 찌르다 *v. poke*
kukansikida 국한시키다 *v. confine*
kuki 쿠키 *n. cookie*
kuleo 쿨러 *n. cooler*
kumin 쿠민 *n. cumin*
kung 쿵 *n. bump*
kung 쿵 *n. thud*

kungkunggeorimyo gotgi 쿵쿵거리며 걷기 *n. stomp*
kungpu 쿵푸 *n. kung fu*
kupon 쿠폰 *n. coupon*
kushyeon 쿠션 *n. cushion*
kwaehihaneun 쾌히하는 *adj. willingness*
kwarakga 쾌락가 *n. voluptuary*
kweikeo gyodo 퀘이커 교도 *n. quaker*
kwerakjjuui 쾌락주의 *n. hedonism*
kwijeu 퀴즈 *n. quiz*
kwikwihannaemsaega naneun 퀴퀴한냄새가 나는 *adj. musty*
kwinin 퀴닌 *n. quinine*
kwodeu 쿼드 *n. quad*
kwokeu 쿼크 *n. quark*
kwoteu 쿼트 *n. quart*
kyunggu 경구 *n. aphorism*
kyunghwahada 경화하다 *v. vulcanize*
kyungwieu 경위의 *n. theodolite*
kyureitor 큐레이터 *n. curator*

L

leseulingsunsoo 레스링선수 *n. wrestler*
limpeu 림프 *n. lymph*

M

mabeop 마법 *n. magic*
mabeop 마법 *n. necromancy*
mabeopssa 마법사 *n. magician*
mabi 마비 *n. paralysis*
mabidoen 마비된 *adj. paralytic*
mabisikida 마비시키다 *v. paralyse*
mabub 마법 *n. witchcraft*
mabub 마법 *n. witchery*
mabubsa 마법사 *n. wizard*
macha 마차 *n. buggy*
macha 마차 *n. chaise*
macha 마차 *n. wagon*
machal 마찰 *n. friction*
machui 마취 *n. anaesthesia*
machuije 마취제 *n. anaesthetic*
machum saengsaneul haneun 맞춤 생산을 하는 *adj. bespoke*
madam 여자에 대한 호칭 *n. madam*
madang 마당 *n. yard*
madi 마디 *n. node*
mae 매 *n. falcon*
mae 매 *n. hawk*
maebok 매복 *n. ambush*
maeche 매체 *n. media*
maechoolaek 매출액 *n. takings*
maechoonboo 매춘부 *n. strumpet*
maechoonboo 매춘부 *n. whore*
maechun 매춘부 *n. prostitute*
maechun 매춘 *n. prostitution*
maechuragi 매추라기 *n. quail*
maeda 매다 *v. fasten*
maedalda 매달다 *v. suspend*
maedalida 매달리다 *v. i. dangle*
maedeup 매듭 *n. knot*
maedohada 매도하다 *v. decry*

maega 맥아 n. *malt*
maegae 매개 n. *mediation*
maegae byeonsu 매개 변수 n. *parameter*
maegaeche 매개체 n. *vector*
maegi ppajeo jinaeda 맥이 빠져 지내다 v. *mope*
maehokada 매혹하다 v. *t enamour*
maehokada 매혹하다 v. *fascinate*
maehokjjeogin 매혹적인 adj. *alluring*
maeip 매입 n. *acquisition*
maejang 매장 n. *burial*
maejanghada 매장하다 v. *bury*
maejikpen 매직펜 n. *marker*
maejju gongjang 맥주 공장 n. *brewery*
maek 맥 n. *pulse*
maekaehan 매캐한 adj. *acrid*
maekintosi 매킨토시 n. *mackintosh*
maekjju 맥주 n. *beer*
maekjju jeojangyong jageun tong 맥주 저장용 작은 통 n. *keg*
maeknak 맥락 n. *context*
maemae sijang 매매 시장 n. *mart*
maemanjida 매만지다 v. *titivate*
maemdolda 맴돌다 v. *hover*
maemeodeu 매머드 n. *mammoth*
maen anjjogui 맨 안쪽의 adj. *inmost*
maenarae 맨아래 n. *bottom*
maengjang 맹장 n. *appendix*
maengkkongi jamulsoe 맹꽁이자물쇠 n. *padlock*
maengmok 맹목 n. *blindness*

maengmokjjeok aegukjjuuija(ui) 맹목적 애국주의자(의) n. &adj. *chauvinist*
maengmokjjeok aeguksim 맹목적 애국심 n. *chauvinism*
maengryeoran 맹렬한 비난 n. *denunciation*
maengsae 맹세 n. *oath*
maengsehada 맹세하다 v. *avow*
maengseup 맹습 n. *onslaught*
maenhol 맨홀 n. *manhole*
maenlyeoran ssaum 맹렬한 싸움 n. *brawl*
maenryeori binanhada 맹렬히 비난하다 v. *denounce*
maenyeon 매년 v. *annul*
maero ttaerida 매로 때리다 v. *flog*
maeryeok 매력 n. *attraction*
maeryeok 매력 n. *charm*
maeryeokjjeogin 매력적인 adj. *attractive*
maeryeokjjeogin 매력적인 adj. *charming*
maeryeokjjeogin 매력적인 adj. *prepossessing*
maeryuk 매력 n. *allure*
maesoohada 매수하다 v. *suborn*
maeteu 매트 n. *mat*
maeteuriseu 매트리스 n. *mattress*
maeu geonjohan 매우 건조한 adj. *arid*
maeu gippeoheun 매우 기뻐하는 adj. *overjoyed*
maeul 마을 n. *village*
maeul 마을사람 n. *villager*
maeum 마음 n. *mind*

maeum 마음 *n. psyche*
maeum 매움 *n. pungency*
maeume maneun 마음에 맞는 *adj. congenial*
maeumeul sarojaptta 마음을 사로잡다 *v. enthral*
maeumeulggeuneun 마음을 끄는 *adj. winsome*
maeumggeot tada 마음껏 하다 *v. indulge*
maeun 매운 *adj. pungent*
maewoo 매우 *adv. very*
maeworui 매월의 *adj. monthly*
magae 마개 *n. stopper*
magamil 마감일 *n. deadline*
magarin 마가린 *n. margarine*
magoogan 마구간 *n. stable*
magoogan 마구간 *n. stall*
magu 마구 *n. harness*
magu dwiseoktta 마구 뒤섞다 *n. jumble*
magu heundeulida 마구 흔들리다 *v. quake*
magu huidolda 마구 휘돌다 *v. churn*
magu jaran 마구 자란 *adj. overgrown*
magu masyeo daeda 마구 마셔 대다 *v. guzzle*
mahkdaegigateun 막대기같은 *adj. spindly*
mahleul mothaneun 말을 못하는 *adj. speechless*
mahogani 마호가니 *n. mahogany*
maikeu 마이크 *n. microphone*
maikeuromiteo 마이크로미터 *n. micrometer*

maikeuroproseseseo 마이크로프로세서 *n. microprocessor*
mail 마일 *n. mile*
majimagui 마지막의 *adj. final*
majimagui 마지막의 *adj. last*
majimotae juneun 마지못해 주는 *adj. grudging*
majimotan 마지못한 *adj. reluctant*
majipaen 마지팬 *n. marzipan*
majohism 마조히즘 *n. masochism*
majokkam 만족감 *n. contentment*
mak 막 *n. membrane*
makdaegi 막대기 *n. stick*
makjjasabal 막자사발 *n. mortar*
makkan 막간 *n. interlude*
makkida 맡기다 *v. assign*
maktta 막다 *v.t. jam*
maktta 막다 *v. obstruct*
maktta 막다 *v. prevent*
makttae geurapeu 막대 그래프 *n. histogram*
makttae satang 막대 사탕 *n. lollipop*
makttaegi 막대기 *n. pole*
makttaegi dalin eoreumgwaja 막대기 달린 얼음과자 *n. lolly*
makttaehan 막대한 *adj. enormous*
makttaehan 막대한 *adj. huge*
makttaehan 막대한 *adj. incalculable*
makttwae meogeun nom 막돼 먹은 놈 *n. lout*
makueseo 막후에서 *adv. backstage*
makyeonsung 막연성 *n. vagueness*
mal 말 *n. horse*

mal 말 *n. steed*
mal 말 *n. vernacular*
mal 말 *n. word*
mal daeyeol 말 대열 *n. cavalcade*
malaria 말라리아 *n. malaria*
malbeol 말벌 *n. hornet*
malbul 말벌 *n. wasp*
malchamgyeoneul hada 말참견을 하다 *v. interject*
malchamgyeonhaneunyeoja 말참견하는여자 *n. virago*
maldaero 말대로 *adv. verbatim*
maldatum 말다툼 *n. quarrel*
maldatumhada 말다툼하다 *v. bicker*
malddok 말뚝 *n. stake*
maldduk 말뚝 *n. stave*
maldeodumda 말더듬다 *v. stutter*
maleul deodumda 말을 더듬다 *v. stammer*
malhada 말하다 *v. intone*
malhada 말하다 *v. speak*
malhada 말하다 *v. tell*
malhadah 말하다 *n. state*
malin jadu 말린 자두 *n. prune*
maljjangnan 말장난 *n. pun*
mallo 말로 *adv. verbally*
mallodamothal 말로다못할 *adj. untold*
mallopyohyunhada 말로 표현하다 *v. verbalize*
mallopyohyunhalsooupneun 말로표현할 수 없는 *adj. unutterable*
malmothal 말못할 *adj. unmentionable*
malsseongjaengi yojeong 말썽쟁이 요정 *n. hobgoblin*

malssi 말씨 *n. locution*
malssohada 말소하다 *v. obliterate*
malssugan 말쑥한 *adj. natty*
malssukan 말쑥한 *adj. dapper*
maltoo 말투 *n. tone*
malttuk 말뚝 *n. peg*
maltu 말투 *n. parlance*
malulreumsory 말울음소리 *n. whinny*
malyeodoeda 만료되다 *v. expire*
malyimaneun 말이 많은 *adj. talkative*
mameoleideu 마멀레이드 *n. marmalade*
mamo 마모 *n. abrasion*
man 만 *n. bay*
man 만 *n. gulf*
manbyeongchiryoje 만병치료제 *n. panacea*
manchan 만찬 *n. supper*
mandeulda 만들다 *v. make*
mandeulgi 만들기 *n. making*
mandeureonaeda 만들어 내다 *v. formulate*
maneking 마네킹 *n. mannequin*
maneul 마늘 *n. garlic*
maneun 많은 *adj. galore*
maneun 많은 *adj. many*
maneun 많은 *pron. much*
maneun 많은 *adj. numerous*
maneun 많은 *adj. profuse*
maneun su 많은 수 *n. plurality*
mang 망 *n. network*
mangan 망간 *n. manganese*
mangchi 망치 *n. hammer*
mangchidah 망치다 *v. spoil*

mangi 만기 *n. expiry*
mangkak 망각 *n. oblivion*
mangmak 망막 *n. retina*
mangmyeong 망명 *n. asylum*
mangmyeong 망명 *n. exile*
mangnyeong deulda 망령들다 *v. dote*
mango 망고 *n. mango*
mangsa 망사 *n. net*
mangsang 망상 *n. delusion*
mangse 맹세 *n. vow*
mangsehada 맹세하다 *v. swear*
mangseorida 망설이다 *v. hesitate*
mangseorim 망설임 *n. indecision*
mangsin 망신 *n. disgrace*
mangto 망토 *n. cape*
mangto 망토 *n. cloak*
mangto 망토 *n. mantle*
mangwongyung 망원경 *n. telescope*
manhwa 만화 *n. cartoon*
manhwagyeong 만화경 *n. kaleidoscope*
mani cheonguhada 많이 청구하다 *v. overcharge*
manilui satae 만일의 사태 *n. contingency*
manjangyilchieui 만장일치의 *a. unanimity*
manjangyilchieui 만장일치의 *adj. unanimous*
manjida 만지다 *v. touch*
manjokaneun 만족하는 *adj. content*
manjokkam 만족감 *n. gratification*
manna 만나 *n. manna*
mannada 만나다 *v. meet*

mannam 만남 *n. rendezvous*
mano 마노 *n. agate*
manse 만세 *n. hail*
manteul 맨틀 *n. mantra*
manyak ~hadamyeon 만약 ~하다면 *conj. if*
manyeonada 만연하다 *v. pervade*
manyeonada 만연하다 *v. prevail*
manyeonhaneun 만연하는 *adj. rampant*
manyong 만용 *n. temerity*
manyu 마녀 *n. witch*
manyuilryeok 만유인력 *n. gravitation*
mapia 마피아 *n. Mafia*
marada 말하다 *v. mention*
maraton 마라톤 *n. marathon*
mareul geosehada 말을 거세하다 *v. geld*
mareul jal an haneun 말을 잘 안 하는 *adj. reticent*
mareul jaldeun neun 말을 잘 듣는 *adj. amenable*
mareul mani haji anneun 말을 많이 하지 않는 *adj. laconic*
mareumelo 마르멜로 *n. quince*
mareun 마른 *adj. dry*
mari jiljuhada 말이 질주하다 *n. gallop*
mari ulda 말이 울다 *n. neigh*
marigoldeu 마리골드 *n. marigold*
markeusiseum 마르크시즘 *n. Marxism*
maronie yeolmae 마로니에 열매 *n. conker*
marummokkol 마름모꼴 *n. lozenge*
maryeok 마력 *n. horsepower*

maryun 마련 *n. arrangement*
maryunada 마련하다 *v. arrange*
maseukara 마스카라 *n. mascara*
maseukeu 마스크 *n. mask*
maseukoteu 마스코트 *n. mascot*
masi eomneun 맛이 없는 *adj. insipid*
masida 마시다 *v. t drink*
masimelo 마시멜로 *n. marshmallow*
masineun 맛있는 *adj. palatable*
masinneun 맛있는 *adj. yummy*
massaji 마사지 *n. massage*
massajisa 마사지사 *n. masseur*
masuljjeogeuro yeeonada 마술적으로 예언하다 *v. foretell*
masureul hada 마술을 하다 *v. conjure*
mat 맛 *n. taste*
mateulboda 맛을보다 *v. taste*
matine 마티네 *n. matinee*
matta 맞다 *n. greeting*
mattakteurida 맞닥뜨리다 *v. encounter*
matyitneun 맛있는 *adj. tasty*
maumeul goeropida 마음을 괴롭히다 *v. rankle*
maumeul kkeulda 마음을 끌다 *v. attract*
maumui pyeongjeong 마음의 평정 *n. composure*
mauseu nureum 마우스 누름 *n. click*
mayak 마약 *n. narcotic*
mayonejeu 마요네즈 *n. mayonnaise*
meari 메아리 *n. echo*
medal 메달 *n. medal*
medaliseuteu 메달리스트 *v.i. medallist*

medeuli 메들리 *n. medley*
megabaiteu 메가바이트 *n. megabyte*
megahereucheu 메가헤르츠 *n. megahertz*
megapon 메가폰 *n. megaphone*
meireu 매일의 *adj. daily*
meka sulye 메카 순례 *n. hajj*
mekaniseum 메커니즘 *n. mechanism*
melamin 멜라민 *n. melamine*
melhoi 밀회 *n. assignation*
melodeurama 멜로드라마 *n. melodrama*
melodeuramagateun 멜로드라마 같은 *adj. melodramatic*
melodi 멜로디 *n. melody*
melon 멜론 *n. melon*
memo 메모 *n. note*
mento 멘토 *n. mentor*
menu 메뉴 *n. menu*
meogeujan 머그잔 *n. mug*
meogeul ssu inneun 먹을 수 있는 *adj. edible*
meogi 먹이 *n. prey*
meogida 먹이다 *v. feed*
meojjin 멋진 *adj. handsome*
meokkie jeokapan 먹기에 적합한 *adj. eatable*
meoktta 먹다 *v. eat*
meoli 멀리 *adv. afar*
meoli 멀리 *adv. far*
meoli 멀리 *adv. off*
meoli & ~mankeum tteoreojeo 멀리 & ~ 만큼 떨어져 *adj.& adv. furthest*

meoli ddeoleojyeo 멀리 떨어져 *adv. afield*
meoltimidieoui 멀티미디어의 *n. multimedia*
meoltiplekseu 멀티플렉스 *n. multiplex*
meomchit georida 멈칫거리다 *v. baulk*
meomchuda 멈추다 *v. halt*
meomujeokkeorida 머무적거리다 *v. dither*
meomureuda 머무르다 *v. stay*
meon 먼 *adj. distant*
meoncheongi 멍청이 *n. clot*
meoncheongi 멍청이 *n. dullard*
meong 멍 *n. bruise*
meongcheonghago ttabunan saram 멍청하고 따분한 사람 *n. nerd*
meongcheongi 멍청이 *n. ass*
meongcheongi 멍청이 *n. berk*
meongcheongi 멍청이 *n. jackass*
meongcheongi 멍청이 *n. moron*
meonji 먼지 *n. dust*
meopin 머핀 *n. muffin*
meopleo 머플러 *n. muffler*
meori 머리 *n. head*
meori moyang 머리 모양 *n. hairstyle*
meori soge juipada 머리 속에 주입하다 *v. inculcate*
meori ttaeun geot 머리 땋은 것 *n. plait*
meori uie 머리 위에 *adv. overhead*
meorigarigae 머리가리개 *n. wimple*
meorikkakki 머리깎기 *n. haircut*
meoritdan 머릿단 *n. tress*
meoriteol 머리털 *n. hair*
meoseukit chong 머스킷총 *n. musket*

meoskeotchongeul deun byungsa 머스컷총을 든 병사 *n. musketeer*
meotjigo dangdanghan 멋지고 당당한 *adj. debonair*
meotjjin 멋진 *adj. chic*
meotjjin namja 멋진 남자 *n. dandy*
meseukkeoun 메스꺼운 *adj. queasy*
messiji 메시지 *n. message*
messinjeo 메신저 *n. messenger*
mettugi 메뚜기 *n. grasshopper*
mettugi 메뚜기 *n. locust*
michigwangi 미치광이 *n. lunatic*
michigwangi 미치광이 *n. maniac*
michin 미친 *adj. mad*
michin 미친 *adj. wonky*
mideul ssu inneun 믿을 수 있는 *adj. credible*
mideulsooeupneun 믿을수 없는 *adj. ubelievable*
mideulsooeupneun 믿을수 없는 *n unreliable*
mideulssu eomneun 믿을 수 없는 *adj. perfidious*
mideulssueomneun 믿을 수 있는 *adj. reliable*
mideum 믿음 *n. belief*
mideum 믿음 *n. faith*
migyeorin 미결인 *adj. pending*
mihak 미학 *n. aesthetics*
mihwahada 미화하다 *v. glorify*
miin 미인 *n. belle*
mijeokjjigeunan 미적지근한 *adj. lukewarm*
mijeokkeorida 미적거리다 *v. dally*
mijigeunhan 미지근한 *adj. tepid*

mijin 미진 *n. mote*
mijin 미진 *n. tremor*
mikeurochip 마이크로칩 *n. microchip*
mikeuropileum 마이크로필름 *n. microfilm*
mikkeureojideut gada 미끄러지듯 가다 *v. glide*
mikki 미끼 *n. bait*
mikseo 믹서 *n. mixer*
miksseogi 믹서기 *n. blender*
mil 밀 *n. wheat*
milda 밀다 *v. push*
milda 밀다 *v. thrust*
mildo 밀도 *n. density*
mileohnutda 밀어넣다 *v. tuck*
mileui 밀의 *adj. wheaten*
milhwe 밀회 *n. tryst*
miligraem 밀리그램 *n. milligram*
milimiteo 밀리미터 *n. millimetre*
milin il 밀린 일 *n. backlog*
miljjeopan yeongwaneul gatta 밀접한 연관을 갖다 *v. interrelate*
milkeuseikeu 밀크세이크 *n. milkshake*
milkkaru banjuk 밀가루 반죽 *n. dough*
milmae 밀매 *n. trafficking*
milpyedoen 밀폐된 *adj. hermatic*
milssil gongpojjeung 밀실 공포증 *n. claustrophobia*
milsupum 밀수품 *n. contraband*
milyeo nagada 밀려 나가다 *v. extrude*
mimanyin 미망인 *n. widow*
mimihan 미미한 *adj. marginal*
mimyoham 미묘함 *n. subtlety*
mimyohan 미묘한 *adj. subtle*

minbyeongdae 민병대 *n. militia*
mincheop 민첩 *n. agility*
mincheop 민첩 *n. alacrity*
mindeule 민들레 *v. dandelion*
minestron 미네스트론 *n. minestrone*
mineul 미늘 *n. barb*
mineul 미늘 *n. fluke*
mineulmun 미늘문 *n. louvre*
mingamhan 민감한 *adj. susceptible*
mingan jeontong 민간 전통 *n. lore*
minganin 민간인 *n. civilian*
minibeoseu 미니 버스 *n. minibus*
minikaep 미니캡 *n. minicab*
miniseukeoteu 미니스커트 *n. miniskirt*
minjeogui 민족의 *adj. ethnic*
minjokjjuui 민족주의 *n. nationalism*
minjujui 민주주의 *n. democracy*
minjujuiui 민주주의의 *adj. democratic*
minkeu 밍크 *n. mink*
minyonghwahada 민영화하다 *v. privatize*
mipoong 미풍 *n. zephyr*
mira 미라 *n. mummy*
miraro mandeulda 미라로 만들다 *v. mummify*
mire 미래 *n. future*
mireodakchim 밀어닥침 *n. influx*
mireoneota 밀어넣다 *v. cram*
miri gyeoljjeonghada 미리 결정하다 *v. predetermine*
miri saenggakam 미리 생각함 *n. premeditation*
miri sukkohada 미리 숙고하다 *v. premeditate*

miro 미로 *n. labyrinth*
miro 미로 *n. maze*
mirooda 미루다 *v. temporize*
miruda 미루다 *v. defer*
miruda 미루다 *v. procrastinate*
misaengmurak 미생물학 *n. microbilogy*
misail 미사일 *n. missile*
misehan 미세한 *adj. microscopic*
mishin 미신 *n. superstition*
mishinjeokyin 미신적인 *adj. superstitious*
misik 미식 *n. gastronomy*
misookhan 미숙한 *adj. unskilled*
misuk 미숙 *n. immaturity*
misukan 미숙한 *adj. callow*
misukan 미숙한 *adj. immature*
mitchil 밑칠 *n. primer*
mite 밑에 *prep. below*
miteo 미터 *n. metre*
miteoppeobui 미터법의 *adj. metric*
miteulsooyitneun 믿을 수 있는 *adj. trusty*
miteura 미트라 *n. mitre*
mitggalgye 밑깔개 *n. underlay*
mitjulchida 밑줄치다 *v.t. underline*
mitjulpyosihada 밑줄표시하다 *v. underscore*
mitkkieoryeoun 믿기 어려운 *adj. implausible*
mitkkiji anneun 믿기지 않는 *adj. incredible*
mitta 믿다 *v. accredit*
mitta 믿다 *v. believe*

miwohada 미워하다 *v.t. hate*
miyakhan 미약한 *adj. tenuous*
miyeone bangjihada 미연에 방지하다 *v. forestall*
miyeone bangjihada 미연에 방지하다 *v. pre-empt*
miyongsa 미용사 *n. beautician*
mjhyo 무효 *n. nullification*
mobanghada 모방하다 *v. t emulate*
mobanghada 모방하다 *v. imitate*
mobangja 모방자 *n. imitator*
mochinsarae 모친살해 *n. matricide*
modakppul 모닥불 *n. bonfire*
modem 모뎀 *n. modem*
modeonism 모더니즘 *n. modernism*
modeun 모든 *adj. all*
modeun 모든 *adj. every*
modeun naeyongi inneun 모든 내용이 있는 *adj. compendious*
modu hapchyeo 모두 합쳐 *adv. altogether*
modyul 모듈 *n. module*
moeuda 모드다 *v. amass*
moeuda 모으다 *v. collect*
moeuda 모으다 *v. muster*
moeum 모음 *n. vowel*
mogi 모기 *n. mosquito*
mogye 무게 *n. weight*
mogyeok 목욕 *n. bath*
mogyokjaegye 목욕재계 *n. ablutions*
moheom 모험 *n. adventure*
moheomjeogin 모험적인 *adj. adventurous*
moho 모호 *n. ambiguity*

mohohan 모호한 *adj. ambiguous*	**mokjjeok** 목적 *n. aim*
mohohan 모호한 *adj. obscure*	**mokjjeok** 목적 *n. purpose*
mohohan 모호한 *adj. vague*	**mokkeori** 목걸이 *n. necklace*
mohum 모험 *n. venture*	**mokmareun** 목마른 *adj. thirsty*
mohumjeokyin 모험적인 *adj. venturesome*	**mokppal** 목발 *n. crutch*
mohwa 목화 *n. cotton*	**mokpyoeomneun** 목표없는 *adj. aimless*
mohyung 모형 *n. model*	**mokpyomool** 목표물 *n. target*
moida 모이다 *v. assemble*	**moksa** 목사 *n. vicar*
moida 모이다 *v. congregate*	**moksori** 목소리 *n. voice*
moim 모임 *n. assemblage*	**moksorieui** 목소리의 *adj. vocal*
moja 모자 *n. cap*	**mokssa** 목사 *n. pastor*
moja 모자 *n. hat*	**moksseong** 목성 *n. jupiter*
mojaikeu 모자이크 *n. mosaic*	**mokssoriga tteolida** 목소리가 떨리다 *v. quaver*
mojepada 모집하다 *v. recruit*	**mokssu** 목수 *n. carpenter*
mojjarela 모짜렐라 *n. mozzarella*	**mokssuil** 목수일 *n. carpentry*
mojongsap 모종삽 *n. trowel*	**mokyeeshin** 목이쉰 *adj. throaty*
mojopoon 모조품 *n. travesty*	**mokyoyeel** 목요일 *n. Thursday*
mojopum 모조품 *n. imitation*	**molak** 몰락 *n. downfall*
mojoui 모조의 *adj. pseudo*	**molrae** 몰래 *adv. stealthily*
mok 몫 *n. quotient*	**molryak** 몰약 *n. myrrh*
mok 목 *n. neck*	**molsu** 몰수 *n. confiscation*
mok 목 *n. throat*	**molsudanghada** 몰수당하다 *v. forfeit*
mok beda 목 베다 *v. behead*	**molsuhada** 몰수하다 *v. confiscate*
mok swin 목 쉰 *adj. hoarse*	**molttuhage mandeulda** 몰두하게 만들다 *v. engross*
mokakeopi 모카커피 *n. mocha*	**molttuhaneun** 몰두하는 *n. intent*
mokchoji 목초지 *n. meadow*	**molyinjeonghan** 몰인정한 *adj. uncharitable*
mokchugui 목축의 *adj. pastoral*	**momeul ganuji mottaneun** 몸을 가누지 못하는 *adj. groggy*
mokeuljoreuda 목을조르다 *n. throttle*	**momeul pulda** 몸을 풀다 *v. flex*
mokjae 목재 *n. timber*	**momeul sugida** 몸을 숙이다 *v. cower*
mokjaeeui 목재의 *adj. wooden*	
mokjeok 목적 *n. subject*	
mokjjang 목장 *n. ranch*	
mokjjareuda 목자르다 *v. decapitate*	

momi an joeun 몸이 안 좋은 *adj.*
　indisposed
momi garyeoptta 몸이 가렵다 *v.i. itch*
momjjit 몸짓 *n. gesture*
momkkap 몸값 *n. ransom*
momseorichige mandeulda
　몸서리치게 만들다 *v. horrify* .
momssaum 몸싸움 *n. tussle*
momssaumhada 몸싸움하다 *v. wrestle*
momssitta 몸 씻다 *v. bathe*
momsusaegeul hada 몸수색을 하다 *v.*
　frisk
momtong 몸통 *n. torso*
mongnok 목록 *n. list*
mongtajeu 몽타주 *n. montage*
monguseu 몽구스 *n: mongoose*
monograem 모노그램 *n. monogram*
monoreil 모노레일 *n. monorail*
monoreol 모노럴 *n. mono*
moo 무 *n. zilch*
mooahjigyung 무아지경 *n. trance*
moodae 무대 *n. stage*
moodanchimyipeulhada 무단침입을
　하다 *v. trespass*
moodangyeolsuksang 무단결석생 *n.*
　truant
moodeogi 무더기 *n. stack*
moodeowieh shidallida 무더위에
　시달리다 *v. swelter*
moodeowoon 무더운 *adj. sultry*
moodeum 무덤 *n. tomb*
moodoojangyee 무두장이 *n. tanner*
moodoojilgongjang 무두질공장 *n.*
　tannery

moogega-yida 무게가 -이다 *v. weigh*
moogi 무기 *n. weapon*
moogiryukhan 무기력한 *adj. torpid*
moojanghejeeui 무장해제의 *adj.*
　unarmed
moojehaneui 무제한의 *adj. unlimited*
moojogeonjeokyin 무조건적인 *adj.*
　unconditional
mookda 묶다 *v.t. tether*
mookda 묶다 *v. tie*
mookgyeeui 묵계의 *adj. taciturn*
mookyin 묵인 *n. sufferance*
mool 물 *n. water*
mool 물 *n. water*
mooleui 물의 *adj. watery*
moolgyulmoyangeui 물결모양의 *adj.*
　wavy
mooljil 물질 *n. substance*
moolsokeh jamgheeda 물속에 잠기다
　v. submerse
moolsokeh sseulsooitneun 물속에서
　쓸수있는 *adj. submersible*
moolyideuleohohjiahnneun
　물이들어오지 않는 *adj. watertight*
moolyokyiupneun 물욕이 없는 *adj.*
　unworldly
moonchesangeui 문체상의 *adj.*
　stylistic
moongchi 뭉치 *n. wad*
moongujeom 문구점 *n. stationer*
moonguryu 문구류 *n. stationery*
moonje 문제 *n. trouble*
moonjibang 문지방 *n. threshold*
moonshin 문신 *n. tattoo*
mooreup gwanjeol 무릎관절 *v. stifle*

mooryehan 무례한 adj. surly
mooryehan 무례한 adj. uncouth
mooryehanjasik 무례한 자식 n. yob
moosamagwi 무사마귀 n. wart
mooseonwui 무선의 adj. wireless
moosepgyehada 무섭게하다 v. terrify
mooshimhan 무심한 adj. thoughtless
mooyeok 무역 n. trade
mooyineui 무인의 adj. uninhabited
mooyineui 무인의 adj. unmanned
mopedeu 모페드 n. moped
mopsihimdeun 몹시 힘든 adj. strenuous
mopssi chuun 몹시 추운 adj. frosty
mopssi geonjohan 몹시 건조한 adj. parched
mopssi hwanage hada 몹시 화나게 하다 v. exasperate
morae 모래 n. grit
moranaeda 몰아내다 v. oust
moreupin 모르핀 n. morphine
moreutareu 모르타르 n. pointing
moribae 모리배 n. racketeer
moru 모루 n. anvil
mosaemchi 모샘치 n. gudgeon
mosahada 모사하다 v. replicate
moseulin 모슬린 v. muslin
mosun 모순 n. contraction
mosun 모순 n. contradiction
motel 모텔 n. motel
motjin 멋진 adj. terrific
motkkyeondineun 못 견디는 adj. impatient
motsanggin 못생긴 adj. ugly

motssalge gulda 못살게 굴다 v. goad
mottoen jiseul hada 못된 짓을 하다 v. misbehave
motyeeeupneun 맛이없는 adj. tasteless
mouihada 모의하다 v. intrigue
moyeodeulda 모여들다 v. converge
moyok 모욕 n. affront
moyokjjeogin 모욕적인 adj. abusive
moyokjjeogin 모욕적인 adj. offensive
moyokkada 모욕하다 v.t. insult
mu 무 n. nil
mu 무 n. radish
mubeobui 무법의 adj. lawless
mubunbyeoran 무분별한 adj. indiscriminate
mubunbyeoran haengdong 무분별한 행동 n. indiscretion
muchaegiman 무책임한 adj. irresponsible
mudangbeole 무당벌레 n. ladybird
mudeom 무덤 n. grave
mudin 무딘 adj. blunt
mueongeuk 무언극 n. mime
mueongeuk 무언극 n. mime
mueongeuk 무언극 n. pantomime
mueongeuk baeu 무언극 배우 n. mummer
mueonui 무언의 adj. mute
mugachihan 무가치한 adj. nugatory
mugamgakan 무감각한 adj. insensible
muge inneun 무게 있는 adj. magisterial
mugega deo nagada 무게가 더 나가다 v. preponderate

mugeoun 무거운 *adj. heavy*
mugi 무기 *n. arsenal*
mugi hwidureuda 무기 휘두르다 *v. brandish*
mugigo 무기고 *n. armoury*
mugihan 무기한의 *adj. indefinite*
mugin 묵인 *n. acquiescence*
muginada 묵인하다 *v. connive*
muginhada 묵인하다 *v. acquiesce*
mugireokan 무기력한 *adj. flabby*
mugiryeok 무기력 *n. impotence*
mugiryeok sangtae 무기력 상태 *n. lethargy*
mugiryeokan 무기력한 *adj. feckless*
mugiryeokan 무기력한 *adj. lethargic*
mugungmujinan 무궁무진한 *adj. inexhaustable*
mugwansim 무관심 *n. apathy*
mugwansim 무관심 *n. indifference*
mugwansiman 무관심한 *adj. indifferent*
mugyehoekjjeogin 무계획적인 *adj. haphazard*
mugyehoekjjeogin yesul haengwi 무계획적 예술 행위 *n. happening*
mugyeoksigeu 무격식의 *adj. casual*
mugyunsseongui 무균성의 *adj. aseptic*
muhaehan 무해한 *adj. harmless*
muhanan 무한한 *adj. infinite*
muhanan 무한한 *adj. irrelevant*
muhansseong 무한성 *n. infinity*
muhmchooda 멈추다 *v. stop*
muhwagwa 무화과 *n. fig*
muhyeongui 무형의 *adj. intangible*

muhyohwahada 무효화하다 *v. invalidate*
muhyohwahada 무효화하다 *v. negate*
muhyohwahada 무효화하다 *v. nullify*
muhyoin 무효인 *adj. inoperative*
muilpuneu 무일푼의 *adj. penniless*
mujaguieu 무작위의 *adj. random*
mujang gangdodan 무장 강도단 *n. dacoit*
mujang haejesikida 무장 해제시키다 *v. disarm*
mujeongbu 무정부 *n. anarchy*
mujeongbujui 무정부주의 *n. anarchism*
mujeongbujuija 무정부주의자 *n. anarchist*
mujeonghan 무정한 *adj. heartless*
mujeonhyungui 무정형의 *adj. amorphous*
muji 무지 *n. ignorance*
muji 무지 *n. nescience*
mujigae 무지개 *n. rainbow*
mujihan 무지한 *adj. ignorant*
mujoeimeul balkyeojuda 무죄임을 밝혀주다 *v. exonerate*
mujoein 무죄인 *adj. innocent*
mujoeseongo 무죄선고 *n. acquittal*
mujoeseongohada 무죄선고하다 *v. acquit*
mukssarada 묵살하다 *v. dismiss*
muktta 묶다 *v. bind*
mula 물라 *n. mullah*
mulatc 물라토 *n. mulatto*
mulche 물체 *n. object*
mulda 물다 *v. bite*

muleonage hada 물러나게 하다 v. depose
mulgalchwee 물갈취 adj. webby
mulgalkwi 물갈퀴 n. flipper
mulgaro 물가로 adv. ashore
mulgateun 물같은 adj. aqueous
muli 물리 n. physics
muli chiryo 물리 치료 n. physiotherapy
mulichida 물리치다 v. repudiate
muljjilmaneungjuui 물질만능주의 n. materialism
mulkka harak 물가 하락 n. deflation
mulkkogi 물고기 n. fish
mulmulgyohwanada 물물교환하다 v. barter
mulpum 물품 n. commodity
mulpumui ipsise 물품 입시세 n. octroi
mulso 물소 n. buffalo
mulssin punggida 물씬 풍기다 v. exude
multaengkeu 물탱크 n. cistern
mulungdeongi 물웅덩이 n. puddle
mulyeobatta 물려받다 v. inherit
mulyu 물류 n. logistics
mumohan 무모한 adj. madcap
mumohan jangnan 무모한 장난 n. escapade
mumyeong 무명 n. obscurity
mun 문 n. gate
munbeop 문법 n. grammar
mundung ppyeong 문둥병 n. leprosy
muneo 문어 n. octopus
muneunghan 무능한 adj. incompetent

muneungnyeok 무능력 n. incapacity
mungchida 뭉치다 v. aggiomerate
mungchida 뭉치다 n. bale
mungchunghan 멍청한 adj. stupid
mungchunghan 멍청한 adj. vacuous
mungeh 멍에 n. yoke
munghan 멍한 adj. woozy
munhagui 문학의 adj. literary
munheon 문헌 n. literature
munheonak 문헌학 n. philology
munheonakjja 문헌학자 n. philologist
munhwa 문화 n. culture
munhwaui 문화의 adj. cultural
munje 문제 n. problem
munjedeul 문제들 n. malaise
munjega inneun 문제가 있는 adj. problematic
munjigi 문지기 n. janitor
munjip 문집 n. anthology
munjja geudaeroui 문자 그대로의 adj. literal
munjjaban 문자반 n. dial
munjjaban 문자반 n. door
munmaeng 문맹 n. illiteracy
munmaengui 문맹의 n. illiterate
munmyeong 문명 n. civilization
munsanggaek 문상객 n. mourner
munsanghada 문상하다 v. condole
munui 무늬 n. marking
munui 문의 n. query
munuihada 문의하다 v. enquire
munyebuheung 문예 부흥 n. renaissance

mupyojeonghan 무표정한 *adj.* impassive
mure chugida 물에 축이다 *v.* dampen
mureul daeda 물을 대다 *v.* irrigate
mureup 무릎 *n.* lap
mureup 무릎 *n.* knee
mureup kkulta 무릎 꿇다 *v.* kneel
mureupppangseok 무릎방석 *n.* hassock
muri 무리 *n.* bevy
muri 무리 *n.* cluster
muri 무리 *n.* flock
muri 무리 *n.* group
muri 무리 *n.* mob
murye 무례 *n.* disrespect
murye 무례 *n.* indecency
muryehan 무례한 *adj.* impertinent
muryehan 무례한 *adj.* impolite
muryehan 무례한 *adj.* impudent
muryeokan 무력한 *adj.* helpless
muryeokwasikida 무력화시키다 *v.* emasculate
muryoro & geojeoin 무료로 & 거저인 *adv. &adj.* gratis
musaek 무색 *n.* colourless
musaengmurui 무생물의 *adj.* inanimate
musandoen 무산된 *adj.* abortive
museon jeonhwaui 무선 전화의 *adj.* cellular
museonghan 무성한 *adj.* bushy
museonghan 무성한 *adj.* lush
museongui 무성의 *adj.* asexual
museongui 무성의 *adv.* insincerity

museu 무스 *n.* mousse
musihada 무시하다 *v. t* disregard
musihada 무시하다 *v.* ignore
musihaedo doel jjeongdoui 무시해도 될 정도의 *adj.* negligible
musihaneun 무시하는 *adj.* dismissive
musikan saram 무식한 사람 *n.* ignoramus
musilon 무신론 *n.* atheism
musilonja 무신론자 *n.* atheist
musimam 무심함 *n.* detachment
musimusihan 무시무시한 *adj.* ghastly
musingyeonghan 무신경한 *adj.* cavalier
musingyeonghan 무신경한 *adj.* crass
mustang 무스탕 *n.* mustang
musuham 무수함 *n.* myriad
musuhan 무수한 *adj.* countless
mutta 묻다 *v.* ask
muttukttukan 무뚝뚝한 *adj.* brusque
muuimi 무의미 *n.* insignificance
muuimihan 무의미한 *adj.* pointless
muyeokssang 무역상 *n.* merchant
muyongsu 무용수 *n.* dancer
mworaguyo 뭐라구요 *n.* pardon
myeoljjongdoen 멸종된 *adj.* extinct
myeolyu 면류 *n.* noodles
myeondogi 면도기 *n.* razor
myeoneuri 며느리 *n.* daughter-in-law
myeongbaekan 명백한 *adv.* outright
myeongheongi 멍청이 *n.* oaf
myeongkkoehan eumsaegui 명쾌한 음색의 *adj.* clarion
myeongkoehan 명쾌한 *adj.* explicit

myeongmanginneun 명망 있는 *adj. prestigious*
myeongmokssangui 명목상의 *adj. nominal*
myeongmyeongppeop 명명법 *n. nomenclature*
myeongnanghage hada 명랑하게 하다 *v. liven*
myeongnyeong 명령 *n. behest*
myeongnyeong 명령의 *adj. imperative*
myeongnyohage 명료하게 *adv. lucidity*
myeongpan 명판 *n. plaque*
myeongryosseong 명료성 *n. clarity*
myeongsang 명상 *n. mediation*
myeongsanghada 명상하다 *v. meditate*
myeongsangjeogin 명상적인 *adj. meditative*
myeongsasu 명사수 *n. marksman*
myeongseong 명성 *n. fame*
myeongseong 명성 *n. prominence*
myeongseong 명성 *n. renown*
myeongseong 명성 *n. reputation*
myeongseseo 명세서 *n. docket*
myeongsijeogin 명시적인 *adj. overt*
myeongsu 명수 *n. ace*
myeongyehweson 명예훼손 *n. libel*
myeonheo 면허 *n. licence*
myeonheo chwidekjja 면허 취득자 *n. licensee*
myeonjedoeneun 면제되는 *adj. exempt*
myeonjeop 면접 *n. interview*

myeonkwaehan 명쾌한 *adj. perspicuous*
myeonryeong 명령 *v. command*
myeonyeokak 면역학 *n. immunology*
myeonyeoksseong 면역성 *n. immunity*
myeonyeoksseongi inneun 면역성이 있는 *adj. immune*
myeonyeongnyeok 면역력을 갖게 하다 *v. immunize*
myobimyeong 묘비명 *n. epitaph*
myoghi 묘기 *v. stunt*
myoji 묘지 *n. cemetery*
myoji 묘지 *n. graveyard*
myosa 묘사 *n. narrative*
myosa 묘사 *n. portrayal*
myosahada 묘사하다 *v. describe*
myujeuli 뮤즐리 *n. muesli*
myunbong 면봉 *n. swab*
myungbaekhan 명백한 *adj. unmistakable*
myungkwehan 명쾌한 *adj. lucid*
myungmoksangwi 명목상의 *adj. titular*
myungranghan 명랑한 *adj. vivacious*
myunsheehada 명시하다 *v. specify*
myuseu 뮤즈 *n. muse*

N

na 나 *pron. me*
naagagehada 나아가게 하다 *v. propel*
nabang 나방 *n. moth*
nabbeugyedoeida 나쁘게된다 *v. worsen*

nabbeun 나쁜 *adj. worse*
nabi 나비 *n. butterfly*
nabittui 납빛의 *adj. leaden*
nachejuuija 나체주의자 *n. nudist*
nachimban 나침반 *n. compass*
nacho 나초 *n. nacho*
naeboida 내보이다 *v. display*
naebu gumeong 내부 구멍 *n. cavity*
naebun 내분 *n. infighting*
naebuui 내부의 *adj. inner*
naebuui 내부의 *adj. interior*
naebuui 내부의 *adj. internal*
naedeonjida 내던지다 *v. fling*
naegak 내각 *n. cabinet*
naegi &geulda 내기 & 걸다 *n. & v. wager*
naegi geolda 내기 걸다 *v. bet*
naegoo 내구 *n. sustenance*
naegusseongui inneun 내구성이 있는 *adj. durable*
naeil 내일 *n. morrow*
naeil 내일 *adv. tomorrow*
naejaehaneun 내재하는 *adj. immanent*
naejaehaneun 내재하는 *adj. inherent*
naejasinui 내자신의 *pron. myself*
naekkwa uisa 내과 의사 *n. physician*
naembi 냄비 *n. pan*
naemsae jegeoje 냄새 제거제 *n. deodorant*
naemsaega naneun 냄새가 나는 *adj. odorous*
naengaksu 냉각수 *n. coolant*
naengdam 냉담 *n. nonchalance*
naengdaman 냉담한 *adj. callous*

naengdamhan 냉담한 *adj. aloof*
naengdong 냉동 *n. refrigeration*
naengdonggo 냉동고 *n. freezer*
naengdonghada 냉동하다 *v. refrigerate*
naenggi 냉기 *n. chill*
naenghokan 냉혹한 *adj. pitiless*
naengjanggo 냉장고 *n. fridge*
naengjanggo 냉장고 *n. refrigerator*
naepkin 냅킨 *n. napkin*
naeppumtta 내뿜다 *n. puff*
naeppumtta 내뿜다 *v. radiate*
naereiteo 내레이터 *n. narrator*
naeribaji 내리받이 *n. declivity*
naerida 내리다 *v. disembark*
naerida 내리다 *v. unload*
naeryeo deopchida 내려 덮치다 *v. souse*
naeryeooda 내려오다 *v. descend*
naeryeoogi 내려오기 *n. descent*
naeryugeuro 내륙으로 *adj. inland*
naeseongjeogin 내성적인 *adj. retiring*
naeseongjeogin saram 내성적인 사람 *n. introvert*
naesungeul tteoneun 내숭을 떠는 *adj. coy*
naeyongmul 내용물 *n. content*
nagatteoerojige mandeulda 나가떨어지게 만들다 *v. knacker*
nageunnageunan 나긋나긋한 *adj. pliant*
nahseonhyungeui 나선형의 *adj. spiral*
nahseonhyungeui 나선형의 *n. spire*
nahwanja 나환자 *n. leper*

nai 나이 *n. age*
naideun 나이든 *adj. elderly*
naiga deun 나이가 든 *adj. old*
naiga gateun 나이가 같은 *adj. coeval*
nailon 나일론 *n. nylon*
naimaneun 나이많은 *adj. aged*
naiteu jagui 나이트 작위 *n. knighthood*
naitinggeil 나이팅게일 *n. nightingale*
najajida 낮아지다 *v. abase*
najeun 낮은 *adj. lowly*
najjam 낮잠 *n. noon*
najun 낮은 *adj. low*
nakasan 낙하산 *n. parachute*
nakasan budaewon 낙하산 부대원 *n. parachutist*
nakcheonjuuija 낙천주의자 *n. optimist*
nakggwanjeogin 낙관적인 *adj. bullish*
nakke hada 낫게 하다 *v. t. cure*
nakkwanjeogin 낙관적인 *adj. optimistic*
nakkwannon 낙관론 *n. optimism*
nakoja 낙오자 *n. straggler*
nakseo 낙서 *n. graffiti*
nakssimage hada 낙심하게 하다 *v. dishearten*
nakta 낙타 *n. camel*
naktae 낙태 *n. abortion*
nakttae 낙태 *n. miscarriage*
nakttamada 낙담하다 *v. frustrate*
nakttaman 낙담한 *adj. despondent*
nakudoin 낙후된 *adj. backward*
nalaen 날랜 *adj. deft*
nalda 날다 *v.i fly*
nalgae 날개 *n. vane*

nalgae 날개 *n. wing*
nalgeogui 날것의 *adj. raw*
nali 난리 *n. bedlam*
naljja 날짜 *n. date*
naljja 날짜 *n. date*
nalkaroeum 날카로움 *n. keenness*
nalkaroun 날카로움 *n. poignacy*
nalssaen 날쌘 *adj. nippy*
nalsshinhan 날씬한 *adj. thin*
nalssi 날씨 *n. weather*
nalssinhan 날씬한 *adj. svelte*
nalttuieo 날뛰어 *adv. amok*
nameoji 나머지 *n. remainder*
nameoji 나머지 *n. remnant*
nameuiyounghyangeul batgiswiwoon 남의 영향을 받기 쉬운 *adj. suggestible*
nameul gajanghada 남을 가장하다 *v. impersonate*
nameul jal minneun 남을 잘 믿는 *adj. gullible*
nameul jarukkineun 남을 잘 웃기는 *v.t. jocular*
nameungeot 남은 것 *n. remains*
namgeugui 남극의 *adj. antarctic*
namja 남자 *n. male*
namja gyeongchalgwan 남자 경찰관 *n. policeman*
namja hyeongje 남자형제 *n. brother*
namja joreopsaeng 남자 졸업생 *n. alumnus*
namjadaum 남자다움 *n. manhood*
namjadaumeul gwasihaneun 남자다움을 과시하는 *adj. macho*
namjadaun 남자다운 *adj. manful*

namjadaun 남자다운 *adj. manly*
namjaga sajeonghada 남자가 사정하다 *v. ejaculate*
namjak 남작 *n. baron*
namjaui 남자의 *adj. masculine*
namjaui eorin sijeol 남자의 어린 시절 *n boyhood*
namjaui saljjin bae 남자의 살찐 배 *n. paunch*
namjjok 남쪽 *n. south*
namjjok-eh wichihan 남쪽에 위치한 *adj. southern*
namjjokeui 남쪽의 *adj. southerly*
namneun 남는 *adj. spare*
namnyeogonghak 남녀공학 *n. co-education*
namnyeogongyongeui 남녀공용의 *adj. unisex*
namoo 나무 *n. tree*
namoo 나무 *n. wood*
namooehgoomungeulddoolneun 나무에 구멍을뚫는 *adj. xylophagous*
namoogawoogeojin 나무가우거진 *adj. wooded*
namooraldaeupneun 나무랄데없는 *adj. unexceptionable*
namooreuljoahhaneun 나무를좋아하는 *adj. xylophilous*
nampyeon 남편 *n. husband*
namsaek 남색 *n. indigo*
namsaenaneun 냄새나는 *v. stink*
namsungjeokyin 남성적인 *adj. virile*
namtta 남다 *v. remain*
namu geuneul 나무 그늘 *n. bower*

namu julgi 나무 줄기 *n. bole*
namu sangja 나무 상자 *n. crate*
namui tteuse jal ttareuneun 남의 뜻에 잘 따르는 *adj. complaisant*
namukkeopjjil 나무껍질 *n. bark*
namumangchi 나무망치 *n. mallet*
namunip 나뭇잎 *n. foliage*
namurada 나무라다 *v. reprove*
namuram 나무람 *n. reproof*
namutkkaji 나뭇가지 *n. branch*
namutkkaji jareuda 나뭇가지 자르다 *v. lop*
namyong 남용 *v. misappropriation*
namyonghada 남용하다 *v. abuse*
namyonghada 남용하다 *v. misuse*
nanbaek 난백 *n. albumen*
nancho 난초 *n. orchid*
nanchuhhagye hada 난처하게하다 *v.i. straiten*
nandongjjeung 난독중 *n. dyslexia*
naneun 나는 *pron. I*
nangan 난간 *n. banisters*
nangan 난간 *n. rail*
nangbi 낭비 *n. wastage*
nangbi 낭비 *n. extravagance*
nangbibyeogi inneun 낭비벽이 있는 *adj. extravagant*
nangbibyuck 낭비벽 *n. spendthrift*
nangbihada 낭비하다 *v. squander*
nangbihada 낭비하다 *v. waste*
nangbihaneun 낭비하는 *adj. prodigal*
nangbihaneun 낭비하는 *adj. profligate*
nangbijeokyin 낭비적인 *adj. wasteful*
nangjeonghan 냉정한 *adj. unmoved*

nangnongjang 낙농장 *n. dairy*
nangongbullakeui 난공불락의 *adj. unassailable*
nangpae 낭패 *n. fiasco*
nangpo 낭포 *n. cyst*
nanhaehan 난해한 *adj. abstruse*
nanjaengi 난쟁이 *n. dwarf*
nanjaengi 난쟁이 *n. midget*
nanjapan 난잡한 *adj. promiscuous*
nanmin 난민 *n. refugee*
nanmunje 난문제 *v. t conundrum*
nanpaseon 난파선 *n. wreck*
nanpokan 난폭한 *adj. reckless*
nanseongyong baji 남성용 바지 *n. pantaloon*
nansi 난시 *n. astigmatism*
nanso 난소 *n. ovary*
nansoreul jeokchulhada 난소를 적출하다 *v. spay*
nanuda 나누다 *v. divide*
nanueojuda 나누어 주다 *v. dispense*
nanueojuda 나누어 주다 *v. distribute*
naoda 나오다 *v. emerge*
napal 나팔 *n. trump*
napchi 납치 *v. kidnap*
napchihada 납치하다 *v. hijack*
napeuge 나쁘게 *adv. badly*
napeun 나쁜 *adj. bad*
napjjahe mandeulda 납작하게 만들다 *v.t. flatten*
nappeun haengsil 나쁜 행실 *n. misbehaviour*
nappeun jit 나쁜 짓 *n. mischief*
naptalen 나프탈렌 *n. napthalene*

naptteuksikida 납득시키다 *v. convince*
naranhada 나란하다 *v. align*
naranhage 나란하게 *adv. abreast*
naranhi 나란히 *prep. alongside*
nareisyeon 나레이션 *n. narration*
nareuda 나르다 *v. carry*
nareuda 나르다 *v. tote*
nareunada 나른하게 누워 있다 *v. loll*
narsisiseum 나르시시즘 *n. narcissism*
nat 낮 *n. day*
natanada 나타나다 *v. appear*
natanaeda 나타내다 *v. indicate*
natanaeda 나타내다 *adj. manifest*
natjjam 낮잠 *n. nap*
natseonsaram 낯선사람 *n. stranger*
nattamsikida 낙담시키다 *v. deject*
naui 나의 *adj. my*
naui 나의 *pron. mine*
naui kkeot 나의 것 *n. mine*
ne 네 *excl. yes*
ne baeui 네 배의 *adj. quadruple*
ne ssangdungui 네 쌍둥이 *n. quadruplet*
nebaljimseung 네발짐승 *n. quadruped*
nebeonjjeui & nebeonjje 네번째의 & 네번째 *adj.& n. fourth*
necktai 넥타이 *n. tie*
neeseu 니스 *n. varnish*
neodobamnamu 너도밤나무 *n. beech*
neogeureopjji mottan 너그럽지 못한 *adj. intolerant*
neogeureoum 너그러움 *n. generosity*
neogeureoun 너그러운 *adj. indulgent*
neokppaenotta 넋빼놓다 *v. mesmerize*

neokseul ppaenota 넋을 빼놓다 *v. bewitch*
neoksi ppajin 넋이 빠진 *adj. rapt*
neoktturireul haneun 넋두리를 하는 *adj. maudlin*
neolbeun 넓은 *adj. broad*
neoljjikan 널찍한 *adj. capacious*
neolkke teuin jiyeok 넓게 트인 지역 *n. expanse*
neolpanji 널빤지 *n. batten*
neolpanji 널빤지 *n. plank*
neomchida 넘치다 *v. overflow*
neomeo 너머 *prep. over*
neomeoseoda 넘어서다 *v. outrun*
neomtta 넘다 *v. exceed*
neomu 너무 *adv. overly*
neon 네온 *n. neon*
neouhdooda 넣어두다 *v. stash*
nesui & net 넷의 & 넷 *adj. & n. four*
nesuida 내쉬다 *v. exhale*
neugeutage 느긋하게 지내다 *v. laze*
neugeuttan 느긋한 *adj. negligent*
neujeun 늦은 *adj. late*
neukdae 늑대 *n. wolf*
neukjianneun 늙지않는 *adj. ageless*
neukkida 느끼다 *v. feel*
neukkim 느낌 *n. feeling*
neulhaneun 늘하는 *adj. wonted*
neulida 늘리다 *v. augment*
neullida 늘이다 *v. stretch*
neumreuman 늠름한 *adj. dashing*
neungahada 능가하다 *v. outdo*
neungbyeon 능변 *n. eloquence*
neunggahada 능가하다 *v. surpass*

neungnyeonk 능력 *n. ability*
neungsukam 능숙함 *n. competence*
neungsukan 능숙한 *adj. adept*
neungsukan 능숙한 *adj. competent*
neungsukan 능숙한 *adj. proficient*
neup 늪 *n. morass*
neup 늪 *n. swamp*
neupjji 늪지 *n. bog*
neurim 느림 *n. tar*
neurimbo 느림보 *n. laggard*
neurin 느린 *adj. tardy*
neuritneurit geotta 느릿느릿 걷다 *v. amble*
neuseunage pulda 느슨하게 풀다 *v. loosen*
neuseunan 느슨한 *adj. lax*
nigro 니그로 *n. negro*
nikel 니켈 *n. nickel*
nikotin 니코틴 *n. nicotine*
no 노 *n. oar*
no 노 *n. paddle*
noaui bangju 노아의 방주 *n. ark*
nocheonyeo 노처녀 *n. spinster*
nochida 놓치다 *v. miss*
nochul 노출 *n. exposure*
nodaji 노다지 *n. bonanza*
nodong 노동 *n. labour*
nodongja 노동자 *n. labourer*
nodongja 노동자 *n. worker*
nodongja 노동자 *n. workman*
noe 뇌 *n. brain*
noejintang 뇌진탕 *n. concussion*
noemul juda 뇌물 주다 *v. t. bribe*

noerireul sarojaptta 뇌리를 사로잡다 v. preoccupy
noeui 뇌의 adj. cerebral
nogeumgi 녹음기 n. recorder
nogeumui 녹음의 n. audio
nogeun 녹은 adj. molten
noggeun 노끈 n. twine
nogida 녹이다 v. fuse
nogoljjeogin 노골적인 adj. blatant
nogoljjeogin 노골적인 adj. flagrant
nogoljjeoguiro maraneun 노골적으로 말하는 adj. outspoken
nohuhan 노후한 adj. decrepit
noinchabyul 노인차별 n. ageism
noisungmabieui 뇌성마비의 adj. spastic
nojeul 노즐 n. nozzle
nokda 녹다 v. thaw
nokeumhada 녹음하다 v.i. tape
nokssaegui & nokssaek 녹색의 & 녹색 adj. & n. green
nokssaek namunmip 녹색 나뭇잎 v.t. greenery
noktta 녹다 v. t dissolve
noktta 녹다 v. melt
nolada 놀라다 v. wince
nolaeum 놀라움 n. amazement
nolage hada 놀라게 하다 v. amaze
nolage hada 놀라게 하다 v. frighten
nolam 놀람 n. fright
nolan 논란 n. controversy
nolani maneun 논란이 많은 adj. controversial

nolaseo baraboda 놀라서 바라보다 v. gape
nolaun 놀라운 adj. remarkable
nolda 놀다 v.i. play
nolghi joahhaneun 놀기 좋아하는 adj. sportive
noli 논리 n. logic
nolida 놀리다 v. mock
nolineun 놀리는 adj. fallow
nollalmanhan 놀랄만한 adj. stunning
nollam 놀람 n. surprise
nollida 놀리다 v. tease
nomangnan 노망난 adj. gaga
non 논 n. paddy
nonbak 논박 n. refutation
nonbakada 논박하다 v. refute
nongbu 농부 n. farmer
nongdam 농담 n. jest
nongdam 농담 n. joke
nongdam 농담 n. raillery
nongdam 농담 n. trick
nongeob 농업 n. agriculture
nongeobui 농업의 adj. agrarian
nongeobui 농업의 adj. agricultural
nongga 농가 n. grange
nongjang 농장 n. farm
nongjang 농장 n. plantation
nongrujjeung 농루증 n. pyorrhoea
nongsa 농사 n husbandry
nongyang 농양 n. abscess
nonjaeng 논쟁 n. contention
nonjaengeul joahneun 논쟁을 좋아하는 n. agnostic

nonjaengui beoreojineun 논쟁이 벌어지는 *adj. contentious*
nonji 논지 *n. thesis*
nonmoon 논문 *n. treatise*
nonmun 논문 *n. dissertation*
nonmun 논문 *n. monograph*
nonpyeong 논평 *n. comment*
nonui 논의 *n. discussion*
nonuihada 논의하다 *v. discuss*
noogeureojida 누그러지다 *v. unbend*
noogoo 누구 *pron. who*
noogoodeunji 누구든지 *pron. whoever*
noogooeui 누구의 *pron. whom*
noogooeui&noogoo 누구의&누구 *adj. & pron. whose*
noonmool 눈물 *n. tear*
noonuel ganeulge ddeuda 눈을 가늘게 뜨다 *v. squint*
nopeum 높음 *n. Highness*
nopeun 높은 *adj. high*
nopeunsanui 높은 산의 *adj. alpine*
nopi 높이 *n. height*
noraegi 노래기 *n. millipede*
noraehada 노래하다 *v. warble*
noransakeu 노란색의 *adj. yellow*
noribang 놀이방 *n. creche*
noriteo 놀이터 *n. playground*
noryeoboda 노려보다 *v.i glare*
noryeok 노력 *n. effort*
noryoboda 노려보다 *v. stare*
noryreok 노력 *v. endeavour*
noryunhan 노련한 *adj. adroit*
nosae 노새 *n. mule*
nosoehan 노쇠한 *adj. frail*

nossoe 놋쇠 *n. brass*
nota 놓다 *v. lay*
noteu 노트 *n. notebook*
notta 놓다 *v. put*
noye 노예 *n. thrall*
noyero mandeulda 노예로 만들다 *v. enslave*
nubi ibul 누비이불 *n. quilt*
nubiro doen 누비로 된 *adj. quilted*
nuckdoorireulhada 넋두리를하다 *v. whinge*
nudeogiga doen 누더기가 된 *adj. ragged*
nudeuui 누드의 *adj. nude*
nuga 누가 *n. nougat*
nugreotteurida 누그러뜨리다 *v. assuage*
nugu 누구 *pron. anyone*
nuiangsseu 뉘앙스 *n. nuance*
nuiuchida 뉘우치다 *v. repent*
nuiuchim 뉘우침 *n. repentance*
nuiuchineun 뉘우치는 *adj. repentant*
nujeokdoeda 누적되다 *v.t. accrue*
nujeokttoeneun 누적되는 *adj. cumulative*
nukseul ileun 넋을 잃은 *adj. spellbound*
nulbeun 넓은 *adj. wide*
nulbi 넓이 *n. tract*
nulbi 넓이 *n. width*
nulgehada 넓게하다 *v. widen*
nulgepuhjin 넓게퍼진 *adj. widespread*
nuljjikan 넓찍한 *adj. spacious*
numeuhjida 넘어지다 *v. topple*

numohsuhda 넘어서다 *v. transgress*
nun 눈 *n. eye*
nun api an boineun 눈 앞이 안 보이는 *adj. impenetrable*
nunal 눈알 *n. eyeball*
nunbora 눈보라 *n. blizzard*
nunbusida 눈부시다 *v. daze*
nunbusige binnaneun 눈부시게 빛나는 *adj. resplendent*
nunbusige hada 눈부시게 하다 *v. t. dazzle*
nunchichaem 눈치챔 *n. inkling*
nune jal an tuineun 눈에 잘 안 띄는 *adj. inconspicuous*
nuneboyeeneun 눈에 보이는 *adj. visible*
nungarida 눈가리다 *v. blindfold*
nungma 넝마 *n. tatter*
nungnukan 눅눅한 *adj. dank*
nuni maja hamkke daranada 눈이 맞아 함께 달아나다 *v. elope*
nunmeon 눈먼 *adj. blind*
nunsatae 눈사태 *n. avalanche*
nunui 눈의 *adj. ocular*
nunui 눈의 *adj. optic*
nunui gangmak 눈의 각막 *n. cornea*
nuseol 누설 *n. leakage*
nuseorada 누설하다 *v. leak*
nuwo inneun 누워 있는 *adj. recumbent*
nwiuchineun 뉘우치는 *adj. penitent*
nyeoseok 녀석 *n. bloke*
nyeoseok 녀석 *n. fellow*
nyus dansin 뉴스 단신 *n. bulletin*

O

oasis 오아시스 *n. oasis*
ochan 오찬 *n. luncheon*
oda 오다 *v. come*
odeucolognyu 오드콜로뉴 *n. cologne*
odisyeon 오디션 *n. audition*
odohada 오도하다 *v. misdirect*
odumak 오두막 *n. hut*
odumak 오두막 *n. lodge*
oebue witagada 외부에 위탁하다 *v. outsource*
oebuui 외부의 *adj. exterior*
oebuui 외부의 *adj. outer*
oechim 외침 *n. cry*
oegugin 외국인 *n. foreigner*
oegugui 외국의 *adj. foreign*
oegugui 외국의 *adv. abroad*
oegugui eoneo 외국 언어 *n. lingo*
oegwaneul hwesonada 외관을 훼손하다 *v. deface*
oegyo 외교 *n. diplomacy*
oegyo eurae 외교 의례 *n. protocol*
oegyogwan 외교관 *n. diplomat*
oegyoui 외교의 *adj. diplomatic*
oehyangjeogin 외향적인 사람 *n. extrovert*
oehyangjeogin 외향적인 *adj. outgoing*
oehyungui 외형의 *adj. outward*
oeigwawuisa 외과의사 *n. surgeon*
oejang 외장 *n. facing*
oejin 외진 *adj. remote*
oemyeonada 외면하다 *v. ostracize*

oemyeonjeogin 외면적인 *adj. external*
oenjjok 왼쪽 *n. left*
oenunui 외눈의 *adj. monocular*
oerae hwanja 외래 환자 *n. outpatient*
oeroun 외로운 *adj. lonely*
oeroun 외로운 *adj. lonesome*
oeseol 외설 *n. obscenity*
oeseoljeogin 외설적인 *adj. indecent*
oeseoljjeogin 외설적인 *adj. lewd*
oetkkaji 윗가지 *n. lath*
oettan 외딴 *adj. outlying*
oetu 외투 *n. coat*
oetue ttalin moja 외투에 딸린 모자 *n. hood*
oeyang 외양 *n look*
oeyangkkan 외양간 *n. byre*
ogakyeong 오각형 *n. pentagon*
ogeumjjul 오금줄 *n. hamstring*
ogoeui 옥외의 *adj. outdoor*
ohae 오해 *n. misapprehension*
ohae 오해 *n. misconception*
ohae 오해 *n. misunderstanding*
ohaehada 오해하다 *v. misapprehend*
ohaehada 오해하다 *v. misconceive*
ohaehada 오해하다 *v. misunderstand*
ohaeng sogyo 5행 속요 *n. limerick*
oi 오이 *n. cucumber*
ojaengijin namja 오쟁이 진 남자 *n. cuckold*
ojakttonghada 오작동하다 *v. malfunction*
ojeon 오전 *n. morning*
ojinguh 오징어 *n. squid*
ojon 오존 *n ozone*

ok 옥 *n. jade*
okestra 오케스트라 *n. orchestra*
okestraui 오케스트라의 *adj. orchestral*
okeu 오크 *n. oak*
oksingassinada 옥신각신하다 *n. quibble*
okssyeon 옥션 *n. auction*
oksusu 옥수수 *n. corn*
oktabeu 옥타브 *n. octave*
olbareun 올바른 *adj. proper*
olgami 올가미 *n. noose*
olibeu 올리브 *n. olive*
olimpic 올림픽의 *adj. olympic*
olppaemi 올빼미 *n. owl*
oman 오만 *n. arrogance*
oman 오만 *n. insolence*
oman bulsonan 오만 불손한 *adj. bossy*
omanan 오만한 *adj. arrogant*
omeulet 오믈렛 *n. omelette*
omeuradeulda 오므라들다 *v. deflate*
omgida 옮기다 *v. transfer*
omnibeos 옴니버스 *n. omnibus*
omokan 오목한 *adj. concave*
omul 오물 *n. filth*
omul 오물 *n. dirt*
omyeong 오명 *n. disrepute*
omyeong 오명 *n. infamy*
omyung 오명 *n. stigma*
omyungeul ssuiwooda 오명을 씌우다 *v. stigmatize*
ondo 온도 *n. temperature*
ondoegye 온도계 *n. thermometer*

ondojojeoljangchi 온도조절장치 *n. thermostat*
oneulbam 오늘밤 *adv. tonight*
oneulwee 오늘의 *adv. today*
onghogalssu ineun 옹호할 수 있는 *adj. defensible*
onghohada 옹호하다 *v. uphold*
ongida maneun 옹이가 많은 *adj. gnarled*
ongsonggeurimyeo moida 옹송그리며 모이다 *v. huddle*
onhwahan 온화한 *adj. clement*
onhwahan 온화한 *adj. gentle*
onhwahan 온화한 *adj. temperate*
onix 오닉스 *n. onyx*
onjeonan 온전한 *adj. intact*
onjeonhi 온전히 *adj. thorough*
onmomeulbiteulda 온몸을 비틀다 *v. writhe*
onniptta 옷입다 *v. clothe*
onniptta 옷입다 *v. dress*
onseu 온스 *n. ounce*
onsil 온실 *n. conservatory*
onsunan 온순한 *adj. meek*
ookshingeorida 욱신거리다 *v. throb*
oopyo 우표 *n. stamp*
opera 오페라 *n. opera*
opeusaideuui 오프사이드의 *adj. offside*
orae kkeuneun 오래 끄는 *adj. protracted*
oraedoen jedo 오래된 제도 *n. institution*
oraensigan 오랜시간 *n. yonks*
orak 오락 *n. amusement*

orak 오락 *n. recreation*
orenji 오렌지 *n. orange*
oreuda 오르다 *v. ascend*
oreuda 오르다 *v.i climb*
oreuda 오르다 *v. mount*
oreugasm 오르가슴 *n. orgasm*
ori 오리 *n. duck*
oryu 오류 *n. error*
osan 오산하다 *n. miscalculation*
osanada 오산하다 *v. miscalculate*
oseul beotta 옷을 벗다 *v. disrobe*
osibeu & osip 50의 & 50 *adj. & n. fifty*
osik 오식 *n. misprint*
ot 옷 *n. clothes*
ot 옷 *n. outfit*
ot 옷 *n. tog*
otjang 옷장 *n. wardrobe*
otkkam 옷감 *n. cloth*
otkkeori 옷걸이 *n. hanger*
otnibeun 옷입은 *adj. clad*
otobai 오토바이 *n. motorcycle*
otoman 오토만 *n. ottoman*
otseul butda 옷을 벗다 *v. undress*
ottan 옷단 *n. hem*
oveokoteu 오버코트 *n. overcoat*
oveun 오븐 *n. oven*
owol 5월 *n. May*
oyeom 오염 *n. pollution*
oyeom muljjireul jegeohada 오염 물질을 제거하다 *v. decontaminate*
oyeomdoeda 오염되다 *v. contaminate*
oyeomsikida 오염시키다 *v. pollute*
oyonghada 오용하다 *v. misapply*

P

paakada 파악하다 v. apprehend
pabeol 파벌 n. faction
pabilion 파빌리온 n. pavilion
pachungnyu 파충류 n. reptile
pada 파다 v. dig
padochida 파도치다 v. wave
padoe 파도 n. surf
padomoyangeul yirooda 파도모양을 이루다 v. undulate
paebaejuuija 패배주의자 n. defeatist
paebaesikida 패배시키다 v. t. defeat
paedeom 패덤 n. fathom
paedeu 패드 n. pad
paegi 패기 n. mettle
paegimanmanan 패기만만한 adj. ebullient
paekkwon 패권 n. hegemony
paempeulit 팸플릿 n. pamphlet
paempeulit jipilja 팸플릿 집필자 n. pamphleteer
paen 팬 n. fan
paenti 팬티 n. panties
paeopchamgaja 파업참가자 n. striker
paereodi 패러디 n. parody
paeseuti 패스티 n. pasty
paeteon 패턴 n. pattern
paeti 패티 n. patty
pagoe 파괴 n. destruction
pagoehada 파괴하다 v. destroy
pagwecha 파괴차 n. wrecker
pai 파이 n. pie

pail 파일 n. file
painaeppeul 파인애플 n. pineapple
painteu 파인트 n. pint
pal 팔 n. limb
pal 팔 n. arm
palbok 팔복 n. beatitude
palda 팔다 v. vend
paleteu 팔레트 n. palette
palgakkyeong 8각형 n. octagon
paljjeolpan 8절판 n. octavo
paljji 팔찌 n. bangle
paljji 팔찌 n. bracelet
palkkeumchi 팔꿈치 n. elbow
palssibui & palssip 팔십의 & 팔십 adj. & n. eighty
palssipttaein saram 80대인 사람 n. octogenarian
palttuk 팔뚝 n. forearm
palwol 팔월 n August
pamun 파문 n. ramification
pamyeol 파멸 n. doom
pamyul 파멸 n. apocalypse
pan 판 n. edition
pan 판 n. panel
panaeda 파내다 v. unearth
panda 판다 n. panda
pandan gijun 판단 기준 n. criterion
pandannaerida 판단내리다 v.t. adjudge
pandanryeok 판단력 n. judgement
pandokada 판독하다 v. decipher
pandokagi eoryeoum 판독하기 어려움 n. illegibility

pangpanghaejida 팽팽해지다 v. tighten
pangpanghan 팽팽한 adj. taut
pangpareu 팡파르 n. fanfare
pangyeolhada 판결하다 v. adjudicate
panja 판자 n. board
panji 판지 n. cardboard
panmaejeom 판매점 n. stockist
pannyuri 판유리 n. pane
pansa 판사 n. judge
pantee 팬티 n. underpants
pap 팝 v. pop
papyeon 파편 n. fragment
pasaengdoeneun 파생되는 adj. derivative
pasaengmurui 파생물 n. offshoot
pasan 파산 n. bankruptcy
pasanan 파산한 adj. broke
pasanan 파산한 adj. insolvent
pasanhan 파산한 adj. bankrupt
paseulpaseuran 파슬파슬한 adj. mealy
paseuta 파스타 n. pasta
paseutel 파스텔 n. pastel
pasiseum 파시즘 n. fascism
pason 파손 n. breakage
pati chukaja 파티 축하자 n. celebrant
patio 파티오 n. patio
patkaeseuteu 팟캐스트 n. podcast
paundeu 파운드 n. pound
payee 파이 n. tart
pedal 페달 n. pedal
peijeuli 페이즐리 n. paisley
peiji 페이지 n. page
peinteu 페인트 n. paint
peipeobaek 페이퍼백 n. paperback
peiseuteuri 페이스트리 n. pastry
pelikeon 펠리컨 n. pelican
peminism 페미니즘 n. feminism
pen 펜 n. pen
penchi 펜치 n. pincer
penchi 펜치 n. pliers
penchok 펜촉 n. nib
pendeonteu 펜던트 n. pendant
penggwin 펭귄 n. penguin
peni 페니 n. penny
penkeikeu 팬케이크 n. pancake
penssing 펜싱 n. fencing
penteuhauseu 펜트하우스 n. penthouse
peobeu 퍼브 n. pub
peobutta 퍼붓다 v. bombard
peoji 퍼지 n. fudge
peojidah 퍼지다 v. suffuse
peokeoleiteo 퍼컬레이터 n. percolator
peolong 펄롱 n. furlong
peolseo 펄서 n. pulsar
peompeu 펌프 n. pump
peonpeonsseureoum 뻔뻔스러움 n. gall
peoreideo 퍼레이드 n. parade
pepeominteu 페퍼민트 n. pepperment
petikoteu 페티코트 n. petticoat
peulaentein 플랜테인 n. plantain
peulaepom 플랫폼 n. platform
peulannel 플란넬 n. flannel
peulap jaek 플랩 잭 n. flapjack
peulaseutik 플라스틱 n. plastic

peulaskeu 플라스크 n. flask
peulatonik 플라토닉 adj. platonic
peuleogeu 플러그 n. plug
peuleoseu 플러스 prep. plus
peuleosi cheon 플러시 천 n. plush
peuluteu 플루트 n. flute
peuralin 프랄린 n. praline
peurechel 프레첼 n. pretzel
peurinteo 프린터 n. printer
peuro 프로 n. pro
peurogeuraem 프로그램 n. programme
peurojekteu 프로젝트 n. project
peurologeu 프롤로그 n. prologue
peurompeuteo 프롬프터 n. prompter
peuropeleo 프로펠러 n. propeller
pi 피 n. blood
pianiseuteu 피아니스트 n. pianist
piano 피아노 n. piano
pibohoguk 피보호국 n. protectorate
pibok 피복 n. cladding
pibureul jjitta 피부를 찢다 v. lacerate
pieuja 피의자 v.t. accused
pigeumi 피그미 n. pigmy
pigeumijogui saram 피그미족의 사람 n. pygmy
pigo 피고 n. defendant
pigonhada 피곤하다 v. tire
pigonhan 피곤한 adj. tired
pihada 피하다 v. elude
pihada 피하다 v. t evade
pihaeja 피해자 n. victim
pihal ssu eomneun 피할 수 없는 adj. inescapable

piheulida 피흘리다 v. bleed
piim 피임 n. contraception
piimyak 피임약 n. contraceptive
pija 피자 n. piazza
pija 피자 n. pizza
pijangpajangin 피장파장인 adj. quits
pijosaja 피조사자 n. examinee
pikan 피칸 n. pecan
piket 피켓 n. picket
pikeul 피클 n. pickle
pikeunik 피크닉 n. picnic
pileum 필름 n. film
pilgichein 필기체인 adj. cursive
pilmyeong 필명 n. pseudonym
pilsoojeokyin 필수적인 adj. vital
pilssujeogin 필수적인 adj. essential
pilssupum 필수품 n. requiste
pilsuui 필수의 adj. compulsory
pilyochiahneun 필요치 않은 adj. superfluous
pimaja oil 피마자 오일 a. castor oil
pin 핀 n. pin
pinancheo 피난처 n. refuge
pineol 피니얼 n. finial
pioreudeu 피오르드 n. fjord
pipet 피펫 n. pipette
piramideu 피라미드 n. pyramid
piro 피로 n. fatigue
piryeonjeogeuro 필연적으로 adv. necessarily
piryeonjeogin 필연적인 adj. inevitable
piryobulgagyeoran 필요불가결한 adj. integral
piryohan 필요한 adj. necessary

piryohan 필요한 adj. needful
piryohan 필요한 adj. requisite
piryojokkeon 필요조건 n. requirement
piryoro hada 필요로 하다 v. require
piryosseong 필요성 n. necessity
piseuton 피스톤 n. piston
pisik utta 피식 웃다 v.t. giggle
pisinyong seongchae 피신용 성채 n. citadel
pituseongiui 피투성이의 adj. bloody
pituseongiui 피투성이의 adj. gory
pobu 포부 n. aspiration
podo 포도 n. graph
pododang 포도당 n. glucose
pododang 포도당 n. grape
podoju seongbae 포도주 성배 n. chalice
podonamu 포도나무 n. vine
pogejida 포개지다 v. overlap
poggu 폭우 n. deluge
pogi 포기 n. renunciation
pogihada 포기하다 v.t. abandon
pogihada 포기하다 v. forgo
pogihada 포기하다 v. relinquish
pogihada 포기하다 v.t. renounce
pogihada 포기하다 v. waive
pogu 폭우 n. downpour
pogwaljjeogin 포괄적인 adj. comprehensive
pogyungsun 포경선 n. whaler
poham 포함 n. inclusion
pohamada 포함하다 v. encompass
pohamdoen 포함된 adj. inclusive
pohamhada 포함하다 v. include

pohamhada 포함하다 v. subsume
pohoekada 포획하다 v. capture
poja 포자 n. spore
pojang 포장 n. package
pojanghada 포장하다 n. pack
pojanghada 포장하다 v. pave
pojangji 포장지 v. foil
pojangji 포장지 n. wrapper
pok 폭 n. breadth
pokaeng 폭행 n. assault
pokeu 포크 n. fork
pokeu 포커 n. poker
pokgoon 폭군 n. tyrant
pokjjuk 폭죽 n. banger
pokjook 폭죽 n. squib
pokkun 폭군 n. despot
pokkyeok 폭격 n. bombardment
pokkyeokki 폭격기 n. bomber
pokpo 폭포 n. waterfall
pokpoong 폭풍 n. tempest
pokppal 폭발 n. blast
pokppal 폭발 n. outburst
pokppal 폭발 n. explosion
pokppalseongui 폭발성의 adj. explosive
pokpparada 폭발하다 v. detonate
pokpparada 폭발하다 v. explode
pokryeokppae 폭력배 n. gangster
pokryuk 폭력 n. violence
pokryuk 폭력적인 adj. violent
pokssik 폭식 n. binge
pokssik 폭식 n. gluttony
pokssoreul teotteurida 폭소를 터뜨리다 n. hoot

poktan 폭탄 *n. bomb*
poktto 폭도 *n. rabble*
pokwoowui 폭우의 *adj. torrential*
politekeunik 폴리테크닉 *n. polytechnic*
polo 폴로 *n. polo*
polryukbae 폭력배 *n. thug*
pomal 포말 *n. spume*
ponangi inneun 포낭이 있는 *adj. cystic*
pongnyeok 폭력 *n. force*
poolda 풀다 *v. undo*
poolda 풀다 *v. unwind*
poongcha 풍차 *n. windmill*
poongineunnamsae 풍기는 냄새 *n. whiff*
poongmanhan 풍만한 *adj. voluptuous*
popeuleo 포플러 *n. poplar*
popeulin 포플린 *n. poplin*
poreuno 포르노 *n. pornography*
poreutiko 포르티코 *n. portico*
poriji 포리지 *n. porridge*
poro 포로 *n. captive*
posang 포상 *n. accolade*
poseuteo 포스터 *n. poster*
posikjja 포식자 *n. predator*
pouihan 포위한 *adj. ambient*
powihada 포위하다 *v. besiege*
poyonghada 포옹하다 *v. embrace*
poyudongmul 포유동물 *n. mammal*
ppaeatta 빼았다 *v. deprive*
ppaekppaekan 빽빽한 *adj. dense*
ppalajida 빨라지다 *v. quicken*
ppali 빨리 *adv. apace*
ppali 빨리 *adv. quickly*

ppang 빵 *n. bread*
ppang buseureogi 빵 부스러기 *n. crumb*
ppang han deongi 빵 한 덩이 *n. loaf*
ppappatan teol 빳빳한 털 *n. bristle*
ppareuge umjigida 빠르게 움직이다 *v. jiggle*
ppareun 빠른 *adj. early*
ppareun 빠른 *adj. fast*
ppareun 빠른 *adj. rapid*
ppatteurida 빠뜨리다 *v. omit*
ppeokkugi 뻐꾸기 *n. cuckoo*
ppi sori 삐 소리 *n. beep*
ppi sori 삐 소리 *n. bleep*
ppigeokkeorida 삐걱거리다 *v. creak*
ppigeokkeorim 삐걱거림 *n. creak*
ppijukppijukan 삐죽삐죽한 *adj. jagged*
ppittakage 삐딱하게 *adv. askew*
ppongnamu 뽕나무 *n. mulberry*
ppoptta 뽑다 *v. pluck*
ppul 뿔 *n. horn*
ppungbuhaejida 풍부해지다 *v.i. abound*
ppunman anira 뿐만 아니라 *adv. furthermore*
ppuri gipeun 뿌리 깊은 *adj. ingrained*
puding 푸딩 *n. pudding*
puhjigyehada 퍼지게하다 *v. waft*
pul 풀 *n. grass*
pul ssu eomneun 풀 수 없는 *adj. insoluble*
pulbeda 풀베다 *v. mow*
pulda 풀다 *v. disengage*
pulmu 풀무 *n. bellows*

pulobeo 풀오버 *n. pullover*
pultteutta 풀뜯다 *v. graze*
pumhaeng 품행 *n. conduct*
pumjil 품질 *n. quality*
pumwireul jeohasikida 품위를 저하시키다 *v. debase*
pungbu 풍부 *n. abundance*
pungbu 풍부 *n. opulence*
pungbuham 풍부함 *n. bounty*
pungbuhan 풍부한 *v.t. abundant*
pungbuhan 풍부한 *adj. bountiful*
pungbuhan 풍부한 *adj. luxuriant*
pungbuhan 풍부한 양 *pron. plenty*
punggyeong 풍경 *n. lane*
pungja 풍자 *n. allegory*
pungjahada 풍자하다 *v. lampoon*
pungjasi 풍자시 *n. burlesque*
pungjaui 풍자의 *adj. ironical*
pungmi 풍미 *n. flavour*
pungnyorokke hada 풍요롭게 하다 *v. enrich*
pungseon 풍선 *n. balloon*
pungseonghan 풍성한 *adj. lavish*
pungsu 풍수 *n. feng shui*
punyeomada 푸념하다 *v. i bleat*
pupeum 부품 *n. fitting*
pureun 푸른 *adj. blue*
pyedanui heunjeok 폐단의 흔적 *n. indictment*
pyegi 폐기 *n. disposal*
pyegihada 폐기하다 *v. abrogate*
pyeji 폐지 *v. abolition*
pyejihada 폐지하다 *v.t abolish*
pyejihada 폐지하다 *v. rescind*

pyemul 폐물 *n. junk*
pyeo 뼈 *n. bone*
pyeoji 표지 *n. binding*
pyeolam 편람 *n. guidebook*
pyeolam 편람 *n. handbook*
pyeolihan 편리한 *adj. convenient*
pyeomhahada 폄하하다 *v. denigrate*
pyeonada 표현하다 *v. express*
pyeonae 편애 *n. partiality*
pyeonanhan 편안한 *adj. restful*
pyeongbeoman 평범한 *adj. prosaic*
pyeonghaeng 평행 *n. parallel*
pyeonghaengsabyeonhyeong 평행사변형 *n. parallelogram*
pyeonghwa 평화 *n. peace*
pyeonghwajeogin 평화적인 *adj. peaceable*
pyeonghwajuuija 평화주의자 *n. pacifist*
pyeonghwaroun 평화로운 *n. pacific*
pyeonghwaroun 평화로운 *adj. peaceful*
pyeonghyong 평형 *n. equilibrium*
pyeongkka 평가 *n. assessment*
pyeongkka jeorahada 평가 절하하다 *v. devalue*
pyeongkkahada 평가하다 *v. i evaluate*
pyeongmin 평민 *n. commoner*
pyeongminui 평민의 *adj. plebeian*
pyeongnon 평론 *n. critique*
pyeongpanui anjoeun 평판이 안 좋은 *adj. disreputable*
pyeonguiwon 평의원 *n. councillor*
pyeongyeon 편견 *n. bias*

pyeongyeon 편견 *n. prejudice*
pyeongyeoni siman saram 편견이 심한 사람 *n. bigot*
pyeongyunui 평균의 *n. average*
pyeonjae 편재 *n. omnipresence*
pyeonji 편지 *n. letter*
pyeonjip 편집의 *adj. editorial*
pyeonjipada 편집하다 *v. compile*
pyeonjipada 편집하다 *v. edit*
pyeonjipjjang 편집장 *n. editor*
pyeonpajeogin 편파적인 *n. partisan*
pyeonpan 평판 *n. repute*
pyeonpyeonghan 편평한 *adj. flat*
pyeonui 편의 *n. convenience*
pyeoui 뼈의 *adj. bony*
pyeryeom 폐렴 *n. pneumonia*
pyeswae 폐쇄 *n. closure*
pyeswaedoen 폐쇄된 *adj. impassable*
pyewa noeui yeop 폐와 뇌의 엽 *n. lobe*
pyobaek 표백 *adj. bleach*
pyobeom 표범 *n. leopard*
pyoeuh 표어 *n. watchword*
pyogippeop 표기법 *n. notation*
pyohyeon 표현 *n. expression*
pyohyun 표현 *n. wording*
pyohyunhada 표현하다 *v. vocalize*
pyoje 표제 *n. headline*
pyojeongi inneun 표정이 있는 *adj. expressive*
pyojokttap 뾰족탑 *n. minaret*
pyojoonhwa 표준화 *n. standardization*
pyojoonhwahada 표준화하다 *v. standardize*

pyomyeonjeogeuroneun 표면적으로는 *adj. ostensible*
pyomyon 표면 *n. surface*
pyonanhan 편안한 *adj. comfortable*
pyondosun 편도선 *n. tonsil*
pyopi 표피 *n. epidermis*
pyoro jeongridoein 표로 정리된 *adj. tabular*
pyoro mandeulda 표로 만들다 *v. tabulate*
pyoryuhada 표류하다 *v. drift*
pyoryuhaneun 표류하는 *adj. adrift*
pyosi 표시 *n. mark*
pyottakjji 표딱지 *n. label*
pyulcheojida 펼쳐지다 *v. unfurl*
pyulchida 펼치다 *v. spread*
pyulchida 펼치다 *v. unfold*
pyungbumhan 평범한 *adj. unexceptional*
pyungbumhan 평범한 *adj. workaday*
pyungga 평가 *n. valuation*
pyungkkahada 평가하다 *v. appraise*
pyungpaneul deoreopida 평판을 더럽히다 *v. besmirch*
pyungpyunghaji anneun 평평하지 않은 *adj. uneven*
pyungsaeng donganui 평생 동안의 *adj. lifelong*

R

rabendeo 라벤더 *n. lavender*
radeu 라드 *n. lard*
radio 라디오 *n. radio*

radyum 라듐 *n. radium*
raechit 래칫 *n. ratchet*
raekeo 래커 *n. lacquer*
raensit 랜싯 *n. lancet*
raenteon 랜턴 *n. lantern*
raepeul 래플 *n. raffle*
rageo makjju 라거 맥주 *n. lager*
railak 라일락 *n. lilac*
raiteo 라이터 *n. lighter*
rajanya 라자냐 *n. lasagne*
rakeuroseu 라크로스 *n. lacrosse*
ranjeri 란제리 *n. lingerie*
raunji 라운지 *v. lounge*
raunji 라운지 *n. lounge*
rebeo 레버 *n. lever*
rege 레게 *n. reggae*
regingseu 레깅스 *n. leggings*
reijeo 레이저 *n. laser*
reijeo 레이더 *n. radar*
reinji 레인지 *n. cooker*
reiseu 레이스 *n. lace*
reiseu gatteun 레이스 같은 *adj. lacy*
rejeubieon 레즈비언 *n. lesbian*
remon 레몬 *n. lemon*
remoneideu 레모네이드 *n. lemonade*
renjeu 렌즈 *n. lens*
renjeu kong 렌즈콩 *n. lentil*
~reul seoltteukada ~를 설득하다 *v. dissuade*
reulhyangheseo ~를 향해서 *prep. towards*
rien 리엔 *n. lien*
rigeu 리그 *n. league*

riheoseoreul hada 리허설을 하다 *v. rehearse*
rikeu 리크 *n. leek*
rimujin 리무진 *n. limousine*
rinchi 린치 *n. lynch*
rinen 리넨 *n. linen*
rira 리라 *n. lyre*
riteo 리터 *n. litre*
ro ~로 *prep. to*
~ro yeogida ~로 여기다 *v. deem*
robi 로비 *n. foyer*
robi 로비 *n. lobby*
~robuteo yeonghyangryeogeul ppaeatta ~로부터 영향력을 빼았다 *v. disempower*
rogeu 로그 *n. logarithim*
rogo 로고 *n. logo*
roket 로켓 *n. locket*
rosyeon 로션 *n. lotion*
ryuteu 류트 *n. lute*

S

saak 사악 *n. perversity*
saakan 사악한 *adj. evil*
sabeobui 사법의 *adj. judicial*
sabip 삽입 *n. insertion*
sabip eogu 삽입 어구 *n. parenthesis*
sabipada 삽입하다 *v. insert*
sabonui 사본의 *adj. duplicate*
sabunmyeon 사분면 *n. quadrant*
sabunui il 4분의 1 *n. quarter*
sabyul 사별 *n. bereavement*

sabyulhada 사별하다 *v. bereaved*
sachangkka 사창가 *n. brothel*
sache 사체 *n. cadaver*
sache 사체 *n. cadaver*
sachinghada 사칭하다 *v. arrogate*
sachireul joahhaneun mooree 사치를 좋아하는 무리 *n. sybarite*
sachon 사촌 *n. cousin*
sachungi 사춘기 *n. puberty*
sachwihada 사취하다 *v. defraud*
sada 사다 *v. buy*
sadaejoowui 사대주의 *n. sycophancy*
sadari 사다리 *n. ladder*
sado 사도 *n. apostle*
sado seogan 사도 서간 *n. epistle*
sae 새 *n. bird*
saebae 3배 *n. triple*
saedungji 새둥지 *n. nest*
saeeonaoda 새어나오다 *v.i. ooze*
saeggamahn 새까만 *adj. stygian*
saegida 새기다 *v. engrave*
saegin 색인 *n. index*
saekdareun 색다른 *n. antic*
saekjo 색조 *n. tint*
saekkal 색깔 *n. colour*
saekkari yahan 색깔이 야한 *adj. garish*
saekki 새끼 *n. pup*
saekki goyangi 새끼 고양이 *n. kitten*
saekki nata 새끼 낳다 *v. breed*
saekkso 색소 *n. colouring*
saeksso 색소 *n. pigment*
saengbunhaesseongui 생분해서의 *adj. biodegradable*
saengche geomsa 생체 검사 *n. biopsy*
saenggang 생강 *n. ginger*
saenggi 생기 *n. animation*
saenggi bureoneota 생기 불어넣다 *v. animate*
saenggi eomneun 생기 없는 *adj. cheerless*
saenggireul doechakke hada 생기를 되찾게 하다 *v. refresh*
saenggye 생계 *n. livelihood*
saenggye sudan 생계 수단 *n. living*
saenghwahak 생화학 *n. biochemistry*
saengi eomneun 생기 없는 *adj. drab*
saengi itkke ttwieodanida 생기 있게 뛰어다니다 *v. gambol*
saengida 생기다 *v. arise*
saengjang 생장 *n. growth*
saengmul 생물 *n. creature*
saengmuldayangsseong 생물다양성 *n. biodiversity*
saengmulrakjja 생물학자 *n. biologist*
saengmurak 생물학 *n. biology*
saengnyak 생략 *n. omission*
saengsan 생산 *n. production*
saengsanhada 생산하다 *v. produce*
saengsanja 생산자 *n. producer*
saengsanjeogin 생산적인 *adj. productive*
saengsansseong 생산성 *n. productivity*
saengseonghada 생성하다 *v. generate*
saengsigui 생식의 *adj. reproductive*
saengsik 생식 *n. reproduction*
saengsingnyeok 생식력 *n. fertility*

saengtaehak 생태학 *n. ecology*
saengultari 생울타리 *n. hedge*
saeop 사업 *n. business*
saeopchereul cheongsanhada 사업체를 청산하다 *v. liquidate*
saeopgga 사업가 *n. businessman*
saeopkka 사업가 *n. entrepreneur*
saero 새로 *adv. anew*
saeropgge 새롭게 *adv. afresh*
saerosan 새로 산 *adj. new*
saeroum 새로움 *n. novelty*
saesi 새시 *n. chasis*
saeui gitteol 새의 깃털 *n. feather*
sagahyeong antteul 사각형 안뜰 *a. quadrangle*
sagahyeongui 사각형의 *n. quadrangular*
sagakhyung 사각형 *n. square*
sagakyeong 4각형 *n. quadrilateral*
saggeonui baegyeong 사건의 배경 *n. backdrop*
sagheeggoon 사기꾼 *n. swindler*
saghi 사기 *n. trickery*
saghiggoon 사기꾼 *n. trickster*
sagi 사기 *n. morale*
sagi 사기 *n. fraud*
sagichida 사기치다 *v. swindle*
sagikkun 사기꾼 *n. charlatan*
sagikkun 사기꾼 *n. cheat*
sagikkun 사기꾼 *n. crook*
sagikkun 사기꾼 *n. imposter*
sagireul chineun 사기를 치는 *adj. fraudulent*

sagireul kkeoktta 사기를 꺾다 *v. demoralize*
sago 사고 *n. accident*
sagobangsik 사고방식 *n. mentality*
sagwa 사과 *n. apple*
sagwa 사과 *n. apology*
sagwa juseu 사과 주스 *n. cider*
sagwahada 사과하다 *v. apologize*
sagyojeogin insa 사교적인 인사 *n. pleasantry*
sahakjja 사학자 *n. historian*
sahlsoojangchi 살수장치 *n. sprinkler*
sahoe giban siseol 사회 기반 시설 *n. infrastructure*
sahoebokkui 사회 복귀 *n. rehabilitation*
sahoebokkuireul doptta 사회 복귀를 돕다 *v. rehabilitate*
sahoeja 사회자 *n. compere*
sahoejeok hwangyeong 사회적 환경 *n. milieu*
sahp 삽 *n. spade*
sahuui 사후의 *adj. posthumous*
sahwesung upneun 사회성없는 *adj. unsocial*
sahyang 사향 *n. musk*
saibeowa gwangyeinneun 사이버 공간 *n. cyberspace*
~saie ~사이에 *prep. among*
saie 사이에 *adv. between*
saikeulist 사이클리스트 *n. cyclist*
saikeulon 사이클론 *n. cyclone*
saikopaeseu 사이코패스 *n. psychopath*
saim 사임 *n. resignation*

sain 사인 *n. autograph*
sain gyumyeong 사인 규명 *n. inquest*
saipreos 사이프러스 *n. cypress*
saja 사자 *n. lion*
saja jari 사자자리 *n. Leo*
saja, yeou saekki 사자, 여우 새끼 *n. cub*
saje 사제 *n. priest*
sajejik 사제직 *n. priesthood*
sajeol 사절 *n. emissary*
sajeol 사절 *n. envoy*
sajeon 사전 *n. dictionary*
sajeon haengdongui 사전 행동의 *adj. proactive*
sajeone 사전에 *adv. beforehand*
sajeong 사정 *n. matter*
sajeong deungeul boyeojuneun mal 사정 등을 보여주는 말 *n. indication*
sajin 사진 *n. photograph*
sajin jjikki 사진 찍기 *n. photography*
sajingi 사진기 *n. camera*
sajinsa 사진사 *n. photographer*
sajinui 사진의 *adj. photographic*
sajjeogin 사적인 *adj. private*
sajungjudan 사중주단 *n. quartet*
sakbal 삭발 *n. tonsure*
sakgam 삭감 *n. subtraction*
sakjje 삭제 *n. deletion*
sakjje 삭제 *n. obliteration*
sakkeon 사건 *n. incident*
sakkeon hyeonjang 사건 현장 *n. locale*
sakmakhan 삭막한 *adj. soulless*
saksakgeorida 쌕쌕거리다 *v. wheeze*

sakyeenpyo 색인표 *n. tab*
sal 살 *n. flesh*
salahnamda 살아남다 *v. survive*
salchungje 살충제 *n. insecticide*
salchungje 살충제 *n. pesticide*
salda 살다 *v. dwell*
salda 살다 *v. inhabit*
salda 살다 *v. live*
salda 살다 *v. reside*
salgeumsalgeum umjigida 살금살금 움직이다 *v. creep*
salgeungotda 살금걷다 *v. tiptoe*
salgie jeokapan 살기에 적합한 *adj. inhabitable*
salgu 살구 *n. apricot*
salgyunhada 살균하다 *v. sterilize*
saljjak bareuda 살짝 바르다 *v. dab*
saljjak damgeuda 살짝 담그다 *v. t dip*
salmeun gongmul saryo 삶은 곡물 사료 *v.t mash*
salmyoshihaneun 살며시하는 *adj. stealthy*
salsal milda 살살 밀다 *v. nudge*
sam 삶 *n. life*
samang 사망 *n. death*
samang 사망 *n. decease*
samang gisa 사망 기사 *n. obituary*
samanghan 사망한 *adj. deceased*
samangnyul 사망률 *n. mortality*
samangui 사망의 *adj. dead*
sambalyee 삼발이 *n. trivet*
sambujak 3부작 *n. trilogy*
samburodeoin 3부로된 *adj. tripartite*
samchon 삼촌 *n. uncle*

samchon gateun 삼촌 같은 *adj. avuncular*
samdannonbeob 삼단논법 *n. syllogism*
samdoogeun 삼두근 *n. triceps*
sameyeon 사면 *n. amnesty*
samgada 삼가다 *v. forbear*
samgada 삼가다 *v.t. refrain*
samgakbub 삼각법 *n. trigonometry*
samgakdae 삼각대 *n. tripod*
samgakhyung 삼각형 *n. triangle*
samgakhyungeui 삼각형의 *adj. triangular*
samgakjju 삼각주 *n. delta*
samhada 사임하다 *v. resign*
samhwoewui 삼회의 *adv. thrice*
samjichang 삼지창 *n. trident*
samjoomoon 삼주문 *n. wicket*
samjoongeui 3중의 *adj. triplicate*
samkida 삼키다 *v. swallow*
samlimeul eopsseda 삼림을 없애다 *v. deforest*
samnamu 삼나무 *n. cedar*
samrimjida 삼림지대 *n. woodland*
samsakghi 삼색기 *n. tricolour*
samshipbeonjjaeui &samshipbunjjae 30번째의 &30번째 *adj. & n. thirtieth*
samshipbeonjjaeui &samshipbunjjae 30번째의 &30번째 *adj. & n. thirtieth*
samshipeui&samship 30의&30 *adj. & n. thirty*
samshipeui&samship 30의&30 *adj. & n. thirty*
samujigui 사무직의 *adj. clerical*

samuleul ipchaejeokeuiro boneun 사물을 입체적으로 보는 *adj. stereoscopic*
samusil 사무실 *n. office*
samuwon 사무원 *n. clerk*
samweeyilche 삼위일체 *n. trinity*
samwol 3월 *n. march*
samyeon 사면 *n. absolution*
samyeonchogae molin 사면초가에 몰린 *adj. beleaguered*
samyinjo 삼인조 *n. trio*
san 산 *n. acid*
san 산 *n. mountain*
sanae 사내 *n. guy*
sanae ai 사내 아이 *n. boy*
sanaeae 사내애 *n. lad*
sanagui 산악의 *adj. mountainous*
sanbaljeokin 산발적인 *adj. sporadic*
sanchaengno 산책로 *n. promenade*
sanchuh 상처 *n. wound*
sanchulyang 산출량 *n. output*
sandeul pparam 산들바람 *n. breeze*
saneobui 산업의 *adj. industrial*
saneop 산업 *n. industry*
sanga 상아 *n. ivory*
sangakhada 생각하다 *v. suppose*
sangbanshineuldeureonan 상반신을 드러낸 *adj. topless*
sangcheoreul ipida 상처를 입히다 *v. maul*
sangdae 상대 *n. counterpart*
sangdae 상대 *n. opponent*
sangdaebang 상대방 *n. adversary*
sangdaejeogin 상대적인 *adj. relative*

sangdaesseong 상대성 *n. relativity*
sangdamga 상담가 *n. consultant*
sangdamhada 상담하다 *v. consult*
sangdamhada 상담하다 *v. counsel*
sangdanghan 상당한 *adj. considerable*
sangdanghan 상당한 *adj. substantial*
sangdanghee 상당히 *adv. substantially*
sangdanghi 상당히 *adv. fairly*
sangdeungbyeong 상등병 *n. corporal*
sangeobui 상업의 *adj. commercial*
sangeobui 상업의 *adj. mercantile*
sangeop 상업 *n. commerce*
sanggakhada 생각하다 *v. think*
sangghi 생기 *n. vivacity*
sanggisikida 상기시키다 *v. remind*
sanggisikineun geot 상기시키는 것 *n. reminder*
sanggyeo 상여 *n. bier*
sanghan 상한 *adj. addled*
sangho bowanjeogin 상호 보완적인 *adj. complementary*
sangho jagyong 상호 작용 *n. interplay*
sangho uijonjeogin 상호의존적인 *adj. interdependent*
sanghoganui 상호간의 *adj. reciprocal*
sanghogaui 상호간의 *adj. mutual*
sanghwan 상환 *n. repayment*
sanghyungmunjja 상형문자 *n. pictograph*
sangihada 상기하다 *v. recall*
~sangin ~상인 *n. monger*
sangin 상인 *n. trafficker*
sanginbang 상인방 *n. lintel*

sangireuljooda 생기를주다 *v. vivify*
sangja 상자 *n. box*
sangjeomga 상점가 *n. bazaar*
sangjing 상징 *n. symbol*
sangjing saek 상징 색 *n. livery*
sangjinghada 상징하다 *v. symbolize*
sangjinghaneun 상징하는 *adj. symbolic*
sangjingjooeui 상징주의 *n. symbolism*
sangjon 생존 *n. survival*
sangjuda 상주다 *v. award*
sangmakhan 삭막한 *adj. stark*
sangmyungeuljooda 생명을주다 *v. vitalize*
sangnyanghan 상냥한 *adj. affable*
sangnyanghan 상냥한 *adj. benign*
sangnyanghan 상냥한 *adj. geniel*
sangnyeogeum 상여금 *n. incentive*
sangpoomkwon 상품권 *n. voucher*
sangpum 상품 *n. merchandise*
sangpum 상품 *n. prize*
sangpum 상품 *n. product*
sangpyo 상표 *n. brand*
sangpyo 상표 *n. trademark*
sangryucheung 상류층 *n. nobleman*
sangryucheungui 상류층의 *adj. genteel*
sangsa 상사 *n. boss*
sangsang 상상 *n. fancy*
sangsangdo halsooupneun 상상도 할 수 없는 *adj. unthinkable*
sangsanghada 상상하다 *v. t conceive*
sangsanghada 상상하다 *v.t. imagine*

sangsanghalssuinneun 상상할 수 있는 *adj. conceivable*
sangsangnyeok 상상력 *n. imagination*
sangsangui 상상의 *adj. fanciful*
sangseonui samujang 상선의 사무장 *n. purser*
sangseoreoun 상서로운 *adj. auspicious*
sangseung 상승 *n. ascent*
sangseurum 상스러움 *n. vulgarity*
sangsilgame ppajin 상실감에 빠진 *adj. bereft*
sangsogin 상속인 *n. heir*
sangsokkwoneul baktarada 상속권을 박탈하다 *v. disinherit*
sangswaehada 상쇄하다 *v. offset*
sangtae 상태 *n. condition*
sanguihada 상의하다 *v. confer*
sangyin 상인 *n. trader*
sanho 산호 *n. coral*
sanhwamul 산화물 *n. oxide*
sanjeong 산정 *n. summit*
sanji 산지 *n. wold*
sanmaru 산마루 *n. crest*
sanmun 산문 *n. prose*
sanpa 산파 *n. midwife*
sanpaehan 산패한 *adj. rancid*
sansanamu 산사나무 *n. hawthorn*
sansani 산산이 *adv. asunder*
sanseong 산성 *n. acidity*
sanseungjungin 상승 중인 *adj. ascendant*
sanso 산소 *n. oxygen*
sansuui 산수의 *adj. arithmetical*

santtalgi 산딸기 *n. raspberry*
sanyang 사냥 *v. hunt*
sanyangkkae 사냥개 *n. hound*
sanyangkkun 사냥꾼 *n. hunter*
saphwa 삽화 *n. illustration*
sarae 살해 *n. killing*
sarae 살해 *n. murder*
saraeja 살해자 *n. murderer*
sarainneun 살아 있는 *adj. alive*
sarajeeda 사라지다 *v. vanish*
sarajida 사라지다 *v. banish*
sarajida 사라지다 *v. disappear*
saram it dongmurui naejang 사람 및 동물의 내장 *n. entrails*
saramdeul 사람들 *n. folk*
saramdeul 사람들 *n. people*
saramdeul 사람들 *n. person*
saramdeuri moida 사람들이 모이다 *v. gather*
sarameul gaduda 사람을 가두다 *v. immure*
sarami jinaegi himdeun 사람이 지내기 힘든 *adj. inhospitable*
saramui eumbu 사람의 음부 *n. loin*
saramui neungnyeok 사람의 능력 *n. faculty*
sarang 사랑 *n. love*
sarangbatta 사랑받다 *v. endear*
sarangseureoun 사랑스러운 *adj. adorable*
sarangseureoun 사랑스러운 *adj. lovable*
sarin 살인 *n. gore*
sarin 살인 *n. homicide*

saripakkyoui gyojang 사립학교의 교장 *n. headmaster*
sarojaptta 사로잡다 *v. obsess*
sarye 사례 *n. instance*
saryeo gipeun 사려 깊은 *adj. considerate*
saryeogipjjimotan 사려 깊지 못한 *adj. inconsiderate*
saryeongwan 사령관 *n. commandant*
saryo 사료 *n. fodder*
saryogipeun 사려깊은 *adj. thoughtful*
sasaek 사색 *n. contemplation*
sasaengaro taeeonan 사생아로 태어난 *adj. illegitimate*
sasaenghwal kaeda 사생활 캐다 *v. pry*
sasanah 사산아 *n. stillborn*
sasangga 사상가 *n. thinker*
sasangja 사상자 *n. casualty*
sasenghwal 사생활 *n. privacy*
saseul 사슬 *n. chain*
saseum 사슴 *n. deer*
saseumpul 사슴뿔 *n. antler*
sasibeu & sasip 사십의 & 사십 *adj.& n. forty*
sasil 사실 *n. fact*
sasil 사실 *n. reality*
sasiljuui 사실주의 *n. realism*
sasilo sangjeonghada 사실로 상정하다 *v. posit*
sasilsangeui 사실상의 *adj. virtual*
sasohan 사소한 *adj. insignificant*
sasohan 사소한 *adj. petty*
sataekwui 사택의 *adj. tied*
sataguni 사타구니 *n. groin*

satang 사탕 *n. sweetmeat*
satangmu 사탕무우 *n. beet*
sawon 사원 *n. temple*
sayeeeh 사이에 *prep. within*
sayong 사용 *n. occupancy*
sayong 사용 *n. usage*
sayonghada 사용하다 *v. spend*
sayonghada 사용하다 *v.t. use*
sayonghal ssu eomneun 사용할 수 없는 *adj. inapplicable*
sayonghalsooyitneun 사용할수 있는 *adj. usable*
sayongja 사용자 *n. occupant*
sayongja 사용자 *n. user*
sayuji 사유지 *n. estate*
sebaljajeongeo 세발자전거 *n. tricycle*
seboonaeyong 세부내용 *n. technicality*
sebu sahang 세부 사항 *n. detail*
sebu sahang 세부 사항 *n. nicety*
sebunjjeui 세번째의 *adj. third*
sebunjjeui&sam 세번째의 &삼 *adj. & n. three*
sebyeok 새벽 *n. dawn*
sechan baram 세찬 바람 *n. gust*
secheokkada 세척하다 *v. cleanse*
seda 세다 *v. count*
sedae 세대 *n. generation*
segechida 세게치다 *v. wallop*
segechida 세게치다 *v. whack*
segeum 세금 *n. tax*
segeum deungeul bugwahada 세금 등을 부과하다 *v. levy*

segye gwangwang yeohaengja 세계 관광 여행자 *n. globetrotter*
segyehwa 세계화 *n. globalization*
segyejeogin 세계적인 *adj. cosmopolitan*
segyejeogin 세계적인 *adj. global*
segyun 세균 *n. bacteria*
segyun 세균 *n. germ*
seje 세제 *n. detergent*
sel su eopssi maneun 셀 수 없이 많은 *adj. innumerable*
selsuupneun 셀수없는 *adj. unaccountable*
selulaiteu 셀룰라이트 *n. cellulite*
seluloideu 셀룰로이드 *n. celluloid*
semyundogu 세면도구 *n. toiletries*
senban 선반 *n. lathe*
senteu 센트 *n. cent*
sentimiteo 센티미터 *n. centimetre*
seobchwi 섭취 *n. intake*
seobooeui 서부의 *adj. western*
seoche 서체 *n. font*
seocheonjeogin 선천적인 *adj. congenital*
seoda 서다 *v. stand*
seodu 서두 *n. preamble*
seoduleo hada 서둘러 하다 *v. hasten*
seoduleo tteonada 서둘러 떠나다 *v. decamp*
seodureuda 서두르다 *v. hurry*
seodureum 서두름 *n. haste*
seogok 서곡 *n. overture*
seogok 서곡 *n. prelude*
seoguui 서구의 *adj. occidental*
seogyeong 석영 *n. crystal*
seogyeong 석영 *n. quartz*
seogyu 석유 *n. petroleum*
seojeokssang 서적상 *n. bookseller*
seojeongjeogin 서정적인 *adj. lyrical*
seojeongsi 서정시 *n. lyric*
seojjok 서쪽 *n. west*
seojjokeui 서쪽의 *adv. westerly*
seokeomandeulda 섞어 만들다 *v. concoct*
seokeoseudan 서커스단 *n. circus*
seokjjo bubun 석조 부분 *n. masonry*
seokkeok 성격 *n. personality*
seokkeumjil 섞음질 *n. adulteration*
seokkida 섞이다 *n. meld*
seokkida 섞이다 *v. mingle*
seokkong 석공 *n. mason*
seokkyeogi nappeun 성격이 나쁜 *adj. grumpy*
seoko 석호 *n. lagoon*
seokoe 석회 *n. lime*
seokppanghada 석방하다 *v. discharge*
seokppanghada 석방하다 *v. release*
seoktan 석탄 *n. coal*
seoktta 섞다 *v. t blend*
seoktta 섞다 *v. mix*
seolbi gisuljja 설비 기술자 *n. fitter*
seolchi 설치 *n. installation*
seolchihada 설치하다 *v. install*
seoldeungryeogineun 설득력 있는 *adj. cogent*
seolgye 설계 *n. design*
seolgyodan 설교단 *n. pulpit*
seolgyohada 설교하다 *v. preach*

seolip 설립하다 *v. establish*
seolipada 설립하다 *v. incorporate*
seolmunji 설문지 *n. questionnaire*
seolmyeonghada 설명하다 *v. explain*
seolmyeonghada 설명하다 *v. interpret*
seolmyungseo 설명서 *n. specification*
seolryangham 선량함 *n. goodness*
seolssa 설사 *n. diarrhoea*
seolssayak 설사약 *adj. purgative*
seoltang 설탕 *n. sugar*
seoltang 설탕을 넣다 *v. sweeten*
seoltteuk 설득 *n. persuasion*
seoltteukada 설득하다 *v. persuade*
seolye 선례 *n. precedent*
seom 섬 *n. island*
seomgwang 섬광 *n. delirium*
seomgwang 섬광 *n. flash light*
seomgwangdeung 섬광등 *n. strobe*
seomtteukan 섬뜩한 *adj. gruesome*
seomtteukkan 섬뜩한 *adj. macabre*
seomun 서문 *n. foreword*
seomun 서문 *n. preface*
seomyungyin 서명인 *n. undersigned*
seomyuso 섬유소 *n. cellulose*
seomyuso 섬유소 *n. fibre*
seon 선 *adj. erect*
seon 선 *n. gland*
seon geutta 선 긋다 *v. circumscribe*
seonbagui 선박의 *adj. nautical*
seonbagui yonggol 선박의 용골 *n. keel*
seonbak 선박 *n. boat*
seonbak 선박 *n. vessel*
seonche 선체 *n. hull*

seonche bakkatjjogui 선체 바깥쪽의 *adj. outboard*
seonchuldoen 선출된 *adj. elective*
seonchurada 선출하다 *v. elect*
seondo 선도 *n. lead*
seondo 선도 *n. line*
seondonghada 선동하다 *v. incite*
seondongjjeogin 선동적인 *adj. inflammatory*
seoneon 선언 *n declare*
seoneonhada 선언하다 *v. t. declaration*
seoneonhada 선언하다 *v. proclaim*
seong 성 *n. castle*
seongasin saram 성가신 사람 *n. nuisance*
seongbyeol 성별 *n. gender*
seongchansik 성찬식 *n. communion*
seongchuhaenghada 성추행하다 *v. molest*
seongchwi 성취 *n. accomplishment*
seongchwi 성취 *n. achievement*
seongchwihada 성취하다 *v. accomplish*
seongchwihada 성취하다 *v. achieve*
seongchwihan 성취한 *adj. accomplished*
seongdang 성당 *n. cathedral*
seongeo 선거 *n. election*
seongeogu 선거구 *n. constituency*
seongeokkwoneul juda 선거권을 주다 *v. enfranchise*
seongeum 선금 *n. advance*
seongeupan 성급한 *adj. hasty*
seongeupan 성급한 *adj. impetuous*

seonggyeong 성경 *n. Bible*
seonghyang 성향 *n. proclivity*
seongin namja 성인 남자 *n. man*
seongjangsikida 성장시키다 *v. caparison*
seongjikjjadeul 성직자들 *n. clergy*
seongjilyinabbeun 성질이 나쁜 *adj. tetchy*
seongjjeogeuro mingaman 성적으로 민감한 *adj. erogenous*
seongjjeogin 성적인 *adj. erotic*
seongjjeok maeryeogi inneun 성적 매력이 있는 *a. nubile*
seongkkwa 성과 *n. attainment*
seongmiga goyakan 성미가 고약한 *adj. cantankerous*
seongmyeon 석면 *n. asbestos*
seongmyeongseo 성명서 *n. manifesto*
seongnan 성난 *adj. angry*
seongnan 성난 *adj. irate*
seongnyang 성냥 *n. match*
seongnyu 석류 *n. pomegranate*
seongnyuseok 석류석 *n. garnet*
seongsasikida 성사시키다 *v. clinch*
seongsasikida 성사시키다 *v. contrive*
seongsiran 성실한 *adj. earnest*
seongsukam 성숙함 *n. maturity*
seongtanjeol 성탄절 *n. Christmas*
seonguja 선구자 *n. forerunner*
seongun 성운 *n. nebula*
seongwak 성곽 *n. rampart*
seongyohada 성교하다 *v. copulate*
seongyok 성욕 *n. libido*
seongyosa 선교사 *n. missionary*

seonhaeng hada 선행하다 *v. antedate*
seonhaeng sageon 선행 사건 *n. antecedent*
seonho 선호 *n. preference*
seonhohada 선호하다 *v. prefer*
seonhumjeokyin 선험적인 *adj. transcendental*
seoninjang 선인장 *n. cactus*
seonipkkyeoni inneun 선입견이 있는 *adj. biased*
seonjeonhal su inneun 선전할 수 있는 *adj. advisable*
seonjija 선지자 *n. prophet*
seonjikjja 성직자 *n. cleric*
seonjo 선조 *n. ancestor*
seonjo 선조 *n. forebear*
seonkkwa 성과 *n. permanence*
seonkkyeok 성격 *n. character*
seonmul 선물 *n. gift*
seonsa sidaeui 선사 시대의 *adj. prehistoric*
seonsahada 선사하다 *v. present*
seonsangnim 선생님 *n. teacher*
seonsasidae seokkwan 선사 시대 석관 *n. cist*
seonseo jinsulseo 선서 진술서 *n. affidavit*
seonsil 선실 *n. cabin*
seontaek 선택 *n. choice*
seontaekada 선택하다 *v. t choose*
seontaekjjeogin 선택적인 *adj. optional*
seontaekkeon 선택권 *n. option*
seonuiro 선의로 *adj. bonafide*
seonwon 선원 *n. mariner*

seonyurel bareuda 성유를 바르다 *v. anoint*
seonyurui 선율의 *adj. melodic*
seooneon 선언 *n. proclamation*
seopjjeongja 섭정자 *n. regent*
seopssi 섭씨 *n. celsius*
seopssiui 섭씨의 *adj. centigrade*
seopyo 서표 *n. bookmark*
seorap 서랍 *n. drawer*
seorapjjang 서랍장 *n. commode*
seoreum 설음 *n. lingual*
seori 서리 *n. frost*
seoro gateun 서로 같은 *adj. alike*
seoro manulida 서로 맞물리다 *v. interlock*
seoro yeongyeorada 서로 연결하다 *v. interconnect*
seorodareuda 서로다르다 *v. vary*
seoryu 서류 *n. document*
seoryu gabang 서류 가방 *n. portfolio*
seoryu ilche 서류 일체 *n. dossier*
seosasi 서사시 *n. epic*
seoseohi sarajida 서서히 사라지다 *v.i fade*
seosikjji 서식지 *n. habitat*
seosin 서신 *n. correspondence*
seosul 서술 *n. description*
seoyang 서양 *n. occident*
seoyanghwadoida 서양화되다 *v. westernize*
seoyangyin 서양인 *n. westerner*
seoye 서예 *n. calligraphy*
sepo 세포 *n. cell*
sepohaek 세포핵 *n. nucleus*

sepokjjari geurim 세폭짜리 그림 *n. triptych*
seryereul juda 세례를 주다 *v. baptize*
seryesik 세례식 *n. baptism*
seryun 세련 *n. urbanity*
seryundeoin 세련된 *adj. urbane*
sesang 세상 *n. world*
seseup jaesan 세습 재산 *n. patrimony*
sesokjeokyin 세속적인 *adj. worldly*
sesokjjeogin 세속적인 *adj. earthly*
sessangdoonyee 세쌍둥이 *n. triplet*
setakada 세탁하다 *v. launder*
setakgi 세탁기 *n. washer*
setangmul 세탁물 *n. laundry*
seteu 세트 *n. kit*
seujji 습지 *n marsh*
seukapeu 스카프 *n. kerchief*
seukoteulaendeu bujokjjang 스코틀랜드 부족장 *n. chieftain*
seulpeumeul ganul ssu eomneun 슬픔을 가눌 수 없는 *adj. inconsolable*
seulpeun 슬픈 *adj. weepy*
seumyeodeulda 스며들다 *v. percolate*
seungangee 승강이 *n. spat*
seungapkki 승압기 *n. booster*
seungdobokssunga 승도복숭아 *n. nectarine*
seunggaek 승객 *n. passenger*
seungganggi 승강기 *n. elevator*
seunggyeja 승계자 *n. successor*
seunghwasikida 승화시키다 *v. sublimate*

seungigame neomchineun 승리감에 넘치는 *adj. jubilant*
seungin 승인 *n. clearance*
seungin 승인 *n. approval*
seunginhada 승인하다 *v. grant*
seungjin 승진 *n. promotion*
seungmuwon 승무원 *n. crew*
seungri 승리 *n. victory*
seungrigam 승리감 *n. jubilation*
seungrihan 승리한 *adj. victorious*
seungrija 승리자 *n. victor*
seunjin 승진 *n. preferment*
seunjinsikida 승진시키다 *v. elevate*
seunkkyeoksikida 승격시키다 *v. exalt*
seunrija 승리자 *n. winner*
seupa 스파 *n. spa*
seupai 스파이 *n. spy*
seupai haengui 스파이 행위 *n. espionage*
seupam 스팸 *n. spam*
seupan 습한 *adj. humid*
seupectrum 스펙트럼 *n. spectrum*
seupeineui 스페인의 *n. Spanish*
seupeinsaram 스페인사람 *n. Spaniard*
seupenieol 스패니얼 *n. spaniel*
seupeurat 스프랫 *n. sprat*
seupeuray 스프레이 *n. spray*
seupeuredseet 스프레드시트 *n. spreadsheet*
seupgwan 습관 *n. wont*
seupineo 스피너 *n. spinner*
seupkki 습기 *n. moisture*
seupkkyeok 습격 *n. foray*
seuponseo 스폰서 *n. sponsor*
seupotseu 스포츠 *n. sport*
seupotseui 스포츠의 *adj. sporting*
seuptto 습도 *n. humidity*
seupunjee 스펀지 *n. sponge*
seurilreomool 스릴러물 *n. thriller*
seutaipeuleo 스테이플러 *n. stapler*
seutaipeuleoro gojeonghada 스테이플러로 고정하다 *v. staple*
seutaking 스타킹 *n. stocking*
seutaking baendeu 스타킹 밴드 *n. garter*
seutanja 스탠자 *n. stanza*
seutappeu 스태프 *n. staff*
seutaukeo 스토커 *n. stalker*
seutayil 스타일 *n. style*
seutayilishhan 스타일리쉬한 *adj. stylish*
seutayilist 스타일리스트 *n. stylist*
seuteikeu 스테이크 *n. steak*
seutemina 스테미나 *n. stamina*
seutencil 스텐실 *n. stencil*
seutepjidae 스텝지대 *n. steppe*
seutereo 스테레오 *n. stereo*
seuteroideuje 스테로이드제 *n. steroid*
seuteureching 스트레칭 *n. stretch*
seuteureseu 스트레스 *n. stress*
seuteuriper 스트리퍼 *n. stripper*
seutiker 스티커 *n. sticker*
seutobeu 스토브 *n. stove*
seutol 스톨 *n. stole*
seutooreudeul 스트루들 *n. strudel*
seutyu 스튜 *n. stew*
seutyudio 스튜디오 *n. studio*

seutyueuhteu wangaeui 스튜어트 왕가의 *adj. stuart*
seuweechee 스위치 *n. switch*
seuweeteu 스위트 *n. suite*
seuweideu 스웨이드 *n. suede*
seuweteo 스웨터 *n. jumper*
seuwetuh 스웨터 *n. sweater*
seyipja 세입자 *n. tenant*
shidallineun 시달리는 *adj. stricken*
shideulda 시들다 *v. wither*
shidohada 시도하다 *v. try*
shigakhwahada 시각화하다 *v. visualize*
shiganeui 시간의 *adj. temporal*
shiganeui 시간 *n. time*
shigeumchi 시금치 *n. spinach*
shihwa 신화 *n. myth*
shihwaui 신화의 *adj. mythological*
shihyung 시형 *n. versification*
shiikaneun sorireul naeda 쉬익 하는 소리를 내다 *v. fizz*
shijakhada 시작하다 *v. start*
shijung 시정 *n. visibility*
shik sorireul naeneun 쉭 소리를 내는 *adj. swish*
shikjagong 식자공 *n. typesetter*
shikmoolsangjanggwa gwanryondwen 식물생장과 관련된 *adj. vegetative*
shikpoon 식품 *n. viands*
shil 실 *n. thread*
shilhangganeunghan 실행가능한 *adj. viable*
shilhangguree 실한꾸리 *n. spool*

shiljikhan 실직한 *adj. unemployed*
shillopon 실로폰 *n. xylophone*
shimda 심다 *n. sow*
shimhan beenahn 심한 비난 *n. stricture*
shimjee 심지 *n. wick*
shimpan 심판 *n. umpire*
shimreejoongin 심리중인 *adj. subjudice*
shimryumron 심령론 *n. spiritualism*
shimryungronja 심령론자 *n. spiritualist*
shin 신 *adj. sour*
shinae 시내 *n. stream*
shinbingsung 신빙성 *n. verisimilitude*
shindeurom 신드롬 *n. syndrome*
shingwonjeongche 신권정체 *n. theocracy*
shinhak 신학 *n. theology*
shinhakja 신학자 *n. theologian*
shinjihak 신지학 *n. theosophy*
shinjin yeobaewoo 신진여배우 *n. starlet*
shinreui 신뢰 *n. trust*
shinsokhan 신속한 *adj. swift*
shinsunhaji ahneun 신선하지 않은 *adj. stale*
shintakgwanrija 신탁관리자 *n. trustee*
shinyonghalmanhan 신용할만한 *adj. trustworthy*
shinyonghaneun 신용하는 *adj. trustful*
shipdaeshijeoleui 십대시절의 *adj. teens*
shipeui &yeolbunjjae 10의 &10번째 *adj. & adv. ten*

shipeui &yeolbunjjae 10의 &10번째 *adj. & n. tenth*
shipgyebanguhhalsooyitneun 쉽게 방어할 수 있는 *adj. tenable*
shipsameui &shipsam 13의 &13 *adj. & n. thirteen*
shipsameui &shipsam 13의 &13 *adj. & n. thirteen*
shipyiljo 십일조 *n. tithe*
shipyiljo 12 *adj.&n. twelve*
shireuljitda 시를짓다 *v. versify*
shiryuk 시력 *n. vision*
shisawagwanryondoein 시사와 관련되 *adj. topical*
shithaneunsorireulnaeda 쉿하는 소리를 내다 *v. whiz*
shwii hago sori jireuda 쉬이 하고 소리 지르다 *v.i hiss*
shwit 쉿 *n. whist*
shyoping mol 쇼핑 몰 *n. mall*
si 시 *n. ode*
si 시 *n. poem*
si deunge naoneun seom 시 등에서 나오는 섬 *n. isle*
sibeok 10억 *n. billion*
sibigeoneun 시비거는 *adj. argumentative*
sibihada 시비하다 *v. fertilize*
sibirwol 11월 *n. november*
sibiwol 12월 *n. december*
siboui & sibo 15의 & 15 *adj. & n. fifteen*
sichajjeung 시차중 *n. jet lag*
siche 시체 *n. corpse*

sidae 시대 *n. era*
sidaechago 시대착오 *n. anachronism*
sido 시도 *v. attempt*
sidohada 시도하다 *v. attempt*
sieron ganeunghan 실현 가능한 *adj. feasible*
siga 시가 *n. poetry*
sigan 시간 *n. hour*
siganeul jikineun 시간을 지키는 *adj. punctual*
sigani heureuda 시간이 흐르다 *v. elapse*
sigannangbi 시간 낭비 *n. dalliance*
siganui gyeongwa 시간의 경과 *n. lapse*
siggeulbukjeokhan 시끌벅적한 *adj. uproarious*
sigoljjip 시골 집 *n. cottage*
sigye 시계 *n. clock*
sigyechu 시계추 *n. pendulum*
sigyok 식욕 *n. appetite*
sigyok isang hangjinjjeung 식욕 이상 항진증 *n. bulimia*
sihaenghada 시행하다 *n. implement*
sihaenghada 시행하다 *n. imposition*
sihap 시합 *n. bout*
siheom 시험 *n. exam*
siheom gamdokjja 시험 감독자 *n. invigilator*
siin 시인 *n. admission*
siin 시인 *n. poet*
siin 시인 *n. bard*
sijak 시작 *n. beginning*
sijak 시작 *n. commencement*

sijakada 시작하다 *v. launch*
sijakdoeda 시작되다 *v. commence*
sijakttoida 시작되다 *v. begin*
sijang 시장 *n. market*
sijang 시장 *n. mayor*
sijjeom 시점 *n. juncture*
sijong 시종 *n. chamberlain*
sikamore 시카모어 *n. sycamore*
sikcho 식초 *n. vinegar*
sikeu gyodoui seongjeon 시크 교도의 성전 *n. gurdwara*
sikjjagong 식자공 *n. compositor*
sikkeulbeokjjeogan 시끌벅적한 *adj. raucous*
sikkeureopkke utta 시끄럽게 웃다 *n. guffaw*
sikkeureoun 시끄러운 *adj. loud*
sikkeureoun 시끄러운 *adj. noisy*
sikpum jeojangsil 식품 저장실 *n. larder*
siksikgeorimyeo 식식거리며 *v. splutter*
sikssa 식사 *n. meal*
sikssahaneun 식사하다 *v. dine*
sikssahaneun saram 식사하는 사람 *n. diner*
sikssupkkwan 식습관 *n. diet*
sikttang 식당 *n. restaurant*
sikttang gyeongyeongja 식당 경영자 *n. restaurateur*
siktto 식도 *n. gullet*
sikttorakka 식도락가 *n. epicure*
sikttorakka 식도락가 *n. gourmat*
silang 신랑 *n. bridegroom*

silcheon 실천 *n. practice*
silheomsil 실험실 *n. laboratory*
silhwang bangsong 실황 방송 *n. commentary*
silhyeon 실현 *n. fulfilment*
silhyeonada 실현하다 *v. fulfil*
siljaehaneun 실재하는 *adj. tangible*
siljero 실제로 *adv. actually*
siljilseokyin 실질적인 *adj. substantive*
siljjeong 실정 *n. misrule*
siljjero 실제로 *adv. really*
siljjeui 실제의 *adj. actual*
siljjeunghada 실증하다 *n. illustrate*
siljjeungnan 싫증난 *adj. jaded*
silmang 실망 *n. consternation*
silmang 실망 *n. dismay*
silmanghada 실망하다 *v. disappoint*
silnae jangsik 실내 장식 *n. decor*
silnaeui 실내의 *adj. indoor*
siloe 신뢰 *n. confidant*
siloe 신뢰 *n. confidence*
silpae 실패 *n. failure*
silpaeeuiwonyeen 실패의원인 *n. undoing*
silpaehada 실패하다 *v. fail*
silpaehal yeomnyeoga eommeun 실패할 염려가 없는 *adj. foolproof*
silsihage hada 실시하게 하다 *v. instigate*
silsssureul beomhada 실수를 범하다 *v. err*
silssuhada 실수하다 *v. mull*
silsu 실수 *n. blunder*
silsu 실수 *n. mistake*

silsureul halss inneun 실수를 할 수 있는 *adj. fallible*
siltarae 실 타래 *n. hank*
silui 실의 *n. dejection*
silyongjeokyin 실용적인 *adj. utilitarian*
siman pyeongyeon 심한 편견 *n. bigotry*
simbak joyulgi 심박 조율기 *n. pacemaker*
simbok 심복 *n. henchman*
simbureum 심부름 *n. errand*
simchwi 심취 *n. preoccupation*
simenteu 시멘트 *n. cement*
simgakan munje 심각한 문제 *n. malady*
simhage hwesonada 심하게 훼손하다 *v. decimate*
simin 시민 *n. citizen*
siminjiui 식민지의 *adj. colonial*
siminkkwon 시민권 *n. citizenship*
siminui 시민의 *adj. civic*
siminui 시민의 *adj. civil*
simjang 심장 *n. heart*
simjang 심장 *n. hearth*
simjangbyungui 심장병의 *adj. cardiac*
simjangui godong 심장의 고동 *n. palpitation*
simjeondo 심전도 *n. cardiograph*
simjjangbyunghak 심장병학 *n. cardiology*
simjjeok gotong 심적 고통 *n. heartache*
simmijeok 심미적 *adj. aesthetic*
simmunhada 심문하다 *v. interrogate*
simni 심리 *n. psychology*

simnihakjja 심리학자 *n. psychologist*
simnyeon 10년 *n. decade*
simponee 심포니 *n. symphony*
simpongeeuhm 심포지엄 *n. symposium*
simsineul yakwasikida 심신을 약화시키다 *v. debilitate*
simsinui sangtae 심신의 상태 *n. fettle*
simsul sanaum 심술 사나움 *n. petulance*
simtong sanaun 심통 사나운 *adj. petulant*
simtongeul burineun 심통을 부리는 *adj. pettish*
simtta 심다 *v. implant*
simyeon 심연 *n. abyss*
sin 신 *n. deity*
sinae 시내 *n. beck*
sinbijui 신비주의 *n. mysticism*
sinbijuija 신비주의자 *n. mystic*
sinbijuui 신비주의의 *adj. mystical*
sinbiroum 신비로움 *n. mystique*
sinbu 신부의 *n. bride*
sinbun jeungmyeong 신분 증명 *n. indentification*
sinbuui 신부의 *adj. bridal*
sinche 신체 *n. body*
sincheui 신체의 *adv. bodily*
sineogee 시너지 *n. synergy*
sineum 신음 *n. moan*
sineumeul naeda 신음을 내다 *v. groan*
singiru 신기루 *n. mirage*
singminji 식민지 *n. colony*
singmul 식물 *n. plant*

singmulgun 식물군 *n. flora*
singmurak 식물학 *n. botany*
singnyopum japhwasang 식료품 잡화상 *n. grocer*
singnyopum jeojangsil 식료품 저장실 *n. pantry*
singnyopum mit japhwa 식료품 및 잡화 *n. grocery*
singohaeya haneun 신고해야 하는 *adj. notfiable*
singojeonjuuiui 신고전주의의 *adj. neoclassical*
singyeoljiljjeogin 신경질적인 *adj. fussy*
singyeoljiljjeogin 신경질적인 *adj. fusty*
singyeong 신경 *n. Nerve*
singyeong sseuda 신경 쓰다 *v. bother*
singyeongeul sseuji anneun 신경을 쓰지 않는 *adj. inattentive*
singyeonghak 신경학 *n. neurologist*
singyeongjjeung 신경증 *n. neurosis*
singyeongjjeunge geolin 신경증에 걸린 *adj. neurotic*
singyeongkkwa jeonmunui 신경과 전문의 *n. neurology*
singyeongui 신경의 *adj. neural*
sinho 신호 *n. cue*
sinhodeung 신호등 *n. beacon*
sinhonyeohaeng 신혼여행 *n. honeymoon*
sinhoyong gong 신호용 공 *n. gong*
sinhwa 신화 *n. mythology*
sinhwasoge naoneun 신화 속에 나오는 *adj. mythical*

sinjang 신장 *n. kidney*
sinjindaesa 신진대사 *n. metabolism*
sinjo 신조 *n. dogma*
sinjung 신중 *n. prudence*
sinjungham 신중함 *n. precision*
sinjunghan 신중한 *adj. cautious*
sinjunghan 신중한 *adj. circumspect*
sinjunghan 신중한 *adj. discreet*
sinjunghan 신중한 *adj. judicious*
sinjunghan 신중한 *adj. measured*
sinjunghan 신중한 *adj. prudent*
sinkkeokwahada 신격화하다 *v. deify*
sinnage ttuieodanida 신나게 뛰어다니다 *v. cavort*
sinnam 신남 *n. glee*
sinnyeom 신념 *n. creed*
sinrokeui 신록의 *adj. verdant*
sinsa 신사 *n. gentleman*
sinsadeul 신사들 *n. gentry*
sinseokki sidaeui 신석기 시대의 *adj. neolithic*
sinseong 신성 *n. divinity*
sinseonghage hada 신성하게 하다 *v. hallow*
sinseonghan 신성한 *adj. divine*
sinseonghan 신성한 *adj. holy*
sinseonhan 신선한 *adj. fresh*
sinsok 신속 *n. rapidity*
sinsokan gyeoljjeongeul hada 신속한 결정을 하다 *v. prompt*
sintak 신탁 *n. oracle*
sintakkwagateun 신탁과 같은 *adj. oracular*
sinui seomni 신의 섭리 *n. providence*

sinwon 신원 *n. identity*
sinyong georae 신용 거래 *n. credit*
sipjja 십자 *n. cross*
sipjjinbeobui 십진법의 *adj. decimal*
sipkkui & yeorahop 19의 & 열아홉 *adj. & n. nineteen*
siraeng 실행 *n. execution*
siraeng bulganeunghan 실행 불가능한 *adj. impracticable*
siraeng ganeunghan 실행 가능한 *adj. practicable*
siraenghada 실행하다 *v. execute*
sireohada 싫어하다 *v. dislike*
sireohaneun 싫어하는 *adj. averse*
sireom 실험 *n. experiment*
sirup 시럽 *n. syrup*
siryeogi heurin 시력이 흐린 *adj. purblind*
siryeok 시력 *n. eyesight*
siryeon 시련 *n. ordeal*
siryongjeogin 실용적인 *adj. functional*
siryongjeogin 실용적인 *adj. pragmatic*
siryongjuui 실용주의 *n. pragmatism*
sisaem 시샘 *n. jealousy*
sisahoe 시사회 *n. preview*
siseol 시설 *n. facility*
siseutem 시스템 *n. system*
sisihan 시시한 *adj. banal*
sisihan 시시한 *adj. footling*
siwol 10월 *n. October*
siya 시야 *n. purview*
so 소 *n. cattle*
soakkwa 소아과 *n. paediatrics*

soakkwa uisa 소아과 의사 *n. paediatrician*
soaseongaeja 소아성애자 *n. paedophile*
sobakan 소박한 *adj. artless*
sobakan 소박한 *adj. austere*
sobeun geori 좁은 거리 *n. mews*
sobi 소비 *n. consumption*
sobija 소비자 *n. consumer*
sobija 소비자 *n. customer*
sobisse 소비세 *n. excise*
sobyun 소변 *n. urine*
sobyuneui 소변의 *adj. urinary*
sobyuneulboda 소변을보다 *v. urinate*
sobyungi 소변기 *n. urinal*
sochaejja 소책자 *n. booklet*
sochaejja 소책자 *n. booklet*
sodae 소대 *n. platoon*
sodokada 소독하다 *v. disinfect*
sodokdoin 소독된 *adj. antiseptic*
sodong 소동 *n. flurry*
soechangssal 쇠창살 *n. grating*
soesalttae 쇠살대 *v.t grate*
soesiri 쇠시리 *n. moulding*
soetoehae janeun 쇠퇴해 가는 *adj. obsolescent*
soeum 소음 *n. din*
soeum 소음 *n. noise*
soeum 소음 *n. racket*
soeyak 쇠약 *n. debility*
soeyakan 쇠약한 *adj. emaciated*
sogae 소개 *n. introduction*
sogaehada 소개하다 *v. introduce*
sogeukjjeogin 소극적인 *adj. inactive*

sogeum hunje cheongeo 소금 훈제 청어 *n. bloater*
sogeummul 소금물 *n. brine*
sogeupjeogyonghada 소급 적용하다 *v. backdate*
sogi bin 속이 빈 *adj. hollow*
sogida 속이다 *v. cheat*
sogida 속이다 *v. deceive*
sogida 속이다 *v. delude*
sogida 속이다 *v. dupe*
sogida 속이다 *v. hoodwink*
sogim 속임 *n. deception*
sogimsu 속임수 *n. deceit*
sogogi 소고기 *n. beef*
sogong 소송 *n. litigation*
sogye 소계 *n. subtotal*
sohaengseong 소행성 *n. asteroid*
sohamdae 소함대 *n. squadron*
sohwa 소화 *n. digestion*
sohwabulyang 소화 불량 *n. dyspepsia*
sohwabulyang 소화불량 *n. indigestion*
sohwaga jal andoeneun 소화가 잘 안되는 *adj. indigestible*
sohwagwan 소화관 *n. gut*
sohwahada 소화하다 *v. digest*
sohwajeon 소화전 *n. hydrant*
sohwanhada 소환하다 *v. summon*
sohwanjang 소환장 *n. summons*
sohwaui 소화의 *adj. peptic*
sohyungui 소형의 *adj. compact*
sohyungui 소형의 *adj. mini*
soidorikke 쇠도리깨 *n. bludgeon*
sojangnong 소작농 *n. peasant*

sojangnongdeul 소작농들 *n. peasantry*
sojapan 조잡한 *adj. flimsy*
sojil 소질 *n. aptitude*
sojip 소집 *v. convene*
sojipum 소지품 *n. chattel*
sojunghan 소중한 *adj. dear*
sojunghi ganjikada 소중히 간직하다 *v. enshrine*
sojunghi yeogida 소중히 여기다 *v. cherish*
sok pyeonhan 속 편한 *adj. carefree*
sokbohullyunmal 속보훈련말 *n. trotter*
sokddoreul nopida 속도를 높이다 *v. accelerate*
sokdo 속도 *n. speed*
sokdo 속도 *n. velocity*
sokgi 속기 *n. stenography*
sokgisa 속기사 *n. stenographer*
sokjjoe 속죄 *n. penance*
sokjjoehada 속죄하다 *v. expiate*
sokjoi 속죄 *n. atonement*
sokjoihada 속죄하다 *v. atone*
sokmul 속물 *n. vulgarian*
sokot 속옷 *n. underwear*
sokppaji 속바지 *n. bloomers*
sokppaji 속바지 *n. knickers*
sokppak 속박 *n. leash*
soksakyeeda 속삭이다 *v. whisper*
soksseurim 속쓰림 *n. heartburn*
sokttam 속담 *n. proverb*
soktto 속도 *n. pace*
sokuchida 솟구치다 *v. spurt*
sokyimsoo 속임수 *n. subterfuge*

sol 솔 *n. brush*
solgittan 솔깃한 *adj. inviting*
soljikhimalhada 솔직히말하다 *v.t. tackle*
soljjikaji motan 솔직하지 못한 *adj. disingenuous*
soljjikam 솔직함 *n. candour*
soljjikan 솔직한 *adj. candid*
soljjikan 솔직한 *adj. frank*
somae 소매 *n. retail*
somaesang 소매상 *n. retailer*
somaettong 소맷동 *n. cuff*
somanghada 소망하다 *v. wish*
somanghaneun 소망하는 *adj. wishful*
somohada 소모하다 *v. consume*
somosa 소모사 *n. worsted*
somssi 솜씨 *n. workmanship*
somun 소문 *n. gossip*
somuni nan 소문이 난 *adj. proverbial*
somyeol jikjjeonui 소멸 직전의 *adj. moribund*
somyeoldoeda 소멸되다 *v. perish*
somyeong uisik 소명 의식 *n. calling*
somyeorada 소멸하다 *v. dissipate*
somyul 소멸 *n. annihilation*
son 손 *n. hand*
sonang 소낭 *n. vesicle*
sondokki 손도끼 *n. hatchet*
soneuro haneun 손으로 하는 *adj. manual*
songahjeegoghi 송아지고기 *n. veal*
songaji 송아지 *n. calf*
songgeum 송금 *n. remit*
songgeumaek 송금액 *n. remittance*

songgonni 송곳니 *n. fang*
songgot 송곳 *n. wimble*
songuh 송어 *n. trout*
sonjabi 손잡이 *n. haft*
sonjabi 손잡이 *n. knob*
sonjeondeung 손전등 *n. torch*
sonkkarak 손가락 *n. finger*
sonkkarak 손가락 관절 *n. knuckle*
sonkkeum bogi 손금 보기 *n. palmistry*
sonkkeum boneun saram 손금 보는 사람 *n. palmist*
sonmok 손목 *n. wrist*
sonmokppyeo 손목뼈 *adj. carpal*
sonnim 손님 *n. guest*
sonppadak 손바닥 *n. palm*
sonsang 손상 *n. damage*
sonsangeul choraeham 손상을 초래함 *n. detriment*
sonsangeul juneun 손상을 주는 *adj. injurious*
sonsangsikida 손상시키다 *v. impair*
sonsil 손실 *n. loss*
sonsugeon 손수건 *n. handkerchief*
sontop 손톱 *n. nail*
sontop ssonjil 손톱 손질 *n. manicure*
soobak 수박 *n. watermelon*
sooda 수다 *n. verbosity*
sooda 수다 *n. yak*
soodajangyee 수다쟁이 *n. windbag*
soodoku 수도쿠 *n. sudoku*
soohyulhada 수혈하다 *v. transfuse*
soohyulhada 수혈하다 *n. transfusion*
soojeunggi 수증기 *n. vapour*
sooji 수지 *n. tallow*

soojikyee 수직의 *adj. vertical*
soojoon 수준 *n. standard*
sool 술 *n. tassel*
soolyichweehan 술이 취한 *n. tiddly*
soolyiyakganchweehan 술이약간취한 *n. tipsy*
soomgilsooupneun 숨길수 없는 *adj. telltale*
soongan 순간 *n. trice*
soongbae 숭배 *n. worship*
soongbaeja 숭배자 *n. votary*
soongbaeja 숭배자 *n. worshipper*
soonjeonhan 순전한 *adj. unmitigated*
soonjong 순종 *n. submission*
soonjongjeokin 순종적인 *adj. submissive*
soonmo 순무 *n. turnip*
soonsoohan 순수한 *adj. unalloyed*
soopeui 숲의 *adj. sylvan*
soosaseun 수사슴 *n. stag*
sooseup 수습 *n. trainee*
soosong 수송 *n. transit*
soosool 수술 *n. stamen*
soosool 수술 *n. surgery*
sooupryo 수업료 *n. tuition*
sooweepyo 수위표 *n. watermark*
sooyeom 수염 *n. whisker*
sooyounghada 수영하다 *v. swim*
sooyoungseonsoo 수영선수 *n. swimmer*
sooyoyil 수요일 *n. Wednesday*
sopo 소포 *n. packet*
sopo 소포 *n. parcel*
sopoommoon 소품문 *n. vignette*

soragodong 소라고동 *n. conch*
soran 소란 *n. commotion*
soran 소란 *n. tumult*
soran 소란 *n. uproar*
soranhaengwi 소란행위 *n. affray*
sorichida 소리치다 *v. exclaim*
sorie 소리 *n. sound*
sorinopyowechineun 소리높여 외치는 *adj. vociferous*
soryang 소량 *n. paucity*
soselga 소설가 *n. novelist*
soseol 소설 *n. fiction*
soseol 소설 *n. novel*
soshik 소식 *n. tidings*
soshim 소심 *n. timidity*
soshimhan 소심한 *adj. timid*
sosik 소식 *n. news*
sosong dangsaja 소송 당사자 *n. litigant*
sosong ganeunghan 소송 가능한 *adj. actionable*
sosong jeolcha 소송 절차 *n. proceedings*
sosonghada 소송하다 *v. litigate*
sosu minjok geojuji 소수 민족 거주지 *n. enclave*
sosujipttan 소수집단 *n. minority*
sosuman ihaehaneun 소수만 이해하는 *adj. esoteric*
sot 솥 *n . pot*
sotonghada 소통하다 *v. interact*
sou peu 수프 *n. soup*
sowee 소위 *n. subaltern*
soyongdolyi 소용돌이 *n. vortex*

soyongdolyi 소용돌이 *n. whirlpool*
soyoreul jinapada 소요를 진압하다 *v. quell*
soyu 소유 *n. possession*
soyuhada 소유하다 *v. have*
soyuhada 소유하다 *v. possess*
soyuju 소유주 *n. owner*
soyuju 소유주 *n. proprietor*
soyujuui 소유주의 *adj. proprietary*
soyukkwon 소유권 *n. ownership*
soyumul 소유물 *n. belongings*
soyuyogi ganghan 소유욕이 강한 *adj. possessive*
speah mint 스페아민트 *n. spearmint*
spearhed 스피어헤드 *n. spearhead*
spocheu meori 스포츠 머리 *n. buzz*
ssada 싸다 *v. wrap*
ssage 싸개 *n. casing*
ssaguryeo boseok 싸구려 보석 *n. bauble*
ssaguryeo mulgeon 싸구려 물건 *n. dross*
ssak 싹 *n. bud*
ssakeenada 싹이나다 *v. sprout*
ssakteuda 싹트다 *v. germinate*
ssalssaran 쌀쌀한 *adj. chilly*
ssangbangui 쌍방의 *adj. bilateral*
ssangdoongyee 쌍둥이 *n. twin*
ssauda 싸우다 *v.t fight*
ssaumui 싸움의 *adj. martial*
sseoktta 썩다 *v. moulder*
sseolda 썰다 *v. chop*
sseolmul 썰물 *n. ebb*
sseorae 써레 *n. harrow*

sseuda 쓰다 *n. ware*
sseuda 쓰다 *v. write*
sseudadeumkki 쓰다듬기 *v. pat*
sseuki 쓰기 *n. writing*
sseul ttaeeomneun 쓸 데없는 *adj. otiose*
sseulda 쓸다 *v. sweep*
sseulmoeupneun 쓸모없는 *adj. useless*
sseulsseulhae boineun 쓸쓸해 보이는 *adj. forlorn*
sseupsseuran 씁쓸한 *adj. moody*
sseuraegi 쓰레기 *n. detritus*
sseurarin 쓰라린 *adj. bitter*
sseuregi 쓰레기 *n. garbage*
sseuregi 쓰레기 *n. litter*
sseuregi 쓰레기 *n. refuse*
sseuregi 쓰레기 *n. trash*
sseuregitong 쓰레기통 *n. bin*
sseureotteurida 쓰러뜨리다 *v. fell*
ssi 씨 *n. woof*
ssiburunggeorida 씨부렁거리다 *v. witter*
ssijeok 씨족 *n. clan*
ssikssikdaeda 씩씩대다 *n. fume*
ssikssikgeorida 씩씩거리다 *n. huff*
ssillookgeorida 씰룩거리다 *v. twitch*
ssillukgeorida 씰룩거리다 *v. wiggle*
ssingsori 씽소리 *n. whir*
ssiptta 씹다 *v. chew*
ssiptta 씹다 *v. masticate*
ssitda 씻다 *v. swill*
ssitda 씻다 *v. wash*

ssiteulsuitneun 씻을 수 있는 *adj. washable*
ssitgi 씻기 *n. washing*
ssoneun 쏘는 *adj. stingy*
ssunami 쓰나미 *n. tsunami*
sswa haneun soriga nada 쏴 하는 소리가 나다 *v. gurgle*
sswaegipul 쐐기풀 *n. nettle*
ssweghi 쐐기 *n. wedge*
stipeulchaeiseu 스티플체이스 *n. steeplechase*
suabui 수압의 *adj. hydraulic*
subandoeneun 수반되는 *adj. concomitant*
subihada 수비하다 *v. guard*
sucheokaejige hada 수척해지게 하다 *v. t emancipate*
sucheokkan 수척한 *adj. gaunt*
sucheop 수첩 *n. diary*
suchi 수치 *n. figure*
suchi doeda 숯이 되다 *v. char*
suchik 수칙 *n. precept*
suchiseureoun 수치스러운 *adj. ignominious*
suchurada 수출하다 *v. t. export*
suchwiin 수취인 *n. payee*
sudajaengi yeoja 수다쟁이 여자 *n. cackle*
sudal 수달 *n. otter*
sudan 수단 *n. means*
sudaseureon 수다스런 *adj. garrulous*
sudo 수도 *n. capital*
sudoja 수도자 *n. monk*
sudongjeogin 수동적인 *adj. passive*

sudowon 수도원 *n. abbey*
sudowon 수도원 *n. monastery*
sudowon saenghwal 수도원 생활 *n. cloister*
sudowon saenghwal 수도원 생활 *n. monasticism*
sudowonjang 수도원장 *n. abbot*
sudowonui 수도원의 *adj. monastic*
sueopssi maneun 수없이 많은 *adj. numberless*
sueumada 수음하다 *v. masturbate*
sueun 수은 *n. mercury*
suga manta 수가 많다 *v. outnumber*
sugamja 수감자 *n. inmate*
sugamja 수감자 *n. jailer*
sugap 수갑 *n. handcuff*
sugap 수갑 *n. handcuff*
sugeureodeulji anneun 수그러들지 않는 *adj. relentless*
sugongye 수공예 *n. handicraft*
suhaengdan 수행단 *n. entourage*
suhaengdan 수행단 *n. retinue*
suhaenghada 수행하다 *v. conduct*
suhak 수학 *adj. mathematical*
suhak 수학 *n. mathematics*
suhakjja 수학자 *n. mathematician*
suhamul 수하물 *n. baggage*
suhoja 수호자 *n. bastion*
suhwagi 수화기 *n. receiver*
suhwak 수확 *n. harvest*
suhwakada 수확하다 *v. reap*
suhwakaneun saram 수확하는 사람 *n. reaper*

suhwaknyong gigye 수확용 기계 *n. haverster*
suhwasikida 수화시키다 *v. hydrate*
suieum 쉬움 *n. ease*
suigaek 수익액 *n. proceeds*
suiksseong inneun 수익성 있는 *adj. profitable*
suiksseongi joeun don 수익성이 좋은 *adj. lucrative*
suip 수입 *n. income*
suipada 수입하다 *v. import*
suipeopjja 수입업자 *n. importer*
suipkke mideum 쉽게 믿음 *adv. credulity*
suiun 쉬운 *adj. easy*
sujeong 수정 *n. rectification*
sujeong 수정 *n. modification*
sujeonghada 수정하다 *v. amend*
sujeonghada 수정하다 *v.t. modify*
sujikjjeogin 수직적인 *adj. perpendicular*
sujip 수집 *n. collection*
sujipkka 수집가 *n. collector*
sujja 숫자 *n. digit*
sujokkwan 수족관 *n. aquarium*
sujubumeul taneun 수줍음을 타는 *adj. bashful*
sujun 수준 *n. level*
sujungikssEon 수중익선 *n. hydrofoil*
sujuni gwaenchaneun 수준이 괜찮은 *adj. decent*
sukchwi 숙취 *n. hangover*
sukko 숙고 *n. consideration*
sukko 숙고 *n. deliberation*
sukkohada 숙고하다 *v. cogitate*

sukkohada 숙고하다 *v. ponder*
sukttal 숙달 *n. mastery*
sukttal 숙달 *n. proficiency*
sukttokada 숙독하다 *v. peruse*
sul deunge chwihage hada 술 등에 취하게 하다 *v. intoxicate*
sulbu 술부 *n. predicate*
sulchaek 술책 *n. gimmick*
sulchwihan 술취한 *adj. drunkard*
suljjip 술집 *n. bar*
suljjip jikigi gido 술집 지키기 기도 *n. bouncer*
sultong 술통 *n. cask*
sului 술의 *adj. alchoholic*
sulye 순례 *n. pilgrimage*
sulyeja 순례자 *n. pilgrim*
sulyin 설인 *n. yeti*
sumangyeom 수막염 *n. meningitis*
sumeul heoltteogida 숨을 헐떡이다 *v. pant*
sumi teok makida 숨이 턱 막히다 *v.i gasp*
sumo 수모 *n. indignity*
sumok 수목 *n. arbour*
sunbak 선박 *n. virtue*
sunbong 선봉 *n. vanguard*
sunchangsayongryo 선창사용로 *n. wharfage*
sunchareul dolda 순찰을 돌다 *v. patrol*
sundei 선데이 *n. sundae*
suneunghaneun 순응하는 *adj. compliant*
sung 성 *n. surname*

sunganjeogin 순간적인 adj. momentary
sungbaehada 숭배하다 v. idolize
sunggashigehada 성가시게하다 v. vex
sunggashim 성가심 n. vexation
sunggashin 성가신 adj. tiresome
sunggong 성공 n. success
sunggonghada 성공하다 v. succeed
sunggongjeokyin 성공적인 adj. successful
sungheun 성흔 n. stigmata
sungjil 성질 n. temper
sungjilyi deoruwoon 성질이 더러운 adj. waspish
sungkeumgotda 성큼걷다 v. stride
sungmaui 승마의 adj. equestrian
sungmyung 성명 n. statement
sungyeong 순경 n. constable
sungyeoran 순결한 adj. chaste
sungyo 순교 n. martyrdom
sungyoja 순교자 n. martyr
sunhwan 순환 n. circulation
sunhwanhaneun 순환하는 adj. cyclic
sunhwansikida 순환시키다 v. circulate
sunjeonan 순전한 adj. arrant
sunjong 순종 n. obeisance
sunjonghaji anneun 순종하지 않는 adj. insubordinate
sunjongjeogin 순종적인 adj. dutiful
sunjongjeogin 순종적인 adj. obedient
sunjoropkke 순조롭게 adv. readily
sunmyunghan 선명한 adj. vivid
sunnyeol 순열 n. permutation
sunpoong 선풍 n. whirlwind

sunsaengnim 선생님 n. tutor
sunseo 순서 n. order
sunsuhaji motan 순수하지 못한 adj. impure
sunsuhan 순수한 adj. pure
sunsujuija 순수주의자 n. purist
sunsusseong 순수성 n. purity
sunteul 선틀 n. stile
sunwi 순위 n. rank
sunwi 순위 n. rating
sunwidoeda 순위되다 v. rank
sunyang 숫양 n. ram
sunyangham 순양함 n. cruiser
sunyeowon 수녀원 n. convent
sunyeowon 수녀원 n. nunnery
sup 숲 n. forest
supeomaket 슈퍼마켓 n. supermarket
supeu 수프 n. broth
supo 수포 n. blain
supo 수포 n. blister
supssogui jageun binteo 숲 속의 작은 빈터 n. glade
supyeongseon 수평선 n. horizon
supyo 수표 n. cheque
sure 수레 n. cart
surihada 수리하다 v. mend
surihada 수리하다 v. recondition
surihada 수리하다 v. refit
surihada 수리하다 v. repair
suryang 수량 n. quantity
suryanghwahada 수량화하다 v. quantify
suryangjeogin 수량적인 adj. quantitative

suryo gwajeong 수료 과정 *n. diploma*
suryutan 수류탄 *a. grenade*
susa 수사 *n. number*
susaengui 수생의 *adj. aquatic*
susang 수상 *n. chancellor*
susanghan 수상한 *adj. fishy*
susangja 수상자 *n. laureate*
suseonhwa 수선화 *n. daffodil*
suseonhwa 수선화 *n. narcissus*
suseup jigwon 수습 직원 *n. probationer*
susim eorin 수심 어린 *adj. pensive*
susinin 수신인 *n. addressee*
suso 수소 *n. hydrogen*
susong 수송 *n. conveyance*
susong 수송 *n. transportation*
susonghada 수송하다 *v. transport*
susongsa 수송사 *n. carrier*
susu 수수 *n. millet*
susukkekki 수수께끼 *n. enigma*
susukkekki 수수께끼 *n. mystery*
susuryo 수수료 *n. fee*
sut 숯 *n. charcoal*
sutak 수탉 *n. cock*
sutgarak 숟가락 *n. spoon*
sutjja 숫자 *n. numeral*
suui 수의 *adj. numerical*
suwan 수완 *n. finesse*
suyeohada 수여하다 *v. bestow*
suyeoja 수여자 *n. recipient*
suyeom 수염 *n. beard*
suyong 수용 *n. acceptance*
suyonghalmanhan 수용할만한 *adj. acceptable*

suyonghaneun 수용하다 *v. expropriate*
suyongjeogin 수용적인 *adj. receptive*
swimpyo 쉼표 *n. comma*
syale 샬레 *n. chalet*
syampein 샴페인 *n. champagne*
syangdeulie 샹들리에 *n. chandelier*
syeocheu 셔츠 *n. jersey*

T

tabagi siman 타박이 심한 *adj. finicky*
tabeulloidpan 타블로이드판 *n. tabloid*
tadangan 타당한 *adj. logical*
tadanghan 타당한 *adj. fair*
tadanghan iyu 타당한 이유 *n. justification*
tadohada 타도하다 *v. overthrow*
tadongsaeui 타동사의 *adj. transitive*
taea 태아 *n. fetus*
taedo 태도 *n. attitude*
taeeonan gosui 태어난 곳의 *n. native*
taeeuh 타이어 *n. tyre*
taegojjeokbuteoui 태곳적부터의 *adj. immemorial*
taegoui 태고의 *adj. primeval*
taegwon 패권 *n. supremacy*
taejoongeui 태중의 *adj. unborn*
taekada 택하다 *v. opt*
taekppae hoesa 택배 회사 *n. courier*
taeksi 택시 *n. cab*
taeman 태만 *n. negligence*
taemanan 태만한 *adj. remiss*
taepiseuteuri 태피스트리 *n. tapestry*

taepoong 태풍 *n. storm*
taepoongichineun 태풍이치는 *adj. stormy*
taepyeongseureoun 태평스러운 *adj. blithe*
taesaengui 태생의 *adj. born*
taeuichoojongeulboolheohaneun 타의추종을불허하는 *adj. unrivalled*
taeyang 태양 *n. sun*
taeyeebeul 테이블 *n. table*
taeyeekeuout jeonmoonjeom 테이크아웃전문점 *n. takeaway*
taggwol 탁월 *n. pre-eminence*
tagonan 타고난 *adj. inborn*
tagonan 타고난 *adj. innate*
tagonan jaeju 타고난 재주 *n. flair*
tagonan jaeju 타고난 재주 *n. knack*
tagu 타구 *n. spittoon*
tagworam 탁월함 *n. distinction*
tagyeol 타결 *n. rapprochment*
tahgyeok 타격 *n. stroke*
tahyeop 타협 *n. compromise*
tahyuphajeeahneun 타협하지 않는 *adj. uncompromising*
taipeesteu 타이피스트 *n. typist*
taireuda 타이르다 *v. admonish*
tajakhada 타작하다 *v. thresh*
tajja 타짜 *n. gambler*
tajo 타조 *n. ostrich*
takhan 탁한 *adj. turbid*
takpparaneun 탁발하는 *adj. mendicant*
takssongmul 탁송물 *n. consignment*
taktak sorireul naeda 탁탁 소리를 내다 *v. crackle*

talchuljjeung 탈출증 *n. prolapse*
taleolyeomneun 탄력 없는 *adj. flaccid*
talgusikida 탈구시키다 *v. dislocate*
taljjin 탈진 *n. prostration*
talryeok 탄력 *n. momentum*
talryeoksseongui 탄력성의 *adj. elastic*
talsseonhada 탈선하다 *v. t. derail*
talyeoginneun 탄력 있는 *adj. resilent*
tamarindeu 타마린드 *n. tamarind*
tamburin 탬버린 *n. tambourine*
tamgu 탐구 *n. quest*
tamguhada 탐구하다 *v. explore*
tamheom 탐험 *n. expedition*
tamneda 탐내다 *v. covet*
tamnyoksseureoun 탐욕스러운 *adj. rapacious*
tampon 탐폰 *n. tampon*
tamsa 탐사 *n. exploration*
tamtakchana hada 탐탁찮아 하다 *v. disapprove*
tamtakjjaneun 탐탁찮음 *n. disfavour*
tamyok 탐욕 *n. avarice*
tamyok 탐욕 *n. cupidity*
tamyok 탐욕 *n. greed*
tamyoksseureon 탐욕스런 *adj. greedy*
tamyoksseureopgge 탐욕스럽게 *adv. avidly*
tanap 탄압 *n. oppression*
tanapada 탄압하다 *v. oppress*
tanapada 탄압하다 *v. repress*
tandoe 탄도 *n. trajectory*
tangerin 탄제린 *n. tangerine*
tangwang 탄광 *n. colliery*

tanhaek 탄핵 *n. impeachment*
tanhaekada 탄핵하다 *v. impeach*
tanjeoppyung 탄저병 *n. anthrax*
tankeu 탱크 *n. tank*
tansanyeomui 탄산염의 *adj. carbonate*
tanso 탄소 *n. carbon*
tansoohwamool 탄수화물 *n. starch*
tansoohwamooli maneun 탄수화물이 많은 *adj. starchy*
tansuhwamul 탄수화물 *n. carbohydrate*
tanwonhada 탄원하다 *v. intercede*
tanwonja 탄원자 *n. suppliant*
tanyak 탄약 *n. ammunition*
taoreuda 타오르다 *v. burn*
tap 탑 *n. pagoda*
tapsseunghayeo 탑승하여 *adv. aboard*
tarakagemandeulda 타락하게 만들다 *v. deprave*
tarakan 타락한 *adj. decadent*
tarakan saram 타락한 사람 *n. reprobate*
taroekadeu 타로카드 *n. tarot*
tarwanada 탈환하다 *v. recapture*
tasee 택시 *n. taxi*
tatada 탓하다 *v. blame*
tawol 타월 *n. towel*
tawolcheon 타월천 *n. towelling*
tawon 타원 *n. ellipse*
tawonui 타원의 *adj. oval*
tayeepoon 타이푼 *n. typhoon*
tayil 타일 *n. tile*
te 테 *n. hoop*

tekseuteu 텍스트 *n. text*
tekseuteureul haechehada 텍스트를 해체하다 *v. deconstruct*
telebeejeonbangsong 텔레비전방송 *v.t. telecast*
telebeejeoneurobangsonghada 텔레비전으로 방송하다 *v. televise*
telebeejoen 텔레비전 *n. television*
telepashireul yiyonghan 텔레파시를 이용한 *adj. telepathic*
telepashiyeongooga 텔레파시연구가 *n. telepathist*
telepshi 텔레파시 *n. telepathy*
teleteseu 텔레텍스 *n. teletext*
tempo 템포 *n. tempo*
teniseu 테니스 *n. tennis*
tenteu 텐트 *n. tent*
tenuh 테너 *n. tenor*
teobeokteobeok geotta 터벅터벅 걷다 *v. plod*
teobin 터빈 *n. turbine*
teobo gwageupgi 터보 과급기 *n. turbocharger*
teobuckgutda 터벅걷다 *v. traipse*
teobuckgutda 터벅걷다 *v. tramp*
teobun 터번 *n. tavern*
teobun 터번 *n. turban*
teodulgeorimyogutda 터덜거리며걷다 *v. trudge*
teoijja nota 퇴짜 놓다 *v. spurn*
teojida 터지다 *v. burst*
teok 턱 *n. chin*
teok 턱 *n. jaw*
teokbaji 턱받이 *n. bib*

teokisuk 터키석 *n. turquoise*
teol 털 *n. fur*
teolgajuk mokttori 털가죽 목도리 *n. necklet*
teolgalda 털갈다 *v. mew*
teolgarireul hada 털갈이를 하다 *v. moult*
teolsil bangul 털실 방울 *n. bobble*
teolsseok jujeoantta 털썩 주저앉다 *v. flop*
teominul 터미널 *adj. terminal*
teomuni eomneun 터무니 없는 *adj. impractical*
teomunieomeun 터무니없는 *adj. absurd*
teomunieomneun 터무니없는 *adj. asinine*
teomunieomneun 터무니 없는 *adj. grotesque*
teomunieomneun 터무니없는 *adj. preposterous*
teomunieomneun don 터무니 없는 *adj. ludicrous*
teoneul 터널 *n. tunnel*
teonoko 터놓고 *adv. openly*
teori maneun 털이 많은 *adj. hairy*
teori maneun 털이 많은 *adj. hirsute*
terakota 테라코타 *n. terracotta*
teraseu 테라스 *n. terrace*
terebinyoo 테레빈유 *n. turpentine*
tereorijeum 테러리즘 *n. terrorism*
tereoriseuteu 테러리스트 *n. terrorist*
terrijikmool 테리직물 *n. terry*
teseutoseuteron 테스토스테론 *n. testosterone*

testeu 테스트 *n. test*
teugihan seongkkyeok 특이한 성격 *n. idiosyncrasy*
teugihanbokjjang 특이한 복장 *n. accoutrement*
teugyuhan 특유한 *adj. peculiar*
teukbyulhan 특별한 *adj. special*
teukbyulhan 특별한 *adj. unique*
teukeo 특허 *n. patent*
teuki nappeunjit 특히 나쁜 짓 *n. handiwork*
teukjjeon 특전 *v. perk*
teukjjeon 특전 *n. privilege*
teukjjeon 특전 *n. perquisite*
teukjjeonghan 특정한 *adj. particular*
teukjjeonghan ot 특정한 옷 *n. clothing*
teukjjing 특징 *n. cachet*
teukjjing 특징 *n. characteristic*
teukjjing 특징 *n. hallmark*
teukkkongdae 특공대 *n. commando*
teukkwon 특권 *n. prerogative*
teukppyeorage 특별하게 *adv. especially*
teukppyeoran 특별한 *adj. especial*
teukppyeoran iyuga eomneun 특별한 이유가 없는 *adj. mindless*
teuksanmool 특산물 *n. speciality*
teuksoohwa 특수화 *n. specialization*
teuksseong 특성 *n. individuality*
teukssu yongeo 특수 용어 *n. jargon*
teuksu bunyaui jeonmunga 특수 분야의 전문가 *n. luminary*
teuksung 특성 *n. trait*
teukyeehan 특이한 *adj. uncommon*

teukyeehan 특이한 *adj. unorthodox*
teul 틀 *n. frame*
teulin 틀린 *adj. false*
teulin saenggak 틀린생각 *n. fallacy*
teulni 틀니 *n. denture*
teulyeosseumeul ipjjeunghada 틀렸음을 입증하다 *v. disprove*
teum 틈 *v. gab*
teuraeileo 트레일러 *n. trailer*
teuraekteo 트랙터 *n. tractor*
teuranseumeteo 트랜스미터 *n. transmitter*
teuransister 트랜지스터 *n. transistor*
teuransuejendeo 트랜스젠더 *n. transsexual*
teuredeumil 트레드밀 *n. treadmill*
teureopeul 트러플 *n. truffle*
teurimada 트림하다 *v. belch*
teurolsun 트롤선 *n. trawler*
teuropi 트로피 *n. trophy*
teuroyee 트로이 *n. troy*
teuruck 트럭 *n. truck*
teuruk 트럭 *n. transporter*
teurumpet 트럼펫 *n. trumpet*
teurunkeu 트렁크 *n. trunk*
teurus 트러스 *n. truss*
teuweedeu 트위드 *n. tweed*
teuwiteo 트위터 *n. tweeter*
teyeepeu 테이프 *n. tape*
ti 티 *n. blemish*
ti hana eopsi kkalkkeuman 티 하나 없이 깔끔한 *adj. immaculate*
tiggeulhana upneun 티끌하나 없는 *adj. spotless*

tiket 티켓 *n. ticket*
tim 팀 *n. team*
tim jujangui wichi 팀 주장의 위치 *n. captaincy*
tinkeu 팅크 *n. tincture*
tip 팁 *n. tip*
tjubeu 튜브 *n. tube*
tochangminui 토착민의 *adj. aboriginal*
todae 토대 *n. foundation*
toebi 퇴비 *n. compost*
toehaenghada 퇴행하다 *v. regress*
toejikkeum 퇴직금 *n. gratuity*
toejjanotta 퇴짜놓다 *v. rebuff*
toewi 퇴위 *n. abdication*
toewisikida 퇴위시키다 *v.t, abdicate*
toewisikida 퇴위시키다 *v. dethrone*
toga 토가 *n. toga*
togeul 토글 *n. toggle*
toggisayukjang 토끼사육장 *n. warren*
tohada 토하다 *v. vomit*
tojidaejang 토지대장 *n. terrier*
tok ttaerigi 톡 때리기 *v. rap*
token 토큰 *n. token*
tokki 토끼 *n. hare*
tokki 토끼 *n. rabbit*
tokkijang 토끼장 *n. hutch*
tokssoneundeutan 톡 쏘는 듯한 *adj. piquant*
tomak 토막 *n. stub*
tomatoe 토마토 *n. tomato*
tomboyee 톰보이 *n. tomboy*
tomni 톱니 *n. cog*
ton 톤 *n. ton*
ton 톤 *n. tonne*

tonaeido 토네이도 n. *tornado*
toneomeonteu 토너먼트 n. *tournament*
toner 토너 n. *toner*
tong 통 n. *tin*
tong 통 n. *tub*
tong jejoeopjja 통 제조업자 n. *cooper*
tongchal 통찰력 있는 adj. *percipient*
tongchalryeok 통찰력 n. *insight*
tongchi 통치 n. *governance*
tongchigigan 통치 기간 v. *reign*
tongchihada 통치하다 v. *govern*
tongchija 통치자 nabob *nabob*
tongdok 통독 n. *perusal*
tonggeunada 통근하다 v. *commute*
tonggo 통고 n. *caveat*
tonggyejeokin 통계적인 adj. *statistical*
tonggyejeonmoonga 통계전문가 n. *statistician*
tonghaenggeumji 통행금지 n. *curfew*
tonghap 통합 n. *unity*
tonghapronjooeuija 통합론주의자 n. *unionist*
tonghayeo 통하여 prep. *via*
tonghwa 통화 n. *currency*
tonghwajuui 통화주의 n. *monetarism*
tonghwaui 통화의 adj. *monetary*
tongjehalsueupneun 통제할수 없는 adj. *unbriddled*
tongjeryeok 통제력 n. *rein*
tongjjeung 통증 n. *pain*
tongjorim 통조림 n. *can*
tongnamu 통나무 n. *log*
tongno 통로 n. *aisle*
tongno 통로 n. *gangway*

tongno 통로 n. *passage*
tongok 통곡 n. *wail*
tongpoong 통풍 n. *ventilation*
tongpoonggu 통풍구 n. *vent*
tongpung 통풍 n. *gout*
tongpung jojeolpan 통풍 조절판 n. *damper*
tongsang geumjiryeong 통상 금지령 n. *embargo*
tongsin panmae jedo 통신 판매 제도 n. *mail order*
tongtanal 통탄할 adj. *grievous*
tongtanhal 통탄할 adj. *woeful*
tongtonghan 통통한 adj. *stout*
tongye 통계 n. *statistics*
tongyeokssa 통역사 n. *interpreter*
tongyil 통일 n. *unification*
tonic 토닉 n. *tonic*
toonic 튜닉 n. *tunic*
toopyo 투표 n. *vote*
toopyogwon 투표권 n. *suffrage*
toopyoja 투표자 n. *voter*
toosa 투사 n. *tracing*
top 탑 n. *tower*
topajeu 토파즈 n. *topaz*
topee 토피 n. *toffee*
toron 토론 n. *debate*
toronada 토론하다 v. t. *debate*
toronhoe 토론회 n. *forum*
tosiltosiran 토실토실한 adj. *plump*
toster 토스터 n. *toaster*
traking 트래킹 n. *trek*
trampullin 트램펄린 n. *trampoline*
transiber 트랜시버 n. *transceiver*

trieuh 트리어 n. trier
ttabunan 따분한 adj. dull
ttadolimbandeun saramdeul 따돌림받는 사람 n. outcast
ttae 때 n. grime
ttaega anjoeun 때가 안 좋은 adj. inopportune
~ttaemune ~때문에 conj. because
ttaenmok 뗏목 n. raft
ttaerida 때리다 v. hit
ttakjjeongbeolae 딱정벌레 n. beetle
ttakttakan 딱딱한 adj. hard
ttal 딸 n. daughter
ttalin jasik 딸린 자식 n. dependant
ttalkkukjjil 딸꾹질 n. hiccup
ttam 땀 n. perspiration
ttameulida 땀흘리다 v.t. perspire
ttang 땅 n. land
ttangkong 땅콩 n. peanut
ttanppadak 땅바닥 n. ground
ttareuda 따르다 v. conform
ttareuda 따르다 v. obey
ttareum 따름 n. conformity
ttaro 따로 adv. apart
ttaro 따로 adv. aside
ttatteutan 따뜻한 adj. hearty
tte 떼 n. herd
tteda 떼다 v. detach
tteeonael ssu inneun 떼어낼 수 있는 adj. removabie
tteodulsseokam 떠들썩함 n. clamour
tteolcheobeorida 떨쳐 버리다 v. dispel
tteolyeo juda 떠올려 주다 v. evoke
tteomatta 떠맡다 v.t bear

tteomilda 떠밀다 v. hustle
tteonada 떠나다 v.t. leave
tteonagi 떠나기 n. going
tteoreojida 떨어지다 v. drop
tteoreojida 떨어지다 v. fall
tteuda 뜨다 v. float
tteugaejireul hada 뜨개질을 하다 v. knit
tteugeogeun 뜨거운 adj. hot
tteugeoun uyureul tan espreso keopi 뜨거운 우유를 탄 에스프레소 커피 n. latte
tteukjjingjeogin 특징 n. feature
tteukyihan 특이한 adj. unusual
tteul 뜰 n. courtyard
tto dareun 또 다른 adv. else
ttogachi 똑같이 adv. likewise
ttohan 또한 adv. also
ttoneun 또는 conj. or
ttong 똥 n. dung
~ttongan ~동안 prep. during
ttorae 또래 n. peer
ttoryeosi marada 또렷이 말하다 adj. articulate
ttoryeottage 또렷하게 adv. clearly
ttuieodeulda 뛰어들다 v. dive
ttuieooreuda 뛰어오르다 v. leap
ttukkeong 뚜껑 n. lid
ttulta 뚫다 v. pierce
ttunghan 뚱한 adj. morose
ttungttunghago jijeobunan 뚱뚱하고 지저분한 adj. blowsy
ttungttunghan 뚱뚱한 adj. corpulent
ttureotan 뚜렷한 adj. conspicuous

tturyeotam 뚜렷한 *adj. distinct*
tturyeotan 뚜렷한 *adj. noticeable*
ttwieonada 뛰어나다 *v. excel*
ttwieonam 뛰어남 *n. excellence*
ttwieonan 뛰어난 *adj. brilliant*
ttwieonan 뛰어난 *adj. outstanding*
tuchang 투창 *n. javelin*
tudeolgeorida 투덜거리다 *v. grumble*
tugwang jomyeongdeung 투광 조명등 *n. floodlight*
tuigimot 튀김옷 *n. batter*
tuinggida 튕기다 *v. flick*
tuinmok 뒷목 *n. nape*
tuip 투입 *n. infusion*
tuip 투입 *n. input*
tuja 투자 *n. investment*
tujahada 투자하다 *v.t. invest*
tuji 투지 *n. determinant*
tuji itkke 투지 있게 *adj. gamely*
tuksido 턱시도 *n. tuxedo*
tulboksoongyieui 털복숭이의 *adj. woolly*
tulip 툴립 *n. tulip*
tumbleo 텀블러 *n. tumbler*
tumyungdo 투명도 *n. transparency*
tumyunghan 투명한 *adj. transparent*
tunmyeongseureoun 퉁명스러운 *adj. curt*
tuokada 투옥하다 *v. imprison*
tupyoyongji 투표용지 *n. ballot*
tuseok 투석 *n. dialysis*
tuusa 투우사 *n. matador*
twida 튀다 *v. bounce*
twida 튀다 *v. bound*

twieo nagada 튀어 나가다 *v. flounce*
twieonaoda 튀어나오다 *v. protrude*
twieonaon bawi 튀어나온 바위 *n. ledge*
twieoohreuda 튀어오르다 *v. spring*
twigida 튀기다 *v. fry*
twigida 튀기다 *v. splash*
twigim 튀김 *v. fritter*
twuigida 튀기다 *v. spatter*

U

uaham 우아함 *n. elegance*
uaham 우아함 *n. grace*
uahan 우아한 *adj. elegant*
uahan 우아한 *adj. graceful*
uahan 우아한 *adj. posh*
ubi 우비 *n. raincoat*
uchebu 우체부 *n. postman*
ucheguk 우체국 *n. postoffice*
uchegukjjang 우체국장 *n. postmaster*
udumeori 우두머리 *n. chief*
uhddeongut &mooeuteui 어떤것 & 무엇의 *pron. & adj. what*
uhdieh 어디에 *adv. where*
uhdiroh 어디로 *adv. whither*
uhggaegeuljaeui 어깨글자의 *adj. superscript*
uhje 어제 *adv. yesterday*
uhmgyukhan 엄격한 *adj. stern*
uhmgyukhee 엄격히 *adv. strictly*
uhmhan 엄한 *adj. strict*
uhmjoonghan 엄중한 *adj. stringent*

uhneu& uhddeon 어느 & 어떤 *pron. & adj.* which
uhneujjokyiden 어느쪽이든 *pron.* whichever
uhoe doro 우회 도로 *n.* bypass
uhoero 우회로 *n.* detour
uhojeogin 우호적인 *adj.* amicable
uhpmoo 업무 *n.* task
uhriseokum 어리석음 *n.* stupidity
uhrisugeun 어리석은 *adj.* witless
uhroei 어뢰 *n.* torpedo
uhsaekhan 어색한 *adj.* ungainly
uhsoosunhan 어수선한 *adj.* untidy
uhsuleugyesonboda 어설프게 손보다 *v.* tinker
uhwa 우화 *n.* fable
uhwa 우화 *n.* parable
~ui ~의 *prep.* of
ui gyeolgwaro boda 의 결과로 보다 *v.* attribute
~ui jeonghwakkan wichireul aranaeda ~의 정확한 위치를 알아내다 *v.* locate
~ui maeumeul sarojaptta ~의 마음을 사로잡다 *v.* captivate
ui taseuro dolida 의 탓으로 돌리다 *v.* ascribe
~ui taseurohada ~의 탓으로 하다 *v.* impute
uibok 의복 *n.* garb
uibok 의복 *n.* garment
uidaesaeng 의대생 *n.* medic
uido 의도 *n.* pretension
uido 의도 *n.* intention
uidohada 의도하다 *v.* intend

uidohaji aneun 의도하지 않은 *adj.* inane
uidojeogin 의도적인 *adj.* deliberate
uidojeogin 의도적인 *adj.* intentional
uigisochim 의기소침 *n.* dump
uigisochiman 의기소침한 *adj.* dispirited
uigiyangyanghan 의기양양한 *adj.* jaunty
uigyeon 의견 *n.* opinion
uigyeon 의견 *n.* point
uigyeon chungdol 의견 충돌 *n.* disagreement
uigyeon ilchi 의견 일치 *n.* consensus
uigyeoneul balkida 의견을 밝히다 *v.* opine
uihagui 의학의 *adj.* medical
uihoe 의회 *n.* council
uihoe uiwon 의회 의원 *n.* parliamentarian
uihoeui 의회의 *adj.* parliamentary
uihok 의혹 *n.* misgiving
uiim 위임 *n.* delegation
uiimhada 위임하다 *v. i delete*
uiinhwahada 의인화하다 *v.* personify
uija 의자 *n.* chair
uijang 의장 *n.* chairman
uije 의제 *n.* agenda
uiji 의지 *n.* recourse
uijihada 의지하다 *v.* rely
uijon 의존 *n.* reliance
uijon 의존 *n.* dependency
uijonaneun 의존하는 *adj.* dependent
uijonhada 의존하다 *v.* depend

uimhada 위임하다 *v. depute*
uimi 의미 *n. meaning*
uimu 의무 *n. duty*
uimu 의무 *n. obligation*
uimugainneun 의무가 있는 *adj. obligated*
uimujeogin 의무적인 *adj. obligatory*
uimun 의문 *n. question*
uinihwa 의인화 *n. personification*
uiryu 의류 *n. apparel*
uisa 의사 *n. doctor*
uisa 의사 *n. practitioner*
uisang 의상 *n. costume*
uisasotong 의사소통 *n. communication*
uisasotonghada 의사소통하다 *v. communicate*
uiseongeo 의성어 *n. onomatopoeia*
uisigi honmihan 의식이 혼미한 *adj. delirious*
uisigui 의식의 *adj. ceremonial*
uisik 의식 *n. ceremony*
uisikaji motaneun 의식하지 못하는 *adj. oblivious*
uisikaneun 의식하는 *adj. conscious*
uisim 의심 *n. doubt*
uisimsseureoun 의심스러운 *adj. questionable*
uiyogeul kkeongneun geot 의욕을 꺾는 것 *n. disincentive*
uju 우주 *n. cosmos*
uju bihaengsa 우주 비행사 *n. astronaut*
ujungchunghan 우중충한 *adj. dingy*
ujuron 우주론 *n. cosmology*

ujuui 우주의 *adj. cosmic*
ukkineun 웃기는 *adj. comic*
ulboojijeum 울부짖음 *n. yowl*
ulda 울다 *v. blub*
ulda 울다 *v. cry*
ulda 울다 *n. howl*
ulgool 얼굴 *n. visage*
ulida 울리다 *v. resound*
ulkida 얽히다 *v.t. tangle*
ullookdullookhan 얼룩덜룩한 *adj. variegated*
ulrookmal 얼룩말 *n. zebra*
ultari 울타리 *n. fence*
ultari 울타리 *n. paling*
ultungbultunghan 울퉁불퉁한 *adj. bumpy*
ulyeo peojida 울려 퍼지다 *v. resonate*
umbuh 엄버 *n. umber*
umcheurida 움츠리다 *v. cringe*
umjee 엄지 *n. thumb*
umjigida 움직이다 *v. move*
umjigiji anneun 움직이지 않는 *adj. motionless*
umjigim 움직임 *n. movement*
umjigineun 움직이는 *adj. movable*
umjigineun 움직이는 *adj. moving*
umjigineun saram 움직이는 사람 *n. mover*
umjjirada 움찔하다 *v. flinch*
umjjirada 움찔하다 *v. recoil*
umjugwang 음주광 *n. dipsomania*
umkyeojaptta 움켜잡다 *v. grasp*
umkyeojuida 움켜쥐다 *v. clasp*
umnee 엄니 *n. tusk*

umpuk deureogam 움폭 들어감 *n. dent*
umuran 움울한 *adj. dreary*
un 운 *n. fortune*
un joeun 운 좋은 *adj. fortunate*
un joeun 운 좋은 *adj. lucky*
un napeun 운 나쁜 *adj. luckless*
undeocut 언더컷 *v. undercut*
undong 운동 *n. exercise*
undong 운동 *n. locomotion*
undongseonsu 운동선수 *n. athlete*
undongui 운동의 *adj. kinetic*
unduhpaesseu 언더패스 *n. underpass*
unduncheo 은둔처 *n. hermitage*
uneoheui 언어의 *adj. verbal*
ungbyeongsul 웅변술 *n. oratory*
ungbyeonsul 웅변술 *n. elocution*
ungddoongham 엉뚱함 *n. whimsy*
ungddoonghan 엉뚱한 *adj. whimsical*
ungdeongi 웅덩이 *n. pool*
ungdoonghan 엉뚱한 *adj. zany*
unggungkwi 엉겅퀴 *n. thistle*
ungjanghan 웅장한 *adj. grand*
ungkeum 움큼 *n. handful*
unha 운하 *n. canal*
unim 운임 *n. freight*
unje 언제 *adv. when*
unjena 언제나 *conj. whenever*
unjeonja 운전하다 *v. drive*
unjeonja 운전자 *n. driver*
unjeonja 운전자 *n. motorist*
unjeonsu 운전수 *n. chauffeur*
unmo 운모 *n. mica*
unmyeong 운명 *n. destiny*
unmyeong 운명 *n. fate*
unmyeongjeogin 운명적인 *adj. fateful*
unyonghada 운용하다 *v. operate*
upjireuda 엎지르다 *v. spill*
uplodeuhada 업로드하다 *v. upload*
upshi 없이 *prep. without*
upyeon 우편 *n. mail*
upyeon 우편 *n. post*
upyeon beonho 우편 번호 *n. postcode*
upyeonui 우편의 *adj. postal*
upyeonyogeum 우편 요금 *n. postage*
upyo sujip mit yeongu 우표 수집 및 연구 *n. philately*
uraman 우람한 *adj. beefy*
ureonada 우러나다 *v. brew*
uri 우리 *n. cage*
urijasin 우리 자신 *pron. ourselves*
uriui 우리의 *adj. our*
uryo 우려 *n. apprehension*
usan jjeoptta 우산 접다 *v. furl*
usang 우상 *n. idol*
usang sungbae 우상 숭배 *n. idolatry*
use 우세 *n. predominance*
useham 우세함 *n. preponderance*
usehan 우세한 *adj. dominant*
useon 우선 *n. precedence*
useon 우선 *n. priority*
useon sahang 우선 사항 *n. priory*
useonhaneun 우선하는 *adj. prior*
useonkkwoneul juneun 우선권을 주는 *adj. preferential*
useukkwangsseureon 우스꽝스런 *adj. droll*
useum 웃음 *n. laughter*

uteuhnaeda 얻어내다 *v. wangle*
utkkineun 웃기는 *adj. laughable*
utta 웃다 *v. laugh*
uul 우울 *n. gloom*
uulgam 우울감 *n. melancholy*
uuljjeung 우울증 *n. depression*
uuljjeung 우울증 *n. melancholia*
uurage mandeulda 우울하게 만들다 *v. depress*
uyeonhan 우연한 *adj. accidental*
uyeonhi 우연히 *adj. inadvertent*
uyeonhi ~hada 우연히~하다 *v. happen*
uyeoni deutta 우연히 듣다 *v. overhear*
uyu 우유 *n. milk*
uyugadeun 우유가 든 *adj. milky*

W

~wa beseutan ~와 비슷한 *prep. like*
~wa biseutan ~와 비슷한 *v. liken*
~wa gatjiahngye ~와 같지 않게 *prep. unlike*
~wa heupssahan ~와 흡사한 *adj. akin*
~wa machangajieui ~와 마찬가지의 *adj. tantamount*
~wa miljjeopan gwalryeoni inneun ~와 밀접한 관련이 있는 *adj. germane*
~wa yeolageul chwihada ~와 연락을 취하다 *v. liaise*
wadi 와디 *n. wadi*
waegok 왜곡 *n. perversion*
waegokada 왜곡하다 *v. pervert*
waichuris 웨이츄리스 *n. waitress*

wain 와인 *n. wine*
wainuhri 와이너리 *n. winery*
waituh 웨이터 *n. waiter*
wakjjajikkeol 왁자지껄 *n. babel*
wakjjajikkeoran 왁자지껄한 *n. hubbub*
wakseu 왁스 *n. wax*
walabi 왈라비 *n. wallaby*
walcheu 왈츠 *n. waltz*
wanbeokage 완벽하게 *adv. ideally*
wanbyeokage hada 완벽하게 하다 *v. consummate*
wanbyeokan 완벽한 *n. epitome*
wanchungje 완충제 *n. buffer*
wandokong 완두콩 *n. pea*
~waneun dareun ~와는 다른 *adj. contrary*
wang 왕 *n. king*
wangguk 왕국 *n. kingdom*
wanggwan 왕관 *n. crown*
wangja 왕자 *n. prince*
wangjo 왕조 *n. dynasty*
wangjwa 왕좌 *n. throne*
wangjwae anchida 왕좌에 앉히다 *v. enthrone*
wangoham 완고함 *n obstinacy*
wangoham 완고함 *adj. stubborn*
wangokan 완곡한 *adj. oblique*
wanguie antta 왕위에 앉다 *v. crown*
wangyeol 완결 *n. completion*
wanhwa 완화 *n. relaxation*
wanhwahada 완화하다 *v. alleviate*
wanhwahada 완화하다 *v. relieve*
wanjeon 완전 *n. perfection*

wanjeon paebae 완전 패배 n checkmate
wanjeonada 완전히 에워싸다 v. engulf
wanjeonan 완전한 adj. perfect
wanjeonhan 완전한 adj. unadulterated
wanjeonhee 완전히 adv. wholly
wanjeonhi pagoehada 완전히 파괴하다 v. raze
wanjeoni pagoehada 완전히 파괴하다 v. devastate
wanpahada 완파하다 v. annihilate
wanpahada 완파하다 v. trounce
wanpahada 완파하다 v. vanquish
wapuh 와퍼 n. wafer
wateu 와트 n. watt
webpeigee 웹페이지 n. webpage
websaiteu 웹사이트 n. website
wee 위 n. top
wee eh 위에 adv. up
wee eh 위에 adj. upper
weeban 위반 n. transgression
weeban 위반 n. violation
weebanhada 위반하다 v. violate
weehyup 위협 n. threat
weehyuphada 위협하다 v. threaten
weejjokeulhyanghan 위쪽을 향한 adv. upward
wegooginhyumoh 외국인혐오 n. xenophobia
wenjjokpeigee 왼쪽페이지 n. verso
wenmanhan 웬만한 adj. tolerable
whae 왜 adv. why
whak taoreuda 확 타오르다 n. flare
whesonhada 훼손하다 v. mutilate

whiskee 위스키 n. whisky
~wi ~위 prep. on
wi kkeutbubun 위 끝부분 n. brim
wian 위안 n. consolation
wiapada 위압하다 v. overawe
wiban 위반 v. breach
wiban 위반 n. infringement
wibanada 위반하다 v. contravene
wibanada 위반하다 v. infringe
wibeopaengwi 위법행위 n. offence
wichi 위치 n. position
wichi 위치 n. status
wido 위도 n. latitude
..wie ..위에 adv. above
wieom 위엄 n. dignity
wieom isseo boige hada 위엄 있어 보이게 하다 v. dignify
wieomineun 위엄 있는 adj. dignified
wleop 위임 n. feat
wigi 위기 n. crisis
wiheom 위험 n. hazard
wiheom 위험 n. jeopardy
wiheom 위험 n. peril
wiheom 위험 n. pitfall
wiheom 위험 n. danger
wiheomada 위험하다 v. hector
wiheoman 위험한 adj. dangerous
wiheoman 위험한 adj. hazardous
wiheome ppateurida 위험에 빠뜨리다 v. endanger
wiheomi dosarida 위험이 도사리다 v. lurk
wihumhan 위험한 adj. unholy

wihyeopjjeogin jonjae 위협적인 존재 *n. menace*
wihyeopjjeoguro malgeolda 위협적으로 말걸다 *v. accost*
wijangui 위장의 *adj. gastric*
wijeung 위증 *n. perjury*
wijeunghada 위증하다 *v. perjure*
wijo 위조 *n. forgery*
wijohada 위조하다 *v.t forge*
wijoui 위조의 *adj. counterfeit*
winchi 윈치 *n. winch*
winchi 윈치 *n. windlass*
winghago gada 윙하고 가다 *v. zoom*
wingwingsorinagewoom 윙윙소리나개움 *n. zing*
winkeuhada 윙크하다 *v. wink*
wippeop haengwi 위법 행위 *n. malpractice*
wipungdangdang 위풍당당 *n. panache*
wirohada 위로하다 *v. comfort*
wirohada 위로하다 *v. commiserate*
wirohada 위로하다 *v. t. console*
wiseon 위선 *n. hypocrisy*
wiseonja 위선자 *n. hypocrite*
wisin 위신 *n. prestige*
wisin tteoreotteurida 위신 떨어뜨리다 *v. demean*
witaeropkke hada 위태롭게 하다 *v. jeopardize*
witaeropkkehada 위태롭게 하다 *v. imperil*
wiuhmitneun 위엄있는 *adj. stately*
wiwa gateum 위와 같음 *n. ditto*
wiwon 위원회 *n. commissioner*

wiwonhoi 위원회 *n. commission*
wiwonhoi 위원회 *n. committee*
woidohaneun 외도하는 *adj. unfaithful*
wok 웍 *n. wok*
wokeushop 워크샵 *n. workshop*
wolaeui 원래의 *adj. original*
woldeunghee 월등히 *adj. unequalled*
wolgyeongui 월경의 *adj. menstrual*
wolgyesu 월계수 *n. laurel*
woli 원리 *n. principle*
wolo 원로 *n. patriarch*
won 원 *n. circle*
wonban 원반 *n. disc*
woncheon 원천 *n. source*
wongidung 원기둥 *n. cylinder*
wongo 원고 *n. manuscript*
wonhada 원하다 *v. want*
wonhajiahnneun 원하지 않는 *adj. undesirable*
wonhan 원한 *n grudge*
wonhan 원한 *n. rancour*
wonho 원호 *n. arc*
wonhyung 원형 *n. prototype*
wonhyung gyunggijang 원형 경기장 *n. amphitheatre*
wonhyungcheonmak 원형천막 *n. wigwam*
wonhyungui 원형의 *adj. circular*
wonin 원인 *n. cause*
wonja 원자 *n. atom*
wonjaga 원자가 *n. valency*
wonjaryeogui 원자력의 *adj. nuclear*
wonjaui 원자의 *adj. atomic*
wonju 원주 *n. circumference*

wonmoonwui 원문의 *adj. textual*
wonmoonwui 원문의 *adj. textual*
wonpul 원뿔 *n. cone*
wonpulhyeongui 원뿔형의 *adj. conical*
wonsanui 원산의 *adj. indigenous*
wonsiui 원시의 *adj. primal*
wonsu 원수 *n. marshal*
wonsungi 원숭이 *n. monkey*
wontonghage mandeulda 원통하게 만들다 *v. embitter*
wonye 원예 *n. horticulture*
wonyeyongbagunee 원예용바구니 *n. trug*
woojoo 우주 *n. universe*
woolda 울다 *v. weep*
woolmukyeeneun 울먹이는 *adj. tearful*
woolsae 울새 *n. warbler*
woomjikyijianeun 움직이지 않는 *adj. stationary*
woomool 우물 *n. well*
woondongbok 운동복 *n. tracksuit*
woondongseonsu 운동선수 *n. sportsman*
woongkeurida 웅크리다 *v. stoop*
woonyi upneun 운이 없는 *adj. unfortunate*
woonyongganeunhan 운용가능한 *adj. workable*
wooregateun 우레같은 *adj. thunderous*
woori 우리 *pron. we*
woorungchan 우렁찬 *adj. stentorian*
woosan 우산 *n. umbrella*
woose 우세 *n. vantage*
woosoohan 우수한 *adj. superior*

woowolsung 우월성 *n. superiority*
wooyeogokjeol 우여곡절 *n. vicissitude*
woryoril 월요일 *n. Monday*
wui 위 *n. stomach*

Y

yachae 야채 *n. vegetable*
yadanbeopsseok 야단법석 *n. ado*
yadanbeopsseok 야단법석 *n. hoopla*
yaeshimac 얘시맥 *n. yashmak*
yagui bogyongnyang 약의 복용량 *n. dose*
yagwangui 야광의 *adj. luminous*
yahaengsseongui 야행성의 *adj. nocturnal*
yahan 야한 *adj. gaudy*
yak 약 *n. medicine*
yakgan 약간 *n. trifle*
yakgan bburineunyang 약간 뿌리는양 *n. sprinkling*
yakganddeoneun 약간떠는 *adj. tremulous*
yakgol 약골 *n. weakling*
yakhada 약하다 *v. waver*
yakhaejida 약해지다 *v. wane*
yakhagyehada 약하게하다 *v. weaken*
yakham 약함 *n. weakness*
yakhan 약한 *adj. weak*
yakhan 악한 *adj. wicked*
yakhwasikida 약화시키다 *v. enfeeble*
yakja 약자 *n. underdog*
yakkan 약간 *n. modicum*
yakkan 약간 *adv. rather*

yakkan nolandeutan 약간 놀란 듯한 *adj. quizzical*
yakkan teugihan 약간 특이한 *adj. fey*
yakkaui 약학의 *adj. pharmaceutical*
yakkon 약혼 *n. engagement*
yakkuk 약국 *n. pharmacy*
yakonja 약혼자 *n. fiance*
yakpum jojesil 약품 조제실 *n. dispensary*
yaksakpareun 약삭빠른 *adj. astute*
yaksikeuro 약식으로 *adv. summarily*
yaksok 약속 *n. commitment*
yaksok 약속 *n. pact*
yakssa 약사 *n. chemist*
yakssa 약사 *n. pharmacist*
yakssakppareun 약삭빠른 *adj. canny*
yakssok 약속 *n. pledge*
yakssok 약속 *n. promise*
yakssokada 약속하다 *v. recite*
yaktarada 약탈하다 *v. maraud*
yaktarada 약탈하다 *v. plunder*
yakwadoeda 약화되다 *v. languish*
yakyogainneun 약효가 있는 *adj. medicinal*
yam 얌 *n. yam*
yamainin 야만인 *n. barbarian*
yamang 야망 *n. ambition*
yamjeontteoneun 얌전떠는 사람 *n. prude*
yang 양 *n. amount*
yang 양 *n. volume*
yangbaechu 양배추 *n. cabbage*
yangbo 양보 *n. concession*
yangbohada 양보하다 *v. yield*

yangbok 양복 *n. suit*
yangbongjang 양봉장 *n. apiary*
yangcheugui 양측의 *comb. bi*
yangchijirada 양치질하다 *v. gargle*
yangcho 양초 *n. candle*
yangdan 양단 *n. brocade*
yangdangui 양당의 *adj. bipartisan*
yangdohada 양도하다 *v. cede*
yangdohada 양도하다 *v. devolve*
yangdongi 양동이 *n. bucket*
yangdonjang 양돈장 *n. piggery*
yanggakada 양각하다 *v. emboss*
yanggeon 양건 *adj. sundry*
yanggogi 양고기 *n. mutton*
yangho gyosa 양호 교사 *n. matron*
yangja 양자 *n. quantum*
yangjjogeuro 양쪽으로 *prep. astride*
yangmalyu 양말류 *n. hosiery*
yangmoeui 양모의 *adj. woollen*
yangmul 약물 *n. drug*
yangmul deungui honamul 약물 등의 혼합물 *n. concoction*
yangmulchiryo 약물치료 *n. medication*
yangmyeongachiui 양면가치의 *adj. ambivalent*
yangnalkal 양날칼 *n. rapier*
yangnipal ssu eomneun 양립할 수 없는 *adj. incompatible*
yangnyeom 양념 *n. condiment*
yangnyeomdoeda 양념되다 *v. marinate*
yangnyeomjang 양념장 *n. marinade*
yangnyukada 양육하다 *v. nurture*
yangnyukkwon 양육권 *n. custody*

yangnyum 양념 n. spice
yangnyummashi ganghan 양념맛이 강한 adj. spicy
yangpa 양파 n. onion
yangpumjeom 양품점 n. boutique
yangsan 양산 n. parasol
yangsang 양상 n. facet
yangseongeui 양성애의 adj. bisexual
yangseoryu 양서류 n. amphibian
yangsik 양식 n. modality
yangsikhwadwein 양식화된 adj. stylized
yangsim 양심 n. conscience
yangteol 양털 n. fleece
yangtul 양털 n. wool
yanjeonhada 얌전한 adj. demure
yaongi 야옹이 n. kitty
yasaeng dongmurui jip 야생 동물의 집 n. lair
yasaengdwaeji 야생돼지 n. boar
yasangeui 야생의 adj. wild
yasimmanmanhan 야심만만한 adj. ambitious
yataljja 약탈자 n. marauder
yateun 얕은 adj. superficial
yayuhada 야유하다 v. jeer
yayureul peobutta 야유를 퍼붓다 v. heckle
yebaesil 예배실 n. chapel
yebang 예방 n. prevention
yebangchaek 예방책 n. precaution
yebangui 예방의 adj. precautionary
yebangui 예방의 adj. preventive

yebanjoosareulmatda 예방주사를맞다 v. vaccinate
yebiui 예비의 adj. preliminary
yebohada 예보하다 v. bode
yebohada 예보하다 v.t forecast
yebong 예봉 n. brunt
yecheuk 예측 n. anticipation
yecheuk 예측하다 v. predict
yecheuk 예측 n. prediction
yecheuk 예측 n. prognosis
yecheukchimothan 예측치못한 adj. unforeseen
yedanada 예단하다 v. prejudge
yeeon 예언 n. prophecy
yeeonhada 예언하다 v. prophesy
yeeonui 예언의 adj. prophetic
yeesanghang 이상한 adj. weird
yeeuileul chariji ahnneun 예의를 차리지 않는 adj. unceremonious
yegam 예감 n. premonition
yegohada 예고하다 n. herald
yegyeonada 예견하다 v. foresee
yehaeng yeonseup 예행 연습 n. rehearsal
yejeone 예전에 adj. former
yejeongseol 예정설 n. predestination
yeji 예지 n. precognition
yeji 예지 n. prescience
yeji 예지 n. foreknowledge
yejiryeok 예지력 n. foresight
yejiryuk 예지력 adj. visionary
yeobaek 여백 n. margin
yeobaeu 여배우 a. actress
yeobo 여보 n. darling

yeoboon 여분 *n. superfluity*
yeobunui 여분의 *adj. extra*
yeodajichang 여닫이창 *n. casement*
yeodan 여단 *n. brigade*
yeodeodeolui & pal 여덟의 & 팔 *adj. & n. eight*
yeodeureum 여드름 *n. acne*
yeodeureum 여드름 *n. pimple*
yeodeureum 여드름 *n. pimple*
yeodeureum 여드름 *n. whelk*
yeoga 여가 *n. leisure*
yeogie 여기에 *adv. here*
yeogiro 여기로 *adv. hither*
yeogui 역의 *adj. inverse*
yeogwa janchi 여과 장치 *n. filter*
yeogwamul 여과물 *n. filtrate*
yeogwan 여관 *n. inn*
yeohaeng 여행 *n. journey*
yeohaeng 여행 *n. outing*
yeohaeng iljjeongpyo 여행 일정표 *n itinerary*
yeohaeng tteonada 여행 떠나다 *v. depart*
yeohang 여행 *n. tour*
yeohang 여행 *n. voyage*
yeohangeulhada 여행을 하다 *v. trip*
yeohanggwanryonyounghwa 여행관련영화 *n. travelogue*
yeohanghada 여행하다 *v. travel*
yeohangja 여행자 *n. traveller*
yeohangja 여행자 *n. voyager*
yeohangyong gabang 여행용 가방 *n. holdall*
yeoja 여자 *n. dame*

yeoja 여자 *n. woman*
yeoja ai 여자 아이 *n. girl*
yeoja ai gateun 여자 아이 같은 *adj. girlish*
yeoja gajang 여자 가장 *n. matriarch*
yeoja gajeongyosa 여자 가정교사 *n. governess*
yeoja hwangje 여자 황제 *n. empress*
yeojabun 여자분 *n. lady*
yeojajak 여자작 *n. viscountess*
yeojeonsa 여전사 *n. amazon*
yeojuin 여주인 *n. hostess*
yeojuin 여주인 *n. landlady*
yeojuin 여주인 *n. lychee*
yeojuin 여주인 *n. mistress*
yeokak 역학 *n. dynamics*
yeokjjeong 열정 *n. fervour*
yeokkeokke hada 역겹게 하다 *v. nauseate*
yeokkwon 여권 *n. passport*
yeokkyeong 역경 *n. hardship*
yeokkyeong 역경 *n. odds*
yeokkyeong 역경 *n. plight*
yeokkyeoun 역겨운 *adj. repellent*
yeokkyung 역경 *n. adversity*
yeokmacha 역마차 *n. station*
yeoknyang 역량 *n. capability*
yeokppyeong 역병 *n. pestilence*
yeokpungeul matggo 역풍을 맞고 *adv. aback*
yeoksajeok 역사적 *adj. historical*
yeokshi 역시 *adv. too*
yeokssa 역사 *n. history*
yeokssajeogin 역사적인 *adj. historic*

yeoksseol 역설 *n. paradox*
yeoksseoljeogin jeom 역설적인 점 *n. irony*
yeoksseorui 역설의 *adj. paradoxical*
yeokttongjeok 역동적 *adj. dynamic*
yeokyokkwareul nata 역효과를 낳다 *v. backfire*
yeol 열 *n. fever*
yeolak 연락 *n. contact*
yeolak 연락 *n. liaison*
yeolaksseon 연락선 *n. ferry*
yeolban 열반 *n. nirvana*
yeolbyeon tohada 열변 토하다 *v. declaim*
yeolbyung 열병 *n. infatuation*
yeoldaewui 열대의 *adj. tropical*
yeoleoineun 열려있는 *adj. open*
yeoleoran 열렬한 *adj. fervid*
yeolgeohada 열거하다 *v. t enumerate*
yeolgi 열기 *n. heat*
yeolgwang 열광 *n. mania*
yeolgwanghada 열광 *n. enthusiasm*
yeolgwanghaneun 열광하는 *adj. crazy*
yeolgyeolhwasunguei 열결화성의 *adj. thermosetting*
yeolip jeongbu 연립 정부 *n. coalition*
yeoljjeong 열정 *n. ardour*
yeoljjeong 열정 *n. passion*
yeoljjeongjeogin 열정적인 *adj. impassioned*
yeoljung 열정 *n. verve*
yeoljung 열정 *n. zest*
yeolmanghada 열망하다 *v. aspire*
yeolmangja 열망자 *n. aspirant*

yeolnesui & yeolnet 열넷의 & 열넷 *adj.& n. fourteen*
yeolryeolhan 열렬한 *adj. tempestuous*
yeolryulhan 열렬한 *adj. torrid*
yeolsaebunjjaeeui &yeolsaebunjjae 13번째의 &13번째 *adj. & n. thirteenth*
yeolsim 열심 *n. zeal*
yeolsimitneun 열심있는 *adj. zealous*
yeolsoe 열쇠 *n. key*
yeolsoe gumeong 열쇠 구멍 *n. keyhole*
yeolsseongjeogin 열성적인 *adj. febrile*
yeolsseongui 열성의 *adj. recessive*
yeolssimi irada 열심히 일하다 *v. moil*
yeolssimin 열심인 *adj. avid*
yeolssimin 열심인 *adj. eager*
yeolsungjekyinsaram 열성적인사람 *n. zealot*
yeolttae daurim 열대 다우림 *n. rainforest*
yeoltteungham 열등함 *n. inferiority*
yeoludoeeosseumeul boyeojuda 연루되었음을 보여주다 *v. implicate*
yeoludoen 연루된 *adj. complicit*
yeolwui 열의 *adj. thermal*
yeolyeodeolbui & sipal 열여덟의 & 십팔 *adj. & n. eighteen*
yeolyeoran 열렬한 *adj. ardent*
yeolyeui 연례의 *adj. annual*
yeolyo 연료 *n. fuel*
yeolyukhak 열역학 *n. thermodynamics*
yeomjjeung 염증 *n. inflammation*
yeommyeoni napjjakan tong 옆면이 납작한 통 *n. jerrycan*

yeomryeodoeda 염려되다 *v. misgive*
yeomsaekada 염색하다 *n. dye*
yeomso 염소 *n. chlorine*
yeomso 염소 *n. goat*
yeomultong 여물통 *n. crib*
yeon 연 *n. kite*
yeon 2hoiui 연 2회의 *adj. biannual*
yeonaeui 연애의 *adj. amatory*
yeonapada 연합하다 *v. federate*
yeonbang gukka 연방 국가 *n. federation*
yeonbangjeui 연방제의 *adj. federal*
yeondae 연대 *n. regiment*
yeondaegi 연대기 *n. annals*
yeondaegi 연대기 *n. chronicle*
yeondaepyo 연대표 *n. chronology*
yeondan 연단 *n. dais*
yeongbi 경비 *n. outlay*
yeongdungi 엉덩이 *n. backside*
yeongeo 영어 *n. English*
yeongeop 영업 *n. marketing*
yeongeukwui 연극의 *adj. theatrical*
yeongeum 연금 *n. pension*
yeongeum 연금 *n. superannuation*
yeongeum 연금 *n. annuity*
yeongeumsul 연금술 *n. alchemy*
yeonggam 영감 *n. inspiration*
yeonggi 영기 *n. aura*
yeonggucha 영구차 *n. hearse*
yeongguk hawonui apjjoge anneun jangwan 영국 하원의 앞쪽에 앉는 장관 *n. frontbencher*
yeonggwang 영광 *n. glory*
yeonggwangseureoun 영광스러운 *adj. glorious*
yeonghwagwan 영화관 *n cinema*
yeonghyang 영향 *n. effect*
yeonghyang 영향 *n. influence*
yeonghyangeul michida 영향을 미치다 *v. concern*
yeonghyanginneun 영향있는 *adj. effective*
yeonghyangnyeogi inneun 영향력이 있는 *adj. influential*
yeonghyangnyeok 영향력 *n. leverage*
yeongi 연기 *n. acting*
yeongi 연기 *n. postponement*
yeongihada 연기하다 *v. t delay*
yeongihada 연기하다 *v. postpone*
yeongija 연기자 *n. performer*
yeongjangryu 영장류 *n. primate*
yeongjuui jeotaek 영주의 저택 *n. manor*
yeonglihan 영리한 *adj. clever*
yeongnyeok 영역 *n. domain*
yeongnyeonbang 영연방 *n. commonwealth*
yeongo 연고 *n. balm*
yeongo 연고 *n. ointment*
yeongol 연골 *n. cartilage*
yeongsa 영사 *n. consul*
yeongsagi 영사기 *n. projector*
yeongsagwan 영사관 *n. consulate*
yeongsaui 영사의 *n. consular*
yeongseongchereul baneun saram 영성체를 받는 사람 *n. communicant*

yeongsik 형식 *n. format*
yeongto iyang 영토 이양 *n. cession*
yeongu 연구 *n. inquiry*
yeongu 연구 *n. research*
yeongueum sugeupjja 연금 수급자 *n. pensioner*
yeongugui 영국의 *adj. British*
yeonguhwahada 영구화하다 *v.t. perpetuate*
yeongung 영웅 *hero*
yeongungjeogin 영웅적인 *adj. heroic*
yeongwan 연관 *n. association*
yeongwanseong 연관성 *n. correlation*
yeongwanseoni itta 연관성이 있다 *v. correlate*
yeongwon 영원 *n. eternity*
yeongwonhan 영원한 *adj. permanent*
yeongwonhi 영원히 *adv. forever*
yeongwonnan 영원한 *adj. eternal*
yeongyang 영양 *n. antelope*
yeongyang 영양 *n. nutrition*
yeongyangbuneul gongeupada 영양분을 공급하다 *v. nourish*
yeongyangkka nopeun 영양가 높은 *adj. nutritious*
yeongyangsa 영양사 *n. dietitian*
yeongyangsiljjo 영양실조 *n. malnutrition*
yeongyangso 영양소 *n. nutrient*
yeongyangui 영양의 *adj. nutritive*
yeongyeok 영역 *n. realm*
yeongyeol 연결 *n. linkage*
yeongyeol 연결하다 *n. connection*
yeongyeorada 연결하다 *v. connect*
yeongyeorada 연결하다 *v. interlink*
yeongyeorada 연결하다 *v. join*
yeongyeoreul kkeuntta 연결을 끊다 *v. disconnect*
yeongyeori andoeneun 연결이 안 되는 *adj. disjointed*
yeongyeui 명예의 *adj. honorary*
yeonhap 연합 *n. bloc*
yeonhap 연합 *n. confederation*
yeonhapan 연합한 *adj. confederate*
yeonhapche 연합체 *n. syndicate*
yeonhaphada 연합하다 *v. unify*
yeonhaphada 연합하다 *v. unite*
yeonhoeui 연회의 *adj. convivial*
yeonhoi 연회 *n. banquet*
yeonieun 연이은 *adj. consecutive*
yeonjang 연장 *n. prolongation*
yeonjanghada 연장하다 *v. extend*
yeonjangsikida 연장시키다 *v. prolong*
yeonjuhoe 연주회 *n. concert*
yeonkkot 연꽃 *n. lotus*
yeonmajeui 연마제의 *adj. abrasive*
yeonmin 연민 *n. compassion*
yeonmin 연민 *n. pity*
yeonmineul jaanaeneun him 연민을 자아내는 힘 *n. pathos*
yeonmot 연못 *n. pond*
yeonmu 연무 *n. haze*
yeonmuje 연무제 *n. aerosol*
yeonok 연옥 *n. purgatory*
yeonpil 연필 *n. pencil*
yeonsa 연사 *n. speaker*
yeonsan 연산 *n. arithmetic*

yeonsangshikineun 연상시키는 *adj. suggestive*
yeonsangsikineun 연상시키는 *adj. reminiscent*
yeonsangui 연상의 *adj. elder*
yeonseol 연설 *n. speech*
yeonseol 연설 *n. oration*
yeonseolga 연설가 *n. orator*
yeonseupada 연습하다 *v. practise*
yeonso 연소 *n. combustion*
yeonsoja 연소자 *n. junior*
yeonsok 연속 *n. concatenation*
yeonsok 연속 *n. succession*
yeonsokayeo 연속하여 *adv. consecutively*
yeonsokjeokyin 연속적인 *adj. successive*
yeonyakam 연약함 *n. delicacy*
yeonyakan 연약한 *adj. delicate*
~yeope ~옆에 *prep. by*
yeope 옆에 *prep. beside*
yeopsseo 엽서 *n. postcard*
yeoreo dareun jongnyudeulo irueojin 여러 다른 종류들로 이뤄진 *adj. heterogeneous*
yeoreo hyeongtaeui 여러 형태의 *adj. multiform*
yeoreogaji 여러가지 *n. variety*
yeoreogajiui 여러 가지의 *adj. assorted*
yeoreogajiui 여러가지의 *adj. manifold*
yeoreum 여름 *n. summer*
yeori 열의 *n. enthusiastic*
yeoron josa 여론 조사 *n. poll*
yeoron josa yowon 여론 조사 요원 *n. pollster*

yeoron josahada 여론 조사하다 *v. canvass*
yeoseong moja jejakjja 여성 모자 제작자 *n. milliner*
yeoseongjeogin 여성적인 *adj. effeminate*
yeoseongseureoun 여성스러운 *adj. feminine*
yeoseongui 여성의 *adj. female*
yeoseongui sagyogye debui 여성의 사교계 데뷔 *n. debutante*
yeoseongyong jigap 여성용 지갑 *n. purse*
yeosin 여신 *n. goddess*
yeosongyeon 여송연 *n. cigar*
yeosunghwadweda 여성화되다 *v. womanize*
yeosungyim 여성임 *n. womanhood*
yeou 여우 *n. fox*
yeowang 여왕 *n. queen*
yeowooeui 여우의 *adj. vulpine*
yeriham 예리함 *n. acumen*
yerihan 예리한 *adj. incisive*
yesan 예산 *n. budget*
yesang 예상 *n. projection*
yesang 예상 *n. presupposition*
yesangchimothan 예상치 못한 *adj. unexpected*
yesanghada 예상하다 *v. anticipate*
yesanghada 예상하다 *v. envisage*
yesanghada 예상하다 *v. presuppose*
yesanghada 예상하다 *v.t. reckon*
yesanghaneun 예상하다 *v. expect*
yesokshikida 예속시키다 *v. subjugate*

yesokshikim 예속시킴 *n. subordination*
yesul 예술 *n. art*
yesurui 예술의 *adj. artistic*
yesuui tansaeng 예수의 탄생 *n. nativity*
yetnal 옛날 *n. yore*
yeui 예의 *n. etiquette*
yeui bareun 예의 바른 *adj. chivalrous*
yeui eomneun 예의 없는 *adj. discourteous*
yeyak 예약 *n. reservation*
yeyakada 예약하다 *v. reserve*
yeyakdeoijiahneun 예약되지 않은 *adj. unreserved*
yeyeonada 예언하다 *v. prognosticate*
yi 이 *n. tooth*
yideulsooeupneun 잊을 수 없는 *adj. unforgettable*
yidongganeunghan 이동가능한 *adj. transferable*
~yidweryogohaneun ~이되려고하는 *adj. wouldbe*
yieu& yi 2의 & 2 *adj.&n. two*
yiganagishijakhada 이가나기시작하다 *v. teethe*
yigaupneun 이가없는 *adj. toothless*
yigida 이기다 *v. win*
yigijeokyianin 이기적이 아닌 *adj. unselfish*
yigin 이긴 *adj. winning*
yigut &yiguteui 이것&이것의 *pron.& adj. this*
yihae 이해 *n. understanding*
yihaehada 이해하다 *v.t. understand*
yihang 이행 *n. transition*

yil 일 *n. work*
yilbanjeokeuro 일반적으로 *adv. usually*
yilbanjeokyin 일반적인 *adj. universal*
yilbanjeokyin 일반적인 *adj. usual*
yilbansung 일반성 *adv. universality*
yileohnada 일어나다 *n. tide*
yiljo & yiljo 1조&1조 *adj & n. trillion*
yilshijeokyin 일시적인 *adj. transient*
yilshijeokyin 일시적인 *adj. transitory*
yiluhnada 일어나다 *v. wake*
yilyoyil 일요일 *n. Sunday*
yimgeum 임금 *n. wage*
yimshieui 임시의 *adj. temporary*
yimyonwui 이면의 *adj. ulterior*
yingiupneun 인기없는 *adj. unpopular*
yinjangeui 인장의 *adj. tensile*
~yinji ~인지 *conj. whether*
yinpa 인파 *n. throng*
yinsahboolsung 인사불성 *n. stupor*
yipda 입다 *v. wear*
yiphida 입히다 *v. wreak*
yipjeunghada 입증하다 *v. validate*
yipjeunghanda 입증하다 *v. substantiate*
yipshimjoeun 입심좋은 *adj. voluble*
yiron 이론 *n. theory*
yironeuljesihada 이론을 제시하다 *v. theorize*
yironga 이론가 *n. theorist*
yironwui 이론의 *adj. theoretical*
yisanghan 이상한 *adj. strange*
yisanghan 이상한 *adj. uncanny*
yisangjeokyin 이상적인 *adj. utopian*

yisikhada 이식하다 *v. transplant*
yisip 20 *adj.&n. twenty*
yisooshigye 이쑤시개 *n. toothpick*
yisteu 이스트 *n. yeast*
yiyagi 이야기 *n. story*
yiyagi 이야기 *n. tale*
yiyagihada 이야기하다 *v. talk*
yiyinyong jajeonguh 2인용자전거 *n. tandem*
yiyong 이용 *n. utilization*
yiyonghada 이용하다 *v. utilize*
yocheong 요청 *n. request*
yodeuleulbooreuda 요들을 부르다 *v. yodel*
yodohada 유도하다 *v. entice*
yodokan 유독한 *adj. poisonous*
yoga 요가 *n. yoga*
yogasoohangjae 요가 수행자 *n. yogi*
yogeum 요금 *n. charge*
yogeum 요금 *n. fare*
yogeum 요금 *n. toll*
yoginan geot 요긴한 것 *n. boon*
yogjjiginaneun 욕지기나는 *adj. nauseous*
yogooreuteu 요구르트 *n. yogurt*
yogu 요구 *n. demand*
yohokada 유혹하다 *v. lure*
yoin 요인 *n. factor*
yojeong 요정 *n. elf*
yojeong 요정 *n. fairy*
yojeong 요정 *n. sylph*
yoji 요지 *n. gist*
yokjjeonge gadeukchan 욕정에 가득찬 *adj. lustful*

yokjjigi 욕지지 *n. nausea*
yokku 욕구 *n. desire*
yoksseol 욕설 *n. invective*
yoneung 효능 *n. potency*
yong 용 *n. dragon*
yongam 용암 *n. lava*
yongdusami 용두사미 *n. anticlimax*
yongeo saegin 용어 색인 *n. concordance*
yongeo sajeon 용어 사전 *n. glossary*
yongeoktonsoo 용적톤수 *n. tonnage*
yongeuija 용의자 *n suspect*
yonggaman 용감한 *adj. brave*
yonggamseong 용감성 *n. bravery*
yonggamussang 용감무쌍한 *adj. intrepid*
yonggi 용기 *n. courage*
yonggi 용기 *n. valour*
yonggi inneun 용기 있는 *adj. courageous*
yongi eomneun 용기 없는 *adj. craven*
yongin 용인 *n. toleration*
yongjeophada 용접하다 *v. weld*
yongmaeng 용맹 *n. gallantry*
yongmang 욕망 *n. lust*
yongmanghan 용맹한 *adj. valiant*
yongnapada 용납하다 *v. condone*
yongryang 용량 *n. capacity*
yongseohada 용서하다 *v. forgive*
yonguh 용어 *n. terminology*
yonguheui 용어의 *adj. terminological*
yongwangno 용광로 *n. furnace*
yonin 연인 *n. lover*
yooah 유아 *n. toddler*

yoohok 유혹 *n. temptation*
yoohokhada 유혹하다 *v. tempt*
yoohokhaneunsaram 유혹하는사람 *n. tempter*
yoojang 유장 *n. whey*
yooksoo 육수 *n. wattle*
yooryung 유령 *n. wraith*
yooshinron 유신론 *n. theism*
yoram 요람 *n. cradle*
yoranage ulida 요란하게 울리다 *v. blare*
yoribeop 요리법 *n. cuisine*
yorihada 요리하다 *v. cook*
yoripan 요리판 *n. hob*
yorisa 요리사 *n. chef*
yorisa 요리사 *n. cook*
yoriui 요리의 *adj. culinary*
yoryung 요령 *n. tact*
yoryungitneun 요령있는 *adj. tactful*
yosae 요새 *n. fastness*
yosae 요새 *n. fortress*
yosaehwahada 요새화하다 *v. fortify*
yoso 요소 *n. element*
yoteu 요트 *n. yacht*
yoteutagi 요트타기 *n. yachting*
yoteutaneunsaram 요트타는사람 *n. yatchsman(misspell)*
youbu 요부 *n. vamp*
youhang 유행 *n. trend*
youhang 유행 *n. vogue*
youhwang 유황 *n. sulphur*
youhyoham 유효함 *n. validity*
youhyohan 유효한 *adj. valid*

youhyohan youeoneul namgigo jookeun 유효한 유언을 남기고 죽은 *adj. testate*
young 영 *n. nought*
youngansil 영안실 *n. morgue*
younggook pawoondeuhwa 영국 파운드화 *n. sterling*
younggwang 영광 *n. kudos*
younghaui 영하의 *prep. minus*
younghon 영혼 *n. soul*
younghon 영혼 *n. spirit*
younghwa 영화 *n. movies*
younghyangbadeun 영향받은 *adj. affected*
younghyangmichida 영향미치다 *v. affect*
youngjae 영재 *n. prodigy*
youngjang 영장 *n. warrant*
youngjang 영장 *n. writ*
youngjang 영장 *adj. zero*
youngnansil 영안실 *n. mortuary*
youngseohal ssu eomneun 용서할 수 없는 *adj. inexcusable*
youngsokjjeogin 영속적인 *adj. lasting*
youngsujeung 영수증 *n. receipt*
youngsung 영성 *n. spirituality*
youngtowui 영토의 *adj. territorial*
youngwonhan 영원한 *adj. unending*
youribyung 유리병 *n. vial*
yourigateun 유리같은 *adj. vitreous*
yourirodweda 유리로되다 *v. vitrify*
youryunggateun 유령같은 *adj. spectral*
youtopia 유토피아 *n. utopia*

youyeonhan 유연한 *adj. supple*
youyonghan 유용한 *adj. useful*
youyongsung 유용성 *n. utility*
yoyak 요약 *n. precis*
yoyak 요약 *n. summary*
yoyakada 요약하다 *v.t abridge*
yoyakada 요약하다 *v. encapsulate*
yoyakhada 요약하다 *v. summarize*
yua 유아 *n. infant*
yuagi 유아기 *n. infancy*
yubae 유배 *n. banishment*
yubang 유방 *n. breast*
yubangui 유방의 *adj. mammary*
yuchanghan 유창한 *adj. fluent*
yuchihan 유치한 *adj. puerile*
yuchiwon 유치원 *n. kindergarten*
yuchu 유추 *n. analogy*
yuchung 유충 *n. larva*
yuckdo 역도 *n. weightlifting*
yuckmacha 역마차 *n. stagecoach*
yudae 유대 *n. bond*
yudaegam 유대감 *n. fellowship*
yudaegyo yulppeobe ttara mandeun 유대교 율법에 따라 만든 *adj. kosher*
yudaeindeurui idong 유대인들의 이동 *n. diaspora*
yudaemok dongmul 유대목 동물 *n. marsupial*
yudo 유도 *n. judo*
yudo 유도 *n. karate*
yudohada 유도하다 *v. induce*
yudongsseong 유동성 *n. mobility*

yueon jipaengja 유언 집행자 *n. executor*
yugeup seongjikjja jikchaek 유급 성직자 직책 *n. benefice*
yugiche 유기체 *n. organism*
yugiui 유기의 *adj. organic*
yugoe 유괴 *n. abduction*
yugoehada 유괴하다 *v.t. abduct*
yuhaehan 유해한 *adj. noxious*
yuhaeng 유행 *n. fad*
yuhaeng 유행 *n. fashion*
yuhaenge duitteoreojin 유행에 뒤떨어진 *adj. outmoded*
yuhaenge dwijin nyeoja 유행에 뒤진 여자 *n. frump*
yuhaengeul ttareun 유행을 따른 *adj. modish*
yuhaenghaneun 유행하는 *adj. fashionable*
yuhaengppyeong 유행병 *n. epidemic*
yuheung 유흥 *n. entertainment*
yuhogui sonjjiseul hada 유혹의 손짓을 하다 *v. beckon*
yuhok 유혹 *n. lurch*
yuhyeol satae 유혈 사태 *n. bloodshed*
yuikan 유익한 *adj. beneficial*
yuikan 유익한 *adj. fruitful*
yuikan jeongboreul juneun 유익한 정보를 주는 *adj. informative*
yuilsingyo 유일신교 *n. monotheism*
yuin 유인 *n. decoy*
yuinchaek 유인책 *n. inducement*
yuinwon 유인원 *n. ape*
yuiran 유일한 *adv. only*

yujeok 유적 *n. relic*
yujeon 유전 *n. heredity*
yujeonjeogin 유전적인 *adj. hereditary*
yujeonui 유전의 *adj. genetic*
yuji 유지 *n. maintenance*
yujihada 유지하다 *v. keep*
yujihada 유지하다 *v. maintain*
yujihada 유지하다 *v.i. retain*
yujoereul seongohada 유죄를 선고하다 *v. convict*
yujoeseongo 유죄 선고 *n. conviction*
yukchejeok sungyeol 육체적 순결 *n. chastity*
yukcheui 육체의 *adj. physical*
yukjjeup kkieondda 육즙 끼었다 *v. baste*
yukjjunghan geot 육중한 것 *n. bulk*
yukkwonja 유권자 *n. electorate*
yuksik dongmul 육식 동물 *n. carnivore*
yukssangui 육상의 *adj. athletic*
yuksseonghada 육성하다 *v. foster*
yukssik dongmul 육식 동물 *n. cannibal*
yukwehaji motan 유쾌하지 못한 *adj. disagreeable*
yukwehan 유쾌한 *adj. mirthful*
yukyokjjeogin 육욕적인 *adj. carnal*
~yul ~율 *n. rate*
yuli 윤리 *n ethic*
yulihak 윤리학 *n. ethical*
yumanghan 유망한 *adj. promising*
yumeo 유머 *n. humour*
yumeo jakka 유머 작가 *n. humorist*
yumo 유모 *n. nanny*

yumocha 유모차 *n. pram*
yumogui 유목의 *adj. nomadic*
yumongmin 유목민 *n. nomad*
yumul 유물 *n. antiquity*
yumyeong insa 유명 인사 *n. celebrity*
yumyeonghan 유명한 *adj. famous*
yumyeonghan 유명한 *adj. notable*
yumyeonghan 유명한 *adj. noted*
yumyeonghan 유명한 *adj. prominent*
yumyeonghan 유명한 *adj. renowned*
yuneunghan 유능한 *adj. capable*
yunghap 융합 *n. fusion*
yunghapada 융합하다 *v. conflate*
yungnaejaengi 흉내쟁이 *n. mimic*
yungno susong 육로 수송 *n. portage*
yungtongsseong eomneun 융통성 없는 *adj. inflexible*
yungwak 윤곽 *n. contour*
yunhwal 윤활 *n. lubrication*
yunhwalyureul 윤활유 *n. lubricant*
yunhwalyureul bareuda 윤활유를 바르다 *v. lubricate*
yunjeui 현재의 *adj. current*
yunkkigaheureuneun 윤기가 흐르는 *adj. lustrous*
yunnaneun 윤나는 *adj. glossy*
yupjeung 입증 *n. substantiation*
yuramseoneul tagodanida 유람선을 타고 다니다 *v. cruise*
yureobin 유럽인 *n. European*
yuri 유리 *v.t. glass*
yuri kkiuneun ireul haneun saram 유리 끼우는 일을 하는 사람 *n. glazier*

yurinada 유린하다 *v.t. ravage*
yurohwa 유로화 *n. euro*
yuryeong 유령 *n. ghost*
yuryeong 유령 *n. phantom*
yus sarae 유아 살해 *n. infanticide*
yusaham 유사함 *n. resemblance*
yusahan 유사한 *adj. analogous*
yusan 유산 *v. bequeath*
yusan 유산 *n. heritage*
yusan 유산 *n. inheritance*
yusan 유산 *n. legacy*
yusanada 유산하다 *v. miscarry*
yusanhada 유산하다 *v.i abort*
yusaseong 유사성 *n. likeness*
yuseongui 유성 *n. meteor*

yuseongui 유성의 *adj. meteoric*
yuseonhyeong gujo 유선형 구조 *n. fairing*
yusunan 유순한 *adj. docile*
yuun 유운 *n. assonance*
yuwol 6월 *n. june*
yuyakan 유약한 *adj. fragile*
yuye 유예 *n. respite*
yuyeonan 유연한 *adj. pliable*
yuyeonhan 유연한 *adj. flexible*
yuyeonhan 유연한 *v. limber*
yuyeonhan 유연한 *adj. lithe*
yuyonghada 유용하다 *v. misappropriate*
yuyonghan 유용한 *adj. handy*